中國國家圖書館編

國家圖書館藏敦煌遺書

第一百二十八册　北敦一四四七〇號——北敦一四五二一號

北京圖書館出版社

圖書在版編目(CIP)數據

國家圖書館藏敦煌遺書·第一百二十八册/中國國家圖書館編;任繼愈主編. —北京:北京圖書館出版社,2010.6

ISBN 978-7-5013-3690-6

Ⅰ.國… Ⅱ.①中…②任… Ⅲ.敦煌學-文獻 Ⅳ.K870.6

中國版本圖書館 CIP 數據核字(2010)第 014083 號

書　　名　國家圖書館藏敦煌遺書·第一百二十八册
著　　者　中國國家圖書館編　任繼愈主編
責任編輯　徐　蜀　孫　彦
封面設計　李　璀

出　　版　北京圖書館出版社（100034　北京西城區文津街 7 號）
發　　行　010-66139745　66151313　66175620　66126153
　　　　　66174391(傳真)　66126156(門市部)
E-mail　btsfxb@nlc.gov.cn(郵購)
Website　www.nlcpress.com → 投稿中心
經　　銷　新華書店
印　　刷　北京文津閣印務有限責任公司

開　　本　八開
印　　張　55.5
版　　次　2010 年 6 月第 1 版第 1 次印刷
印　　數　1-250 册(套)

書　　號　ISBN 978-7-5013-3690-6/K·1653
定　　價　990.00 圓

編輯委員會

主　編　任繼愈

常務副主編　方廣錩

副 主 編　李際寧　張志清

編委（按姓氏筆畫排列）　王克芬　王姿怡　吳玉梅　周春華　陳　穎　黄　霞（常務）　黄　建　程佳羽　劉玉芬

出版委員會

主　任　詹福瑞

副主任　陳　力

委　員（按姓氏筆畫排列）　李　健　姜　紅　郭又陵　徐　蜀　孫　彦

攝製人員（按姓氏筆畫排列）

于向洋　王富生　王遂新　谷韶軍　張　軍　張紅兵　張　陽　曹　宏　郭春紅　楊　勇　嚴　平

原件修整人員（按姓氏筆畫排列）

朱振彬　杜偉生　李　英　胡玉清　胡秀菊　張　平　劉建明

目錄

何故　戰慄不安
王今何故容色愁悴猶如農夫下種之後
不降雨愁苦如是為是心痛為身痛耶王即
荅言我今身心豈得不痛我父先王慈愛流
惻特見矜念實无辜咎往問相師相師荅言
是兒生已定當害父雖聞是語猶見瞻養
聞智者作如是言若人于母及比丘尼偷僧
鬘物煞發无上菩提心者害及其父如是之
人必定當墮阿鼻地獄我今身心豈得不痛
大臣復言唯願大王且莫愁苦如其父王脩
解脫者害則有罪若治國法煞則无罪大王
非法者名為非法无法者名為无法辟如无
子名為无子然如惡子名之无子雖言无子
實非无子如食无鹽名為无鹽食若少鹽然
名无鹽如河无水名之无水然如少水然名
无水如念念滅然言无常雖任一劫然名无
常如人受苦名為无樂雖受少樂然名无樂
如不自在名之无我雖少自在然名无我如

BD14470號　大般涅槃經（北本　異卷）卷一九　　（23–1）

子名為无子然如惡子名之无子雖言无子
實非无子如食无鹽名為无鹽食若少鹽然
名无鹽如河无水名之无水然如少水然名
无水如念念滅然言无常雖任一劫然名无
常如人受苦名為无樂雖受少樂然名无樂
如不自在名之无我雖少自在然名无我如
闇夜時名之无日雲霧之時然言无日大王
雖言少法名為无法實非无法願王留神聽
臣所說一切眾生皆有餘業以業緣故數受
生死若使先王有餘業者今王煞之竟有何
罪唯願大王寬意莫愁何以故
若常愁苦　愁遂增長　如人喜眠　眠則滋多
貪婬嗜酒　然復如是
如王所言世无良醫治身心者今有大師名
删闍耶毗羅坻子一切知見其智淵深猶如
大海有大威德具大神通能令眾生離諸疑
网一切眾生不知見覺唯是一人獨知見覺
今者在此王舍城住為諸弟子說如是法一
切眾生中若是王者自在隨意造作善惡雖為
眾惡悉无有罪如火燒物无淨不淨王然如
是與火同性辟如大地淨穢普載雖為是事
初无瞋喜王然如是與地同性辟如水性淨
穢俱洗雖為是事然无憂喜王然如是與水
同性辟如風性淨穢等吹雖為是事然无憂
喜王然如是與風同性如秋髡樹春則還生
雖復髡斫實无有罪一切眾生然復如是此
間命終還生此間以還生故當有何罪一切

BD14470號　大般涅槃經（北本　異卷）卷一九　　（23–2）

穢俱洗雖為是事然无憂喜王亦如是與水
同性譬如風性淨穢等吹雖為是事然无憂
喜王亦如是與風同性如秋髡樹春則還生
雖復髡斫實无有罪一切衆生亦復如是此
間命終還生此間以還生故當有何罪一切
衆生皆樂果報悉皆不由現在世業因在過
去現在受果現在无因未來无果以現果故
衆生持戒勤脩精進遮現惡果以持戒故則
得无漏得无漏故盡有漏業以盡業故衆苦
得盡衆苦盡故得解脫唯願大王速往其
所令其療治身心苦痛王若見者衆罪則除
王即荅言審有是師能除我罪我當歸依
復有一臣名悉知義即至王所作如是言王
今何故形不端嚴如失國者如泉枯涸池无
蓮華樹无華葉破戒比丘身无威德為身痛
耶為心痛乎王即荅言今我身心豈得无痛
我父先王慈愍流念然我不孝不知報恩常
以安樂安樂於我而我背恩反斷其樂先王
无辜橫興逆害我亦曾聞智者說言若有害
父於无量阿僧祇劫受大苦惱我今不久必
墮地獄又无良醫療救我罪大臣即言唯願
大王放捨愁苦王不聞耶昔者有王名曰羅
摩害其父已得紹王位跋提大王毗樓真王
那睺沙王迦帝迦王毗舍佉王月光明王日光
明王愛見王持多人王如是等王皆害其父
得紹王位然无一王入地獄者於今現在毗
瑠璃王優陀耶王惡性王鼠王蓮華王如是

BD14470號　大般涅槃經（北本　異卷）卷一九

摩害其父已得紹王位跋提大王毗樓真王
那睺沙王迦帝迦王毗舍佉王月光明王日光
明王愛見王持多人王如是等王皆害其父
得紹王位然无一王入地獄者於今現在毗
瑠璃王優陀耶王惡性王鼠王蓮華王如是
等王皆害其父悉无一王生愁惱者雖言地
獄餓鬼天中誰有見者大王唯有二有一者
人道二者畜生雖有是二非因緣生非因緣
死若非因緣何有善惡唯願大王勿懷愁
怖何以故
若常愁苦　愁遂增長　如人喜眠　眠則滋多
貪婬嗜酒　亦復如是
如王所言世无良醫治身心者今有大師名
阿耆多翅舍欽婆羅一切知見觀金如土平
等无二刀斫右脅左塗栴檀於此二人心无
差別等視怨親心无異相此師真是世之良
醫若行若立若坐若卧常在三昧心无分散
告諸弟子作如是言若自作若教他作若自
斫若教他斫若自炙若教他炙若自害若教他
害若自偷若教他偷若自婬若教他婬若
自妄語若教他妄語若自飲酒若教他飲酒
若煞一村一城一國若以刀輪煞一切衆生
若恒河以南布施衆生恒河以北煞害衆生
悉无罪福无施戒定今者近在王舍城住願
王速往王若見者衆罪除滅王言大臣審能
如是除滅我罪我當歸依
復有大臣名曰吉得復往王所作如是言王

BD14470號　大般涅槃經（北本　異卷）卷一九

巻无罪福无施戒定今者近在王舍城住願
王速往王若見者衆罪除滅王言大臣審能
如是除滅我罪我當歸依
復有大臣名曰吉得復往王所作如是言王
今何故面无光澤如日中燈如晝時月如失
國君如荒敗土大王今者四方清夷无諸怨
敵而今何故如是愁苦為身苦耶為心苦乎
有諸王子常生此念我今何時當得自在大
王今者已果所願自在王領摩伽陁國先王寶
藏具足而得唯當快意縱情受樂如是愁
苦何用經懷王即荅言我今云何得不愁惱
大臣辟如愚人但貪甚味不見利刀如食雜
毒不見其過我亦如是如鹿見草不見深穽
如鼠貪食不見猫貍我亦如是見現在樂
不見未來不善苦果曾從智者聞如是言寧
於一日受三百攅不於父母生一念惡我今
已近地獄熾火云何當得不愁惱耶大臣復
言誰來誑王言有地獄如刺頭利誰之所造
飛鳥色異復誰所作水性濕潤石性堅鞕如
風動性如火熱性一切万物自死自生誰之所
作言地獄者直是智者文辝造作言地獄者
為有何義臣當說之地者名地獄者名破破
於地獄无有罪報是名地獄又復地者名人
獄者名天以害其父故到人天以是義故婆
藪仙人唱言煞羊得人天樂是名地獄又復
地者名命獄者名長以煞生故得壽命長故

BD14470號　大般涅槃經（北本　異卷）卷一九　（23-5）

為有何義臣當說之地者名地獄者名破破
於地獄无有罪報是名地獄又復地者名人
獄者名天以害其父故到人天以是義故婆
藪仙人唱言煞羊得人天樂是名地獄又復
地者名命獄者名長以煞生故得壽命長故
名地獄大王是故當知實无地獄大王如種
麦得麦種稻得稻煞地獄者還得地獄煞害
於人應還得人大王今當聽臣所說實无煞
害若有我者實亦无害若无我者復无所害
何以故若有我者常无變易以常住故不可
煞害不破不壞不繫不縛不瞋不喜猶如虛
空云何當有煞害之罪若无我者諸法无常
以无常故念念壞滅念念滅故煞者死者皆
念念滅若念念滅誰當有罪大王如火燒木
火則无罪如斧斫樹斧亦无罪如鎌刈草鎌實
无罪如刀煞人刀實非人刀亦无罪人云何
罪如毒煞人毒實非人毒藥非罪人云何罪
一切万物皆亦如是實无煞害云何有罪唯
願大王莫生愁苦何以故
若常愁苦　愁遂增長　如人喜眠　眠則滋多
貪婬嗜酒　亦復如是
如王所言世无良醫治惡業者今有大師名
迦羅鳩馱迦旃延一切知見明了三世於一
念頃能見无量无邊世界聞聲亦尒能令衆
生遠離過惡猶如恒河若內若外所有諸罪
皆悉清淨是大良師亦復如是能除衆生內
外衆罪為諸弟子說如是法若人煞害一切

BD14470號　大般涅槃經（北本　異卷）卷一九　（23-6）

如王所言世无良醫治惡業者今有大師名
迦羅鳩馱迦旃延一切知見明了三世於一
念頃能見无量无邊世界聞聲亦尒能令衆
生遠離過惡猶如恒河若内若外所有諸罪
皆悉清淨是大良師亦復如是能除衆生内
外衆罪爲諸弟子説如是法若人煞害一切
衆生心无慚愧終不墮惡猶如虛空不受塵
水有慚愧者即入地獄猶如大水潤濕於地一
切衆生悉是自在天之所化自在天喜衆生
安樂自在天瞋衆生苦惱一切衆生若罪若
福乃是自在之所爲作云何當言人有罪福
譬如工匠作機關木人行住坐卧唯不能言
衆生亦尒自在天者喻如工匠木人者喻衆
生身如是造化誰當有罪如是大師今者
近在王舍城住唯願速往如其見者衆罪消
滅王即荅言審有是人能滅我罪我當歸
依復有一臣名无所畏往至王所説如是言大
王世有愚人一日之中百喜百愁百眠百悟
百驚百哭有智之人斯无是事大王何故憂
愁如是如失侶客如墮深泥无救拔者如人
渴之不得漿水猶如迷人无有導者如困病
人无醫救療如海舩破无救接者大王今者
爲身痛耶爲心痛乎王即荅言我今身心豈
得不痛我近惡友不觀口過先王无辜橫興
逆害我今定知當入地獄復无良醫而見救
濟臣即白言唯願大王莫生愁毒夫刹利者

人无醫救療如海舩破无救接者大王今者
爲身痛耶爲心痛乎王即荅言我今身心豈
得不痛我近惡友不觀口過先王无辜橫興
逆害我今定知當入地獄復无良醫而見救
濟臣即白言唯願大王莫生愁毒夫刹利者
名爲王種若爲國土若爲沙門及婆羅門爲
安人民雖復煞害无有罪也先王雖復恭敬
沙門不能承事諸婆羅門心无平等无平等
故則非刹利大王今者爲欲供養諸婆羅門煞
害先王當有何罪大王實无煞害夫煞害
者煞害壽命命名風氣風氣之性不可斫害
云何害命而當有罪唯願大王莫復愁苦何
以故
若常愁苦　愁遂增長　如人喜眠　眠則滋多
貪婬嗜酒　亦復如是
如王所言世无良醫而療治者今有大師名
尼乹陁若提子一切知見憐愍衆生善知衆
生諸根利鈍達解一切隨宜方便世間八法
所不能汙寂靜脩習清淨梵行爲諸弟子説
如是言无施无善无父无母今世後世无阿
羅漢无脩无道一切衆生逕八万劫於生死
輪自然得脫有罪无罪悉亦如是如四大河
所謂辛頭恒河愽叉私陁悉入大海无有差
別一切衆生亦復如是得解脫時悉无差別
是師今在王舍城住唯願大王速往其所若
得見者衆罪消除王即荅言審有是師能
除我罪我當歸依

所謂辛頭恒河慱叉私陁悉入大海无有差
別一切衆生亦復如是得解脫時悉无差別
是師今在王舍城住唯願大王速往其所若
得見者衆罪消除王即荅言審有是師能
除我罪我當歸依
尒時大醫名曰耆婆往至王所白言大王得
安眠不王即以偈荅言
若有能永斷　一切諸煩惱　不貪染三界　乃得安隱眠
若得大涅槃　演說甚深義　名真婆羅門　乃得安隱眠
身无諸惡業　口離於四過　心无有疑网　乃得安隱眠
身心无熱惱　安住於寂處　獲致无上樂　乃得安隱眠
心无有取著　遠離諸怨讎　常和无諍訟　乃得安隱眠
若不造惡業　心常懷慚愧　信惡有果報　乃得安隱眠
敬養於父母　不害一生命　不盜他財物　乃得安隱眠
調伏於諸根　親近善知識　破壞四魔衆　乃得安隱眠
不見吉不吉　及以苦樂等　為諸衆生故　輪轉於生死
若能如是者　乃得安隱眠
誰得安隱眠　所謂諸佛是　深觀空三昧　身心安不動
誰得安隱眠　所謂慈悲者　常脩不放逸　視衆如一子
衆生无明覆　不見煩惱果　常造諸惡業　不得安隱眠
若為於自身　及以他人身　造作十惡業　不得安隱眠
若言為樂故　害父无過咎　隨是惡知識　不得安隱眠
若食過節度　冷飲而過差　如是則病苦　不得安隱眠
若於王有過　耶念他婦女　及行曠路者　不得安隱眠
持戒果未熟　太子未紹位　盜者未獲財　不得安隱眠
耆婆我今病重於正法王興惡逆害一切良
醫妙藥呪術善巧瞻病所不能治何以故我

若食過節度　冷飲而過差　如是則病苦　不得
若於王有過　耶念他婦女　及行曠路者　不得安隱眠
持戒果未熟　太子未紹位　盜者未獲財　不得安隱眠
耆婆我今病重於正法王興惡逆害一切良
醫妙藥呪術善巧瞻病所不能治何以故我
父法王如法治國實无辜咎橫加逆害如魚
處陸當有何樂如鹿在檻初无歡心如人自
知命不終日如王失國逃迸他土如人聞病
不可療治如破戒者聞說罪過我昔曾聞智
者說言身口意業若不清淨當知是人必墮
地獄我亦如是云何當得安隱眠耶今我又
无无上大醫演說法藥除我病苦耆婆荅王
善哉善哉王雖作罪心生重悔而懷慚愧大
王諸佛世尊常說是言有二白法能救衆生
一慚二愧慚者自不作罪愧者不教他作慚
者內自羞恥愧者發露向人慚者羞人愧者
羞天是名慚愧无慚愧者不名為人名為畜
生有慚愧故則能恭敬父母師長有慚愧故
說有父母兄弟姉妹善哉大王具有慚愧大
王且聽臣聞佛說智者有二一者不造諸惡
二者作已懺悔愚者亦二一者作罪二者覆
藏雖先作惡後能發露悔已慚愧更不敢作
猶如濁水置之明珠以珠威力水即為清如
烟雲除月則清明作惡能悔亦復如是王若
懺悔懷慚愧者罪則除滅清淨如本大王富
有二種一者象馬種種畜生二者金銀種種
珎寶象馬雖多不敵一珠大王衆生亦尒一

懺悔懷慚愧者罪則除滅清淨如本大王富
有二種一者象馬種種畜生二者金銀種種
珎寶象馬雖多不敵一珠大王衆生亦尒一
者惡富二者善富多作諸惡不如一善臣聞
佛說脩一善心破百種惡大王如少金剛能
壞須弥亦如少火能燒一切如少毒藥能害
衆生少善亦尒能破大惡雖名小善其實是
大何以故破大惡故大王如佛所說覆藏者
漏不覆藏者則无有漏發露悔過是故不漏
若作衆罪不覆不藏以不覆故罪則微薄
若悔慚愧罪則消滅大王如水渧雖微漸盈大
器善心亦尒一一善心能破大惡若覆罪者
罪則增長發露慚愧罪則消滅是故諸佛說
有智者不覆藏罪善哉大王能信因果信業
信報唯願大王莫懷愁怖若有衆生造作諸
罪覆藏不悔心无慚愧不見因果及以業報
不能諮啓有智之人不近善友如是之人一
切良醫乃至瞻病所不能治如迦摩羅病世
醫拱手覆罪之人亦復如是云何罪人謂一
闡提一闡提者不信因果无有慚愧不信果
報不見現在及未來世不親善友不隨諸佛
所說教戒如是之人名一闡提諸佛世尊所
不能治何以故如世死屍醫不能治一闡提
者亦復如是諸佛世尊所不能治大王今者
非一闡提云何而言不可救療如王所言无
能治者大王當知迦毗羅城淨飯王子姓瞿曇

BD14470 號　大般涅槃經（北本　異卷）卷一九　（23–11）

不能治何以故如世死屍醫不能治一闡提
者亦復如是諸佛世尊所不能治大王今者
非一闡提云何而言不可救療如王所言无
能治者大王當知迦毗羅城淨飯王子姓瞿曇
氏字悉達多无師覺悟自然而得阿耨多
羅三藐三菩提三十二相八十種好莊嚴其
身具足十力四无所畏一切知見大慈大悲
憐愍一切如羅睺羅隨善衆生如犢逐母知
時而說非時不語實語淨語妙語義語法語
一語能令衆生永離煩惱善知衆生諸根心
性隨宜方便无不通達其智高大如須弥山
深邃廣遠猶如大海是佛世尊有金剛智能
破衆生一切惡罪若言不能无有是處今者
去此十二由旬在拘尸那城娑羅雙樹間而
為无量阿僧祇等諸菩薩僧演種種法若有
若无若有為若无為若有漏若无漏若煩惱
果若善法果若色法若非色法若非色法非非
色法若我若非我若非我非非我若常若非
常若非常非非常若樂若非樂若非樂非非
樂若相若非相若非相非非相若斷若非斷
若非斷非非斷若世若出世若非世非出世
若乘若非乘若非乘非非乘若自作自受若
自作他受若无作无受大王若當於佛所聞
无作无受所有重罪即當消滅王今且聽釋
提桓因命將欲終有五相現一者衣裳垢膩
二者頭上華萎三者身體臭穢四者腋下汗

BD14470 號　大般涅槃經（北本　異卷）卷一九　（23–12）

若乘若非乘若非乘非非乘若自作自受者
自作他受若无作无受大王若當於佛所聞
无作无受所有重罪即當消滅王今且聽釋
提桓因命將欲終有五相現一者衣裳垢膩
二者頭上華萎三者身體臭穢四者腋下汗
出五者不樂本坐時天帝釋或於靜處若見
沙門若婆羅門即至其所生於佛想尒時沙
門及婆羅門見帝釋来深自慶幸即說是語
天王我今歸依於汝釋聞是已乃知非佛復
自念言彼若非佛不能治我五退沒相是時
御臣名般遮尸語帝釋言憍尸迦乾闥婆王
名敦浮樓其王有女字須拔陁王若能以此
女見与臣當示王除衰相處釋即荅言善男
子毗摩質多阿脩羅王有女舍脂是吾所敬
卿若先能示吾消滅惡相處者猶當相与況
須拔陁憍尸迦有佛世尊字釋迦牟尼今者
在於王舍大城若能往彼諮稟未聞衰沒之
相必得除滅善男子若佛世尊審能滅者便
可迴駕至其住處御臣奉命即迴車乘到王
舍城耆闍崛山至於佛所頭面礼足却坐一
面白佛言世尊天人之中誰為繫縛憍尸迦
慳貪嫉妬又言慳貪嫉妬因何而生荅言因
无明生又言无明復因何生荅言因放逸生
又言放逸復因何生荅言因顛倒生又言顛
倒復因何生荅言因疑心生世尊顛倒之法
因疑生者實如聖教何以故我有疑心以疑
心故則生顛倒於非世尊生世尊想我今見

无明生又言无明復因何生荅言因放逸生
又言放逸復因何生荅言因顛倒生又言顛
倒復因何生荅言因疑心生世尊顛倒之法
因疑生者實如聖教何以故我有疑心以疑
心故則生顛倒於非世尊生世尊想我今見
佛疑网即除疑网除故顛倒亦盡顛倒盡故
无有慳心乃至嫉心佛言汝言无有慳嫉心
者汝今已得阿那含耶阿那含者无有貪心
若无貪心云何為命来至我所而阿那含實
不求命世尊有顛倒者則有求命无顛倒者
則不求命然我今者實不求命所欲求者唯
佛法身及佛智慧憍尸迦求佛法身及佛慧
者將来之世必當得之尒時帝釋聞佛說已
五衰沒相即時消滅便起作礼遶佛三匝恭
敬合掌而白佛言世尊我今即死即生失命
得命又聞佛記當得阿耨多羅三藐三菩提
是為更生為更得命世尊一切人天云何增
益復以何緣而致損減憍尸迦鬪諍因緣之
天損減善脩和敬則得增益世尊若以鬪諍
而損減者我從今日更不復与阿脩羅戰佛
言善哉善哉憍尸迦諸佛世尊說忍辱法是
阿耨多羅三藐三菩提因尒時釋提桓因即
前礼佛於是還去大王如来以能除諸惡相
是故稱佛不可思議王若往者所有重罪必
當得除大王且聽有婆羅門子字曰不害以
煞无量諸衆生故名鴦崛魔復欲害母惡
心起時身亦隨動身心動者即五逆因五逆因

前礼佛於是還去大王如来以能除諸悪相
是故稱佛不可思議王若往者所有重罪必
當得除大王且聽有婆羅門子字曰不害以
煞无量諸衆生故名鴦崛魔復欲害母悪
心起時身亦随動身心動者即五逆因五逆因
故必墮地獄後見佛時身心俱動復欲生害
身心動者即五逆因五逆因故當入地獄是
人得遇如来大師即時得滅地獄因縁發阿
耨多羅三藐三菩提心是故稱佛為无上醫
非六師也大王復有須毗羅王子其父瞋之
截其手足推之深井其母矜愍使人牽出將
至佛所尋見佛時手足還具即發阿耨多羅
三藐三菩提心大王以見佛故得現果報是
故稱佛為无上醫非六師也大王如恒河邊
有諸餓鬼其數五百於无量歳初不見水
雖至河上純見流火飢渇所逼發聲號哭尒
時如来在其河側欝曇鉢林坐一樹下時諸
餓鬼来至佛所白佛言世尊我等飢渇命將
不遠佛言恒河流水汝何不飲鬼即荅言如
来見水我則見火佛言恒河清流實无火也
以悪業故心自顛倒謂為是火我當為汝除
滅顛倒令汝見水尒時世尊廣為諸鬼說慳
貪過諸鬼即言我今渇之雖有法言都不入
心佛言汝若渇之先可入河恣意飲之是諸鬼
等以佛力故即得飲水既飲水已如来復為
種種說法既聞法已悉發阿耨多羅三藐三
菩提心捨餓鬼形得於天身大王是故稱佛

滅顛倒令汝見水尒時世尊廣為諸鬼說慳
貪過諸鬼即言我今渇之雖有法言都不入
心佛言汝若渇之先可入河恣意飲之是諸鬼
等以佛力故即得飲水既飲水已如来復為
種種說法既聞法已悉發阿耨多羅三藐三
菩提心捨餓鬼形得於天身大王是故稱佛
為无上醫非六師也大王舍婆提國羣賊五
百波斯匿王挑出其目盲无前導不能得往
至於佛所佛憐愍故即至賊所慰喻之言
善男子善護身口更勿造悪諸賊即時聞如
来音微妙清徹尋還得眼即於佛前合掌礼
佛而白佛言世尊我今知佛慈心普覆一切
衆生非獨人天尒時如来即為說法既聞法
已悉發阿耨多羅三藐三菩提心是故如来
真是世間无上良醫非六師也大王舍婆提
國有旃陁羅名曰氣噓煞无量人見佛弟子
大目乹連即時得破地獄因縁而得上生三
十三天以有如是聖弟子故稱佛如来為无上
醫非六師也大王波羅㮈城有長者子名
阿逸多婬慝其母以是因縁煞害其父其母
復與外人共通子既知已便復煞之有阿羅
漢是其知識於此知識復生愧恥即便煞之
煞已即到祇洹精舍求欲出家時諸比丘具
知此人有三逆罪无敢聽者以不聽故倍生
瞋恚即於其夜放大猛火焚燒僧坊多煞无
辜然後復往至王舍城到如来所求哀出家
如来即聽為說出要令其重罪漸漸輕微發

漢是其知識於此知識復生愧恥即便煞之
煞已即到祇洹精舍求欲出家時諸比丘具
知此人有三逆罪无敢聽者以不聽故倍生
瞋恚即於其夜放大猛火焚燒僧坊多煞无
辜然後復往至王舍城到如来所求哀出家
如来即聽為說法要令其重罪漸漸輕微發
阿耨多羅三藐三菩提心是故稱佛為世良醫
非六師也大王王本性暴悪信受悪人提婆
達多放大醉象欲令踐佛象既見佛即時醒
悟佛便申手摩其頂上復為說法悉令得發
阿耨多羅三藐三菩提心大王畜生見佛猶
得破壞畜生業果況復人耶大王當知若見
佛者所有重罪必當得滅大王世尊未得阿
耨多羅三藐三菩提時魔与无量无邊眷屬
至菩薩所菩薩尒時以忍辱力壞魔悪心令
魔受法尋發阿耨多羅三藐三菩提心佛有
如是大功德力大王有曠野鬼多害衆生如
来尒時為善賢長者至曠野村為其說法時
曠野鬼聞法歡喜即以長者授於如来然後
便發阿耨多羅三藐三菩提心大王波羅㮈
國有一屠兒名曰廣額於日日中煞无量羊
見舍利弗即受八戒逕一日夜以是因緣命
終得為北方天王毗沙門子如来弟子尚有
如是大功德果況復佛也大王北天竺有
城名曰細石其城有王名曰龍印貪國重位殺
害其父害其父已心生悔恨即捨國政来至
佛所求哀出家佛言善来即成比丘重罪消

BD14470號　大般涅槃經（北本　異卷）卷一九　（23–17）

終得為北方天王毗沙門子如来弟子尚有
如是大功德果況復佛也大王北天竺有
城名曰細石其城有王名曰龍印貪國重位殺
害其父害其父已心生悔恨即捨國政来至
佛所求哀出家佛言善来即成比丘重罪消
滅發阿耨多羅三藐三菩提心大王當知佛
有如是无量大功德果大王如来有弟提婆
達多破壞衆僧出佛身血害蓮華比丘尼作
三逆罪如来為說種種法要令其重罪尋得
微薄是故如来為大良醫非六師也大王若
能信臣語者唯願速往至如来所若不見信
願善思之大王諸佛世尊大悲普覆不限一
人正法弘曠无所不苞怨親平等心无憎愛
終不偏為一人令得阿耨多羅三藐三菩提
餘人不得如来非獨四部之師普是一切天
人龍鬼地獄畜生餓鬼等師一切衆生亦當
視佛如父母想大王當知如来不但獨為豪
貴之人拔提迦王而演說法亦為下賤優波
離等不獨偏受須達多阿那邠提所奉飲食
亦受貧人須達多食不但獨為舍利弗等利
根說法亦為鈍根周利槃特不但獨聽大迦
葉等无貪之性出家求道亦聽大貪難陀出
家不但獨聽煩惱薄者憂樓頻螺迦葉等
出家求道亦聽煩惱深厚造重罪者波斯匿
弟脩陁耶出家求道不以滌草恭敬供養拔
其瞋根鴦崛摩羅悪心欲害捨而不救不但
獨為有智男子而演說法亦為極愚泮合智

BD14470號　大般涅槃經（北本　異卷）卷一九　（23–18）

家不但獨聽煩惱薄者憂樓頻螺迦葉等
出家求道尒聽煩惱深厚造重罪者波斯匿
弟脩陁耶出家求道不以滓草恭敬供養拔
其瞋根鴦崛摩羅惡心欲害捨而不救不但
獨為有智男子而演說法尒為極愚泮合智
者女人說法不但獨令出家之人得四道果
尒令在家得三道果不但獨為富多羅等
捨諸惡務閑寂思惟而說法要尒為頻婆娑
羅王等統領國事理王務者而說法要不但
獨為斷酒之人尒為耽酒郁伽長者荒醉者說
不但獨為入禪定者離婆多等尒為喪子亂
心婆羅門女婆私吒說不但獨為己之弟子
尒為外道尼乾子說不但獨為盛壯之年二
十五者尒為衰老八十者說不但獨為根熟
之人尒為善根未熟者說不但獨為末利夫人
尒為婬女蓮華女說不但獨受波斯匿王上
饌甘味尒受長者尸利毱多雜毒之食大王
當知尸利毱多往昔尒作逆罪之因以遇佛
聞法即發阿耨多羅三藐三菩提心大王假使
一月常以衣食供養恭敬一切衆生不如有
人一念念佛所得功德十六分一大王假使
鍛金為人車馬載寶其數各百以用布施不
如有人發心向佛舉足一步大王假使復以
象車百乘載大秦國種種珎寶及其女人身
佩瓔珞數亦滿百持用布施猶故不如發心向
佛舉足一步復置是事若以四事供養三
千大千世界所有衆生猶尒不如發心向佛

象車百乘載大秦國種種珎寶及其女人身
佩瓔珞數亦滿百持用布施猶故不如發心向
佛舉足一步復置是事若以四事供養三
千大千世界所有衆生猶尒不如發心向佛
舉足一步復置是事若使大王供養恭敬
恒河沙等无量衆生不如一往娑羅雙樹到如
來所誠心聽法尒時大王答言耆婆如來世
尊性已調柔故得調柔以為眷屬如栴檀林
純以栴檀而為圍遶如來清淨所有眷屬尒
復清淨猶如大龍純以諸龍而為眷屬如來
寂靜所有眷屬尒復寂靜如來无貪所有眷
屬尒復无貪佛无煩惱所有眷屬尒无煩惱
吾今既是極惡之人惡業纏裹其身臭穢繫
屬地獄云何當得至如來所吾設往者恐不
顧念接叙言說卿雖勸吾令往佛所然吾今
日深自鄙悼都无去心尒時虛空尋出聲言
无上佛法將欲衰殄甚深法河於是欲涸大
明法燈將滅不久法山欲頽法船欲沈法橋
欲壞法殿欲崩法幢欲倒法樹欲折善友欲
去大怖將至法饑衆生將至不久煩惱疫病
將欲流行大闇時至渴法時來魔王欣慶解
釋甲冑佛日將沒大涅槃山大王佛若去世
王之重惡更无治者大王汝今已造阿鼻地
獄極重之業以是業緣必受不疑大王阿者
言无鼻者名閒閒无暫樂故言无閒大王假
使一人獨墮是獄其身長大八万由延遍滿

釋甲冑佛日將沒大涅槃山大王佛若去世
王之重惡更无治者大王汝今已造阿鼻地
獄極重之業以是業緣必受不疑大王阿者
言无鼻者名閒閒无暫樂故言无閒大王假
使一人獨墮是獄其身長大八万由延遍滿
其中閒无空處其身周匝受種種苦設有多
人身亦遍滿不相妨㝵大王寒地獄中暫遇
熱風以之為樂熱地獄中暫遇寒風亦名為
樂活地獄中設命終已若聞活聲即便還活
阿鼻地獄都无此事大王阿鼻地獄四方有
門一一門外各有猛火東西南北交過通徹
八万由延周匝鐵牆鐵網弥覆其地亦鐵上
火徹下下火徹上大王若魚在熬脂膏焦燃
是中罪人亦復如是大王作一逆者則便具
受如是一罪若造二逆罪則二倍五逆具者
罪亦五倍大王我今定知王之惡業必不得
免唯願大王速往佛所除佛世尊餘无能救我
今愍汝故相勸導尒時大王聞是語已心
懷怖懼舉身戰慄五體枕動如芭蕉樹仰
而荅曰汝為是誰不現色像而但有聲大王
吾是汝父頻婆娑羅汝今當隨耆婆所說莫
隨耶見六臣之言時王聞已悶絕躃地身瘡
增劇臭穢倍前雖以冷藥塗而治之瘡烝毒
熱但增无損尒時世尊在雙樹閒見阿闍世悶
絕躃地即告大眾我今當為是王住世至无量
劫不入涅槃迦葉菩薩白佛言世尊如來當
為无量眾生不入涅槃何故獨為阿闍世王

熱但增无損尒時世尊在雙樹閒見阿闍世悶
絕躃地即告大眾我今當為是王住世至无量
劫不入涅槃迦葉菩薩白佛言世尊如來當
為无量眾生不入涅槃何故獨為阿闍世王
佛言善男子是大眾中无有一人謂我必定
入於涅槃阿闍世王定謂我當畢竟永滅是
故悶絕自投於地善男子如我所言為阿闍
世不入涅槃如是密義汝未能解何以故我
言為者一切凡夫阿闍世者普及一切造五
逆者又復為者即是一切有為眾生我終不
為无為眾生而住於世何以故夫无為者非
眾生也阿闍世者即是具足煩惱等者又
復為者即是不見佛性眾生若見佛性我終
不為久住於世何以故見佛性者非眾生也
阿闍世者即是一切未發阿耨多羅三藐三
菩提心者又復為者即是阿難迦葉二眾阿
闍世者即是阿闍世王後宮妃后及王舍城一
切婦人又復為者名為佛性言阿闍者名為
不生世者名怨以不生佛性故則煩惱怨生
煩惱怨生故不見佛性以不生煩惱故則見
佛性以見佛性則得安住大般涅槃是名
不生是故名為阿闍世善男子阿闍者名
不生不生者名涅槃世名世法為者名不汙
以世八法所不汙故无量无邊阿僧祇劫不
入涅槃是故我言為阿闍世无量億劫不入
涅槃善男子如來密語不可思議佛法眾僧

闍世者即是阿闍世王後宮妃后及王舍城一
切婦人又復為者名為佛性言阿闍者名為
不生世者名怨以不生佛性故則煩惱怨生
煩惱怨生故不見佛性以不生煩惱故則見
佛性以見佛性則得安住大般涅槃是名
不生是故名為阿闍世善男子阿闍者名
不生不生者名涅槃世名世法為者名不汙
以世八法所不汙故无量无邊阿僧祇劫不
入涅槃是故我言為阿闍世无量億劫不入
涅槃善男子如来密語不可思議佛法眾僧
亦不可思議菩薩摩訶薩亦不可思議大涅
槃経亦不可思議

大般涅槃経卷第十九

BD14470號　大般涅槃經（北本　異卷）卷一九　（23–23）

見佛世尊自絶瓔珞舉身投地號
泣向佛白言世尊我宿何罪生此惡子世尊
復有何等因緣與提婆達多共為眷屬唯
願世尊為我廣說无憂惱處我當往生不樂閻
浮提濁惡世也此濁惡處地獄餓鬼畜生盈
滿多不善聚願我未来不聞惡聲不見惡人
今向世尊五體投地求哀懺悔唯願佛日教
我觀於清淨業處
尒時世尊放眉間光其光金色遍照十方无
量世界還住佛頂化為金臺如須弥山十方
諸佛淨妙國土皆於中現或有國土七寶合
成復有國土純是蓮華復有國土如自在天
宮復有國土如頗梨鏡十方國土皆於中現
有如是等无量諸佛國土嚴顯可觀令韋提
希見時韋提希白佛言世尊是諸佛土雖復
清淨皆有光明我今樂生極樂世界阿弥陀
佛所唯願世尊教我思惟教我正受
尒時世尊即便微笑有五色光從佛口出一

BD14471號　觀無量壽佛經卷二　（19–1）

有如是等无量諸佛國土嚴顯可觀令韋提
希見時韋提希白佛言世尊是諸佛土雖復
清淨皆有光明我今樂生極樂世界阿弥陁
佛所唯願世尊教我思惟教我正受
尒時世尊即便微笑有五色光從佛口出一一
光照頻婆娑羅頂尒時大王雖在幽閉心
眼无鄣遙見世尊頭面作礼自然增進成阿
那含
尒時世尊告韋提希汝今知不阿弥陁佛去
此不遠汝當繫念諦觀彼國淨業成者我今
為汝廣說衆譬亦令未來世一切凡夫欲脩
淨業者得生西方極樂國土欲生彼國者當
脩三福一者孝養父母奉事師長慈心不殺
脩十善業二者受持三歸具足衆戒不犯威
儀三者發菩提心深信因果讀誦大乘勸
進行者如此三事名為淨業佛告韋提希
汝今知不此三種業過去未來現在三世諸佛
淨業正因
佛告阿難及韋提希諦聽諦聽善思念之
如來今者為未來世一切衆生為煩惱賊之所
害者說清淨業善哉韋提希快問此事阿難
汝當受持廣為多衆宣說佛語如來今者教
韋提希及未來世一切衆生觀於西方極樂
世界以佛力故當得見彼清淨國土如執明
鏡自見面像見彼國土極妙樂事心歡喜故
應時即得无生法忍
佛告韋提希汝是凡夫心想羸劣未得天

世界以佛力故當得見彼清淨國土如執明
鏡自見面像見彼國土極妙樂事心歡喜故
應時即得无生法忍
佛告韋提希汝是凡夫心想羸劣未得天
眼不能遠觀諸佛如來有異方便令汝得見時
韋提希白佛言世尊如我今者以佛力故見
彼國土若佛滅後諸衆生等濁惡不善五苦
所逼云何當見阿弥陁佛極樂世界佛告韋
提希汝及衆生應當專心繫念一處想於西
方云何作想凡作想者一切衆生自非生盲
有目之徒皆見日沒當起想念正坐西向諦
觀於日令心堅住專想不移見日欲沒狀如
懸鼓既見日已閉目開目皆令明了是為日想
名曰初觀
次作水想見水澄清亦令明了无分散意既
見水已當起冰想見冰映徹作瑠璃想此想
成已見瑠璃地內外映徹下有金剛七寶金
幢擎瑠璃地其幢八方八楞具足一一方面百
寶所成一一寶珠有千光明一一光明八万四千
色映瑠璃地如億千日不可具見瑠璃地上
以黃金繩雜廁間錯以七寶界分齊分明
一一寶中有五百色光其光如華又似
星月懸處虛空成光明臺樓閣千万百寶
合成於臺兩邊各有百億華幢无量樂器以
為莊嚴八種清風從光明出鼓此樂器演說
苦空无常无我之音是為水想名第二觀
此想成時一一觀之極令了了閉目開目不

一寶中有五百色光其光如華又似
星月懸處虛空成光明臺樓閣千万百寶
合成於臺兩邊各有百億華幢无量樂器以
為莊嚴八種清風從光明出皷此樂器演說
苦空无常无我之音是為水想名第二觀
此想成時一一觀之極令了了閉目開目不
令散失唯除食時恒憶此事如此想者名為
粗見極樂國土若得三昧見彼國地了了分
明不可具說是為地想名第三觀
佛告阿難汝持佛語為未來世一切大衆欲
脫苦者說是觀地法若觀是地者除八十億
劫生死之罪捨身他世必生淨國心得无疑
作是觀者名為正觀若他觀者名為耶觀佛
告阿難及韋提希地想成已次觀寶樹觀寶
樹者一一觀之作七重行樹想一一樹高八
千由旬其諸寶樹七寶華葉无不具足一一
華葉作異寶色瑠璃色中出金色光頗梨色
中出五色光馬瑙色中出車𤦲光車𤦲色中
出綠真珠光珊瑚虎珀一切衆寶以為映飾
妙真珠網弥覆樹上一一樹上有七重網一
一網間有五百億妙華宮殿如梵王宮諸天
童子自然在中一一童子五百億釋迦毗楞
伽摩尼以為瓔珞其摩尼光照百由旬如和
合百億日月不可具名衆寶間錯色中上者
此諸寶林行行相當葉葉相次於衆葉間生
諸妙華華上自然有七寶菓一一樹葉縱廣
正等廿五由旬其葉千色有百種畫如天瓔
珞有衆妙華作閻浮檀金色如旋火輪婉轉

BD14471號　觀無量壽佛經卷二　(19–4)

童子自然在中一一童子五百億釋迦毗楞
伽摩尼以為瓔珞其摩尼光照百由旬如和
合百億日月不可具名衆寶間錯色中上者
此諸寶林行行相當葉葉相次於衆葉間生
諸妙華華上自然有七寶菓一一樹葉縱廣
正等廿五由旬其葉千色有百種畫如天瓔
珞有衆妙華作閻浮檀金色如旋火輪婉轉
葉間踊生諸菓如帝釋瓶有大光明化成幢
幡无量寶蓋是寶蓋中映現三千大千世界
一切佛事十方佛國亦於中現見此樹已亦
當次第一一觀之觀見樹莖枝葉華菓皆令
分明是為樹想名第四觀
次當想水想水者極樂國土有八池水一一
池水七寶所成其寶柔濡從如意珠王生分
為十四枝一一枝作七寶色黃金為渠渠下
皆以新色金剛以為底沙一一水中有六十
億七寶蓮華一一蓮華團圓正等十二由旬
其摩尼水流注華間尋樹上下其聲微妙演
說苦空无常无我諸波羅蜜復有讚歎諸佛
相好者如意珠王踊出金色微妙光明其光
化為百寶色鳥和鳴哀雅常讚念佛念法念
僧是為八功德水想名第五觀
衆寶國土一一界上五百億寶樓其樓閣中
有无量諸天作天伎樂又有樂器懸處虛空
如天寶幢不皷自鳴此衆音中皆說念佛念
法念比丘僧此想成已名為粗見極樂世界
寶樹寶地寶池是為惣觀想名第六觀若見
此者除无量億劫極重惡業命終之後必生

BD14471號　觀無量壽佛經卷二　(19–5)

有无量諸天作天伎樂又有樂器懸處虛空
如天寶幢不皷自鳴此衆音中皆説念佛念
法念比丘僧此想成已名為粗見極樂世界
寶樹寶地寶池是為摠觀想名第六觀若見
此者除无量億劫極重悪業命終之後必生
彼國作是觀者名為正觀若他觀者名為耶
觀
佛告阿難及韋提希諦聽諦聽善思念之佛
當為汝分別解説除苦惱法汝等憶持廣為
大衆分別解説説是語時无量壽佛住立空
中觀世音大勢至是二大士侍立左右光明
熾盛不可具見百千閻浮檀金色不得為比
時韋提希見无量壽佛已接足作礼白佛言
世尊我今因佛力故得見无量壽佛及二菩
薩未来衆生當云何觀无量壽佛及二菩薩
佛告韋提希欲觀彼佛者當起想念於七寶
地上作蓮華想令其蓮華一一葉作百寶色
有八万四千脉猶如天畫脉有八万四千光
了了分明皆令得見華葉小者縱廣二百五
十由旬如是華有八万四千葉一一葉間有
百億摩尼珠王以為暎餝一一摩尼放千光
明其光如蓋七寶合成遍覆地上釋迦毗楞
伽寶以為其臺此蓮華臺八万金剛甄叔迦
寶梵摩尼寶妙真珠網以為交餝於其臺上
自然而有四柱寶幢一一寶幢如百千万億
須弥山幢上寶縵如夜摩天宮有五百億微
妙寶珠以為暎餝一一寶珠有八万四千光

BD14471 號　觀無量壽佛經卷二　（19–6）

寶梵摩尼寶妙真珠網以為交餝於其臺上
自然而有四柱寶幢一一寶幢如百千万億
須弥山幢上寶縵如夜摩天宮有五百億微
妙寶珠以為暎餝一一寶珠有八万四千光
一一光作八万四千異種金色一一金光遍
其寶土處處變化各作異相或為金剛臺或
作真珠網或作雜華雲於十方面隨意變現
施作佛事是為華想名第七觀佛告阿難如
此妙華是本法藏比丘願力所成若欲念彼
佛者當先作此華坐想作此想時不得雜觀
皆應一一觀之一一葉一一珠一一光一一
臺一一幢皆令分明如於鏡中自見面像此
想成者滅除五万劫生死之罪必定當生極
樂世界作是觀者名為正觀若他觀者名為
耶觀
佛告阿難及韋提希見此事已次當想佛所
以者何諸佛如来是法界身入一切衆生心
想中是故汝等心想佛時是心即是卅二相
八十隨形好是心作佛是心是佛諸佛正遍
知海從心想生是故應當一心繫念諦觀彼
佛多陁阿伽度阿羅呵三藐三佛陁想彼佛
者先當想像閉目開目見一寶像如閻浮檀
金色坐彼華上既見坐已心眼得開了了分
明見極樂國七寶莊嚴寶地寶池寶樹行列
諸天寶縵弥覆其上衆寶羅網滿虛空中見
如此事極令明了如觀掌中見此事已復當

BD14471 號　觀無量壽佛經卷二　（19–7）

金色坐彼華上既見坐已心眼得開了了分
明見極樂國七寶莊嚴寶地寶池寶樹行列
諸天寶縵弥覆其上衆寶羅網滿虛空中見
如此事極令明了如觀掌中見此事已復當
更作一大蓮華在佛左邊如前蓮華等无有
異復作一大蓮華在佛右邊想一觀世音菩
薩像坐左蓮坐亦放金色光如前无異想一大
勢至菩薩像坐右華坐此想成時佛菩薩像
皆放金色光其光金色照諸寶樹一一樹下
亦有三蓮華諸蓮華上各有一佛二菩薩像
遍滿彼國此想成時行者當聞水流光明及
諸寶樹鳧鴈鴛鴦皆說妙法出定入定恒聞
妙法行者所聞出定之時憶持不捨令與脩
多羅合若不合者名為妄想若合者名為麁
想見極樂世界是為像想名第八觀作是觀
者除无量億劫生死之罪於現身中得念佛
三昧
佛告阿難此想成已次當更觀无量壽佛身
相光明阿難當知无量壽佛身如百千万億
夜摩天閻浮檀金色佛身高六十万億那由
他恒河沙由旬眉間白毫右旋婉轉如五須
弥山佛眼如四大海水清白分明身諸毛孔
演出光明如須弥山彼佛圓光如百億三千
大千世界於圓光中有百万億那由他恒河
沙化佛一一化佛亦有衆多无數化菩薩以
為侍者无量壽佛有八万四千相一一相各
有八万四千隨形好一一好復有八万四千

弥山佛眼如四大海水清白分明身諸毛孔
演出光明如須弥山彼佛圓光如百億三千
大千世界於圓光中有百万億那由他恒河
沙化佛一一化佛亦有衆多无數化菩薩以
為侍者无量壽佛有八万四千相一一相各
有八万四千隨形好一一好復有八万四千
光明一一光明遍照十方世界念佛衆生攝
取不捨其光相好及與化佛不可具說但當
憶想令心眼見見此事者即見十方一切諸
佛以見諸佛故名念佛三昧作是觀者名觀
一切佛身以觀佛身故亦見佛心佛心者大
慈悲是以无緣慈攝諸衆生作此觀者捨身
他世生諸佛前得无生法忍是故智者應當
繫心諦觀无量壽佛觀无量壽佛者從一相
好入但觀眉間白毫極令明了見眉間白毫
者八万四千相好自然當見見无量壽佛者
即見十方无量諸佛得見无量諸佛故諸佛
現前授記是為遍觀一切色想名第九觀作
此觀者名為正觀若他觀者名為邪觀
佛告阿難及韋提希見无量壽佛了了分明
已次應觀觀世音菩薩此菩薩身長八十億
那由他由旬身紫金色頂有宍髻項有圓光
面各有百千由旬其圓光中有五百化佛如
釋迦牟尼佛一一化佛有五百菩薩无量諸
天以為侍者舉身光中五道衆生一切色相
皆於中現頂上毗楞伽摩尼寶以為天冠其
天冠中有一立化佛高廿五由旬觀世音菩

釋迦牟尼佛一一化佛有五百菩薩无量諸
天以為侍者舉身光中五道衆生一切色相
皆於中現頂上毗楞伽摩尼寶以為天冠其
天冠中有一立化佛高廿五由旬觀世音菩
薩面如閻浮檀金色眉間豪相備七寶色流
出八万四千種光明一一光明有无量无數
百千化佛一一化佛无數菩薩以為侍者變
現自在滿十方世界譬如紅蓮華色有八十
億光明以為瓔珞其瓔珞中普現一切諸莊
嚴事手掌作五百億雜蓮華色手十指端一
一指端有八万四千畫猶如印文一一畫有
八万四千色一一色有八万四千光其光柔
濡普照一切以此寶手接引衆生舉足時足
下有千輻輪相自然化成五百億光明臺下
足時有金剛摩尼華布散一切莫不彌滿其
餘身相衆好具足如佛无異唯頂上肉髻及
无見頂相不及世尊是為觀觀世音菩薩真
實色身想名第十觀佛告阿難若欲觀觀世
音菩薩當作是觀作是觀者不遇諸禍淨除
業鄣除无數劫生死之罪如此菩薩但聞其
名獲无量福何況諦觀若有欲觀觀世音菩
薩者先觀頂上肉髻次觀天冠其餘衆相亦
次第觀之亦令明了如觀掌中作是觀者名
為正觀若他觀者名為耶觀
次觀大勢至菩薩此菩薩身量大小亦如觀
世音圓光面各百廿五由旬照二百五十由
旬舉身光明照十方國作紫金色有緣衆生

BD14471 號　觀無量壽佛經卷二　(19–10)

次第觀之亦令明了如觀掌中作是觀者名
為正觀若他觀者名為耶觀
次觀大勢至菩薩此菩薩身量大小亦如觀
世音圓光面各百廿五由旬照二百五十由
旬舉身光明照十方國作紫金色有緣衆生
皆悉得見但見此菩薩一毛孔光即見十方
无量諸佛淨妙光明是故号此菩薩名无邊
光以智慧光普照一切令離三塗得无上力
是故号此菩薩名大勢至此菩薩天冠有五
百寶華一一寶華有五百寶臺一一臺中十
方諸佛淨妙國土廣長之相皆於中現頂上
肉髻如鉢頭摩華於肉髻上有一寶瓶盛諸光
明普照佛事餘諸身相如觀世音等无有異
此菩薩行時十方世界一切震動當地動處有
五百億寶華一一寶華莊嚴高顯如極樂世
界此菩薩坐時七寶國土一時動搖從下方
金光佛剎乃至上方光明王佛剎於其中間
无量塵數分身无量壽佛分身觀世音大勢
至皆悉雲集極樂國土側塞空中坐蓮華
坐演說妙法度苦衆生作此觀者名為正觀大
勢至菩薩是為觀大勢至色身相觀此菩薩
者名第十一觀除无量阿僧祇生死之罪作
是觀者不處胞胎常遊諸佛淨妙國土此觀
成已名為具足觀觀世音大勢至
見此事時當起自心生於西方極樂世界於
蓮華中結跏趺坐作蓮華合想作蓮華開想
蓮華開時有五百色光來照身想眼目開想
見佛菩薩滿虛空中水鳥樹林及與諸佛所

BD14471 號　觀無量壽佛經卷二　(19–11)

是觀者不處胞胎常遊諸佛淨妙國土此觀
成已名為具足觀觀世音大勢至
見此事時當起自心生於西方極樂世界於
蓮華中結跏趺坐作蓮華合想作蓮華開想
蓮華開時有五百色光來照身想眼目開想
見佛菩薩滿虛空中水鳥樹林及與諸佛所
出音聲皆演妙法與十二部經合出定之時
憶持不失見此事已名見无量壽佛極樂世
界是為普觀想名第十二觀无量壽佛化身
无數與觀世音大勢至常來至此行人之所
佛告阿難及韋提希若欲至心生西方者先
當觀於一丈六像在池水上如先所說无量
壽佛身量无邊非是凡夫心力所及然彼如
來宿願力故有憶想者必得成就但想佛像
得无量福況復觀佛具足身相阿弥陁佛神
通如意於十方國變現自在或現大身滿虛
空中或現小身丈六八尺所現之形皆真金
色圓光化佛及寶蓮華如上所說觀世音
菩薩及大勢至於一切處身同眾生但觀首
相知是觀世音菩薩知是大勢至此二菩薩
助阿弥陁普化一切是為雜觀想名第十三觀
佛告阿難及韋提希上品上生者若有眾生
願生彼國者發三種心即便往生何等為三
一者至誠心二者深心三者迴向發願心具
三心者必生彼國復有三種眾生當得往生
何等為三一者慈心不殺具諸戒行二者讀
誦大乘方等經典三者脩行六念迴向發願

BD14471 號　觀無量壽佛經卷二　（19–12）

願生彼國者發三種心即便往生何等為三
一者至誠心二者深心三者迴向發願心具
三心者必生彼國復有三種眾生當得往生
何等為三一者慈心不殺具諸戒行二者讀
誦大乘方等經典三者脩行六念迴向發願
願生彼國具此功德一日乃至七日即得往
生生彼國時此人精進勇猛故阿弥陁如
來與觀世音大勢至无數化佛百千比丘聲
聞大眾无量諸天七寶宮殿觀世音菩薩執金
剛臺與大勢至菩薩至行者前阿弥陁佛放
大光明照行者身與諸菩薩授手迎接觀
世音大勢至與无數菩薩讚嘆行者勸進其
心行者見已歡喜踊躍自見其身乘金剛臺隨
從佛後如彈指頃往生彼國生彼國已見佛
色身眾相具足見諸菩薩色相具足光明寶
林演說妙法聞已即悟无生法忍經須臾間
歷事諸佛遍十方界於諸佛前次第授記還
至本國得无量百千陁羅尼門是名上品上
生者
上品中生者不必受持讀誦方等經典善解
義趣於第一義心不驚動深信因果不謗大
乘以此功德迴向願求生極樂國行此行者
命欲終時阿弥陁佛與觀世音大勢至无量
大眾眷屬圍遶持紫金臺至行者前讚言法
子汝行大乘解第一義是故我今來迎接汝
與千化佛一時授手行者自見坐紫金臺合
掌叉手讚嘆諸佛如一念頃即生彼國七寶

BD14471 號　觀無量壽佛經卷二　（19–13）

命欲終時阿弥陁佛與觀世音大勢至无量
大衆眷屬圍遶持紫金臺至行者前讚言法
子汝行大乘解第一義是故我今來迎接汝
與千化佛一時授手行者自見坐紫金臺合
掌叉手讚嘆諸佛如一念頃即生彼國七寶
池中此紫金臺如大寶華經宿即開行者身
作紫磨金色足下亦有七寶蓮華佛及菩薩
俱時放光照行者身目即開明因前宿習普
聞衆聲純說甚深第一義諦即下金臺礼佛
合掌讚嘆世尊經於七日應時即於阿耨多
羅三藐三菩提得不退轉應時即能飛至十
方歷事諸佛於諸佛所脩諸三昧經一小劫
得无生忍現前授記是名上品中生者
上品下生者亦信因果不謗大乘但發无上
道心以此功德迴向願求生極樂國行者命
欲終時阿弥陁佛及觀世音大勢至與諸眷
屬持金蓮華化作五百化佛來迎此人五百化
佛一時授手讚言法子汝今清淨發无上道
心我來迎汝見此事時即自見身坐金蓮華
坐已華合隨世尊後即得往生七寶池中一
日一夜蓮華乃開七日之中乃得見佛雖見
佛身於衆相好心不明了於三七日後乃了
了見聞衆音聲皆演妙法遊歷十方供養諸
佛於諸佛前聞甚深法經三小劫得百法明
門住歡喜地是名上品下生者是名上華生
想名第十四觀
復次阿難及韋提希中品上生者若有衆生

了見聞衆音聲皆演妙法遊歷十方供養諸
佛於諸佛前聞甚深法經三小劫得百法明
門住歡喜地是名上品下生者是名上華生
想名第十四觀
復次阿難及韋提希中品上生者若有衆生
受持五戒持八戒齋脩行諸戒不造五逆无
衆過惡以此善根迴向願求生於西方極樂
世界臨命終時阿弥陁佛與諸比丘眷屬圍遶
放金色光至其人所演說苦空无常无我讚
嘆出家得離衆苦行者見已心大歡喜自
見己身坐蓮華臺長跪合掌為佛作礼未舉
頭頃即得往生極樂世界蓮華尋開當華
敷時聞衆音聲讚嘆四諦應時即得阿羅漢
道三明六通具八解脫是名中品上生者
中品中生者若有衆生若一日一夜受持八
戒齋若一日一夜持沙弥戒若一日一夜持具
足戒威儀无缺以此功德迴向願求生極樂
國戒香熏脩如此行者命欲終時見阿弥陁
佛與諸眷屬放金色光持七寶蓮華至行者
前行者自見空中有聲讚言善男子如汝善
人隨順三世諸佛教故我來迎汝行者自見
坐蓮華上蓮華即合生於西方極樂世界在
寶池中經於七日蓮華開敷華既敷已開目
合掌讚嘆世尊聞法歡喜得須陁洹經半劫
已成阿羅漢是名中品中生者
中品下生者若有善男子善女人孝養父
母行世仁慈此人命欲終時遇善知識為其廣

寶池中經七日蓮華乃敷華既敷已開目
合掌讚歎世尊聞法歡喜得須陀洹經半劫
已成阿羅漢是名中品中生者
中品下生者若有善男子善女人孝養父
母行世仁慈此人命欲終時遇善知識為其廣
說阿彌陀佛國土樂事亦說法藏比丘卌八
大願聞此事已尋即命終譬如壯士屈申臂
頃即生西方極樂世界生經七日遇觀世音
及大勢至聞法歡喜過一小劫成阿羅漢是
名中品下生者是名中輩生想名第十五觀
復次阿難及韋提希下品上生者或有衆生
作衆惡業雖不誹謗方等經典如此愚人多
造衆惡无有慙愧命欲終時遇善知識為讚
大乘十二部經首題名字以聞如是諸經名
故除却千劫極重惡業智者復教合掌叉手
稱南无阿彌陀佛稱佛名故除五十億劫生死
之罪尒時彼佛即遣化佛化觀世音化大
勢至至行者前讚言善男子汝稱佛名故諸
罪消滅我來迎汝作是語已行者即見化佛
光明遍滿其室見已歡喜即便命終乘寶蓮
華隨化佛後生寶池中經七七日蓮華乃敷
當華敷時大悲觀世音菩薩放大光明住其
人前為說甚深十二部經聞已信解發无上
道心經十小劫具百法明門得入初地是名
下品上生者得聞佛名法名及聞僧名聞三
寶名即得往生
復次阿難及韋提希下品中生者或有衆生

BD14471號　觀無量壽佛經卷二　（19–16）

道心經十小劫具百法明門得入初地是名
下品上生者得聞佛名法名及聞僧名聞三
寶名即得往生
復次阿難及韋提希下品中生者或有衆生
毀犯五戒八戒及具足戒如此愚人偷僧祇
物盜現前僧物不淨說法无有慙愧以諸惡
業而自莊嚴如此罪人以惡業故應墮地獄
命欲終時地獄衆火一時俱至遇善知識以
大慈悲為說阿彌陀佛十力威德廣說彼佛
光明神力亦讚戒定慧解脫解脫知見此人
聞已除八十億劫生死之罪地獄猛火化為
清涼風吹諸天華華上皆有化佛菩薩迎接
此人如一念頃即得往生七寶池中蓮華之
內經於六劫蓮華乃敷觀世音大勢至以梵
音聲安慰彼人為說大乘甚深經典聞此法
已應時即發无上道心是名品中生者
佛告阿難及韋提希下品下生者或有衆生
作不善業五逆十惡具諸不善如此愚人以
惡業故應墮惡道經歷多劫受苦无窮如此
愚人臨命終時遇善知識種種安慰為說妙
法教令念佛彼人苦逼不遑念佛善友告言
汝若不能念者應稱无量壽佛如是至心令
聲不絕具足十念稱南无佛稱佛名故於念
念中除八十億劫生死之罪命終之後見金
蓮華猶如日輪住其人前如一念頃即得往
生極樂世界於蓮華中滿十二大劫蓮華方
開觀世音大勢至以大悲音聲為其廣說諸

BD14471號　觀無量壽佛經卷二　（19–17）

聲不絕具足十念稱南无佛稱佛名故於念
念中除八十億劫生死之罪命終之後見金
蓮華猶如日輪住其人前如一念頃即得往
生極樂世界於蓮華中滿十二大劫蓮華方
開觀世音大勢至以大悲音聲為其廣說諸
法實相除滅罪法聞已歡喜應時ノ發菩提
之心是名下品下生者是名下輩生想名
第十六觀
說是說時韋提希與五百侍女聞佛所說應
時即見極樂世界廣長之想得見佛身及二
菩薩心生歡喜歎未曾有廓然大悟逮无生
忍五百侍女發阿耨多羅三藐三菩提心願
生彼國世尊悉記皆當往生生彼國已得
諸佛現前三昧无量諸天發无上道心
尒時阿難即從坐起前白佛言世尊當何名
此經此法之要當云何受持佛告阿難此經
名觀極樂國土无量壽佛觀世音菩薩大勢
至菩薩亦名淨除鄣生諸佛前汝當受持无
令忘失行此三昧者現身得見无量壽佛
及二大士若善男子善女人但聞佛名二菩
薩名除无量劫生死之罪何況憶念若念
佛者當知此人是人中分陁利華觀世音菩薩
大勢至菩薩為其勝友當坐道場生諸佛家
佛告阿難汝好持是語持是語者即是持无
量壽佛名佛說此語時尊者目揵連阿難及
韋提希等聞佛所說皆大歡喜
尒時世尊足步虛空還耆闍崛山尒時阿難

BD14471號　觀無量壽佛經卷二　（19–18）

至菩薩亦名淨除鄣生諸佛前汝當受持无
令忘失行此三昧者現身得見无量壽佛
及二大士若善男子善女人但聞佛名二菩
薩名除无量劫生死之罪何況憶念若念
佛者當知此人是人中分陁利華觀世音菩薩
大勢至菩薩為其勝友當坐道場生諸佛家
佛告阿難汝好持是語持是語者即是持无
量壽佛名佛說此語時尊者目揵連阿難及
韋提希等聞佛所說皆大歡喜
尒時世尊足步虛空還耆闍崛山尒時阿難
廣為大眾說如上事无量諸天龍夜叉聞佛
所說皆大歡喜礼佛而退

佛說无量壽觀經

BD14471號　觀無量壽佛經卷二　（19–19）

具足一切功德者　演說五住淨妙法
第六正心真佛子　解真實法離愚癡
於一切世天人中　正念思惟滅塵妄
聞讚毀佛及佛法　一切菩薩所行道
衆生有量若无量　於佛法中心不動
衆生有垢若无垢　或有易度或難度
法界有量若无量　世界有成或有敗
或聞法若有　无　過去未來今現在
菩薩於此一切法　專念觀察心不動
觀一切法无性相　其義真實如虛空
猶如幻化夢所見　是人於法為真解
第七不退真佛子　聞有諸佛菩薩法
聞无諸佛菩薩法　若出非出不退轉
過去未來及現在　一切諸佛有以无
若法起滅不起滅　若有一相若異相
若一即多多即一　義味寂滅悉平等
遠離一異顛倒相　是名菩薩不退住
若有法相及无相　若有法性及无性
二俱无實等虛空　如是知者必究竟

BD14472號　大方廣佛華嚴經（晉譯六十卷本　思溪本）卷八　（5–1）

過去未來及現在　一切諸佛有以无
若法起滅不起滅　若有一相若異相
若一即多多即一　義味寂滅悉平等
遠離一異顛倒相　是名菩薩不退住
若有法相及无相　若有法性及无性
二俱无實等虛空　如是知者必究竟
第八童真真佛子　身口意行悉具足
微妙清淨无染汙　隨意所欲自在生
悉知一切衆生心　善能觀察諸欲性
了衆生法无差別　十方世界成敗相
速逮一切妙神通　住詣十方諸佛剎
隨意自在无鄣导　聞說妙法悉受持
六種震動一切國　皆悉能持諸世界
梵音通滿一方切剎　度脫无量群生類
諮問佛義不可數　變化其身无有量
隨受化者演法言　如佛所說无有異
第九王子摩訶薩　悉能分別諸群生
善知輕重煩惱行　隨其所應方便度
善分別知諸法相　明達世界先後際
善解俗諦第一義　具足方便无有餘
善能了達法王處　隨順法王威儀法
善知安入法王法　善知分法別王界
第十灌頂真佛子　方便善持一切法
知法隨順入深義　悉能究竟分別說
悉度衆生无有餘　而於衆生不取相
寂滅不動學正念　悉在十方諸佛前
灌頂菩薩真佛子　悉能究竟諸勝法

BD14472號　大方廣佛華嚴經（晉譯六十卷本　思溪本）卷八　（5–2）

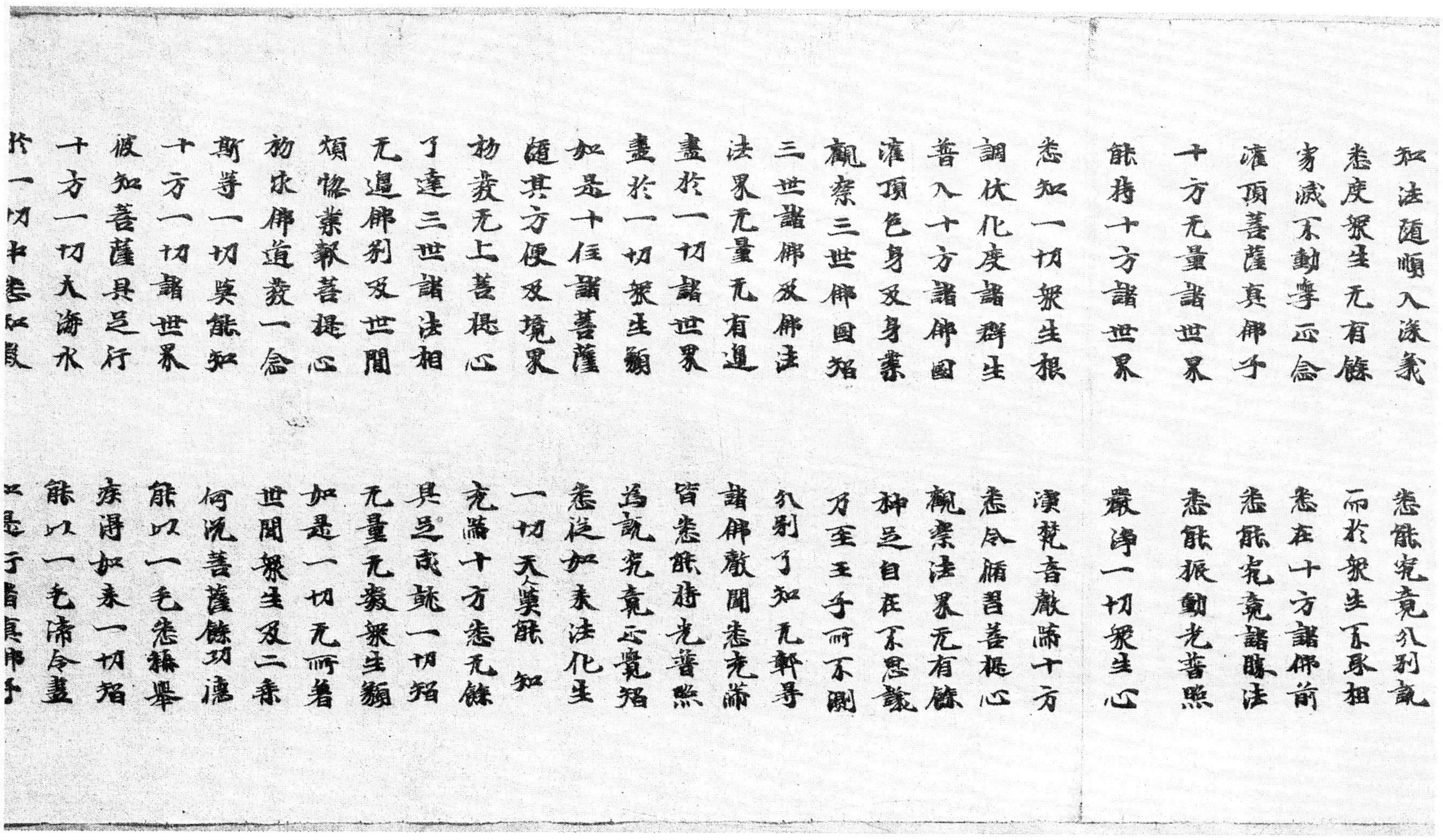

知法隨順入深義　悉能究竟分別說
悉度衆生无有餘　而於衆生不取相
寂滅不動專正念　悉在十方諸佛前
灌頂菩薩眞佛子　悉能究竟諸勝法
十方无量諸世界　悉能振動光普照
能持十方諸世界　嚴淨一切衆生心
悉知一切衆生根　演梵音聲滿十方
調伏化度諸群生　悉令脩習菩提心
普入十方諸佛國　觀察法界无有餘
灌頂色身及身業　神足自在不思議
觀察三世佛國土　乃至王子所不測
三世諸佛及佛法　分別了知无軒尋
法界无量无有邊　諸佛歡聞悉充滿
盡於一切諸世界　皆悉能持光普照
盡於一切衆生類　爲說究竟正覺智
如是十住諸菩薩　悉從如來法化生
隨其方便及境界　一切天人莫能知
初發无上菩提心　充滿十方悉无餘
了達三世諸法相　具足成就一切智
无邊佛刹及世間　无量无數衆生類
煩惱業報菩提心　如是一切无所著
初求佛道發一念　世間衆生及二乘
斯等一切莫能知　何況菩薩餘功德
十方一切諸世界　能以一毛悉稱舉
彼知菩薩具足行　疾得如來一切智
十方一切大海水　能以一毛渧令盡
於一切中悉知數　如是行者眞佛子

BD14472號　大方廣佛華嚴經（晉譯六十卷本　思溪本）卷八　（5–3）

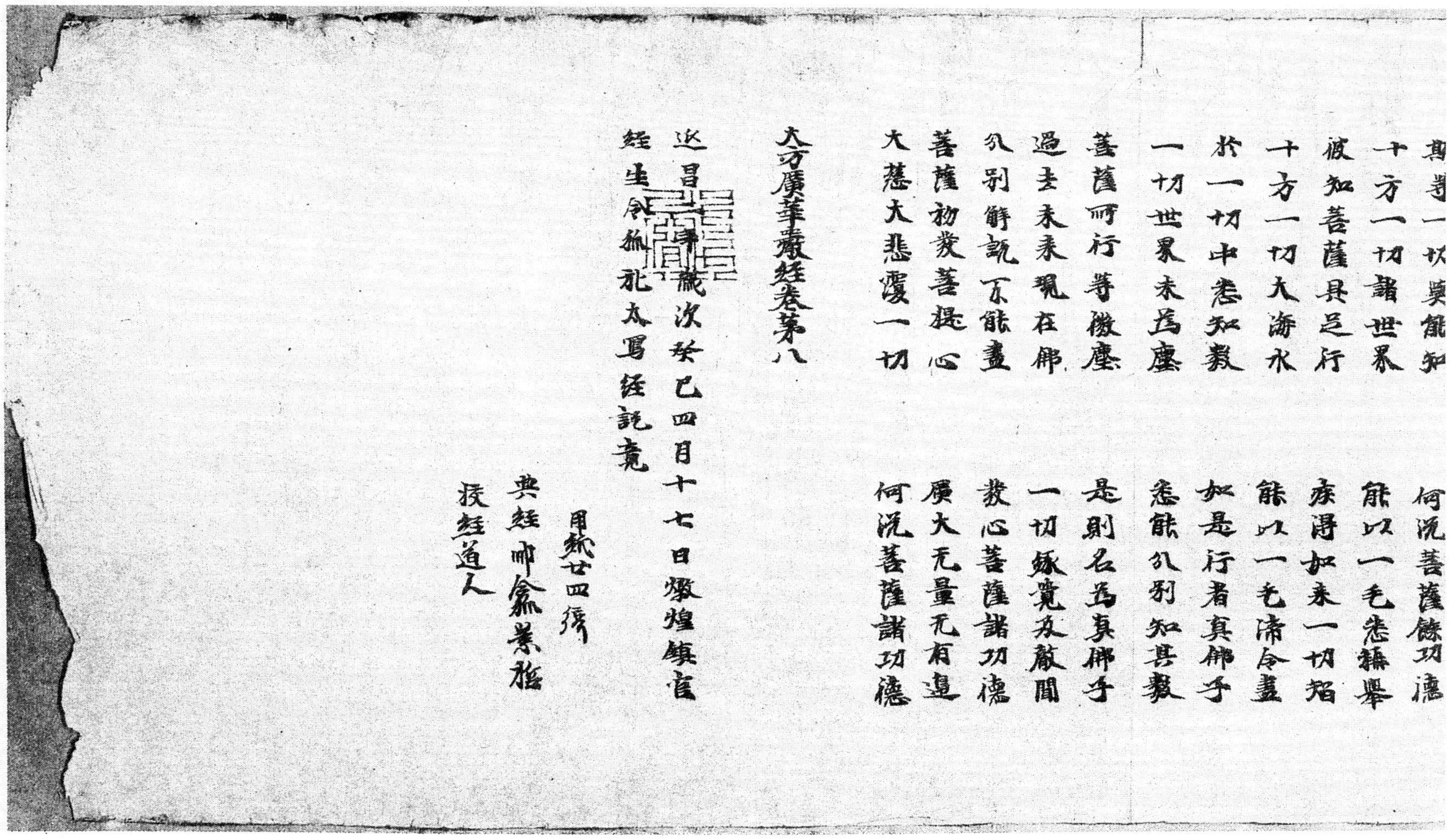

斯等一切莫能知　何況菩薩餘功德
十方一切諸世界　能以一毛悉稱舉
彼知菩薩具足行　疾得如來一切智
十方一切大海水　能以一毛渧令盡
於一切中悉知數　如是行者眞佛子
一切世界末爲塵　悉能分別知其數
菩薩所行等微塵　是則名爲眞佛子
過去未來現在佛　一切緣覺及聲聞
分別解說不能盡　發心菩薩諸功德
菩薩初發菩提心　廣大无量无有邊
大慈大悲覆一切　何況菩薩諸功德

大方廣華嚴經卷第八

延昌二年歲次癸巳四月十七日燉煌鎮官
經生令狐禮太寫經訖竟
用紙廿四張
典經帥令狐崇哲
校經道人

BD14472號　大方廣佛華嚴經（晉譯六十卷本　思溪本）卷八　（5–4）

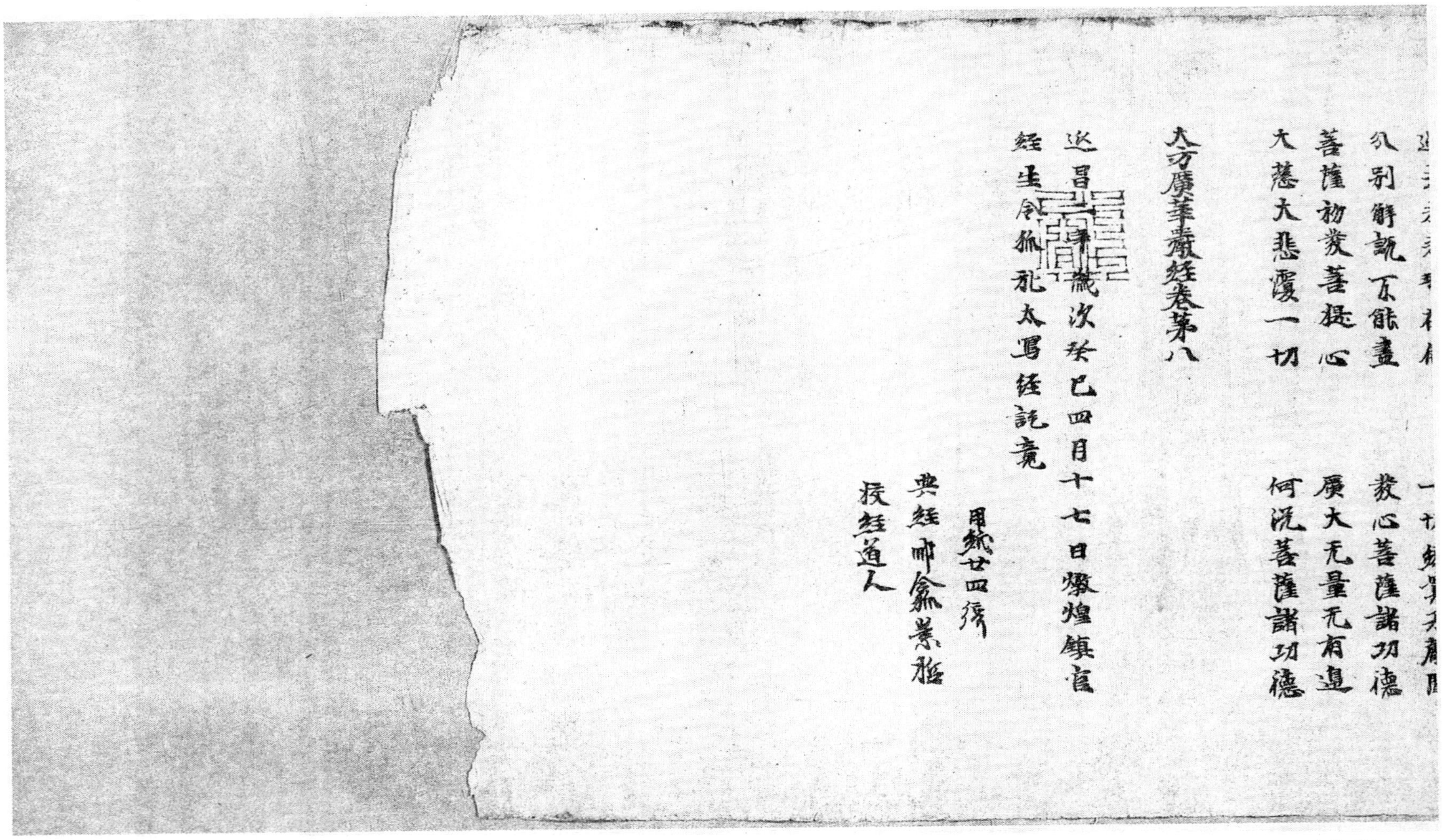
分别解說不能盡　發心菩薩諸功德
菩薩初發菩提心　廣大无量无有邊
大慈大悲覆一切　何況菩薩諸功德
大方廣華嚴經卷第八
延昌二年歲次癸巳四月十七日敦煌鎮官
經生令狐礼太寫經訖竟
用紙廿四張
典經師令狐崇哲
校經道人

BD14472 號　大方廣佛華嚴經（晉譯六十卷本　思溪本）卷八　（5–5）

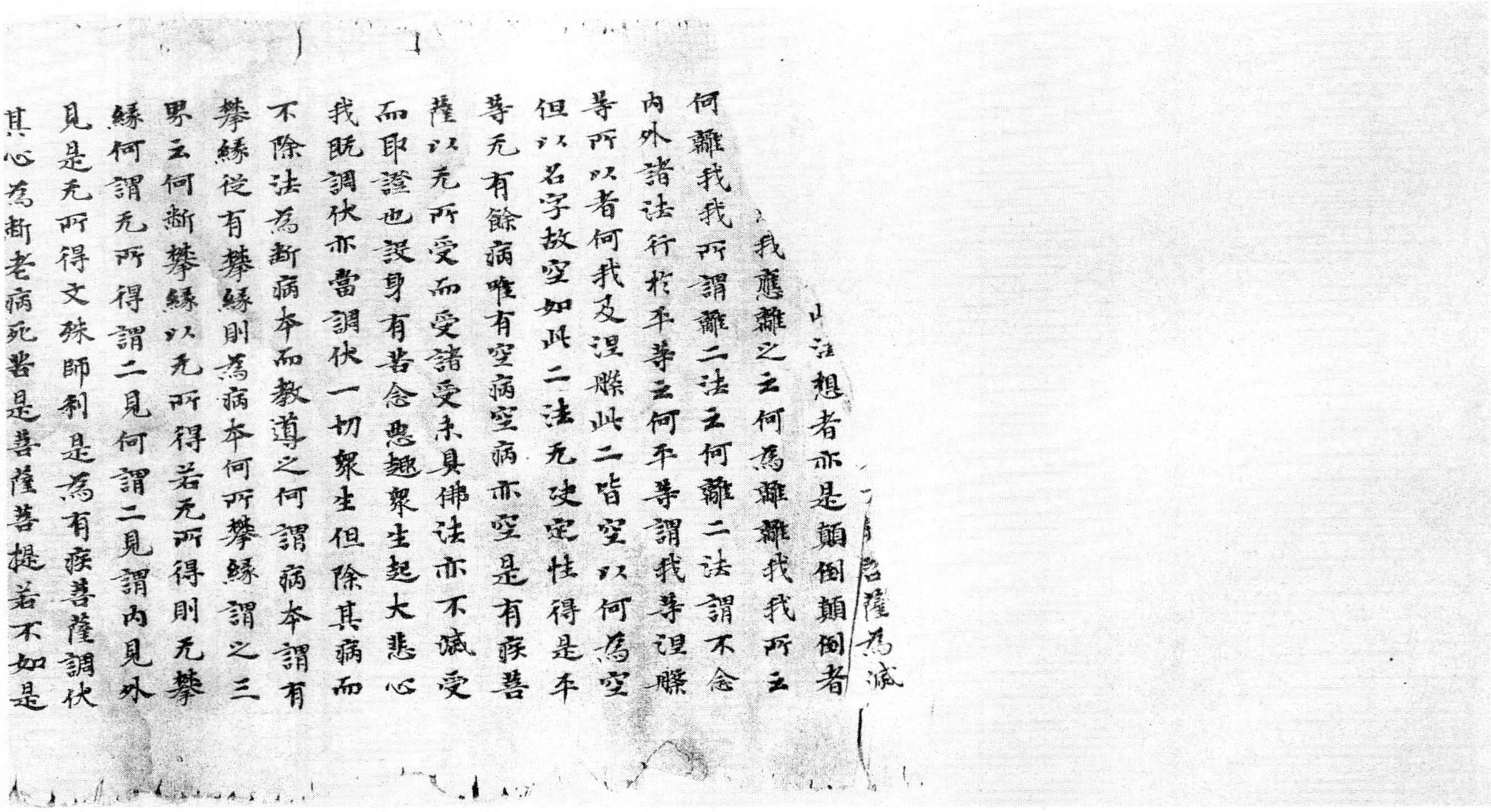
菩薩為滅
法想者亦是顛倒顛倒者
我應離之云何為離離我我所云
何離我我所謂離二法云何離二法謂不念
内外諸法行於平等云何平等謂我等涅槃
等所以者何我及涅槃此二皆空以何為空
但以名字故空如此二法无决定性得是平
等无有餘病唯有空病空病亦空是有疾菩
薩以无所受而受諸受未具佛法亦不滅受
而取證也設身有苦念惡趣衆生起大悲心
我既調伏亦當調伏一切衆生但除其病而
不除法為斷病本而教導之何謂病本謂有
攀緣從有攀緣則為病本何所攀緣謂之三
界云何斷攀緣以无所得若无所得則无攀
緣何謂无所得謂二見何謂二見謂内見外
見是无所得文殊師利是為有疾菩薩調伏
其心為斷老病死苦是菩薩菩提若不如是

BD14473 號　維摩詰所說經卷中　（25–1）

不除法為斷病本而教導之何謂病本謂有
攀緣從有攀緣則為病本何所攀緣謂之三
界云何斷攀緣以无所得若无所得則无攀
緣何謂无所得謂二見何謂二見謂內見外
見是无所得文殊師利是為有疾菩薩調伏
其心為斷老病死苦是菩薩菩提若不如是
已所脩治為无慧利辟如勝怨乃可為勇如
是兼除老病死者菩薩之謂也彼有疾菩薩
復應作是念如我此病非真非有衆生病亦
非真非有作是觀時於諸衆生若起愛見大
悲即應捨離所以者何菩薩斷除客塵煩惱
而起大悲愛見悲者則於生死有疲猒心若
能離此无有疲猒在在所生不為愛見之所
覆也所生无縛能為衆生說法解縛如佛所
說若自有縛能解彼縛无有是處若自无縛
能解彼縛斯有是處是故菩薩不應起縛何
謂縛何謂解貪著禪味是菩薩縛以方便生
是菩薩解又无方便慧縛有方便慧解无慧
方便縛有慧方便解何謂无方便慧縛謂菩
薩以愛見心莊嚴佛土成就衆生於空无相
无作法中而自調伏是名无方便慧縛何謂
有方便慧解謂不以愛見心莊嚴佛土成就
衆生於空无相无作法中以自調伏而不疲
猒是名有方便慧解何謂无慧方便縛謂菩
薩住貪欲瞋恚邪見等諸煩惱而殖衆德本
是名无慧方便縛何謂有慧方便解謂離諸
貪欲瞋恚邪見等諸煩惱而殖衆德本迴向

BD14473號　維摩詰所說經卷中　(25–2)

衆生於空无相无作法中以自調伏而不疲
猒是名有方便慧解何謂无慧方便縛謂菩
薩住貪欲瞋恚邪見等諸煩惱而殖衆德本
是名无慧方便縛何謂有慧方便解謂離諸
貪欲瞋恚邪見等諸煩惱而殖衆德本迴向
阿耨多羅三藐三菩提是名有慧方便解文
殊師利彼有疾菩薩應如是觀諸法又復觀
身无常苦空非我是名為慧雖身有疾常在
生死饒益一切而不猒惓是名方便又復觀
身身不離病病不離身是病是身非新非故
是名為慧設身有疾而不永滅是名方便文
殊師利有疾菩薩應如是調伏其心不住其
中亦復不住不調伏心所以者何若住不調
伏心是愚人法若住調伏心是聲聞法是故
菩薩不當住於調伏不調伏心離此二法是
菩薩行在於生死不為汙行住於泹縏不永
滅度是菩薩行非凡夫行非賢聖行是菩薩
行非垢行非淨行是菩薩行雖過魔行而現
降衆魔是菩薩行求一切智无非時求是菩
薩行雖觀諸法不生而不入正位是菩薩行
雖觀十二緣起而入諸邪見是菩薩行雖攝
一切衆生而不愛著是菩薩行雖樂遠離而
不依身心盡是菩薩行雖行三界而不壞法
性是菩薩行雖行於空而殖衆德本是菩薩
行雖行无相而度衆生是菩薩行雖行无作
而現受身是菩薩行雖行无起而起一切善
行是菩薩行雖行六波羅蜜而遍知衆生心
心數法是菩薩行雖行六通而不盡漏是菩

BD14473號　維摩詰所說經卷中　(25–3)

性是菩薩行雖行於空而殖衆德本是菩薩
行雖行无相而度衆生是菩薩行雖行无作
而現受身是菩薩行雖行无起而起一切善
行是菩薩行雖行六波羅蜜而遍知衆生心
心數法是菩薩行雖行六通而不盡漏是菩
薩行雖行四无量心而不貪著生於梵世是
菩薩行雖行禪定解脫三昧而不隨禪生是
菩薩行雖行四念處而不永離身受心法是
菩薩行雖行四正勤而不捨身心精進是菩
薩行雖行四如意足而得自在神通是菩薩
行雖行五根而分別衆生諸根利鈍是菩薩
行雖行五力而樂求佛十力是菩薩行雖行
七覺分而分別佛之智慧是菩薩行雖行八
正道而樂行无量佛法是菩薩行雖行止觀
助道之法而不畢竟墮於寂滅是菩薩行雖
行諸法不生不滅而以相好莊嚴其身是菩
薩行雖現聲聞辟支佛威儀而不捨佛法是
菩薩行雖知諸法究竟淨相而隨所應為現
其身是菩薩行雖觀諸佛國土永寂如空而
現種種清淨佛土是菩薩行雖得佛道轉于
法輪入於涅槃而不捨於菩提之道是菩薩
行說是語時文殊師利所將大衆其中八千
天子皆發阿耨多羅三藐三菩提心
不思議品第六
尒時舍利弗見此室中无有牀座作是念斯
諸菩薩大弟子衆當於何坐長者維摩詰知
其意語舍利弗言云何仁者為法來耶求牀

天子皆發阿耨多羅三藐三菩提心
不思議品第六
尒時舍利弗見此室中无有牀座作是念斯
諸菩薩大弟子衆當於何坐長者維摩詰知
其意語舍利弗言云何仁者為法來耶求牀
座耶舍利弗言我為法來非為牀座維摩詰
言唯舍利弗夫求法者不貪軀命何況牀座
夫求法者非有色受想行識之求非有界入
之求非有欲色无色之求唯舍利弗夫求法
者不著佛求不著法求不著衆求夫求法者
无見苦求无斷集求无造盡證脩道之求所
以者何法无戲論若言我當見苦斷集證滅
脩道是則戲論非求法也唯舍利弗法名寂
滅若行生滅是求生滅非求法也法名无染
若染於法乃至涅槃是則染著非求法也法
无行處若行於法是則行處非求法也法无
取捨若取捨法是則取捨非求法也法无處
所若著處所是則著處非求法也法名无相
若隨相識是則求相非求法也法不可住若
住於法是則住法非求法也法不可見聞覺
知若行見聞覺知是則見聞覺知非求法也
法名无為若行有為是求有為非求法也是
故舍利弗若求法者於一切法應无所求說
是語時五百天子於諸法中得法眼淨
尒時長者維摩詰問文殊師利仁者遊於无
量千万億阿僧祇國何等佛土有好上妙功
德成就師子之座文殊師利言居士東方度

是語時五百天子於諸法中得法眼淨
尒時長者維摩詰問文殊師利仁者遊於无
量千万億阿僧祇國何等佛土有好上妙功
德成就師子之座文殊師利言居士東方度
卅六恒河沙國有世界名須弥相其佛号須
弥燈王今現在彼佛身長八万四千由旬其
師子座高八万四千由旬嚴飾第一於是長
者維摩詰現神通力即時彼佛遣三万二千
師子座高廣嚴淨來入維摩詰室諸菩薩大
弟子釋梵四天王等昔所未見其室廣博悉
苞容三万二千師子座无所妨礙於毗耶離
城及閻浮提四天下亦不迫迮悉見如故尒
時維摩詰語文殊師利就師子座與諸菩薩
上人俱坐當自立身如彼坐像其得神通菩
薩即自變形為四万二千由旬坐師子座諸
新發意菩薩及大弟子皆不能昇尒時維摩
詰語舍利弗就師子座舍利弗言居士此座
高廣吾不能昇維摩詰言唯舍利弗為須弥
燈王如來作礼乃可得坐於是新發意菩薩
及大弟子即為須弥燈王如來作礼便得坐
師子座舍利弗言居士未曾有也如是小室
乃容受此高廣之座於毗耶離城无所妨礙
又於閻浮提聚落城邑及四天下諸天龍王
鬼神宮殿亦不迫迮維摩詰言唯舍利弗諸
佛菩薩有解脫名不可思議若菩薩住是解
脫者以須弥之高廣內芥子中无所增減須
弥山王本相如故而四天王忉利諸天不覺
不知己之所入唯應度者乃見須弥入芥子

BD14473 號　維摩詰所說經卷中　（25–6）

鬼神宮殿亦不迫迮維摩詰言唯舍利弗諸
佛菩薩有解脫名不可思議若菩薩住是解
脫者以須弥之高廣內芥子中无所增減須
弥山王本相如故而四天王忉利諸天不覺
不知己之所入唯應度者乃見須弥入芥子
中是名不可思議解脫法門又以四大海水
入一毛孔不嬈魚鼈黿鼉水性之屬而彼大
海本相如故諸龍鬼神阿脩羅等不覺不知
己之所入於此衆生亦无所嬈又舍利弗住不
可思議解脫菩薩斷取三千大千世界如陶
家輪著右掌中擲過恒河沙世界之外其中
衆生不覺不知己之所往又復還置本處都
不使人有往來想而此世界本相如故又舍
利弗或有衆生樂久住世而可度者菩薩即
演七日以為一劫令彼衆生謂之一劫或有
衆生不樂久住而可度者菩薩即促一劫以
為七日令彼衆生謂之七日又舍利弗住不
可思議解脫菩薩以一切佛土嚴飾之事集
在一國示於衆生又菩薩以一佛土衆生置
之右掌飛到十方遍示一切而不動本處又
舍利弗十方衆生供養諸佛之具菩薩於一
毛孔皆令得見又十方國土所有日月星宿
於一毛孔普使見之又舍利弗十方世界所
有諸風菩薩悉能吸著口中而身无損外諸
樹木亦不摧折又十方世界劫盡燒時以一
切火內於腹中火事如故而不為害又於下
方過恒河沙等諸佛世界取一佛土舉著上

BD14473 號　維摩詰所說經卷中　（25–7）

於一毛孔普使見之又舍利弗十方世界所
有諸風菩薩悉能吸著口中而身无損外諸
樹木亦不摧折又十方世界劫盡燒時以一
切火内於腹中火事如故而不為害又於下
方過恒河沙等諸佛世界取一佛土舉著上
方過恒河沙无數世界如持針鋒舉一棗葉
而无所嬈又舍利弗住不可思議解脫菩薩
能以神通現作佛身或現辟支佛身或現聲
聞身或現帝釋身或現梵王身或現世主身
或現轉輪王身又十方世界所有眾聲上中
下音皆能變之令作佛聲演出无常苦空无
我之音及十方諸佛所說種種之法皆於其
中普令得聞舍利弗我今略說菩薩不可思
議解脫之力若廣說者窮劫不盡是時大迦
葉聞說菩薩不可思議解脫法門歎未曾有
謂舍利弗譬如有人於盲者前現眾色像非
彼所見一切聲聞聞是不可思議解脫法門
不能解了為若此也智者聞是其誰不發阿
耨多羅三藐三菩提心我等何為永絶其根
於此大乘已如敗種一切聲聞聞是不可思
議解脫法門皆應號泣聲震三千大千世界
一切菩薩應大欣慶頂受此法若有菩薩信
解不可思議解脫門者一切魔眾无如之何
大迦葉說是語時三万二千天子皆發阿耨
多羅三藐三菩提心
尒時維摩詰語大迦葉仁者十方无量阿僧
祇世界中作魔王者多是住不可思議解脫

一切菩薩應大欣慶頂受此法若有菩薩信
解不可思議解脫門者一切魔眾无如之何
大迦葉說是語時三万二千天子皆發阿耨
多羅三藐三菩提心
尒時維摩詰語大迦葉仁者十方无量阿僧
祇世界中作魔王者多是住不可思議解脫
菩薩以方便力教化眾生現作魔王又迦葉
十方无量菩薩或有人從乞手足耳鼻頭目
髓腦血肉皮骨聚落城邑妻子奴婢象馬車
乘金銀琉璃車𤦲馬瑙珊瑚虎珀真珠珂貝
衣服飲食如此乞者多是住不可思議解脫
菩薩以方便力而往試之令其堅固所以者
何住不可思議解脫菩薩有威德力故行逼
迫示諸眾生如是難事凡夫下劣无有力勢
不能如是逼迫菩薩譬如龍象蹴踏非驢所
堪是名住不可思議解脫菩薩智慧方便之
門

觀眾生品第七

尒時文殊師利問維摩詰言菩薩云何觀於
眾生維摩詰言譬如幻師見所幻人菩薩觀
眾生為若此如智者見水中月如鏡中見其
面像如熱時炎如呼聲響如空中雲如水聚
沫如水上泡如芭蕉堅如電久住如第五大
如第六陰如第七情如十三入如十九界菩
薩觀眾生為若此如无色界色如燋穀牙如
須陁洹身見如阿那含入胎如阿羅漢三毒
如得忍菩薩貪恚毀禁如佛煩惱習如盲者

沫如水上泡如芭蕉堅如電久住如第五大
如第六陰如第七情如十三入如十九界菩
薩觀衆生為若此如无色界色如憔穀牙如
須陁洹身見如阿那舍入胎如阿羅漢三毒
如得忍菩薩貪恚毀禁如佛煩惱習如盲者
見色如入滅盡定出入息如空中鳥跡如石
女兒如化人煩惱如夢所見已寤如滅度者
受身如无烟之火菩薩觀衆生為若此文殊
師利言若菩薩作是觀者云何行慈維摩詰
言菩薩作是觀已自念我當為衆生說如斯
法是即真實慈也行寂滅慈无所生故行不
熱慈无煩惱故行等之慈等三世故行无諍
慈无所起故行不二慈内外不合故行不壞
慈畢竟盡故行堅固慈心无毀故行清淨慈
諸法性淨故行无邊慈如虛空故行阿羅漢
慈破結賊故行菩薩慈安衆生故行如来慈
得如相故行佛之慈覺衆生故行自然慈无
因得故行菩提慈等一味故行无比慈斷諸
愛故行大悲慈導以大乘故行无猒慈觀空
无我故行法施慈无遺惜故行持戒慈化毀
禁故行忍辱慈護彼我故行精進慈荷負衆
生故行禪定慈不受味故行智慧慈无不知
時故行方便慈一切示現故行无隱慈直心
清淨故行深心慈无雜行故行无諍慈不虛
假故行安樂慈令得佛樂故菩薩之慈為若
此也
文殊師利又問何謂為悲荅曰菩薩所作功
德皆與一切衆生共之何謂為喜荅曰有所

清淨故行深心慈无雜行故行无諍慈不虛
假故行安樂慈令得佛樂故菩薩之慈為若
此也
文殊師利又問何謂為悲荅曰菩薩所作功
德皆與一切衆生共之何謂為喜荅曰有所
饒益歡喜无悔何謂為捨荅曰所作福祐无
所悕望文殊師利又問生死有畏菩薩當何
所依維摩詰言菩薩於生死畏中當依如来
功德之力文殊師利又問菩薩欲依如来功
德之力當於何住荅曰菩薩欲依如来功德
力者當住度脫一切衆生又問欲度衆生當
何所除荅曰欲度衆生除其煩惱又問欲除
煩惱當何所行荅曰當行正念又問云何行
於正念荅曰當行不生不滅又問何法不生
何法不滅荅曰不善不生善法不滅又問善
不善孰為本荅曰身為本又問身孰為本荅
曰欲貪為本又問欲貪孰為本荅曰虛妄分
別為本又問虛妄分別孰為本荅曰顛倒想
為本又問顛倒想孰為本荅曰无住為本又
問无住孰為本荅曰无住則无本文殊師利
從无住本立一切法
時維摩詰室有一天女見諸大人聞所說法
便現其身即以天華散諸菩薩大弟子上華
至諸菩薩即皆墮落至大弟子便著不墮一
切弟子神力去華不能令去尒時天問舍利
弗何故去華荅曰此華不如法是以去之天
曰勿謂此華為不如法所以者何是華无所
分別二皆自生分別想耳若於佛法出家有

至諸菩薩即皆墮落至大弟子便著不墮一
切弟子神力去華不能令去尒時天問舍利
弗何故去華荅曰此華不如法是以去之天
曰勿謂此華為不如法所以者何是華无所
分別仁者自生分別想耳若於佛法出家有
所分別為不如法若无分別是則如法觀諸
菩薩華不著者以斷一切分別想故譬如人
畏時非人得其便如是弟子畏生死故色聲
香味觸得其便已離畏者一切五欲无能為
也結習未盡華著身耳結習盡者華不著也
舍利弗言天止此室其已久如荅曰我止此
室如耆年解脫舍利弗言止此久耶天曰耆
年解脫亦何如久舍利弗嘿然不荅天曰如
何耆舊大智而嘿荅曰解脫者无所言說故
吾於是不知所云天曰言說文字皆解脫相
所以者何解脫者不內不外不在兩間文字
亦不內不外不在兩間是故舍利弗无離文
字說解脫也所以者何一切諸法是解脫相
舍利弗言不須以離婬怒癡為解脫乎天曰
佛為增上慢人說離婬怒癡為解脫耳若无
增上慢者佛說婬怒癡性即是解脫舍利弗
言善哉善哉天女汝何所得以何為證辯乃
如是天曰我无得无證故辯如是所以者何
若有得有證者則於佛法為增上慢
舍利弗問天汝於三乘為何志求天曰以聲
聞法化衆生故我為聲聞以因緣法化衆生
故我為辟支佛以大悲化衆生故我為大乘

BD14473號　維摩詰所說經卷中　（25–12）

言善哉善哉天女汝何所得以何為證辯乃
如是天曰我无得无證故辯如是所以者何
若有得有證者則於佛法為增上慢
舍利弗問天汝於三乘為何志求天曰以聲
聞法化衆生故我為聲聞以因緣法化衆生
故我為辟支佛以大悲化衆生故我為大乘
舍利弗如人入瞻蔔林唯嗅瞻蔔不嗅餘香
如是若入此室但聞佛功德之香不樂聲聞
辟支佛功德香也舍利弗其有釋梵四天王
諸天龍鬼神等入此室者聞斯上人講說正
法皆樂佛功德之香發心而出舍利弗吾止
此室十有二年初不聞說聲聞辟支佛法但
聞菩薩大慈大悲不可思議諸佛之法舍利
弗此室常現八未曾有難得之法何等為八
此室常以金色光曜晝夜无異不以日月所
照為明是為一未曾有難得之法此室入者
不為諸垢之所惱也是為二未曾有難得之
法此室常有釋梵四天王他方菩薩來會不
絶是為三未曾有難得之法此室常說六波
羅蜜不退轉法是為四未曾有難得之法此
室常作天人第一之樂絃出无量法化之聲
是為五未曾有難得之法此室有四大藏衆
寶積滿周窮濟之求得无盡是為六未曾有
難得之法此室釋迦牟尼佛阿彌陁佛阿閦
佛寶德寶炎寶月寶嚴難勝師子響一切利
成如是等十方无量諸佛是上人念時即皆
為來廣說諸佛秘要法藏說以還去是為七
未曾有難得之法此室一切諸天嚴飾宮殿

BD14473號　維摩詰所說經卷中　（25–13）

寶積諸周窮濟之求得无盡是爲六未曾有
難得之法此室釋迦牟尼佛阿彌陁佛阿閦
佛寶德寶𦦨寶月寶嚴難勝師子響一切利
成如是等十方无量諸佛是上人念時即皆
爲來廣説諸佛秘要法藏説以還去是爲七
未曾有難得之法此室一切諸天嚴飾宮殿
諸佛淨土皆於中現是爲八未曾有難得之
法舍利弗此室常現八未曾有難得之法誰
有見斯不思議事而復樂於聲聞法乎
舍利弗言汝何以不轉女身天日我從十二
年來求女人相了不可得當何所轉譬如幻
師化作幻女若有人問何以不轉女身是人
爲正問不舍利弗言不也幻无定相當何所
轉天日一切諸法亦復如是无有定相云何
乃問不轉女身即時天女以神通力變舍利
弗令如天女天自化身如舍利弗而問言何
以不轉女身舍利弗以天女像而荅言我今
不知何轉而變爲女身天日舍利弗若能轉
此女身則一切女人亦當能轉如舍利弗非
女而現女身一切女人亦復如是雖現女身
而非女也是故佛説一切諸法非男非女即
時天女還攝神力舍利弗身還復如故天問
舍利弗女身色相今何所在舍利弗言女身
色相无在无不在天日一切諸法亦復如是
无在无不在夫无在无不在者佛所説也
舍利弗問天汝於此沒當生何所天日佛化
所生吾如彼生日佛化所生非沒生也天日

舍利弗女身色相今何所在舍利弗言女身
色相无在无不在天日一切諸法亦復如是
无在无不在夫无在无不在者佛所説也
舍利弗問天汝於此沒當生何所天日佛化
所生吾如彼生日佛化所生非沒生也天日
衆生猶然无沒生也舍利弗問天汝久如當
得阿耨多羅三藐三菩提天日如舍利弗還
爲凡夫我乃當成阿耨多羅三藐三菩提舍
利弗言我作凡夫无有是處天日我得阿耨
多羅三藐三菩提亦无是處所以者何菩提
无住處是故无有得者舍利弗言今諸佛得
阿耨多羅三藐三菩提已得當得如恒河沙
皆謂何乎天日皆以世俗文字數故説有三
世非謂菩提有去來今天日舍利弗汝得阿
羅漢道耶日无所得故而得天日諸佛菩薩
亦復如是无所得故而得尒時維摩詰語舍
利弗是天女已曾供養九十二億佛已能遊
戲菩薩神通所願具足得无生忍住不退轉
以本願故隨意能現教化衆生

佛道品第八

尒時文殊師利問維摩詰言菩薩云何通達
佛道維摩詰言若菩薩行於非道是爲通達
佛道又問云何菩薩行於非道荅日若菩薩
行五无間而无惱恚至于地獄无諸罪垢至
于畜生无有无明憍慢等過至于餓鬼而具
足功德行色无色界道不以爲勝示行貪欲
離諸染著示行瞋恚於諸衆生无有恚礙示
行愚癡而以智慧調伏其心示行慳貪而捨

行五无間而无惱恚至于地獄无諸罪垢至
于畜生无有无明憍慢等過至于餓鬼而具
足切德行色无色界道不以為勝示行貪欲
離諸染着示行瞋恚於諸衆生无有恚礙示
行愚癡而以智慧調伏其心示行慳貪而捨
内外所有不惜身命示行毀禁而安住淨戒
乃至小罪猶懷大懼示行瞋恚而常慈忍示
行懈怠而勤脩切德示行亂意而常念定示
行愚癡而通達世間出世間慧示行諂偽而
善方便隨諸經義示行憍慢而於衆生猶如
橋梁示行諸煩惱而心常清淨示入於魔而
順佛智慧不隨他教示入聲聞而為衆生說
未聞法示入辟支佛而成就大悲教化衆生
示入貧窮而有寶手切德无盡示入形殘而
具諸相好以自莊嚴示入下賤而生佛種姓
中具諸切德示入羸劣醜陋而得那羅延身
一切衆生之所樂見示入老病而永斷病根
超越死畏示有資生而恒觀无常實无所貪
示有妻妾婇女而常遠離五欲淤泥現於訥
鈍而成辯才摠持无失示入耶濟而以正濟
度諸衆生現遍入諸道而斷其因緣現於涅
槃而不斷生死文殊師利菩薩能如是行於
非道是為通達佛道
於是維摩詰問文殊師利何等為如來種文
殊師利言有身為種无明有愛為種貪恚癡
為種四顛倒為種五蓋為種六入為種七識
處為種八耶法為種九惱處為種十不善道

槃而不斷生死文殊師利菩薩能如是行於
非道是為通達佛道
於是維摩詰問文殊師利何等為如來種文
殊師利言有身為種无明有愛為種貪恚癡
為種四顛倒為種五蓋為種六入為種七識
處為種八耶法為種九惱處為種十不善道
為種以要言之六十二見及一切煩惱皆是
佛種曰何謂也答曰若見无為入正位者不
能復發阿耨多羅三藐三菩提心辟如高原
陸地不生蓮華卑濕淤泥乃生此華如是見
无為法入正位者終不復能生於佛法煩惱
泥中乃有衆生起佛法耳又如殖種於空終
不得生糞壤之地乃能滋茂如是入无為正
位者不生佛法起於我見如須弥山猶能發
于阿耨多羅三藐三菩提心生佛法矣是故
當知一切煩惱為如來種辟如不下巨海不
能得无價寶珠如是不入煩惱大海則不能
生一切智寶
尒時大迦葉嘆言善哉善哉文殊師利快說
此語誠如所言塵勞之疇為如來種我等今
者不復堪任發阿耨多羅三藐三菩提心乃
至五无間罪猶能發意生於佛法而今我等
永不能發辟如根敗之士其於五欲不能復
利如是聲聞諸結斷者於佛法中无所復益
永不志願是故文殊師利凡夫於佛法有反
復而聲聞无也所以者何凡夫聞佛法能起
无上道心不斷三寶正使聲聞終身聞法
力无畏等永不能發无上道意

利如是聲聞諸結斷者於佛法中无所復益
永不志願是故文殊師利凡夫於佛法有反
復而聲聞无也所以者何凡夫聞佛法能起
无上道心不斷三寶正使聲聞終身聞佛法
力无畏等永不能發无上道意
尒時會中有菩薩名普現色身問維摩詰言
居士父母妻子親戚眷屬吏民知識悉為是
誰奴婢僮僕象馬車乘皆何所在於是維摩
詰以偈答曰
智度菩薩母　方便以為父　一切衆導師　无不由是生
法喜以為妻　慈悲心為女　善心誠實男　畢竟空寂舍
弟子衆塵勞　隨意之所轉　道品善知識　由是成正覺
諸度法等侶　四攝為伎女　歌詠誦法言　以此為音樂
揔持之園苑　无漏法林樹　覺意淨妙華　解脫智慧菓
八解之浴池　定水湛然滿　布以七淨華　浴此无垢人
象馬五通馳　大乘以為車　調御以一心　遊於八正路
相具以嚴容　衆好飾其姿　慙愧之上服　深心為華鬘
富有七財寶　教授以滋息　如所說脩行　迴向為大利
四禪為牀座　從於淨命生　多聞增智慧　以為自覺音
甘露法之食　解脫味為漿　淨心以澡浴　戒品為塗香
摧滅煩惱賊　勇健无能踰　降伏四種魔　勝幡建道場
雖知无起滅　示彼故有生　悉現諸國土　如日无不見
供養於十方　无量億如來　諸佛及己身　无有分別相
雖知諸佛國　及與衆生空　而常脩淨土　教化於群生
諸有衆生類　形聲及威儀　无畏力菩薩　一時能盡現
覺知衆魔事　而示隨其行　以善方便智　隨意皆能現
或示老病死　而就諸群生　了知如幻化　通達无有礙

BD14473號　維摩詰所說經卷中　（25–18）

供養於十方　无量億如來　諸佛及己身　无有分別相
雖知諸佛國　及與衆生空　而常脩淨土　教化於群生
諸有衆生類　形聲及威儀　无畏力菩薩　一時能盡現
覺知衆魔事　而示隨其行　以善方便智　隨意皆能現
或示老病死　而就諸群生　了知如幻化　通達无有礙
或現劫盡燒　天地皆洞然　衆人有常想　照令知无常
无數億衆生　俱來請菩薩　一時到其舍　化令向佛道
經書禁呪術　工巧諸伎藝　盡現行此事　饒益諸群生
世間衆道法　悉於中出家　因以解人惑　而不墮邪見
或作日月天　梵王世界主　或時作地水　或復作風火
劫中有疾疫　現作諸藥草　若有服之者　除病消衆毒
劫中有飢饉　現身作飲食　先救彼飢渴　却以法語人
劫中有刀兵　為之起慈悲　化彼諸衆生　令住无諍地
若有大戰陣　立之以等力　菩薩現威勢　降伏使和安
一切國土中　諸有地獄處　輙往到於彼　免濟其苦惱
一切國土中　畜生相食噉　皆現生於彼　為之作利益
示受於五欲　亦復現行禪　令魔心憒亂　不能得其便
火中生蓮華　是可謂希有　在欲而行禪　希有亦如是
或現作婬女　引諸好色者　先以欲鉤牽　後令入佛智
或為邑中主　或作商人導　國師及大臣　以祐利衆生
諸有貧窮者　現作无盡藏　因以勸導之　令發菩提心
我心憍慢者　為現大力士　消伏諸貢高　令住佛上道
其有恐懼衆　居前而慰安　先施以无畏　後令發道心
或現離婬欲　為五通仙人　開導諸群生　令住戒忍慈
見須供事者　現為作僮僕　既悅可其意　乃發以道心
隨彼之所須　得入於佛道　以善方便力　皆能給足之
如是道无量　所行无有崖　智慧无邊際　度脫无數衆
設令一切佛　於无數億劫　讚歎其功德　猶尚不能盡

BD14473號　維摩詰所說經卷中　（25–19）

或現離婬欲　為五通仙人　開導諸群生　令住戒忍慈
見須供事者　現為作僮僕　既悅可其意　乃發以道心
隨彼之所須　得入於佛道　以善方便力　皆能給足之
如是道无量　所行无有崖　智慧无邊際　度脫无數衆
假令一切佛　於无數億劫　讚嘆其功德　猶尚不能盡
誰聞如是法　不發菩提心　除彼不消人　癡冥无智者
入不二法門品第九
尒時維摩詰謂衆菩薩言諸仁者云何菩薩
入不二法門各隨所樂說之會中有菩薩名
法自在說言諸仁者生滅為二法本不生今
則无滅得此无生法忍是為入不二法門
德守菩薩曰我我所為二因有我故便有我
所若无有我則无我所是為入不二法門
不眴菩薩曰受不受為二若法不受則不可
得以不可得故无取无捨无作无行是為入
不二法門
德頂菩薩曰垢淨為二見垢實性則无淨相
順於滅相是為入不二法門
善宿菩薩曰是動是念為二不動則无念无
念即无分別通達此者是為入不二法門
善眼菩薩曰一相无相為二若知一相即是
无相亦不取无相入於平等是為入不二法
門
妙辟菩薩曰菩薩心聲聞心為二觀心相空
如幻化者无菩薩心无聲聞心是為入不二
法門
弗沙菩薩曰善不善為二若不起善不善入
无相際而通達者是為入不二法門

妙辟菩薩曰菩薩心聲聞心為二觀心相空
如幻化者无菩薩心无聲聞心是為入不二
法門
弗沙菩薩曰善不善為二若不起善不善入
无相際而通達者是為入不二法門
師子菩薩曰罪福為二若達罪性則與福无
與以金剛慧決了此相无縛无解者是為入
不二法門
師子意菩薩曰有漏无漏為二若得諸法等
則不起漏不漏想不著於相亦不住无相是
為入不二法門
淨解菩薩曰有為无為為二若離一切數則
心如虛空以清淨慧无所礙者是為入不二
法門
那羅延菩薩曰世間出世間為二世間性空
即是出世間於其中不入不出不溢不散是
為入不二法門
善意菩薩曰生死涅槃為二若見生死性則
无生死无縛无解不然不滅如是解者是為
入不二法門
現見菩薩曰盡不盡為二法若究竟盡若不
盡皆是无盡相无盡相即是空空則无有盡
不盡相如是入者是為入不二法門
普守菩薩曰我无我為二我尚不可得非我
何可得見我實性者不須起二是為入不二
法門
電天菩薩曰明无明為二无明實性即是明

盡皆是无盡相无盡相即[illegible]
不盡相如是入者是為入不二法門
普守菩薩曰我无我為二我尚不可得非我
何可得見我實性者不復起二是為入不二
法門
電天菩薩曰明无明為二无明實性即是明
明亦不可取離一切數於其中平等无二者
是為入不二法門
喜見菩薩曰色色空為二色即是空非色滅
空色性自空如是受想行識識空為二識即
是空非識滅空識性自空於其中而通達者
是為入不二法門
明相菩薩曰四種異空種異為二四種性即
是空種性如前際後際空故中際亦空若能
如是知諸種性者是為入不二法門
妙意菩薩曰眼色為二若知眼性於色不貪
不恚不癡是名寂滅如是耳聲鼻香舌味身
觸意法為二若知意性於法不貪不恚不癡
是名寂滅安住其中是為入不二法門
无盡意菩薩曰布施迴向一切智為二布施
性即是迴向一切智性如是持戒忍辱精進
禪定智慧迴向一切智為二智慧性即是迴
向一切智性於其中入一相者是為入不二
法門
深慧菩薩曰是空是无相是无作為二空即
无相无相即无作若空无相无作則无心意
識於一解脫門即是三解脫門者是為入不
二法門

法門
深慧菩薩曰是空是无相是无作為二空即
无相无相即无作若空无相无作則无心意
識於一解脫門即是三解脫門者是為入不
二法門
寂根菩薩曰佛法眾為二佛即是法法即是
眾是三寶皆无為相與虛空等一切法亦尒
能隨此行者是為入不二法門
心无礙菩薩曰身身滅為二身即是身滅所
以者何見身實相者不起見身及與滅身身
與滅身无二无分別於其中不驚不懼者是
為入不二法門
上善菩薩曰身口意善為二是三業皆无作
相身无作相即口无作相口无作相即意无
作相是三業无作相即一切法无作相能如
是隨无作慧者是為入不二法門
福田菩薩曰福行罪行不動行為二三行實
性即是空空則无福行无罪行无不動行於
此三行而不起者是為入不二法門
華嚴菩薩曰從我起二為二見我實性者不
起二法若不住二法則无有識无所識者是
為入不二法門
德藏菩薩曰有所得相為二若无所得則无
取捨无取捨者是為入不二法門
月上菩薩曰闇與明為二无闇无明則无有
二所以者何如入滅受想定无闇无明一切
法相亦復如是於其中平等入者是為入不

[illegible]
取捨无取捨者是為入不二法門
月上菩薩曰闇與明為二无闇无明則无有
二所以者何如入滅受想定无闇无明一切
法相亦復如是於其中平等入者是為入不
二法門
寶印手菩薩曰樂涅槃不樂世間為二若不
樂涅槃不猒世間則无有二所以者何若有
縛則有解若本无縛其誰求解无縛无解則
无樂猒是為入不二法門
珠頂王菩薩曰正道耶道為二住正道者則
不分別是耶是正離此二者是為入不二法
門
樂實菩薩曰實不實為二實見者尚不見實
何況非實所以者何非肉眼所見慧眼乃能
見而此慧眼无見无不見是為入不二法門
如是諸菩薩各各說已問文殊師利何等是
菩薩入不二法門文殊師利曰如我意者於
一切法无言无說无示无識離諸問荅是為
入不二法門
於是文殊師利問維摩詰我等各自說已仁
者當說何等是菩薩入不二法門時維摩詰
嘿然无言文殊師利歎曰善哉善哉乃至无
有文字語言是真入不二法門說是入不二
法門時於此衆中五千菩薩皆入不二法門
得无生法忍

維摩詰經卷中

BD14473 號　維摩詰所說經卷中　（25–24）

无樂猒是為入不二法門
珠頂王菩薩曰正道耶道為二住正道者則
不分別是耶是正離此二者是為入不二法
門
樂實菩薩曰實不實為二實見者尚不見實
何況非實所以者何非肉眼所見慧眼乃能
見而此慧眼无見无不見是為入不二法門
如是諸菩薩各各說已問文殊師利何等是
菩薩入不二法門文殊師利曰如我意者於
一切法无言无說无示无識離諸問荅是為
入不二法門
於是文殊師利問維摩詰我等各自說已仁
者當說何等是菩薩入不二法門時維摩詰
嘿然无言文殊師利歎曰善哉善哉乃至无
有文字語言是真入不二法門說是入不二
法門時於此衆中五千菩薩皆入不二法門
得无生法忍

維摩詰經卷中

BD14473 號　維摩詰所說經卷中　（25–25）

智清淨何以故若无ア
若一切智智清淨无二无二
无際空清淨故水火風空識
空識界清淨故一切智智清淨何
際空清淨若水火風空識界清淨若一切智
智清淨无二无二分无別无斷故善現无際
空清淨故无明清淨无明清淨故一切智智
清淨何以故若无際空清淨若无明清淨若一
切智智清淨无二无二分无別无斷故无際
空清淨故行識名色六處觸受愛取有生老
死愁歎苦憂惱清淨行乃至老死愁歎苦
憂惱清淨故一切智智清淨何以故若无際
空清淨若行乃至老死愁歎苦憂惱清淨若
一切智智清淨无二无二分无別无斷故
善現无際空清淨故布施波羅蜜多清淨布
施波羅蜜多清淨故一切智智清淨何以故若
无際空清淨若布施波羅蜜多清淨若一切
智智清淨无二无二分无別无斷故无際空
清淨故淨戒安忍精進靜慮般若波羅蜜

BD14474 號　大般若波羅蜜多經卷二一二　（11-1）

一切智智清淨无二无二分无別无斷故
善現无際空清淨故布施波羅蜜多清淨布
施波羅蜜多清淨故一切智智清淨何以故若
无際空清淨若布施波羅蜜多清淨若一切
智智清淨无二无二分无別无斷故无際空
清淨故淨戒安忍精進靜慮般若波羅蜜
多清淨淨戒乃至般若波羅蜜多清淨故一
切智智清淨何以故若无際空清淨若淨戒
乃至般若波羅蜜多清淨若一切智智清淨
无二无二分无別无斷故善現无際空清淨
故內空清淨內空清淨故一切智智清淨何
以故若无際空清淨若內空清淨若一切智
智清淨无二无二分无別无斷故无際空清
淨故外空內外空空空大空勝義空有爲空
无爲空畢竟空散空无變異空本性空自相
空共相空一切法空不可得空无性空自性
空无性自性空清淨外空乃至无性自性空
清淨故一切智智清淨何以故若无際空清
淨若外空乃至无性自性空清淨若一切智
智清淨无二无二分无別无斷故善現无際空
清淨故真如清淨真如清淨故一切智智清
淨何以故若无際空清淨若真如清淨若
一切智智清淨无二无二分无別无斷故无
際空清淨故法界法性不虛妄性不變異性
平等性離生性法定法住實際虛空界不思
議界清淨法界乃至不思議界清淨故一切
智智清淨何以故若无際空清淨若法界乃
至不思議界清淨若一切智智清淨无二无

BD14474 號　大般若波羅蜜多經卷二一二　（11-2）

平等性離生性法定法住實際虚空界不思
議界清淨法界乃至不思議界清淨故一切
智智清淨何以故若无際空清淨若法界乃
至不思議界清淨若一切智智清淨无二无
二分无別无斷故善現无際空清淨故苦聖
諦清淨苦聖諦清淨故一切智智清淨何以
故若无際空清淨若苦聖諦清淨若一切智
智清淨无二无二分无別无斷故无際空清
淨故集滅道聖諦清淨集滅道聖諦清淨故
一切智智清淨何以故若无際空清淨若集
滅道聖諦清淨若一切智智清淨无二无二
分无別无斷故善現无際空清淨故四靜慮
清淨四靜慮清淨故一切智智清淨何以故
若无際空清淨若四靜慮清淨若一切智智清
淨无二无二分无別无斷故无際空清淨故
四无量四无色定清淨四无量四无色定清
淨故一切智智清淨何以故若无際空清淨
若四无量四无色定清淨若一切智智清淨
无二无二分无別无斷故善現无際空清淨
淨故八解脫清淨八解脫清淨故一切智智
清淨何以故若无際空清淨若八解脫清淨
若一切智智清淨无二无二分无別无斷故无
際空清淨故八勝處九次第定十遍處清淨
淨八勝處九次第定十遍處清淨故一切智
智清淨何以故若无際空清淨若八勝處九
次第定十遍處清淨若一切智智清淨无二
无二分无別无斷故善現无際空清淨故四

智清淨何以故若无際空清淨若八勝處九
次第定十遍處清淨若一切智智清淨无二
无二分无別无斷故善現无際空清淨故四
念住清淨四念住清淨故一切智智清淨何
以故若无際空清淨若四念住清淨若一切
智智清淨无二无二分无別无斷故无際空
清淨故四正斷四神足五根五力七等覺支
八聖道支清淨四正斷乃至八聖道支清淨故
一切智智清淨何以故若无際空清淨若
四正斷乃至八聖道支清淨若一切智智清
淨无二无二分无別无斷故善現无際空清
淨故空解脫門清淨空解脫門清淨故一切
智智清淨何以故若无際空清淨若空解脫
門清淨若一切智智清淨无二无二分无別
无斷故无際空清淨故无相无願解脫門清
淨无相无願解脫門清淨故一切智智清淨
何以故若无際空清淨若无相无願解脫門
清淨若一切智智清淨无二无二分无別无
斷故善現无際空清淨故菩薩十地清淨菩
薩十地清淨故一切智智清淨何以故若无
際空清淨若菩薩十地清淨若一切智智清淨
无二无二分无別无斷故
善現无際空清淨故五眼清淨五眼清淨故
一切智智清淨何以故若无際空清淨若五
眼清淨若一切智智清淨无二无二分无別无
斷故无際空清淨故六神通清淨六神通
清淨故一切智智清淨何以故若无際空清

一切智智清淨何以故若无際空清淨若五
眼清淨若一切智智清淨无二无二分无别无
斷故无際空清淨故六神通清淨六神通
清淨故一切智智清淨何以故若无際空清
淨若六神通清淨若一切智智清淨无二无二
分无别无斷故善現无際空清淨故佛十
力清淨佛十力清淨故一切智智清淨何以故
若无際空清淨若佛十力清淨若一切智智
清淨无二无二分无别无斷故无際空清淨
故四无所畏四无礙解大慈大悲大喜大
捨十八佛不共法清淨四无所畏乃至十八
佛不共法清淨故一切智智清淨何以故若
无際空清淨若四无所畏乃至十八佛不共
法清淨若一切智智清淨无二无二分无别
无斷故善現无際空清淨故无忘失法清淨
无忘失法清淨故一切智智清淨何以故若
无際空清淨若无忘失法清淨若一切智智
清淨无二无二分无别无斷故无際空清淨
故恒住捨性清淨恒住捨性清淨故一切智
智清淨何以故若无際空清淨若恒住捨性
清淨若一切智智清淨无二无二分无别无斷
故善現无際空清淨故一切智清淨一切
智清淨故一切智智清淨何以故若无際空
清淨若一切智清淨若一切智智清淨无二
无二分无别无斷故无際空清淨故道相智
一切相智清淨道相智一切相智清淨故一
切智智清淨何以故若无際空清淨若道相

BD14474 號　大般若波羅蜜多經卷二一二　（11–5）

清淨若一切智智清淨无二
无二分无别无斷故无際空清淨故道相智
一切相智清淨道相智一切相智清淨故一
切智智清淨何以故若无際空清淨若道相
智一切相智清淨若一切智智清淨无二无
二分无别无斷故善現无際空清淨故一切
陁羅尼門清淨一切陁羅尼門清淨故一切
智智清淨何以故若无際空清淨若一切陁
羅尼門清淨若一切智智清淨无二无二分
无别无斷故无際空清淨故一切三摩地門
清淨一切三摩地門清淨故一切智智清淨何
以故若无際空清淨若一切三摩地門清淨
淨若一切智智清淨无二无二分无别无斷
故
善現无際空清淨故預流果清淨預流果清淨
故一切智智清淨何以故若无際空清淨若
預流果清淨若一切智智清淨无二无二分无
别无斷故无際空清淨故一來不還阿羅
漢果清淨一來不還阿羅漢果清淨故一
切智智清淨何以故若无際空清淨若一來
不還阿羅漢果清淨若一切智智清淨无二
无二分无别无斷故善現无際空清淨故獨
覺菩提清淨獨覺菩提清淨故一切智智清
淨何以故若无際空清淨若獨覺菩提清淨
若一切智智清淨无二无二分无别无斷故
善現无際空清淨故一切菩薩摩訶薩行清
淨一切菩薩摩訶薩行清淨故一切智智清
淨何以故若无際空清淨若一切菩薩摩訶

BD14474 號　大般若波羅蜜多經卷二一二　（11–6）

淨何以故若无際空清淨若獨覺菩提清淨
若一切智智清淨无二无二分无別无斷故
善現无際空清淨故一切菩薩摩訶薩行清
淨一切菩薩摩訶薩行清淨故一切智智清
淨何以故若无際空清淨若一切菩薩摩訶
薩行清淨若一切智智清淨无二无二分无
別无斷故善現无際空清淨故諸佛无上正
等菩提清淨諸佛无上正等菩提清淨故一
切智智清淨何以故若无際空清淨若諸佛
无上正等菩提清淨若一切智智清淨无二无
二分无別无斷故
復次善現散空清淨故色清淨色清淨故一
切智智清淨何以故若散空清淨若色清淨
若一切智智清淨无二无二分无別无斷故
散空清淨故受想行識清淨受想行識清淨
故一切智智清淨何以故若散空清淨若受想
行識清淨若一切智智清淨无二无二分无別
无斷故善現散空清淨故眼處清淨眼處清
淨故一切智智清淨何以故若散空清淨
若眼處清淨若一切智智清淨无二无二分
无別无斷故散空清淨故耳鼻舌身意處
清淨耳鼻舌身意處清淨故一切智智清淨
何以故若散空清淨若耳鼻舌身意處清淨
若一切智智清淨无二无二分无別无斷故
善現散空清淨故色處清淨色處清淨故一
切智智清淨何以故若散空清淨若色處清
淨若一切智智清淨无二无二分无別无斷
故散空清淨故聲香味觸法處清淨聲香味

若一切智智清淨无二无二分无別无斷故
善現散空清淨故色處清淨色處清淨故一
切智智清淨何以故若散空清淨若色處清
淨若一切智智清淨无二无二分无別无斷
故散空清淨故聲香味觸法處清淨聲香味
觸法處清淨故一切智智清淨何以故若散
空清淨若聲香味觸法處清淨若一切智智
清淨无二无二分无別无斷故善現散空清淨
故眼界清淨眼界清淨故一切智智清淨何
以故若散空清淨若眼界清淨若一切智智
清淨无二无二分无別无斷故散空清淨故
色界眼識界及眼觸眼觸為緣所生諸受清
淨色界乃至眼觸為緣所生諸受清淨故一
切智智清淨何以故若散空清淨若色界乃
至眼觸為緣所生諸受清淨若一切智智清
淨无二无二分无別无斷故善現散空清淨
故耳界清淨耳界清淨故一切智智清淨何
以故若散空清淨若耳界清淨若一切智智
清淨无二无二分无別无斷故散空清淨故聲
界耳識界及耳觸耳觸為緣所生諸受清淨
聲界乃至耳觸為緣所生諸受清淨故一切智
智智清淨何以故若散空清淨若聲界乃至
耳觸為緣所生諸受清淨若一切智智清淨
无二无二分无別无斷故善現散空清淨
故鼻界清淨鼻界清淨故一切智智清淨何
以故若散空清淨若鼻界清淨若一切智智
清淨无二无二分无別无斷故散空清淨故
香界鼻識界及鼻觸鼻觸為緣所生諸受清

故鼻界清淨鼻界清淨故一切智智清淨何
以故若散空清淨若鼻界清淨若一切智智
清淨无二无二分无別无斷故散空清淨故
香界鼻識界及鼻觸鼻觸為緣所生諸受清
淨香界乃至鼻觸為緣所生諸受清淨故一
切智智清淨何以故若散空清淨若香界乃
至鼻觸為緣所生諸受清淨若一切智智清
淨无二无二分无別无斷故善現散空清淨
故舌界清淨舌界清淨故一切智智清淨何
以故若散空清淨若舌界清淨若一切智智
清淨无二无二分无別无斷故散空清淨故味
界舌識界及舌觸舌觸為緣所生諸受清
淨味界乃至舌觸為緣所生諸受清淨故一
切智智清淨何以故若散空清淨若味界乃
至舌觸為緣所生諸受清淨若一切智智清
淨无二无二分无別无斷故善現散空清淨
故身界清淨身界清淨故一切智智清淨何
以故若散空清淨若身界清淨若一切智智
清淨无二无二分无別无斷故散空清淨故
觸界身識界及身觸身觸為緣所生諸受清
淨觸界乃至身觸為緣所生諸受清淨故一
切智智清淨何以故若散空清淨若觸界乃
至身觸為緣所生諸受清淨若一切智智清淨
无二无二分无別无斷故善現散空清淨故
意界清淨意界清淨故一切智智清淨何
以故若散空清淨若意界清淨若一切智智清
淨无二无二分无別无斷故散空清淨故法

至身觸為緣所生諸受清淨若一切智智清淨
无二无二分无別无斷故善現散空清淨故
意界清淨意界清淨故一切智智清淨何
以故若散空清淨若意界清淨若一切智智清
淨无二无二分无別无斷故散空清淨故法
界意識界及意觸意觸為緣所生諸受清淨
法界乃至意觸為緣所生諸受清淨故一切
智智清淨何以故若散空清淨若法界乃至
意觸為緣所生諸受清淨若一切智智清淨
无二无二分无別无斷故善現散空清淨
故地界清淨地界清淨故一切智智清淨何
以故若散空清淨若地界清淨若一切智智
清淨无二无二分无別无斷故散空清淨故
水火風空識界清淨水火風空識界清淨故
一切智智清淨何以故若散空清淨若水火
風空識界清淨若一切智智清淨无二无二
分无別无斷故善現散空清淨故无明清淨
无明清淨故一切智智清淨何以故若散空
清淨若无明清淨若一切智智清淨无二无
二分无別无斷故散空清淨故行識名色六
處觸受愛取有生老死愁歎苦憂惱清淨行
乃至老死愁歎苦憂惱清淨故一切智智清
淨何以故若散空清淨若行乃至老死愁歎
苦憂惱清淨若一切智智清淨无二无二分
无別无斷故
善現散空清淨故布施波羅蜜多清淨布施
波羅蜜多清淨故一切智智清淨何以故若
散空清淨若布施波羅蜜多清淨若一切智

風空識界清淨若一切智智清淨无二无二
分无別无斷故善現散空清淨故无明清淨
无明清淨故一切智智清淨何以故若散空
清淨若无明清淨若一切智智清淨无二无
二分无別无斷故散空清淨故行識名色六
處觸受愛取有生老死愁歎苦憂惱清淨行
乃至老死愁歎苦憂惱清淨故一切智智清
淨何以故若散空清淨若行乃至老死愁歎
苦憂惱清淨若一切智智清淨无二无二分
无別无斷故
善現散空清淨故布施波羅蜜多清淨布施
波羅蜜多清淨故一切智智清淨何以故若
散空清淨若布施波羅蜜多清淨若一切智
智清淨无二无二分无別无斷故散空清淨
故淨戒安忍精進靜慮般若波羅蜜多清淨
淨戒乃至般若波羅蜜多清淨故一切智智清
淨何以故若散空清淨若淨戒乃至般若波
羅蜜多清淨若一切智智清淨无二无二分
无別无斷故善現散空清淨故內空清淨
智智清淨何以故若散空

BD14474 號　大般若波羅蜜多經卷二一二　（11–11）

惟處住比丘在如是處住於三衣中欲留
離衣宿乃至六夜若過
比丘知是僧物自求入己
大德我已說三十尼薩耆
清淨不 如是三說 諸大德是中清淨
諸大德是九十波逸提法半月半
若比丘知而妄語者波逸提 若
若比丘兩舌語者波逸提 若比丘
若比丘與未受大戒人共宿過二宿至三宿波
若比丘與未受大戒人同誦者波逸提
若比丘知他比丘有麁惡罪向未受戒人
波逸提
若比丘向未受大戒人說過人法言我見是我知
若比丘與女人說法過五六語除有智男子波逸
若比丘自手掘地教人掘者波逸提

BD14475 號　四分律比丘戒本　（11–1）

若比丘与未受大戒人同誦者波逸提
若比丘知他比丘有麁惡罪向未受戒人
波逸提
若比丘向未受大戒人說過人法言我見是我知
若比丘与女人說法不過五六語除有智男子波逸提
若比丘自手掘地教人掘者波逸提
若比丘壞鬼神村者波逸提 若比丘妄作異語惱他者波逸提
若比丘嫌罵者波逸提
若比丘取僧繩牀木牀若臥具坐褥露地敷若教人敷
不自舉不教舉波逸提
若比丘於僧房中敷僧臥具若自敷若教人敷若坐若臥去
時不自舉不教人舉波逸提
若比丘知先比丘住處後來強於中間敷臥具止宿念言彼
若嫌迮者自當避我去作是因緣非餘非威儀波逸提
若比丘瞋他比丘不喜僧房中若自牽出教他牽出波逸提
若比丘若房若重閣上脫脚繩牀若坐若臥者波逸提
若比丘知水有虫若自澆泥澆草若教人澆者波逸提
若比丘作大房戶扉窓牖及餘莊飾具指授覆苫齊
二三節若過者波逸提 廿
若比丘僧不差教誡比丘尼者波逸提
若比丘為僧差教授比丘尼者乃至日暮時波逸提
若比丘語餘比丘如是語諸比丘為飲食故教授比丘尼
者波逸提
若比丘與非親里比丘衣除貿易波逸提
若比丘與非親里比丘尼作衣者波逸提
若比丘與比丘尼在屏處坐者波逸提
若比丘與比丘尼期同一道行從一村乃至一村除異時波逸提 異時者與估客行若疑恐怖時是謂餘時
若比丘与比丘尼共期同乘一船上水下水除直渡者波逸提

BD14475 號　四分律比丘戒本　（11–2）

若比丘與非親里比丘尼作衣者波逸提
若比丘與比丘尼在屏處坐者波逸提
若比丘與比丘尼期同一道行從一村乃至一村除異時波逸提 異時者與估客行若疑恐怖時是謂餘時
若比丘与比丘尼共期同乘一船上水下水除直渡者波逸提
若比丘知比丘尼讚嘆教化因緣得食食除檀越先意者波逸提
若比丘与婦女共期同一道行乃至聚落間波逸提 卅
若比丘施一食處無病比丘應一食若過者波逸提
若比丘展轉食除餘時波逸提 餘時者病時施衣時是謂餘時
若比丘別衆食除餘時波逸提 餘時者病時作衣時施衣時道行時
乘船時大衆集時沙門施食時此是時
若比丘至白衣家請比丘与餅麨飯若比丘須者當取二三鉢受
還至僧伽藍中應分与餘比丘食若比丘無病過兩三鉢受
持還僧伽藍中不分与餘比丘食者波逸提
若比丘足食竟或時受請不作餘食法而食者波逸提
若比丘知他比丘足食竟若受請不作餘食法慇勤請
与食長老取是食以是因緣非餘欲使他犯波逸提
若比丘非時受食食者波逸提
若比丘殘宿食而食者波逸提
若比丘不受食若藥著口中除水及楊枝波逸提
若比丘得好美飲食乳酪魚肉若比丘如此美飲食無
病自為己索者波逸提
若比丘外道男外道女自手與食者波逸提
若比丘先受請已若前食後食行詣餘家不囑授餘比
丘除餘時波逸提 餘時者病時作衣時施衣時此是時
若比丘在食家中有寶強安坐者波逸提
若比丘食家中有寶在屏處坐者波逸提
若比丘獨与女人露地坐者波逸提
若比丘語餘比丘如是語大德共至聚落當與汝食

BD14475 號　四分律比丘戒本　（11–3）

若比丘食家中有寶在屏處坐者波逸提
若比丘獨与女人露地坐者波逸提
若比丘語餘比丘如是語大德共至聚落當與汝食
是比丘竟不教與是比丘食語言汝去我與汝共處
共語不樂獨坐獨語樂以是因緣非餘方便遣去波逸提
若比丘四月與藥無病比丘應受若過受除常請更
請分請盡形壽請波逸提
若比丘往觀軍陣除時因緣波逸提
若比丘有餘因緣聽至軍中若過二宿至三宿波逸提
若比丘軍中住若二宿三宿或時觀軍陣鬪戰若觀
遊軍象馬勢力者波逸提
若比丘飲酒者波逸提　若比丘水中嬉戲者波逸提
若比丘以指相擊攊者波逸提
若比丘不受諫語者波逸提　若比丘恐怖他比丘者波逸提
若比丘半月洗浴无病比丘應受若過受除餘時波逸提
餘時者熱時病時作時風時雨時道行時此是時
若比丘无病為炙故露地然火若教人然除時因緣波逸提
若比丘藏他比丘衣鉢坐具針筒若自藏若教人藏下
至戲笑者波逸提
若比丘與比丘比丘尼式叉摩那沙弥沙弥尼衣後不語
主還取著者波逸提
若比丘得新衣應作三種壞色一一色中隨意壞若青
若黑若木蘭若比丘不以三種壞色若青若黑若木
蘭著餘新衣者波逸提　六十
若比丘故煞畜生命者波逸提　若比丘知水有虫飲用者波逸提
若比丘故惱他比丘令須臾間不樂者波逸提
若比丘知他比丘犯麁罪覆藏者波逸提

BD14475 號　四分律比丘戒本　（11–4）

蘭著餘新衣者波逸提　六十
若比丘故煞畜生命者波逸提　若比丘知水有虫飲用者波逸提
若比丘故惱他比丘令須臾間不樂者波逸提
若比丘知他比丘犯麁罪覆藏者波逸提
若比丘年滿廿應受具足戒若比丘知年未滿二十
受具足戒此人不得戒彼比丘可呵癡故波逸提
若比丘知諍事懇如法懺悔已後更發起者波逸提
若比丘知賊伴結要共同道行乃至一村間波逸提
若比丘作如是語我知佛所說法行婬慾非障道法
彼比丘諫此比丘言大德莫作是語莫謗世尊
謗世尊者不善世尊不作是語世尊無數方
便說犯婬欲者是障道法彼比丘諫此比丘時堅持
不捨彼比丘乃至三諫捨此事故若再三諫捨者
善不捨者波逸提
若比丘知如是語人未作法如是邪見而不
捨供給所須共同羯磨止宿言語者波逸提
若比丘知沙弥作如是言我從佛聞法若行
婬欲非障道法彼比丘諫此沙弥如是言汝
莫誹謗世尊謗世尊者不善世尊不作是語沙弥
世尊无數方便說婬欲是障道法彼比丘諫
此沙弥堅持不捨彼比丘應乃至再三呵諫
令捨此事故乃至三諫而捨者善不捨者
彼比丘應語彼沙弥言汝自今已去不得
言佛是我世尊不得隨逐餘比丘如諸沙
弥得與比丘二三宿汝今无是事汝出去滅

BD14475 號　四分律比丘戒本　（11–5）

令捨此事故乃至三諫而捨者善不捨者
彼比丘應語彼沙弥言汝自今已去不得
言佛是我世尊不得隨逐餘比丘如諸沙
弥得與比丘二三宿汝今无是事汝出去滅
去不應住此若比丘知如是衆中被擯沙
弥而誘將畜養共止宿者波逸提 十七
若比丘餘比丘如法諫時如是語我今不學
此戒當難問餘智慧持律比丘者波逸提若
為知為學故應難問
若比丘說戒時作如是語大德何用說是雜
碎戒為說是戒時令人惱愧懷疑輕呵戒故
波逸提
若比丘說戒時作如是語我今始知此法戒
經所載半月半月說戒經來餘比丘知是比
丘若二若三說戒中坐何況多彼比丘无知
无解若犯罪應如法治更重增无知罪語言
長老汝无利不善得汝說戒時不用心念不
一心兩耳聽法彼无知故波逸提
若比丘共同羯磨已後如是言諸比丘隨厚以
衆僧物與者波逸提
若比丘衆僧斷事未竟不與欲而起去波
逸提
若比丘與欲已後悔者波逸提
若比丘比丘共鬭諍已聽此語向彼說者波

衆僧物與者波逸提
若比丘衆僧斷事未竟不與欲而起去波
逸提
若比丘與欲已後悔者波逸提
若比丘比丘共鬭諍已聽此語向彼說者波
逸提
若比丘瞋恚故不喜打比丘者波逸提
若比丘瞋恚不喜以手搏比丘者波逸提
若比丘瞋恚故以无根僧伽婆尸沙謗者波逸
提 八十
若比丘刹利水澆頭王種王未出未藏寶而
入若過宮門閾者波逸提
若比丘若寶及寶莊飾自捉若教人捉除僧
伽藍中及寄宿處波逸提若比丘在僧伽藍
中若寄宿處捉寶若以寶莊飾自捉教人捉
當作是意若有主識者當取作如是因緣
非餘
若比丘非時入聚落不屬比丘者波逸提
若比丘作繩牀木牀足應高如來八指除入
梐孔上截竟若過者波逸提
若比丘作兜羅綿貯繩牀木牀大小蓐成者
波逸提
若比丘作骨牙角鍼筒刳刮者波逸提
若比丘作尼師壇當應量作是中量者長佛二
磔手廣一磔手半更增廣長各半磔手若過

若比丘作[illegible]
波逸提
若比丘作骨牙角針筒刳刮者波逸提
若比丘作尼師壇當應量作是中量者長佛二
磔手廣一磔手半更增廣長各半磔手若過
裁竟波逸提
若比丘作覆瘡衣當應量作是中量者長佛
四磔手廣二磔手裁竟過者波逸提
若比丘作雨浴衣當應量作是中量者長佛六
磔手廣二磔手半過者裁竟波逸提
若比丘與如來等量作衣或過量作者波逸提
是中如來衣量者長佛十磔手廣六磔手是
謂如來衣量 十九
諸大德我已說九十波逸提法今問諸大德是
中清淨不 如是至三 諸大德是中清淨默然故是事如
是持
諸大德是四波羅提提舍尼法半月半月說戒
經中來
若比丘入村中從非親里比丘尼若无病自手
取食食者是比丘應向餘比丘悔過言大德我
犯可呵法所不應為我今向大德悔過是法名
悔過法
若先作學羯若比丘於如是學家先不請
无病自手受食食者是比丘應向餘比丘悔
過言大德我犯可呵法所不應為我今向大

[illegible]
悔過法
若先作學羯若比丘於如是學家先不請
无病自手受食食者是比丘應向餘比丘悔
過言大德我犯可呵法所不應為我今向大
德悔過是法名悔過法
若比丘在阿蘭若迥遠有疑恐怖處若比
丘在如是阿蘭若處住先不語檀越若僧伽
藍外不受食在僧伽藍內无病自手受食食
者應向餘比丘悔過言大德我犯可呵法所
不應為我今向大德悔過是法名悔過法
諸大德我已說四波羅提提舍尼法今問諸大
德是中清淨不 如是至三 諸大德是中清淨默然
故是事如是持
諸大德此衆學戒法半月半月說戒經中
來當齋整着涅槃僧應當學
當齋整着三衣應當學
不得反抄衣行入白衣舍應當學
不得反抄衣入白衣舍坐應當學
不得衣纏頸入白衣舍應當學
不得衣纏頸入白衣舍坐應當學
不得覆頭入白衣舍應當學
不得覆頭入白衣舍坐應當學
不得跳行入白衣舍應當學
不得跳行入白衣舍坐應當學 一

不得衣纏頭入白衣舍坐應當學
不得覆頭入白衣舍坐應當學
不得跳行入白衣舍應當學
不得跳行入白衣舍坐應當學 十一
不得白衣舍内蹲坐應當學
不得叉腰行入白衣舍應當學
不得叉腰入白衣舍坐應當學
不得摇身行入白衣舍應當學
不得摇身行入白衣舍坐應當學
不得掉臂行入白衣舍應當學
不得掉臂行入白衣舍坐應當學
好覆身入白衣舍應當學
好覆身入白衣舍坐應當學
不得左右顧視行入白衣舍應當學 十二
不得左右顧視行入白衣舍坐應當學
静默入白衣舍應當學
静默入白衣舍坐應當學
不得戲笑行入白衣舍應當學
不得戲笑行入白衣舍坐應當學
用意受食應當學
受鉢受食應當學
平鉢受羹應當學
羹飯等食應當學

BD14475號　四分律比丘戒本　(11–10)

受鉢受食應當學
平鉢受羹應當學
羹飯等食應當學
以次食應當學 十三
不得挑鉢中而食應當學
若比丘不病不得為己索羹飯應當學
不得以飯覆羹更望得應當學
不得視比坐鉢中應當學
當繫鉢想食應當學
不得大摶飯食應當學
不得大張口待飯食應當學
不得含飯語應當學
不得摶飯遥擲口中應當學
不得遺落飯食應當學 十四
不得頰食食應當學
不得嚼飯作聲食應當學
不得大噏飯食應當學
不得舌舐食應當學
不得振手食應當學
不得手把散飯食應當學
不得食手捉飲器應當學
不得洗鉢水弃白衣舍内應當學
…上大小便涕唾除病應當學

BD14475號　四分律比丘戒本　(11–11)

BD14475 號背 1　春秋穀梁傳集解　（2–1）

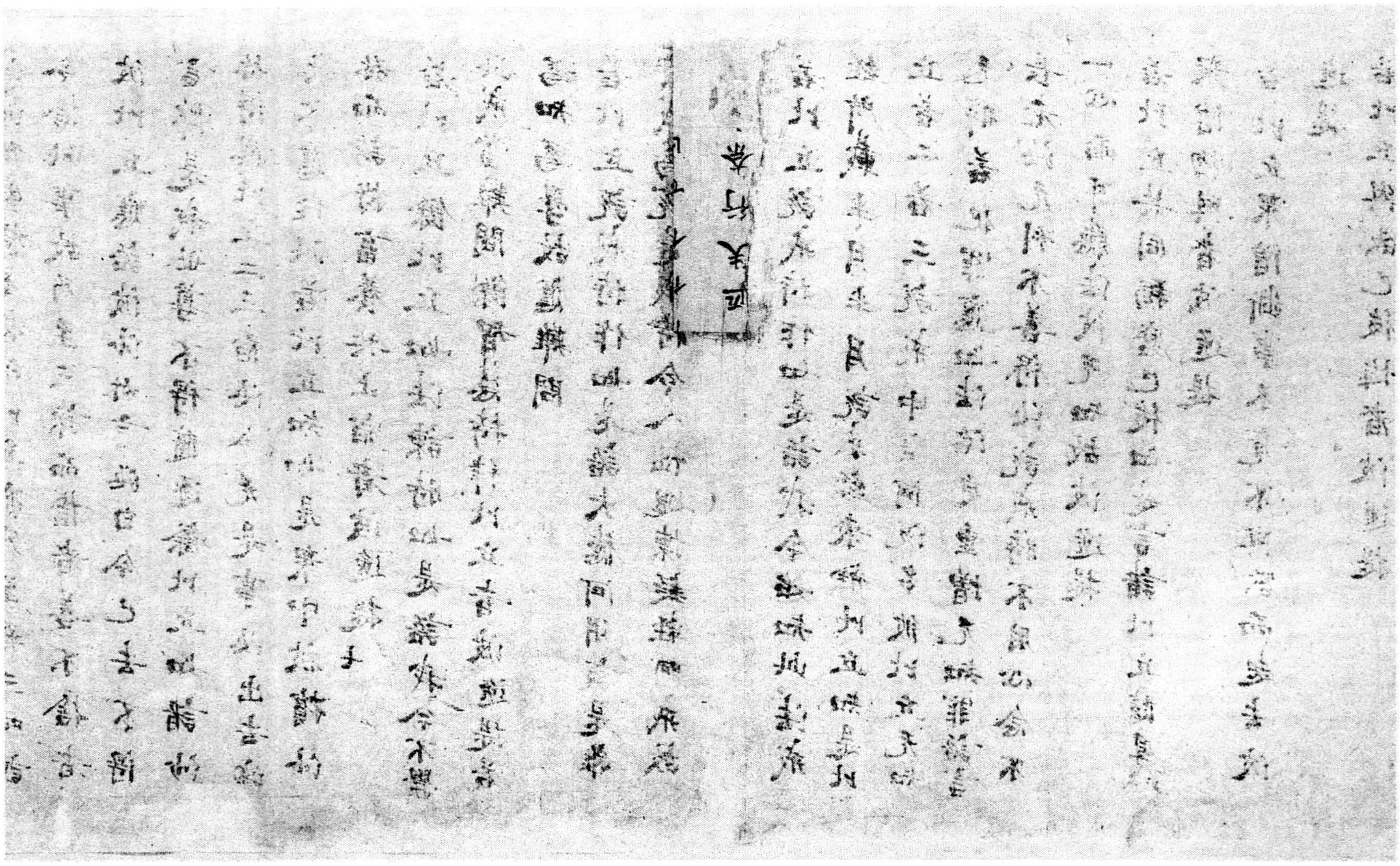

BD14475 號背 2　春秋穀梁傳集解　（2–2）

勝尊……
……處種種音樂共相娛
尒時善住天子即於夜分聞有聲……
住天子却後七日命將欲盡命終之後生贍
部洲受七趣畜生身即受地獄苦從地獄出
希得人身生於貧賤處於母胎即无兩目尒
時善住天子聞此聲已即大驚怖身毛皆竪
愁憂不樂速疾往詣天帝所釋悲啼號哭惶
怖无計頂礼帝釋二足尊已白帝釋言聽我
所說我與諸天女共相圍繞受諸快樂聞有
聲言善住天子却後七日命將欲盡命終之
後生贍部洲七趣畜生身受七身已即生諸
地獄從地獄出希得人身生貧賤家而无兩
目天帝云何令我得免斯苦
尒時帝釋聞善住天子語已甚大驚愕即自
惟此善住天子受何七趣惡道之身尒時帝
釋須臾靜住入定諦觀即見善住當受七趣
惡道之身所謂狗猪野干獼猴蟒虵烏鷲等
身食諸穢惡不淨之物尒時帝釋觀見善住
天子當墮七趣惡道之身極助苦惱痛割於
心諦思无計何所依歸唯有如來應正等覺

BD14476號　佛頂尊勝陀羅尼經（佛陀波利本）　（9–1）

惟此善住天子受何七趣惡道之身尒時帝
釋須臾靜住入定諦觀即見善住當受七趣
惡道之身所謂狗猪野干獼猴蟒虵烏鷲等
身食諸穢惡不淨之物尒時帝釋觀見善住
天子當墮七趣惡道之身極助苦惱痛割於
心諦思无計何所依歸唯有如來應正等覺
令其善住得免斯苦
尒時帝釋即於此日初夜分時以種種花鬘
塗香末香以妙天衣莊嚴執持往詣誓多林
園於世尊所到已頂礼佛足右繞七匝即於
佛前廣大供養佛前胡跪而白佛言世尊善
住天子云何當受七趣畜生惡道之身具如
上說
尒時如來頂上放種種光遍滿十方一切世
界已其光還來遶佛三匝從佛口入佛便微
笑告帝釋言天帝有陁羅尼名為如來佛尊
勝頂能淨一切惡道能淨除一切生死苦惱
又能淨除諸地獄閻羅王界畜生之苦又破
一切地獄能迴向善道天帝此佛頂尊勝陁
羅尼若有人聞一經於耳先世所造一切地
獄惡業皆悉消滅當得清淨之身隨所生處
憶持不忘從一佛剎至一佛剎從一天界至
一天界遍歷三十三天所生之處憶持不忘
天帝若人命欲將終須臾憶念此陁羅尼還
得增壽得身口意淨身无苦痛隨其福利隨
處安隱一切如來之所觀視一切天神恒常
侍衛為人所敬惡鄣消滅一切菩薩同心覆

BD14476號　佛頂尊勝陀羅尼經（佛陀波利本）　（9–2）

天帝若人命欲將終須臾憶念此陀羅尼還
得增壽得身口意淨身无苦痛隨其福利隨
處安隱一切如來之所觀視一切天神恒常
侍衛爲人所敬惡鄣消滅一切菩薩同心覆
護天帝若人能須臾讀誦此陀羅尼者此人
所有一切地獄畜生閻羅王界餓鬼之苦破
壞消滅无有遺餘諸佛刹土及諸宮(上)一切菩
薩所住之門无有鄣导隨意遊入尒時帝釋
白佛言世尊唯願如來爲衆生說增益壽命
之法尒時世尊知帝釋意心之所念樂聞佛
說是陀羅尼法即說呪曰
那謨薄伽䟦帝(一) 啼鵌路迦鉢囉㡳毗(上) 尖
瑟吒(引 佉佐反 下同)耶(余何反 下同二) 勃陀(引)耶(三) 薄伽䟦啼(四) 怛
姪他(五) 唵(六) 毗(引)輸馱耶(七) 娑摩三漫多縛(文阿反)
婆娑(八) 娑𤋲(普䟦反) 囉拏揭㡳伽訶(上)那娑婆
縛(引 同上)秫(輸律反 下同)地(九) 阿鼻詵(去)者藕(上)揭多伐
折(盲列反 下同)那(十) 阿蜜栗多毗曬(所界反)雞(取罽平聲 十一) 阿(引下同)
訶囉阿訶(上)囉(十二) 阿瑜散陀(引)囉尼(十三) 輸馱耶
輸陀耶(十四) 伽伽那毗秫提(十五) 烏瑟尼沙毗逝耶
秫提(十六) 娑訶娑囉喝囉濕弭珊珠地帝(十七) 薩
娑(引下同)怛他揭多地瑟吒(引)那(烏割反) 頞地瑟恥帝
慕姪𡅏(十八) 䟦折囉迦(引)耶僧訶(上)多那(上)秫提(十九)
薩婆伐囉拏毗秫提(二十) 鉢囉㡳你伐耶阿瑜
秫提(二十一) 薩末耶遏地瑟恥帝(二十二) 末你末你(二十三)
怛闥多部多俱胝鉢唎秫提(二十四) 毗薩普吒勃
地秫提(二十五) 社耶社耶(二十六) 毗社耶毗社耶(二十七) 薩末

BD14476 號　佛頂尊勝陀羅尼經（佛陀波利本）　（9–3）

薩婆伐囉拏毗秫提(二十) 鉢囉㡳你伐耶阿瑜
秫提(二十一) 薩末耶遏地瑟恥帝(二十二) 末你末你(二十三)
怛闥多部多俱胝鉢唎秫提(二十四) 毗薩普吒勃
地秫提(二十五) 社耶社耶(二十六) 毗社耶毗社耶(二十七) 薩末
囉薩末囉勃陀遏地瑟恥多秫提(二十八) 吠折嘌
䟦折囉揭鞞(二十九) 䟦折藍婆𤚥都(三十) 麼麼(某甲)
薩婆薩埵寫迦耶毗秫提(三十一) 薩婆揭㡳鉢
唎秫提(三十二) 薩婆怛他揭多三摩濕婆娑遏
地瑟恥帝(三十三) 勃陀勃陀(地耶反 三十四) 蒲馱耶蒲馱耶
三漫多鉢唎秫提(三十五) 薩婆怛他揭多地瑟吒
(引)那遏地瑟恥帝娑婆訶(三十六)
佛告帝釋言此呪名淨除一切惡道佛頂尊
勝陀羅尼能除一切罪業等鄣能破一切穢
惡道苦天帝此陀羅尼八十八殑伽沙俱胝
百千諸佛同共宣說隨喜受持大如來智印
印之爲破一切衆生穢惡道故爲一切地
獄畜生閻羅王界衆生得解脫故臨急苦難
墮生死海中衆生得解脫故短命薄福无救
護衆生樂造雜染惡業衆生故說又此陀羅
尼於贍部洲住持力故能令地獄惡道衆生
種種流轉生死薄福衆生不信善惡業失正
道衆生等得解脫義故
佛告天帝我說此陀羅尼付囑於汝汝當授
與善住天子復當受持讀誦思惟愛樂憶念
供養於贍部洲一切衆生廣爲宣說此陀羅
尼印付囑於汝天帝汝當善持守護勿令忘

BD14476 號　佛頂尊勝陀羅尼經（佛陀波利本）　（9–4）

佛告天帝我說此陁羅尼付囑於汝汝當授
与善住天子復當受持讀誦思惟愛樂憶念
供養於贍部洲一切衆生廣為宣說此陁羅
尼印付囑於汝天帝汝當善持守護勿令忘
失
天帝若人須臾得聞此陁羅尼千劫已来積
造惡業重鄣應受種種流轉生死地獄餓鬼
畜生閻羅王界阿脩羅身夜叉羅剎鬼神布
單那羯吒布單那阿婆娑摩囉蚊蝱龜狗
蟒虵一切諸鳥及諸猛獸一切蠢動含靈乃
至蟻子之身更不重受即得轉生諸佛如来
一生補處菩薩同會處生或得大姓婆羅門
家生或得大剎利種家生或得豪貴冣勝家
生天帝此人得如上貴處生者皆由聞此陁
羅尼故轉所生處皆得清淨天帝乃至得到
菩提道場冣勝之處皆由讚美此陁羅尼功
德如是天帝此陁羅尼名吉祥能淨一切惡
道此佛頂尊勝陁羅尼猶如日藏摩尼之寶
淨无瑕穢淨等虛空光焰照徹无不周遍若
諸衆生持此陁羅尼亦復如是亦如閻浮檀
金明淨柔軟令人喜見不為穢惡之所染着
天帝若有衆生持此陁羅尼亦復如是乘斯
善淨得生善道天帝此陁羅尼所在之處若
能書寫流通受持讀誦聽聞供養能如是者
一切惡道皆得清淨一切地獄苦惱皆消滅
佛告天帝若人能書寫此陁羅尼安高幢上

能書寫流通受持讀誦聽聞供養能如是者
一切惡道皆得清淨一切地獄苦惱皆消滅
佛告天帝若人能書寫此陁羅尼安高幢上
或安高山或安樓上乃至安置窣堵波中天
帝若有苾蒭苾蒭尼優婆塞優婆夷族姓男
族姓女於幢等上或見或与相近其影暎身
或風吹陁羅尼上幢等上塵落在身上天帝
彼諸衆生所有罪業應墮惡道地獄畜生閻
羅王界餓鬼阿脩羅身惡道之苦皆悉不受
亦不為罪垢染汙天帝此等衆生為一切諸
佛之所授記皆得不退轉於阿耨多羅三藐
三菩提
天帝何況更以多諸供見花鬘塗香末香幢
幡蓋等衣服瓔珞作諸莊嚴於四衢道造窣
堵波安置陁羅尼合掌恭敬旋繞行道歸依
礼拜天帝彼人能如是供養者名摩訶薩埵
真是佛子持法棟梁又是如来全身舍利窣
堵波塔
尒時閻摩羅法王於時夜分来詣佛所到已
以種種天衣妙花塗香莊嚴供養佛已繞佛
七匝頂礼佛足而作是言我聞如来演說讚
持大力陁羅尼者我常隨逐守護不令持者
墮於地獄以彼隨順如来言教而護念之
尒時護世四天大王繞佛三匝白佛言世尊
唯願如来為我廣說持陁羅尼法尒時佛告
四天王汝今諦聽我當為汝宣說受持此陁

隨於地獄以彼隨順如來言教而護念之
尒時護世四天大王繞佛三迊白佛言世尊
唯願如來為我廣說持陁羅尼法尒時佛告
四天王汝今諦聽我當為汝宣說受持此陁
羅尼法亦為短命諸衆生說當先浴着新淨
衣白月圓滿十五日時持齋誦此陁羅尼滿
其千遍令短命衆生還得增壽永離病苦一
切業鄣悉皆消滅一切地獄諸苦亦得解脫
諸飛鳥畜生含靈之類聞此陁羅尼一經於
耳盡此一身更不復受
佛言若遇大惡病聞陁羅尼即得永離一切
諸病亦得消滅應墮惡道亦得除斷即得往
生寂世界從此身已後更不受胞胎之身所
生之蓮華化生一切生處憶持不忘常識宿
命
佛言若人先造一切極重罪業遂即命終乘
斯惡業應墮地獄或墮畜生閻羅王界或墮
餓鬼乃至墮大阿鼻地獄或生水中或生禽
獸異類之身取其亡者隨身分骨以土一把
誦此陁羅尼二十一遍散亡者骨上即得生天
佛言若人能日日誦此陁羅尼廿一遍應消
一切世間廣大供養捨身往生極樂世界若
常誦念得大涅槃復增受命受勝快樂捨此
身已即得往生種種微妙諸佛刹土常與諸
佛俱會一處一切如來恒為演說微妙之義
一切世尊即授其記身光照曜一切佛刹佛

BD14476 號　佛頂尊勝陀羅尼經（佛陀波利本）　（9–7）

常誦念得大涅槃復增受命受勝快樂捨此
身已即得往生種種微妙諸佛刹土常與諸
佛俱會一處一切如來恒為演說微妙之義
一切世尊即授其記身光照曜一切佛刹佛
言若誦此陁羅尼法於佛前先取淨土作壇
隨其大小方四角作以種種草華散於壇上
燒衆名香右膝着地胡跪心常念佛作慕陁
羅印屈其頭指以大母指押合掌當其心上
誦此陁羅尼一百八遍訖於其壇中如雲王
雨花能遍供養八十八俱胝殑伽沙那庾多
百千諸佛彼佛世尊咸共讚言善哉希有真
是佛子即无鄣礙智三昧得大菩提心莊嚴
三昧持此陁羅尼法應如是
佛言天帝我以此方便一切衆生應墮地獄
道令得解脫一切惡道亦得消淨復令持者
增益壽命天帝汝去將我陁羅尼授與善住
天子滿其七日汝與善住俱來見我
尒時天帝於世尊所受此陁羅尼法奉持還
於本天授與善住天子尒時善住天子受此
陁羅尼已滿六日六夜依法受持一切願滿
應受一切惡道等苦即得解脫住菩提道增
壽无量甚大歡喜高聲歎言希有如來希有
妙法希有明驗甚為難得令我解脫
尒時帝釋至第七日與善住天子將諸天衆
嚴持花香塗香末香寶幢幡蓋天衣瓔珞微
妙莊嚴往詣佛所設大供養以妙天衣及諸
瓔珞供養世尊繞百千帀於佛前立踊躍歡

BD14476 號　佛頂尊勝陀羅尼經（佛陀波利本）　（9–8）

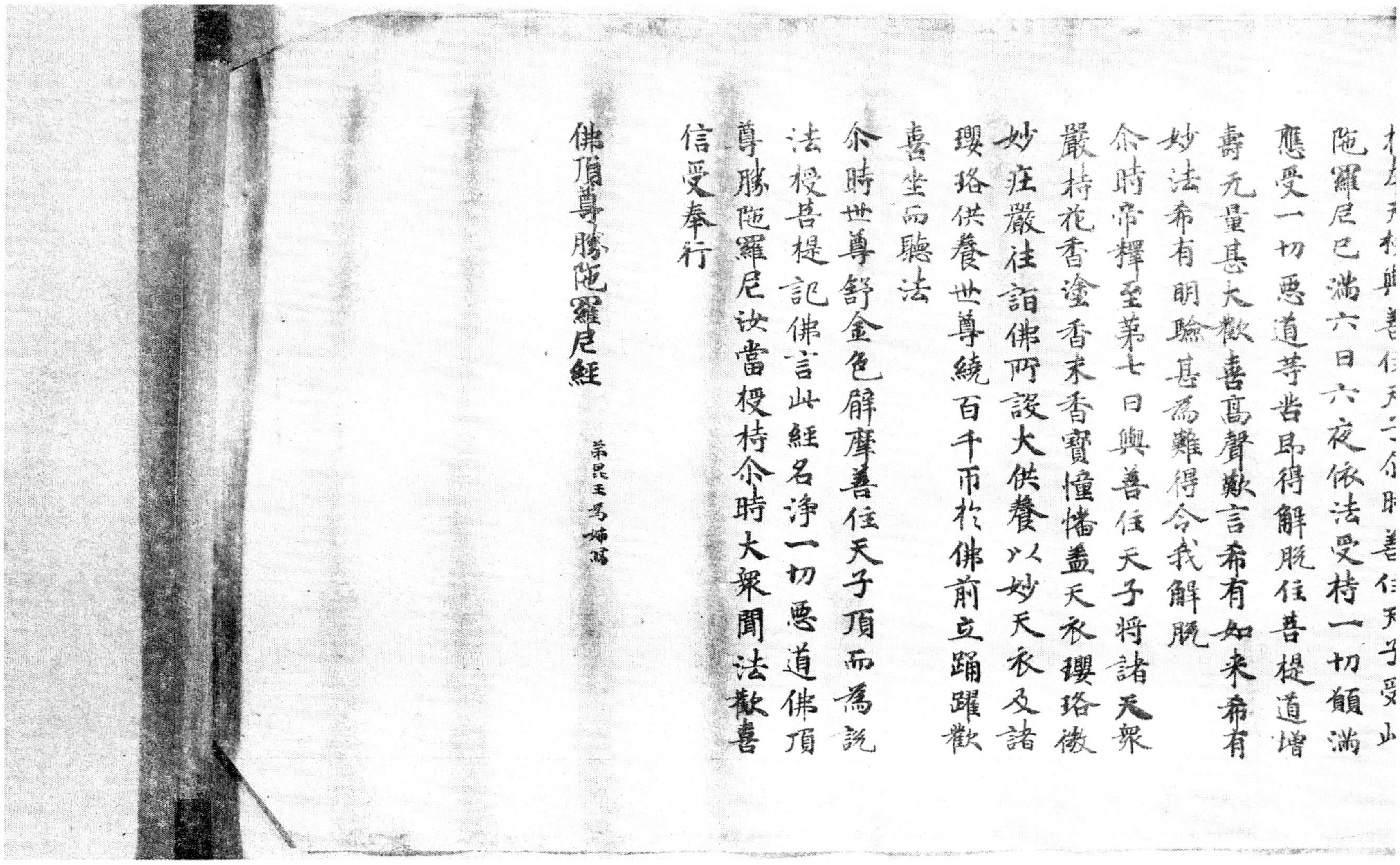
梵天梵與善住天子俱時善住天子受此
陁羅尼已滿六日六夜依法受持一切願滿
應受一切惡道等苦即得解脫住菩提道增
壽无量甚大歡喜高聲歎言希有如來希有
妙法希有明驗甚為難得令我解脫
尒時帝釋至第七日與善住天子將諸天衆
嚴持花香塗香末香寶幢幡蓋天衣瓔珞微
妙莊嚴往詣佛所設大供養以妙天衣及諸
瓔珞供養世尊繞百千帀於佛前立踊躍歡
喜坐而聽法
尒時世尊舒金色臂摩善住天子頂而為說
法授菩提記佛言此經名淨一切惡道佛頂
尊勝陁羅尼汝當授持尒時大衆聞法歡喜
信受奉行
佛頂尊勝陁羅尼經
弟子王鳥姉寫

BD14476 號　佛頂尊勝陀羅尼經（佛陀波利本）　（9–9）

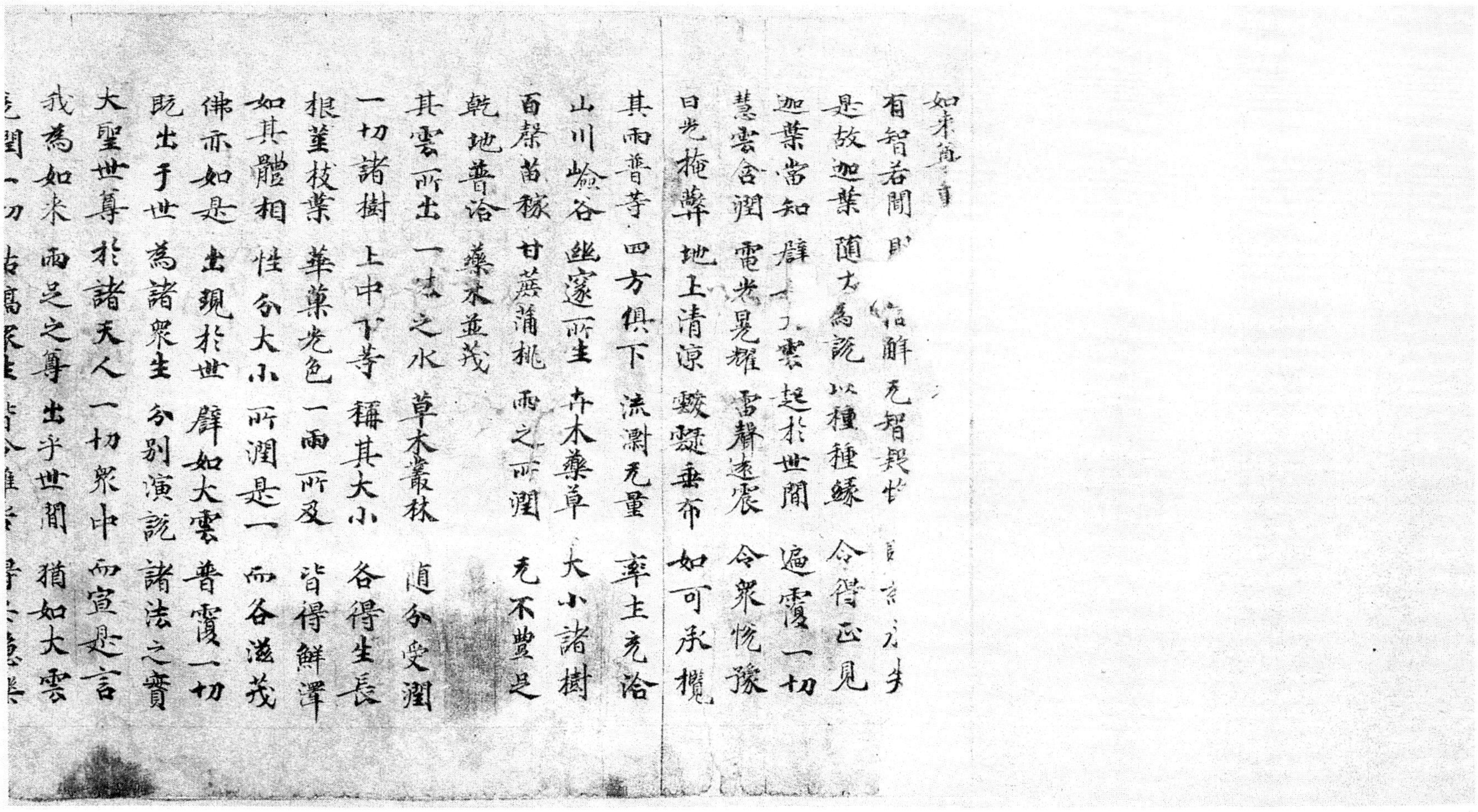
如來尊重
有智若聞　則能信解　无智疑悔　則為永失
是故迦葉　隨力為說　以種種緣　令得正見
迦葉當知　譬如大雲　起於世間　遍覆一切
慧雲含潤　電光晃耀　雷聲遠震　令衆悅豫
日光掩蔽　地上清涼　靉靆垂布　如可承攬
其雨普等　四方俱下　流澍无量　率土充洽
山川嶮谷　幽邃所生　卉木藥草　大小諸樹
百穀苗稼　甘蔗蒲桃　雨之所潤　无不豐足
乾地普洽　藥木並茂
其雲所出　一味之水　草木叢林　隨分受潤
一切諸樹　上中下等　稱其大小　各得生長
根莖枝葉　華菓光色　一雨所及　皆得鮮澤
如其體相　性分大小　所潤是一　而各滋茂
佛亦如是　出現於世　譬如大雲　普覆一切
既出于世　為諸衆生　分別演說　諸法之實
大聖世尊　於諸天人　一切衆中　而宣是言
我為如來　兩足之尊　出于世間　猶如大雲
充潤一切　枯槁衆生　皆令離苦　得安隱樂

BD14477 號　妙法蓮華經卷三　（24–1）

如其體相 性分大小 所潤是一 而各滋茂
佛亦如是 出現於世 譬如大雲 普覆一切
既出于世 為諸衆生 分別演說 諸法之實
大聖世尊 於諸天人 一切衆中 而宣是言
我為如來 兩足之尊 出于世間 猶如大雲
充潤一切 枯槁衆生 皆令離苦 得安隱樂
世間之樂 及涅槃樂
諸天人衆 一心善聽 皆應到此 覲无上尊
我為世尊 无能及者 安隱衆生 故現於世
為大衆說 甘露淨法 其法一味 解脫涅槃
以一妙音 演暢斯義 常為大乘 而作因緣
我觀一切 普皆平等 无有彼此 愛憎之心
我无貪著 亦无限导 恒為一切 平等說法
如為一人 衆多亦然
常演說法 曾无他事 去來坐立 終不疲猒
充足世間 如雨普潤 貴賤上下 持戒毀戒
威儀具足 及不具足 正見耶見 利根鈍根
等雨法雨 而无懈惓
一切衆生 聞我法者 隨力所受 住於諸地
或處人天 轉輪聖王 釋梵諸王 是小藥草
知无漏法 能得涅槃 起六神通 及得三明
獨處山林 常行禪定 得緣覺證 是中藥草
求世尊處 我當作佛 行精進定 是上藥草
又諸佛子 專心佛道 常行慈悲 自知作佛
決定无疑 是名小樹
安住神通 轉不退轉 度无量億 百千衆生
如是菩薩 名為大樹
佛平等說 如一味雨 隨衆生性 所受不同

BD14477號　妙法蓮華經卷三　（24–2）

又諸佛子 專心佛道 常行慈悲 自知作佛
決定无疑 是名小樹
安住神通 轉不退轉 度无量億 百千衆生
如是菩薩 名為大樹
佛平等說 如一味雨 隨衆生性 所受不同
如彼草木 所稟各異
佛以此喻 方便開示 種種言辭 演說一法
於佛智慧 如海一渧
我雨法雨 充滿世間 一味之法 隨力脩行
如彼藂林 藥草諸樹 隨其大小 漸增茂好
諸佛之法 常以一味 令諸世間 普得具足
漸次脩行 皆得道果
聲聞緣覺 處於山林 住最後身 得法得果
是名藥草 各得增長
若諸菩薩 智慧堅固 了達三界 求最上乘
是名小樹 而得增長
復有住禪 得神通力 聞諸法空 心大歡喜
放无數光 度諸衆生 是名大樹 而得增長
如是迦葉 佛所說法 譬如大雲 以一味雨
潤於人華 各得成實
迦葉當知 以諸因緣 種種譬喻 開示佛道
是我方便 諸佛亦然
今為汝等 說最實事 諸聲聞衆 皆非滅度
汝等所行 是菩薩道 漸漸脩學 悉當成佛

妙法蓮華經授記品第六

尒時世尊說是偈已，告諸大衆，唱如是言：我
此弟子摩訶迦葉，於未來世，當得奉覲三百
万億諸佛世尊，供養恭敬，尊重讚歎，廣宣諸

BD14477號　妙法蓮華經卷三　（24–3）

汝等所行　是菩薩道　漸漸脩學　悉當成佛
妙法蓮華經授記品第六
尒時世尊說是偈已告諸大衆唱如是言我
此弟子摩訶迦葉於未来世當得奉覲三百
万億諸佛世尊供養恭敬尊重讃歎廣宣諸
佛无量大法於最後身得成為佛名曰光明
如来應供正遍知明行足善逝世間解无上
士調御丈夫天人師佛世尊國名光德劫名
大莊嚴佛壽十二小劫正法住世廿小劫像
法亦住廿小劫國界嚴飾无諸穢悪瓦礫荊
蕀便利不淨其土平政无有高下坑坎堆阜
瑠璃為地寶樹行列黄金為繩以界道側散
諸寶華周遍清淨其國菩薩无量千億諸
聲聞衆亦復无數无有魔事雖有魔及魔民
皆護佛法尒時世尊欲重宣此義而說偈言
告諸比丘　我以佛眼　見是迦葉　於未来世
過无數劫　當得作佛
而於来世　供養奉覲　三百万億　諸佛世尊
為佛智慧　淨脩梵行
供養最上　二足尊已　脩集一切　无上之慧
於最後身　得成為佛
其土清淨　瑠璃為地　多諸寶樹　行列道側
金繩界道　見者歡喜　常出好香　散衆名華
種種奇妙　以為嚴飾　其地平政　无有丘坑
諸菩薩衆　不可稱計　其心調柔　逮大神通
奉持諸佛　大乘經典
諸聲聞衆　无漏後身　法王之子　亦不可計
乃以天眼　不能數知

BD14477號　妙法蓮華經卷三　（24–4）

種種奇妙　以為嚴飾　其地平政　无有丘坑
諸菩薩衆　不可稱計　其心調柔　逮大神通
奉持諸佛　大乘經典
諸聲聞衆　无漏後身　法王之子　亦不可計
乃以天眼　不能數知
其佛當壽　十二小劫　正法住世　二十小劫
像法亦住　二十小劫　光明世尊　其事如是
尒時大目揵連須菩提摩訶迦旃延等皆悉
悚慄一心合掌瞻仰尊顔目不暫捨即共同
聲而說偈言
大雄猛世尊　諸釋之法王　哀愍我等故　而賜佛音聲
若知我深心　見為授記者　如以甘露灑　除熱得清凉
如從飢國来　忽遇大王饍　心猶懷疑懼　未敢即便食
若復得王教　然後乃敢食
我等亦如是　每惟小乘過　不知當云何　得佛无上慧
雖聞佛音聲　言我等作佛　心尚懷憂懼　如未敢便食
若蒙佛授記　尒乃快安樂
大雄猛世尊　常欲安世間　願賜我等記　如飢須教食
尒時世尊知諸大弟子心之所念告諸比丘
是須菩提於當来世奉覲三百万億那由他
佛供養恭敬尊重讃歎常脩梵行具菩薩道
於最後身得成為佛号曰名相如来應供正
遍知明行足善逝世間解无上士調御丈夫
天人師佛世尊劫名有寶國名寶生其土平
政頗梨為地寶樹莊嚴无諸丘坑沙礫荊蕀
便利之穢寶華覆地周遍清淨其土人民皆
處寶臺珍妙樓閣聲聞弟子无量无邊筭數
譬喻所不能知諸菩薩衆无數千万億那由

BD14477號　妙法蓮華經卷三　（24–5）

天人師佛世尊劫名有寶國名寶生其土平
政頗梨為地寶樹莊嚴无諸丘坑沙礫荊棘
便利之穢寶華覆地周遍清淨其土人民皆
處寶臺珎妙樓閣聲聞弟子无量无邊筭數
譬喻所不能知諸菩薩衆无數千万億那由
他佛壽十二小劫正法住世二十小劫像法
亦住二十小劫其佛常處虛空為衆說法度
脫无量菩薩及聲聞衆尒時世尊欲重宣此
義而說偈言
諸比丘衆　今告汝等　皆當一心　聽我所說
我大弟子　須菩提者　當得作佛　号曰名相
當供无數　万億諸佛　隨佛所行　漸具大道
冣後身得　三十二相　端政殊妙　猶如寶山
其佛國土　嚴淨第一　衆生見者　无不愛樂
佛於其中　度无量衆　其佛法中　多諸菩薩
皆悉利根　轉不退輪　彼國常以　菩薩莊嚴
諸聲聞衆　不可稱數　皆得三明　具六神通
住八解脫　有大威德　其佛說法　現於无量
神通變化　不可思議　諸天人民　數如恒沙
皆共合掌　聽受佛語　其佛當壽　十二小劫
正法住世　二十小劫　像法亦住　二十小劫
尒時世尊復告諸比丘衆我今語汝是大迦
旃延於當來世以諸供具供養奉事八千億
佛恭敬尊重諸佛滅後各起塔廟高千由旬
縱廣正等五百由旬以金銀瑠璃車𤦲馬瑙
真珠玫瑰七寶合成衆華瓔珞塗香末香燒

BD14477 號　妙法蓮華經卷三　（24–6）

尒時世尊復告諸比丘衆我今語汝是大迦
旃延於當來世以諸供具供養奉事八千億
佛恭敬尊重諸佛滅後各起塔廟高千由旬
縱廣正等五百由旬以金銀瑠璃車𤦲馬瑙
真珠玫瑰七寶合成衆華瓔珞塗香末香燒
香繒蓋幢幡供養塔廟過是已後當復供養
二万億佛亦復如是供養是諸佛已具菩薩
道當得作佛号曰閻浮那提金光如來應供
正遍知明行足善逝世間解无上士調御丈
夫天人師佛世尊其土平政頗梨為地寶樹
莊嚴黃金為繩以界道側妙華覆地周遍清
淨見者歡喜无四惡道地獄餓鬼畜生阿脩
羅道多有天人諸聲聞衆及諸菩薩无量万
億莊嚴其國佛壽十二小劫正法住世二十
小劫像法亦住二十小劫尒時世尊欲重宣
此義而說偈言
諸比丘衆　皆一心聽　如我所說　真實无異
是迦旃延　當以種種　妙好供具　供養諸佛
諸佛滅後　起七寶塔　亦以華香　供養舍利
其冣後身　得佛智慧　成等正覺　國土清淨
度脫无量　万億衆生　皆為十方　之所供養
佛之光明　无能勝者　其佛号曰　閻浮金光
菩薩聲聞　斷一切有　无量无數　莊嚴其國
尒時世尊復告大衆我今語汝是大目揵連
當以種種供具供養八千諸佛恭敬尊重
諸佛滅後各起塔廟高千由旬縱廣正等五
百由旬以金銀瑠璃車𤦲馬瑙真珠玫瑰七
寶合成衆華瓔珞塗香末香燒香繒蓋幢幡

BD14477 號　妙法蓮華經卷三　（24–7）

尒時世尊復告大衆我今語汝是大目揵連
當以種種供具供養八千諸佛恭敬尊重
諸佛滅後各起塔廟高千由旬縱廣正等五
百由旬以金銀瑠璃車𤦲馬瑙真珠玫瑰七
寶合成衆華瓔珞塗香末香燒香繒蓋幢幡
以用供養過是已後當復供養二百万億諸
佛亦復如是當得成佛号曰多摩羅跋栴檀
香如來應供正遍知明行足善逝世間解无
上士調御丈夫天人師佛世尊劫名喜滿國
名意樂其土平正頗梨為地寶樹莊嚴散真
珠華周遍清淨見者歡喜多諸天人菩薩聲
聞其數无量佛壽廿四小劫正法住世卅小
劫像法亦住卅小劫尒時世尊欲重宣此義
而說偈言
我此弟子 大目揵連 捨是身已 得見八千
二百万億 諸佛世尊 為佛道故 供養恭敬
於諸佛所 常脩梵行
於无量劫 奉持佛法 諸佛滅後 起七寶塔
長表金剎 華香伎樂 而以供養 諸佛塔廟
漸漸具足 菩薩道已 於意樂國 而得作佛
号多摩羅 栴檀之香
其佛壽命 二十四劫 常為天人 演說佛道
聲聞无量 如恒河沙 三明六通 有大威德
菩薩无數 志固精進 於佛智慧 皆不退轉
佛滅度後 正法當住 四十小劫 像法亦尒
我諸弟子 威德具足 其數五百 皆當授記
於未來世 咸得成佛
我及汝等 宿世因緣 吾今當說 汝等善聽

菩薩无數 志固精進 於佛智慧 皆不退轉
佛滅度後 正法當住 四十小劫 像法亦尒
我諸弟子 威德具足 其數五百 皆當授記
於未來世 咸得成佛
我及汝等 宿世因緣 吾今當說 汝等善聽

妙法蓮華經化城喻品第七

佛告諸比丘乃往過去无量无邊不可思議
阿僧祇劫尒時有佛名大通智勝如來應供
正遍知明行足善逝世間解无上士調御丈
夫天人師佛世尊其國名好成劫名大相諸
比丘彼佛滅度已來甚大久遠譬如三千大
千世界所有地種假使有人磨以為墨過於
東方千國土乃下一點大如微塵又過千國
土復下一點如是展轉盡地種墨於汝等意
云何是諸國土若筭師若筭師弟子能得邊
際知其數不不也世尊諸比丘是人所逕國
土若點不點盡抹為塵一塵一劫彼佛滅度
已來復過是數无量无邊百千万億阿僧祇
劫我以如來知見力故觀彼久遠猶若今日
尒時世尊欲重宣此義而說偈言
我念過去世 无量无邊劫 有佛兩足尊 名大通智勝
如人以力磨 三千大千土 盡此諸地種 皆悉以為墨
過於千國土 乃下一塵點 如是展轉點 盡此諸塵墨
如是諸國土 點与不點等 復盡末為塵 一塵為一劫
此諸微塵數 其劫復過是 彼佛滅度來 如是无量劫
如來无㝵智 知彼佛滅度 及聲聞菩薩 如見今滅度
諸比丘當知 佛智淨微妙 无漏无所㝵 通達无量劫
佛告諸比丘大通智勝佛壽五百卌万億那

如是諸國土 點与不點等 復盡抹為塵 一塵為一劫
此諸微塵數 其劫復過是 彼佛滅度來 如是无量劫
如來无㝵智 知彼佛滅度 及聲聞菩薩 如見今滅度
諸比丘當知 佛智淨微妙 无漏无所㝵 通達无量劫
佛告諸比丘大通智勝佛壽五百卌万億那
由他劫其佛本坐道場破魔軍已垂得阿耨
多羅三藐三菩提而諸佛法不現在前如是
一小劫乃至十小劫結跏趺坐身心不動而
諸佛法猶不在前尒時忉利諸天先為彼佛
於菩提樹下敷師子坐高一由旬佛於此坐
當得阿耨多羅三藐三菩提適坐此座時諸
梵天王雨眾天華面百由旬香風時來吹去
萎華更雨新者如是不絕滿十小劫供養於
佛乃至滅度常雨此華四王諸天為供養佛
常擊天鼓其餘諸天作天伎樂滿十小劫至
于滅度亦復如是諸比丘大通智勝佛過十
小劫諸佛之法乃現在前成阿耨多羅三藐
三菩提其佛未出家時有十六子其第一者
名曰智積諸子各有種種珎異翫好之具聞
父得成阿耨多羅三藐三菩提皆捨所珎往
諸佛所諸母涕泣而隨送之其祖轉輪聖王
与一百大臣及餘百千万億人民皆共圍繞
隨至道場咸欲親近大通智勝如來供養恭
敬尊重讚歎到已頭面礼足繞佛畢已一心
合掌瞻仰尊顔以偈頌曰
大威德世尊 為度眾生故 於无量億歲 尒乃得成佛
諸願已具足 善哉吉无上
世尊甚希有 一坐十小劫 身體及手足 靜然安不動

敬尊重讚歎到已頭面礼足繞佛畢已一心
合掌瞻仰尊顔以偈頌曰
大威德世尊 為度眾生故 於无量億歲 尒乃得成佛
諸願已具足 善哉吉无上
世尊甚希有 一坐十小劫 身體及手足 靜然安不動
其心常憺怕 未曾有散亂 究竟永寂滅 安住无漏法
今者見世尊 安隱成佛道 我等得善利 稱慶大歡喜
眾生常苦惱 盲瞑无導師 不識苦盡道 不知求解脫
長夜增惡趣 減損諸天眾 從瞑入於瞑 永不聞佛名
今佛得最上 安隱无漏道 我等及天人 為得最大利
是故咸稽首 歸命无上尊
尒時十六王子偈讚佛已勸請世尊轉於法
輪咸作是言世尊說法多所安隱憐愍饒益
諸天人民重說偈言
世雄无等倫 百福自莊嚴 得无上智慧 願為世間說
度脫於我等 及諸眾生類 為分別顯示 令得是智慧
若我等得佛 眾生亦復然
世尊知眾生 深心之所念 亦知所行道 又知智慧力
欲樂及脩福 宿命所行業 世尊悉知已 當轉无上輪
佛告諸比丘大通智勝佛得阿耨多羅三藐
三菩提時十方各五百万億諸佛世界六種
震動其國中間幽瞑之處日月威光所不能
照而皆大明其中眾生各得相見咸作是言
此中云何忽生眾生又其國界諸天宮殿乃
至梵宮六種震動大光普照遍滿世界勝諸
天光尒時東方五百万億諸國土中梵天宮
殿光明照耀倍於常明諸梵天王各作是念
今者宮殿光明昔所未有以何因緣而現此

此中云何忽生衆生又其國界諸天宮殿乃
至梵宮六種震動大光普照遍滿世界勝諸
天光尒時東方五百万億諸國土中梵天宮
殿光明照耀倍於常明諸梵天王各作是念
今者宮殿光明昔所未有以何因緣而現此
相是時諸梵天王即各相詣共議此事時
彼衆中有一大梵天王名救一切為諸梵衆
而說偈言
我等諸宮殿　光明昔未有　此是何因緣　宜各共求之
為大德天生　為佛出世間　而此大光明　遍照於十方
尒時五百万億國土諸梵天王与宮殿俱各
以衣裓盛諸天華共詣西方推尋是相見大
通智勝如來處于道場菩提樹下坐師子坐
諸天龍王乾闥婆緊那羅摩睺羅伽人非人
等恭敬圍繞及見十六王子請佛轉法輪即
時諸梵天王頭面礼佛繞百千匝即以天華
而散佛上其所散華如須弥山并以供養佛
菩提樹其菩提樹高十由旬華供養已各以
宮殿奉上彼佛而作是言唯見哀愍饒益我
等所獻宮殿願垂納處時諸梵天王即於佛
前一心同聲以偈頌曰
世尊甚希有　難可得值遇　具无量功德　能救護一切
天人之大師　哀愍於世間　十方諸衆生　普皆蒙饒益
我等所從來　五百万億國　捨深禪定樂　為供養佛故
我等先世福　宮殿甚嚴飾　今以奉世尊　唯願哀納受
尒時諸梵天王偈讚佛已各作是言唯願世
尊轉於法輪度脫衆生開涅槃道時諸梵天
王一心同聲而說偈言

我等所從來　五百万億國　捨深禪定樂　為供養佛故
我等先世福　宮殿甚嚴飾　今以奉世尊　唯願哀納受
尒時諸梵天王偈讚佛已各作是言唯願世
尊轉於法輪度脫衆生開涅槃道時諸梵天
王一心同聲而說偈言
世雄兩足尊　唯願演說法　以大慈悲力　度苦惱衆生
尒時大通智勝如來默然許之又諸比丘東
南方五百万億國土諸大梵王各自見宮殿
光明照耀昔所未有歡喜踊躍生希有心即
各相詣共議此事而彼衆中有一大梵天王
名曰大悲為諸梵衆而說偈言
是事何因緣　而現如此相　我等諸宮殿　光明昔未有
為大德天生　為佛出世間　未曾見此相　當共一心求
過千万億土　尋光共推之　多是佛出世　度脫苦衆生
尒時五百万億諸梵天王与宮殿俱各以衣
裓盛諸天華共詣西北方推尋是相見大通
智勝如來處于道場菩提樹下坐師子座諸
天龍王乾闥婆緊那羅摩睺羅伽人非人等
恭敬圍繞及見十六王子請佛轉法輪時諸
梵天王頭面礼佛繞百千匝即以天華而散
佛上所散之華如須弥山并以供養佛菩提
樹華供養已各以宮殿奉上彼佛而作是言
唯見哀愍饒益我等所獻宮殿願垂納處尒
時諸梵天王即於佛前一心同聲以偈頌曰
聖主天中王　迦陵頻伽聲　哀愍衆生者　我等今敬礼
世尊甚希有　久遠乃一現　一百八十劫　空過无有佛
三惡道充滿　諸天衆減少　今佛出於世　為衆生作眼
世間所歸趣　救護於一切　為衆生之父　哀愍饒益者

時諸梵天王即於佛前一心同聲以偈頌曰
聖主天中王　迦陵頻伽聲　哀愍衆生者　我等今敬礼
世尊甚希有　久遠乃一現　一百八十劫　空過无有佛
三惡道充滿　諸天衆減少　今佛出於世　為衆生作眼
世間所歸趣　救護於一切　為衆生之父　哀愍饒益者
我等宿福慶　今得值世尊
尒時諸梵天王偈讚佛已各作是言唯願世
尊哀愍一切轉於法輪度脫衆生時諸梵天
王一心同聲而說偈言
大聖轉法輪　顯示諸法相　度苦惱衆生　令得大歡喜
衆生聞是法　得道若生天　諸惡道減少　忍善者增益
尒時大通智勝如来嘿然許之又諸比丘南
方五百万億國土諸大梵王各自見宮殿光
明照燿昔所未有歡喜踊躍生希有心即各
相詣共議此事以何因緣我等宮殿有此光
耀而彼衆中有一大梵天王名曰妙法為諸
梵衆而說偈言
我等諸宮殿　光明甚威曜　此非无因緣　是相宜求之
過於百千劫　未曾見是相　為大德天生　為佛出世間
尒時五百万億諸梵天王与宮殿俱各以衣
裓盛諸天華共詣北方推尋是相見大通智
勝如来處于道場菩提樹下坐師子座諸天
龍王乾闥婆緊那羅摩睺羅伽人非人等恭
敬圍繞及見十六王子請佛轉法輪時諸梵
天王頭面礼佛繞百千匝即以天華而散佛
上所散之華如須弥山并以供養佛菩提樹
華供養已各以宮殿奉上彼佛而作是言唯
見哀愍饒益我等所獻宮殿願垂納處尒時

BD14477 號　妙法蓮華經卷三　（24–14）

敬圍繞及見十六王子請佛轉法輪時諸梵
天王頭面礼佛繞百千匝即以天華而散佛
上所散之華如須弥山并以供養佛菩提樹
華供養已各以宮殿奉上彼佛而作是言唯
見哀愍饒益我等所獻宮殿願垂納處尒時
諸梵天王即於佛前一心同聲以偈頌曰
世尊甚難見　破諸煩惱者　過百三十劫　今乃得一見
諸飢渴衆生　以法雨充滿　昔所未曾覩　无量智慧者
如優曇鉢華　今日乃值遇
我等諸宮殿　蒙光故嚴飾　世尊大慈愍　唯願垂納受
尒時諸梵天王偈讚佛已各作是言唯願世
尊轉於法輪令一切世間諸天魔梵沙門婆
羅門皆獲安隱而得度脫時諸梵天王一心
同聲以偈頌曰
唯願天人尊　轉无上法輪　擊于大法鼓　而吹大法蠡
普雨大法雨　度无量衆生　我等咸歸請　當演深遠音
尒時大通智勝如来嘿然許之西南方乃至
下方亦復如是
尒時上方五百万億國土諸大梵王皆悉自
覩所止宮殿光明威耀昔所未有歡喜踊躍
生希有心即各相詣共議此事以何因緣我
等宮殿有斯光明而彼衆中有一大梵天王
名曰尸棄為諸梵衆而說偈言
今以何因緣　我等諸宮殿　威德光明耀　嚴飾未曾有
如是之妙相　昔所未聞見　為大德天生　為佛出世間
尒時五百万億諸梵天王与宮殿俱各以衣
裓盛諸天華共詣下方推尋此相見大通智
勝如来處于道場菩提樹下坐師子座諸天

BD14477 號　妙法蓮華經卷三　（24–15）

今以何因緣　我等諸宮殿　威德光明曜　嚴飾未曾有
如是之妙相　昔所未聞見　為大德天生　為佛出世間
尒時五百万億諸梵天王与宮殿俱各以衣
裓盛諸天華共詣下方推尋此相見大通智
勝如來處于道場菩提樹下坐師子坐諸天
龍王乾闥婆緊那羅摩睺羅伽人非人等恭
敬圍遶及見十六王子請佛轉法輪時諸梵
天王頭面礼佛繞百千匝即以天華而散佛
上所散之華如須弥山并以供養佛菩提樹
華供養已各以宮殿奉上彼佛而作是言唯
見哀愍饒益我等所獻宮殿願垂納處時諸
梵天王即於佛前一心同聲以偈頌曰
善哉見諸佛　救世之聖尊　能於三界獄　勉出諸眾生
普智天人尊　哀愍群萌類　能開甘露門　廣度於一切
於昔无量劫　空過无有佛　世尊未出時　十方常闇冥
三惡道增長　阿脩羅亦盛　諸天眾轉減　死多墮惡道
不從佛聞法　常行不善事　色力及智慧　斯等皆減少
罪業因緣故　失樂及樂想
住於邪見法　不識善儀則　不蒙佛所化　常墮於惡道
佛為世間眼　久遠時乃出　哀愍諸眾生　故現於世間
超出成正覺　我等甚欣慶　及餘一切眾　喜歎未曾有
我等諸宮殿　蒙光故嚴飾　今以奉世尊　唯垂哀納受
願以此功德　普及於一切　我等與眾生　皆共成佛道
尒時五百万億諸梵天王偈讚佛已各白佛
言唯願世尊轉於法輪多所安隱多所度脫
時諸梵天王而說偈言
世尊轉法輪　擊甘露法鼓　度苦惱眾生　開示涅槃道
唯願受我請　以大微妙音　哀愍而敷演　无量劫集法

BD14477號　妙法蓮華經卷三　（24–16）

尒時五百万億諸梵天王偈讚佛已各白佛
言唯願世尊轉於法輪多所安隱多所度脫
時諸梵天王而說偈言
世尊轉法輪　擊甘露法鼓　度苦惱眾生　開示涅槃道
唯願受我請　以大微妙音　哀愍而敷演　无量劫集法
尒時大通智勝如來受十方諸梵天王及十
六王子請即時三轉十二行法輪若沙門婆
羅門若天魔梵及餘世間所不能轉謂是苦
是苦集是苦滅是苦滅道及廣說十二因緣
法无明緣行行緣識識緣名色名色緣六入
六入緣觸觸緣受受緣愛愛緣取取緣有有
緣生生緣老死憂悲苦惱无明滅則行滅行
滅則識滅識滅則名色滅名色滅則六入滅
六入滅則觸滅觸滅則受滅受滅則愛滅愛
滅則取滅取滅則有滅有滅則生滅生滅則
老死憂悲苦惱滅佛於天人大眾之中說是
法時六百万億那由他人以不受一切法故
而於諸漏心得解脫皆得深妙禪定三明六
通具八解脫第二第三第四說法時千万億
恒河沙那由他等眾生亦以不受一切法故
而於諸漏心得解脫從是已後諸聲聞眾无
量无邊不可稱數尒時十六王子皆以童子
出家而為沙弥諸根通利智慧明了已曾供
養百千万億諸佛淨脩梵行求阿耨多羅
三藐三菩提俱白佛言世尊是諸无量千万
億大德聲聞皆已成就世尊亦當為我等說
阿耨多羅三藐三菩提法我等聞已皆共脩
學世尊我等志願如來知見深心所念佛自證

BD14477號　妙法蓮華經卷三　（24–17）

量无邊不可稱數尒時十六王子皆以童子
出家而為沙弥諸根通利智慧明了已曾供
養百千万億諸佛淨脩梵行求阿耨多羅
三藐三菩提俱白佛言世尊是諸无量千万
億大德聲聞皆已成就世尊亦當為我等說
阿耨多羅三藐三菩提法我等聞已皆共脩
學世尊我等志願如來知見深心所念佛自證
知尒時轉輪聖王所將衆中八万億人見十
六王子出家亦求出家王即聽許尒時彼佛
受沙弥請過二万劫已乃於四衆之中說是
大乘經名妙法蓮華教菩薩法佛所護念說
是經已十六沙弥為阿耨多羅三藐三菩提
故皆共受持諷誦通利說是經時十六菩薩
沙弥皆悉信受聲聞衆中亦有信解其餘衆
生千万億種皆生疑惑佛說是經於八千劫
未曾休廢說此經已即入靜室住於禪定八
万四千劫是時十六菩薩沙弥知佛入室寂
然禪定各昇法坐亦於八万四千劫為四部
衆廣說分別妙法華經一一皆度六百万億
那由他恒河沙等衆生示教利喜令發阿耨
多羅三藐三菩提心大通智勝佛過八万四千
劫已從三昧起往詣法坐安詳而坐普告大
衆是十六菩薩沙弥甚為希有諸根通利智
慧明了已曾供養无量千万億數諸佛於諸
佛所常脩梵行受持佛智開示衆生令入其
中汝等皆當數數親近而供養之所以者何
若聲聞辟支佛及諸菩薩能信是十六菩薩
所說經法受持不毀者是人皆當得阿耨多

慧明了已曾供養无量千万億數諸佛於諸
佛所常脩梵行受持佛智開示衆生令入其
中汝等皆當數數親近而供養之所以者何
若聲聞辟支佛及諸菩薩能信是十六菩薩
所說經法受持不毀者是人皆當得阿耨多
羅三藐三菩提如來之慧佛告諸比丘是十六菩
薩常樂說是妙法蓮華經一一菩薩所化六
百万億那由他恒河沙等衆生世世所生與菩
薩俱從其聞法悉皆信解以此因緣得值
四万億諸佛世尊于今不盡諸比丘我今語
汝彼佛弟子十六沙弥今皆得阿耨多羅三
藐三菩提於十方國土現在說法有无量百
千万億菩薩聲聞以為眷屬其二沙弥東方
作佛一名阿閦在歡喜國二名須弥頂東南
方二佛一名師子音二名師子相南方二佛
一名虛空住二名常滅西南方二佛一名帝
相二名梵相西方二佛一名阿弥陁二名度
一切世間苦惱西北方二佛一名多摩羅跋
栴檀香神通二名須弥相北方二佛一名雲
自在二名雲自在王東北方佛名壞一切世
間怖畏第十六我釋迦牟尼佛於娑婆國土
成阿耨多羅三藐三菩提諸比丘我等為沙
弥時各各教化无量百千万億恒河沙等衆
生從我聞法為阿耨多羅三藐三菩提此諸
衆生于今有住聲聞地者我常教化阿耨多
羅三藐三菩提是諸人等應以是法漸入佛
道所以者何如來智慧難信難解尒時所化
无量恒河沙等衆生者汝等諸比丘及我滅

衆生于今有住聲聞地者我常教化阿耨多
羅三藐三菩提是諸人等應以是法漸入佛
道所以者何如來智慧難信難解尒時所化
无量恒河沙等衆生者汝等諸比丘及我滅
度後未來世中聲聞弟子是也我滅度後復
有弟子不聞是經不知不覺菩薩所行自於
所得功德生滅度想當入涅槃我於餘國作
佛更有異名是人雖生滅度之想入於涅槃
而於彼土求佛智慧得聞是經唯以佛乘而
得滅度更无餘乘除諸如來方便說法諸比
丘若如來自知涅槃時到衆又清淨信解堅
固了達空法深入禪定便集諸菩薩及聲聞
衆為說是經世間无有二乘而得滅度唯一
佛乘得滅度耳比丘當知如來方便深入衆
生之性知其志樂小法深著五欲為是等故
說於涅槃是人若聞則便信受譬如五百由
旬嶮難惡道曠絶无人怖畏之處若有多衆
欲過此道至珎寶處有一導師聰慧明達善
知嶮道通塞之相將導衆人欲過此難所將
人衆中路懈退白導師言我等疲極而復怖
畏不能復進前路猶遠今欲退還導師多諸
方便而作是念此等可愍云何捨大珎寶而
欲退還作是念已以方便力於險道中過三
百由旬化作一城告衆人言汝等勿怖莫得
退還今是大城可於中止隨意所作若入是
城快得安隱若能前至寶所亦可得去是時
疲極之衆心大歡喜歎未曾有我等今者免
斯惡道快得安隱於是衆人前入化城生已

BD14477號　妙法蓮華經卷三　（24–20）

百由旬化作一城告衆人言汝等勿怖莫得
退還今是大城可於中止隨意所作若入是
城快得安隱若能前至寶所亦可得去是時
疲極之衆心大歡喜歎未曾有我等今者免
斯惡道快得安隱於是衆人前入化城生已
度想生安隱想尒時導師知此人衆既得止
息无復疲惓即滅化城語衆人言汝等去來
寶處在近向者大城我所化作為止息耳諸
比丘如來亦復如是今為汝等作大導師知
諸生死煩惱惡道嶮難長遠應去應度若
衆生但聞一佛乘者則不欲見佛不欲親近便
作是念佛道長遠久受勤苦乃可得成佛知
是心怯弱下劣以方便力而於中道為止息
故說二涅槃若衆生住於二地如來尒時即
便為說汝等所作未辦汝所住地近於佛慧
當觀察籌量所得涅槃非真實也但是如來
方便之力於一佛乘分別說三如彼導師為
止息故化作大城既知息已而告之言寶處
在近此城非實我化作耳尒時世尊欲重宣
此義而說偈言
大通智勝佛　十劫坐道場　佛法不現前　不得成佛道
諸天神龍王　阿脩羅衆等　常雨於天華　以供養彼佛
諸天擊天鼓　并作衆伎樂　香風吹萎華　更雨新好者
過十小劫已　乃得成佛道　諸天及世人　心皆懷踊躍
彼佛十六子　皆與其眷屬　千万億圍繞　俱行至佛所
頭面礼佛足　而請轉法輪　聖師子法雨　充我及一切
世尊甚難值　久遠時一現　為覺悟群生　震動於一切
東方諸世界　五百万億國　梵宮殿光曜　昔所未曾有

BD14477號　妙法蓮華經卷三　（24–21）

彼佛十六子　皆與其眷屬　千万億圍繞　俱行至佛所
頭面礼佛足　而請轉法輪　聖師子法雨　充我及一切
世尊甚難值　久遠時一現　為覺悟群生　震動於一切
東方諸世界　五百万億國　梵宮殿光耀　昔所未曾有
諸梵見此相　尋來至佛所　散華以供養　并奉上宮殿
請佛轉法輪　以偈而讚歎　佛知時未至　受請嘿然坐
三方及四維　上下亦復尒　散華奉宮殿　請佛轉法輪
世尊甚難值　願以本慈悲　廣開甘露門　轉无上法輪
无量慧世尊　受彼衆人請　為宣種種法　四諦十二緣
无明至老死　皆從生緣有　如是衆過患　汝等應當知
宣暢是法時　六百万億姟　得盡諸苦際　皆成阿羅漢
苐二說法時　千万恒沙衆　於諸法不受　亦得阿羅漢
從是後得道　其數无有量　万億劫筭數　不能得其邊
時十六王子　出家作沙弥　皆共請彼佛　演說大乘法
我等及營從　皆當成佛道　願得如世尊　慧眼苐一淨
佛知童子心　宿世之所行　以无量因緣　種種諸譬喻
說六波羅蜜　及諸神通事　分別真實法　菩薩所行道
說是法華經　如恒河沙偈　彼佛說經已　靜室入禪定
一心一處坐　八万四千劫
是諸沙弥等　知佛禪未出　為无量億衆　說佛无上慧
各各坐法座　說是大乘經　於佛宴寂後　宣揚助法化
一一沙弥等　所度諸衆生　有六百万億　恒河沙等衆
彼佛滅度後　是諸聞法者　在在諸佛土　常與師俱生
是十六沙弥　具足行佛道　今現在十方　各得成正覺
尒時聞法者　各在諸佛所　其有住聲聞　漸教以佛道
我在十六數　曾亦為汝說　是故以方便　引汝趣佛慧
以是本因緣　今說法華經　令汝入佛道　慎勿懷驚懼

BD14477 號　妙法蓮華經卷三　（24–22）

是十六沙弥　具足行佛道　今現在十方　各得成正覺
尒時聞法者　各在諸佛所　其有住聲聞　漸教以佛道
我在十六數　曾亦為汝說　是故以方便　引汝趣佛慧
以是本因緣　今說法華經　令汝入佛道　慎勿懷驚懼
譬如險惡道　逈絶多毒獸　又復无水草　人所怖畏處
无數千万衆　欲過此險道　其路甚曠遠　逕五百由旬
時有一導師　強識有智慧　明了心決定　在險濟衆難
衆人皆疲惓　而白導師言　我等今頓乏　於此欲退還
導師作是念　此輩甚可愍　如何欲退還　而失大珎寶
尋時思方便　當設神通力　化作大城郭　莊嚴諸舍宅
周匝有園林　渠流及浴池　重門高樓閣　男女皆充滿
即作是化已　慰衆言勿懼　汝等入此城　各可隨所樂
諸人既入城　心皆大歡喜　皆生安隱想　自謂已得度
導師知息已　集衆而告言　汝等當前進　此是化城耳
我見汝疲極　中道欲退還　故以方便力　權化作此城
汝今勤精進　當共至寶所
我亦復如是　為一切導師　見諸求道者　中路而懈廢
不能度生死　煩惱諸險道　故以方便力　為息說涅槃
言汝等苦滅　所作皆已辦　既知到涅槃　皆得阿羅漢
尒乃集大衆　所說真實法　諸佛方便力　分別說三乘
唯有一佛乘　息處故說二
今為汝說實　汝所得非滅　為佛一切智　當發大精進
汝證一切智　十力等佛法　具三十二相　乃是真實滅
諸佛之導師　為息說涅槃　既知是息已　引入於佛慧

妙法蓮華經卷第三

BD14477 號　妙法蓮華經卷三　（24–23）

我亦復如是　為一切道師　見諸求道者　中路而懈廢
不能度生死　煩惱諸險道　故以方便力　為息說涅槃
言汝等苦滅　所作皆已辦　既知到涅槃　皆得阿羅漢
尒乃集大衆　為說真實法　諸佛方便力　分別說三乘
唯有一佛乘　息處故說二
今為汝說實　汝所得非滅　為佛一切智　當發大精進
汝證一切智　十力等佛法　具三十二相　乃是真實滅
諸佛之導師　為息說涅槃　既知是息已　引入於佛慧

妙法蓮華經卷第三

BD14477號　妙法蓮華經卷三　（24–24）

十世界微塵等數諸佛如来
長子猶如今也是蹈七寶華
命劫數所化弟子正法像法
在通王如来无異亦為此
已後當得阿耨多羅三藐
欲重宣此義而說偈言
我為太子時　羅睺為長子
於未來世中　見无量億
羅睺羅密行　唯我能知
无量億千万　功德不
尒時世尊見學无
清淨一心觀佛佛
千人不唯然已見阿難
十世界微塵數諸佛如来
藏末後同時於十方國各
名日寶相如来應供正遍知　足善逝世

BD14478號　妙法蓮華經卷四　（14–1）

清淨一心觀佛佛
千人不唯然已見阿難
十世界微塵數諸佛如來
藏末後同時於十方國各
名日寶相如來應供正遍知　明行足善逝世
間解无上士調御丈夫天人師佛世尊壽命
一劫國土莊嚴聲聞菩薩正法像法皆悉同等
尒時世尊欲重宣此義而說偈言
是二千聲聞　今於我前住　悉皆與授記　未來當成佛
所供養諸佛　如上說塵數　護持其法藏　後當成正覺
各於十方國　悉同一名号　俱時坐道場　以證无上慧
皆名為寶相　國土及弟子　正法與像法　悉等无有異
咸以諸神通　度十方衆生　名聞普周遍　漸入於涅槃
尒時學无學二千人聞佛授記歡喜踊躍而
說偈言
世尊慧燈明　我聞授記音　心歡喜充滿　如甘露見灌
妙法蓮華經法師品第十
尒時世尊因藥王菩薩告八万大士藥王汝
見是大衆中无量諸天龍王夜叉乾闥婆阿
脩羅迦樓羅緊那羅摩睺羅伽人與非人及
比丘比丘尼優婆塞優婆夷求聲聞者求辟
支佛者求佛道者如是等類咸於佛前聞妙
法華經一偈一句乃至一念隨喜者我皆與
授記當得阿耨多羅三藐三菩提佛告藥王
又如來滅度之後若有人聞妙法華經乃至
一偈一句一念隨喜者我亦與授阿耨多羅
三藐三菩提記若復有人受持讀誦解說書

BD14478號　妙法蓮華經卷四　（14–2）

授記當得阿耨多羅三藐三菩提佛告藥王
又如來滅度之後若有人聞妙法華經乃至
一偈一句一念隨喜者我亦與授阿耨多羅
三藐三菩提記若復有人受持讀誦解說書
寫妙法華經乃至一偈於此經卷敬視如佛
種種供養華香瓔珞抹香塗香燒香繒蓋幢
幡衣服伎樂乃至合掌恭敬藥王當知是諸
人等已曾供養十万億佛於諸佛所成就大
願愍衆生故生此人間藥王若有人問何等
衆生於未來世當得作佛應示是諸人等於
未來世必得作佛何以故若善男子善女人
於法華經乃至一句受持讀誦解說書寫種
種供養經卷華香瓔珞抹香塗香燒香繒
蓋幢幡衣服伎樂合掌恭敬是人一切世間所
應瞻奉應以如來供養而供養之當知此人
是大菩薩成就阿耨多羅三藐三菩提哀愍
衆生願生此間廣演分別妙法華經何況盡
能受持種種供養者藥王當知是人自捨清
淨業報於我滅度後愍衆生故生於惡世廣
演此經若是善男子善女人我滅度後能竊
為一人說法華經乃至一句當知是人則如
來使如來所遣行如來事何況於大衆中廣
為人說藥王若有惡人以不善心於一劫中
現於佛前常毀罵佛其罪尚輕若人以一惡
言毀呰在家出家讀誦法華經者其罪甚重
藥王其有讀誦法華經者當知是人以佛莊

BD14478號　妙法蓮華經卷四　（14–3）

為人說藥王若有惡人以不善心於一劫中
現於佛前常毀罵佛其罪尚輕若人以一惡
言毀呰在家出家讀誦法華經者其罪甚重
藥王其有讀誦法華經者當知是人以佛莊
嚴而自莊嚴則為如来肩所荷擔其所至方
應隨向礼一心合掌恭敬供養尊重讚嘆華
香瓔珞抹香塗香燒香繒蓋幢幡衣服餚饌
作諸伎樂人中上供而供養之應持天寶而
以散之天上寶聚應以奉獻所以者何是人
歡喜說法須臾聞之即得究竟阿耨多羅三
藐三菩提故尒時世尊欲重宣此義而說偈言
若欲住佛道　成就自然智　常當勤供養　受持法華者
其有欲疾得　一切種智慧　當受持是經　并供養持者
若有能受持　妙法華經者　當知佛所使　愍念諸衆生
諸有能受持　妙法華經者　捨於清淨土　愍念故生此
當知如是人　自在所欲生　能於此惡世　廣說无上道
應以天華香　及天寶衣服　天上妙寶聚　供養說法者
吾滅後惡世　能持是經者　當合掌礼敬　如供養世尊
上饌衆甘美　及種種衣服　供養是佛子　冀得須臾聞
若能於後世　受持是經者　我遣在人中　行於如来事
若於一劫中　常懷不善心　作色而罵作　獲无量重罪
其有讀誦持　是法華經者　須臾加惡言　其罪復過彼
有人求佛道　而於一劫中　合掌在我前　以无數偈讚
由是讚佛故　得无量功德　嘆美持經者　其福復過彼
於十八億劫　以最妙色聲　及與香味觸　供養持經者
如是供養已　若得須臾聞　則應自欣慶　我今獲大利
藥王今告汝　我所說諸經　而於此經中　法華最第一

BD14478號　妙法蓮華經卷四　（14–4）

有人求佛道　而於一劫中　合掌在我前　以无數偈讚
由是讚佛故　得无量功德　嘆美持經者　其福復過彼
於十八億劫　以最妙色聲　及與香味觸　供養持經者
如是供養已　若得須臾聞　則應自欣慶　我今獲大利
藥王今告汝　我所說諸經　而於此經中　法華最第一
尒時佛復告藥王菩薩摩訶薩我所說經典
无量千　億已說今說當說而於其中此法
華經最為難信難解藥王此經是諸佛秘要
之藏不可分布妄授與人諸佛世尊之所守
護從昔已来未曾顯說而此經者如来現在
猶多怨嫉況滅度後藥王當知如来滅後其
能書持讀誦供養為他人說者如来則為以
衣覆之又為他方現在諸佛之所護念是人
有大信力及志願力諸善根力當知是人與
如来共宿則為如来手摩其頭藥王在在處
處若說若讀若誦若書若經卷所住處皆應
起七寶塔極令高廣嚴飾不須復安舍利所
以者何此中已有如来全身此塔應以一切
華香瓔珞繒蓋幢幡伎樂歌頌供養恭敬尊
重讚嘆若有人得見此塔礼拜供養當知是
等皆近阿耨多羅三藐三菩提藥王多有人在
家出家行菩薩道若不能得見聞讀誦書持
供養是法華經者當知是人未善行菩薩道
若有得聞是經典者乃能善行菩薩之道其
有衆生求佛道者若見若聞是法華經聞已
信解受持者當知是人得近阿耨多羅三藐
三菩提藥王譬如有人渴乏須水於彼高原

BD14478號　妙法蓮華經卷四　（14–5）

供養是法華經者當知是人未善行菩薩道
若有得聞是經典者乃能善行菩薩之道其
有衆生求佛道者若見若聞是法華經聞已
信解受持者當知是人得近阿耨多羅三藐
三菩提藥王譬如有人渴乏須水於彼高原
穿鑿求之猶見乾土知水尚遠施功不已轉
見濕土遂漸至泥其心決定知水必近菩薩
亦復如是若未聞未解未能修習是法華經
當知是人去阿耨多羅三藐三菩提尚遠若
得聞解思惟修習必知得近阿耨多羅三藐
三菩提所以者何一切菩薩阿耨多羅三藐
三菩提皆屬此經此經開方便門示真實相
是法華經藏深固幽遠无人能到今佛教化
成就菩薩而為開示藥王若有菩薩聞是法
華經驚疑怖畏當知是為新發意菩薩若聲
聞人聞是經驚疑怖畏當知是為增上慢者
藥王若有善男子善女人如來滅後欲為四
衆說是法華經者云何應說是善男子善女
人入如來室著如來衣坐如來座尒乃應為
四衆廣說斯經如來室者一切衆生中大慈
悲心是如來衣者柔和忍辱心是如來座者
一切法空是安住是中然後以不懈怠心為諸
菩薩及四衆廣說是法華經藥王我於餘國
遣化人為其集聽法衆亦遣化比丘比丘尼
優婆塞優婆夷聽其說法是諸化人聞法信
受隨順不逆若說法者在空閑處我時廣遣
天龍鬼神乾闥婆阿修羅等聽其說法我雖

BD14478號　妙法蓮華經卷四　（14–6）

菩薩及四衆廣說是法華經藥王我於餘國
遣化人為其集聽法衆亦遣化比丘比丘尼
優婆塞優婆夷聽其說法是諸化人聞法信
受隨順不逆若說法者在空閑處我時廣遣
天龍鬼神乾闥婆阿修羅等聽其說法我雖
在異國時時令說法者得見我身若於此經
忘失句逗我還為說令得具足尒時世尊
欲重宣此義而說偈言
欲捨諸懈怠　應當聽此經　是經難得聞　信受者亦難
如人渴須水　穿鑿於高原　猶見乾燥土　知去水尚遠
漸見濕土泥　決定知近水　藥王汝當知　如是諸人等
不聞法華經　去佛智甚遠　若聞是深經　決了聲聞法
是諸經之王　聞已諦思惟　當知此人等　近於佛智慧
若人說此經　應入如來室　著於如來衣　而坐如來座
處衆无所畏　廣為分別說　大慈悲為室　柔和忍辱衣
諸法空為座　處此為說法　若說此經時　有人惡口罵
加刀杖瓦石　念佛故應忍　我千万億土　現淨堅固身
於无量億劫　為衆生說法　若我滅度後　能說此經者
我遣化四衆　比丘比丘尼　及清信士女　供養於法師
引導諸衆生　集之令聽法　若人欲加惡　刀杖及瓦石
則遣變化人　為之作衛護　若說法之人　獨在空閑處
寂寞无人聲　讀誦此經典　我尒時為現　清淨光明身
若忘失章句　為說令通利　若人具是德　或為四衆說
空處讀誦經　皆得見我身　若人在空閑　我遣天龍王
夜叉鬼神等　為作聽法衆　是人樂說法　分別无罣㝵
諸佛護念故　能令大衆喜　若親近法師　速得菩薩道
隨順是師學　得見恒沙佛

BD14478號　妙法蓮華經卷四　（14–7）

若忘失章句　為說令通利　若人具是德　或為四衆說
空處讀誦經　皆得見我身　若人在空閑　我遣天龍王
夜叉鬼神等　為作聽法衆　是人樂說法　分別无罣㝵
諸佛護念故　能令大衆喜　若親近法師　速得菩薩道
隨順是師學　得見恒沙佛
妙法蓮華經見寶塔品第十一
尒時佛前有七寶塔高五百由旬縱廣二百
五十由旬從地踊出住在空中種種寶物而
莊挍之五千欄楯龕室千万无數幢幡以為
嚴餝垂寶瓔珞寶鈴万億而懸其上四面皆
出多摩羅跋栴檀之香充遍世界其諸幡蓋
以金銀琉璃車𤦲馬瑙真珠玫瑰七寶合成
高至四天王宮三十三天雨天曼陁羅華供
養寶塔餘諸天龍夜叉乹闥婆阿脩羅迦樓
羅緊那羅摩睺羅伽人非人等千万億衆以
一切華香瓔珞幡蓋伎樂供養寶塔恭敬尊
重讚歎尒時寶塔中出大音聲歎言善哉善
哉釋迦牟尼世尊能以平等大慧教菩薩法
佛所護念妙法華經為大衆說如是如是釋
迦牟尼世尊如所說者皆是真實尒時四衆
見大寶塔住在空中又聞塔中所出音聲皆
得法喜恠未曾有從座而起恭敬合掌却住
一面尒時有菩薩摩訶薩名大樂說知一切
世間天人阿脩羅等心之所疑而白佛言世
尊以何因緣有此寶塔從地踊出又於其中
發是音聲尒時佛告大樂說菩薩此寶塔中
有如來全身乃往過去東方无量千万　阿

BD14478號　妙法蓮華經卷四　（14–8）

一面尒時有菩薩摩訶薩名大樂說知一切
世間天人阿脩羅等心之所疑而白佛言世
尊以何因緣有此寶塔從地踊出又於其中
發是音聲尒時佛告大樂說菩薩此寶塔中
有如來全身乃往過去東方无量千万　阿
僧祇世界國名寶淨彼中有佛號曰多寶其
佛行菩薩道時作大誓願若我成佛滅度之
後於十方國土有說法華經處我之塔廟為
聽是經故踊現其前為作證明讚言善哉彼
佛成道已臨滅度時於天人大衆中告諸比
丘我滅度後欲供養我全身者應起一大塔
其佛　神通願力十方世界在在處處若有
說法華經者彼之寶塔皆踊出其前全身在
於塔中讚言善哉善哉大樂說今多寶如來
塔聞說法華經故從地踊出讚言善哉善哉
是時大樂說菩薩以如來神力故白佛言世
尊我等願欲見此佛身佛告大樂說菩薩摩
訶薩是多寶佛有深重願若我寶塔為聽法
華經故出於諸佛前時其有欲以我身示四
衆者彼佛分身諸佛在於十方世界說法盡
還集一處然後我身乃出現耳大樂說我分身
諸佛在於十方世界說法者今應當集大樂
說白佛言世尊我等亦願欲見世尊分身諸
佛禮拜供養尒時佛放白豪一光即見東方
五百万億那由他恒河沙等國土諸佛彼諸
國土皆以頗梨為地寶樹寶衣以為莊嚴无
數千万億菩薩充滿其中遍張寶幔寶網羅

BD14478號　妙法蓮華經卷四　（14–9）

說白佛言世尊我等亦願欲見世尊分身諸
佛礼拜供養尒時佛放白毫一光即見東方
五百万億那由他恒河沙等國土諸佛彼諸
國土皆以頗梨為地寶樹寶衣以為莊嚴无
數千万億菩薩充滿其中遍張寶幔寶網羅
上彼國諸佛以大妙音而說諸法及見无量
千万億菩薩遍滿諸國為衆說法南西北方
四維上下白毫相光所照之處亦復如是尒
時十方諸佛各告衆菩薩言善男子我今應
往娑婆世界釋迦牟尼佛所并供養多寶如
来寶塔時娑婆世界即變清淨琉璃為地寶
樹莊嚴黄金為繩以界八道无諸聚落村營
城邑大海江河山川林藪燒大寶香曼陁羅
華遍布其地以寶網幔羅覆其上懸諸
寶鈴唯留此會衆移諸天人置於他土是時諸
佛各將一大菩薩以為侍者至娑婆世界各
到寶樹下一一寶樹高五百由旬枝葉華菓
次苐莊嚴諸寶樹下皆有師子之座高五由
旬亦以大寶而挍餝之尒時諸佛各於此座
結跏趺坐如是展轉遍滿三千大千世界而
於釋迦牟尼佛一方所分之身猶故未盡時
釋迦牟尼佛欲容受所分身諸佛故八方各
更變二百万億那由他國皆令清淨无有地
獄餓鬼畜生及阿脩羅又移諸天人置於他
土所化之國亦以琉璃為地寶樹莊嚴樹高
五百由旬枝葉華菓次苐嚴餝樹下皆有寶
師子座高五由旬種種諸寶以為莊挍亦无

BD14478 號　妙法蓮華經卷四　（14–10）

獄餓鬼畜生及阿脩羅又移諸天人置於他
土所化之國亦以琉璃為地寶樹莊嚴樹高
五百由旬枝葉華菓次苐嚴餝樹下皆有寶
師子座高五由旬種種諸寶以為莊挍亦无
大海江河及目真隣陁山摩訶目真隣陁山
鐵圍山大鐵圍山須弥山等諸山王通為一
佛國土寶地平正寶交露幔遍覆其上懸諸
幡蓋燒大寶香諸天寶華遍布其地釋迦牟
尼佛為諸佛當来坐故復於八方各變二百
万億那由他國皆令清淨无有地獄餓鬼畜
生及阿脩羅又移諸天人置於他土所化之
國亦以琉璃為地寶樹莊嚴樹高五百由旬
枝葉華菓次苐莊嚴樹下皆有寶師子座高
五由旬亦以大寶而挍餝之亦无大海江河
及目真隣陁山摩訶目真隣陁山鐵圍山大鐵
圍山須弥山等諸山王通為一佛國土寶地平
正寶交露幔遍覆其上懸諸幡蓋燒大寶香
諸天寶華遍布其地尒時東方釋迦牟尼所
分身百千万億那由他恒河沙等國土中
諸佛各各說法来集於此如是次苐十方諸
佛皆悉来集坐於八方尒時一一方四百万
億那由他國土諸佛如来遍滿其中是時諸
佛各在寶樹下坐師子座皆遣侍者問訊釋
迦牟尼佛各賷寶華滿掬而告之言善男子
汝往詣耆闍崛山釋迦牟尼佛所如我辭曰
少病少惱氣力安樂及菩薩聲聞衆悉安隱
不以此寶華散佛供養而作是言彼某甲弗

BD14478 號　妙法蓮華經卷四　（14–11）

迦牟尼佛各賫寶華滿掬而告之言善男子
汝往詣耆闍崛山釋迦牟尼佛所如我辭曰
少病少惱氣力安樂及菩薩聲聞衆悉安隱
不以此寶華散佛供養而作是言彼某甲佛
與欲開此寶塔諸佛遣使亦復如是尒時釋
迦牟尼佛見所分身佛悉已來集各各坐於
師子之座皆聞諸佛與欲同開寶塔即從座
起住虛空中一切四衆起立合掌一心觀佛
於是釋迦牟尼佛以右指開七寶塔戶出大
音聲如却關鑰開大城門即時一切衆會皆
見多寶如來於寶塔中坐師子座全身不散
如入禪定又聞其言善哉善哉釋迦牟尼佛
快說是法華經我為聽是經故而來至此尒
時四衆等見過去无量千万億劫滅度佛說
如是言嘆未曾有以天寶華聚散多寶佛及
釋迦牟尼佛上尒時多寶佛於寶塔中分半
座與釋迦牟尼佛而作是言釋迦牟尼佛可
就此座即時釋迦牟尼佛入其塔中坐其半
座結跏趺坐尒時大衆見二如來在七寶塔
中師子座上結跏趺坐各作是念佛坐高遠
唯願如來以神通力令我等輩俱處虛空即
時釋迦牟尼佛以神通力接諸大衆皆在虛
空以大音聲普告四衆誰能於此娑婆國土
廣說妙法華經今正是時如來不久當入涅
槃佛欲以此妙法華經付囑有在尒時世尊
欲重宣此義而說偈言
聖主世尊　雖久滅度　在寶塔中　尚為法來

BD14478 號　妙法蓮華經卷四

(14–12)

空以大音聲普告四衆誰能於此娑婆國土
廣說妙法華經今正是時如來不久當入涅
槃佛欲以此妙法華經付囑有在尒時世尊
欲重宣此義而說偈言
聖主世尊　雖久滅度　在寶塔中　尚為法來
諸人云何　不勤為法　此佛滅度　无央數劫
處處聽法　以難遇故　彼佛本願　我滅度後
在在所住　常為聽法　又我分身　无量諸佛
如恒河沙　來欲聽法　及見滅度　多寶如來
各捨妙土　及弟子衆　天人龍神　諸供養事
令法久住　故來至此　為坐諸佛　以神通力
移无量衆　令國清淨　諸佛各各　詣寶樹下
如清淨池　蓮華莊嚴　其寶樹下　諸師子座
佛坐其上　光明嚴飾　如夜闇中　然大炬火
身出妙香　遍十方國　衆生蒙薰　喜不自勝
譬如大風　吹小樹枝　以是方便　令法久住
告諸大衆　我滅度後　誰能護持　讀說斯經
今於佛前　自說誓言　其多寶佛　雖久滅度
以大誓願　而師子吼　多寶如來　及與我身
所集化佛　當知此意　諸佛子等　誰能護法
當發大願　令得久住　其有能護　此經法者
則為供養　我及多寶　此多寶佛　處於寶塔
常於十方　為是經故　亦復供養　諸來化佛
莊嚴光飾　諸世界者　若說此經　則為見我
多寶如來　及諸化佛　諸善男子　各諦思惟
此為難事　宜發大願　諸餘經典　數如恒沙

BD14478 號　妙法蓮華經卷四

(14–13)

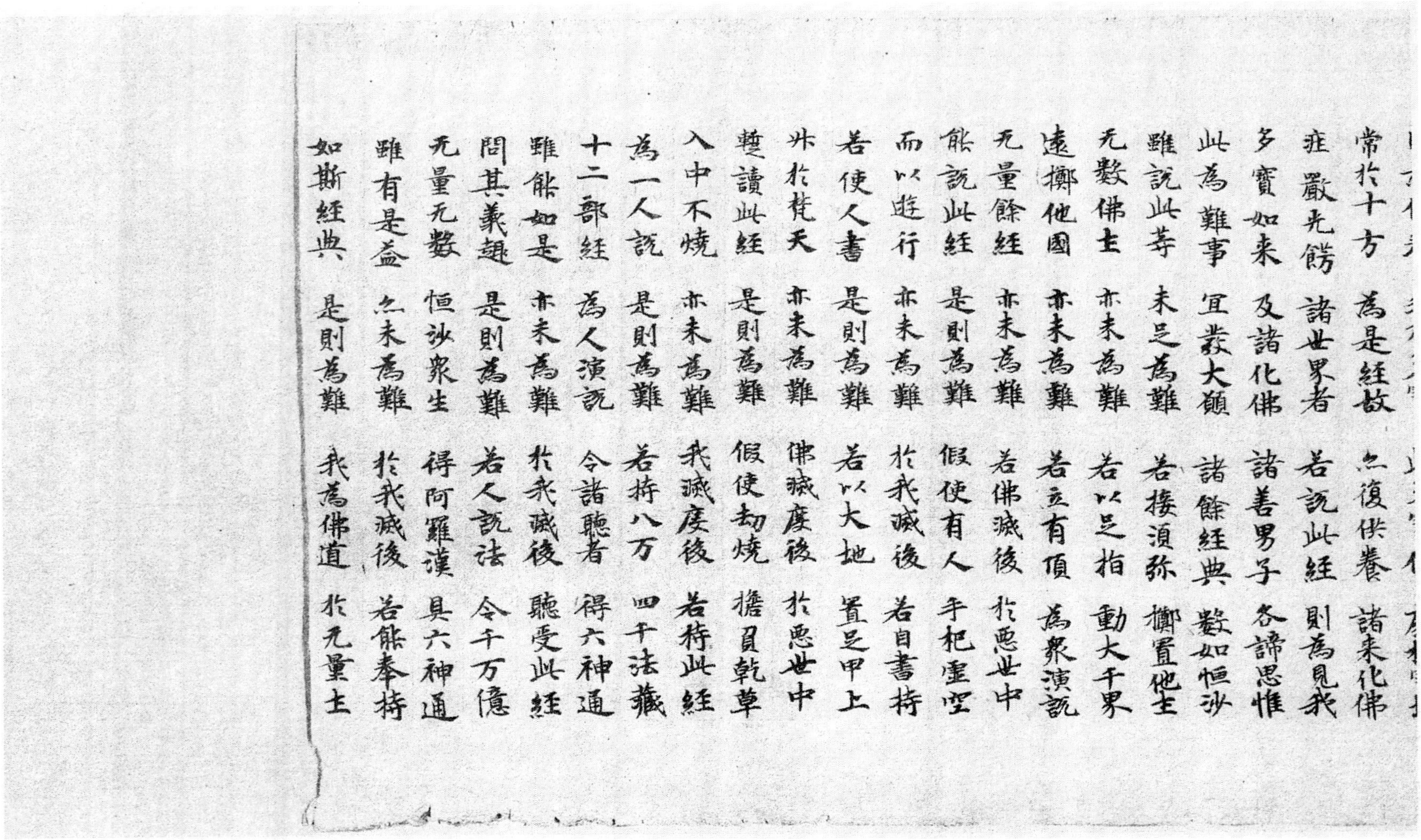
常於十方 為是經故 亦復供養 諸來化佛
莊嚴光餝 諸世界者 若說此經 則為見我
多寶如來 及諸化佛 諸善男子 各諦思惟
此為難事 宜發大願 諸餘經典 數如恒沙
雖說此等 未足為難 若接須弥 擲置他土
无數佛土 亦未為難 若以足指 動大千界
遠擲他國 亦未為難 若立有頂 為衆演說
无量餘經 亦未為難 若佛滅後 於惡世中
能說此經 是則為難 假使有人 手把虛空
而以遊行 亦未為難 於我滅後 若自書持
若使人書 是則為難 若以大地 置足甲上
升於梵天 亦未為難 佛滅度後 於惡世中
暫讀此經 是則為難 假使劫燒 擔負乾草
入中不燒 亦未為難 我滅度後 若持此經
為一人說 是則為難 若持八万 四千法藏
十二部經 為人演說 令諸聽者 得六神通
雖能如是 亦未為難 於我滅後 聽受此經
問其義趣 是則為難 若人說法 令千万億
无量无數 恒沙衆生 得阿羅漢 具六神通
雖有是益 亦未為難 於我滅後 若能奉持
如斯經典 是則為難 我為佛道 於无量土

BD14478號　妙法蓮華經卷四　（14–14）

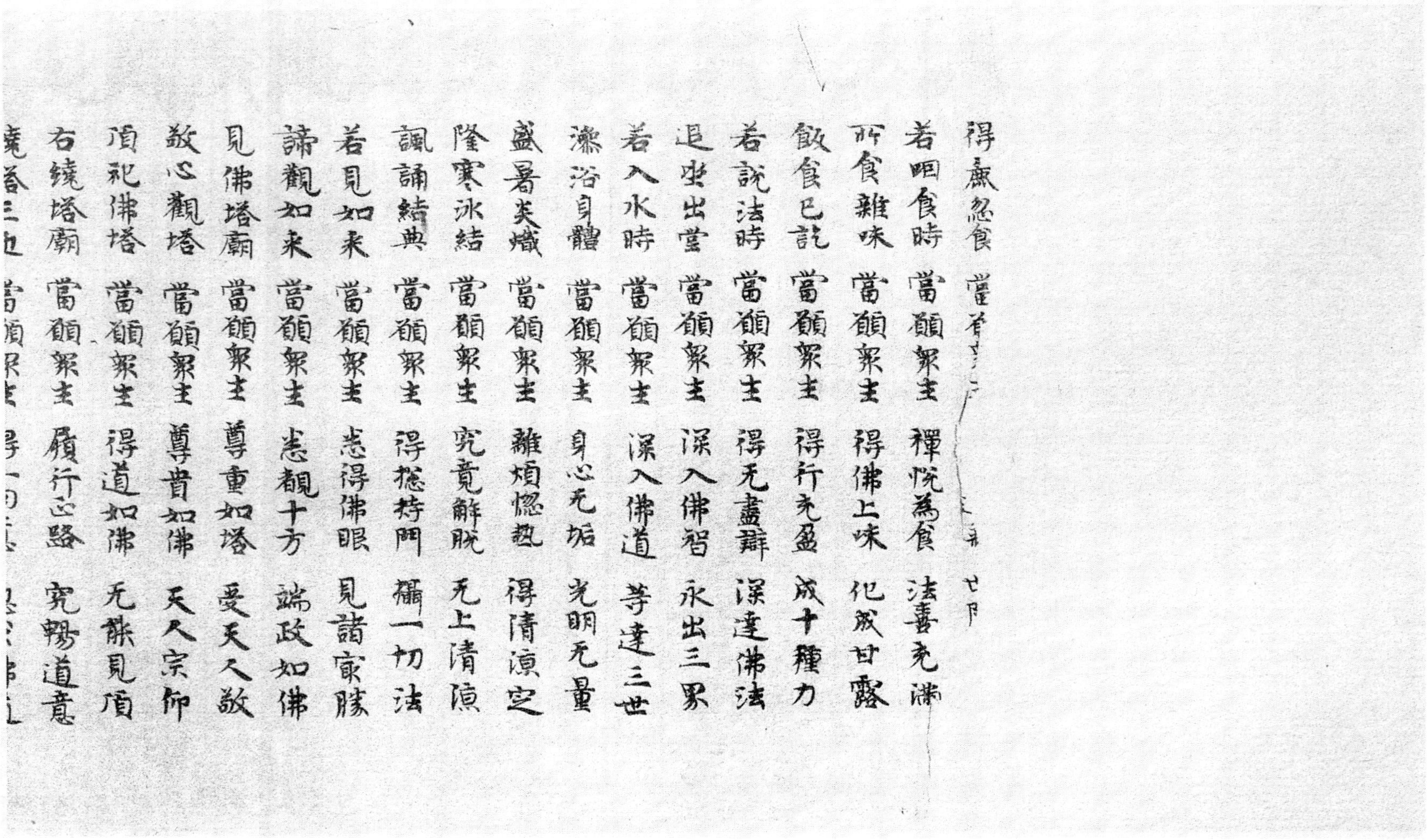
得麤澀食 當[illegible]
若咽食時 當願衆生 禪悅為食 法喜充滿
所食雜味 當願衆生 得佛上味 化成甘露
飯食已訖 當願衆生 得行充盈 成十種力
若說法時 當願衆生 得无盡辯 深達佛法
退坐出堂 當願衆生 深入佛智 永出三界
若入水時 當願衆生 深入佛道 等達三世
澡浴身體 當願衆生 身心无垢 光明无量
盛暑炎熾 當願衆生 離煩惱熱 得清涼定
隆寒冰結 當願衆生 究竟解脫 无上清涼
諷誦經典 當願衆生 得總持門 攝一切法
若見如來 當願衆生 悉得佛眼 見諸最勝
諦觀如來 當願衆生 悉覩十方 端政如佛
見佛塔廟 當願衆生 尊重如塔 受天人敬
敬心觀塔 當願衆生 尊貴如佛 天人宗仰
頂禮佛塔 當願衆生 得道如佛 无能見頂
右繞塔廟 當願衆生 履行正路 究暢道意
繞塔三匝 當願衆生 得一[illegible]

BD14479號　大方廣佛華嚴經（晉譯五十卷本）卷五　（16–1）

若見如来　當願衆生　悉得佛眼　見諸㝡勝
諦觀如来　當願衆生　悉覩十方　端政如佛
見佛塔廟　當願衆生　尊重如塔　受天人敬
敬心觀塔　當願衆生　尊貴如佛　天人宗仰
頂禮佛塔　當願衆生　得道如佛　无能見頂
右遶塔廟　當願衆生　履行正路　究暢道意
遶塔三匝　當願衆生　得一向意　懃求佛道
讚詠如来　當願衆生　度功德岸　嘆无窮盡
讚佛相好　當願衆生　光明神德　如佛法身
若洗足時　當願衆生　得四神足　究竟解脱
昏夜寢息　當願衆生　休息諸行　心淨无穢
晨朝覺寤　當願衆生　一切智覺　不捨十方
佛子是為菩薩身口意業能得一切勝妙功
德諸天魔梵沙門婆羅門人及非人聲聞緣
覺所不能動

大方廣佛華嚴經賢首菩薩品第八

尒時文殊師利以偈問了達深義淨德賢首
菩薩曰
佛子我已說　菩薩淨清行　一切諸世尊　咸共所讚嘆
又諸大士衆　甚深微妙行　功德廣大義　仁者應演說
賢首菩薩答　佛子善諦聽　菩薩諸功德　无量无有邊
我當随力說　菩薩少功德　我之所演暢　如海一渧
菩薩於生死　㝡初發心時　一向求菩提　堅固不可動
彼一念功德　深廣无邊際　如来分別說　窮劫猶不盡
何況於无量　无數无邊劫　具足脩諸度　諸地功德行

BD14479號　大方廣佛華嚴經（晉譯五十卷本）卷五　（16–2）

又諸大士衆　甚深微妙行　功德廣大義　仁者應演說
賢首菩薩答　佛子善諦聽　菩薩諸功德　无量无有邊
我當随力說　菩薩少功德　我之所演暢　如海一渧
菩薩於生死　㝡初發心時　一向求菩提　堅固不可動
彼一念功德　深廣无邊際　如来分別說　窮劫猶不盡
何況於无量　无數无邊劫　具足脩諸度　諸地功德行
十方世界中　一切諸如来　說彼功德雲　亦不能究竟
今我說菩薩　功德中少分　如鳥履虛空　如地一微塵
非是无所因　又亦非无緣　菩薩初發意　直心大功德
於佛及法僧　深起清淨信　信敬三寶故　能發菩提心
不求五欲樂　寶貨諸財利　亦不求自安　悕望世名聞
滅除衆生苦　令盡无有餘　普度斯等類　菩薩初發心
常欲令衆生　離苦永安樂　嚴淨一切剎　供養无量佛
樂立佛正法　欲得无上道　淨脩一切智　菩薩初發心
深心淨信不可壞　恭敬供養一切佛
尊重正法及聖僧　信敬三寶故發心
深信諸佛及正法　亦信菩薩所行道
正心信向佛菩提　菩薩因是初發心
信為道元功德母　增長一切諸善法
除滅一切諸疑惑　示現開發无上道
淨信離垢心堅固　滅除憍慢恭敬本
信是菩薩第一法　為清淨手受衆行
信能捨離諸染著　信解微妙甚深法
信能轉勝成衆善　究竟必至如来處
清淨明利諸善根　信力堅固不可壞

BD14479號　大方廣佛華嚴經（晉譯五十卷本）卷五　（16–3）

淨信離垢心堅固　滅除憍慢恭敬本
信是菩薩第一法　為清淨手受眾行
信能捨離諸染著　信解微妙甚深法
信能轉勝成眾善　究竟必至如來處
清淨明利諸善根　信力堅固不可壞
信永除滅一切惡　信能逮得無師寶
信於法門無鄣閡　捨離八難得無難
信能超出眾魔境　示現無上解脫道
一切功德不壞種　出生無上菩提樹
長養最勝智慧門　信能示現一切佛
是故演說次第行　信樂最勝甚難得
譬如靈瑞優曇華　亦如隨意妙寶珠
若信恭敬一切佛　則持淨戒順正教
若持淨戒順正教　諸佛賢聖所讚歎
戒是無上菩提本　應當具足持淨戒
若能具足持淨戒　一切如來所讚歎
若信恭敬一切佛　則能奇特供最勝
若信奇特供最勝　彼信佛心難思議
若信如來正真法　則常樂聞無厭足
若樂聞法無厭足　欣悟不可思議法
若信恭敬清淨僧　則信堅固不可壞
若信堅固不可壞　彼人信力不可動
若信堅固不可動　諸根明利悉清淨
若根明利悉清淨　則離一切惡知識
若能遠離惡知識　則能親近善知識

若信恭敬清淨僧　則信堅固不可壞
若信堅固不可壞　彼人信力不可動
若信堅固不可動　諸根明利悉清淨
若根明利悉清淨　則離一切惡知識
若能遠離惡知識　則能親近善知識
若能親近善知識　則脩無量諸功德
若能廣脩諸功德　則能善解諸因果
若能善解諸因果　則成殊勝妙解脫
若成殊勝妙解脫　則為一切佛所護
若為一切佛所護　則生無上菩提心
若生無上菩提心　則能懃脩佛功德
若能懃脩佛功德　則能得生諸佛家
若能得生諸佛家　則於諸法無所著
若於諸法無所著　則得深心妙清淨
若得深心妙清淨　則得殊勝無上心
若得無上殊勝心　則脩一切波羅蜜
若脩一切波羅蜜　則能具足摩訶衍
若能具足摩訶衍　則法供養一切佛
若法供養一切佛　則念佛定不可壞
若念佛定不可壞　則常覩見十方佛
若常覩見十方佛　則知如來常安住
若知如來常安住　則於其人法永存
若於其人法永存　則得辯才無窮盡
若得辯才無窮盡　則能演說無量法

若念佛定不可壞 則常覩見十方佛
若常覩見十方佛 則知如来常安住
若知如来常安住 則於其人法永存
若於其人法永存 則得辯才无窮盡
若得辯才无窮盡 則能演說无量法
若能演說无量法 則能度脫一切衆
若能度脫一切衆 則得大悲心堅固
若得大悲心堅固 則常憙樂甚深法
若能憙樂甚深法 則能捨離有為過
若能捨離有為過 則離我慢諸放逸
若離我慢諸放逸 則能兼利一切衆
若能兼利一切衆 則處生死无憂慼
若處生死无憂慼 則能精進无有上
若能精進无有上 則得一切諸神通
若得一切諸神通 則解一切衆生行
若解一切衆生行 則能成就諸衆生
若能成就諸衆生 則能成就衆生智
若得成就衆生智 則能具足四攝法
若能具足四攝法 則與衆生无量利
若與衆生无量利 則能具足方便慧
若能具足方便慧 則能安住无上道
若能安住无上道 則一切魔不能壞
若一切魔不能壞 則能超出四魔道
若能超出四魔道 則至堅固不動地
若至堅固不動地 則能无生深法忍

BD14479號　大方廣佛華嚴經（晉譯五十卷本）卷五　（16–6）

若能具足方便慧 則能安住无上道
若能安住无上道 則一切魔不能壞
若一切魔不能壞 則能超出四魔道
若能超出四魔道 則至堅固不動地
若至堅固不動地 則能无生深法忍
若得无生深法忍 則為諸佛所授記
若為諸佛所授記 則常普現諸佛前
若常普現諸佛前 則解諸佛微密教
若解諸佛微密教 則為諸佛常護念
若為諸佛常護念 以佛功德自莊嚴
若佛功德自莊嚴 則得无量功德身
若得无量功德身 其身顯曜如金山
若身顯曜如金山 具足衆相三十二
若具衆相三十二 八十種好自莊嚴
八十種好自莊嚴 其身光明无有量
若身光明无有量 光明莊嚴難思議
若光莊嚴難思議 則出无量寶蓮華
若出无量寶蓮華 一一華坐无量佛
普現十方无量刹 教化度脫一切衆
若能度脫一切衆 則得无量自在力
若得无量自在力 則能嚴淨諸佛刹
解說甚深微妙法 不可思議衆歡喜
若說微妙甚深法 不可思議衆歡喜
則能具足四辯力 自在能度一切衆
若能具足四辯力 自在能度一切衆

BD14479號　大方廣佛華嚴經（晉譯五十卷本）卷五　（16–7）

解說甚深微妙法　不可思議衆歡喜
若說微妙甚深法　不可思議衆歡喜
則能具足四辯力　自在能度一切衆
若能具足四辯力　自在能度一切衆
彼人智慧常在前　身口意業无錯謬
彼人願力得自在　隨衆所宜現其身
若彼願力得自在　隨衆所宜現其身
為諸衆主說法時　音聲微妙難思議
若為衆主說法時　音聲微妙難思議
於彼一切衆主類　一念之中悉知心
若彼一切衆主類　一念之中悉知心
其人生死永无餘　寂滅一切煩惱患
若人生死永无餘　寂滅一切煩惱患
法身功德智慧具　深解一切諸法寶
若身功德智慧具　深解一切諸法寶
十地十種自在力　皆悉究竟勝解脫
若十地種自在力　皆悉究竟得解脫
受記莊嚴悉具足　无量法門得自在
若記莊嚴悉具足　无量法門得自在
盡為一切十方佛　皆與授記无有餘
若為一切十方佛　皆與授記无有餘
甘露法水灌其頂　十方諸佛授記竟
若甘露水灌其頂　十方諸佛授記竟
法身充滿遍虛空　安住不動十方界

BD14479號　大方廣佛華嚴經（晉譯五十卷本）卷五　（16–8）

若為一切十方佛　皆與授記无有餘
甘露法水灌其頂　十方諸佛授記竟
若甘露水灌其頂　十方諸佛授記竟
法身充滿遍虛空　安住不動十方界
若身充滿遍虛空　安住不動十方界
一切諸天及世人　无等等界莫能知
於本所行无不果　其見聞者悉不空
此是无上大福田　供養施者大果報
彼善男子威神力　正法常住永不滅
十善功德諸妙行　无量法寶咸无上
彼威神力佛法海　法寶堅固如金剛
智慧滿足不可盡　如是无量功德海
或有剎土无有佛　於彼示現成正覺
或有國土无有佛　於彼示現說法藏
菩薩悕望一切斷　於一念頃遊十方
示現十方如滿月　无量方便化衆生
於彼十方世界中　念念示現成佛道
轉正法輪入涅槃　現分舍利為衆生
或現聲聞緣覺道　示現成佛普莊嚴
現无量劫度衆生　以三乘門廣開化
或現男女種種形　天人龍神阿脩羅
隨諸衆生若干身　无量行業諸音聲
一切示現无有餘　海印三昧勢力故
不可思議莊嚴剎　恭敬供養一切佛

BD14479號　大方廣佛華嚴經（晉譯五十卷本）卷五　（16–9）

或現男女種種形　天人龍神阿脩羅
隨諸衆生若干身　无量行業諸音聲
一切示現无有餘　海印三昧勢力故
不可思議莊嚴剎　恭敬供養一切佛
光明莊嚴難思議　教化衆生无有量
智慧自在不可議　說法教化得自在
施戒忍辱精進禪　方便智慧諸功德
一切自在難思議　華嚴三昧勢力故
入微塵數諸三昧　一三昧生塵等定
一塵中現无量剎　而彼微塵亦不增
一塵內剎現有佛　或現有剎而无佛
或現有剎淨不淨　或現大剎及中下
或剎伏住或隨順　或如野馬或四方
或有國土如天網　世界成敗无不現
如一微塵所示現　一切微塵亦如是
是名三昧自在力　亦无量稱解脫力
若欲供養一切佛　出生无量三昧門
能以一手覆三千　供養一切諸如來
十方國土勝妙華　无價寶珠殊異香
皆悉自然從手出　供養道樹諸最勝
无價寶衣雜妙香　寶幢幡蓋而莊嚴
金華寶帳妙技餝　十方一切上供具
悉從手中自然出　供養道樹諸最勝
一切十方諸伎樂　无量和雅妙音聲

皆悉自然從手出　供養道樹諸最勝
无價寶衣雜妙香　寶幢幡蓋而莊嚴
金華寶帳妙技餝　十方一切上供具
悉從手中自然出　供養道樹諸最勝
一切十方諸伎樂　无量和雅妙音聲
乃以種種衆妙偈　讚嘆諸佛實功德
音聲遍滿十方界　悉從掌中自然出
无量清淨諸行業　所得右手放光明
香水普灑十方國　供養一切照世燈
放妙莊嚴大光明　出生无量寶蓮華
於蓮華中无量佛　相好具足自莊嚴
放華莊嚴淨光明　莊嚴妙華以為帳
散諸雜華遍十方　供養一切諸如來
放香莊嚴淨光明　莊嚴妙香以為帳
散諸雜香遍十方　供養一切諸如來
放細末香淨光明　莊嚴末香以為帳
散諸末香遍十方　供養一切諸如來
放衣莊嚴淨光明　莊嚴寶衣以為帳
散諸寶衣遍十方　供養一切諸如來
放寶莊嚴淨光明　莊嚴妙寶以為帳
散諸妙寶遍十方　供養一切諸如來
放妙蓮華淨光明　衆妙蓮華以為帳
散諸蓮華遍十方　供養一切諸如來
放諸瓔珞淨光明　諸妙瓔珞以為帳
散諸瓔珞遍十方　供養一切諸如來

放妙蓮華淨光明　衆妙蓮華以爲帳
散諸蓮華遍十方　供養一切諸如来
放諸瓔珞淨光明　諸妙瓔珞以爲帳
散諸瓔珞遍十方　供養一切諸如来
放莊嚴幢淨光明　其幢青黄赤白色
无量種種而莊嚴　以幢嚴餝諸佛刹
執持雜寶莊嚴蓋　衆寶繒綵爲垂帶
寶鈴演出殊勝音　以此供養諸如来
手出供具難思議　如是供養一導師
供一切佛亦如是　大仙三昧自在力
欲安一切衆生類　出生自在勝三昧
一切所行諸功德　无量方便度衆生
或現供養如来門　或現一切布施門
或現具足持戒門　或現无盡忍辱門
无量苦行精進門　禪定寂静三昧門
无量大辯智慧門　一切所行方便門
現四无量神通門　大慈大悲四攝門
无量功德智慧門　一切緣起解脫門
清淨根力道法門　或現聲聞小乘門
或現緣覺中乘門　或現无上大乘門
或現无常衆苦門　或現无　衆生門
或現不淨離欲門　寂静滅定三昧門
随諸衆生起病門　一切對治諸法門
随彼衆生煩惱性　如應說法廣開化

或現无常衆苦門　或現无　衆生門
或現不淨離欲門　寂静滅定三昧門
随諸衆生起病門　一切對治諸法門
随彼衆生煩惱性　如應說法廣開化
如是一切諸法門　随其本性而濟度
一切天人莫能知　是自在勝三昧力
出生随樂勝三昧　分別了知衆生心
随順教化諸群生　令離憂惱得歡喜
劫中灾難飢饉時　一切資生諸樂具
随其所須普周給　是爲能作大施主
餚饍香美上味食　寶衣莊嚴随所樂
己身國土所愛施　好施衆生悉從化
以諸相好莊嚴身　上妙衣服及衆華
雜種末香以塗身　現此嚴餝度衆生
一切世間所喜樂　種種殊勝淨妙色
随其所應普示現　令樂色者得解脫
柔濡美聲如哀鸞　拘真羅等微妙音
具足八種梵音聲　随其所樂爲說法
八万四千諸法門　諸佛以此度衆生
分別諸法无量門　随衆生性化導之
衆生苦樂利无利　一切世間所行法
悉能普應同其事　以此攝法度衆生
无量无邊大苦海　爲衆生故悉能忍
與彼同事不念苦　饒益衆生令安樂

衆生苦樂利无利　一切世間所行法
悉能普應同其事　以此攝法度衆生
无量无邊大苦海　爲衆生故悉能忍
與彼同事不念苦　饒益衆生令安樂
若有不識出家法　樂著生死不求解
是故菩薩捨國財　常樂出家求寂靜
五欲所縛不離家　欲令衆生解脫故
示現不樂處愛欲　是故出家求解脫
欲令具足十種行　是佛如來本所脩
菩薩所行无有餘　脩習是法度衆生
或有衆生壽无量　煩惱微細樂世間
爲斯一切衆生類　示現生老病死患
或有貪欲瞋恚癡　煩惱猛火常熾然
爲現生老病死苦　化度一切衆生故
如來十力无所畏　及佛十八不共法
寂勝无量諸功德　以此妙法度衆生
說法教誡及神足　住持自在神通力
菩薩示現斯功德　以此濟度諸群生
如是方便无有量　隨順世間度衆生
不著世間如蓮華　能令衆生大歡喜
博綜多識辯才王　文頌談論過世間
示現世間衆伎術　譬如幻師現衆像
或爲長者邑中主　或爲賈客商人導
或爲國王及大臣　或爲良醫療衆病
或於曠野作大樹　或爲良藥无盡藏

BD14479號　大方廣佛華嚴經（晉譯五十卷本）卷五　（16–14）

博綜多識辯才王　文頌談論過世間
示現世間衆伎術　譬如幻師現衆像
或爲長者邑中主　或爲賈客商人導
或爲國王及大臣　或爲良醫療衆病
或於曠野作大樹　或爲良藥无盡藏
或作寶珠隨所求　迷道衆生示正路
若見世界始成立　衆生未知資生法
是時菩薩爲工匠　爲之示現種種業
不作惡業害生具　欲令群生壽安樂
呪術藥草學衆論　悉爲諸佛所稱歎
或現仙人殊勝行　一切群生所愛樂
示行苦行及深法　隨其所應悉能見
或作外道出家人　或復示現事火法
或現裸形无衣服　或爲彼人作師長
見有邪命種種行　習行非法以爲勝
一切梵志諸苦行　能於其中而化度
五熱炙身隨日轉　或受牛糜畜生戒
被服草衣奉事水　爲化是等作導師
現樂遊行諸天廟　自投恒河求解脫
食菓服氣而飲水　思惟正法不放逸
或現胡跪翹一足　或臥刺蕀灰土上
或臥杵石求解脫　爲彼師導教化故
如是等類諸外道　具觀彼意如應化
菩薩苦行无與等　外道由是得解脫
若見世間无正見　常依一切邪見住

BD14479號　大方廣佛華嚴經（晉譯五十卷本）卷五　（16–15）

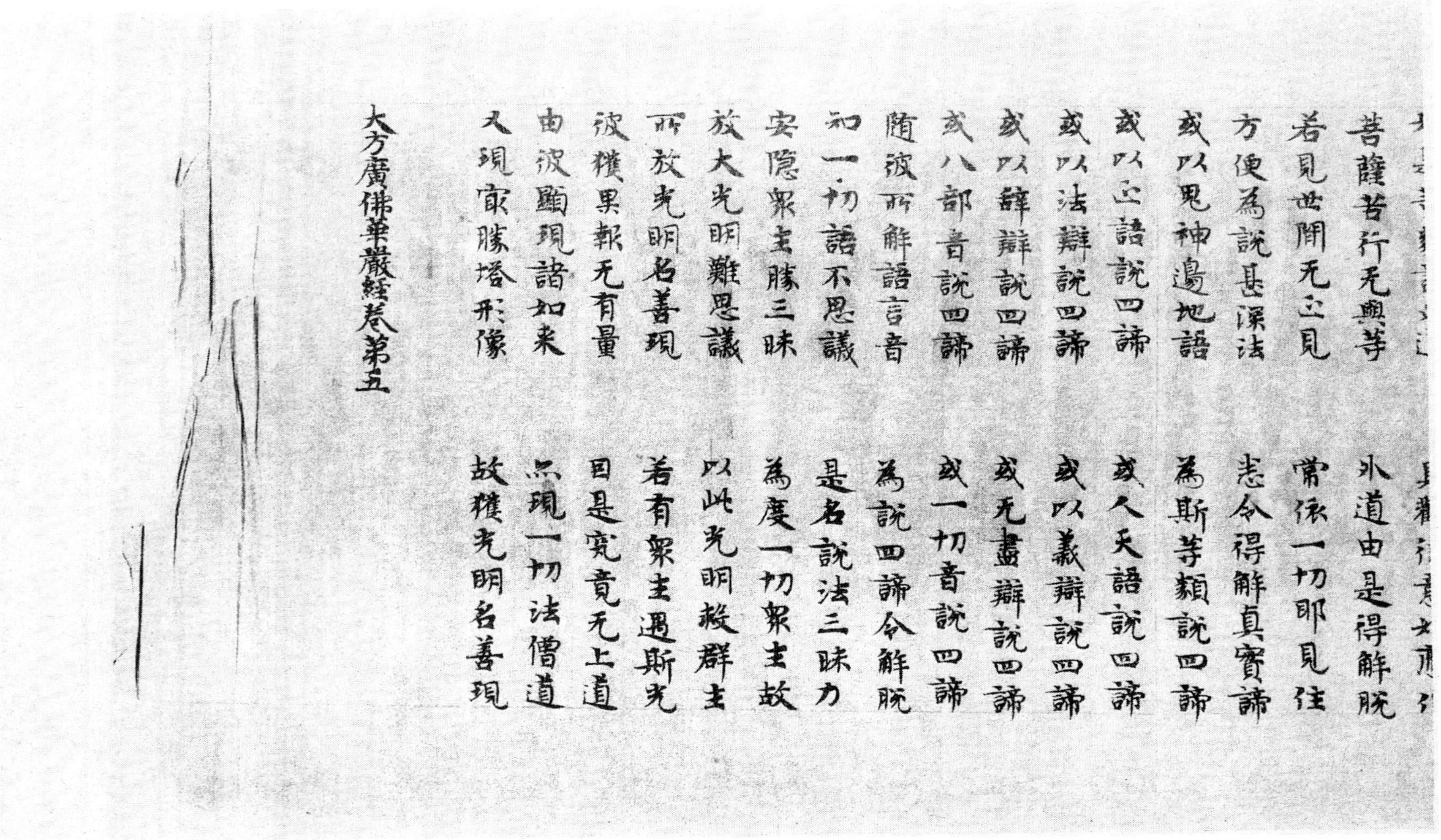

菩薩菩行无與等　外道由是得解脫
若見世間无正見　常依一切耶見住
方便為說甚深法　悉令得解真實諦
或以鬼神邊地語　為斯等類說四諦
或以正語說四諦　或人天語說四諦
或以法辯說四諦　或以義辯說四諦
或以辭辯說四諦　或无盡辯說四諦
或八部音說四諦　或一切音說四諦
隨彼所解語言音　為說四諦令解脫
知一切語不思議　是名說法三昧力
安隱眾生勝三昧　為度一切眾生故
放大光明難思議　以此光明救群生
所放光明名善現　若有眾生遇斯光
彼獲果報无有量　因是究竟无上道
由彼顯現諸如來　示現一切法僧道
又現寂勝塔形像　故獲光明名善現

大方廣佛華嚴經卷第五

BD14479號　大方廣佛華嚴經（晉譯五十卷本）卷五　（16–16）

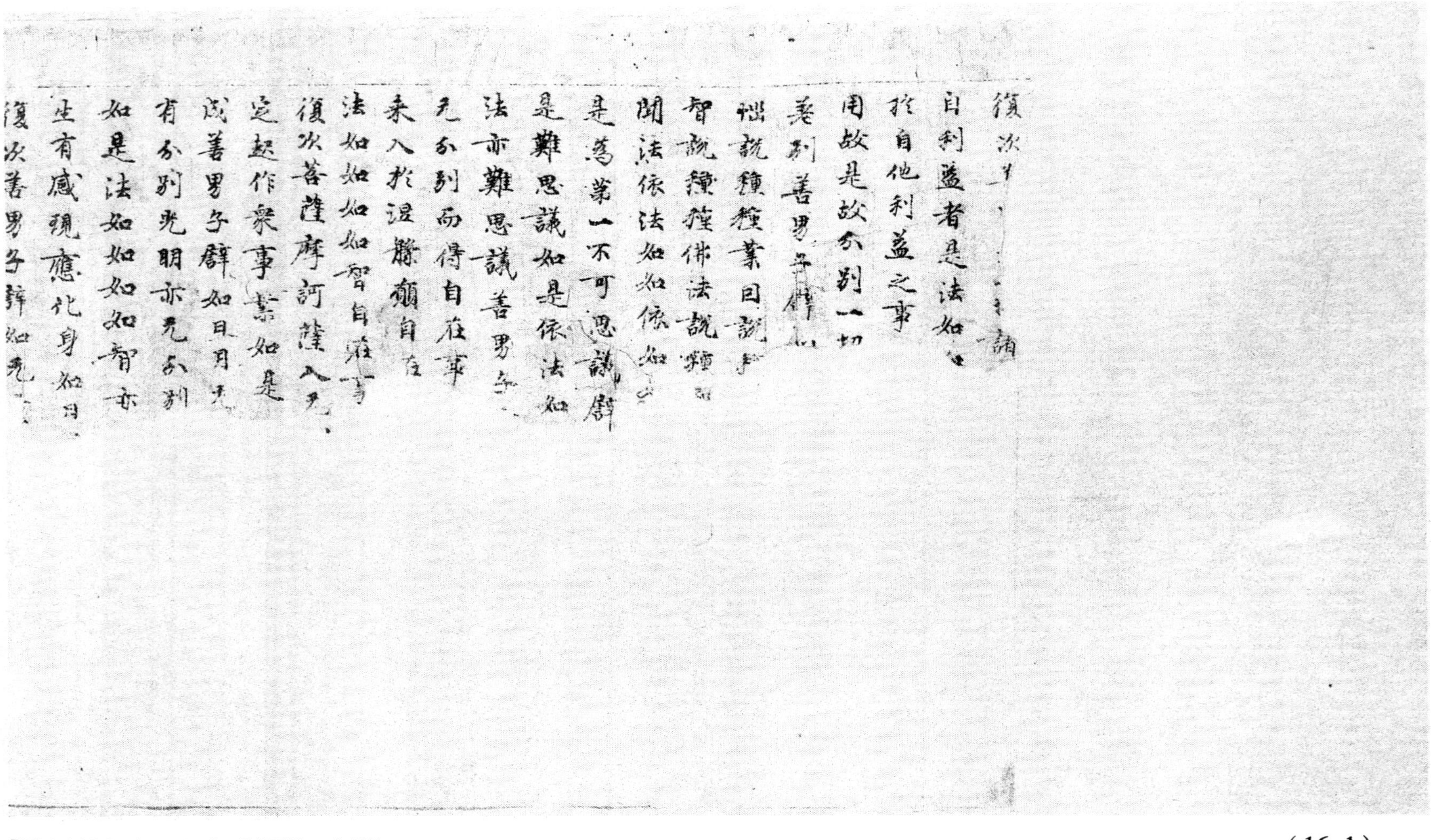

復次……諸
自利益者是法如如
於自他利益之事
用故是故分別一切
義利善男子譬如
依說種種業因說
智說種種佛法說種
聞法依法如如依如
是為第一不可思議譬
是難思議如是依法如
法亦難思議善男子
无分別而得自在事
來入於涅槃願自在
法如如如如智自在事
復次菩薩摩訶薩入无
定起作眾事業如是
成善男子譬如日月无
有分別光明亦无分別
如是法如如如如智亦
生有感現應化身如日
復次善男子譬如无

BD14480號　金光明最勝王經卷二　（16–1）

復次菩薩摩訶薩[illegible]
是起作衆事悉如是
成善男子譬如日月无
有分別光明亦无分別
如是法如如如如智亦
生有感現應化身如日
復次善男子譬如无
空影得現種種異相
如是受化諸弟子等
二種身現種種相於法
子依此二身一切諸佛說
身說无餘涅槃何以故
依此三身一切諸佛說
故不住涅槃離於法
不住涅槃二身假名不
故數數出現以不定故
不住涅槃法身不二是
身說无住涅槃
善男子一切凡夫爲三相故
三身不至三身何者爲三
二者依他起相三者成就
解故不能滅故不能淨
身如是三相能解能滅
具是三身善男子諸凡夫
心故遠離三身不能
事心二者依相本心三
事心盡依法斷道依根本
本心盡起事心滅故得現

杏齋心語

具是三身善男子諸凡夫
心故遠離三身不能
事心二者依相本心三
事心盡依法斷道依根本
本心盡起事心滅故得現
故得顯應身根本心滅
一法身是故
杏齋心語
一切如來具是三身
善男子一切諸佛於第一身與諸佛同事於
第二身與諸佛同意於第三身與諸佛同
體善男子是初佛身隨衆生意有多種故
現種種相是故說多第二佛身弟子一意
故現一相是故說一第三佛身過一切種相
非執相境界是故說名不一不二善男子是
第一身依於應身得顯現故是第二身依於
法身得顯現故是法身者是真實有无依處
故善男子如是三身以有義故而說於常以有
義故說於无常化身者恒轉法輪處處隨
緣方便相續不斷絕故是故說常非是本故具
足大用不顯現故說爲无常應身者從无始
來相續不斷一切諸佛不共之法能攝持故衆
生无盡用亦无盡是故說常非是本故以具足
用不顯現故說爲无常法身者非是行法无
有異相是根本故猶如虛空是故說常善男
子離无分別智更无勝智離法如如无勝境
界是法如如慧如如是二種如如如如不一不
異是故法身慧清淨滅清淨是故是二清
淨是故法身具足清淨
復次善男子分別三身有四種異有化身非

有異相是根本故猶如虛空是故說常善男
子離无分別智更无勝智離法如如无勝境
界是法如如慧如如是二種如如如不一不
異是故法身慧清淨故滅清淨故是二清
淨是故法身具足清淨
復次善男子分別三身有四種異有化身非
應身有應身非化身有化身亦應身有非
化身亦非應身何者化身非應身謂諸如來
般涅槃後以願自在故隨緣利益是名化身
何者應身非化身是地前身何者化身亦應
身謂住有餘涅槃之身何者非化身非應身
謂是法身善男子是法身者二无所有所顯現
故何者名為二无所有於此法身相及相處二
皆是无非有非无非一非異非數非非數非明
非闇如是如如智不見相及相處不見非有非
无不見非一非異不見非數非非數不見非明
非闇是故當知境界清淨智慧清淨不可分
別无有中間為滅道本故於此法身能顯
如如種種事業
善男子是身因緣境界處所果依於本難思
議故若了此義是身即是大乘是如來性是
如來藏依於此身得發初心修行地心而得
顯現不退地心亦皆得現一生補處心金剛
之心如來之心而悉顯現无量无邊如來
妙法皆悉顯現依此法身不可思議摩訶三
昧而得顯現依此法身得現一切大智是故二身
依於三昧依於智慧而得顯現如此法身依
於自體說常說我依大三昧故說於樂依於

BD14480號　金光明最勝王經卷二　（16–4）

妙法皆悉顯現依此
昧而得顯現依此法身得現一切大智是故二身
依於三昧依於智慧而得顯現如此法身依
於自體說常說我依大三昧故說於樂依於
大智故說清淨是故如來常住自在安樂清
淨依大三昧一切禪定首楞嚴等一切念處
大法念等大慈大悲一切陀羅尼一切神通
一切自在一切法平等攝受如是佛法悉皆
出現依此大智十力四无所畏四无礙辯一百
八十不共之法一切希有不可思議法悉皆
顯現辟如依如意寶珠无量无邊種種珍
寶悉皆得現如是依大三昧寶依大智慧寶
能出種種无量无邊諸佛妙法善男子如是
法身三昧智慧過一切相不著於相不可分
別非常非斷是名中道雖有分別體无分別
雖有三數而无三體不增不減猶如夢幻亦
无所執亦无能執法體如如是解脫處過死
王境越生死闇一切衆生不能修行所不
能至一切諸佛菩薩之所住處善男子辟如
有人願欲得金處處求覓遂得金礦既得
礦已即便碎之擇取精者爐中銷鍊得清淨
金隨意迴轉作諸鐶釧種種嚴具雖有諸
用金性不改
復次善男子若善男子善女人求勝解脫修
行世善得見如來及弟子衆得親近已白佛
言世尊何者為善何者不善何者正修得清
淨行諸佛如來及弟子衆見彼問時如是
思惟是善男子善女人欲求清淨欲聽正

BD14480號　金光明最勝王經卷二　（16–5）

復次善男子若善男子善女人求勝解脫脩
行世善得見如來及弟子衆得親近已白佛
言世尊何者爲善何者不善何者正脩得清
淨行諸佛如來及弟子衆見彼問時如是
思惟是善男子善女人欲求清淨欲聽正
法即便爲說令其開悟既彼聞已正念憶持
發心脩行得精進力除懶墮障滅一切罪於
諸學處離不尊重息諍悔心入於初地依初地
心除利有情障得入二地於此地中除不逼惱
障入於三地於此地中除心軟淨障入於四地
於此地中除善方便障入於五地於此地中
除見真俗障入於六地於此地中除見行相
障入於七地於此地中除不見滅相障入於
八地於此地中除不見生相障入於九地於
此地中除六通障入於十地於此地中除所
知障除根本心入如來地如來地者由三淨
故名極清淨云何爲三一者煩惱淨二者苦
淨三者相淨譬如真金鎔銷冶鍊既燒打
已无復塵垢爲顯金性本清淨故金體清
淨非謂无金譬如濁水澄渟清淨无復滓穢
爲顯水性本清淨故非謂无水如是法身與
煩惱雜苦集除已无復餘習爲顯佛性本清
淨故非謂无體譬如虛空烟雲塵霧之所障
蔽若除屏已是空界淨非謂无空如是法身一
切衆苦悉皆盡故說爲清淨非謂无體譬如
有人於睡夢中見大河水漂泛其身運手動
足截流而渡得至彼岸由彼身心不懈退故
從夢覺已不見有水彼此岸別非謂无心生

BD14480號　金光明最勝王經卷二　（16–6）

淨故非謂无體譬如虛空烟雲塵霧之所障
蔽若除屏已是空界淨非謂无空如是法身一
切衆苦悉皆盡故說爲清淨非謂无體譬如
有人於睡夢中見大河水漂泛其身運手動
足截流而渡得至彼岸由彼身心不懈退故
從夢覺已不見有水彼此岸別非謂无心生
死妄想既滅盡已是覺清淨非謂无覺如
是法界一切妄想不復生故說爲清淨非是
諸佛无其實體
復次善男子是法身者惑障清淨能現應
身業障清淨能現化身知障清淨能現法
身譬如依空出電依電出光如是依法身故
能現應身依應身故能現化身由性淨故能
現法身智慧清淨能現應身三昧清淨能
現化身此三清淨是法如如不異如如一味如如
解脫如如究竟如如是故諸佛體无有異善男
子若有善男子善女人說於如來是我大師
若作如是決定信者此人即應深心解了如
來之身无有別異善男子以是義故於諸境
界不正思惟悉皆除斷即知彼法无有二相亦
无分別聖所脩行如如於彼无有二相正脩行
故如是如是一切諸障悉皆除滅如如一切障
滅如是如是法如如如如智得最清淨如如
法界正智清淨如是如是一切自在具足攝
受皆得成就一切諸障悉皆除滅一切諸障
得清淨故是名真如正智真實之相如是見
者是名聖見是則名爲真實見佛何以故如
實得見法真如故是故諸佛悉能普見一切

BD14480號　金光明最勝王經卷二　（16–7）

法界正智清淨如是如是一切自在具足攝
受皆得成就一切諸障悉皆除滅一切諸障
得清淨故是名真如正智真實之相如是見
者是名聖見是則名為真實見佛何以故如
實得見法真如故是故諸佛悉能普見一切
如來何以故聲聞獨覺已出三界求真實境
不能知見如是聖人所不知見一切凡夫皆生
疑惑顛倒分別不能得度如兔浮海必不能
過所以者何力微劣故凡夫之人亦復如是不能
通達法如如故然諸如來无分別心於一切法得大
自在具足清淨深智慧故是自境界不共他故是
故諸佛如來於无量无邊阿僧祇劫不惜身命難
行苦行方得此身最上无比不可思議過言說境
是妙寂靜離諸怖畏
善男子如是知見法真如者无生老死壽命无
限无有睡眠亦无飢渴心常在定无有散動
若於如來起諍論心是則不能見於如來諸
佛所說皆能利益有聽聞者无不解脫諸惡禽
獸惡人惡鬼不相逢值由聞法故果報无盡然諸如
來无无記事一切境界无欲知心生死涅槃无
有異想如來所記无不決定諸佛如來四威儀
中无非智攝一切諸法无有不為慈悲所攝无
有不為利益安樂諸衆生者善男子若有善
男子善女人於此金光明經聽聞信解不墮
地獄餓鬼傍生阿蘇羅道常處人天不生
下賤恒得親近諸佛如來聽受正法常生諸
佛清淨國土所以者何由得聞此甚深法故是
善男子善女人則為如來已知已記當得不退

BD14480號　金光明最勝王經卷二　（16–8）

有不為利益安樂諸衆生者善男子若有善
男子善女人於此金光明經聽聞信解不墮
地獄餓鬼傍生阿蘇羅道常處人天不生
下賤恒得親近諸佛如來聽受正法常生諸
佛清淨國土所以者何由得聞此甚深法故是
善男子善女人則為如來已知已記當得不退
阿耨多羅三藐三菩提若善男子善女人於
此甚深微妙之法一經耳者當知是人不謗如
來不毀正法不輕聖衆一切衆生未種善根
令得種故已種善根令增長成熟故一切世界
所有衆生皆勸修行六波羅蜜
尒時虛空藏菩薩梵釋四王諸天衆等即從
座起偏袒右肩合掌恭敬頂禮佛足白佛言
世尊若所在處講說如是金光明王微妙經
典於其國土有四種利益何者為四一者國
王軍衆強盛无諸怨敵離於疾病壽命延
長吉祥安樂正法興顯二者中宮妃后王子
諸臣和悅无諍離於諂佞王所愛重三者沙
門婆羅門及諸國人修行正法无病安樂无
枉死者於諸福田悉皆修立四者於三時中四
大調適常為諸天增加守護慈悲平等无傷
害心令諸衆生歸敬三寶皆願修習菩提之
行是為四種利益之事世尊我等亦常為弘
經故隨逐如是持經之人所在住處為作利
益佛言善哉善哉善男子如是如是汝等
應當勤心流布此妙經王則令正法久住於世
金光明最勝王經夢見懺悔品第四
尒時妙幢菩薩親於佛前聞妙法已歡喜踊
躍一心思惟還至本處於夜夢中見大金鼓

BD14480號　金光明最勝王經卷二　（16–9）

蓋佛言善哉善哉善男子如是如是汝等
應當勤心流布此妙經王則令正法久住於世
金光明最勝王經夢見懺悔品第四
尒時妙幢菩薩親於佛前聞妙法已歡喜踊
躍一心思惟還至本處於夜夢中見大金鼓
光明晃耀猶如日輪於此光中得見十方无
量諸佛於寶樹下坐瑠璃座无量百千大衆
圍繞而為說法見一婆羅門桴擊金鼓出大
音聲聲中演說微妙伽他明懺悔法妙幢聞
已皆悉憶持繫念而住至天曉已與无量百
千大衆圍繞持諸供具出王舍城詣鷲峯
山至世尊所礼佛足已布設香花右繞三匝還
坐一面合掌恭敬瞻仰尊顏白佛言世尊我
於夢於見婆羅門以手執桴擊妙金鼓出大
音聲聲中演說微妙伽他明懺悔法我皆憶
持唯願世尊降大慈悲聽我所說即於佛前
而說頌曰
我今昨夜中　夢見大金鼓　其形極姝妙　周遍有金光
猶如盛日輪　光明皆普耀　充滿十方界　咸見於諸佛
在於寶樹下　各處瑠璃座　无量百千衆　恭敬而圍繞
有一婆羅門　以杖擊金鼓　於其鼓聲內　說此妙伽他
金光明鼓出妙聲　遍至三千大千界　能滅三塗極重罪
及以人中諸苦厄　由此金鼓聲威力　永滅一切煩惱障
斷除怖畏令安隱　譬如自在牟尼尊　佛於生死大海中
積行修成一切智　能令衆生覺品具　究竟咸歸功德海
由此金鼓出妙聲　普令聞者獲梵響　證得无上菩提果
常轉清淨妙法輪　住壽不可思議劫　隨機說法利群生
能斷煩惱衆苦流　貪瞋癡等皆除滅　若有衆生處惡趣
大火猛焰周遍身　若得聞是妙鼓音　即能離苦歸依佛

BD14480號　金光明最勝王經卷二　（16–10）

斷除怖畏令安隱
積行修成一切智　能令衆生覺品具　究竟咸歸功德海
由此金鼓出妙聲　普令聞者獲梵響　證得无上菩提果
常轉清淨妙法輪　住壽不可思議劫　隨機說法利群生
能斷煩惱衆苦流　貪瞋癡等皆除滅　若有衆生處惡趣
大火猛焰周遍身　若得聞是妙鼓音　即能離苦歸依佛
皆得成就宿命智　能憶過去百千生　悉皆正念牟尼尊
得聞如來甚深教　由聞金鼓勝妙音　常得親近於諸佛
悉能捨離諸惡業　純脩清淨諸善品　一切天人有情類
慇重至誠祈願者　得聞金鼓妙音聲　能令所求皆滿足
衆生墮在无間獄　猛火炎熾苦焚身　无有救護受輪迴
聞者能令苦除滅　人天餓鬼傍生中　所有現受諸苦難
得聞金鼓發妙響　皆蒙離苦得解脫
現在十方界　常住兩足尊　願以大悲心　哀愍憶念我
衆生无歸依　亦无有救護　為如是等類　能作大歸依
我先所作罪　極重諸惡業　今對十力前　至心皆懺悔
我不信諸佛　亦不敬尊親　不務脩衆善　常造諸惡業
或自恃尊高　種姓及財位　盛年行放逸　常造諸惡業
心恒起邪念　口陳於惡言　不見於過罪　常造諸惡業
恒作愚夫行　无明闇覆心　隨順不善友　常造諸惡業
或因諸戲樂　或復懷憂惱　為貪瞋所纏　故我造諸惡
親近不善人　及由慳嫉意　貧窮行諂曲　故我造諸惡
雖不樂衆過　由有怖畏故　及不得自在　故我造諸惡
或為躁動心　或因瞋恚恨　及以飢渴惱　故我造諸惡
由飲食衣服　及貪愛女人　煩惱火所燒　故我造諸惡
於佛法僧衆　不生恭敬心　作如是衆罪　我今悉懺悔
於獨覺菩薩　亦无恭敬心　作如是衆罪　我今悉懺悔
无知謗正法　不孝於父母　作如是衆罪　我今悉懺悔
由愚癡憍慢　及以貪瞋力　作如是衆罪　我今悉懺悔

BD14480號　金光明最勝王經卷二　（16–11）

於佛法僧衆　不生恭敬心　作如是衆罪　我今悉懺悔
於獨覺菩薩　亦无恭敬心　作如是衆罪　我今悉懺悔
无知謗正法　不孝於父母　作如是衆罪　我今悉懺悔
由愚癡憍慢　及以貪瞋力　作如是衆罪　我今悉懺悔
我於十方界　供養无數佛　當願抜衆生　令離諸苦難
願一切有情　皆令住十地　福智圓滿已　成佛道羣迷
我為諸衆生　苦行百千劫　以大智慧力　皆令出苦海
我為諸含識　演說甚深經　最勝金光明　能除諸惡業
若人百千劫　造諸極重罪　暫時能發露　衆惡盡消除
依此金光明　作如是懺悔　由斯能速盡　一切諸苦業
勝定百千種　不思議揔持　根力覺道支　脩習常无倦
我當至十地　具足珎寶處　圓滿佛功德　濟度生死流
我於諸佛海　甚深功德藏　妙智難思議　皆令得具足
唯願十方佛　觀察護念我　皆以大悲心　哀受我懺悔
我於多劫中　所造諸惡業　由斯生苦惱　哀愍願消除
我造諸惡業　常生憂怖心　於四威儀中　曾无歡樂想
諸佛具大悲　能除衆生怖　願受我懺悔　令得離憂苦
我有煩惱障　及以諸報業　願以大悲水　洗濯令清淨
我先作諸罪　及現造惡業　至心皆發露　咸願得蠲除
未來諸惡業　防護令不起　設令有違者　終不敢覆藏
身三語四種　意業復有三　繫縛諸有情　无始恒相續
由斯三種行　造作十惡業　如是衆多罪　我今皆懺悔
我造諸惡業　苦報當自受　今於諸佛前　至誠皆懺悔
於此贍部洲　及他方世界　所有諸善業　今我皆隨喜
願離十惡業　修行十善道　安住十地中　常見十方佛
我以身語意　所修福智業　願以此善根　速成无上慧
我今親對十方前　發露衆多苦難事　凡愚迷惑三有難
恒造極重惡業難　我所積集欲邪難　常起貪愛流轉難

BD14480號　金光明最勝王經卷二　（16–12）

於此贍部洲　及他方世界　所有諸善業　今我皆隨喜
願離十惡業　修行十善道　安住十地中　常見十方佛
我以身語意　所修福智業　願以此善根　速成无上慧
我今親對十方前　發露衆多苦難事　凡愚迷惑三有難
恒造極重惡業難　我所積集欲邪難　常起貪愛流轉難
於此世間耽着難　一切愚夫煩惱難　狂心散動顛倒難
及以親近惡友難　於生死中貪染難　瞋癡闇鈍造罪難
生八无暇惡處難　未曾積集功德難　我今皆於最勝前
懺悔无邊罪惡業　我今歸依諸善逝　我礼德海无上尊
如大金山照十方　唯願慈悲哀攝受　身色金光淨无垢
目如清淨紺琉璃　吉祥威德名稱尊　大悲慧日除衆闇
佛日光明常普遍　善淨无垢離諸塵　牟尼月照極清涼
能除衆生煩惱熱　三十二相遍莊嚴　八十隨好皆圓滿
福德難思无與等　如日流光照世間　色如琉璃淨无垢
猶如滿月處虛空　妙頗梨網金軀　種種光明以嚴飾
於生死苦暴流內　老病憂愁水所漂　如是苦海難堪忍
佛日舒光令永竭　我今稽首一切智　三千世界希有尊
光明晃曜紫金身　種種妙好皆嚴飾　如大海水量難知
大地微塵不可數　妙如高山叵稱量　亦如虛空无有際
諸佛功德亦如是　一切有情不能知　於无量劫諦思惟
无有能知德海岸　盡此大地諸山岳　析如微塵能筭知
毛端渧海尚可量　佛之功德无能數　一切有情皆共讚
世尊名稱諸功德　清淨相好妙莊嚴　不可稱量知分齊
我之所有衆善業　願得速成无上尊　廣說正法利群生
悉令解脫於衆苦　降伏大力魔軍衆　當轉无上正法輪
久住劫數難思議　充足衆生甘露味　猶如過去諸最勝
六波羅蜜皆圓滿　滅諸貪欲及瞋癡　降伏煩惱除衆苦
願我常得宿命智　能憶過去百千生　亦常憶念牟尼尊
得聞諸佛甚深法　願我以斯諸善業　奉事无邊最勝尊

BD14480號　金光明最勝王經卷二　（16–13）

令解脫於衆苦　降伏大力魔軍衆　當轉无上正法輪
久住劫數難思議　充足衆生甘露味　猶如過去諸最勝
六波羅蜜皆圓滿　滅諸貪欲及瞋癡　降伏煩惱除衆苦
願我常得宿命智　能憶過去百千生　亦常憶念牟尼尊
得聞諸佛甚深法　願我以斯諸善業　奉事无邊最勝尊
遠離一切不善因　恒得修行真妙法　一切世界諸衆生
悉皆離苦得安樂　所有諸根不具足　令彼身相皆圓滿
若有衆生遭病苦　身形羸瘦无所依　咸令病苦得消除
諸根色力皆充滿　若犯王法當刑戮　衆苦逼迫生憂惱
彼受如斯極苦時　无有歸依能救護　若受鞭杖枷鎖繫
種種苦具切其身　无量百千憂惱時　逼迫身心无暫樂
皆令得免於繫縛　及以鞭杖苦楚事　將臨刑者得命全
衆苦皆令永除盡　若有衆生飢渴逼　令得種種殊勝味
盲者得視聾者聞　跛者能行瘂能語　貧窮衆生獲寶藏
倉庫盈溢无所乏　皆令得受上妙樂　无一衆生受苦惱
一切人天皆樂見　容儀溫雅甚端嚴　悉皆現受无量樂
受用豐饒福德具　隨彼衆生念伎樂　衆妙音聲皆現前
念水即現清涼池　金色蓮花泛其上　隨彼衆生心所念
飲食衣服及床敷　金銀珍寶妙琉璃　瓔珞莊嚴皆具足
勿令衆生聞惡響　亦復不見有相違　所受容貌悉端嚴
各各慈心相愛樂　世間資生諸樂具　隨心念時皆滿足
所得珍財无恡惜　分布施與諸衆生　燒香末香及塗香
衆妙雜花非一色　每日三時從樹墮　隨心受用生歡喜
普願衆生咸供養　十方一切最勝尊　三乘清淨妙法門
菩薩獨覺聲聞衆　常願勿處於卑賤　不墮无暇八難中
生在有暇人中尊　恒得親承十方佛　願得常生富貴家
財寶倉庫皆盈滿　顏貌名稱无與等　壽命延長經劫數
悉願女人變為男　勇健聰明多智慧　一切常行菩薩道
勤修六度到彼岸　常見十方无量佛　寶王樹下而安處

BD14480 號　金光明最勝王經卷二　（16–14）

菩薩獨覺聲聞衆　常願勿處於卑賤　不墮无暇八難中
生在有暇人中尊　恒得親承十方佛　願得常生富貴家
財寶倉庫皆盈滿　顏貌名稱无與等　壽命延長經劫數
悉願女人變為男　勇健聰明多智慧　一切常行菩薩道
勤修六度到彼岸　常見十方无量佛　寶王樹下而安處
處妙琉璃師子座　恒得親承轉法輪　若於過去及現在
輪迴三有造諸業　能招可厭不善趣　願得消滅永无餘
一切衆生於有海　生死羂網堅牢縛　願以智劍為斷除
離苦速證菩提處　衆生於此贍部內　或於他方世界中
所作種種勝福因　我今皆悉生隨喜　以此隨喜福德事
及身語意造衆善　願此勝業常增長　速證无上大菩提
所有禮讚佛功德　深心清淨无瑕穢　迴向發願福无邊
當超惡趣六十劫　若有男子及女人　婆羅門等諸勝族
合掌一心讚歎佛　生生常憶宿世事　諸根清淨身圓滿
殊勝功德皆成就　願於未來所生處　常得人天共瞻仰
非於一佛十佛所　修諸善根今得聞　百千佛所種善根
方得聞斯懺悔法
爾時世尊聞此說已讚妙幢菩薩言善哉
善哉善男子如汝所夢金鼓出聲讚歎如來
真實功德并懺悔法若有聞者獲福甚多廣
利有情滅除罪障汝今應知此之勝業皆是
過去讚歎發願宿習因緣及由諸佛威力加
護此之因緣當為汝說時諸大衆聞是法已
咸皆歡喜信受奉行

金光明最勝王經卷第二

BD14480 號　金光明最勝王經卷二　（16–15）

當趣惡趣六十劫　若有男子及女人　婆羅門等諸勝族
合掌一心讚歎佛　生生常憶宿世事　諸根清淨身圓滿
殊勝功德皆成就　願於未來所生處　常得人天共瞻仰
非於一佛十佛所　脩諸善根今得聞　百千佛所種善根
方得聞斯懺悔法
尒時世尊聞此說已讚妙幢菩薩言善哉
善哉善男子如汝所夢金鼓出聲讚歎如來
真實功德并懺悔法若有聞者獲福甚多廣
利有情滅除罪障汝今應知此之勝業皆是
過去讚歎發願宿習因緣及由諸佛威力加
護此之因緣當為汝說時諸大眾聞是法已
咸皆歡喜信受奉行
金光明最勝王經卷第二

BD14480 號　金光明最勝王經卷二　（16–16）

法　不
是佛子說法　常柔和能忍　慈悲於一切　不生懈怠心
十方大菩薩　愍眾故行道　應生恭敬心　是則我大師
於諸佛世尊　生无上父想　破於憍慢心　說法无障礙
第三法如是　智者應守護　一心安樂行　无量眾所敬
又文殊師利　菩薩摩訶薩於後末世法欲滅時
有持法華經者於在家出家人中生大慈
心於非菩薩人中生大悲心應作是念如是
之人則為大失如來方便隨宜說法不聞不
知不覺不問不信不解其人雖不問不信不
解是經我得阿耨多羅三藐三菩提時隨在
何地以神通力智慧力引之令得住是法中
文殊師利是菩薩摩訶薩於如來滅後有成
就此第四法者說是法時无有過失常為比
丘比丘尼優婆塞優婆夷國王王子大臣人
民婆羅門居士等供養恭敬尊重讚歎虛空
諸天為聽法故亦常隨侍若在聚落城邑空
閑林中有人來欲難問者諸天晝夜常為法
故而衛護之能令聽者皆得歡喜所以者何

BD14481 號　妙法蓮華經卷五　（23–1）

丘比丘尼優婆塞優婆夷國王王子大臣人
民婆羅門居士等供養恭敬尊重讚歎虛空
諸天爲聽法故亦常隨侍若在聚落城邑空
閑林中有人來欲難問者諸天晝夜常爲法
故而衛護之能令聽者皆得歡喜所以者何
此經是一切過去未來現在諸佛神力所護
故文殊師利是法華經於无量國中乃至名
字不可得聞何況得見受持讀誦文殊師利
譬如強力轉輪聖王欲以威勢降伏諸國而
諸小王不順其命時轉輪王起種種兵而往
討伐王見兵衆戰有功者即大歡喜隨功賞
賜或與田宅聚落城邑或與衣服嚴身之具
或與種種珍寶金銀瑠璃車𤦲馬瑙珊瑚虎
珀象馬車乘奴婢人民唯髻中明珠不以與
之所以者何獨王頂上有此一珠若以與之
王諸眷屬必大驚恠文殊師利如來亦復如
是以禪定智慧力得法國土王於三界而諸
魔王不肯順伏如來賢聖諸將與之共戰其
有功者心亦歡喜於四衆中爲說諸經令其
心悅賜以禪定解脫无漏根力諸法之財又
復賜與涅槃之城言得滅度引導其心令皆
歡喜而不爲說是法華經文殊師利如轉輪
王見諸兵衆有大功者心甚歡喜以此難信
之珠久在髻中不妄與人而今與之如來亦
復如是於三界中爲大法王以法教化一切
衆生見賢聖軍與五陰魔煩惱魔死魔共戰
有大功勳滅三毒出三界破魔網尒時如來
亦大歡喜此法華經能令衆生至一切智一

復如是於三界中爲大法王以法教化一切
衆生見賢聖軍與五陰魔煩惱魔死魔共戰
有大功勳滅三毒出三界破魔網尒時如來
亦大歡喜此法華經能令衆生至一切智一
切世間多怨難信先所未說而今說之文殊
師利此法華經是諸如來第一之說於諸說
中最爲甚深末後賜與如彼強力之王久護
明珠今乃與之文殊師利此法華經諸佛如
來秘密之藏於諸經中最在其上長夜守護
不妄宣說始於今日乃與汝等而敷演之尒
時世尊欲重宣此義而說偈言
常行忍辱　哀愍一切　乃能演說　佛所讚經
後末世時　持此經者　於家出家　及非菩薩
應生慈悲　斯等不聞　不信是經　則爲大失
我得佛道　以諸方便　爲說此法　令住其中
譬如強力　轉輪之王　兵戰有功　賞賜諸物
象馬車乘　嚴身之具　及諸田宅　聚落城邑
或與衣服　種種珍寶　奴婢財物　歡喜賜與
如有勇健　能爲難事　王解髻中　明珠賜之
如來亦尒　爲諸法王　忍辱大力　智慧寶藏
以大慈悲　如法化世　見一切人　受諸苦惱
欲求解脫　與諸魔戰　爲是衆生　說種種法
以大方便　說此諸經　既知衆生　得其力已
末後乃爲　說是法華　如王解髻　明珠與之
此經爲尊　衆經中上　我常守護　不妄開示
今正是時　爲汝等說　我滅度後　求佛道者
欲得安隱　演說斯經　應當親近　如是四法
讀是經者　常无憂惱　又无病痛　顏色鮮白

末後乃為　說是法華　如王解髻　明珠與之
此經為尊　衆經中上　我常守護　不妄開示
今正是時　為汝等說　我滅度後　求佛道者
欲得安隱　演說斯經　應當親近　如是四法
讀是經者　常无憂惱　又无病痛　顏色鮮白
不生貧窮　卑賤醜陋　衆生樂見　如慕賢聖
天諸童子　以為給使　刀杖不加　毒不能害
若人惡罵　口則閉塞　遊行无畏　如師子王
智慧光明　如日之照　若於夢中　但見妙事
見諸如來　坐師子座　諸比丘衆　圍繞說法
又見龍神　阿脩羅等　數如恒沙　恭敬合掌
自見其身　而為說法　又見諸佛　身相金色
放无量光　照於一切　以梵音聲　演說諸法
佛為四衆　說无上法　見身處中　合掌讚佛
聞法歡喜　而為供養　得陀羅尼　證不退智
佛知其心　深入佛道　即為授記　成最正覺
汝善男子　當於來世　得无量智　佛之大道
國土嚴淨　廣大无比　亦有四衆　合掌聽法
又見自身　在山林中　脩習善法　證諸實相
深入禪定　見十方佛
諸佛身金色　百福相莊嚴　聞法為人說　常有是好夢
又夢作國王　捨宮殿眷屬　及上妙五欲　行詣於道場
在菩提樹下　而處師子座　求道過七日　得諸佛之智
成无上道已　起而轉法輪　為四衆說法　經千万億劫
說无漏妙法　度无量衆生　後當入涅槃　如烟盡燈滅
若後惡世中　說是第一法　是人得大利　如上諸功德
妙法蓮華經從地踊出品第十五
尒時他方國土諸來菩薩摩訶薩過八恒河
沙數於大衆中起合掌作礼而白佛言世尊

成无上道已　起而轉法輪　為四衆說法　經千万億劫
說无漏妙法　度无量衆生　後當入涅槃　如烟盡燈滅
若後惡世中　說是第一法　是人得大利　如上諸功德
妙法蓮華經從地踊出品第十五
尒時他方國土諸來菩薩摩訶薩過八恒河
沙數於大衆中起合掌作礼而白佛言世尊
若聽我等於佛滅後在此娑婆世界勤加精
進護持讀誦書寫供養是經典者當於此土
而廣說之尒時佛告諸菩薩摩訶薩衆止
善男子不須汝等護持此經所以者何我娑
婆世界自有六万恒河沙等菩薩摩訶薩一
一菩薩各有六万恒河沙眷屬是諸人等能於
我滅後護持讀誦廣說此經佛說是時娑婆
世界三千大千國土地皆震裂而於其中有
无量千万億菩薩摩訶薩同時踊出是諸菩
薩身皆金色三十二相无量光明先盡在此
娑婆世界之下此界虛空中住是諸菩薩聞
釋迦牟尼佛所說音聲從下發來一一菩薩
皆是大衆唱導之首各將六万恒河沙眷屬
況將五万四万三万二万一万恒河沙等眷
屬者況復乃至一恒河沙半恒河沙四分之
一乃至千万億那由他分之一況復千万億
那由他眷屬況復億万眷屬況復千万百万
乃至一万況復一千一百乃至一十況復將
五四三二一弟子者況復單己樂遠離行如
是等比无量无邊筭數譬喻所不能知是諸
菩薩從地出已各詣虛空七寶妙塔多寶如
來釋迦牟尼佛所到已向二世尊頭面礼足

五四三二一弟子者況復單己樂遠離行如
是等比无量无邊筭數譬喻所不能知是諸
菩薩從地出已各詣虛空七寶妙塔多寶如
來釋迦牟尼佛所到已向二世尊頭面禮足
及至諸寶樹下師子座上佛所亦皆作禮右
繞三帀合掌恭敬以諸菩薩種種讚法而以
讚歎住在一面欣樂瞻仰於二世尊是諸菩
薩摩訶薩從初踊出以諸菩薩種種讚法而
讚於佛如是時間經五十小劫是時釋迦牟
尼佛嘿然而坐及諸四衆亦皆嘿然五十小
劫佛神力故令諸大衆謂如半日尒時四衆
亦以佛神力故見諸菩薩遍滿无量百千万
億國土虛空是菩薩衆中有四導師一名上
行二名无邊行三名淨行四名安立行是四
菩薩於其衆中最爲上首唱導之師在大衆
前各共合掌觀釋迦牟尼佛而問訊言世尊
少病少惱安樂行不所應度者受教易不不
令世尊生疲勞耶尒時四大菩薩而說偈言
世尊安樂　少病少惱　教化衆生　得无疲惓
又諸衆生　受化易不　不令世尊　生疲勞耶
尒時世尊於菩薩大衆中而作是言如是如
是諸善男子如來安樂少病少惱諸衆生等
易可化度无有疲勞所以者何是諸衆生世
世已來常受我化亦於過去諸佛供養尊重
種諸善根此諸衆生始見我身聞我所說即
皆信受入如來慧除先脩習學小乘者如是
之人我今亦令得聞是經入於佛慧尒時諸
大菩薩而說偈言

BD14481號　妙法蓮華經卷五　（23–6）

種諸善根此諸衆生始見我身聞我所說即
皆信受入如來慧除先脩習學小乘者如是
之人我今亦令得聞是經入於佛慧尒時諸
大菩薩而說偈言
善哉善哉　大雄世尊　諸衆生等　易可化度
能問諸佛　甚深智慧　聞已信行　我等隨喜
於時世尊讚歎上首諸大菩薩善哉善哉
善男子汝等能於如來發隨喜心尒時弥勒
菩薩及八千恒河沙諸菩薩衆皆作是念我等
從昔已來不見不聞如是大菩薩摩訶薩衆
從地踊出住世尊前合掌供養問訊如來時
弥勒菩薩摩訶薩知八千恒河沙諸菩薩等
心之所念并欲自決所疑合掌向佛以偈問曰
无量千万億　大衆諸菩薩　昔所未曾見　願兩足尊說
是從何所來　以何因緣集　巨身大神通　智慧叵思議
其志念堅固　有大忍辱力　衆生所樂見　爲從何所來
一一諸菩薩　所將諸眷屬　其數无有量　如恒河沙等
或有大菩薩　將六万恒沙　如是諸大衆　一心求佛道
是諸大師等　六万恒河沙　俱來供養佛　及護持此經
將五万恒沙　其數過於是　四万及三万　二万至一万
一千一百等　乃至一恒沙　半及三四分　億万分之一
千万那由他　万億諸弟子　乃至於半億　其數復過上
百万至一万　一千及一百　五十與一十　乃至三二一
單己无眷屬　樂於獨處者　俱來至佛所　其數轉過上
如是諸大衆　若人行籌數　過於恒沙劫　猶不能盡知
是諸大威德　精進菩薩衆　誰爲其說法　教化而成就
從誰初發心　稱揚何佛法　受持行誰經　脩習何佛道
如是諸菩薩　神通大智力　四方地震裂　皆從中踊出

BD14481號　妙法蓮華經卷五　（23–7）

筆已无眷屬 樂於獨處者 俱來至佛所 其數轉過上
如是諸大衆 若人行籌數 過於恒沙劫 猶不能盡知
是諸大威德 精進菩薩衆 誰爲其說法 教化而成就
從誰初發心 稱揚何佛法 受持行誰經 脩習何佛道
如是諸菩薩 神通大智力 四方地震裂 皆從中踊出
世尊我昔來 未曾見是事 願說其所從 國土之名号
我常遊諸國 未曾見是衆 我於此衆中 乃不識一人
忽然從地出 願說其因緣 今此之大會 无量百千億
是諸菩薩等 皆欲知此事 是諸菩薩衆 本末之因緣
无量德世尊 唯願決衆疑
尒時釋迦牟尼佛分身諸佛從无量千万億
他方國土來者在於八方諸寶樹下師子座
上結跏趺坐其佛侍者各各見是菩薩大衆
於三千大千世界四方從地踊出住於虛空
各白其佛言世尊此諸无量无邊阿僧祇菩
薩大衆從何所來尒時諸佛各告侍者諸善
男子且待須臾有菩薩摩訶薩名弥勒釋迦
牟尼佛之所授記次後作佛已問斯事佛今
荅之汝等自當因是得聞尒時釋迦牟尼佛
告弥勒菩薩善哉善哉阿逸多乃能問佛如
是大事汝等當共一心被精進鎧發堅固意
如來今欲顯發宣示諸佛智慧諸佛自在神
通之力諸佛師子奮迅之力諸佛威猛大勢
之力尒時世尊欲重宣此義而說偈言
當精進一心 我欲說此事 勿得有疑悔 佛智叵思議
汝今出信力 住於忍善中 昔所未聞法 今皆當得聞
我今安慰汝 勿得懷疑懼 佛无不實語 智慧不可量
所得第一法 甚深叵分別 如是今當說 汝等一心聽
尒時世尊說此偈已告弥勒菩薩我今於此

當精進一心 我欲說此事 勿得有疑悔 佛智叵思議
汝今出信力 住於忍善中 昔所未聞法 今皆當得聞
我今安慰汝 勿得懷疑懼 佛无不實語 智慧不可量
所得第一法 甚深叵分別 如是今當說 汝等一心聽
尒時世尊說此偈已告弥勒菩薩我今於此
大衆宣告汝等阿逸多是諸大菩薩摩訶薩
无量无數阿僧祇從地踊出汝等昔所未見
者我於是娑婆世界得阿耨多羅三藐三菩
提已教化示導是諸菩薩調伏其心令發道
意此諸菩薩皆於是娑婆世界之下此界虛
空中住於諸經典讀誦通利思惟分別正憶
念阿逸多是諸善男子等不樂在衆多有所
說常樂靜處勤行精進未曾休息亦不依止
人天而住常樂深智无有障礙亦常樂於諸
佛之法一心精進求无上慧尒時世尊欲重
宣此義而說偈言
阿逸汝當知 是諸大菩薩 從无數劫來 脩習佛智慧
悉是我所化 令發大道心 此等是我子 依止是世界
常行頭陀事 志樂於靜處 捨大衆憒閙 不樂多所說
如是諸子等 學習我道法 晝夜常精進 爲求佛道故
在娑婆世界 下方空中住 志念力堅固 常勤求智慧
說種種妙法 其心无所畏 我於伽耶城 菩提樹下坐
得成最正覺 轉无上法輪 尒乃教化之 令初發道心
今皆住不退 悉當得成佛 我今說實語 汝等一心信
我從久遠來 教化是等衆
尒時弥勒菩薩摩訶薩及无數諸菩薩等心
生疑惑恠未曾有而作是念云何世尊於少
時間教化如是无量无邊阿僧祇諸大菩薩
令住阿耨多羅三藐三菩提即白佛言世尊

今皆住不退　悉當得成佛　我今說實語　汝等一心信
我從久遠來　教化是等衆
尒時彌勒菩薩摩訶薩及无數諸菩薩等心
生疑惑怪未曾有而作是念云何世尊於少
時間教化如是无量无邊阿僧祇諸大菩薩
令住阿耨多羅三藐三菩提即白佛言世尊
如來爲太子時出於釋宮去伽耶城不遠坐
於道場得成阿耨多羅三藐三菩提從是已
來始過四十餘年世尊云何於此少時大作
佛事以佛勢力以佛功德教化如是无量大
菩薩衆當成阿耨多羅三藐三菩提世尊此
大菩薩衆假使有人於千万億劫數不能盡
不得其邊斯等久遠已來於无量无邊諸佛
所殖諸善根成就菩薩道常脩梵行世尊如
此之事世所難信譬如有人色美髮黑年二
十五指百歲人言是我子其百歲人亦指年
少言是我父生育我等是事難信佛亦如是
得道已來其實未久而此大衆諸菩薩等已
於无量千万億劫爲佛道故勤行精進善入
出住无量百千万億三昧得大神通久脩梵
行善能次第習諸善法巧於問荅人中之寶
一切世間甚爲希有今日世尊方云得佛道
時初令發心教化示導令向阿耨多羅三藐
三菩提世尊得佛未久乃能作此大功德事
我等雖復信佛隨宜所說佛所出言未曾虛
妄佛所知者皆悉通達然諸新發意菩薩於
佛滅後若聞是語或不信受而起破法罪業
因緣唯然世尊願爲解說除我等疑及未來
世諸善男子聞此事已亦不生疑尒時彌勒

BD14481號　妙法蓮華經卷五　（23-10）

三菩提世尊得佛未久乃能作此大功德事
我等雖復信佛隨宜所說佛所出言未曾虛
妄佛所知者皆悉通達然諸新發意菩薩於
佛滅後若聞是語或不信受而起破法罪業
因緣唯然世尊願爲解說除我等疑及未來
世諸善男子聞此事已亦不生疑尒時彌勒
菩薩欲重宣此義而說偈言
佛昔從釋種　出家近伽耶　坐於菩提樹　尒來尚未久
此諸佛子等　其數不可量　久已行佛道　住於神通力
善學菩薩道　不染世間法　如蓮華在水　從地而踊出
皆起恭敬心　住於世尊前　是事難思議　云何而可信
佛得道甚近　所成就甚多　願爲除衆疑　如實分別說
譬如少壯人　年始二十五　示人百歲子　髮白而面皺
是等我所生　子亦說是父　父少而子老　舉世所不信
世尊亦如是　得道來甚近　是諸菩薩等　志固无怯弱
從无量劫來　而行菩薩道　巧於難問荅　其心无所畏
忍辱心決定　端正有威德　十方佛所讚　善能分別說
不樂在人衆　常好在禪定　爲求佛道故　於下空中住
我等從佛聞　於此事无疑　願佛爲未來　演說令開解
若有於此經　生疑不信者　即當墮惡道　願今爲解說
是无量菩薩　云何於少時　教化令發心　而住不退地
妙法蓮華經如來壽量品第十六
尒時佛告諸菩薩及一切大衆諸善男子汝
等當信解如來誠諦之語復告大衆汝等當
信解如來誠諦之語又復告諸大衆汝等當
信解如來誠諦之語是時菩薩大衆彌勒爲
首合掌白佛言世尊唯願說之我等當信受
佛語如是三白已復言唯願說之我等當信

BD14481號　妙法蓮華經卷五　（23-11）

等當信解如來誠諦之語復告大衆汝等當
信解如來誠諦之語又復告諸大衆汝等當
信解如來誠諦之語是時菩薩大衆弥勒爲
首合掌白佛言世尊唯願說之我等當信受
佛語如是三白已復言唯願說之我等當信
受佛語尒時世尊知諸菩薩三請不止而告
之言汝等諦聽如來秘密神通之力一切世
間天人及阿脩羅皆謂今釋迦牟尼佛出釋
氏宮去伽耶城不遠坐於道場得阿耨多羅
三藐三菩提然善男子我實成佛已來无量
无邊百千万億那由他劫譬如五百千万億
那由他阿僧祇三千大千世界假使有人末
爲微塵過於東方五百千万億那由他阿僧
祇國乃下一塵如是東行盡是微塵諸善男
子於意云何是諸世界可得思惟校計知其
數不弥勒菩薩等俱白佛言世尊是諸世界
无量无邊非筭數所知亦非心力所及一切
聲聞辟支佛以无漏智不能思惟知其限數
我等住阿惟越致地於是事中亦所不達世
尊如是諸世界无量无邊尒時佛告大菩薩
衆諸善男子今當分明宣語汝等是諸世界
若著微塵及不著者盡以爲塵一塵一劫我
成佛已來復過於此百千万億那由他阿僧
祇劫自從是來我常在此娑婆世界說法教
化亦於餘處百千万億那由他阿僧祇國導
利衆生諸善男子於是中間我說燃燈佛等
又復言其入於涅槃如是皆以方便分別諸
善男子若有衆生來至我所我以佛眼觀其
信等諸根利鈍隨所應度處處自說名字不

BD14481 號　妙法蓮華經卷五　（23–12）

化亦於餘處百千万億那由他阿僧祇國導
利衆生諸善男子於是中間我說燃燈佛等
又復言其入於涅槃如是皆以方便分別諸
善男子若有衆生來至我所我以佛眼觀其
信等諸根利鈍隨所應度處處自說名字不
同年紀大小亦復現言當入涅槃又以種種
方便說微妙法能令衆生發歡喜心諸善男
子如來見諸衆生樂於小法德薄垢重者爲
是人說我少出家得阿耨多羅三藐三菩提
然我實成佛已來久遠若斯但以方便教化
衆生令入佛道作如是說諸善男子如來所
演經典皆爲度脫衆生或說己身或說他身
或示己身或示他身或示己事或示他事諸
所言說皆實不虛所以者何如來如實知見
三界之相无有生死若退若出亦无在世及
滅度者非實非虛非如非異不如三界見於
三界如斯之事如來明見无有錯謬以諸衆
生有種種性種種欲種種行種種憶想分別
故欲令生諸善根以若干因緣譬喻言辭種
種說法所作佛事未曾暫廢如是我成佛已
來甚大久遠壽命无量阿僧祇劫常住不滅
諸善男子我本行菩薩道所成壽命今猶未
盡復倍上數然今非實滅度而便唱言當取
滅度如來以是方便教化衆生所以者何若
佛久住於世薄德之人不種善根貧窮下賤
貪著五欲入於憶想妄見網中若見如來常
在不滅便起憍恣而懷猒怠不能生難遭之
想恭敬之心是故如來以方便說比丘當知

BD14481 號　妙法蓮華經卷五　（23–13）

滅度如來以是方便教化衆生所以者何若
佛久住於世薄德之人不種善根貧窮下賤
貪著五欲入於憶想妄見網中若見如來常
在不滅便起憍恣而懷厭怠不能生難遭之
想恭敬之心是故如來以方便說比丘當知
諸佛出世難可值遇所以者何諸薄德人過
无量百千万億劫或有見佛或不見者以此
事故我作是言諸比丘如來難可得見斯衆
生等聞如是語必當生於難遭之想心懷戀
慕渴仰於佛便種善根是故如來雖不實滅
而言滅度又善男子諸佛如來法皆如是爲
度衆生皆實不虛譬如良醫智慧聰達明練
方藥善治衆病其人多諸子息若十二十乃
至百數以有事緣遠至餘國諸子於後飲他
毒藥藥發悶亂宛轉于地是時其父還來歸
家諸子飲毒或失本心或不失者遙見其父
皆大歡喜拜跪問訊善安隱歸我等愚癡誤
服毒藥願見救療更賜壽命父見子等苦惱
如是依諸經方求好藥草色香美味皆悉具
足擣篩和合與子令服而作是言此大良藥
色香美味皆悉具足汝等可服速除苦惱无
復衆患其諸子中不失心者見此良藥色香
俱好即便服之病盡除愈餘失心者見其父
來雖亦歡喜問訊求索治病然與其藥而不
肯服所以者何毒氣深入失本心故於此好
色香藥而謂不美父作是念此子可愍爲毒
所中心皆顛倒雖見我喜求索救療如是好
藥而不肯服我今當設方便令服此藥即作
是言汝等當知我今衰老死時已至是好良

BD14481號　妙法蓮華經卷五　（23–14）

肯服所以者何毒氣深入失本心故於此好
色香藥而謂不美父作是念此子可愍爲毒
所中心皆顛倒雖見我喜求索救療如是好
藥而不肯服我今當設方便令服此藥即作
是言汝等當知我今衰老死時已至是好良
藥今留在此汝可取服勿憂不差作是教化
已復至他國遣使還告汝父已死是時諸子聞
父背喪心大憂惱而作是念若父在者慈
愍我等能見救護今者捨我遠喪他國自惟孤
露无復恃怙常懷悲感心遂醒悟乃知此藥
色味香美即取服之毒病皆愈其父聞子悉
已得差尋便來歸咸使見之諸善男子於意
云何頗有人能說此良醫虛妄罪不不也世
尊佛言我亦如是成佛已來无量无邊百千
万億那由他阿僧祇劫爲衆生故以方便力
言當滅度亦无有能如法說我虛妄過者
尒時世尊欲重宣此義而說偈言
自我得佛來　所經諸劫數　无量百千万　億載阿僧祇
常說法教化　无數億衆生　令入於佛道　尒來无量劫
爲度衆生故　方便現涅槃　而實不滅度　常住此說法
我常住於此　以諸神通力　令顛倒衆生　雖近而不見
衆見我滅度　廣供養舍利　咸皆懷戀慕　而生渴仰心
衆生既信伏　質直意柔軟　一心欲見佛　不自惜身命
時我及衆僧　俱出靈鷲山　我時語衆生　常在此不滅
以方便力故　現有滅不滅　餘國有衆生　恭敬信樂者
我復於彼中　爲說无上法　汝等不聞此　但謂我滅度
我見諸衆生　沒在於苦惱　故不爲現身　令其生渴仰
因其心戀慕　乃出爲說法　神通力如是　於阿僧祇劫

BD14481號　妙法蓮華經卷五　（23–15）

時我及衆僧 倶出靈鷲山 我時語衆生 常在此不滅
以方便力故 現有滅不滅 餘國有衆生 恭敬信樂者
我復於彼中 為說无上法 汝等不聞此 但謂我滅度
我見諸衆生 沒在於苦惱 故不為現身 令其生渇仰
因其心戀慕 乃出為說法 神通力如是 於阿僧祇劫
常在靈鷲山 及餘諸住處 衆生見劫盡 大火所燒時
我此土安隱 天人常充滿 園林諸堂閣 種種寶莊嚴
寶樹多華菓 衆生所遊樂 諸天擊天鼓 常作衆伎樂
雨曼陀羅華 散佛及大衆 我淨土不毀 而衆見燒盡
憂怖諸苦惱 如是悉充滿 是諸罪衆生 以惡業因緣
過阿僧祇劫 不聞三寶名 諸有脩功德 柔和質直者
則皆見我身 在此而說法 或時為此衆 說佛壽无量
久乃見佛者 為說佛難值 我智力如是 慧光照无量
壽命无數劫 久脩業所得 汝等有智者 勿於此生疑
當斷令永盡 佛語實不虛 如醫善方便 為治狂子故
實在而言死 无能說虛妄 我亦為世父 救諸苦患者
為凡夫顛倒 實在而言滅 以常見我故 而生憍恣心
放逸著五欲 墮於惡道中 我常知衆生 行道不行道
隨應所可度 為說種種法 每自作是意 以何令衆生
得入无上道 速成就佛身

妙法蓮華經分別功德品第十七

尒時大會聞佛說壽命劫數長遠如是无量
无邊阿僧祇衆生得大饒益於時世尊告弥
勒菩薩摩訶薩阿逸多我說是如來壽命長
遠時六百八十万億那由他恒河沙衆生得
无生法忍復千倍菩薩摩訶薩得聞持陁羅
尼門復有一世界微塵數菩薩摩訶薩得樂
說无礙辯才復有一世界微塵數菩薩摩訶
薩得百万億无量旋陁羅尼復有三千大千

遠時六百八十万億那由他恒河沙衆生得
无生法忍復千倍菩薩摩訶薩得聞持陁羅
尼門復有一世界微塵數菩薩摩訶薩得樂
說无礙辯才復有一世界微塵數菩薩摩訶
薩得百万億无量旋陁羅尼復有三千大千
世界微塵數菩薩摩訶薩能轉不退法輪復
有二千中國土微塵數菩薩摩訶薩能轉清
淨法輪復有小千國土微塵數菩薩摩訶薩
八生當得阿耨多羅三藐三菩提復有四四
天下微塵數菩薩摩訶薩四生當得阿耨多
羅三藐三菩提復有三四天下微塵數菩薩
摩訶薩三生當得阿耨多羅三藐三菩提復
有二四天下微塵數菩薩摩訶薩二生當得
阿耨多羅三藐三菩提復有一四天下微塵
數菩薩摩訶薩一生當得阿耨多羅三藐三
菩提復有八世界微塵數衆生皆發阿耨多
羅三藐三菩提心佛說是諸菩薩摩訶薩得
大法利時於虛空中雨曼陁羅華摩訶曼陁
羅華以散无量百千万億寶樹下師子座上
諸佛并散七寶塔中師子座上釋迦牟尼佛
及久滅度多寶如來亦散一切諸大菩薩及
四部衆又雨細末栴檀沈水香等於虛空中
天鼓自鳴妙聲深遠又雨千種天衣垂諸瓔
珞真珠瓔珞摩尼珠瓔珞如意珠瓔珞遍於
九方衆寶香爐燒无價香自然周至供養大
會一一佛上有諸菩薩執持幡蓋次第而上
至于梵天是諸菩薩以妙音聲歌无量頌讚
歎諸佛尒時弥勒菩薩從座而起偏袒右肩

九方衆寶香爐燒无價香自然周至供養大
會一一佛上有諸菩薩執持幡蓋次第而上
至于梵天是諸菩薩以妙音聲歌无量頌讚
歎諸佛尒時弥勒菩薩從座而起偏袒右肩
合掌向佛而說偈言
佛說希有法　昔所未曾聞　世尊有大力　壽命不可量
无數諸佛子　聞世尊分別　說得法利者　歡喜充遍身
或住不退地　或得陁羅尼　或无礙樂說　万億旋揔持
或有大千界　微塵數菩薩　各各皆能轉　不退之法輪
或有中千界　微塵數菩薩　各各皆能轉　清淨之法輪
復有小千界　微塵數菩薩　餘各八生在　當得成佛道
復有四三二　如是四天下　微塵諸菩薩　隨數生成佛
或一四天下　微塵數菩薩　餘有一生在　當成一切智
如是等衆生　聞佛壽長遠　得无量无漏　清淨之果報
復有八世界　微塵數衆生　聞佛說壽命　皆發无上心
世尊說无量　不可思議法　多有所饒益　如虛空无邊
雨天曼陁羅　摩訶曼陁羅　釋梵如恒沙　无數佛土來
雨栴檀沉水　繽紛而亂墜　如鳥飛空下　供散於諸佛
天鼓虛空中　自然出妙聲　天衣千万種　旋轉而來下
衆寶妙香爐　燒无價之香　自然悉周遍　供養諸世尊
其大菩薩衆　執七寶幡蓋　高妙万億種　次第至梵天
一一諸佛前　寶幢懸勝幡　亦以千万偈　歌詠諸如來
如是種種事　昔所未曾有　聞佛壽无量　一切皆歡喜
佛名聞十方　廣饒益衆生　一切具善根　以助无上心
尒時佛告弥勒菩薩摩訶薩阿逸多其有衆
生聞佛壽命長遠如是乃至能生一念信解
所得功德无有限量若有善男子善女人為
阿耨多羅三藐三菩提於八十万億那由他

佛名聞十方　廣饒益衆生　一切具善根　以助无上心
尒時佛告弥勒菩薩摩訶薩阿逸多其有衆
生聞佛壽命長遠如是乃至能生一念信解
所得功德无有限量若有善男子善女人為
阿耨多羅三藐三菩提於八十万億那由他
劫行五波羅蜜檀波羅蜜尸羅波羅蜜羼提
波羅蜜毗梨耶波羅蜜禪波羅蜜除般若波
羅蜜以是功德比前功德百分千分百千万
億分不及其一乃至筭數譬喻所不能知若
善男子有如是功德於阿耨多羅三藐三菩
提退者无有是處尒時世尊欲重宣此義而
說偈言
若人求佛慧　於八十万億　那由他劫數　行五波羅蜜
於是諸劫中　布施供養佛　及緣覺弟子　并諸菩薩衆
珍異之飲食　上服與卧具　栴檀立精舍　以園林莊嚴
如是等布施　種種皆微妙　盡此諸劫數　以迴向佛道
若復持禁戒　清淨无缺漏　求於无上道　諸佛之所歎
若復行忍辱　住於調柔地　設衆惡來加　其心不傾動
諸有得法者　懷於增上慢　為此所輕惱　如是亦能忍
若復勤精進　志念常堅固　於无量億劫　一心不懈息
又於无數劫　住於空閑處　若坐若經行　除睡常攝心
以是因緣故　能生諸禪定　八十億万劫　安住心不亂
持此一心福　願求无上道　我得一切智　盡諸禪定際
是人於百千　万億劫數中　行此諸功德　如上之所說
有善男女等　聞我說壽命　乃至一念信　其福過於彼
若人悉无有　一切諸疑悔　深心須臾信　其福為如此
其有諸菩薩　无量劫行道　聞我說壽命　是則能信受
如是諸人等　頂受此經典　願我於未來　長壽度衆生

有善男女等 聞我說壽命 乃至一念信 其福過於彼
若人悉无有 一切諸疑悔 深心須臾信 其福為如此
其有諸菩薩 无量劫行道 聞我說壽命 是則能信受
如是諸人等 頂受此經典 願我於未來 長壽度眾生
如今日世尊 諸釋中之王 道場師子吼 說法无所畏
我等未來世 一切所尊敬 坐於道場時 說壽亦如是
若有深心者 清淨而質直 多聞能總持 隨義解佛語
如是諸人等 於此无有疑
又阿逸多若有聞佛壽命長遠解其言趣是
人所得功德无有限量能起如來无上之慧
何況廣聞是經若教人聞若自持若教人持
若自書若教人書若以華香瓔珞幢幡繒蓋
香油蘇燈供養經卷是人功德无量无邊能
生一切種智阿逸多若善男子善女人聞我
說壽命長遠深心信解則為見佛常在耆闍
崛山共大菩薩諸聲聞眾圍繞說法又見此
娑婆世界其地瑠璃坦然平正閻浮檀金以
界八道寶樹行列諸臺樓觀皆悉寶成其菩
薩眾咸處其中若有能如是觀者當知是為
深信解相又復如來滅後若聞是經而不毀
呰起隨喜心當知已為深信解相何況讀誦
受持之者斯人則為頂戴如來阿逸多是善
男子善女人不須為我復起塔寺及作僧坊
以四事供養眾僧所以者何是善男子善女
人受持讀誦是經典者為已起塔造立僧坊
供養眾僧則為以佛舍利起七寶塔高廣漸
小至于梵天懸諸幡蓋及眾寶鈴華香瓔珞
末香塗香燒香眾鼓伎樂簫笛箜篌種種儛

人受持讀誦是經典者為已起塔造立僧坊
供養眾僧則為以佛舍利起七寶塔高廣漸
小至于梵天懸諸幡蓋及眾寶鈴華香瓔珞
末香塗香燒香眾鼓伎樂簫笛箜篌種種儛
戲以妙音聲歌唄讚頌則為於无量千万億
劫作是供養已阿逸多若我滅後聞是經典
有能受持若自書若教人書則為起立僧坊
以赤栴檀作諸殿堂三十有二高八多羅樹
高廣嚴好百千比丘於其中止園林流池經
行禪窟衣服飲食床褥湯藥一切樂具充滿
其中如是僧坊堂閣若干百千万億其數无
量以此現前供養於我及比丘僧是故我說
如來滅後若有受持讀誦為他人說若自書
若教人書供養經卷不須復起塔寺及造僧
坊供養眾僧況復有人能持是經兼行布施
持戒忍辱精進一心智慧其德最勝无量无
邊譬如虛空東西南北四維上下无量无邊
是人功德亦復如是无量无邊疾至一切種
智若人讀誦受持是經為他人說若自書若
教人書復能起塔及造僧坊供養讚歎聲聞
眾僧亦以百千万億讚歎之法讚歎菩薩功
德又為他人種種因緣隨義解說此法華經
復能清淨持戒與柔和者而共同止忍辱无
瞋志念堅固常貴坐禪得諸深定精進勇猛
攝諸善法利根智慧善答問難阿逸多若我
滅後諸善男子善女人受持讀誦是經典者
復有如是諸善功德當知是人已趣道場近
阿耨多羅三藐三菩提坐道樹下阿逸多是

瞋恚念堅固常貴坐禪得諸深定精進勇猛
攝諸善法利根智慧善荅問難阿逸多若我
滅後諸善男子善女人受持讀誦是經典者
復有如是諸善功德當知是人已趣道場近
阿耨多羅三藐三菩提坐道樹下阿逸多是
善男子若坐若立若行處此中便應起塔一
切天人皆應供養如佛之塔尒時世尊欲重
宣此義而說偈言
若我滅度後　能奉持此經　斯人福无量　如上之所說
是則為具足　一切諸供養　以舍利起塔　七寶而莊嚴
表剎甚高廣　漸小至梵天　寶鈴千万億　風動出妙音
又於无量劫　而供養此塔　華香諸瓔珞　天衣衆伎樂
然香油蘇燈　周帀常照明　惡世法末時　能持是經者
則為已如上　具足諸供養　若能持此經　則如佛現在
以牛頭栴檀　起僧坊供養　堂有三十二　高八多羅樹
上饌妙衣服　床卧皆具足　百千衆住處　園林諸流池
經行及禪窟　種種皆嚴好　若有信解心　受持讀誦書
若復教人書　及供養經卷　散華香末香　以須曼瞻蔔
阿提目多伽　薰油常然之　如是供養者　得无量功德
如虛空无邊　其福亦如是　況復持此經　兼布施持戒
忍辱樂禪定　不瞋不惡口　恭敬於塔廟　謙下諸比丘
遠離自高心　常思惟智慧　有問難不瞋　隨順為解說
若能行是行　功德不可量　若見此法師　成就如是德
應以天華散　天衣覆其身　頭面接足礼　生心如佛想
又應作是念　不久詣道樹　得无漏无為　廣利諸人天
其所住止處　經行若坐卧　乃至說一偈　是中應起塔
莊嚴令妙好　種種以供養　佛子住此地　則是佛受用
常在於其中　經行及坐卧

BD14481號　妙法蓮華經卷五　（23–22）

以牛頭栴檀　起僧坊供養　堂有三十二　高八多羅樹
上饌妙衣服　床卧皆具足　百千衆住處　園林諸流池
經行及禪窟　種種皆嚴好　若有信解心　受持讀誦書
若復教人書　及供養經卷　散華香末香　以須曼瞻蔔
阿提目多伽　薰油常然之　如是供養者　得无量功德
如虛空无邊　其福亦如是　況復持此經　兼布施持戒
忍辱樂禪定　不瞋不惡口　恭敬於塔廟　謙下諸比丘
遠離自高心　常思惟智慧　有問難不瞋　隨順為解說
若能行是行　功德不可量　若見此法師　成就如是德
應以天華散　天衣覆其身　頭面接足礼　生心如佛想
又應作是念　不久詣道樹　得无漏无為　廣利諸人天
其所住止處　經行若坐卧　乃至說一偈　是中應起塔
莊嚴令妙好　種種以供養　佛子住此地　則是佛受用
常在於其中　經行及坐卧

妙法蓮華經卷第五

BD14481號　妙法蓮華經卷五　（23–23）

未書寫經卷得幾
子善女人供養八
諸佛於汝意云何
甚多世尊佛言若善男
於是經乃至受持一四句偈讀
誦解義如說修行功德甚多尒時藥王菩薩
白佛言世尊我今當與說法者陁羅尼呪以
守護之即說呪曰
安尒一 曼尒二 摩祢三 摩摩祢四 旨隷五 遮梨
第六 賒咩羊鳴音七 賒履因雉反 多瑋八 羶帝輸千反九 目帝
十 目多履十一 娑履十二 阿瑋娑履十三 桑履十四 娑履
十五 叉裔十六 阿叉裔十七 阿耆膩十八 羶帝十九 賒履
二十 陁羅尼二十一 阿盧伽婆娑蘇奈反 簸蔗毗叉膩
二十二 祢毗剃二十三 阿便哆都餓反 邏祢履剃二十四
阿亶哆波隷輸地途賣反二十五 漚究隷二十六 牟究隷
二十七 阿羅隷二十八 波羅隷二十九 首迦差初几反

BD14482號　妙法蓮華經卷七　（14–1）

十五 叉裔十六 阿叉裔十七 阿耆膩十八 羶帝十九 賒履
二十 陁羅尼二十一 阿盧伽婆娑蘇奈反 簸蔗毗叉膩
二十二 祢毗剃二十三 阿便哆都餓反 邏祢履剃二十四
阿亶哆波隷輸地途賣反二十五 漚究隷二十六 牟究隷
二十七 阿羅隷二十八 波羅隷二十九 首迦差初几反三十
阿三磨三履三十一 佛馱毗吉利袠帝三十二 達磨
波利差猜離反帝三十三 僧伽涅瞿沙祢三十四 婆舍
婆舍輸地三十五 曼哆邏三十六 曼哆邏叉夜多三
十七 郵樓哆三十八 郵樓哆憍舍略三十九 惡叉邏四十
惡叉冶多冶四十一 阿婆盧四十二 阿摩若荏蔗反 那
多夜四十三
世尊是陁羅尼神呪六十二億恒河沙等諸
佛所說若有侵毀此法師者則為侵毀是諸
佛已時釋迦牟尼佛讚藥王菩薩言善哉善
哉藥王汝愍念擁護此法師故說是陁羅尼
於諸衆生多所饒益尒時勇施菩薩白佛言
世尊我亦為擁護讀誦受持法華經者說陁
羅尼若此法師得是陁羅尼若夜叉若羅刹
若富單那若吉蔗若鳩槃荼若餓鬼等伺求
其短无能得便即於佛前而說呪曰
痤諸螺反 隷一 摩訶痤隷二 郁枳三 目枳四 阿隷
五 阿羅婆第六 涅隷第七 涅隷多婆第八 伊緻
猪履反 柅九 韋緻柅十 旨緻柅十一 涅隷墀柅十二
涅犁墀婆底十三
世尊是陁羅尼神呪恒河沙等諸佛所說亦
皆隨喜若有侵毀此法師者則為侵毀是諸

BD14482號　妙法蓮華經卷七　（14–2）

摛履反柅九 卑鐵柅十 盲鐵柅十一 涅隸墀柅十二
涅犁墀婆底十三
世尊是陁羅尼神呪恒河沙等諸佛所說亦
皆隨喜若有侵毀此法師者則為侵毀是諸
佛已介時毗沙門天王護世者白佛言世尊
我亦為愍念衆生擁護此法師故說是陁羅
尼即說呪曰
阿梨一 那梨二 㝹那梨三 阿那盧四 那履五
拘那履六
世尊以是神呪擁護法師我亦自當擁護持
是經者令百由旬内无諸衰患介時持國天
王在此會中與千万億那由他乾闥婆衆恭
敬圍繞前詣佛所合掌白佛言世尊我亦以
陁羅尼神呪擁護持法華經者即說呪曰
阿伽袮一 伽袮二 瞿利三 乾陁利四 旃陁利五
摩蹬耆六 常求利七 浮樓莎柅八 頞底九
世尊是陁羅尼神呪四十二億諸佛所說若
有侵毀此法師者則為侵毀是諸佛已介時
有十羅刹女等一名藍婆二名毗藍婆三名
曲齒四名華齒五名黒齒六名多髮七名无
猒足八名持瓔珞九名睪帝十名奪一切衆
生精氣是十羅刹女與鬼子母并其子及眷
屬俱詣佛所同聲白佛言世尊我亦欲擁護
讀誦受持法華經者除其衰患若有伺求法
師短者令不得便即於佛前而說呪曰
伊提履一 伊提泯二 伊提履三 阿提履四 伊

生精氣是十羅刹女與鬼子母并其子及眷
屬俱詣佛所同聲白佛言世尊我亦欲擁護
讀誦受持法華經者除其衰患若有伺求法
師短者令不得便即於佛前而說呪曰
伊提履一 伊提泯二 伊提履三 阿提履四 伊
提履五 泥履六 泥履七 泥履八 泥履九 泥履
十 樓醯十一 樓醯十二 樓醯十三 樓醯十四 多醯十五
多醯十六 多醯十七 兜醯十八 㝹醯十九
寧上我頭上莫惱於法師若夜叉若羅刹若
餓鬼若冨單那若吉蔗若毗陁羅若揵馱若
烏摩勒伽若阿跋摩羅若夜叉吉蔗若人吉
蔗若熱病若一日若二日若三日若四日乃
至七日若常熱病若男形若女形若童男形
若童女形乃至夢中亦復莫惱即於佛前而
說偈言
若不順我呪 惱亂說法者 頭破作七分 如阿梨樹枝
如煞父母罪 亦如壓油殃 斗秤欺誑人 調達破僧罪
犯此法師者 當獲如是殃
諸羅刹女說此偈已白佛言世尊我等亦當
身自擁護受持讀誦脩行是經者令得安隱
離諸衰患消衆毒藥佛告諸羅刹女善哉善
哉汝等但能擁護受持法華名者福不可量
何況擁護具足受持供養經卷華香瓔珞末
香塗香燒香幡蓋伎樂然種種燈蘇燈油燈
諸香油燈蘇摩那華油燈瞻蔔華油燈婆師
迦華油燈優鉢羅華油燈如是等百千種供
養者睪帝汝等及眷屬應當擁護如是法師

香塗香燒香幡蓋伎樂然種種燈蘇燈油燈
諸香油燈蘸摩那華油燈瞻蔔華油燈婆師
迦華油燈優鉢羅華油燈如是等百千種供
養者舉帝汝等及眷屬應當擁護如是法師
說此陁羅尼品時六万八千人得无生法忍
妙法蓮華經妙莊嚴王本事品第二十七
尒時佛告諸大衆乃往古世過无量无邊不
可思議阿僧祇劫有佛名雲雷音宿王華智
多陁阿伽度阿羅呵三藐三佛陁國名光明
莊嚴劫名喜見彼佛法中有王名妙莊嚴其
王夫人名曰淨德有二子一名淨藏二名淨
眼是二子有大神力福德智慧久脩菩薩所
行之道所謂檀波羅蜜尸波羅蜜羼提波羅蜜
毗梨耶波羅蜜禪波羅蜜般若波羅蜜方便
波羅蜜慈悲喜捨乃至三十七助道法皆悉
明了通達又得菩薩淨三昧日星宿三昧淨
光三昧淨色三昧淨照明三昧長莊嚴三昧
大威德藏三昧於此三昧亦悉通達尒時彼
佛欲引導妙莊嚴王及愍念衆生故說是法
華經時淨藏淨眼二子到其母所合十指
爪掌白言願母往詣雲雷音宿王華智佛所
我等亦當侍從親近供養礼拜所以者何此
佛於一切天人衆中說法華經宜應聽受母
告子言汝父信受外道深著婆羅門法汝等
應往白父與共俱去淨藏淨眼合十指爪掌
白母我等是法王子而生此耶見家母告子

我等亦當侍從親近供養礼拜所以者何此
佛於一切天人衆中說法華經宜應聽受母
告子言汝父信受外道深著婆羅門法汝等
應往白父與共俱去淨藏淨眼合十指爪掌
白母我等是法王子而生此耶見家母告子
言汝等當憂念汝父為現神變若得見者心
必清淨或聽我等往至佛所於是二子念其
父故踊在虛空高七多羅樹現種種神變於
虛空中行住坐卧身上出水身下出火身下
出水身上出火或現大身滿虛空中而復現
小小復現大於空中滅忽然在地入地如水
履水如地現如是等種種神變令其父王心
淨信解時父見子神力如是心大歡喜得未
曾有合掌向子言汝等師為是誰誰之弟子
二子白言大王彼雲雷音宿王華智佛今在
七寶菩提樹下法座上坐於一切世間天人
衆中廣說法華經是我等師我是弟子父語
子言我今亦欲見汝等師可共俱往於是二
子從空中下到其母所合掌白母父王今已
信解堪任發阿耨多羅三藐三菩提心我等
為父已作佛事願母見聽於彼佛所出家脩
道尒時二子欲重宣其意以偈白母
願母放我等　出家作沙門　諸佛甚難值　我等隨佛學
如優曇波羅　值佛復難是　脫諸難亦難　願聽我出家
母即告言聽汝出家所以者何佛難值故於
是二子白父母言善哉父母願時往詣雲雷

願母放我等　出家作沙門　諸佛甚難值　我等隨佛學
如優曇波羅　值佛復難是　脫諸難亦難　願聽我出家
母即告言聽汝出家所以者何佛難值故於
是二子白父母言善哉父母願時往詣雲雷
音宿王華智佛所親近供養所以者何佛難
得值如優曇鉢羅華又如一眼之龜值浮木
孔而我等宿福深厚生值佛法是故父母當
聽我等令得出家所以者何諸佛難值時亦
難遇彼時妙莊嚴王後宮八万四千人皆悉
堪任受持是法華經淨眼菩薩於法華三昧
久已通達淨藏菩薩已於无量百千万億劫
通達離諸惡趣三昧欲令一切衆生離諸惡
趣故其王夫人得諸佛習三昧能知諸佛秘
密之藏二子如是以方便力善化其父令心
信解好樂佛法於是妙莊嚴王與群臣眷屬
俱淨德夫人與後宮婇女眷屬俱其王二子
與四万二千人俱一時共詣佛所到已頭面
礼足遶佛三帀却住一面尒時彼佛為王說
法示教利喜王大歡悅尒時妙莊嚴王及其
夫人解頸真珠瓔珞價直百千兩金以散佛上
於虛空中化成四柱寶臺臺中有大寶床敷百
千万天衣其上有佛結加趺坐放大光明尒
時妙莊嚴王作是念佛身希有端嚴殊特成
就第一微妙之色是時雲雷音宿王華智佛告
四衆言汝等見是妙莊嚴王於我前合掌立
不此王於我法中作比丘精勤脩習助佛道

BD14482 號　妙法蓮華經卷七　（14–7）

時妙莊嚴王作是念佛身希有端嚴殊特成
就第一微妙之色是時雲雷音宿王華智佛告
四衆言汝等見是妙莊嚴王於我前合掌立
不此王於我法中作比丘精勤脩習助佛道
法當得作佛号娑羅樹王國名大光劫名大
高王其娑羅樹王佛有无量菩薩衆及无量
聲聞其國平正功德如是其王即時以國付
弟王與夫人二子并諸眷屬於佛法中出家
脩道王出家已於八万四千歲常勤精進脩
行妙法華經過是已後得一切淨功德莊嚴
三昧即昇虛空高七多羅樹而白佛言世尊
此我二子已作佛事以神通變化轉我邪心令
得安住於佛法中得見世尊此二子者是我
善知識為欲發起宿世善根饒益我故來生
我家尒時雲雷音宿王華智佛告妙莊嚴王
言如是如是如汝所言若善男子善女人種
善根故世世得善知識其善知識能作佛事
示教利喜令入阿耨多羅三藐三菩提大王
當知善知識者是大因緣所謂化道令得見
佛發阿耨多羅三藐三菩提心大王汝見此
二子不此二子已曾供養六十五百千万億
那由他恒河沙諸佛親近恭敬於諸佛所受
持法華經愍念邪見衆生令住正見尒時妙莊
嚴王即從虛空中下而白佛言世尊如來甚希
有以功德智慧故頂上肉髻光明顯照其眼長
廣而紺青色眉間豪相白如珂月齒白齊密

BD14482 號　妙法蓮華經卷七　（14–8）

持法華經慈念衆生令住正見尒時妙莊
嚴王即從虛空中下而白佛言世尊如来甚希
有以功德智慧故頂上肉髻光明顯照其眼長
廣而紺青色眉間毫相白如珂月齒白齊密
常有光明脣色赤好如頻婆菓尒時妙莊嚴
王讃歎佛如是等无量百千万億功德已於
如来前一心合掌復白佛言世尊未曾有
也如来之法具足成就不可思議微妙功德
教戒所行安隱快善我從今日不復自隨心
行不生耶見憍慢瞋恚諸惡之心說是語已
礼佛而出佛告大衆於意云何妙莊嚴王豈
異人乎今華德菩薩是其淨德夫人今佛前
光照莊嚴相菩薩是其淨德夫人王及諸眷
屬故於彼中生其二子者今藥王菩薩藥上
菩薩是是藥王藥上菩薩成就如此諸大功
德已於无量百千万億諸佛所殖衆德本成
就不可思議諸善功德若有人識是二菩薩
名字者一切世間諸天人民亦應礼拜佛說
是妙莊嚴王本事品時八万四千人遠塵離
垢於諸法中得法眼淨

妙法蓮華經普賢菩薩勸發品第二十八

尒時普賢菩薩以自在神通威德名聞與大
菩薩无量无邊不可稱數從東方来所經諸
國普皆震動雨寶蓮華化作无量百千万億種
種伎樂又與无數諸天龍夜叉乾闥婆阿脩
羅迦樓羅緊那羅摩睺羅伽人非人等大衆

菩薩无量无邊不可稱數從東方来所經諸
國普皆震動雨寶蓮華化作无量百千万億種
種伎樂又與无數諸天龍夜叉乾闥婆阿脩
羅迦樓羅緊那羅摩睺羅伽人非人等大衆
圍繞各現威德神通之力到娑婆世界耆闍
崛山中頭面礼釋迦牟尼佛右繞七匝白佛
言世尊我於寶威德上王佛國遙聞此娑婆
世界說法華經與无量无邊百千万億諸菩
薩衆共来聽受唯願世尊當為說之若善男
子善女人於如来滅後云何能得是法華經佛
告普賢菩薩若善男子善女人成就四法於
如来滅後當得是法華經一者為諸佛護念
二者殖衆德本三者入正定聚四者發救一
切衆生之心善男子善女人如是成就四法
於如来滅後必得是經尒時普賢菩薩白佛
言世尊於後五百歲濁惡世中其有受持是
經典者我當守護除其衰患令得安隱使无
伺求得其便者若魔若魔子若魔女若魔民
若為魔所著者若夜叉若羅剎若鳩槃荼若
毗舍闍若吉蔗若富單那若韋陁羅等諸惱
人者皆不得便是人若行若立讀誦此經我
尒時乘六牙白象王與大菩薩衆俱詣其所
而自現身供養守護安慰其心亦為供養法
華經故是人若坐思惟此經尒時我復乘白
象王現其人前其人若於法華經有所忘失
一句一偈我當教之與共讀誦還令通利尒

尒時乘六牙白象王與大菩薩衆俱詣其所
而自現身供養守護安慰其心亦為供養法
華經故是人若坐思惟此經尒時我復乘白
象王現其人前其人若於法華經有所忘失
一句一偈我當教之與共讀誦還令通利尒
時受持讀誦法華經者得見我身甚大歡喜
轉復精進以見我故即得三昧及陁羅尼名
為旋陁羅尼百千万億旋陁羅尼法音方便
陁羅尼得如是等陁羅尼世尊若後世後五
百歲濁惡世中比丘比丘尼優婆塞優婆夷
求索者受持者讀誦者書寫者欲脩習是
法華經於三七日中應一心精進滿三七日
已我當乘六牙白象與无量菩薩而自圍繞
以一切衆生所憙見身現其人前而為說法
示教利喜亦復與其陁羅尼呪得是陁羅尼
故无有非人能破壞者亦不為女人之所惑
亂我身亦自常護是人唯願世尊聽我說此
陁羅尼呪即於佛前而說呪曰
阿檀地一檀陁婆地二檀陁婆帝三檀陁鳩舍隸
四檀陁脩陁隸五脩陁隸六脩陁羅婆底七佛䭾
波羶禰八薩婆陁羅尼阿婆多尼九薩婆婆沙
阿婆多尼十脩阿婆多尼十一僧伽婆履叉尼十二僧
伽涅伽陁尼十三阿僧祇十四僧伽波伽地十五帝隸阿惰僧伽
兜略波羅帝十六薩婆僧伽三摩地伽蘭地十七薩婆
達磨脩波利刹帝十八薩婆薩埵樓䭾憍舍略阿
㝹伽地十九辛阿毗吉利地帝二十
世尊若有菩薩得聞是陁羅尼者當知普賢

BD14482號　妙法蓮華經卷七

（14–11）

伽涅伽陁尼十三阿僧祇十四僧伽波伽地十五帝隸阿惰僧伽
兜略波羅帝十六薩婆僧伽三摩地伽蘭地十七薩婆
達磨脩波利刹帝十八薩婆薩埵樓䭾憍舍略阿
㝹伽地十九辛阿毗吉利地帝二十
世尊若有菩薩得聞是陁羅尼者當知普賢
神通之力若法華經行閻浮提有受持者應
作此念皆是普賢威神之力若有受持讀誦
正憶念解其義趣如說脩行當知是人行普
賢行於无量无邊諸佛所深種善根為諸如
来手摩其頭若但書寫是人命終當生忉利
天上是時八万四千天女作衆伎樂而来迎
之其人即著七寶冠於采女中娛樂快樂何
況受持讀誦正憶念解其義趣如說脩行若
有人受持讀誦解其義趣是人命終為千佛
授手令不恐怖不墮惡趣即往兜率天上弥
勒菩薩所弥勒菩薩有三十二相大菩薩衆
所共圍繞有百千万億天女眷屬而於中生
有如是等功德利益是故智者應當一心自
書若使人書受持讀誦正憶念如說脩行世
尊我今以神通力守護是經於如来滅後閻
浮提內廣令流布使不斷絕尒時釋迦牟尼
佛讚言善哉善哉普賢汝能護助是經令多
所衆生安樂利益汝已成就不可思議功德
深大慈悲從久遠来發阿耨多羅三藐三菩
提意而能作是神通之願守護是經我當以
神通力守護能受持普賢菩薩名者普賢若
有受持讀誦正憶念脩習書寫是經華經者

BD14482號　妙法蓮華經卷七

（14–12）

所衆生安樂利益汝已成就不可思議功德
深大慈悲從久遠來發阿耨多羅三藐三菩
提意而能作是神通之願守護是經我當以
神通力守護能受持普賢菩薩名者普賢若
有受持讀誦正憶念脩習書寫是法華經者
當知是人則見釋迦牟尼佛如從佛口聞此
經典當知是人供養釋迦牟尼佛當知是人佛
讚善哉當知是人為釋迦牟尼佛手摩其頭
當知是人為釋迦牟尼佛衣之所覆如是之
人不復貪著世樂不好外道經書手筆亦復
不喜親近其人及諸惡者若屠兒若畜猪羊
雞狗若獵師若衒賣女色是人心意質直有
正憶念有福德力是人不為三毒所惱亦不
為嫉妬我慢邪慢增上慢所惱是人少欲知
足能脩普賢之行普賢若如來滅後後五百
歲若有人見受持讀誦法華經者應作是念
此人不久當詣道場破諸魔衆得阿耨多羅
三藐三菩提轉法輪擊法鼓吹法蠡雨法雨
當坐天人大衆中師子法座上普賢若於後
世受持讀誦是經典者是人不復貪著衣服
臥具飲食資生之物所願不虛亦於現世得
其福報若有人輕毀之言汝狂人耳空作是
行終无所獲如是罪報當世世无眼若有供
養讚歎之者當於今世得現果報若復見受
持是經典者出其過惡若實若不實此人現
世得白癩病若有輕咲之者當世世牙齒踈
缺醜脣平鼻手脚繚戾眼目角睞身體臭穢惡

BD14482 號　妙法蓮華經卷七　　（14–13）

當坐天人大衆中師子法座上普賢若於後
世受持讀誦是經典者是人不復貪著衣服
臥具飲食資生之物所願不虛亦於現世得
其福報若有人輕毀之言汝狂人耳空作是
行終无所獲如是罪報當世世无眼若有供
養讚歎之者當於今世得現果報若復見受
持是經典者出其過惡若實若不實此人現
世得白癩病若有輕咲之者當世世牙齒踈
缺醜脣平鼻手脚繚戾眼目角睞身體臭穢惡
瘡膿血水腹短氣諸惡重病是故普賢若見
受持是經典者當起遠迎當如敬佛說是普
賢勸發品時恒河沙等无量无邊菩薩得百
千万億旋陀羅尼三千大千世界微塵等諸菩
薩具普賢道佛說是經時普賢等諸菩薩舍
利弗等諸聲聞及諸天龍人非人等一切大
會皆大歡喜受持佛語作礼而去

妙法蓮華經卷第七

BD14482 號　妙法蓮華經卷七　　（14–14）

一切
羅蜜故。
次尒炎聖
集无量功德
命他心身通達念念中滅三
七阿僧祇劫行五神通恒河沙波羅蜜常不
離心復次勝達菩薩於慎道忍以四天長觀
那由他諦內道論外道論藥方工巧呪術故
我是一切知人滅三界疑等煩惱故我相已盡
知地地有所出故名出道有所不出故名鄣
道蓮三界疑脩集无量功德故即入斯陁含
位復集行八阿僧祇劫中行諸陁羅尼門故
常行无畏觀不去心復次常現真實住慎忍
中作中道觀盡三界集因集業一切煩惱故
觀非有非无一相无相而无二證阿那含位
復作九阿僧祇劫集照明中道故樂力生一
切佛國土
復次玄達菩薩十阿僧祇劫中脩无生法樂

BD14483號　仁王般若波羅蜜經卷下　（9–1）

觀非有非无一相无相而无二證阿那含位
復作九阿僧祇劫集照明中道故樂力生一
切佛國土
復次玄達菩薩十阿僧祇劫中脩无生法樂
忍滅三界習因業果住後身中无量功行皆
成就无生智盡智五分法身皆滿足住第十
地阿羅漢梵天位常行三空門觀百千万三
昧具足弘化法藏復次等覺者住无生忍中
觀心心寂滅而无相相无身身无智智而用
心乘於群方之方誒泊住於无住之住在有
常脩空處空常万化雙照一切法故知是處
非是處乃至一切智十力觀故而能摩訶羅
伽位化一切國土衆生千阿僧祇劫行十力
法心心相應常入見佛三昧復次慧光神變
者住上上无生忍滅心心相法眼見一切法
三眼色空見以大願力常生一切淨土万阿
僧祇劫集无量佛光三昧而現百万恒河沙
諸佛神力住婆伽梵位心常入佛三昧復次
觀佛菩薩住寂滅忍者從始發至今逕百万
阿僧祇劫脩百万阿僧祇劫功德故登一切
法解脫住金剛臺善男子從習忍至頂三昧
皆名為伏一切煩惱而无相信滅一切煩惱
生解脫智照第一義諦不名為見所謂見者
是薩婆若是故我從昔已來常說唯佛所知
見覺頂三昧以下至於習忍所不知不見不
覺唯佛頓[illegible]

BD14483號　仁王般若波羅蜜經卷下　（9–2）

法解脫住金剛臺善男子從習忍至頂三昧
皆名為伏一切煩惱而无相信滅一切煩惱
生解脫智照第一義諦不名為見所謂見者
是薩婆若是故我從昔已來常說唯佛所知
見覺頂三昧以下至於習忍所不知不見不
覺唯佛頓解不名為信漸漸伏者慧唯起滅
以能无生无滅此心若滅則果无不滅无生
无滅入理盡金剛三昧同真際等法性而未
能等无等等譬如有人登大高臺下觀一切
无不斯了住理盡三昧亦復如是常循一切行
滿功德藏入婆伽度位亦復常住佛慧三昧
善男子如是諸菩薩皆能一切十方諸如來
國中化衆生正說正義受持讀誦解達實相
如我今日等无有異
佛告波斯匿王我當滅度後法滅盡時受持
是般若波羅蜜大作佛事一切國土安立万
姓快樂皆由此般若波羅蜜是故付囑諸國
王不付囑比丘比丘尼清信男清信女何以
故无王力故不付囑汝當受持讀誦解其義
理大王吾今所化百億須彌百億日月一一
須彌有四天下其南閻浮提有十六大國五
百中國十千小國其國土中有七可難一切
國王為此難故講讀般若波羅蜜七難即滅
七福即生万姓安樂帝王歡喜云何為難日
月失度時節返逆或赤日出黑日出二三四
五日出或日蝕无光或日輪一重二三四五重

BD14483號　仁王般若波羅蜜經卷下　（9–3）

國王為此難故講讀般若波羅蜜七難即滅
七福即生万姓安樂帝王歡喜云何為難日
月失度時節返逆或赤日出黑日出二三四
五日出或日食无光或日輪一重二三四五重
輪現當變恠時讀說此經為一難也廿八宿
失度金星彗星輪星鬼星火星水星風星刀
星南斗北斗五鎮大星一切國主星三公星
百官星如是星各各變現亦讀說此經為二
難也大火燒國万姓燒盡或鬼火龍火天火
山神火人火樹木火賊火如是變恠亦讀說
此經為三難也大水漂沒百姓時節變逆冬
時雷電霹靂六月雨氷霜雹雨赤水黑水青
水雨土山石山雨沙礫石江河逆流浮山流石如
是變時亦讀說此經為四難也大風吹殺万
姓國土山河樹木一時滅沒非時大風黑風
赤風青風天風地風火風如是變時亦讀此
經為五難也天地國土亢陽炎火洞然百草
亢旱五穀不登土地赫然万姓滅盡如是變
時亦讀此經為六難也四方賊來侵國內外賊
起火賊水賊風賊鬼賊百姓荒亂刀兵劫起
如是恠時亦讀此經為七難也
大王是般若波羅蜜是諸佛菩薩一切衆生
心識之神本也一切國王之父母也亦名神
符亦名辟鬼珠亦名如意珠亦名護國珠亦
名天地鏡亦名龍寶神王佛告大王應作九
色幡長九丈九色華高二丈千支燈高五丈
[illegible]

BD14483號　仁王般若波羅蜜經卷下　（9–4）

心識之神本也一切國王之父母也亦名神
符亦名辟鬼珠亦名如意珠亦名護國珠亦
名天地鏡亦名龍寶神王佛告大王應作九
色幡長九丈九色華高二丈千支燈高五丈
九玉箱九玉巾亦作七寶案以經置上若王
行時常於其前足一百步是經常放千光明
令千里內七難不起罪過不生若王住時作
七寶帳帳中七寶高座以經卷置上日日供
養散華燒香如事父母如事帝釋
大王我今五眼明見三世一切國王皆由過
去侍五百佛得為帝王主是為一切聖人羅
漢而為來生彼國作大利益若王福盡時一
切聖人皆為捨去若一切聖人去時七難必起
大王若未來世國王受持三寶者我使五大
力菩薩往護其國一金剛吼菩薩手持千寶
相輪往護彼國二龍王吼菩薩手持金輪燈
往護彼國三无畏十力吼菩薩手持金剛杵
往護彼國四雷電吼菩薩手持千寶羅網往
護彼國五无量力吼菩薩手持五千劍輪往
護彼國五大士五千大神王於汝國中大作
利益當立像形而供養之大王吾今三寶付
囑汝等一切諸王憍薩羅國舍衛國摩竭提
國波羅㮈國迦夷羅衛國鳩尸那國鳩睒彌
國鳩留國罽賓國彌伽羅國乾陀衛國沙陀
國僧伽陁國揵拏掘闍國波提國如是一切國
受持般若波羅蜜
時諸大衆阿須倫王聞佛說未來世七可畏

BD14483號　仁王般若波羅蜜經卷下　（9–5）

國波羅㮈國迦夷羅衛國鳩尸那國鳩睒彌
國鳩留國罽賓國彌伽羅國乾陀衛國沙陀
國僧伽陁國揵拏掘闍國波提國如是一切國
受持般若波羅蜜
時諸大衆阿須倫王聞佛說未來世七可畏
身毛為竪呼聲大叫而言願不生彼國時十
六大國王即以國事付弟出家脩道觀四大
四色勝出相四大四色不用識空入行相毋
忍初地相第一義諦九地相是為大王捨凡
夫身入六住身捨七報身入八法身證一切
行般若波羅蜜十八梵天阿須輪王得三乘
同无生境復散華供養空華法性華聖人華
順華无生華法樂華金剛華緣觀中道華毋
七品華而散佛上及九百億大菩薩衆其餘
一切衆證道迹果散心空華心樹華六波羅
蜜華妙覺華而散佛上及一切衆十千菩薩
念未來世衆生即登妙覺三昧圓明三昧金剛
三昧世諦三昧真諦三昧第一義諦三昧此
三諦三昧是一切三昧王三昧亦得无量三
昧七財三三昧廿五有三昧一切行三昧復
有十億菩薩登金剛頂現成正覺
般若波羅蜜囑累品第八
佛告波斯匿王我誡勑汝吾滅度後八十年
八百年八千年中无佛无法无僧无信男信
女時此經三寶付囑諸國王四部弟子受持
讀誦解義為三界衆生開空惠道脩七賢行
十善行化一切衆生後五濁世比丘比丘尼

BD14483號　仁王般若波羅蜜經卷下　（9–6）

佛告波斯匿王我誡勅汝吾滅度後八十年
八百年八千年中无佛无法无僧无信男信
女時此經三寶付囑諸國王四部弟子受持
讀誦解義為三界衆生開空惠道脩七賢行
十善行化一切衆生後五濁世比丘比丘尼
四部弟子天龍八部一切神王國王大臣太
子王子自恃高貴滅破吾法明作法制制我
弟子比丘比丘尼不聽出家行道亦復不聽
造作佛像形佛塔形立統官制衆安籍記僧比
丘地立白衣高坐兵奴為比丘受別請法稆
識比丘共為一心親善比丘為作齋會求福
如外道法都非吾法當知尒時正法將滅不久
大王壞亂吾道是汝等作自恃威力制我四
部弟子百姓疾病无不苦難是破國因緣說
五濁罪過窮劫不盡
大王法末世時有諸比丘四部弟子國王名
作非法之行横与佛法衆僧作大非法作諸
罪過非法非律繫縛比丘如獄囚法當尒之
時法滅不久
大王我滅度後未來世中四部弟子諸小國
王太子王子乃至任持護三寶者轉更滅破
三寶如師子身中虫自食師子非外道也壞
我佛法得大罪過正教衰薄民无正行以漸
為惡其壽日減至于百歲人壞佛教无復孝
子六親不和天神不祐疾疫惡鬼日來侵害
災怪首尾連禍縱横死入地獄餓鬼畜生
若出為人兵奴果報如響如人夜書火滅字

三寶如師子身中虫自食師子非外道也壞
我佛法得大罪過正教衰薄民无正行以漸
為惡其壽日減至于百歲人壞佛教无復孝
子六親不和天神不祐疾疫惡鬼日來侵害
災怪首尾連禍縱横死入地獄餓鬼畜生
若出為人兵奴果報如響如人夜書火滅字
存三界果報亦復如是
大王未來世中一切國王太子王子四部弟
子横与佛弟子書記制戒如白衣法如兵
奴法若我弟子比丘比丘尼立籍為官所使
都非我弟子是兵奴法立統官攝僧典主僧
籍大小僧統共相攝縛如獄囚法兵奴之法
當尒之時佛法不久
大王未來世中諸小國王四部弟子自作此
罪破國因緣身自受之非佛法僧
大王未來世中流通此經七佛法器十方諸
佛常所行道諸惡比丘多求名利於國王太
子王子前說破佛法因緣破國因緣其王不
別信聽此語横作法制不依佛戒是為破佛
破國因緣當尒之時正法不久
尒時十六大國王聞佛七誡所說未來世中
中非泣涕出聲動三千日月五星廿八宿失
光不現時諸王等各各至心受持佛語不制
四部弟子出家當如佛教
尒時大衆十八梵天王六欲諸天子歎言當
尒之時世間空虛是无佛世
尒時无量大衆中百億菩薩弥勒師子月等

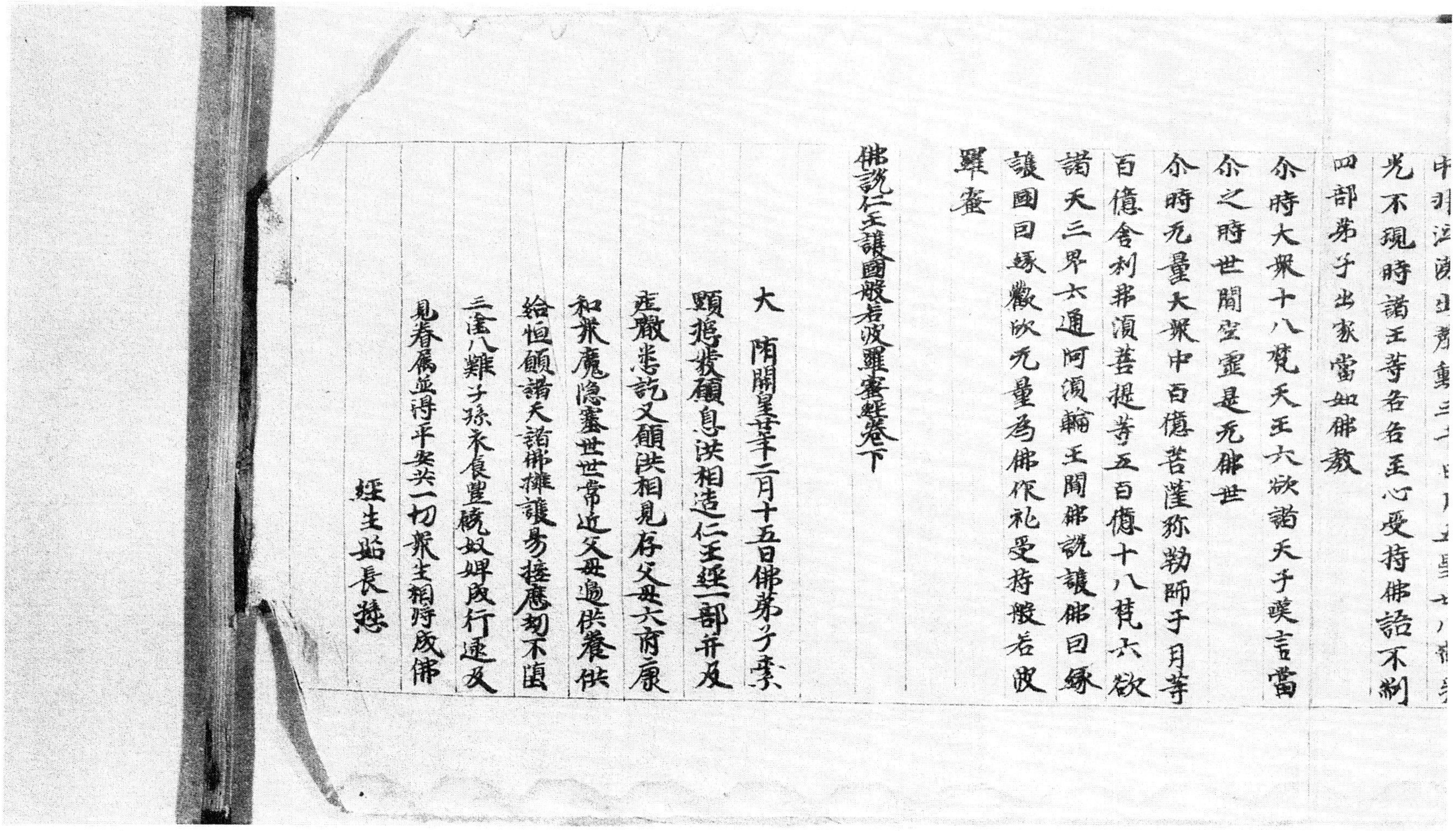

光不現時諸王等各各至心受持佛語不制
四部弟子出家當如佛教
尒時大衆十八梵天王六欲諸天子嘆言當
尒之時世間空虛是无佛世
尒時无量大衆中百億菩薩弥勒師子月等
百億舍利弗須菩提等五百億十八梵六欲
諸天三界六通阿須輪王聞佛說護佛因緣
護國因緣歡欣无量為佛作礼受持般若波
羅蜜
佛說仁王護國般若波羅蜜經卷下
大　隋開皇廿年二月十五日佛弟子秦
顒爲亡父顧息洪相造仁王經一部并及
産微悲訖又願洪相見存父母六親眷
和衆魔隱塞世世常近父母過供養供
給恒願諸天諸佛擁護易接應切不逗
三塗八難子孫永食豐饒奴婢成行逮及
見眷屬並得平安共一切衆生相將成佛
經生姑長慈

BD14483 號　仁王般若波羅蜜經卷下　　(9–9)

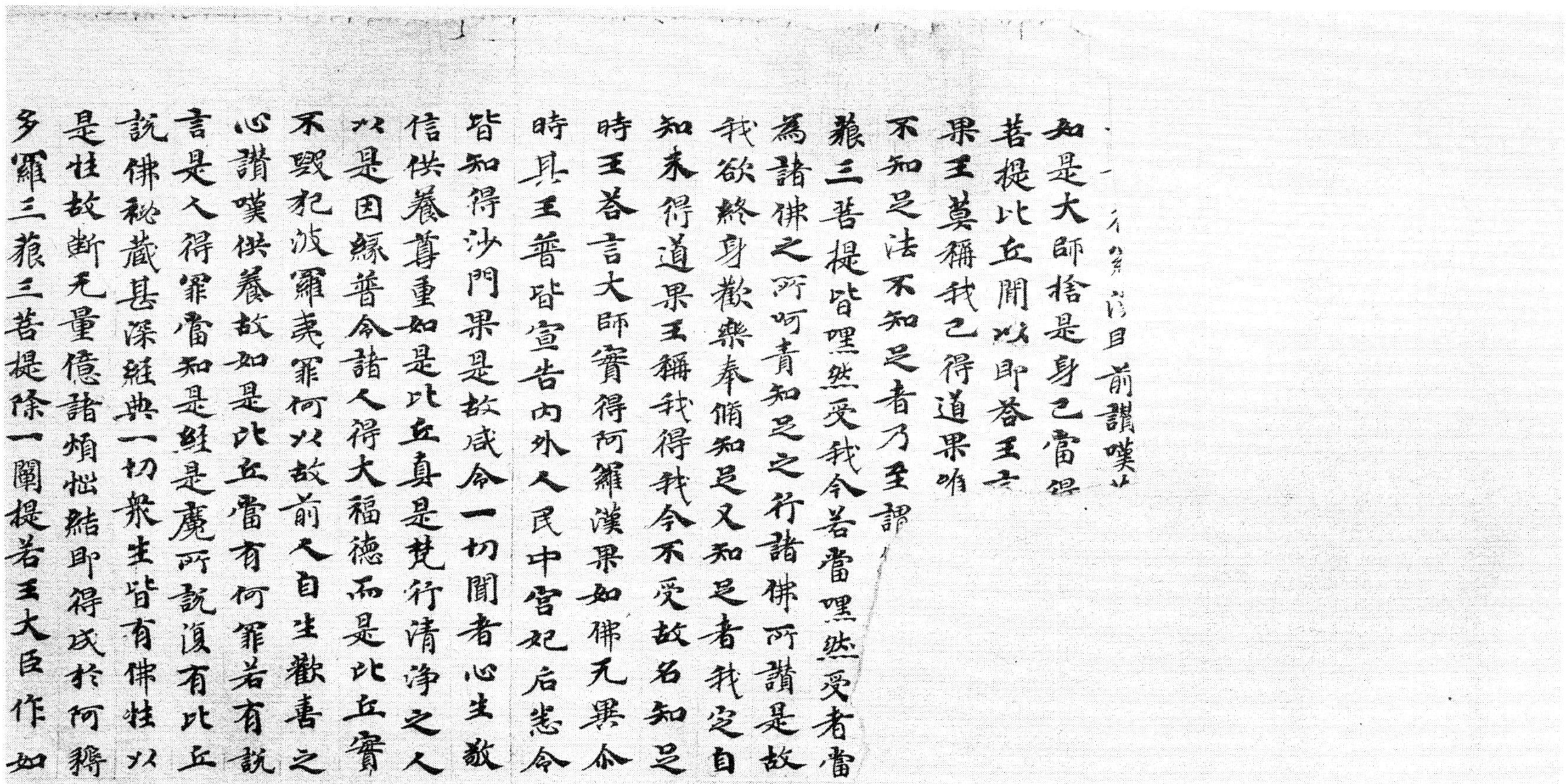

……前讚嘆……
知是大師捨是身已當得
菩提比丘聞以即答王言
果王莫稱我已得道果唯
不知足法不知足者乃至謌
藐三菩提皆嘿然受我今若當嘿然受者當
為諸佛之所呵責知足之行諸佛所讚是故
我欲終身歡樂奉脩知足又知足者我定自
知未得道果王稱我得我今不受故名知足
時王荅言大師實得阿羅漢果如佛无異尒
時其王普皆宣告內外人民中宮妃后悉令
皆知得沙門果是故咸令一切聞者心生敬
信供養尊重如是比丘真是梵行清淨之人
以是因緣普令諸人得大福德而是比丘實
不毀犯波羅夷罪何以故前人自生歡書之
心讚嘆供養故如是比丘當有何罪若有說
言是人得罪當知是經是魔所說復有比丘
說佛秘藏甚深經典一切衆生皆有佛性以
是性故斷无量億諸煩惱結即得成於阿耨
多羅三藐三菩提除一闡提若王大臣作如

BD14484 號　大般涅槃經（北本　異卷）卷七　　(23–1)

不毀犯波羅夷罪何以故前人自生歡喜之
心讃嘆供養故如是比丘當有何罪若有說
言是人得罪當知是經是魔所說復有比丘
說佛秘藏甚深經典一切衆生皆有佛性以
是性故斷无量億諸煩惱結即得成於阿耨
多羅三藐三菩提除一闡提若王大臣作如
是言比丘汝當作佛不作佛耶有佛性不比
丘荅言我今身中定有佛性成以不成未能
審之王言大德如其不作一闡提者必成无
疑比丘言尒實如王言是人雖言定有佛性
亦復不犯波羅夷也復有比丘即出家時作
是思惟我今必定成阿耨多羅三藐三菩提
如是之人雖未得成无上道果已為得福无
量无邊不可稱計假使有人當言是人犯波
羅夷一切比丘无不犯者何以故我於往昔
八十億劫常離一切不淨之物少欲知足威
儀成就善脩如来无上法藏亦自定知身有
佛性是故我今得成阿耨多羅三藐三菩提
得名為佛有大慈悲如是經律是佛所說若
有不能隨順是者是魔眷屬若能隨順是大
菩薩復有說言无四波羅夷十三僧殘二不
定法三十捨法九十一墮四懺悔法衆多學法
七滅諍等无偷蘭遮五逆等罪及一闡提若
有比丘犯如是等墮地獄者外道之人悉應
生天何以故諸外道等无戒可犯是故如来
示現怖人故說斯戒若言佛說我諸比丘若
欲行婬應捨法服著俗衣裳然後行婬復應

BD14484號　大般涅槃經（北本　異卷）卷七　（23–2）

有比丘犯如是等墮地獄者外道之人悉應
生天何以故諸外道等无戒可犯是故如来
示現怖人故說斯戒若言佛說我諸比丘若
欲行婬應捨法服著俗衣裳然後行婬復應
生念婬欲因緣非我過咎如来在世亦有比
丘習行婬欲得正解脫或命終後生於天上
古今有之非獨我作或犯四重或犯五戒或
行一切不淨律儀猶故而得真正解脫如来
雖說犯突吉羅如忉利天日月歲數八百万
歲墮在地獄是亦如来示現怖人言波羅夷
至突吉羅輕重无差是諸律師妄作此言言
是佛制必定當知非佛所說如是言說是魔
經律若復說言於諸戒中若犯四戒乃至微
細當受苦報无有齊限如是知已防護自身
如龜藏六若有律師復作是言凡所犯戒都
无罪報如是之人不應親近如佛所說
若過一法　是名妄語　不見後世　无惡不造
是故不應親近是人我佛法中清淨如是況
復有犯偷蘭遮罪或犯僧殘及波羅夷而非
罪耶是故應當深自防護如是等法若不守
護更以何法名為禁戒我於經中亦說有犯
四波羅夷乃至微細突吉羅等應當苦治衆
生若不護持禁戒云何當得見於佛性一切
衆生雖有佛性要因持戒然後乃見因見佛
性得成阿耨多羅三藐三菩提九部經中无
方等經是故不說有佛性也經雖不說當知
實有若作是說當知是人真我弟子迦葉菩

BD14484號　大般涅槃經（北本　異卷）卷七　（23–3）

生若不護持禁戒云何當得見於佛性一切
衆生雖有佛性要因持戒然後乃見因見佛
性得成阿耨多羅三藐三菩提九部經中无
方等經是故不說有佛性經雖不說當知
實有若作是說當知是人真我弟子迦葉菩
薩白佛言世尊如上所說一切衆生有佛性
者九部經中所未曾聞如其說有云何不犯
波羅夷耶佛言善男子如汝所說實不毀犯
波羅夷也善男子譬如有人說言大海唯有
七寶无八種者是人无罪若有說言九部經
中无佛性者亦復无罪何以故我於大乘大
智海中說有佛性二乘之人所不知見是故
說无不得罪也如是境界諸佛所知非是聲
聞緣覺所及善男子若人不聞如來甚深秘
密藏者云何當知有佛性耶何等名為秘密
之藏所謂方等大乘經典善男子有諸外道
或說我常或說我斷如來不尒亦說有我亦
說无我是名中道若有說言佛說中道一切
衆生悉有佛性煩惱覆故不知不見是故應
當勤脩方便斷壞煩惱若有能作如是說者
當知是人不犯四重若不能作如是說者是
則名為犯波羅夷若有說言我已成就阿耨
多羅三藐三菩提何以故有佛性故有佛性
者必定當成阿耨多羅三藐三菩提以是因
緣我今已得成就菩提當知是人則名為犯
波羅夷罪何以故雖有佛性以未脩習諸善
方便是故未見以未見故不能得成阿耨多

多羅三藐三菩提何以故有佛性故有佛性
者必定當成阿耨多羅三藐三菩提以是因
緣我今已得成就菩提當知是人則名為犯
波羅夷罪何以故雖有佛性以未脩習諸善
方便是故未見以未見故不能得成阿耨多
羅三藐三菩提善男子以是義故佛法甚深
不可思議迦葉菩薩白佛言世尊有王問言
云何比丘墮過人法佛告迦葉若有比丘為
利養故為飲食故作諸諛諂姧偽欺詐云何
當令諸世間人定實知我是乞士也以是因
緣令我大得利養名譽如是比丘多愚癡故
長夜常念我實未得四沙門果云何當令諸
世間人謂我已得復當云何令諸優婆塞優
婆夷等咸共指我作如是言是人福德真是
聖人如是思惟正為求利非為求法行來入
出進止安詳執持衣鉢不失威儀獨坐空處
如阿羅漢令世間人咸作是言如是比丘善
好第一精勤苦行脩寂滅法以是因緣我當
大得門徒弟子諸人亦當大致供養衣服飲
食卧具醫藥令多女人敬念愛重若有比丘
及比丘尼作如是事墮過人法復有比丘為
欲建立无上正法住空靜處非阿羅漢而欲
令人謂是羅漢是好比丘是善比丘寂靜比
丘令无量人生於信心以此因緣我得无量
諸比丘等以為眷屬因是得教破戒比丘及
優婆塞悉令持戒以是因緣建立正法光揚
如來无上大事開顯方等大乘法化度脱一
切无量衆生善解如來所說經律輕重之義

丘令无量人生於信心以此因緣我得无量
諸比丘等以為眷屬因是得教破戒比丘及
優婆塞悉令持戒以是因緣建立正法光揚
如來无上大事開顯方等大乘法化度脫一
切无量衆生善解如來所說經律輕重之義
復言我今之有佛性有經名曰如來秘藏於
是經中我當必定得成佛道能盡无量億煩
惱結廣為无量諸優婆塞說言汝等盡有佛
性我之與汝俱當安住如來道地成阿耨多
羅三藐三菩提盡无量億諸煩惱結作是說
者是人不名墮過人法名為菩薩若言有犯
突吉羅者忉利天上日月歲數八百万歲墮
地獄中受諸罪報何況故犯偷蘭遮罪此大
乘中若有比丘犯偷蘭遮不應親近何等名
為大乘經中偷蘭遮罪若有長者造立佛寺
以諸華鬘用供養佛有比丘見華貫中縷不
問輒取犯偷蘭遮若知不知亦如是犯若以
貪心破壞佛塔犯偷蘭遮如是之人不應親
近若王大臣見塔朽故為欲脩補供養舍利
於是塔中或得珎寶即寄比丘比丘得已自
在而用如是比丘名為不淨多起鬪諍善優
婆塞不應親近供養恭敬如是比丘名為无
根名為二根名不定根不定根者欲貪女時
身即為女欲貪男時身即為男如是比丘名
為惡根不名為男不名為女不名出家不名
在家如是比丘不應親近供養恭敬於佛法
中沙門法者應生悲心覆育衆生乃至蟻子

身即為女欲貪男時身即為男如是比丘名
為惡根不名為男不名為女不名出家不名
在家如是比丘不應親近供養恭敬於佛法
中沙門法者應生悲心覆育衆生乃至蟻子
應施无畏是沙門法遠離飲酒乃至嗅香是
沙門法不得妄語乃至夢中不念妄語是沙
門法不生欲心乃至夢中亦復如是是沙門
法迦葉菩薩白佛言世尊若有比丘夢行婬
欲是犯戒不佛言不也應於婬欲生臭穢想
乃至不生一念淨想遠離女人煩惱愛想若
夢行欲寤應生悔比丘乞食受供養時應如
飢世食子肉想若生婬欲應疾捨離如是法
門當知是佛所說經律若有隨順魔所說者
是魔眷屬若能隨順佛所說者是名菩薩若
有說言佛聽比丘常翹一脚寂嘿不言投淵
赴火自墜高巖不避嶮難服毒斷食臥灰土
上自縛手之煞害衆生方道呪術旃陀羅子
无根二根及不定根身根不具如是等事如
來悉聽出家為道是名魔說佛先聽食五種
牛味及以油蜜憍奢耶衣革屣之等除是之
外若有說言聽著摩訶楞伽一切種子悉聽
貯畜草木之屬皆有壽命佛說是已便入涅
槃若有經律作是說者當知是即魔之所說
我亦不聽常翹一脚若為法故聽行住坐臥
又亦不聽服毒斷食五熱炙身繫縛手足煞
害衆生方道呪術珂貝象牙以為革屣儲畜
種子草木有命著摩訶楞伽若言世尊作如

槃若有經律作是說者當知是即魔之所說
我亦不聽常翹一脚若為法故聽行住坐卧
又亦不聽服毒斷食五熱炙身繫縛手足殺
害衆生方道呪術珂貝象牙以為革屣儲畜
種子草木有命著摩訶楞伽若言世尊作如
是說當知是為外道眷屬非我弟子我唯聽
食五種牛味及油蜜等聽著革屣憍奢耶衣
我說四大无有壽命若有經律作是說者是
名佛說若有隨順佛所說者當知是等真我
弟子若有不隨佛所說者是魔眷屬若有隨
順佛經律者當知是人是大菩薩善男子魔
說佛說差別之相今已為汝廣宣分別迦葉
白佛言世尊我今始知魔說佛說差別之相
因是得入佛法深義佛讚迦葉善哉善哉善
男子汝能如是曉了分別是名黠慧善男子
所言苦者不名聖諦何以故若言苦是苦聖
諦者一切牛羊驢馬及地獄衆生應有聖諦
善男子若復有人不知如來甚深境界常住
不變微密法身謂是食身非是法身不知如
來道德威力是名為苦何以故以不知故法
見非法非法見法當知是人必墮惡趣輪轉
生死增長諸結多受苦惱若有能知如來常
住无有變異或聞常住二字音聲若一逕耳
即生天上後解脫時乃能證知如來常住无
有變易既證知已而作是言我於往昔曾聞
是義今得解脫方乃證知我於本際以不知
故輪轉生死周迴无窮始於今日乃得真知

即生天上後解脫時乃能證知如來常住无
有變易既證知已而作是言我於往昔曾聞
是義今得解脫方乃證知我於本際以不知
故輪轉生死周迴无窮始於今日乃得真知
若知是知真是脩苦多所利益若不知者雖
復勤脩无所利益是名知苦名苦聖諦若人
不能如是脩習是名為苦非苦聖諦苦集諦
者於真法中不生真智受不淨物所謂奴婢
能以非法言是正法斷滅正法不令久住以
是因緣不知法性以不知故輪轉生死多受
苦惱不得生天及正解脫若有深智不壞正
法以是因緣得生天上及正解脫若有不知
苦集諦處而言正法无有常住悉是滅法以
是因緣於无量劫流轉生死受諸苦惱若能
知法常住不異是名知集名集聖諦若人不
能如是脩習是名為集非集聖諦苦滅諦者
若有多脩習學空法是為不善何以故滅一
切法故壞於如來真法藏故作是脩學是名
脩空脩苦滅者逆於一切諸外道等若言脩
空是滅諦者一切外道亦脩空法應有滅諦
若有說言有如來藏雖不可見若能滅除一
切煩惱尒乃得入若發此心一念因緣於諸
法中而得自在若有脩習如來秘藏无我空
寂如是之人於无量世在生死中流轉受苦
若有不作如是脩者雖有煩惱疾能滅除何
以故因知如來秘密藏故是名苦滅聖諦若
能如是脩習滅者是我弟子若有不能作如

寂如是之人於无量世在生死中流轉受苦
若有不作如是脩者雖有煩惱疾能滅除何
以故因知如來秘密藏故是名苦滅聖諦若
能如是脩習滅者是我弟子若有不能作如
是脩是名空脩非滅聖諦道聖諦者所謂佛
法僧寶及正解脫有諸衆生顛倒心言无佛
法僧及正解脫生死流轉猶如幻化脩習是
見以此因緣輪轉三有久受大苦若能發心
見於如來常住不變法僧解脫亦復如是乘
此一念於无量世自在果報隨意而得何以
故我於往昔以四倒故非法見法受於无量
惡業果報我今已滅如是見故成佛正覺是
名道聖諦若有人言三寶无常脩習是見是
虛妄脩非道聖諦若脩是法為常住者是我
弟子真見脩習四聖諦法是名四聖諦迦葉
菩薩復白佛言世尊我今始知脩習甚深四
聖諦法佛告迦葉善男子謂四倒者於非苦
中生於苦想名曰顛倒非苦者名為如來生
苦想者謂於如來无常變異若說如來是无
常者名大罪苦若言如來捨此苦身入於涅
槃如薪盡火滅是名非苦而生苦想是名顛
倒我若說言如來常者即是我見以我見故
有无量罪是故應說如來无常如是說者我
則受樂如來无常即為是苦若是苦者云何
生樂以於苦中生樂想故名為顛倒樂生苦
想名為顛倒樂者即是如來苦者如來无常
若說如來是无常者是名樂中生於苦想如

BD14484號　大般涅槃經（北本　異卷）卷七　（23–10）

則受樂如來无常即為是苦若是苦者云何
生樂以於苦中生樂想故名為顛倒樂生苦
想名為顛倒樂者即是如來苦者如來无常
若說如來是无常者是名樂中生於苦想如
來常住是名為樂若我說言如來是常云何
復得入於涅槃若言如來非是苦者云何捨
身而取滅度以於樂中生苦想故名為顛倒
是名初倒无常常想常无常想是名顛倒无
常者名不脩空不脩空故壽命促短若有說
言不脩空寂得長壽者是名顛倒是名第二
顛倒无我我想我无我想是名顛倒世間之
人亦說有我佛法之中亦說有我世間之人
雖說有我无有佛性是則名為於无我中而
生我想是名顛倒佛法有我即是佛性世間
之人說佛法无我是名我中生无我想若言
佛法必定无我是故如來勅諸弟子脩習无
我名為顛倒是名第三顛倒淨不淨想不淨
淨想是名顛倒淨者即是如來常住非雜食
身非煩惱身非是肉身非是觔骨繫縛之身
若有說言如來无常是雜食身乃至觔骨繫
縛之身法僧解脫是滅盡者是名顛倒不淨
淨想名顛倒者若有說言我此身中无有一
法是不淨者以无不淨定當得入清淨之處
如來所說脩不淨觀如是之言是虛妄說是
名顛倒是則名為第四顛倒迦葉菩薩白佛
言世尊我從今日始得正見世尊自是之前
我等悉名邪見之人世尊二十五有有我不耶

BD14484號　大般涅槃經（北本　異卷）卷七　（23–11）

如来所說脩不淨觀如是之言是虛妄說是
名顛倒是則名爲第四顛倒迦葉菩薩白佛
言世尊我從今日始得正見世尊自是之前
我等悉名耶見之人世尊二十五有有我不耶
佛言善男子我者即是如来藏義一切衆生
悉有佛性即是我義如是我義從本已来常
爲无量煩惱所覆是故衆生不能得見善男
子如貧女人舍内多有真金之藏家人大小
无有知者時有異人善知方便語貧女人我
今雇汝汝可爲我芸除草穢女即荅言我不
能也汝若能示我子金藏然後乃當速爲汝
作是人復言我知方便能示汝子女人荅言
我家大小尚自不知況汝能知是人復言我
今審能女人荅言我亦欲見并可示我是人
即於其家掘出真金之藏女人見已心生歡
喜生奇特想宗仰是人善男子衆生佛性亦
復如是一切衆生不能得見如彼寶藏貧女
不知善男子我今普示一切衆生所有佛性
爲諸煩惱之所覆蔽如彼貧人有真金藏不
能得見如来今日普示衆生諸覺寶藏所謂
佛性而諸衆生見是事已心生歡喜歸仰如
来善方便者即是如来貧女人者即是一切
无量衆生真金藏者即是佛性復次善男子
譬如女人產育一子嬰孩得病是女愁惱求
覓醫師醫師既来合三種藥穌乳石蜜与之
令服因告女人兒服藥已且莫与乳須藥消

譬如女人產育一子嬰孩得病是女愁惱求
覓醫師醫師既来合三種藥穌乳石蜜与之
令服因告女人兒服藥已且莫与乳須藥消
已尒乃与之是時女人即以苦味用塗其乳
母語兒言我乳毒塗不可復觸小兒渴之欲
得母乳聞乳毒氣便遠捨去遂至藥消母人
以水淨洗其乳喚其子言来与汝乳是時小
兒雖復飢渴先聞毒氣是故不来母復語言
爲汝服藥故以毒塗汝藥已消我已洗竟汝
便可来飲乳无苦是兒聞已漸漸還飲善男
子如来亦尒爲度一切教諸衆生脩无我法
如是脩已永斷我心入於涅槃爲除世間諸
妄見故示現出過世間法故復示世間計我
虛妄非真實故脩无我法清淨身故喻如女
人爲其子故以苦味塗乳如来亦尒爲脩空
故說言諸法悉无有我如彼女人淨洗乳已
而喚其子欲令還服我今亦尒說如来藏是
故比丘不應生怖如彼小兒聞母喚已漸還
飲乳比丘亦尒應自分別如来秘藏不得不
有迦葉菩薩白佛言世尊實无有我何以故
嬰兒生時无所知曉若有我者即生之日尋
應有知以是義故定知无我若定有我受生
已後應无終沒若使一切皆有佛性是常住
者應无壞相若无壞相云何而有剎利婆羅
門毗舍首陁及旃陁羅畜生差別今見業緣
種種不同諸趣各異若定有我一切衆生應
无勝負以是義故定知佛性非是常法若言

之後應无繫沒若使一切皆有佛性是常住
者應无壞相若无壞相云何而有刹利婆羅
門毗舍首陁及旃陁羅畜生差別今見業緣
種種不同諸趣各異若定有我一切衆生應
无勝負以是義故定知佛性非是常法若言
佛性定是常者云何復說有煞盜婬兩舌惡
口妄言綺語貪恚耶見若我性常何故酒後
迷荒醉乱若我性常盲應見色聾應聞聲瘂
應能語拘癖能行若我性常不應避於火坑
大水毒藥刀劒惡人禽獸若我常者本所更
事不應忘失若不忘失何緣復言我曾何處
見是人耶若我常者則不應有少壯老等衰
盛力勢憶念往事若我常者止住何處為在
涕唾青黃赤白諸色中耶若我常者應遍身
中如胡麻油間无空處若斷身時我亦應斷
佛告迦葉善男子譬如王家有大力士其人
眉間有金剛珠與餘力士角力相撲而彼力
士以頭抵觸其額上珠尋沒膚中都不自知
是珠所在其處有瘡即命良醫欲自療治時
有明醫善知方藥即知是瘡因珠入體是珠
入皮即便停住是時良醫尋問力士卿額上
珠為何所在力士驚荅大師醫王我額上珠
乃无去耶是珠今者為何所在將非幻化憂
愁啼哭是時良醫慰喻力士汝今不應生大
愁苦汝因鬪時寶珠入體今在皮裏影現於
外汝當鬪時瞋恚毒盛珠陷入體故不自知
是時力士不信醫言若在皮裏膿血不淨何
[illegible]

BD14484 號　大般涅槃經（北本　異卷）卷七　　（23–14）

愁苦汝因鬪時寶珠入體今在皮裏影現於
外汝當鬪時瞋恚毒盛珠陷入體故不自知
是時力士不信醫言若在皮裏膿血不淨何
緣不出若在筋裏不應可見汝今云何欺誑
於我時醫執鏡以照其面珠在鏡中明了顯
現力士見已心懷驚怪生奇特想善男子一
切衆生亦復如是不能親近善知識故雖有
佛性皆不能見而為貪婬瞋恚愚癡之所覆
蔽故墮地獄畜生餓鬼阿脩羅旃陁羅刹利
婆羅門毗舍首陁生如是等種種家中因心
所起種種業緣雖受人身聾盲瘖瘂拘癖癃
跛於二十五有受諸果報貪婬瞋恚愚癡覆心
不知佛性如彼力士寶珠在體謂呼失去衆
生亦尒不知親近善知識故不識如來微密
寶藏脩學无我喻如非聖雖說有我亦復不
知我之真性我諸弟子亦復如是不知親近
善知識故脩學无我亦復不知无我之處尚
自不知无我真性況復能知有我真性善男
子如來如是說諸衆生皆有佛性喻如良醫
示彼力士金剛寶珠是諸衆生為諸无量億
煩惱等之所覆蔽不識佛性若盡煩惱尒時
乃得證知了了如彼力士於明鏡中見其寶
珠善男子如來祕藏如是无量不可思議復
次善男子譬如雪山有一味藥名曰樂味其
味極甜在深叢下无人能見有人聞香即知
其地當有是藥過去往世有轉輪王於此雪
山為此藥故在在處處造作木筩以接是

BD14484 號　大般涅槃經（北本　異卷）卷七　　（23–15）

次善男子譬如雪山有一味藥名曰樂味其
味極甜在深叢下无人能見有人聞香即知
其地當有是藥過去世中有轉輪王於此雪
山為此藥故在在處處造作木筩以接是
藥是藥熟時從地流出集木筩中其味真正
王既沒已其後是藥或醋或鹹或甜或苦或
辛或淡如是一味隨其流處有種種異是藥
真味停留在山猶如滿月凡人薄福雖以鑁
斸加功困苦而不能得復有聖王出現於世
以福因緣即得是藥真正之味善男子如來
秘藏其味亦尒為諸煩惱叢林所覆无明衆
生不能得見一味者喻如佛性以煩惱故出
種種味所謂地獄畜生餓鬼天人男女非男
非女剎利婆羅門毗舍首陀佛性雄猛難可
沮壞是故无有能殺害者若有殺者則斷佛
性如是佛性終不可斷性若可斷无有是處
如我性者即是如來秘密之藏如是密藏一
切无能沮壞燒滅雖不可壞然不可見若得
成就阿耨多羅三藐三菩提尒乃證知以是
因緣无能殺者迦葉菩薩復白佛言世尊若
无殺者應當无有不善之業佛告迦葉實有
殺生何以故善男子衆生佛性住五陰中若
壞五陰名曰殺生若有殺生即墮惡趣以業
因緣而有剎利婆羅門等毗舍首陀及旃陀
羅若男若女非男非女二十五有差別之相
流轉生死非聖之人橫計於我大小諸相猶
如稗子或如米豆乃至拇指如是種種妄生

BD14484號　大般涅槃經（北本　異卷）卷七　（23–16）

壞五陰名曰殺生若有殺生即墮惡趣以業
因緣而有剎利婆羅門等毗舍首陀及旃陀
羅若男若女非男非女二十五有差別之相
流轉生死非聖之人橫計於我大小諸相猶
如稗子或如米豆乃至拇指如是種種妄生
憶想妄想之相无有真實出世我相名為佛
性如是計我是名最善復次善男子譬如有
人善知伏藏即取利鑁斸地直下盤石沙礫
直過无難唯至金剛不能穿徹夫金剛者所
有刀斧不能沮壞善男子衆生佛性亦復如
是一切論者天魔波旬及諸人天所不能壞
五陰之相即是起作起作之相喻如石沙可
穿可壞佛性者喻如金剛不可沮壞以是義
故壞五陰者名為殺生善男子必定當知佛
法如是不可思議善男子方等經者猶如甘
露亦如毒藥迦葉菩薩復白佛言如來何緣
說方等經譬如甘露亦如毒藥佛言善男子
汝今欲知如來秘藏真實義不迦葉言尒我
今實欲得知如來秘藏之義尒時世尊而說
偈言
或有服甘露　傷命而早夭　或復服甘露　壽命得長存
或有服毒生　有緣服毒死　无㝵智甘露　所謂大乘典
如是大乘典　亦名雜毒藥　如酥醍醐等　及以諸石蜜
服消則為藥　不消則為毒　方等亦如是　智者為甘露
愚不知佛性　服之則成毒　聲聞及緣覺　大乘為甘露
猶如諸味中　乳最為第一　如是勤進者　依因於大乘
得至於涅槃　成人中象王　衆生知佛性　猶如迦葉等

BD14484號　大般涅槃經（北本　異卷）卷七　（23–17）

如是大乘典　亦名雜毒藥　如[illegible]　及以諸石蜜
服消則為藥　不消則為毒　方等亦如是　智者為甘露
愚不知佛性　服之則成毒　聲聞及緣覺　大乘為甘露
猶如諸味中　乳最為第一　如是勤進者　依因於大乘
得至於涅槃　成人中象王　眾生知佛性　猶如迦葉等
无上甘露味　不生亦不死　迦葉汝今當　善分別三歸
如是三歸性　則是我之性　若能諦觀察　我性有佛性
當知如是人　得入祕密藏　知我及我所　是人已出世
佛法三寶性　无上第一尊　如我所說偈　其性義如是
尒時迦葉復說偈言
我今都不知　歸依三寶處　云何當歸趣　无上无所畏
不知三寶處　云何作无我　云何歸佛者　而得於安隱
云何歸依法　唯願為我說　云何得自在　云何不自在
云何歸依僧　轉得无上利　云何真實說　未來成佛道
未來若不成　云何歸三寶　我今无豫知　當行次第依
云何未懷任　而作生子想　若必在胎中　則名為有子
子若在胎中　定當生不久　是名為子義　眾生業亦然
如佛之所說　愚者不能知　以其不知故　輪轉生死獄
假名優婆塞　不知真實義　唯願廣分別　除斷我疑網
如來大智慧　唯垂哀分別　願說於如來　祕密之寶藏
迦葉汝當知　我今當為汝　善開微密藏　令汝疑得斷
今當至心聽　汝於諸菩薩　則與第七佛　同其一名号
歸依於佛者　真名優婆塞　終不更歸依　其餘諸天神
歸依於法者　則離於煞害　歸依聖僧者　不求於外道
如是歸三寶　則得无所畏　迦葉白佛言　我亦歸三寶
是名為正路　諸佛之境界　三寶平等相　常有大智性
我性及佛性　无有二差別　是道佛所讚　正進安隱處

如是歸三寶　則得无所畏　迦葉白佛言　我亦歸三寶
是名為正路　諸佛之境界　三寶平等相　常有大智性
我性及佛性　无有二差別　是道佛所讚　正進安隱處
亦名正遍見　故為佛所讚　我亦趣善逝　所讚无上道
是最為甘露　諸有所无有
尒時佛告迦葉菩薩善男子汝今不應如諸
聲聞凡夫之人分別三寶於此大乘无有三
歸分別之相所以者何於佛性中即有法僧
為欲化度聲聞凡夫故分別說三歸異相善
男子若欲隨順世間法者則應分別有三歸
依善男子菩薩應作如是思惟我今此身歸
依於佛若即此身得成佛道既成佛已不當
恭敬礼拜供養於諸世尊何以故諸佛平等
等為眾生作歸依故若欲尊重法身舍利便
應礼敬諸佛塔廟所以者何為欲化度諸眾
生故亦令眾生於我身中起塔廟想礼拜供
養如是眾生以我法身為歸依處一切眾生
皆依非真耶為之法我當次第為說真法又
有歸依非真僧者我當為作依真僧處若有
分別三歸依者我當為作一歸依處无三差
別於生盲眾為作眼目復當為諸聲聞緣覺
作真歸處善男子如是菩薩為无量惡諸眾
生等及諸智者而作佛事善男子譬如有人
臨陣戰時即生心念我於是中最為第一一
切兵眾悉依恃我亦如王子如是思惟我當
調伏其餘王子紹繼大王霸王之業而得自

作真歸處善男子如是菩薩為无量惡諸衆
生等及諸智者而作佛事善男子譬如有人
臨陣戰時即生心念我於是中最為第一一
切兵衆悉依恃我亦如王子如是思惟我當
調伏其餘王子紹繼大王霸王之業而得自
在令諸王子悉見歸依是故不應生下劣心
如王王子大臣亦尒善男子菩薩摩訶薩亦
復如是作是思惟云何三事與我一體善男
子我示三事即是涅槃如來者名无上士譬
如人身頭最為上非餘支節手足等也佛亦
如是最為尊上非法僧也為欲化度諸世間
故種種示現差別之相如彼梯隥是故汝今
不應受持如凡愚人所知三歸差別之相汝
於大乘猛利決斷應如剛刀迦葉菩薩白佛
言世尊我知故問非為不知我為菩薩大勇
猛者問於无垢清淨行處欲令如來為諸菩
薩廣宣分別奇特之事稱揚大乘方等經典
如來大悲今已善說我亦如是安住其中所
說菩薩清淨行處即是宣說大涅槃經世尊
我今亦當廣為衆生顯揚如是如來秘藏亦
當證知真三歸處若有衆生能信如是大涅
槃經其人則能自然了達三歸依處何以故
如來秘藏有佛性故其有宣說是經典者皆
言身中盡有佛性如是之人則不遠求三歸
依處何以故於未來世我身即當成就三寶
是故聲聞緣覺之人及餘衆生皆依於我恭
敬禮拜善男子以是義故應當正學大乘經

BD14484號　大般涅槃經（北本　異卷）卷七　（23–20）

言身中盡有佛性如是之人則不遠求三歸
依處何以故於未來世我身即當成就三寶
是故聲聞緣覺之人及餘衆生皆依於我恭
敬禮拜善男子以是義故應當正學大乘經
典迦葉復言佛性如是不可思議三十二相八
十種好亦不可思議尒時佛讚迦葉菩薩善
哉善哉善男子汝已成就深利智慧我今當
更善為汝說入如來藏若我住者即是常法
不離於苦若无我者脩行淨行无所利益若
言諸法皆无有我即是斷見若言我住即是
常見若言一切行无常者即是斷見諸行常
者復是常見若言苦者即是斷見若言樂者
復是常見脩一切法常者墮於斷見脩一切
法斷者墮於常見如步屈虫要因前脚得移
後足脩斷常者亦復如是要依斷常以是義
故脩餘法苦者皆名不善脩餘法樂者則名
為善脩餘法无我者是諸煩惱分脩餘法常
者是則名曰如來秘藏所謂涅槃无有窟宅
脩餘无常法者即是財物脩餘法常者謂佛
法僧及正解脫當知如是佛法中道遠離二
邊而說真法凡夫愚人於中无疑如羸病人
服食穌已氣力輕便有无之法體性不定譬
如四大其性不同各相違反良醫善知隨其
偏發而消息之善男子如來亦尒於諸衆生
猶如良醫知諸煩惱體相差別而為除斷開
示如來秘密之藏清淨佛性常住不變若言

BD14484號　大般涅槃經（北本　異卷）卷七　（23–21）

如四大其性不同各相違反良醫善知隨其
偏發而消息之善男子如來亦尒於諸衆生
猶如良醫知諸煩惱體相差別而爲除斷開
示如來秘密之藏清淨佛性常住不變若言
有者智不應染若言无者即是妄語若言有
者不應黙然亦復不應戲論諍訟但求了知
諸法真性凡夫之人戲論諍訟不解如來微
密藏故若說於苦愚人便謂身是无常說一
切苦復不能知身有樂性說无常者凡夫之
人計一切身皆是无常譬如凡坏有智之人
應當分別不應盡言一切无常何以故我身
即有佛性種子若說无我凡夫當謂一切佛
法悉无有我智者應當分別无我假名非實
如是知已不應生疑若言如來秘藏空寂凡
夫聞之生斷滅見有智之人應當分別如來
是常无有變易若言解脫喻如幻化凡夫當
謂得解脫者即是磨滅有智之人應當分別
人中師子雖有去來常住无變若言无明因
緣諸行凡夫之人聞已分別生二法想明與
无明智者了達其性无二无二之性即是實
性若言諸行因緣識者凡夫謂二行之與識
智者了達其性无二无二之性即是實性若
言十善十惡可作不可作善道惡道白法黑
法凡夫謂二智者了達其性无二无二之性
即是實性若言應脩一切法苦凡夫謂二智
者了達其性无二无二之性即是實性若言
一切行无常如來秘藏亦是无常凡夫謂二

BD14484 號　大般涅槃經（北本　異卷）卷七　（23–22）

是常无有變易若言解脫喻如幻化凡夫當
謂得解脫者即是磨滅有智之人應當分別
人中師子雖有去來常住无變若言无明因
緣諸行凡夫之人聞已分別生二法想明與
无明智者了達其性无二无二之性即是實
性若言諸行因緣識者凡夫謂二行之與識
智者了達其性无二无二之性即是實性若
言十善十惡可作不可作善道惡道白法黑
法凡夫謂二智者了達其性无二无二之性
即是實性若言應脩一切法苦凡夫謂二智
者了達其性无二无二之性即是實性若言
一切行无常如來秘藏亦是无常凡夫謂二
智者了達其性无二无二之性即是實性一
切法无我如來秘藏亦无有我凡夫謂二智
者了達其性无二无二之性即是實性我與
无我性无有二如來秘藏其義如是不可稱
計无量无邊諸佛所讚我今於是一切功德
成就經中皆悉說已

大般涅槃經卷第七

BD14484 號　大般涅槃經（北本　異卷）卷七　（23–23）

衆生還來住此時
力士屈申臂頃從彼天上至世尊而乍佳
閻浮提中所有四衆渴仰如來思見聞法頻
婆娑羅王波斯匿王及四衆等稽首足下此
閻浮提所有衆生邪見增長行大黑闇甚可
憐愍譬如犢子其生未久若不得乳必死无
疑我等亦尒唯願如來為衆生故還來在此
閻浮提中佛告目連汝今速還至閻浮提告
諸國王及四部衆却後七日我當還下為六
師故復當至彼婆枳多城過七日已我與釋
天梵天魔天无量天子及前後會一切天衆
前後圍遶至婆枳多城大師子吼作如是言
唯我法中獨有沙門及婆羅門一切諸法无
常无我涅槃寂靜離諸過惡若言他法亦有
沙門及婆羅門有常有惡有涅槃者无有處
是尒時无量无邊衆生發阿耨多羅三藐三
菩提心是時六師各相謂言若我法中實无
沙門婆羅門者云何而得世間供養於是六

BD14485號　大般涅槃經（北本　異卷）卷三〇　　（19–1）

常无我涅槃寂靜離諸過惡若言他法亦有
沙門及婆羅門有常有惡有涅槃者无有處
是尒時无量无邊衆生發阿耨多羅三藐三
菩提心是時六師各相謂言若我法中實无
沙門婆羅門者云何而得世間供養於是六
師復相聚集詣毗舍離善男子我於一時住
毗舍離菴羅林間菴羅女知我在中欲來我
所我於尒時告諸比丘當觀念處善脩智慧
隨所脩集心莫放逸云何名為觀於念處若
有比丘觀察內身不見於我及以我所觀察
外身及內外身不見於我及以我所觀受心
法亦復如是是名念處云何名為脩集智慧
若有比丘真實而見苦集滅道是名比丘脩
習智慧云何名為心不放逸若有比丘念佛
念法念僧念戒念捨念天是名比丘心不放逸
時菴羅女即至我所頭面作禮右遶三匝脩
敬已畢却坐一面善男子我於尒時為菴羅
女如應說法是女聞已發阿耨多羅三藐三
菩提心時彼城中有梨車子其數五百未至
我所頭面作禮右遶三匝脩敬已畢却坐一
面我時復為諸梨車子如應說法諸善男子
夫放逸者有五事果何等為五一者不得自
在財利二者惡名流布於外三者不樂惠施
窮乏四者不樂見於四衆五者不得諸天之
身諸善男子因不放逸能生世法出世間法
若有欲得阿耨多羅三藐三菩提者應當懃
脩不放逸法夫放逸者復有十三果報何等
十三一者樂為世間作業二者樂說无益之

BD14485號　大般涅槃經（北本　異卷）卷三〇　　（19–2）

窮之四者不樂見於四衆五者不得諸天之
身諸善男子因不放逸能生世法出世間法
若有欲得阿耨多羅三藐三菩提者應當勤
修不放逸法夫放逸者復有十三果報何等
十三一者樂為世間作業二者樂說无益之
言三者常樂久寢睡眠四者樂說世間之事
五者常樂親近惡友六者懈怠懶墮七者常
為他人所輕八者雖有所聞尋復妄失九者
樂處邊地十者不能調伏諸根十一者食不
知足十二者不樂空寂十三者所見不正是
名十三善男子夫放逸者雖得近佛及佛弟
子猶故為遠諸梨車言我等自知是放逸人
何以故其如我等不放逸者如来法王當出
我土時大會中有婆羅門子名曰无勝諸語
梨車善哉善哉如汝所言頻婆娑羅王已獲
大利如来世尊出其國土猶如大池生妙蓮
華雖生在水水不能汙諸梨車子佛亦如是
雖生彼國不為世法之所滯导諸佛世尊无
出无入為衆生故出現於世不為世法之所
滯导仁等自迷耽著五欲不知親近法如来
所是故名為放逸之人非佛出於摩伽陁國
名放逸也何以故如来世尊猶如彼日月非
為一人二人出世時諸梨車聞是語已尋發
阿耨多羅三藐三菩提心復作是言善哉善
哉无勝童子快說如是善妙之言時諸梨車
各各脫身所著一衣以施无勝无勝受已轉
以奉我復作是言世尊我從梨車得是衣物

為一人二人出世時諸梨車聞是語已
阿耨多羅三藐三菩提心復作是言善哉善
哉无勝童子快說如是善妙之言時諸梨車
各各脫身所著一衣以施无勝无勝受已轉
以奉我復作是言世尊我從梨車得是衣物
唯願如来哀愍衆生受我所獻我於尒時愍
彼无勝即為納受時諸梨車同時合掌作如
是言唯願如来於此土地一時安居受我微
供我時嘿然受梨車請是時六師聞是事已
師宗相與詣婆羅奈尒時我復往婆羅奈住
婆羅河邊時婆羅奈有長者子名曰寶稱耽
著五欲不知非常以我到故自然所得白骨
觀法見其殿舍宮人婇女悉為白骨心生怖
懼如刀毒蛇如賊如火即出其舍來詣我所
隨路並言瞿曇沙門我今如為賊所追逐甚
大怖懼願見救濟佛言善男子佛法衆僧安
隱无懼長者子言若三寶中无所畏者我今
亦當得无所畏我即聽其出家為道時長者
子復有同友其數五十逸聞寶稱厭離出家
即共和順相與出家六師聞已展轉復詣瞻
婆大城時瞻婆國一切人民悉共事奉六師
之徒初未曾聞佛法僧名多有諸人作拗惡
業我於尒時為衆生故往瞻婆城時彼城中
有大長者无有継嗣供事六師以求子息其
後不久婦則懷任長者知已往六師所歡喜
而言我婦任身男耶女耶六師答言生必是女
長者聞已心生愁惱復有知識來謂長者
何故愁惱乃如是耶長者答言我婦懷任未

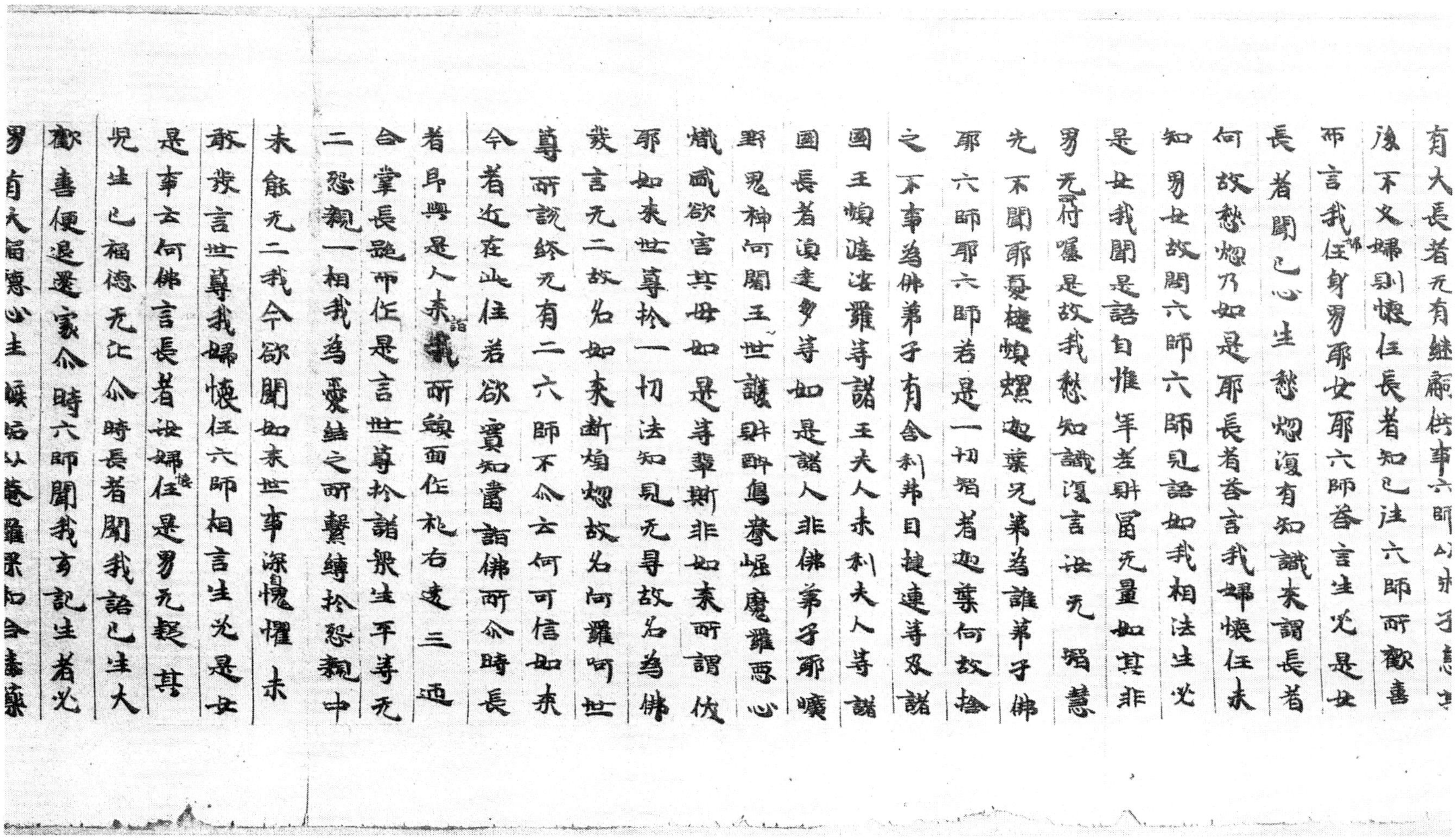
育大長者无有繼嗣供事六師以求子息
後不久婦則懷任長者知已往六師所歡喜
而言我婦任身男耶女耶六師荅言生必是女
長者聞已心生愁惱復有知識來詣長者
何故愁惱乃如是耶長者荅言我婦懷任未
知男女故問六師六師見語如我相法生必
是女我聞是語自惟年差財富无量如其非
男无付囑是故我愁知識復言汝无智慧
先不聞耶憂樓頻螺迦葉兄弟為誰弟子佛
耶六師耶若是一切智者迦葉何故捨
之下事為佛弟子又舍利弗目揵連等及諸
國王頻婆娑羅等諸王夫人末利夫人等諸
國長者須達多等如是諸人非佛弟子耶曠
野鬼神阿闍王世護財醉象鴦掘魔羅惡心
熾盛欲害其母如是等輩斯非如來所調伏
耶如來世尊於一切法知見无㝵故名為佛
發言无二故名如來斷煩惱故名阿羅呵世
尊所說終无有二六師不尒云何可信如來
今者近在此住若欲實知當詣佛所尒時長
者即與是人來至我所頭面作禮右遶三匝
合掌長跪而作是言世尊於諸衆生平等无
二怨親一相我為愛結之所繫縛於怨親中
未能无二我今欲聞如來世事深懷慚懼未
敢發言世尊我婦懷任六師相言生必是女
是事云何佛言長者汝婦懷任是男无疑其
兒生已福德无比尒時長者聞我語已生大
歡喜便還歸家尒時六師聞我有記生者必
男有大福德心生嫉妬以菴羅果和合毒藥

BD14485號　大般涅槃經（北本　異卷）卷三〇　　（19–5）

敢發言世尊我婦懷任六師相言生必是女
是事云何佛言長者汝婦懷任是男无疑其
兒生已福德无比尒時長者聞我語已生大
歡喜便還歸家尒時六師聞我有記生者必
男有大福德心生嫉妬以菴羅果和合毒藥
持往其家語言長者快哉瞿曇善説其相汝
婦臨月可服此藥服此藥已兒則端正産者
无患長者歡喜受其毒藥与婦令服服已尋
死六師歡喜周遍城市高聲唱言沙門瞿曇
記彼長者婦當生男其兒福德天下无勝今兒
未生母已喪命尒時長者復於我所生不信
心身依世法殯殮棺蓋送至城外多積乾薪
以火焚之我以道眼明見此事顧命阿難取我
衣來吾欲往彼摧滅邪見時毗沙門天王告
摩尼跋陀大將而作是言如來今欲詣彼冢
間卿可速往平治掃灑安師子坐求好香華
莊嚴其地尒時六師遥見我往各相謂言瞿
曇沙門至此冢間欲噉肉耶是時多有未
得法眼諸優婆塞各懷羞愧而白我言彼婦
已死願莫往尒時阿難語諸人言且待須
臾如來不久當廣顯闡諸佛境界我時到已
坐師子坐長者難言所言无二可名世尊母
已終亡云何生子我言長者卿於尒時都不
見聞母命脩短但問所懷為是男女諸佛如
來發言无二是故當知必得子是時死屍
火燒腹裂子從中出端坐火中猶如鴛鴦在
蓮華臺六師見已復作是言妖哉瞿曇善為

BD14485號　大般涅槃經（北本　異卷）卷三〇　　（19–6）

來叢言无二是故當定如必得子是時死屍
大燒腹裂子從中出端坐火中猶如鴛鴦在
蓮華臺六師見已復作是言妖哉瞿曇善為
幻術長者見已心復歡善呵嘖六師若言幻
者汝何不得我於尒時尋告耆婆汝往火中
抱是兒來耆婆欲往六師前牽語耆婆言瞿
曇沙門所作幻術未必常尒或能不能如其
不能脫相燒害汝今云何信受其言耆婆答
言如來使人入阿鼻地獄所有猛火尚不能
燒況世間火尒時耆婆前入火聚猶入清涼
大河水中抱持是兒還詣我所授兒与我々
受兒已告長者言一切眾生壽命不定如水
上泡眾生若有憋重業者火不能燒毒不能
害是兒業果非我所作時長者言善哉世尊
是兒若得盡其天壽命唯願如來為立名字
佛言長者是兒於猛火之中火名樹提應名
樹提尒時會中見我神化无量眾生發阿耨
多羅三藐三菩提心尒時六師周遍六城不
得亭足慚愧低頭復來至此拘尸那城既至
此已唱如是言諸人當知沙門瞿曇是大幻
師誑惑天下遍六大城譬如幻師幻作四兵
所謂車兵馬兵象兵步兵又復幻作種々瓔
珞城郭宮宅河池樹木沙門瞿曇亦復如是
幻作王身為說法故或沙門身婆羅門身男
身女身小身大身或作畜生鬼神之身或說
无常或說有常或時說苦或復說樂或說有
我或說无我或說有淨或說无淨或時說有

BD14485號　大般涅槃經（北本　異卷）卷三〇　（19–7）

珞城郭宮宅河池樹木沙門瞿曇亦復如是
幻作王身為說法故或沙門身婆羅門身男
身女身小身大身或作畜生鬼神之身或說
无常或說有常或時說苦或復說樂或說有
我或說无我或說有淨或說无淨或時說有
或時說无所為虛妄故名為幻譬如因子隨
子得果瞿曇沙門亦復如是摩耶所生毋既
是幻子不得非沙門瞿曇无實知見諸婆羅
門逕年積歲脩集苦行護持禁戒尚言未有
真實知見何況瞿曇年少學淺不脩苦行去
何所有真實知見若能具滿七年苦行見猶
不多況所脩集不滿六年愚人无知信受其
教如大幻師誑惑愚者沙門瞿曇亦復如是
善男子如是六師於此城中大為眾生增長
邪見善男子我見是事心生憐愍以其神力
請名十方諸大菩薩運集此林周遍分滿四
十由旬今於此中大師子吼善男子雖於空
處多有所說則不得名師子吼也於此智人
大眾之中真得名為大師子吼大師子吼者
說一切法悉无常苦无我不淨唯說如來常
樂我淨尒時六師復作是言若瞿曇有我々之
有我所言我者見者名我瞿曇譬如有人向
中見物我亦如是向譬於眼見者喻我佛告
六師若言見者名我是義不然何以故汝所
引喻因向見者人在一向六根俱用若定有
我因眼見者何不如彼一根之中俱伺諸塵

BD14485號　大般涅槃經（北本　異卷）卷三〇　（19–8）

六師若言見者名我是義不然何以故汝所
引喻因向見者人在一向六根俱用若定有
我因眼見者何不如彼一根之中俱伺諸塵
若一根中不能一時聞見六塵當知无我所
引向喻雖逕百年見者因之所見无異眼根
若爾年邁根熟亦應无異人向異故見內見
外眼根若爾亦應內外一時俱見若不見者
云何有我六師復言瞿曇若无我者誰能見
耶佛言有色有眼有心有明是四和合故名
為見是中實无見者受者衆生顛倒言有見者
及以受者以是義故一切衆生所見顛倒諸
佛菩薩所見真實六師若言色是我者是亦
不然何以故色實非我色若是我不應而得
醜陋形狠何故復有四姓差別悉不一種婆
羅門耶何故屬他不得自在諸根缺漏生不
具足何故不作諸天之身而受地獄畜生餓
鬼種種諸身若不能得隨意作者當知必定
无有我耶以无我故名為无常无常故苦苦
故為空空故顛倒以顛倒故一切衆生轉輪
生死受想行識亦復如是六師如來世尊永
斷色縛乃至識縛是故名為常樂我淨復次
色者即是因緣若因緣者則名无我无我者
名為苦空如來之身非是因緣非因緣故則
名有我有我者即是常樂我淨六師言瞿曇
色亦非我乃至識亦非我我者遍一切處猶
如虛空佛言若遍有者則不應言我初不見

色者即是因緣若因緣者則名无我无我者
名為苦空如來之身非是因緣非因緣故則
名有我有我者即是常樂我淨六師言瞿曇
色亦非我乃至識亦非我我者遍一切處猶
如虛空佛言若遍有者則不應言我初不見
若初不見則知是見本无今有若本无今有
是名无常若无常者云何言遍若遍有者五
道之中應具有身若有身者應各受報若各
受報云何而言轉受人天汝言遍者一耶多
耶我若一者則无父子親怨中人我若多者
一切衆生所有五根悉應平等所有業慧亦
應如是若如是者云何說言根有具足不具
足者善業惡業愚者差別瞿曇衆生我者无
有邊際法與非法則有分齊衆生脩法則得
妙好之身若行非法則得惡身以是義故衆
生業果不得无差
佛言善男子法与非法若如是者我則不遍
我若遍者則應悉到如其到者脩善之人亦
應有惡行惡之人亦應有善若不爾者云何
言遍瞿曇譬如一室燃百千燈各各自明不
相妨导衆生我者亦復如是脩善行惡不相
雜合善男子我如燈者是義不然何故以彼
燈之明從緣而有燈增長故明亦增長衆生
我者則不如是明從燈出住在異處衆生我者
不得如是從身而出住在異處彼燈光明與
闇共住何以故如闇室中燃一時燈明則不
了乃至多燈乃得明了若初燈破闇則不須
後燈若須後燈當知初明與闇共住瞿曇若

我者則不如是明燈從出住在異處能生我者
不得如是從身所出住在異處彼燈光明與
闇共住何以故如闇室中燃一時燈明則不
了乃至多燈乃得明了若初燈破闇則不須
後燈若須後燈當知初明與闇共住瞿曇若
无我者誰作善惡佛言若我作者云何名常
如其常者云何所得有時作善有時作惡若
言有時作善惡者云何復得言我无邊若我
作者何故所復習行惡法如其我是作者知
者何故生疑衆生无我以是義故外道經中定
无有我若言我者則是如來何以故身无邊
故疑網斷故不作不受故名為常不生不滅
故名為樂无煩惱垢故名為淨无有十相故
名為空是故如來常樂我淨空无諸相諸外
道言若言如來常樂我淨无相故空當知瞿
曇所說之法則非空也是故我今當頂戴受
持尒時外道其數无量於佛法中信心出家
善男子以是因緣故我於此娑羅雙樹大師
子吼師子吼者名大涅槃善男子東方雙者
破於无常獲得於常乃至北方雙者破於不
淨而得於淨善男子此中衆生為雙樹故護
娑羅林不令外人取其枝葉斫伐破壞我亦
如是為四法故令諸弟子護持佛法何等為
四常樂我淨此四雙樹四王典掌我為四王
護持我法是故於中而般涅槃善男子娑羅
雙樹華菓常茂常能利益无量衆生我亦如
是常能利益聲聞緣覺華者喻我菓者喻樂
以是義故我於此間娑羅雙樹入大寂定大

四常樂我淨此四雙樹四王典掌我為四王
護持我法是故於中而般涅槃善男子娑羅
雙樹華菓常茂常能利益无量衆生我亦如
是常能利益聲聞緣覺華者喻我菓者喻樂
以是義故我於此間娑羅雙樹入大寂定大
寂定者名大涅槃師子吼言世尊如來何故
二月涅槃善男子二月名春春陽之月万物
生長種殖根栽華菓敷榮江河盈滿百獸孚
乳是時衆生多生常想為破衆生如是常心
說一切法悉是无常唯說如來常住不變善
男子於六時中孟冬枯悴衆不愛樂陽春和
液人所貪愛為破衆生世間樂故演說常樂
我淨亦尒如來為破世我世淨故說如來真
實我淨言二月者喻於如來二種法身冬不
樂者智者不樂如來无常入於涅槃二月樂
者喻於智者愛樂如來常樂我淨種殖者喻
諸衆生聞法歡喜發阿耨多羅三藐三菩提
心種諸善根河者喻於十方諸大菩薩來詣
我所諮受如是大涅槃典百獸孚乳者喻我
弟子生諸善根華喻七覺菓喻四果以是義
故我於二月入大涅槃師子吼言如來初生
出家成道轉妙法輪皆以八日何故涅槃獨
十五日佛言善哉善哉善男子如十五日月
无虧盈諸佛如來亦復如是入大涅槃无有
虧盈以是義故以十五日入般涅槃善男子
如十五日月盛滿時有十一事何等十一一
能破闇二令衆生見道非道三令衆生見道
邪正四除欝蒸得清凉樂五能破壞螢火高

无翳盈諸佛如来亦復如是入大涅槃无有
翳盈以是義故以十五日入般涅槃善男子
如十五日月盛滿時有十一事何等十一々
能破闇二令衆生見道非道三令衆生見道
邪正四除鬱蒸得清涼樂五能破壞螢火高
心六息一切盜賊之想七除衆生畏惡獸
心八能開敷憂鉢羅華九合蓮華十發行人
進路之心十一令諸衆生樂受五欲多獲
快樂善男子如来滿月亦復如是一者破壞
无明大闇二者演說正道邪道三者開示生
死邪嶮涅槃平正四者令人遠離貪欲瞋恚
癡熱五者破壞外道无明六者破壞煩惱結
賊七者除滅畏五蓋心八者開敷衆生種善
根心九者覆蓋衆生五欲之心十者起發衆
生進脩趣向大涅槃行十一者令諸衆生樂
脩解脫以是義故於十五日入大涅槃而我
真實不入涅槃我弟子中愚癡惡人定謂如
来入於涅槃譬如母人多有諸子其母捨行
至他國土未還之傾諸子咸言我母已死而
是母人實不死也師子吼菩薩言世尊何等
比丘能莊嚴此婆羅雙樹善男子若有比丘
受持讀誦十二部經正其文句通達深義為
人解說初中後善為欲利益无量衆生演說
梵行如是比丘則能莊嚴婆羅雙樹師子吼
菩薩言世尊如我解佛所說義者阿難比丘
即其人也何以故阿難比丘受持讀誦十二
部經為人開說正語正義猶如寫水置之異

BD14485號　大般涅槃經（北本　異卷）卷三〇　（19-13）

梵行如是比丘則能莊嚴婆羅雙樹師子吼
菩薩言世尊如我解佛所說義者阿難比丘
即其人也何以故阿難比丘受持讀誦十二
部經為人開說正語正義猶如寫水置之異
器阿難比丘亦復如是從佛所聞如聞轉說
善男子若有比丘得淨天眼見於十方三千
大千世界所有如觀掌中菴摩勒菓如是比
丘亦能莊嚴婆羅雙樹師子吼言世尊若如
是者阿尼樓䭾比丘即其人也何以故阿尼
樓䭾天眼見於三千大千世界所有至乃中
陰悉能明了无鄣㝵故善男子若有比丘少
欲知足心樂寂靜懃行精進念定慧解如是
比丘則能莊嚴婆羅雙樹師子吼言世尊若
如是者迦葉比丘是其人也何以故迦葉比
丘善脩少欲知足等法善男子若有比丘為
益衆生不為利養脩集通達无諍三昧聖行
空行如是比丘則能莊嚴婆羅雙樹師子吼
言世尊若如是者須菩提比丘即其人也何
以故須菩提者善脩无諍聖行空行故善
男子若有比丘善脩神通一念之中能作種
々神通變化一心一定能作二果所謂水火如
是比丘則能莊嚴婆羅雙樹師子吼言世尊
若如是者目連比丘即其人也何以故目揵
連者善脩神通无量變化故善男子若有比
丘脩集大智利智疾智解脫智甚深智廣智
无邊智无勝智實智具足成就如是慧根於
怨親中心无差別若聞如来涅槃无常心不

BD14485號　大般涅槃經（北本　異卷）卷三〇　（19-14）

連者善脩神通无量變化故善男子若有比
丘脩集大智利智疾智解脫智甚深智廣智
无邊智无勝智實智是名成就如是慧根於
怨親中心无差別若聞如來涅槃无常心不
憂慼若聞常住不入涅槃不生欣慶如是比
丘則能莊嚴娑羅雙樹師子吼言世尊若如
是者舍利弗比丘即其人也何以故舍利弗
者善能成就具足如是大智慧故善男子若
有比丘能說衆生悉有佛性得金剛身无有
邊際常樂我淨身心无㝵得八自在如是
比丘則能莊嚴娑羅雙樹師子吼言世尊若
如是者唯有如來即其人也何以故如來之
身金剛无邊常樂我淨身心无㝵具八自在
故世尊唯有如來乃能莊嚴娑羅雙樹如其
无者則不端嚴唯願大慈為莊嚴故常住於
此娑羅林中佛言善男子一切諸法性无住
〻汝云何言願如來住善男子凡言住者名
為色法從因緣生故名為住因緣无處故名
不住〻如來已斷一切色縛云何當言如來住
耶受相行識亦復如是善男子住名憍慢以
憍慢故不得解脫不得解脫故名為住誰有
憍慢從何處來是故得名為无住住如來永
斷一切憍慢云何而言願如來住住者名為有
法如來已斷有為之法是故不住住名空法
如來已斷如是空法是故獲得常樂我淨云
何而言願如來住住者名為廿五有如來已

BD14485號　大般涅槃經（北本　異卷）卷三〇　　（19–15）

斷一切憍慢云何而言願如來住住者名為有
法如來已斷有為之法是故不住住名空法
如來已斷如是空法是故獲得常樂我淨云
何而言願如來住住者名為廿五有如來已
斷廿五有云何言住住者即是一切凡夫諸聖
无去无來无住如來已斷去來住相云何言
住夫无住者名无邊身身无邊故云何而言
唯願如來住娑羅林若住此林則是有邊身
若有邊則是无常如來是常云何言住夫无
住者名曰虛空如來之性同於虛空云何言
住又无住者名金剛三昧金剛三昧壞一切
住金剛三昧即是如來云何言住又无住者
即名為幻如來同幻云何言住又无住者名
无始无終如來之性无有始終云何言住又
无住者名无邊法界无邊法界即是如來云
何言住又无住者名首楞嚴三昧首楞嚴三
昧知一切法而无所著以无著故名首楞嚴
如來具足首楞嚴定云何言住又无住者名
處非處力如來成就處非處力云何言住又
无住者名檀波羅蜜檀波羅蜜若有住者則
不得至尸波羅蜜乃至般若波羅蜜以是故
檀波羅蜜名為无住如來乃至不住般若波
羅蜜云何願言如來常住娑羅樹林又无住
者名脩四念處如來若住四念處者則不能
得阿耨多羅三藐三菩提是名不住〻又无住
者名无邊衆生界如來悉到一切衆生无邊

BD14485號　大般涅槃經（北本　異卷）卷三〇　　（19–16）

者名脩四念處如來若住四念處者則不能
得阿耨多羅三藐三菩提是名不住々又无住
者名无邊衆生界如來悉到一切衆生无邊
界八所无所住又无住者名无屋宅无屋宅
者名為无有无有者名為无生无生者名為
无死无死者名為无相无相者名為无礙无
礙者名為无著无著者名為无漏无漏即善
善即无為无為者即大涅槃常涅槃常者即
我我者即淨淨者即樂常樂我淨即是如來
善男子譬如虛空不住東方南西北方四維
上下如來亦尒不住東方南西北方四維上
下善男子若有說言身口意惡得善菓者无
有是處身口意善得惡果者亦无是處若言
凡夫得見佛性十住菩薩不得見者亦无是
處一闡提輩犯五逆罪誹謗方等經毀四重禁
得阿耨多羅三藐三菩提者亦无是處六
住菩薩煩惱因緣隨三惡道亦无是處菩薩
摩訶薩以貞女身得阿耨多羅三藐三菩提
者亦无是處一闡提常三寶无常亦无是處
如來住於拘尸那城亦无是處善男子如來
今於此拘尸那入大三昧深禪定屈衆不見
故名大涅槃師子吼言如來何故入禪定屈
善男子為欲度脫諸衆生故未種善根令得
種故已種善根者得增長故善果未熟令得
熟故為已熟者說趣向耨多羅三藐三菩提
故輕賤善法者令生尊貴故諸有放逸者令

種故已種善根者得增長故善果未熟令得
熟故為已熟者說趣向耨多羅三藐三菩提
故輕賤善法者令生尊貴故諸有放逸者令
離放逸故為与文殊師利等諸大香象共論
議故為欲教化樂讀誦故深變禪定故為已
羅行梵行天行教化衆生故為觀不共深法
藏故為欲呵嘖放逸弟子故如來常稱常
樂定況汝等輩煩惱未盡所生放逸為欲呵
嘖諸惡比丘受畜八種不淨之物及不少欲
不知足故為令衆生尊重所聞禪定法故以
是因緣入禪定窟師子吼言世尊无相定者
名大涅槃是故涅槃名為无相以何因緣名
為无相善男子无十相故何等為十所謂色
相聲相香相味相觸相生住壞相男相女相
是名十相无如是相故名无相善男子夫著
相者則能生癡々故生愛々故繫縛々故受生
生故有死々故无常不著相者則不生癡不
生癡故則无有愛无有愛故則无繫縛无繫
縛故則不受生不受生故則无有死无有死故
則名為常以是義故涅槃名常師子吼言世
尊何等比丘能斷十相佛言善男子若有
比丘時時脩集三種相者則斷十相時時脩
集三昧定相時時脩集智慧之相時脩集捨
相是名三相師子吼言世尊云何名為定
慧捨相定是三昧者一切衆生皆有三昧云何
方言脩集三昧若心在一境則名三昧若餘
更緣則不名三昧如其不定非一切智非一

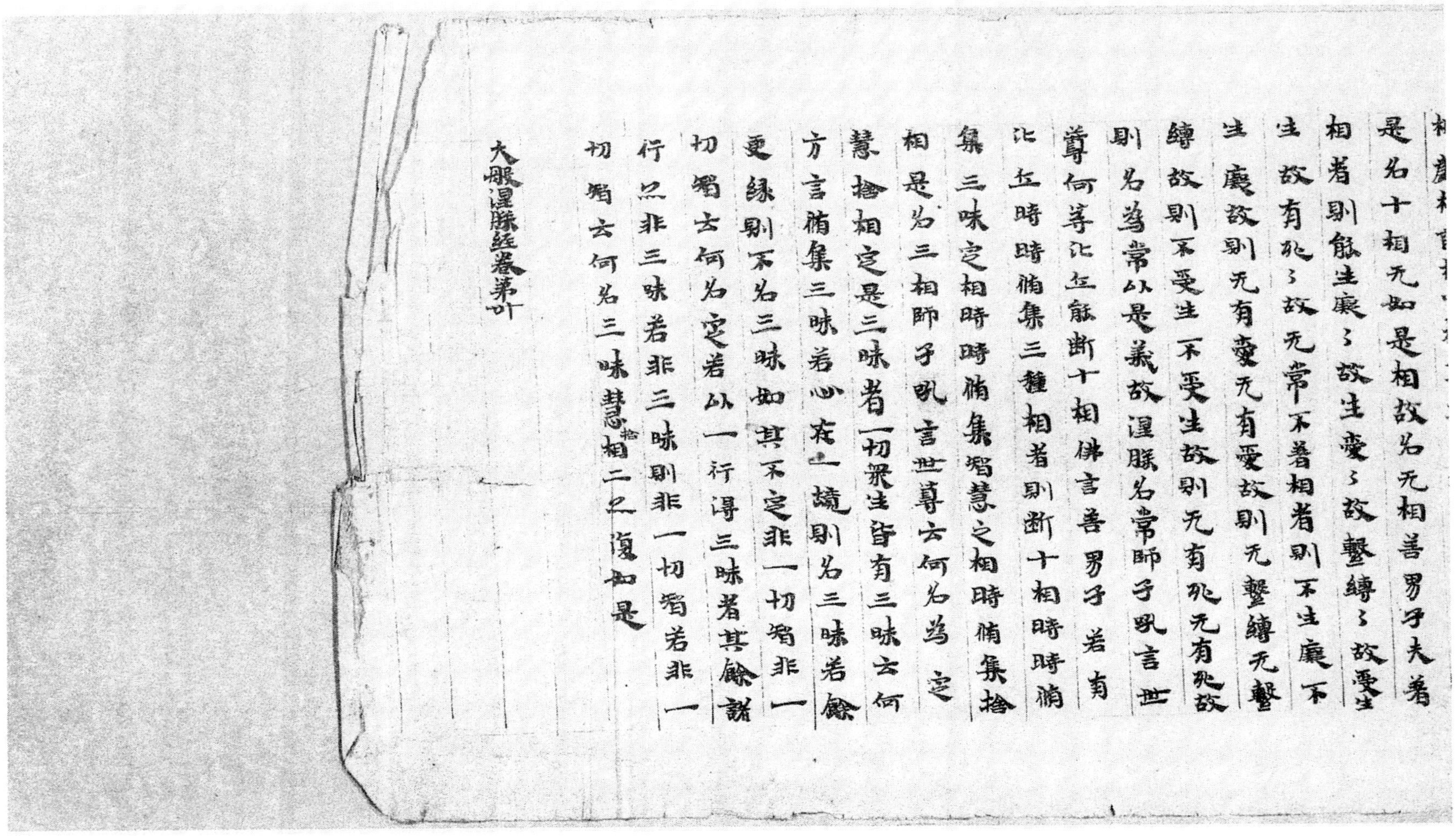

是名十相无如是相故名无相善男子夫著
相者則能生癡癡故生愛愛故繫縛繫縛故受生
生故有死死故无常不著相者則不生癡不
生癡故則无有愛无有愛故則无繫縛无繫
縛故則不受生不受生故則无有死无有死故
則名為常以是義故涅槃名常師子吼言世
尊何等比丘能斷十相佛言善男子若有
比丘時時脩集三種相者則斷十相時時脩
集三昧定相時時脩集智慧之相時時脩集捨
相是名三相師子吼言世尊云何名為定
慧捨相定是三昧者一切衆生皆有三昧云何
方言脩集三昧若心在一境則名三昧若餘
更緣則不名三昧如其不定非一切智非一
切智云何名定若以一行得三昧者其餘諸
行悉非三昧若非三昧則非一切智若非一
切智云何名三昧慧捨相二之復如是

大般涅槃經卷第卅

BD14485 號　大般涅槃經（北本　異卷）卷三〇　　（19–19）

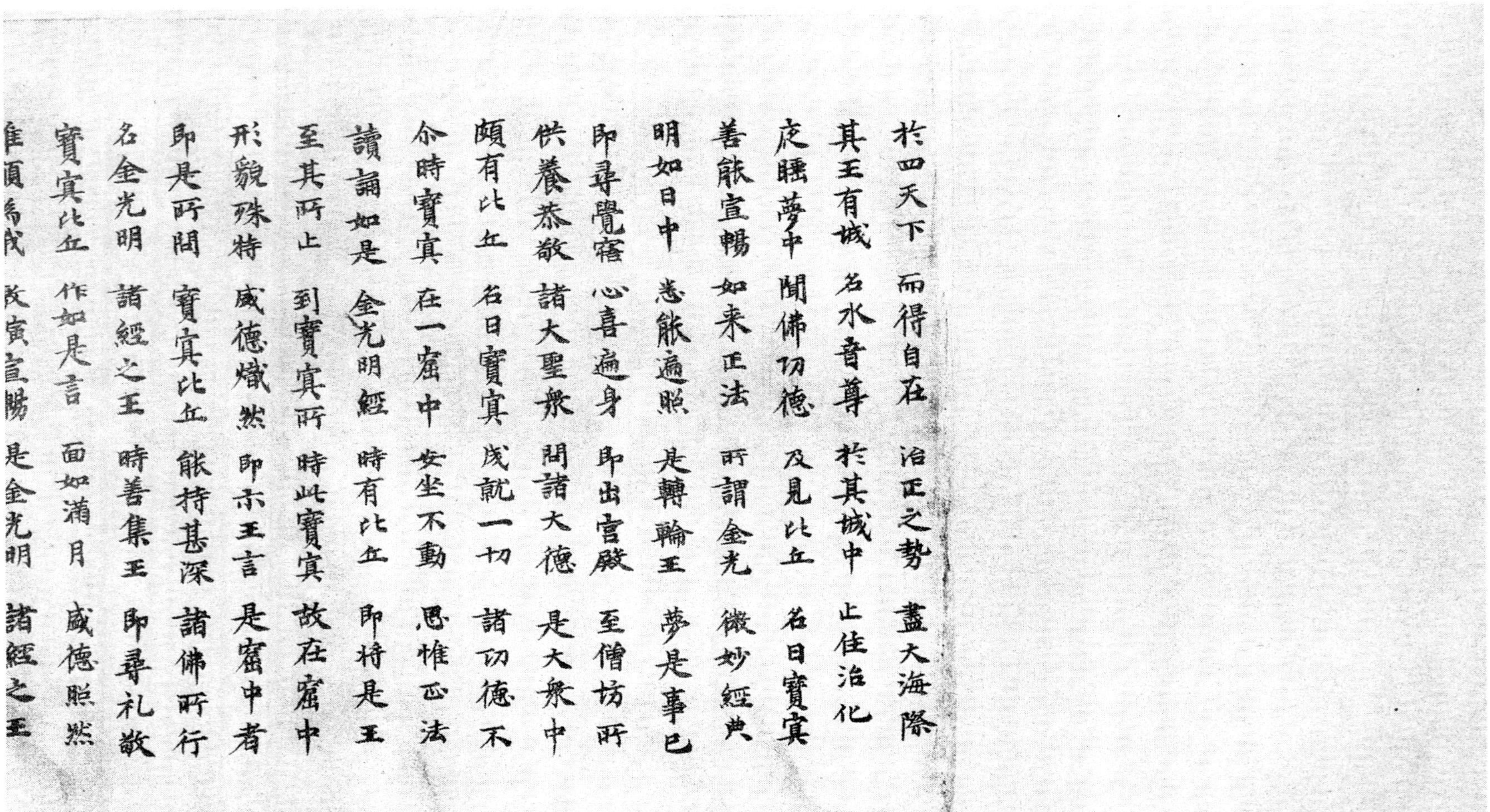

於四天下　而得自在　治正之勢　盡大海際
其王有城　名水音尊　於其城中　止住治化
夜睡夢中　聞佛功德　及見比丘　名日寶冥
善能宣暢　如來正法　所謂金光　微妙經典
明如日中　悉能遍照　是轉輪王　夢是事已
即尋覺寤　心喜遍身　即出宮殿　至僧坊所
供養恭敬　諸大聖衆　問諸大德　是大衆中
頗有比丘　名日寶冥　成就一切　諸功德不
尒時寶冥　在一窟中　安坐不動　思惟正法
讀誦如是　金光明經　時有比丘　即將是王
至其所止　到寶冥所　時此寶冥　故在窟中
形貌殊特　威德熾然　即示王言　是窟中者
即是所問　寶冥比丘　能持甚深　諸佛所行
名金光明　諸經之王　時善集王　即尋礼敬
寶冥比丘　作如是言　面如滿月　威德照然
唯願為我　敷演宣暢　是金光明　諸經之王

BD14486 號　金光明經卷三　　（15–1）

至其所止 到寶冥所 時此寶冥 故在窟中
形貌殊特 威德熾然 即亦王言 是窟中者
即是所問 寶冥比丘 能持甚深 諸佛所行
名金光明 諸經之王 時善集王 即尋礼敬
寶冥比丘 作如是言 面如滿月 威德照然
唯願為我 敷演宣暢 是金光明 諸經之王
時寶冥尊 即受王請 許為宣說 是金光明
三千大千 世界諸天 知當說法 悉生歡喜
於淨微妙 鮮潔之處 種種珎寶 廁填其地
上妙香水 持用灑之 散諸好花 遍滿其處
王於是時 自敷法座 懸繒幡蓋 寶飾交絡
種種微妙 殊持末香 悉以奉散 大法高座
一切諸天 龍及鬼神 摩睺羅伽 緊那羅等
即雨天上 曼陁羅花 遍散法座 滿其處所
不可思議 百千万億 那由他等 无量諸天
一時俱来 集說法所 是時寶冥 尋從窟出
諸天即時 以婆羅花 供養奉散 寶冥比丘
是時寶冥 淨洗身體 着淨妙衣 至法座所
合掌恭敬 是法高座 一切天王 及諸天人
雨曼陁羅 大曼陁花 无量百千 種種伎樂
於虛空中 不皷自鳴 寶冥比丘 能說法者
尋上高座 結跏趺坐 即念十方 不可思議
无量千億 諸佛世尊 於諸衆生 興大悲心
及善集王 所得王領 盡一日月 所照之處
時說法者 即尋為王 敷暢宣說 是妙經典

BD14486號　金光明經卷三　　(15-2)

尋上高座 結跏趺坐 即念十方 不可思議
无量千億 諸佛世尊 於諸衆生 興大悲心
及善集王 所得王領 盡一日月 所照之處
時說法者 即尋為王 敷暢宣說 是妙經典
是時大王 為聞法故 於比丘前 合掌而立
聞於正法 讚言善哉 其心悲悼 涕淚交流
尋復踊說 心意悅怡 為欲供養 此經典故
尒時即持 如意珠王 為諸衆生 發大誓願
願於今日 此閻浮提 悉雨无量 種種珎異
瓌琦七寶 及妙瓔珞 以是因緣 悉今无量
一切衆生 皆受快樂 即於尒時 尋雨七寶
及諸寶飾 天冠耳璫 種種瓔珞 甘饌寶座
悉皆充滿 遍四天下 時善集王 即持如是
滿四天下 无量七寶 於寶勝佛 遺法之中
以用布施 供養三寶 尒時為王 說法比丘
於今現在 阿閦佛是 時善集王 聽受法者
今則我身 釋迦文是 我於尒時 捨此大地
滿四天下 珎寶布施 得聞如是 金光明經
聞是經已 一稱善哉 以此善根 業因緣故
身得金色 百福莊嚴 常為无量 百千万億
衆生等類 之所樂見 既得見已 无有猒足
過去九十 九億千劫 常得作於 轉輪聖王
亦於无量 百千劫中 常得王領 諸小國土
不可思議 劫中常作 釋提桓因 及淨梵王
復得值遇 十力世尊 其數无量 不可稱計

BD14486號　金光明經卷三　　(15-3)

過去九十　九億千劫　常得作於　轉輪聖王
亦於无量　百千劫中　常得王領　諸小國土
不可思議　劫中常作　釋提桓因　及淨梵王
復得值遇　十力世尊　其數无量　不可稱計
所得功德　无量无邊　皆由聞經　及稱善哉
如我所願　成就菩提　正法之身　我今已得

金光明經鬼神品第十三

佛告功德天若有善男子善女人欲以不可
思議妙供養具供養過去未來現在諸佛
世尊及欲得知三世諸佛甚深行處是人
應當畢定至心隨有是經流布之處若城
邑村落舍宅空處正念不亂至心聽是
微妙經典尒時世尊欲重宣此義而說偈言
若欲供養　一切諸佛　欲知三世　諸佛行處
應當往彼　城邑聚落　有是經處　至心聽受
是妙經典　不可思議　功德大海　无量无邊
能令一切　衆生解脫　度无量苦　諸有大海
是經甚深　初中後善　不可得說　譬喻為比
假使恒沙　大地微塵　大海諸水　一切諸山
如是等物　不得為喻　若入是經　即入法性
如深法性　安住其中　即於是典　金光明中
而得見我　釋迦牟尼　不可思議　阿僧祇劫
生天人中　常受快樂　以能信解　聽是經故
如是无量　不可思議　功德福聚　悉已得之

如深法性　安住其中　即於是典　金光明中
而得見我　釋迦牟尼　不可思議　阿僧祇劫
生天人中　常受快樂　以能信解　聽是經故
如是无量　不可思議　功德福聚　悉已得之
隨所至處　若百由旬　滿中盛火　應從中過
若至聚落　阿蘭若處　到法會所　至心聽受
聽是經故　惡夢蠱道　五星諸宿　變異災禍
一切惡事　消滅无餘　於說法處　蓮花座上
說是經典　書寫讀誦　是說法者　若下法座
尒時大衆　猶見坐處　故有說者　或佛世尊
或見佛像　菩薩色像　普賢菩薩　文殊師利
弥勒大士　及諸形色　見如是等　種種事已
尋復滅盡　如前不異　成就如是　諸功德已
而為諸佛　之所讚歎　威德相貌　无量无邊
有大名稱　能却怨家　他方盜賊　能令退散
勇捍多力　能破強敵　惡夢惱心　无量惡業
如是惡事　皆悉寂滅　若入軍陣　常能勝他
名聞流布　遍閻浮提　亦能摧伏　一切怨敵
遠離諸惡　脩集諸善　入陣得勝　心常歡喜
大梵天王　三十三天　護世四王　金剛密迹
鬼神諸王　散支大將　禪那英鬼　及緊那王
阿耨達龍　娑竭羅王　阿脩羅王　迦樓羅王
大辯天神　及大功德　如是上首　諸天神等
常當供養　是聽法者　生不思議　法塔之想
衆生見者　恭敬歡喜　諸天王等　亦各思惟

阿耨達龍　娑竭羅王　阿脩羅王　迦樓羅王
大辯天神　及大功德　如是上首　諸天神等
常當供養　是聽法者　生不思議　法塔之想
衆生見者　恭敬歡喜　諸天王等　亦各思惟
而相謂言　命是衆生　无量威德　皆悉成就
若能来至　是法會所　如是之人　成上善根
若有聽是　甚深經典　莊嚴出往　法會之處
心生不可　思議正信　供養恭敬　无上法塔
如是大悲　利益衆生　即是无量　深法寶器
能入甚深　无上法性　由以淨心　聽是經典
如是之人　悉以供養　過去无量　百千諸佛
以是善根　无量因緣　應當聽受　是金光明
如是衆生　常為无量　諸天神王　之所愛護
大辯功德　護世四王　无量鬼神　及諸力士
晝夜精勤　擁護四方　釋提桓因　及日月天
閻摩羅王　風水諸神　違馱天神　及毗紐天
大辯天神　及自在天　火神等神　大力勇猛
常護世間　晝夜不離　大力鬼神　那羅延等
摩醯首羅　二十八部　諸鬼神等　散支為首
百千鬼神　神足大力　擁護是等　令不怖畏
金剛密迹　大鬼神王　及其眷屬　五百徒黨
一切皆是　大菩薩等　亦悉擁護　聽是法者
摩尼跋陀　大鬼神王　富那跋陀　及金毗羅
阿羅婆帝　賓頭盧伽　黄頭大神　一一諸神
各有五百　眷屬鬼神　亦常擁護　聽是經者

BD14486號　金光明經卷三　（15-6）

一切皆是　大菩薩等　亦悉擁護　聽是法者
摩尼跋陀　大鬼神王　富那跋陀　及金毗羅
阿羅婆帝　賓頭盧伽　黄頭大神　一一諸神
各有五百　眷屬鬼神　亦常擁護　聽是經者
質多斯那　阿脩羅王　及乾闥婆　那羅羅闍
祁那娑婆　摩尼乾陀　及尼乾陀　主雨大神
大飲食神　摩訶迦吒　金色髮神　半祁鬼神
及半支羅　車鉢羅婆　有大威德　婆那梨神
曇摩跋羅　摩竭婆羅　針髮鬼神　繡利蜜多
勒那翅舍　摩訶婆那　及軍陀遮　劒摩舍帝
復有大神　奢羅蜜帝　醯摩跋陀　薩多琦梨
如是等神　皆有无量　神足大力　常勤擁護
聽受如是　微妙典者　阿耨達王　娑伽羅王
目真隣王　伊羅鉢王　難陀龍王　跋難陀王
有如是等　百千龍王　以大神力　常来擁護
聽是經典　晝夜不離　波利羅睺　阿脩羅王
毗摩質多　及以茂脂　睒摩利子　波呵梨子
佉羅騫馱　及以建陁　是等皆是　阿脩羅王
有大神力　常来擁護　聽是經者　晝夜不離
呵利帝南　鬼子母等　及五百神　常来擁護
聽是經者　若臥若寤　栴陁栴陁　大鬼神等
鳩羅檀提　噉人精氣　如是等神　皆有大力
常勤擁護　十方世界　受持經者　大辯天等
无量天女　功德天等　各與眷屬　地神堅牢
種植園林　菓實大神　如是諸神　心生歡喜

BD14486號　金光明經卷三　（15-7）

鳩羅檀提 敢人精氣 如是等神 皆有大力
常勤擁護 十方世界 受持經者 大辯天等
无量天女 切德天等 各與眷屬 地神堅牢
種植園林 菓實大神 如是諸神 心生歡喜
悉来擁護 愛樂親近 是經典者 於諸衆生
增命色力 切德威貌 莊嚴倍常 五星諸宿
變異灾怪 皆悉能滅 无有遺餘 夜卧悪夢
寤則憂悴 如是悪事 皆悉滅盡 地神大力
勢分甚深 是經力故 能變其味 如是大地
至金剛際 厚十六万 八千由旬 其中氣味
无不遍有 悉令涌出 潤益衆生 是經力故
能令地味 悉出地上 厚百由旬 亦令諸天
大地精味 充益身力 歡喜快樂 閻浮提内
所有諸神 心生歡喜 愛樂无量 是經力故
諸天歡喜 百穀菓實 皆悉滋茂 園苑藂林
其花開敷 香氣芬馥 充溢弥滿 百草樹木
生長端直 其體柔軟 无有耶废 閻浮提内
所有龍女 其數无量 不可思議 心生歡喜
踊躍无量 在在處處 莊嚴花池 於其地中
生種種花 優鉢羅花 波頭摩花 拘物頭花
芬陁利花 於自宮殿 除諸雲霧 令虛空中
无有塵翳 諸方清徹 淨潔明了 日王赫奕
放千光明 歡喜踊躍 照諸暗蔽 閻浮檀金
以為宮殿 心住其中 威德无量 日之天子

无有塵翳 諸方清徹 淨潔明了 日王赫奕
放千光明 歡喜踊躍 照諸暗蔽 閻浮檀金
以為宮殿 心住其中 威德无量 日之天子
及以月天 聞是經故 精氣充實 是日天子
出閻浮提 心生歡喜 放於无量 光明明網
遍照諸方 即於出時 放大網明 開敷種種
諸池蓮花 閻浮提内 无量菓實 随時成熟
飽諸衆生 是時日月 所照殊勝 星宿正行
不失度數 風雨随時 豐實熾盛 多饒財寶
无所乏少 是金光明 微妙經典 随所流布
講宣之處 其國土境 即得增益 如上所說
无量切德

金光明經授記品第十四

尒時如来將欲為是信相菩薩及其二子銀
相銀光授阿耨多羅三藐三菩提記是時即
有十千天子威德熾王而為上首俱從忉利来
至佛所頂礼佛足却坐一面尒時佛告信相
菩薩汝於来世過无量无邊百千万億不
可稱計那由他劫金照世界當成阿耨多羅
三藐三菩提号金寶蓋山王如来應供正遍
知明行足善逝世間解无上士調御丈夫天
人師佛世尊乃至是佛般涅槃後正法像法
皆滅盡已長子銀相當於是界次補佛處世
界尒時轉名淨幢佛名閻浮檀金幢明光照
如来應供正遍知明行足善逝世間解无上士

皆滅盡已長子銀相當於是界次補佛處世
界介時轉名淨幢佛名閻浮檀金幢明光照
如来應供正遍知明行足善逝世間解无上士
調御丈夫天人師佛世尊乃至是佛般涅槃
後正法像法悉滅盡已次子銀光復於是後
次補佛處世界名字如本不異佛号曰金光
照如来應供正遍知明行足善逝世間解无
上士調御丈夫天人師佛世尊是十千天子
聞三大士得授記莂復聞如是金光明經聞
已歡喜生殷重心心无垢累如淨瑠璃清淨
无㝵猶如虛空介時如来知是十千天子善
根成熟即便與授菩提道記汝等天子於
當来世過阿僧祇百千万億那由他劫於是
世界當成阿耨多羅三藐三菩提同共一家
一姓一名号曰青目優鉢羅花香山如来應
供正遍知明行足善逝世間解无上士調御
丈夫天人師佛世尊如是次苐出現於世凡一
万佛介時道場菩提樹神名等增益白佛
言世尊是十千天子於切利宮為聽法故故
来集此去何如来便與授記世尊我未曾聞是
諸天子脩行具足波羅蜜亦未曾聞捨於手
足頭目髓腦所愛妻子財實穀帛金銀瑠璃
車𤦲馬瑙真珠珊瑚珂貝璧玉甘饌飲食衣
服林卧病瘦醫藥為馬車乘殿堂屋宅園
林泉池奴婢僕使如餘无量百千菩薩以種

諸天子脩行具足波羅蜜亦未曾聞捨於手
足頭目髓腦所愛妻子財實穀帛金銀瑠璃
車𤦲馬瑙真珠珊瑚珂貝璧玉甘饌飲食衣
服林卧病瘦醫藥為馬車乘殿堂屋宅園
林泉池奴婢僕使如餘无量百千菩薩以種
種資生供養之具恭敬供養過去无量百千
万億那由他等諸佛世尊如是菩薩於未来世
亦捨无量所重之物頭目髓腦所愛妻子財實
穀帛乃至僕使次苐脩行成就具足六波羅蜜
成就是已備脩苦行動經无量无邊劫數然後
方得授菩提記世尊是天子等何因何緣脩行
何等勝妙善根從彼天来蹔得聞法便得授
記唯願世尊為我解說断我疑網
介時佛告樹神善女天皆有因緣有妙善根已隨
相脩何以故以是天子於所住處捨五欲樂故
来聽是金光明經既聞法已於是經中淨心殷
重如說脩行復得聞此三大菩薩受於記莂亦
以過去本昔發心誓願因緣是故我今皆與授
記於未来世當成阿耨多羅三藐三菩提
金光明經除病品苐十五
佛告道場菩提樹神善女天諦聽諦聽善
持憶念我當為汝演說往昔誓願因緣過
去无量不可思議阿僧祇劫介時有佛出現
於世名曰寶勝如来應供正遍知明行足
善逝世間解无上士調御丈夫天人師佛世

持憶念我當為汝演說往昔誓願因緣過
去无量不可思議阿僧祇劫尒時有佛出現
於世名日寶勝如来應供正遍知明行足
善逝世間解无上士調御丈夫天人師佛世
尊善女天
尒時是佛般涅槃後正法滅已於像法中
有王名日天自在光脩行正法如法治世人
民和順孝養父母是王國中有一長者名
日持水善知醫方救諸病苦方便巧知四大
增損善女天尒時持水長者家中後生一子
名日流水體貌殊勝端正苐一形色微妙威
德具足受性聰敏善解諸論種種伎藝書
疏筭計无不通達是時國內天降疫病時
有无量百千諸衆生等皆无免者為諸苦
惱之所逼切善女天尒時流水長者子見是
无量百千衆生受諸苦惱故為是衆生大
悲心作是思惟如是无量百千衆生受諸
苦惱我父長者雖善醫方能救諸苦方便
巧知四大增損年已衰邁老耄枯悴皮緩面
皺羸瘦戰掉行来往反要因机杖困頓疲
乏不能至彼城邑聚落而是无量百千衆生
復遇重病无能救者我今當至大醫父所
諮問治病醫方祕法諮稟知已當至城邑
聚落村舍治諸衆生種種重病悉令得

復遇重病无能救者我今當至大醫父所
諮問治病醫方祕法諮稟知已當至城邑
聚落村舍治諸衆生種種重病悉令得
脫无量諸苦時長者子思惟是已即至
父所頭面着地為父作礼叉手却住以四大
增損而問於父即說偈言
云何當知　四大諸根　衰損代謝　而得諸病
云何當知　飲食時節　若食食已　身火不滅
云何當知　治風及熱　水過肺病　及以等分
何時動風　何時動熱　何時動水　以害衆生
時父長者　即以偈頌　解說醫方　而答其子
三月是夏　三月是秋　三月是冬　三月是春
是十二月　三三而說　從如是數　一歲四時
若二二說　足滿六時　三三本攝　二二現時
隨是時節　消息飲食　是能益身　醫方所說
隨時歲中　諸根四大　代謝增損　令身得病
有善醫師　隨順四時　三月將養　調和六大
隨病飲食　及以湯藥　多風病者　夏則發動
其熱病者　秋則發動　等分病者　冬則發動
其肺病者　春則增劇　有風病者　夏則應服
肥膩醎酢　及以熱食　有熱病者　秋服冷甜
等分冬服　甜酢肥膩　肺病春服　肥膩辛熱
飽食然後　則發肺病　於食消時　則發熱病
食消已後　則發風病　如是四大　隨三時發
病風羸損　補以酥膩　熱病下藥　服訶梨勒

[illegible]
其熱病者　秋則發動　等分病者　冬則發動
其肺病者　春則增劇　有風病者　夏則應服
肥膩醎酢　及以熱食　有熱病者　秋服冷甜
等分冬服　甜酢肥膩　肺病春服　肥膩辛熱
飽食然後　則發肺病　於食消時　則發熱病
食消已後　則發風病　如是四大　隨三時發
病風羸損　補以蘇膩　熱病下藥　服呵梨勒
等分應服　三種妙藥　所謂甜辛　及以蘇膩
肺病應服　隨能吐藥　若風熱病　肺病等分
違時而發　應當任師　籌量隨病　飲食湯藥
善女天尒時流水長者子聞其父醫四大增
損因是得了一切醫方時長者子知醫方已
遍至國內城邑聚落在在處處隨有衆生
病苦者所軟言慰喻作如是言我是醫師
我是醫師善知方藥令當為汝療治救濟悉
令除愈善女天尒時衆生聞長者子軟言
慰喻許為治病心生歡喜踊躍无量時有
百千无量衆生遇極重病值聞是言心歡
喜故種種所患即得除差平復如本氣力
充實善女天復有无量百千衆生病苦深
重難除差者即共來至長者子所時長者
子即以妙藥授之令服已除差亦得平復
善女天是長者子於是國內治諸衆生所
有病苦悉得除差

BD14486號　金光明經卷三　（15–14）

損因是得了一切醫方時長者子知醫方已
遍至國內城邑聚落在在處處隨有衆生
病苦者所軟言慰喻作如是言我是醫師
我是醫師善知方藥令當為汝療治救濟悉
令除愈善女天尒時衆生聞長者子軟言
慰喻許為治病心生歡喜踊躍无量時有
百千无量衆生遇極重病值聞是言心歡
喜故種種所患即得除差平復如本氣力
充實善女天復有无量百千衆生病苦深
重難除差者即共來至長者子所時長者
子即以妙藥授之令服已除差亦得平復
善女天是長者子於是國內治諸衆生所
有病苦悉得除差

金光明經卷第三

弟子信悟特此經乾寧四載丁巳歲二月八日因行城
於萬壽寺請得轉讀七十甬其年甚熟後五
亦以兩更一遍尒熟不可思議

BD14486號　金光明經卷三　（15–15）

身　世尊
行每作是念我
法而見濟度是我
者何若我等待說所因成就阿耨多
羅三藐三菩提者必以大乘而得度脫然我
等不解方便隨宜所說初聞佛法遇便信受
思惟取證世尊我從昔來終日竟夜每自剋
責而今從佛聞所未聞未曾有法斷諸疑悔
身意泰然快得安隱今日乃知真是佛子從
佛口生從法化生得佛法分尒時舍利弗欲
重宣此義而說偈言
我聞是法音　得所未曾有　心懷大歡喜　疑網皆已除
昔來蒙佛教　不失於大乘　佛音甚希有　能除衆生惱
我已得漏盡　聞亦除憂惱　我處於山谷　或在林樹下
若坐若經行　常思惟是事　嗚呼深自責　云何而自欺
我等亦佛子　同入無漏法　不能於未來　演說無上道
金色三十二　十力諸解脫　同共一法中　而不得此事
好　十八……　□是等功德　而我皆已失
……時　……方　廣饒益衆生
……每思惟是事

BD14487 號　妙法蓮華經卷二　（28–1）

若坐若經行　常思惟是事　嗚呼深自責　云何而自欺
我等亦佛子　同入無漏法　不能於未來　演說無上道
金色三十二　十力諸解脫　同共一法中　而不得此事
好　十八……　□是等功德　而我皆已失
……時　……方　廣饒益衆生
自惟失此利　我為自欺誑　……夜　每思惟是事
欲以問世尊　為失為不失　我常見世尊　稱讚諸菩薩
以是於日夜　籌量如此事　今聞佛音聲　隨宜而說法
無漏難思議　令衆至道場　我本著邪見　為諸梵志師
世尊知我心　拔邪說涅槃　我悉除邪見　於空法得證
尒時心自謂　得……　而今乃自覺　非是實滅度
若得作佛時　……又衆　龍神等恭敬
是時乃可謂　永盡滅無餘
佛於大衆中　說我當作佛　聞如是法音　疑悔悉已除
初聞佛所說　心中大驚疑　將非魔作佛　惱亂我心耶
佛以種種緣　譬喻巧言說　其心安如海　我聞疑網斷
佛說過去世　無量滅度佛　安住方便中　亦皆說是法
現在未來佛　其數無有量　亦以諸方便　演說如是法
如今者世尊　從……　□道轉法輪　亦以方便說
世尊說實……　……定知　非是魔作佛
我墮疑網故　謂是魔所為　聞佛柔軟音　深遠甚微妙
演暢清淨法　我心大歡喜　疑悔永已盡　安住實智中
我定當作佛　為天人所敬　轉無上法輪　教化諸菩薩
尒時佛告舍利弗吾今於天人沙門婆羅門
等大衆中說我昔曾於二万億佛所為無上
道故常教化汝汝亦長夜隨我受學我以方
便引導汝故生我法中舍利弗我昔教汝志

BD14487 號　妙法蓮華經卷二　（28–2）

尒時佛告舍利弗吾今於天人沙門婆羅門
等大衆中說我昔曾於二万億佛所為无上
道故常教化汝汝亦長夜隨我受學我以方
便引導汝故生我法中舍利弗我昔教汝志
願佛道汝今悉忘而便自謂已得滅度我今
還欲令汝憶念本願所行道故為諸聲聞說
是大乘經名妙法蓮華教菩薩法佛所護念
舍利弗汝於未來世過无量无邊不可思議
劫供養若干千万億佛奉持正法具足菩薩
所行之道當得作佛号曰華光如來應供正
遍知明行足善逝世間解无上士調御丈夫
天人師佛世尊國名離垢其土平正清淨嚴
餝安隱豐樂天人熾盛瑠璃為地有八交道
黃金為繩以界其側其傍各有七寶行樹常
有華菓華光如來亦以三乘教化衆生舍利
弗彼佛出時雖非惡世以本願故說三乘法
其劫名大寶莊嚴何故名曰大寶莊嚴其國
中以菩薩為大寶故彼諸菩薩无量无邊不
可思議筭數譬喻所不能及非佛智力无能
知者若欲行時寶華承足此諸菩薩非初發
意皆久殖德本於无量百千万億佛所淨脩
梵行恒為諸佛之所稱歎常脩佛慧具大神
通善知一切諸法之門質直无僞志念堅固
如是菩薩充滿其國舍利弗華光佛壽十二
小劫除為王子未作佛時其國人民壽八小
劫華光如來過十二小劫授堅滿菩薩阿耨
多羅三藐三菩提記告諸比丘是堅滿菩薩
[illegible]

BD14487號　妙法蓮華經卷二　（28-3）

通善知一切諸法之門質直无僞志念堅固
如是菩薩充滿其國舍利弗華光佛壽十二
小劫除為王子未作佛時其國人民壽八小
劫華光如來過十二小劫授堅滿菩薩阿耨
多羅三藐三菩提記告諸比丘是堅滿菩薩
次當作佛号曰華足安行多陁阿伽度阿羅
訶三藐三佛陁其佛國土亦復如是舍利弗
是華光佛滅度之後正法住世卅二小劫像
法住世亦卅二小劫尒時世尊欲重宣此義
而說偈言
舍利弗來世　成佛普智尊　号名曰華光　當度无量衆
供養无數佛　具足菩薩行　十力等功德　證於无上道
過无量劫已　劫名大寶嚴　世界名離垢　清淨无瑕穢
以瑠璃為地　金繩界其道　七寶雜色樹　常有華菓實
彼國諸菩薩　志念常堅固　神通波羅蜜　皆已悉具足
於无數佛所　善學菩薩道　如是等大士　華光佛所化
佛為王子時　棄國捨世榮　於㝡末後世　出家成佛道
華光佛住世　壽十二小劫　其國人民衆　壽命八十劫
佛滅度之後　正法住於世　三十二小劫　廣度諸衆生
正法滅盡已　像法三十二
舍利廣流布　天人普供養　華光佛所為　其事皆如是
其兩足聖尊　㝡勝无倫匹　彼即是汝身　宜應自欣慶
尒時四部衆比丘比丘尼優婆塞優婆夷天
龍夜叉乾闥婆阿脩羅迦樓羅緊那羅摩睺
羅伽等大衆見舍利弗於佛前受阿耨多羅
三藐三菩提記心大歡喜踊躍无量各各脫
身所著上衣以供養佛釋提桓因梵天王等
與无數天子亦以天妙衣天曼陁羅華摩訶

BD14487號　妙法蓮華經卷二　（28-4）

龍夜叉乾闥婆阿脩羅迦樓羅緊那羅摩睺
羅伽等大衆見舍利弗於佛前受阿耨多羅
三藐三菩提記心大歡喜踊躍无量各各脫
身所著上衣以供養佛釋提桓因梵天王等
與无數天子亦以天妙衣天曼陁羅華摩訶
曼陁羅華等供養於佛所散天衣住虛空中
而自迴轉諸天伎樂百千万種於虛空中一
時俱作雨衆天華而作是言佛昔於波羅㮈
初轉法輪今乃復轉无上最大法輪尒時諸
天子欲重宣此義而說偈言
昔於波羅㮈　轉四諦法輪　分別說諸法　五衆之生滅
今復轉最妙　无上大法輪　是法甚深奧　少有能信者
我等從昔來　數聞世尊說　未曾聞如是　深妙之上法
世尊說是法　我等皆隨喜　大智舍利弗　今得受尊記
我等亦如是　必當得作佛　於一切世間　最尊无有上
佛道叵思議　方便隨宜說
我所有福業　今世若過世　及見佛功德　盡迴向佛道
尒時舍利弗白佛言世尊我今无復疑悔親
於佛前得受阿耨多羅三藐三菩提記是諸
千二百心自在者昔住學地佛常教化言我
法能離生老病死究竟涅槃是學无學人亦
各自以離我見及有无見等謂得涅槃而今
於世尊前聞所未聞皆墮疑惑善哉世尊願
為四衆說其因緣令離疑悔尒時佛告舍利
弗我先不言諸佛世尊以種種因緣譬喻言
辭方便說法皆為阿耨多羅三藐三菩提耶
是諸所說皆為化菩薩故然舍利弗今當復

為四衆說其因緣令離疑悔尒時佛告舍利
弗我先不言諸佛世尊以種種因緣譬喻言
辭方便說法皆為阿耨多羅三藐三菩提耶
是諸所說皆為化菩薩故然舍利弗今當復
以譬喻更明此義諸有智者以譬喻得解舍
利弗若國邑聚落有大長者其年衰邁財富
无量多有田宅及諸僮僕其家廣大唯有一
門多諸人衆一百二百乃至五百人止住其
中堂閣朽故牆壁頹落柱根腐敗梁棟傾危
周帀俱時欻然火起焚燒舍宅長者諸子若
十廿或至卅在此宅中長者見是大火從四
面起即大驚怖而作是念我雖能於此所燒
之門安隱得出而諸子等於火宅內樂著嬉
戲不覺不知不驚不怖火來逼身苦痛切己
心不猒患无求出意舍利弗是長者作是思
惟我身手有力當以衣裓若以机案從舍出
之復更思惟是舍唯有一門而復狹小諸子
幼稚未有所識戀著戲處或當墮落為火所
燒我當為說怖畏之事此舍已燒宜時疾出
无令為火之所燒害作是念已如所思惟具
告諸子汝等速出父雖憐愍善言誘喻而諸
子等樂著嬉戲不肯信受不驚不畏了无出
心亦復不知何者是火何者為舍云何為失
但東西走戲視父而已尒時長者即作是念
此舍已為大火所燒我及諸子若不時出必
為所焚我今當設方便令諸子等得免斯害
父知諸子先心各有所好種種珍玩奇異之

心然復不知何者是火何者為舍云何為失
但東西走戲視父而已尒時長者即作是念
此舍已為大火所燒我及諸子若不時出必
為所焚我今當設方便令諸子等得免斯害
父知諸子先心各有所好種種珍玩奇異之
物情必樂著而告之言汝等所可玩好希有
難得汝若不取後必憂悔如此種種羊車鹿
車牛車今在門外可以遊戲汝等於此火宅
宜速出來隨汝所欲皆當與汝尒時諸子聞
父所說珍玩之物適其願故心各勇銳互相
推排競共馳走爭出火宅是時長者見諸子
等安隱得出皆於四衢道中露地而坐无復
鄣㝵其心泰然歡喜踊躍時諸子等各白父
言父先所許玩好之具羊車鹿車牛車願時
賜與
舍利弗尒時長者各賜諸子等一大車其車
高廣衆寶莊校周迊欄楯四面懸鈴又於其
上張設幰蓋亦以珍奇雜寶而嚴飾之寶繩
交絡垂諸華纓重敷綩綖安置丹枕駕以白
牛膚色充潔形體姝好有大筋力行步平正
其疾如風又多僕從而侍衛之所以者何是大
長者財富无量種種諸藏悉皆充溢而作是
念我財物无極不應以下劣小車與諸子等
今此幼童皆是吾子愛无偏黨我有如是七
寶大車其數无量應當等心各各與之不宜
差別所以者何以我此物周給一國猶尚不匱
何況諸子是時諸子各乘大車得未曾有

BD14487 號　妙法蓮華經卷二　（28–7）

今此幼童皆是吾子愛无偏黨我有如是七
寶大車其數无量應當等心各各與之不宜
差別所以者何以我此物周給一國猶尚不匱
何況諸子是時諸子各乘大車得未曾有
非本所望舍利弗於汝意云何是長者等與
諸子珍寶大車寧有虛妄不舍利弗言不也
世尊是長者但令諸子得免火難全其軀命
非為虛妄何以故若全身命便為已得玩好
之具況復方便於彼火宅而拔濟之世尊若
是長者乃至不與最小一車猶不虛妄何以
故是長者先作是意我以方便令子得出以
是因緣无虛妄也何況長者自知財富无量
欲饒益諸子等與大車佛告舍利弗善哉善
哉如汝所言舍利弗如來亦復如是則為一
切世間之父於諸怖畏衰惱憂患无明闇弊
永盡无餘而悉成就无量知見力无所畏有
大神力及智慧力具足方便智慧波羅蜜大
慈大悲常无懈惓恒求善事利益一切而生
三界朽故火宅為度衆生生老病死憂悲苦
惱愚癡闇蔽三毒之火教化令得阿耨多羅
三藐三菩提見諸衆生為生老病死憂悲苦
惱之所燒煑亦以五欲財利故受種種苦又
以貪著追求故現受衆苦後受地獄畜生餓
鬼之苦若生天上及在人間貧窮困苦愛別
離苦怨憎會苦如是等種種諸苦衆生沒在
其中歡喜遊戲不覺不知不驚不怖亦不生
猒不求解脫於此三界火宅東西馳走雖遭

BD14487 號　妙法蓮華經卷二　（28–8）

以貪著追求故現受衆苦後受地獄畜生餓
鬼之苦若生天上及在人間貧窮困苦愛別
離苦怨憎會苦如是等種種諸苦衆生沒在
其中歡喜遊戲不覺不知不驚不怖亦不生
猒不求解脫於此三界火宅東西馳走雖遭
大苦不以為患
舍利弗佛見此已便作是念我為衆生之父
應拔其苦難與无量无邊佛智慧樂令其遊
戲舍利弗如來復作是念若我但以神力及
智慧力捨於方便為諸衆生讚如來知見力
无所畏者衆生不能以是得度所以者何是
諸衆生未免生老病死憂悲苦惱而為三界
火宅所燒何由能解佛之智慧舍利弗如彼
長者雖復身手有力而不用之但以慇勤方
便免濟諸子火宅之難然後各與珍寶大車如
來亦復如是雖有力无所畏而不用之但以
智慧方便於三界火宅拔濟衆生為說三乘
聲聞辟支佛佛乘而作是言汝等莫得樂住
三界火宅勿貪麤弊色聲香味觸也若貪著
生愛則為所燒汝速出三界當得三乘聲聞
辟支佛佛乘我今為汝保任此事終不虛也
汝等但當勤脩精進如來以是方便誘進衆
生復作是言汝等當知此三乘法皆是聖所
稱歎自在无繫无所依求乘是三乘以无漏
根力覺道禪定解脫三昧等而自娛樂便得
无量安隱快樂舍利弗若有衆生內有智性
從佛世尊聞法信受慇勤精進欲速出三界

BD14487號　妙法蓮華經卷二　（28–9）

稱歎自在无繫无所依求乘是三乘以无漏
根力覺道禪定解脫三昧等而自娛樂便得
无量安隱快樂舍利弗若有衆生內有智性
從佛世尊聞法信受慇勤精進欲速出三界
自求涅槃是名聲聞乘如彼諸子為求羊車
出於火宅若有衆生從佛世尊聞法信受慇
勤精進求自然慧樂獨善寂深知諸法因緣
是名辟支佛乘如彼諸子為求鹿車出於火
宅若有衆生從佛世尊聞法信受勤脩精進
求一切智佛智自然智无師智如來知見力
无所畏愍念安樂无量衆生利益天人度
脫一切是名大乘菩薩求此乘故名為摩訶
薩如彼諸子為求牛車出於火宅舍利弗如
彼長者見諸子等安隱得出火宅到无畏處自
惟財富无量等以大車而賜諸子如來亦復
如是為一切衆生之父若見无量億千衆生
以佛教門出三界苦怖畏險道得涅槃樂如
來爾時便作是念我有无量无邊智慧力无
畏等諸佛法藏是諸衆生皆是我子等與大
乘不令有人獨得滅度皆以如來滅度而滅
度之是諸衆生脫三界者悉與諸佛禪定解
脫等娛樂之具皆是一相一種聖所稱歎能生
淨妙第一之樂舍利弗如彼長者初以三車
誘引諸子然後但與大車寶物莊嚴安隱第
一然彼長者无虛妄之咎如來亦復如是无
有虛妄初說三乘引導衆生然後但以大乘
而度說之何以故如來有无量智慧力无所

BD14487號　妙法蓮華經卷二　（28–10）

淨妙第一之樂舍利弗如彼長者初以三車
誘引諸子然後但與大車寶物莊嚴安隱第
一然後長者无虛妄之咎如來亦復如是无
有虛妄初說三乘引導衆生然後但以大乘
而度脫之何以故如來有无量智慧力无所
畏諸法之藏能與一切衆生大乘之法但不
盡能受舍利弗以是因緣當知諸佛方便力
故於一佛乘分別說三佛欲重宣此義而說
偈言
譬如長者　有一大宅　其宅久故　而復頓弊
堂舍高危　柱根摧朽　梁棟傾斜　基陛頹毀
墻壁圮坼　泥塗褫落　覆苫亂墜　椽梠差脫
周郭屈曲　雜穢充遍　有五百人　止住其中
鵄梟鵰鷲　烏鵲鳩鴿　蚖蛇蝮蝎　蜈蚣蚰蜒
守宮百足　狖狸鼷鼠　諸惡蟲輩　交橫馳走
屎尿臭處　不淨流溢　蜣蜋諸蟲　而集其上
狐狼野干　咀嚼踐蹋　嚌齧死屍　骨肉狼藉
由是群狗　競來搏撮　飢羸慞惶　處處求食
鬪諍齟掣　啀喍嘷吠　其舍恐怖　變狀如是
處處皆有　魑魅魍魎　夜叉惡鬼　食噉人肉
毒蟲之屬　諸惡禽獸　孚乳產生　各自藏護
夜叉競來　爭取食之　食之既飽　惡心轉熾
鬪諍之聲　甚可怖畏　鳩槃荼鬼　蹲踞土埵
或時離地　一尺二尺　往返遊行　縱逸嬉戲
捉狗兩足　撲令失聲　以腳加頸　怖狗自樂
復有諸鬼　其身長大　裸形黑瘦　常住其中
發大惡聲　叫呼求食　復有諸鬼　其咽如針
復有諸鬼　首如牛頭　或食人肉　或復噉狗

BD14487號　妙法蓮華經卷二　　（28–11）

鬪諍之聲　甚可怖畏　鳩槃荼鬼　蹲踞土埵
或時離地　一尺二尺　往返遊行　縱逸嬉戲
捉狗兩足　撲令失聲　以腳加頸　怖狗自樂
復有諸鬼　其身長大　裸形黑瘦　常住其中
發大惡聲　叫呼求食　復有諸鬼　其咽如針
復有諸鬼　首如牛頭　或食人肉　或復噉狗
頭髮蓬亂　殘害兇險　飢渴所逼　叫喚馳走
夜叉餓鬼　諸惡鳥獸　飢急四向　窺看窗牖
如是諸難　恐畏无量　是朽故宅　屬于一人
其人近出　未久之間　於後宅舍　欻然火起
四面一時　其焰俱熾　棟梁椽柱　爆聲振裂
摧折墮落　墻壁崩倒　諸鬼神等　揚聲大叫
鵰鷲諸鳥　鳩槃荼等　周慞惶怖　不能自出
惡獸毒蟲　藏竄孔穴　毗舍闍鬼　亦住其中
薄福德故　為火所逼　共相殘害　飲血噉肉
野干之屬　並已前死　諸大惡獸　競來食噉
臭烟熢㶿　四面充塞　蜈蚣蚰蜒　毒蛇之類
為火所燒　爭走出穴　鳩槃荼鬼　隨取而食
有諸餓鬼　頭上火然　飢渴熱惱　周慞悶走
其宅如是　甚可怖畏　毒害火災　衆難非一
是時宅主　在門外立　聞有人言　汝諸子等
先因遊戲　來入此宅　稚小无知　歡娛樂著
長者聞已　驚入火宅　方便救濟　令无燒害
告喻諸子　說衆患難　惡鬼毒蟲　災火蔓莚
衆苦次第　相續不絕　毒蛇蚖蝮　及諸夜叉
鳩槃荼鬼　野干狐狗　鵰鷲鵄梟　百足之屬
飢渴惱急　甚可怖畏　此苦難處　況復大火
諸子无知　雖聞父誨　猶故樂著　嬉戲不已

BD14487號　妙法蓮華經卷二　　（28–12）

衆苦次第 相續不絶 毒虵蚖蝮 及諸夜叉
鳩槃荼鬼 野干狐狗 鵰鷲鵄梟 百足之屬
飢渴惱急 甚可怖畏 此苦難處 況復大火
諸子无知 雖聞父誨 猶故樂著 嬉戲不已
是時長者 而作是念 諸子如此 益我愁惱
今此舍宅 无一可樂 而諸子等 耽湎嬉戲
不受我教 將為火害 即便思惟 設諸方便
告諸子等 我有種種 珍玩之具 妙寶好車
羊車鹿車 大牛之車 今在門外 汝等出來
吾為汝等 造作此車 隨意所樂 可以遊戲
諸子聞說 如此諸車 即時奔競 馳走而出
到於空地 離諸苦難 長者見子 得出火宅
住於四衢 坐師子座 而自慶言 我今快樂
此諸子等 生育甚難 愚小无智 而入險宅
多諸毒虫 魑魅可畏 大火猛焰 四面俱起
而此諸子 貪樂嬉戲 我以救之 令得脫難
是故諸人 我今快樂
尒時諸子 知父安坐 皆詣父所 而白父言
願賜我等 三種寶車 如前所許 諸子出來
當以三車 隨汝所欲 今正是時 唯垂給與
長者大富 庫藏衆多 金銀琉璃 車𤦲馬瑙
以衆寶物 造諸大車 莊校嚴飾 周帀欄楯
四面懸鈴 金繩交絡 真珠羅網 張施其上
金華諸瓔 處處垂下 衆綵雜飾 周帀圍遶
柔濡繒纊 以為茵蓐 上妙細疊 價直千億
鮮白淨潔 以覆其上 有大白牛 肥壯多力
形體姝好 以駕寶車 多諸儐從 而侍衛之

四面懸鈴 金繩交絡 真珠羅網 張施其上
金華諸瓔 處處垂下 衆綵雜飾 周帀圍遶
柔濡繒纊 以為茵蓐 上妙細疊 價直千億
鮮白淨潔 以覆其上 有大白牛 肥壯多力
形體姝好 以駕寶車 多諸儐從 而侍衛之
以是妙車 等賜諸子 諸子是時 歡喜踊躍
乘是寶車 遊於四方 嬉戲快樂 自在无㝵
告舍利弗 我亦如是 衆聖中尊 世間之父
一切衆生 皆是吾子 深著世樂 无有慧心
三界无安 猶如火宅 衆苦充滿 甚可怖畏
常有生老 病死憂患 如是等火 熾然不息
如來已離 三界火宅 寂然閑居 安處林野
今此三界 皆是我有 其中衆生 悉是吾子
而今此處 多諸患難 唯我一人 能為救護
雖復教詔 而不信受 於諸欲染 貪著深故
是以方便 為說三乘 令諸衆生 知三界苦
開示演說 出世間道 是諸子等 若心決定
具足三明 及六神通 有得緣覺 不退菩薩
汝舍利弗 我為衆生 以此譬喻 說一佛乘
汝等若能 信受是語 一切皆當 成得佛道
是乘微妙 清淨第一 於諸世間 為无有上
佛所悅可 一切衆生 所應稱讚 供養礼拜
无量億千 諸力解脫 禪定智慧 及佛餘法
得如是乘 令諸子等 日夜劫數 常得遊戲
與諸菩薩 及聲聞衆 乘此寶乘 直至道場
以是因緣 十方諦求 更无餘乘 除佛方便
告舍利弗 汝諸人等 皆是吾子 我則是父

无量億千 諸力解脫 禪定智慧 及佛餘法
得如是乘 令諸子等 日夜劫數 常得遊戲
與諸菩薩 及聲聞衆 乘此寶乘 直至道場
以是因緣 十方諦求 更无餘乘 除佛方便
告舍利弗 汝諸人等 皆是吾子 我則是父
汝等累劫 衆苦所燒 我皆濟拔 令出三界
我雖先說 汝等滅度 但盡生死 而實不滅
今所應作 唯佛智慧
若有菩薩 於是衆中 能一心聽 諸佛實法
諸佛世尊 雖以方便 所化衆生 皆是菩薩
若人小智 深著愛欲 為此等故 說於苦諦
衆生心喜 得未曾有 佛說苦諦 真實无異
若有衆生 不知苦本 深著苦因 不能暫捨
為是等故 方便說道 諸苦所因 貪欲為本
若滅貪欲 无所依止 滅盡諸苦 名第三諦
為滅諦故 脩行於道 離諸苦縛 名得解脫
是人於何 而得解脫 但離虛妄 名為解脫
其實未得 一切解脫 佛說是人 未實滅度
斯人未得 无上道故 我意不欲 令至滅度
我為法王 於法自在 安隱衆生 故現於世
汝舍利弗 我此法印 為欲利益 世間故說
在所遊方 勿妄宣傳 若有聞者 隨喜頂受
當知是人 阿鞞跋致
若有信受 此經法者 是人已曾 見過去佛
恭敬供養 亦聞是法 若人有能 信汝所說
則為見我 亦見於汝 及比丘僧 并諸菩薩
斯法華經 為深智說 淺識聞之 迷惑不解
一切聲聞 及辟支佛 於此經中 力所不及

BD14487號 妙法蓮華經卷二 (28–15)

若有信受 此經法者 是人已曾 見過去佛
恭敬供養 亦聞是法 若人有能 信汝所說
則為見我 亦見於汝 及比丘僧 并諸菩薩
斯法華經 為深智說 淺識聞之 迷惑不解
一切聲聞 及辟支佛 於此經中 力所不及
汝舍利弗 尚於此經 以信得入 況餘聲聞
其餘聲聞 信佛語故 隨順此經 非已智分
又舍利弗 憍慢懈怠 計我見者 莫說此經
凡夫淺識 深著五欲 聞不能解 亦勿為說
若人不信 毀謗此經 則斷一切 世間佛種
或復顰蹙 而懷疑惑 汝當聽說 此人罪報
若佛在世 若滅度後 其有誹謗 如斯經典
見有讀誦 書持經者 輕賤憎嫉 而懷結恨
此人罪報 汝今復聽
其人命終 入阿鼻獄 具足一劫 劫盡更生
如是展轉 至无數劫 從地獄出 當墮畜生
若狗野干 其形頷瘦 黧黮疥癩 人所觸嬈
又復為人 之所惡賤 常困飢渴 骨肉枯竭
生受楚毒 死被瓦石 斷佛種故 受斯罪報
若作駱駝 或生驢中 身常負重 加諸杖捶
但念水草 餘无所知 謗斯經故 獲罪如是
有作野干 來入聚落 身體疥癩 又无一目
為諸童子 之所打擲 受諸苦痛 或時致死
於此死已 更受蟒身 其形長大 五百由旬
聾騃无足 宛轉腹行 為諸小虫 之所唼食
晝夜受苦 无有休息 謗斯經故 獲罪如是
若得為人 諸根闇鈍 矬陋攣躄 盲聾背傴

BD14487號 妙法蓮華經卷二 (28–16)

為諸童子　之所打擲　受諸苦痛　或時致死
於此死已　更受蟒身　其形長大　五百由旬
聾騃无足　婉轉腹行　為諸小虫　之所唼食
晝夜受苦　无有休息　謗斯經故　獲罪如是
若得為人　諸根闇鈍　矬陋攣躄　盲聾背傴
有所言說　人不信受　口氣常臭　鬼魅所著
貧窮下賤　為人所使　多病痟瘦　无所依怙
雖親附人　人不在意　若有所得　尋復忘失
若脩醫道　順方治病　更增他疾　或復致死
若自有病　无人救療　設服良藥　而復增劇
若他反逆　抄劫竊盜　如是等罪　橫羅其殃
如斯罪人　永不見佛　衆聖之王　說法教化
如斯罪人　常生難處　狂聾心亂　永不聞法
於无數劫　如恒河沙　生輒聾瘂　諸根不具
常處地獄　如遊園觀　在餘惡道　如己舍宅
駞驢猪狗　是其行處　謗斯經故　獲罪如是
若得為人　聾盲瘖瘂　貧窮諸衰　以自莊嚴
水腫乾痟　疥癩癰疽　如是等病　以為衣服
身常臭處　垢穢不淨　深著我見　增益瞋恚
婬欲熾盛　不擇禽獸　謗斯經故　獲罪如是
告舍利弗　謗斯經者　若說其罪　窮劫不盡
以是因緣　我故語汝　无智人中　莫說斯經
若有利根　智慧明了　多聞強識　求佛道者
如是之人　乃可為說　若人曾見　億百千佛
殖諸善本　深心堅固　如是之人　乃可為說
若人精進　常脩慈心　不惜身命　乃可為說
若人恭敬　无有異心　離諸凡愚　獨處山澤

BD14487號　妙法蓮華經卷二　（28–17）

如是之人　乃可為說　若人曾見　億百千佛
殖諸善本　深心堅固　如是之人　乃可為說
若人精進　常脩慈心　不惜身命　乃可為說
若人恭敬　无有異心　離諸凡愚　獨處山澤
如是之人　乃可為說　又舍利弗　若見有人
捨惡知識　親近善友　如是之人　乃可為說
若見佛子　持戒清潔　如淨明珠　求大乘經
如是之人　乃可為說　若人无瞋　質直柔濡
常愍一切　恭敬諸佛　如是之人　乃可為說
復有佛子　於大衆中　以清淨心　種種因緣
譬喻言辭　說法无㝵　如是之人　乃可為說
若有比丘　為一切智　四方求法　合掌頂受
但樂受持　大乘經典　乃至不受　餘經一偈
如是之人　乃可為說　如人至心　求佛舍利
如是求經　得已頂受　其人不復　志求餘經
亦未曾念　外道典籍　如是之人　乃可為說
告舍利弗　我說是相　求佛道者　窮劫不盡
如是等人　則能信解　汝當為說　妙法華經

妙法蓮華經信解品第四

尒時慧命須菩提摩訶迦旃延摩訶迦葉摩訶目揵連從佛所聞未曾有法世尊授舍利弗阿耨多羅三藐三菩提記發希有心歡喜踊躍即從座起整衣服偏袒右肩右膝著地一心合掌曲躬恭敬瞻仰尊顏而白佛言我等居僧之首年並朽邁自謂已得涅槃无所堪任不復進求阿耨多羅三藐三菩提世尊往昔說法既久我時在座身體疲懈但念空

BD14487號　妙法蓮華經卷二　（28–18）

一心合掌曲躬恭敬瞻仰尊顔而白佛言我
等居僧之首年並朽邁自謂已得涅槃无所
堪任不復進求阿耨多羅三藐三菩提世尊
往昔說法既久我時在座身體疲懈但念空
无相无作於菩薩法遊戲神通淨佛國土成
就衆生心不憙樂所以者何世尊令我等出
於三界得涅槃證又今我等年已朽邁於佛
教化菩薩阿耨多羅三藐三菩提不生一念
好樂之心我等今於佛前聞授聲聞阿耨多
羅三藐三菩提記心甚歡喜得未曾有不謂
於今忽然得聞希有之法深自慶幸獲大善
利无量珍寶不求自得世尊我等今者樂說
譬喻以明斯義譬若有人年既幼稚捨父逃
逝久住他國或十廿至五十歲年既長大加
復窮困馳騁四方以求衣食漸漸遊行遇向
本國其父先來求子不得中止一城其家大
富財寶无量金銀琉璃珊瑚虎珀頗梨珠等
其諸倉庫悉皆盈溢多有僮僕臣佐吏民象
馬車乘牛羊无數出入息利乃遍他國商估
賈客亦甚衆多時貧窮子遊諸聚落經歷
國邑遂到其父所止之城父每念子與子離別
五十餘年而未曾向人說如此事但自思惟
心懷悔恨自念老朽多有財物金銀珍寶倉
庫盈溢无有子息一旦終沒財物散失无所
委付是以慇懃每憶其子復作是念我若得
子委付財物坦然快樂无復憂慮世尊尒時
窮子傭賃展轉遇到父舍住立門側遥見其

BD14487號　妙法蓮華經卷二　(28–19)

庫盈溢无有子息一旦終沒財物散失无所
委付是以慇懃每憶其子復作是念我若得
子委付財物坦然快樂无復憂慮世尊尒時
窮子傭賃展轉遇到父舍住立門側遥見其
父踞師子床寶机承足諸婆羅門剎利居士
皆恭敬圍遶以真珠瓔珞價直千万莊嚴其
身吏民僮僕手執白拂侍立左右覆以寶帳
垂諸華幡香水灑地散衆名華羅列寶物出
内取與有如是等種種嚴飾威德特尊窮子
見父有大勢力即懷恐怖悔來至此竊作是
念此或是王或是王等非我傭力得物之處
不如往至貧里肆力有地衣食易得若久住
此或見逼迫強使我作作是念已疾走而去
時富長者於師子座見子便識心大歡喜即
作是念我財物庫藏今有所付我常思念此
子无由見之而忽自來甚適我願我雖年朽
猶故貪惜即遣傍人急追將還
尒時使者疾走往捉窮子驚愕稱怨大喚我
不相犯何為見捉使者執之逾急強牽將還
于時窮子自念无罪而被囚執此必定死轉
更惶怖悶絶躃地父遥見之而語使言不須
此人勿強將來以冷水灑面令得醒悟莫復
與語所以者何父知其子志意下劣自知豪
貴為子所難審知是子而以方便不語他人
云是我子使者語之我今放汝隨意所趣窮
子歡喜得未曾有從地而起往至貧里以求
衣食尒時長者將欲誘引其子而設方便密

BD14487號　妙法蓮華經卷二　(28–20)

貴為子所難審知是子而以方便不語他人
云是我子使者語之我今放汝隨意所趣窮
子歡喜得未曾有從地而起往至貧里以求
衣食尒時長者將欲誘引其子而設方便密
遣二人形色憔悴无威德者汝可詣彼徐語
窮子此有作處倍與汝直窮子若許將來使
作若言欲何所作便可語之雇汝除糞我等
二人亦共汝作時二使人即求窮子既已得
之具陳上事尒時窮子先取其價尋與除糞
其父見子愍而怪之又以他日於窓牖中遥
見子身羸瘦憔悴糞土塵坌汙穢不淨即脫
瓔珞細軟上服嚴飾之具更著麤弊垢膩之
衣塵土坌身右手執持除糞之器狀有所畏
語諸作人汝等勤作勿得懈息以方便故得
近其子後復告言咄男子汝常此作勿復餘
去當加汝價諸有所須瓫器米麵鹽酢之屬
莫自疑難亦有老弊使人須者相給好自安
意我如汝父勿復憂慮所以者何我年老大
而汝少壯汝常作時无有欺怠瞋恨怨言都
不見汝有此諸惡如餘作人自今以後如所
生子即時長者更與作字名之為兒
尒時窮子雖欣此遇猶故自謂客作賤人由
是之故於廿年中常令除糞過是已後心相
體信入出无難然其所止猶在本處世尊尒
時長者有疾自知將死不久語窮子言我今
多有金銀珍寶倉庫盈溢其中多少所應取
與汝悉知之我心如是當體此意所以者何

體信入出无難然其所止猶在本處世尊尒
時長者有疾自知將死不久語窮子言我今
多有金銀珍寶倉庫盈溢其中多少所應取
與汝悉知之我心如是當體此意所以者何
今我與汝便為不異宜加用心无令漏失
尒時窮子即受教勑領知衆物金銀珍寶及
諸庫藏而无悕取一飡之意然其所止故在
本處下劣之心亦未能捨復經少時父知子
意漸已通泰成就大志自鄙先心臨欲終時
而命其子并會親族國王大臣剎利居士皆
悉已集即自宣言諸君當知此是我子我之
所生於某城中捨吾逃走竛竮辛苦五十餘
年其本字某我名某甲昔在本城懷憂推覓
忽於此間遇會得之此實我子我實其父今
吾所有一切財物皆是子有先所出內是子
所知世尊是時窮子聞父此言即大歡喜得
未曾有而作是念我本无心有所悕求今此
寶藏自然而至世尊大富長者則是如來
我等皆似佛子如來常說我等為子世尊我
等以三苦故於生死中受諸熱惱迷惑无知
樂著小法今日世尊令我等思惟蠲除諸法
戲論之糞我等於中勤加精進得至涅槃一
日之價既得此已心大歡喜自以為足而便
自謂於佛法中勤精進故所得弘多然世尊
先知我等心著弊欲樂於小法便見縱捨不
為分別汝等當有如來知見寶藏之分世尊
以方便力說如來智慧我等從佛得涅槃一

日之價既得此已心大歡喜自以爲足而便
自謂於佛法中勤精進故所得弘多然世尊
先知我等心著弊欲樂於小法便見縱捨不
爲分別汝等當有如來知見寶藏之分世尊
以方便力說如來智慧我等從佛得涅槃一
日之價以爲大得於此大乘无有志求我等
又因如來智慧爲諸菩薩開示演說而自於
此无有志願所以者何佛知我等心樂小法
以方便力隨我等說而我等不知真是佛子
今我等方知世尊於佛智慧无所悋惜所以
者何我等昔來真是佛子而但樂小法若我
等有樂大之心佛則爲我說大乘法於此經中
唯說一乘而昔於菩薩前毀呰聲聞樂小
法者然佛實以大乘教化是故我等說本无
心有所希求今法王大寶自然而至如佛子
所應得者皆已得之尒時摩訶迦葉欲重
宣此義而說偈言
我等今日　聞佛音教　歡喜踊躍　得未曾有
佛說聲聞　當得作佛　无上寶聚　不求自得
譬如童子　幼稚无識　捨父逃逝　遠到他土
周流諸國　五十餘年　其父憂念　四方推求
求之既疲　頓止一城　造立舍宅　五欲自娛
其家巨富　多諸金銀　車𤦲馬瑙　真珠瑠璃
象馬牛羊　輦輿車乘　田業僮僕　人民衆多
出入息利　乃遍他國　商估賈人　无處不有
千万億衆　圍遶恭敬　常爲王者　之所愛念
群臣豪族　皆共宗重　以諸緣故　往來者衆
豪富如是　有大力勢　而年朽邁　益憂念子

出入息利　乃遍他國　商估賈人　无處不有
千万億衆　圍遶恭敬　常爲王者　之所愛念
群臣豪族　皆共宗重　以諸緣故　往來者衆
豪富如是　有大力勢　而年朽邁　益憂念子
夙夜惟念　死時將至　癡子捨我　五十餘年
庫藏諸物　當如之何
尒時窮子　求索衣食　從邑至邑　從國至國
或有所得　或无所得　飢餓羸瘦　體生瘡癬
漸次經歷　到父住城　傭賃展轉　遂至父舍
尒時長者　於其門內　施大寶帳　處師子座
眷屬圍遶　諸人侍衛　或有計筭　金銀寶物
出內財產　注記券疏　窮子見父　豪貴尊嚴
謂是國王　若是王等　驚怖自怪　何故至此
覆自念言　我若久住　或見逼迫　強驅使作
思惟是已　馳走而去　借問貧里　欲往傭作
長者是時　在師子座　遙見其子　嘿而識之
即勑使者　追捉將來　窮子驚喚　迷悶躄地
是人執我　必當見殺　何用衣食　使我至此
長者知子　愚癡狹劣　不信我言　不信是父
即以方便　更遣餘人　眇目矬陋　无威德者
汝可語之　云當相雇　除諸糞穢　倍與汝價
窮子聞之　歡喜隨來　爲除糞穢　淨諸房舍
長者於牖　常見其子　念子愚劣　樂爲鄙事
於是長者　著弊垢衣　執除糞器　往到子所
方便附近　語令勤作　既益汝價　并塗足油
飲食充足　薦席厚煖　如是苦言　汝當勤作
又以濡語　若如我子

於是長者　著弊垢衣　執除糞器　往到子所
方便附近　語令勤作　既益汝價　并塗足油
飲食充足　薦席厚暖　如是苦言　汝當勤作
又以濡語　若如我子
長者有智　漸令入出　逕二十年　執作家事
示其金銀　真珠頗梨　諸物出入　皆使令知
猶處門外　止宿草菴　自念貧事　我无此物
父知子心　漸已曠大　欲與財物　即聚親族
國王大臣　剎利居士　於此大眾　說是我子
捨我他行　經五十歲　自見子來　已二十年
昔於某城　而失是子　周行求索　遂來至此
凡我所有　舍宅人民　悉已付之　恣其所用
子念昔貧　志意下劣　今於父所　大獲珍寶
并及舍宅　一切財物　甚大歡喜　得未曾有
佛亦如是　知我樂小　未曾說言　汝等作佛
而說我等　得諸无漏　成就小乘　聲聞弟子
佛勅我等　說最上道　修習此者　當得成佛
我承佛教　為大菩薩　以諸因緣　種種譬喻
若干言辭　說无上道
諸佛子等　從我聞法　日夜思惟　精勤修習
是時諸佛　即授其記　汝於來世　當得作佛
一切諸佛　秘藏之法　但為菩薩　演其實事
而不為我　說斯真要　如彼窮子　得近其父
雖知諸物　心不悕取　我等雖說　佛法寶藏
自无志願　亦復如是　我等內滅　自謂為足
唯了此事　更无餘事　我等若聞　淨佛國土
教化眾生　都无所樂　所以者何　一切諸法

BD14487 號　妙法蓮華經卷二　（28–25）

而不為我　說斯真要　如彼窮子　得近其父
雖知諸物　心不悕取　我等雖說　佛法寶藏
自无志願　亦復如是　我等內滅　自謂為足
唯了此事　更无餘事　我等若聞　淨佛國土
教化眾生　都无所樂　所以者何　一切諸法
皆悉空寂　无生无滅　无大无小　无漏无為
如是思惟　不生喜樂　我等長夜　於佛智慧
无貪无著　无復志願　而自於法　謂是究竟
我等長夜　修習空法　得脫三界　苦惱之患
住最後身　有餘涅槃　佛所教化　得道不虛
則為已得　報佛之恩　我等雖為　諸佛子等
說菩薩法　以求佛道　而於是法　永无願樂
導師見捨　觀我心故　初不勸進　說有實利
如富長者　知子志劣　以方便力　柔伏其心
然後乃付　一切財寶
佛亦如是　現希有事　知樂小者　以方便力
調伏其心　乃教大智　我等今日　得未曾有
非先所望　而今自得　如彼窮子　得无量寶
世尊我今　得道得果　於无漏法　得清淨眼
我等長夜　持佛淨戒　始於今日　得其果報
法王法中　久修梵行　今得无漏　无上大果
我等今者　真是聲聞　以佛道聲　令一切聞
我等今者　真阿羅漢　於諸世間　天人魔梵
普於其中　應受供養　世尊大恩　以希有事
憐愍教化　利益我等　无量億劫　誰能報者
手足供給　頭頂禮敬　一切供養　皆不能報
若以頂戴　兩肩荷負　於恒沙劫　盡心恭敬
又以美膳　无量寶衣　及諸臥具　種種湯藥

BD14487 號　妙法蓮華經卷二　（28–26）

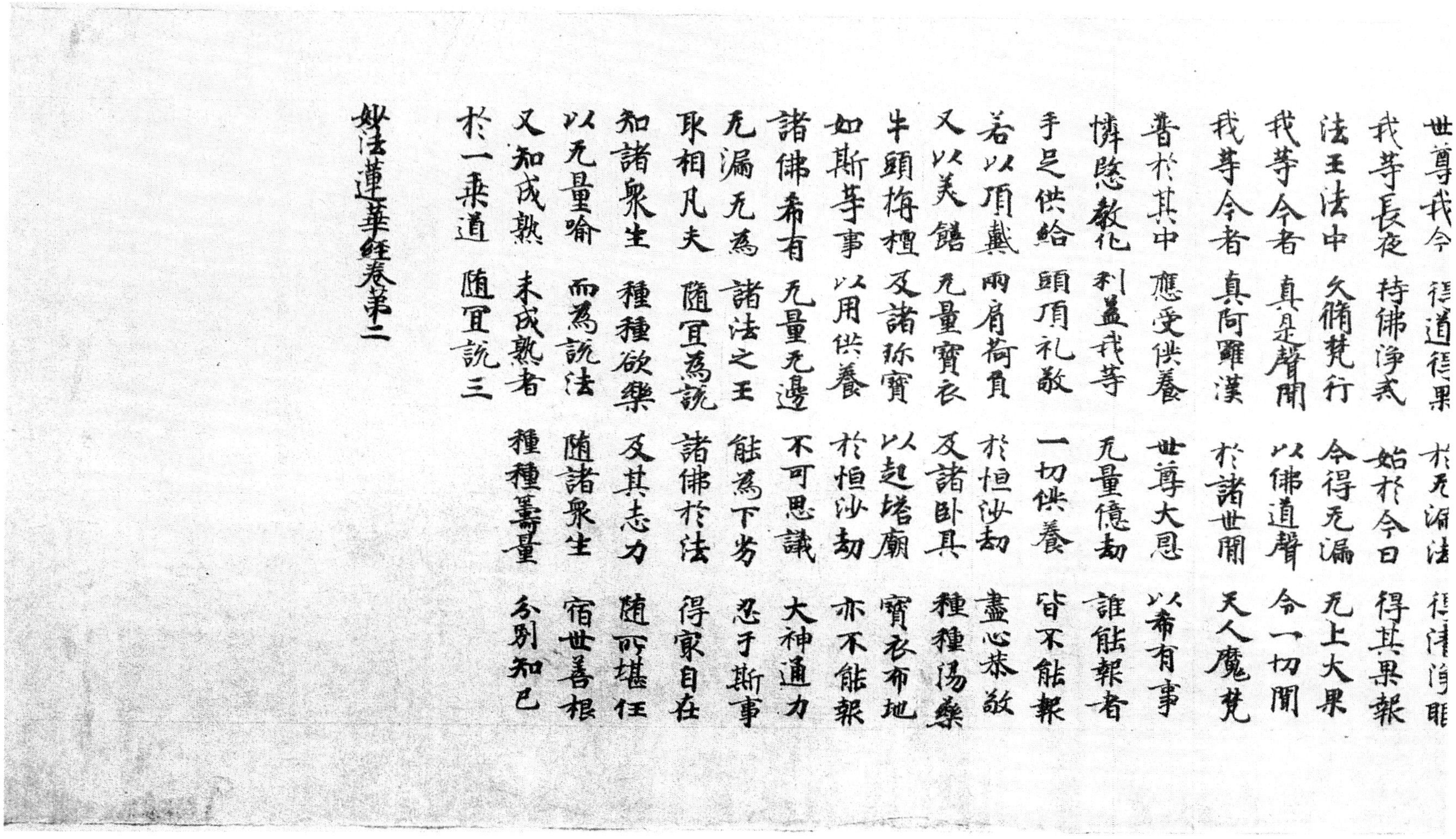
世尊我今 得道得果 於无漏法 得清淨眼
我等長夜 持佛淨戒 始於今日 得其果報
法王法中 久脩梵行 今得无漏 无上大果
我等今者 真是聲聞 以佛道聲 令一切聞
我等今者 真阿羅漢 於諸世間 天人魔梵
普於其中 應受供養 世尊大恩 以希有事
憐愍教化 利益我等 无量億劫 誰能報者
手足供給 頭頂礼敬 一切供養 皆不能報
若以頂戴 兩肩荷負 於恒沙劫 盡心恭敬
又以美饍 无量寶衣 及諸臥具 種種湯藥
牛頭栴檀 及諸珎寶 以起塔廟 寶衣布地
如斯等事 以用供養 於恒沙劫 亦不能報
諸佛希有 无量无邊 不可思議 大神通力
无漏无為 諸法之王 能為下劣 忍于斯事
取相凡夫 隨宜為說 諸佛於法 得最自在
知諸衆生 種種欲樂 及其志力 隨所堪任
以无量喻 而為說法 隨諸衆生 宿世善根
又知成熟 未成熟者 種種籌量 分別知已
於一乘道 隨宜說三

妙法蓮華經卷第二

BD14487號　妙法蓮華經卷二　（28–27）

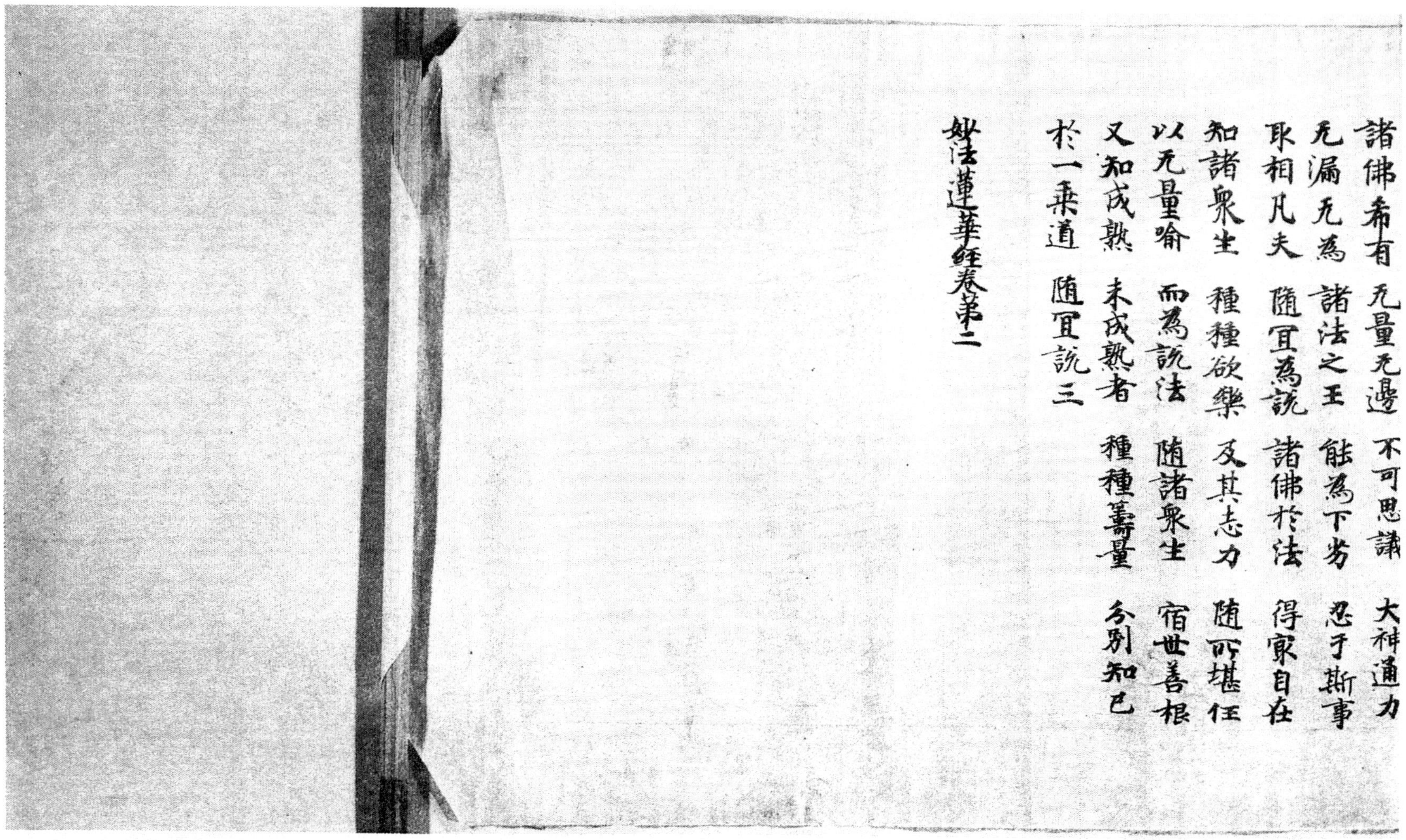
諸佛希有 无量无邊 不可思議 大神通力
无漏无為 諸法之王 能為下劣 忍于斯事
取相凡夫 隨宜為說 諸佛於法 得最自在
知諸衆生 種種欲樂 及其志力 隨所堪任
以无量喻 而為說法 隨諸衆生 宿世善根
又知成熟 未成熟者 種種籌量 分別知已
於一乘道 隨宜說三

妙法蓮華經卷第二

BD14487號　妙法蓮華經卷二　（28–28）

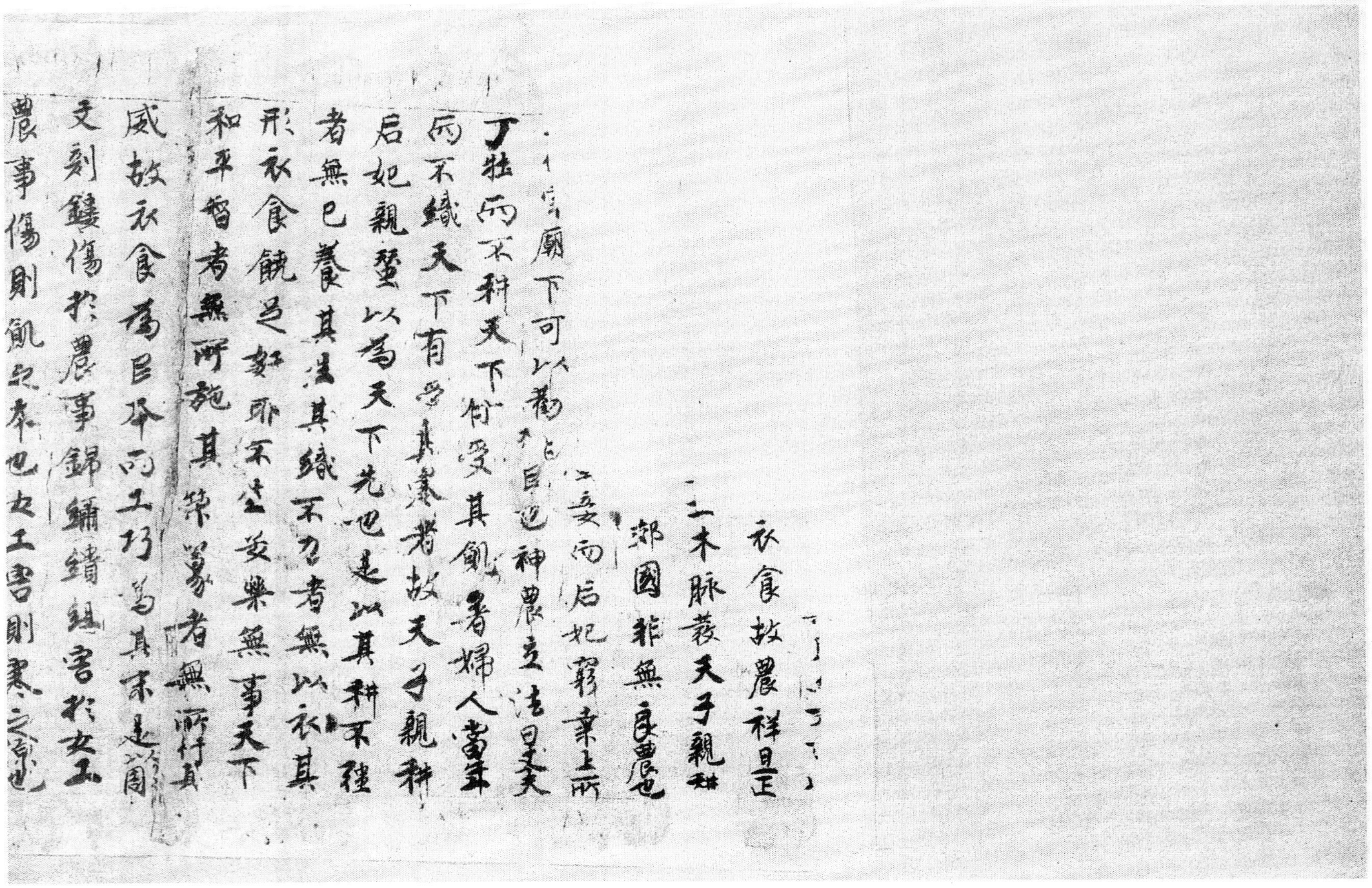
衣食故農祥旦正
土木脈蔟天子親耕
鄰國非無良農也
妾而后妃窮桑上所
大臣也神農之法曰丈夫
宗廟下可以爲
丁壯而不耕天下有受其飢者婦人當年
而不織天下有受其寒者故天子親耕
后妃親蠶以爲天下先也是以其耕不強
者無以養其生其織不力者無以衣其
形衣食饒足姦邪不生安樂無事天下
和平智者無所施其策勇者無所行其
威故衣食爲民本而工巧爲其末是以雕
文刻鏤傷於農事錦繡纂組害於女工
農事傷則飢之本也女工害則寒之原也

BD14488 號　劉子新論　（16–1）

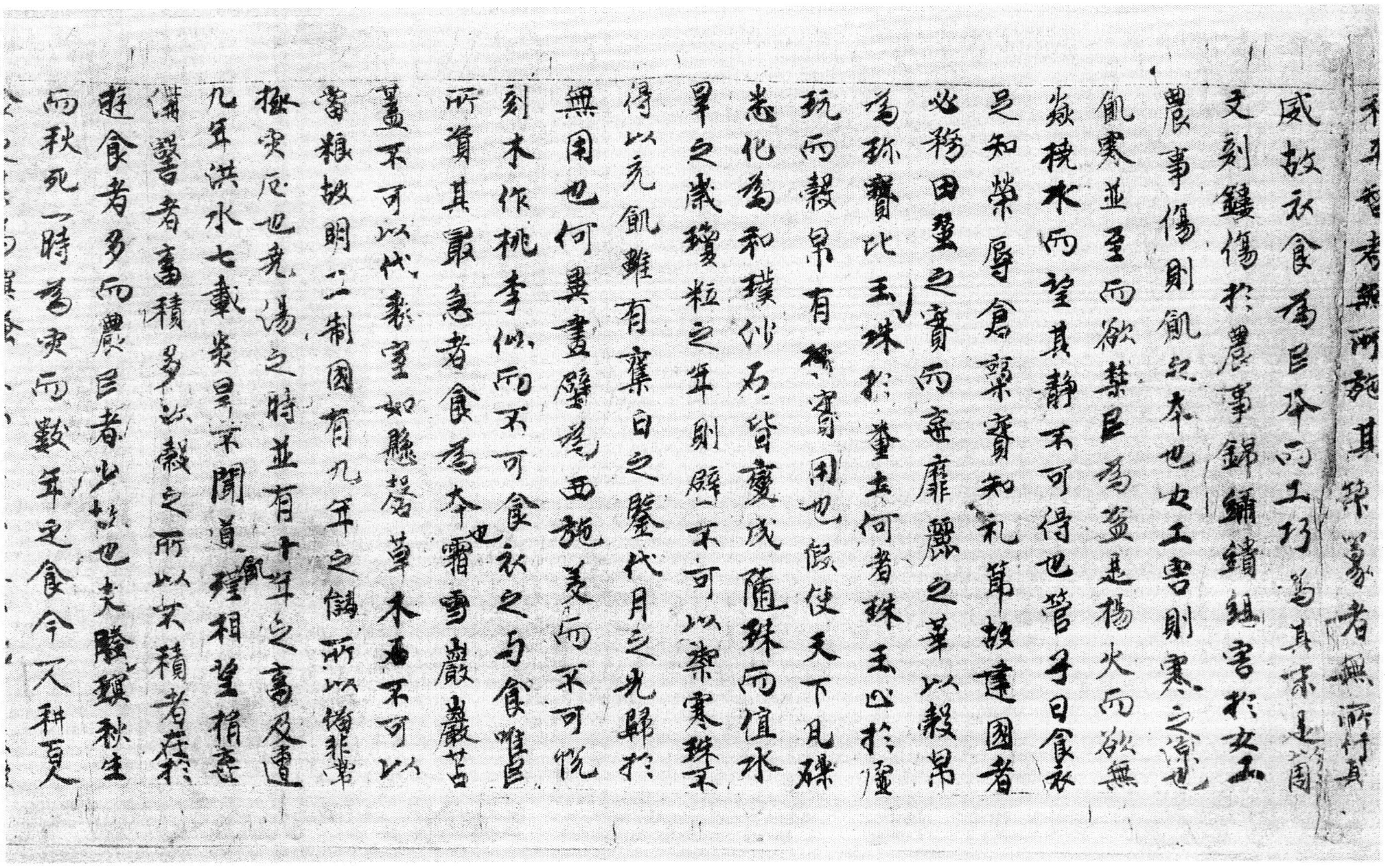
和平智者無所施其策勇者無所行其
威故衣食爲民本而工巧爲其末是以雕
文刻鏤傷於農事錦繡纂組害於女工
農事傷則飢之本也女工害則寒之原也
飢寒並至而欲禁民爲盜是揚火而欲無
炎撓水而望其靜不可得也管子曰食衣
足知榮辱倉廩實知礼節故建國者
必務田蠶之實而棄靡麗之華以穀帛
爲珍寶比玉珠於糞土何者珠玉止於虛
玩而穀帛有濟實用也假使天下瓦礫
悉化爲和璞砂石皆變成隨珠而值水
旱之歲瓊粒之年則璧不可以禦寒珠不
得以充飢雖有棄白之鑒代月之光歸於
無用也何異畫髮爲西施美而不可悅
刻木作桃李似而不可食衣之与食唯民
所資其最急者食爲本也霜雪巖巖苦
蓋不可以代裘室如懸磬草木不可以
當糧故明二制國有九年之儲所以備非常
救災厄也堯湯之時並有十年之畜及遭
九年洪水七載炎旱不聞飢饉相望捐棄
備蓄者畜積多也穀之所以不積者在於
遊食者多而農民者少故也夫螟螣秋生
而秋死一時爲災而數年乏食今一人耕百人

BD14488 號　劉子新論　（16–2）

備譽者畜積多故穀之所以不積者蔟
遊食者多而農民者少故也夫螣螟秋生
而秋死一時為災而數年之食今一人耕百人
食之其為螟螣亦以甚矣是以先王敬授
民時勸課農桑省游食之民減徭役之
費則倉廩充實頌聲作矣雖有戎
馬之興水旱之沴國未嘗有憂
民終無有害也

愛民第十二

天生蒸民而樹之君君者民之天也天之養
物以陰陽為本君之化民以政教為務故寒
暑不時則疾疫風雨不節則歲飢刑罰者
民之寒暑也教令者民之風雨也刑罰不時
則民傷教令不節則民弊故水濁無掉尾之
魚土埆無葳蕤之木政煩無逸樂之民政之於
民猶琴瑟也大絃急則小絃絕小絃絕則大絃
闕也夫足寒者傷心人勞者傷國足溫而心平
民佚而國安是故善為治者必以仁愛為本
不以苛酷為先寬宥刑罰以全民命省徭
役以休民力輕約賦斂不匱民財不奪農時
以足民用則家給國富太平可致也民之於
君猶子之於父母也未有子富而父母貧
而父母富也故民饒足者非獨民之足亦國
之足也民渴乏者非獨民之乏亦國之乏也孔

BD14488號　劉子新論　（16–3）

役以休民力輕約賦斂不匱民財不奪農時
以足民用則家給國富太平可致也民之於
君猶子之於父母也未有子富而父母貧
而父母富也故民饒足者非獨民之足亦國
之足也民渴乏者非獨民之乏亦國之乏也孔
子曰百姓不足君孰與足此之謂也先王之治
上順天時下養万物草木昆虫不失其所
獺未祭魚不施網罟豺未祭獸不脩田獵
鷹隼未擊不張罻羅霜露未凝不伐草
木草木有生而無識禽獸有識而無
知猶施仁愛以及之奚況生民而不愛之乎
故君者其仁如春其澤如雨德潤万物則民
為之死矣昔大王居邠而民隨之仁愛有餘
也鳳沙之君而民背之仁愛不足仁愛附民堅
於金石金石可銷而民不可離故君者壤
地民者卉木也未有壤地肥而卉木不茂
君仁而万民不盛矣

從化第十三

君以民為體民以君為心心既好之身必安之
君既好之民必從之未見心好而身不從君
欲而民不隨者也民之從君如草之從風水之
從器也故君之德如風之與器也民之情如草
與水也草之戴風也風務東則東靡風務
西則西靡是隨風之東西也水之在器也器
方則水方器圓則水圓是隨器之方圓也

BD14488號　劉子新論　（16–4）

欲而民不隨者也民之從君如草之從風水之
從器也故君之德如風之与器也民之情如草
与水也草之戴風也風務東則東靡風務
西則西靡是隨風之東西也水之在器也器
方則水方器圓則水圓是隨器之方圓也
下之事上從其所行猶影之隨形響之從聲
上好是物下必有甚詩云誘民孔易言從
上也昔齊桓公好衣紫闔境不被異綵晉
文不服美群臣皆衣牂羊魯哀公好儒服
舉國皆着儒服趙武靈王好騣鸃國人咸冠
紫非正色牂非美毳儒非俗服騣非冠餝
而覽服之者隨君所好也楚靈王好細腰
臣妾為之約食餓死者多越王句踐好勇
而揖怒蛙國人為之輕命兵死者眾命者人之
所重死者人之所惡今輕其所重重其所惡者何
也從君所欲使之然也堯舜之人可比家而封桀
紂之臣可接屋而誅非堯舜之臣性盡仁義而
桀紂之臣生即邪耶而善惡性殊者染化然也
是以明君慎其所好以正時俗樹之風聲以流
來世或者以為上化而下不必隨君好而民來
必同故當堯之代而四凶獨縱當紂之時而三人
獨貞漢文躬儉而民庶奢育景太奢而民從儉
此乃未達之辭也何者冬之德陰而有炎震夏之
德陽而有霜霰以天地之德不能一於陰陽況

BD14488號　劉子新論　（16–5）

必同故當堯之代而四凶獨縱當紂之時而三人
獨貞漢文躬儉而民庶奢育景太奢而民從儉
此乃未達之辭也何者冬之德陰而有炎震夏之
德陽而有霜霰以天地之德不能一於陰陽況
其聖賢豈能一於万物哉故權衡雖正不能
無毫氂之差鈞石雖平不能無抄撮之差
風之譬以多言之也唐堯居上天下皆治而四凶
獨亂猶曰堯治ヽ者多也殷紂臨民天下皆亂
而三人獨治猶曰紂亂ヽ者眾也漢文節儉而
有奢者猶曰世儉ヽ者多也孝景太奢而晏
嬰躬儉猶稱國奢ヽ者眾也水性宜冷而有
華陽溫泉猶曰水冷ヽ者多也火性宜熱而有
蕭丘寒炎猶曰熱ヽ者多也迅風揚波高下
相臨山隆谷窊迎義以尋常較而望之猶曰
水平舉大體也故世之論事皆取其多者以
為之第今言論者當顧言外之旨不得拘文以
害意也

法術第十四

法術者人君之所執為治之樞機也術者藏於內
隨務應變法變於外適時御民ヽ用其道而不
知數者術也懸教設令以示民者法也人主以術
化世猶天以氣變物也氣變化万物而不見其
象術化万民而不見其象術化万民而不見其
其形故天以氣為靈主以術為神術以神隱成
妙法以明斷為功傳風一使民生爭心情偽既動
而立法之違國君民雖有[illegible]故非有[illegible]法而為

BD14488號　劉子新論　（16–6）

化世猶天以氣變物也氣變化万物而不見其
象術化万民而不見其象術化万民而不見其
其形故天以氣爲靈主以術爲神術以神隱成
妙法以明斷爲功淳風一澆民生爭心情偽既動
而立法撿之建國君民雖有善政未有棄法而爲
術也故神農不施刑罰而民善爲政者不可廢
法而御人舜舞干戚而服有苗而征伐者不
可釋甲而制寇也立法者譬如善御必察馬
之力揣塗之數齊其銜轡以從其勢能登
高赴險無覆軼之敗乘平涉遠無越軌之
患君猶御也法猶轡也臣猶馬也理猶軌
執轡者欲馬之遵軌明法者欲臣之循理也
轡不齊均馬失軌也法不適時臣乖理也是
以明王務循其法權時制宜苟利於民不必
法古必害於事不可循舊夏商之衰不變法
而亡三代之興不相襲而王堯舜異道而德蓋天
下湯武殊治而名施後世由此而言法之變動
非一代也今法者則溺於古律儒者拘於舊禮
而不識情移法宜改也此可與守法而施教不
可與論法而立教也故智者作法愚者制焉
賢者更禮而不肖者拘焉禮之人不足與言
事制法之士不足論以法治言若握一世之法
以傳百代之人由以一衣擬寒暑一藥治瘥瘕
也一時之禮以訓無窮之俗是刻舡求劍守株

BD14488號　劉子新論　（16–7）

賢者更禮而不肖者拘焉禮之人不足與言
事制法之士不足論以法治言若握一世之法
以傳百代之人由以一衣擬寒暑一藥治瘥瘕
也一時之禮以訓無窮之俗是刻舡求劍守株
而待菟也故法者爲治之所由非所以爲治禮
者成化之所宗而非所以成化也成化之宗在
于隨時爲治之本在於國也不回勢而欲治不隨
時而成以斯理政未爲折衷也

賞罰第十五

治臣御下莫正於法術立法施教莫平於賞
罰賞罰者國之利器而制臣之柄也故天以晷數成
歲國以法教爲治暑運於天則時成於地法施
於上則治臣於臣下暑之運也先春後秋法之
施也先賞後罰是以溫風發春所動萌華
也寒露降秋所以殞茂葉也明賞有德所以
勸臣善也顯罰有過所以禁下姦也善賞者
因臣所喜以勸善ゝ罰者因下所惡以禁姦也
故賞少而善多刑薄而姦息賞一人而天下
喜之罰一人而天下畏之因能教狹而治廣事
寡而功眾也昔王良之御以識馬飢飽之數
規矩徐疾之節故鞭策不載而千里可期
然不可無鞭策者以馬之有佚也聖人之爲治
以爵賞勸善以仁化養民故刑罰不
用太平可致也然不可廢刑罰者以臣之有
縱故也是以賞勸善不可無罰ゝ雖禁惡不

BD14488號　劉子新論　（16–8）

規矩徐疾之節故鞭策不載而千里可期
然不可無鞭策者以馬之有佚也聖人之爲治
以爲治以爵賞勸善以仁化養民故刑罰不
用太平可致也然不可廢刑罰者以民之有
縱故也是以賞勸善不可無罰罰雖禁惡不
可無賞賞平罰當則治道立矣故君者賞
罰之所歸誘民以趣善也其利重矣其威
大矣空懸小利足以勸善虛設輕威可以
懲惡況張厚賞以餌下操大威以驅衆哉故
一賞不可不信也一罰不可不明也賞而不要雖
賞之不勸罰而不明雖刑不必不勸不必則善
惡理失是以明主之賞罰非爲己也以爲國
也適於己而無功（於）國者不加賞焉逆於己便
於國者不施罰焉罰必施於有過賞必加於
有功爲賞信而罰明則万人從之矣若翔
之循川車之遵路也亦奚向而不濟奚行而
不臻哉

審名第十六

言以譯理理爲言本名以訂實實爲名源有理
無言則理不可明有實無名則實不可辯
理由言明而言非理實由名辯而名非實也今信言
以棄理非得理也信名而略實非得實者故明
者課言以尋理不遺理而着言執名以責實
不棄實而存名則言理兼通而名實俱正
世人傳言皆以小成大以非爲是傳弥廣理逾乖

理由言明而言非理實由名辯而名非實也今信
以棄理非得理也信名而略實非得實者故明
者課言以尋理不遺理而着言執名以責實
不棄實而存名則言理兼通而名實俱正
世人傳言皆以小成大以非爲是傳弥廣理逾乖
名弥假實逾反則迴犬似人以白似黑也則不
類矣轉以類推以此象彼謂犬似玃玃似狙
似狙狙似人矣謂白似緗緗似黃黃似朱朱似紫紫
似紺紺似黑則白成黑矣黃軒四面非有眉
面夔之一足不必獨脛周之玉璞其實死鼠
楚之鳳凰迺是山雞愚谷智叟（求類又）如蒙碩祥
黃公美女迺是醜名魯人縫掖實非儒行東
郭吹竽如不知音則四面一足非爲真實玉
璞鳳凰[redacted]（非）是定名魯人東郭空攬美（名）愚
谷黃公横受惡名由此觀之傳聞宣真惜
轉名實美惡無定稱賢愚無正目俗之
弊者不察名實虛信傳說用以定真聞野
丈人謂之田父河上姹女謂之婦人堯舜禹粮
謂之飲食龍肝牛膝謂之爲菜掘井得人謂
人自土出三豕渡河謂龢竹水上凡斯之類
不可勝言故狐狸二獸因其名便合如爲一
蛩蛩駏驉其實一獸因其辭煩分如爲二斯
知成其名如不知敗其實拂其辭而不察乖

人目生世三分僞[illegible]言[illegible]水[illegible]其[illegible]
不可勝言故狐狸二獸因其名便合如爲一
蛩々駏驉其實一獸因其辭煩分如爲二斯
知惑其名如不知取其實拂其辭而不察乘
其形是以古人必慎傳名而察其實拂故近
審其辭遠取諸理不使名害於實々隱於
名故名無所容其僞實無所蔽其眞此謂
正名者也

鄙名第十七

名者命形也言者命名也言有形巧拙故名有
好醜名有好醜則言有善惡名言之善則
悅於人心名言之惡則忤於人耳是以古者
色名子必依善名々之不善則害於實矣
昔畢萬以盈大會福晉仇以怨偶逢禍
然盈大者不必盡吉怨偶者未必咸凶叟
懷愛憎之意者以其名有善惡耶今野人
晝見蟢者以爲憙樂之瑞夜夢雀者以
爲爵位之象然見蟢者未必有憙夢雀
者不必稈冠如人悅之者以其名利於人耶
水名盜泉仲尼不飲邑名朝歌顔淵不舍
里名勝母曾子還軔亭名柏人漢君夜遁
何者以其名害於義也以蟢雀之徵無益
於人名苟近善如世俗愛之邑泉之大生邑所
疵名必傷義聖賢惡之由此言則善惡
之義在於名耶昔有賓人命其猶爲宮名

何者以其名害於義也以蟢雀之徵無益
於人名苟近善如世俗愛之邑泉之大生邑所
疵名必傷義聖賢惡之由此言則善惡
之義在於名耶昔有賓人命其猶爲宮名
其子爲樂方祭之時如猶入於室叱之曰當
出祝之曰不祥也家果有禍其後子死哭
之曰樂如不自悲耶其里有人字其長子
曰盜次子曰毆盜將衣出轉其母呼之曰盜
吏因縛之其母呼毆々吏謂遽如聲不轉但
言毆々吏便毆之盜幾至殪立名不善則身
受其禍蓄名之宜豈不信哉也

知人第十八

龍之潛耶慶雲未附則與魚鱉爲隣驥之伏
耶孫陽未賞必與駑駘同櫪士之翳耶知己
未頤亦與庸流雜處目非神機洞明則莫能
分耶故明哲之相士聽之於未聞察之於未形
而鑒其情知識其未能可謂知人矣若功成
事遂然後知之何異耳聞雷電而稱爲聰
目見日月而謂爲明乎故九方堙之相馬也
雖未追電逐括離影絶塵而足之勢固
已見矣薛燭之賞劍也雖未陸斷玄犀
水截輕羽而鋒鋭之資亦以露矣故范蠡
吠於犬霣文種見而拜之鈍龍跪石而吟仲

雖未追電逐括，離影絕塵，而迅足之勢固
已見矣；薛燭之賞劍也，雖未陸斷玄犀
水截輕羽，而鋒銳之資亦以露矣。故范蠡
吠於犬竇，文種見而拜之；鮑龍跪石而吟，仲
尼為之下車；堯之知舜，不違寸陰；文王之知呂
望，不以永日；眉睫之徵，接而形於色；聲音之
妙，感而動於心。賢聖觀察，不待成功而知之也。
陳平之棄於楚，而魏無知識其善謀；韓
信之亡於黑水，而蕭何知其能將。豈待吐
奇而後明，破趙而方識哉？若臨機能謀而
知其智，犯難涉危乃見其勇，是凡夫
之識，非明悊之鑒耶？故以輪之剋鳳耶
冠雖未成，翠羽未樹，人見其身者，謂之鸞鷟
其首者名為仟擇，莫不詆誹其醜而嗤為怪
及鳳之成也，翠冠雲聳，朱距電揭，錦身霞
散，綺翮翽翽，煥然壹翥，翻翔雲棟，三鳥
不集，然後讚其奇而稱為巧也。堯遭洪水
浩浩滔天，蕩蕩懷山，下民流墊，禹為疋夫，未有
功名，堯深知之，使治水焉，乃鑿龍門，斬荊山
導熊耳，通鳥鼠，櫛奔風，沐驟雨，面目黧黑，
手足胼胝，冠挂不暇取，經門不及過，使百川
東注於海，生民免為魚鱉之患，於人是咸歌
詠，始知其賢。故見朴而知其巧者，是王爾之

導熊耳，通鳥鼠，櫛奔風，沐驟雨，面目黧黑，
手足胼胝，冠挂不暇取，經門不及過，使百川
東注於海，生民免為魚鱉之患，於人是咸歌
詠，始知其賢。故見朴而知其巧者，是王爾之
知以輪耶；鳳成而知其巧者，是衆人之知以
輪耶。未有功而知其賢者，是堯之知禹耶；有
功而知其賢者，是衆人之知禹耶。故知人之難也
難知未易遇耶。使生夷門抱關之餘耶，見
知無忌；穆子中行之士，處蒙異於智伯，故
名尊而身顯，榮備於當世，雖慎刎頸□庭，
除身趙郊，攜情酬德，未報知己，虛佐之顧
士之遇耶。世之烈士，願為賞者授命，猶響者
之思視醫者之想，行而目以不闚足之不闚得
渺一訶申為悲者矣。

薦賢第十九

國之須賢，譬車之待輪，舟之倚檝也。車摧輪
則無以行，舟亡檝則無以濟；國竭賢亦無以治。
國之須賢，其猶車輪待行檝乎。然則國之多賢
如託造父之乘，附越客之舟，身不勞而千里
可期，足不行而蓬萊可至。夫朝之無賢，若
鳳虧六翮，欲望背摩青天，臆搶絳煙，路莫
由矣。夫峩極之山，非一石所成；陵雲之榭，非一
木所構；狐白之裘，非一腋之毳；宇宙為宅，
非一賢能治。是以昔之明君，必招賢聘隱，仁
臣能吏，則歡士舉知，書冊二人流慕之長國

鳳虧六翮望背摩青天騰棲煙霧
由矣夫嵯峨之山非一功石所成陵雲之樹非一
木所構狐白之裘非一腋之毳宇宙為宅
非一賢能治是以昔之明君必招賢聘隱仁
臣能吏則獻士舉知唐昇二八流穆穆之美周
賓十亂播倚倚之詠仲尼在衛趙鞅折謀干
木處魏秦人罷兵宮奇未亡獻公不寢子
玉猶存文公側坐以此而言則立政致治折衝厭
難者舉賢之効耶夫連城之璧瘞影荊山夜光
之珠潛輝鬱浦玉無翼珠無脛而飛走於章
華之臺銜曜於綺羅之帳者人為之舉耶賢
士有脛而不肯至長蘊才於幽岫窟智於樂
草者蓋人不能薦未有為之舉也故古人覽
舉所知爭私其類才苟適治不問世胄智苟能
謀奚訪秕行是以人君拔奇於囚虜擢能於
屠販內薦不避子外舉不隱讎身受進賢之賞
名有不朽之芳也昔子貢問於孔子曰誰為
大賢子曰齊有鮑叔鄭有子皮子貢曰齊
豈無管仲鄭豈無子產乎子曰吾聞進
賢為賢排賢為不肖鮑叔薦管仲子皮進
子產未聞二子有所舉也進賢為美逾身
之賢掩後抑賢者乎故黔息碎首以進百里
北郭刎頸以申晏嬰所以致命而不疑
國薦賢滅身無悔忠之至德之至

豈無管仲鄭豈無子產乎子曰吾聞進
賢為賢排賢為不肖鮑叔薦管仲子皮進
子產未聞二子有所舉也進賢為美逾身
之賢掩後抑賢者乎故黔息碎首以進百里
北郭刎頸以申晏嬰所以致命而不疑
國薦賢滅身無悔忠之至德之至
不顯展禽仲尼謂之竊位公孫不引
顯因為嫉賢虞丘不薦叔敖樊姬之
東閭不達疑士後行不正於路是知
能蔽有國之急務也擯才嫉智乃
責也為國入賣不若獻賢賢之受
賢之蒙顯禍斯乃前識之良也
因顯第廿

菩提謂自性故
復有七種大乘一種子二慈
五正行果最初發心悲愍
波羅蜜多攝眾生事自他相續成熟復
有五无量想謂有情界无量想世界无量想
法界无量想所調伏界无量想調伏方便界无
量想復有真實義隨至謂於一切无量法中
遍隨至真如及於彼智復有不思議威德勝
解无障礙智三十二大士夫相八十種隨形
相四種一切相清淨十力四无所畏三念住
三不護大悲无忘失法拔除習氣一切相妙
智等如是諸句略唯二句謂聲聞乘中所說
句及大乘中所說句
云何迷惑謂四顛倒一於无常計常顛倒二於
苦計樂顛倒三於不淨計淨顛倒四於无我
計我顛倒
云何戲論謂一切煩惱及雜煩惱諸蘊
云何住謂四識住或七識住

BD14489 號　瑜伽師地論卷一三　（10–1）

苦計樂顛倒三於不淨計淨顛倒四於无我
計我顛倒
云何戲論謂一切煩惱及雜煩惱諸蘊
云何住謂四識住或七識住
云何真實謂真如及四聖諦
云何淨謂三清淨性一自體清淨性二境界
清淨性三分位清淨性
云何妙謂佛法僧寶名最微妙墮最第一施
設中故
云何寂靜謂從善法欲乃至一切菩提分法
及所得果皆名寂靜
云何性謂諸法體相若自相若共相若假立
相若因相若果相等
云何道理謂諸緣起及四道理
云何假施設謂於唯法假立補特伽羅及於
唯相假立諸法
云何現觀謂六現觀如有尋有伺地已說復
次嗢柁南曰
方所位分別　作執持增減　寘言所覺上　遠離轉藏護
云何方所謂色蘊
云何位謂受蘊
云何分別謂想蘊
云何作謂行蘊
云何執持謂識蘊
云何增謂有二種一煩惱增二業增　如增有
二種當知減亦尒
云何寘謂无明及疑

BD14489 號　瑜伽師地論卷一三　（10–2）

云何增謂有二種一煩惱增二業增如增有
二種當知滅亦尒
云何冥謂无明及疑
云何言謂諸如來十二分教說名為言
云何所覺謂彼彼言音所說之義名為所覺
云何上謂四沙門果
云何遠離謂五種遠離一惡行遠離二欲遠
離三資具遠離四憒閙遠離五煩惱遠離
云何轉謂三界五趣
云何藏護謂追戀過去希慕未來耽著現
在
復次嗢拕南曰
思擇與現行　睡眠及相屬　諸相攝相應　說任持次第
云何思擇謂一行順前句順後句四句无事
句復有有色法无色法有見法无見法有對
法无對法有漏法无漏法有為法无為法有
諍法无諍法有味著法无味著法依耽嗜
法依出離法世間法出世間法有繫屬法不繫
屬法內法外法麁法細法劣法勝法遠法近
法有所緣法无所緣法相應法不相應法有
行法无行法有依法无依法因法非因法果
法非果法異熟法非異熟法有因法非有因
法有果法非有果法有異熟法非有異熟法
有執受法无執受法大種造法非大種造法
同分法彼同分法有上法无上法又有過去
法未來法現在法善法不善法无記法欲繫
法色繫法无色繫法學法无學法非學非无

BD14489號　瑜伽師地論卷一三　（10–3）

有執受法无執受法大種造法非大種造法
同分法彼同分法有上法无上法又有過去
法未來法現在法善法不善法无記法欲繫
法色繫法无色繫法學法无學法非學非无
學法見所斷法脩所斷法无斷法又有四緣
謂因緣等无間緣所緣緣增上緣又有四依
一法是依非補特伽羅二義是依非文三了
義經是依非不了義四智是依非識又有四
无量法四念住法四正斷法四神足法五根
法五力法七覺支法八支聖道法四行跡法
四法跡法奢摩他法毗鉢舍那法增上戒法
增上心法增上慧法解脫法勝處法遍處法
如是等法无量无邊應當思擇
云何現行謂諸煩惱纏
云何睡眠謂諸煩惱隨眠
云何相屬謂內六處於一身中當知展轉互
相繫屬又若此法能引彼法當知此彼互相
繫屬又諸根境當知能取所取互相繫屬
云何攝謂十六種攝一界攝二相攝三種類
攝四分位攝五不相離攝六時攝七方攝八
一分攝九具分攝十勝義攝十一蘊攝十二
界攝十三處攝十四緣起攝十五處非處攝
十六根攝
云何相應當知此相略有五種一與他性相
應非自性二於他性中與不相違相應非相
違三於不相違中耎中上品與耎中上品自
相應非餘品四於耎中上品中同時相應

BD14489號　瑜伽師地論卷一三　（10–4）

云何相應當知此相略有五種一與他性相
應非自性二於他性中與不相違相應非相
違三於不相違中耎中上品與耎中上品自
相應非餘品四於耎中上品中同時相應
非異時五於同時中同地相應非異地
云何說謂四種言說一見言說二聞言說三
覺言說四知言說　云何任持謂四食
一段食二觸食三意思食四識食
云何次第謂六種次第一流轉次第二成所
作次第三宣說次第四生起次第五現觀次
第六等至次第
復次嗢柁南曰
所作及所緣　亦瑜伽觀　作意與教授　德菩提聖教
云何所作謂八種所作一滅依止二轉依止
三遍知所緣四喜樂所緣五得果六離欲七
轉根八引發神通
云何所緣謂四種所緣一遍滿所緣二淨行
所緣三善巧所緣四淨煩惱所緣
云何瑜伽謂或四種或九種四種瑜伽者一
信二欲三精進四方便九種瑜伽者一世間
道二出世道三方便道四無間道五解脫道
六勝進道七耎品道八中品道九上品道
云何心謂九種住心
云何觀謂或三事觀或四行觀或六事差別
所緣觀三事觀者一有相觀二尋求觀三伺
察觀四行觀者謂於諸法中簡擇行觀極
簡擇行觀遍尋思行觀遍伺察行觀六事

云何心謂九種住心
云何觀謂或三事觀或四行觀或六事差別
所緣觀三事觀者一有相觀二尋求觀三伺
察觀四行觀者謂於諸法中簡擇行觀極
簡擇行觀遍尋思行觀遍伺察行觀六事
差別所緣觀者一義所緣觀二事所緣觀三
相所緣觀四品所緣觀五時所緣觀六道理
所緣觀
云何作意謂七種作意了相等如前說
云何教授謂五種教授一教教授二證教授
三次第教授四無倒教授五神變教授
云何德謂無量解脫等如句中已說
云何菩提謂三種菩提一聲聞菩提二獨覺
菩提三阿耨多羅三藐三菩提
云何聖教謂授以歸依制立學處施設說聽
建立師徒施論戒論生天之論訶欲愛味示
欲過失顯說離染及清淨法教導出離及與
遠離稱讚功德乃至廣說無量無邊清淨
品法
云何攝聖教義相此中有能修習法謂於
諸善法專志所作相續所作方便勤修有所
修習法謂所有諸善法有有過患法謂應遍
知法有有染污法謂應不著制伏初應斷法
有障礙法謂違逆現觀究竟法有隨順法謂隨
順現觀究竟法有真如所攝法謂應覺悟法
有勝德所攝法謂所應引發法有隨順世間
法謂應習應斷及斷已現行法有得究竟法
謂究竟自義所應證法

[illegible]
順現觀究竟法有真如所攝法謂應覺悟法
有勝德所攝法謂所應引發法有隨順世間
法謂應習應斷及斷已現行法有得究竟法
謂究竟自義所應證法
云何佛教所應知處相當知此中一切有情
住有三種謂曰別住盡壽住善法可愛生展
轉住初由食增上力第二由命行增上力第
三由於諸善法不放逸增上力於諸不善无
記法中亦有相似不放逸法如於熱生等事
及威儀工巧等中審諦而作然於善法不放
逸者於現法中乃至能得般涅槃故於後法中
往善趣故多有所作
復次依有情世間及器世間有二種法能攝
一切諸戲論事謂能取法及彼所依所取之
法
又諸世間略有二種雜染根本能引无義无
利雜染謂於真實无正解行及彼為先希求
无義
又正法外若諸沙門若婆羅門略有二種雜
染根本謂薩迦邪見增上力故推求我常推
求我斷
又諸有情略有二種衆苦根本謂於有漏法
喜愛俱行所有期願及非理所引猒離俱行
所有期願
又有二種師及弟子教授教誡相違之法謂
諸弟子不能堪忍教悔語言及師倒見習行
邪行與此相違當知即是白品二法

喜愛俱行所有期願及非理所引猒離俱行
所有期願
又有二種師及弟子教授教誡相違之法謂
諸弟子不能堪忍教悔語言及師倒見習行
邪行與此相違當知即是白品二法
又有二法甚能違越世出世間正行境界謂
於自非法增上所生不可愛果无有顧慮於
所作罪无有羞恥及於現法他所繫縛棄退
等事无有顧慮於所作罪无有羞恥與此相
違當知即是白品二法
又有二種无倒建立能令行者少用功力住
於梵行終不唐捐一正立學處若有違越便
獲大罪若不違越便生大福二正立出離令
違越者速復出離
又有二法能令作者得自他利一居遠離者
心常安定現法樂住二居憒閙者有來求法
時為說能令正法相續久住
又有二法能令有情內正作意外聞他音二
因緣故於現法中入諦現觀或令當來諸根
成熟一於因所生法正通達因二於如來所
說所有甚深相似甚深空相應經一切緣性
及諸緣起隨順作意數數思惟
又有二法能令根熟補特伽羅速證通慧一
於教授教誡遠離諂誑二猒離為先身語
意行離諸調戲
又有二法令居一處同梵行者展轉皆得安
樂而住一者堪忍他所逼惱二者自不逼惱

於教授教誡遠離諂誑二猒離爲先身語
意行離諸調戲
又有二法令居一處同梵行者展轉皆得安
樂而住一者堪忍他所逼惱二者自不逼惱
於他
又有二法令居一處同梵行者未生違諍遮
令不生其已生者速令止息无鬪无訟无諍
无競一者展轉互起慈心二者平等受用財
法
又有二法速令心住得三摩地清淨梵行一
者憶持久遠所作所說增上力故若有所犯
如法悔除若无所犯便生歡喜晝夜隨學當
无懈廢二者於身語意一切事業能正了知
增上力故於諸過失終无違犯由此因緣亦
无憂悔隨生歡喜廣說乃至解脫智見
又有二法能越衆苦謂能超越諸惡趣苦及
能超越生死大苦一者深見現法當來諸過
患故遠離惡行二者心常安定精勤脩習菩
提分法
又有二法能令脩斷居遠離者得安樂住一
者於諸境界不生離染无惡尋伺擾亂其心
二者凡所飲食要爲利益稱量消化能隨順
斷令身調適
又有二法令脩善品諸苾芻等時无虛度一
者於諸根境正勤方便研究法相二者知時
知量少習睡眠
又有二法能壞增上心學慧學一者建立邪

BD14489 號　瑜伽師地論卷一三　（10–9）

斷令身調適
又有二法令脩善品諸苾芻等時无虛度一
者於諸根境正勤方便研究法相二者知時
知量少習睡眠
又有二法能壞增上心學慧學一者建立邪
學違越正學及懷猶豫二者增益損減邪見
決定與此相違當知即是白品二法
又有二法能令已集菩提資糧未入現觀補
特伽羅速入現觀一者思惟現在過去自他
衰盛二者勤脩諦行所攝无倒作意
又有二法令觀行者最極究竟離垢梵行
速得圓滿一者脩諦現觀二者於後離欲方便
勤脩於諸等至无有愛味離諸障難
又有二法令觀行者速能引發世出世間一切
勝德一者九相住心二者由六種事以正定心
思擇諸法如聲聞地當廣分別
又觀行者有二種淨謂作意淨及所依淨於
三世中遠離愚癡智清淨故名作意淨遠離
三界諸煩惱品麁重法故名所依淨
又有二法心善解脫諸阿羅漢內自所證一
者於現法中苦因永盡二者由此爲先當來
世苦畢竟不生

瑜伽師地論卷第十三

BD14489 號　瑜伽師地論卷一三　（10–10）

於一佛二
生千万佛所
淨信者須
是諸衆生得如是无量
衆生无復我相人相衆生
下
非法相何以故是諸
者我人衆生壽者若取
壽者何以故若取非法
者是故不應取法不應
来常說汝等比丘知我
尚應捨何況非法
於意云何如来得阿耨多羅三藐三
耶如来有所說法耶須菩提言如我解
佛所說義无有定法名阿耨多羅三藐三菩
提亦无有定法如来可說何以故如来所說
法皆不可取不可說非法非非法所以者何
一切賢聖皆以无為法而有差別
須菩提於意云何若人滿三千大千世界七
寶以用布施是人所得福德寧為多不須菩
提言甚多世尊何以故是福德即非福德性

BD14490號　金剛般若波羅蜜經　（13–1）

提亦无有定法如来可說何以故如来所說
法皆不可取不可說非法非非法所以者何
一切賢聖皆以无為法而有差別
須菩提於意云何若人滿三千大千世界七
寶以用布施是人所得福德寧為多不須菩
提言甚多世尊何以故是福德即非福德性
是故如来說福德多若復有人於此經中受
持乃至四句偈等為他人說其福勝彼何以
故須菩提一切諸佛及諸佛阿耨多羅三藐
三菩提法皆從此經出須菩提所謂佛法
者即非佛法
須菩提於意云何須陁洹能作是念我得須
陁洹果不須菩提言不也世尊何以故須陁
洹名為入流而无所入不入色聲香味觸法
是名須陁洹須菩提於意云何斯陁含能作
是念我得斯陁含果不須菩提言不也世尊
何以故斯陁含名一往来而實无往来是名
斯陁含須菩提於意云何阿那含能作是念
我得阿那含果不須菩提言不也世尊何以
故阿那含名為不来而實无来是故名阿那
含須菩提於意云何阿羅漢能作是念我得
阿羅漢道不須菩提言不也世尊何以故實
无有法名阿羅漢世尊若阿羅漢作是念我
得阿羅漢道即為著我人衆生壽者世尊佛
說我得无諍三昧人中最為第一是第一離
欲阿羅漢我不作是念我是離欲阿羅漢世
尊我若作是念我得阿羅漢道世尊則不說
須菩提是樂阿蘭那行者以須菩提實无所
行而名須菩提是樂阿蘭那行
佛告須菩提於意云何如来昔在然燈佛所

BD14490號　金剛般若波羅蜜經　（13–2）

[illegible]第一是第一離
欲阿羅漢我不作是念我是離欲阿羅漢世
尊我若作是念我得阿羅漢道世尊則不說
須菩提是樂阿蘭那行者以須菩提實无所
行而名須菩提是樂阿蘭那行
佛告須菩提於意云何如來昔在然燈佛所
於法有所得不世尊如來在然燈佛所於法
實无所得
須菩提於意云何菩薩莊嚴佛土不不也世
尊何以故莊嚴佛土者則非莊嚴是名莊嚴
是故須菩提諸菩薩摩訶薩應如是生清淨
心不應住色生心不應住聲香味觸法生心
應无所住而生其心須菩提譬如有人身如
須彌山王於意云何是身為大不須菩提言
甚大世尊何以故佛說非身是名大身
須菩提如恒河中所有沙數如是沙等恒河
於意云何是諸恒河沙寧為多不須菩提言
甚多世尊但諸恒河尚多无數何況其沙須
菩提我今實言告汝若有善男子善女人以
七寶滿尒所恒河沙數三千大千世界以用
布施得福多不須菩提言甚多世尊佛告須
菩提若善男子善女人於此經中乃至受持
四句偈等為他人說而此福德勝前福德
復次須菩提隨說是經乃至四句偈等當知
此處一切世間天人阿脩羅皆應供養如佛
塔廟何況有人盡能受持讀誦須菩提當知
是人成就最上第一希有之法若是經典所
在之處則為有佛若尊重弟子
尒時須菩提白佛言世尊當何名此經我等
云何奉持佛告須菩提是經名為金剛般若
波羅蜜以是名字汝當奉持所以者何須菩

BD14490 號　金剛般若波羅蜜經　　（13-3）

是人成就最上第一希有之法若是經典所
在之處則為有佛若尊重弟子
尒時須菩提白佛言世尊當何名此經我等
云何奉持佛告須菩提是經名為金剛般若
波羅蜜以是名字汝當奉持所以者何須菩
提佛說般若波羅蜜則非般若波羅蜜須菩
提於意云何如來有所說法不須菩提白佛
言世尊如來无所說須菩提於意云何三千
大千世界所有微塵是為多不須菩提言甚
多世尊須菩提諸微塵如來說非微塵是名
微塵如來說世界非世界是名世界須菩提
於意云何可以三十二相見如來不不也世
尊不可以三十二相得見如來何以故如來
說卅二相即是非相是名三十二相
須菩提若有善男子善女人以恒河沙等身
命布施若復有人於此經中乃至受持四
句偈等為他人說其福甚多
尒時須菩提聞說是經深解義趣涕淚悲泣
而白佛言希有世尊佛說如是甚深經典我
從昔來所得慧眼未曾得聞如是之經世尊
若復有人得聞是經信心清淨則生實相當
知是人成就第一希有功德世尊是實相者
則是非相是故如來說名實相世尊我今得
聞如是經典信解受持不足為難若當來世
後五百歲其有衆生得聞是經信解受持
是人則為第一希有何以故此人无我相人
相衆生相壽者相所以者何我相即是非相
人相衆生相壽者相即是非相何以故離一
切諸相則名諸佛
佛告須菩提如是如是若復有人得聞是經

BD14490 號　金剛般若波羅蜜經　　（13-4）

後五百歲其有衆生得聞是經信解受持
是人則為第一希有何以故此人无我相人
相衆生相壽者相所以者何我相即是非相
人相衆生相壽者相即是非相何以故離一
切諸相則名諸佛
佛告須菩提如是如是若復有人得聞是經
不驚不怖不畏當知是人甚為希有何以故
須菩提如来說第一波羅蜜非第一波羅蜜
是名第一波羅蜜
須菩提忍辱波羅蜜如来說非忍辱波羅蜜
何以故須菩提如我昔為歌利王割截身體
我於尒時无我相无人相无衆生相无壽者
相何以故我於往昔節節支解時若有我相
人相衆生相壽者相應生瞋恨須菩提又念
過去於五百世作忍辱仙人於尒所世无我
相无人相无衆生相无壽者相是故須菩提
菩薩應離一切相發阿耨多羅三藐三菩提
心不應住色生心不應住聲香味觸法生心
應生无所住心若心有住則為非住是故佛
說菩薩心不應住色布施須菩提菩薩為利
益一切衆生應如是布施如来說一切諸相
即是非相又說一切衆生則非衆生
須菩提如来是真語者實語者如語者不誑
語者不異語者須菩提如来所得法此法无
實无虛
須菩提若菩薩心住於法而行布施如人入
闇則无所見若菩薩心不住法而行布施如
人有目日光明照見種種色
須菩提當来之世若有善男子善女人能於
此經受持讀誦則為如来以佛智慧悉知是
人悉見是人皆得成就无量无邊功德

BD14490 號　金剛般若波羅蜜經　（13–5）

闇則无所見若菩薩心不住法而行布施如
人有目日光明照見種種色
須菩提當来之世若有善男子善女人能於
此經受持讀誦則為如来以佛智慧悉知是
人悉見是人皆得成就无量无邊功德
須菩提若有善男子善女人初日分以恒河
沙等身布施中日分復以恒河沙等身布施
後日分亦以恒河沙等身布施如是无量百
千万億劫以身布施若復有人聞此經典信
心不逆其福勝彼何況書寫受持讀誦為人
解說
須菩提以要言之是經有不可思議不可稱
量无邊功德如来為發大乘者說為發最上
乘者說若有人能受持讀誦廣為人說如来
悉知是人悉見是人皆得成就不可量不可
稱无有邊不可思議功德如是人等則為荷
擔如来阿耨多羅三藐三菩提何以故須菩
提若樂小法者著我見人見衆生見壽者見
則於此經不能聽受讀誦為人解說須菩提
在在處處若有此經一切世間天人阿脩羅
所應供養當知此處則為是塔皆應恭敬作
礼圍遶以諸華香而散其處
復次須菩提善男子善女人受持讀誦此經
若為人輕賤是人先世罪業應墮惡道以今
世人輕賤故先世罪業則為消滅當得阿耨
多羅三藐三菩提須菩提我念過去无量阿
僧祇劫於然燈佛前得值八百四千万億那
由他諸佛悉皆供養承事无空過者若復有
人於後末世能受持讀誦此經所得功德於
我所供養諸佛功德百分不及一千万億分

BD14490 號　金剛般若波羅蜜經　（13–6）

僧祇劫於然燈佛前得值八百四千万億那
由他諸佛悉皆供養承事无空過者若復有
人於後末世能受持讀誦此經所得功德於
我所供養諸佛功德百分不及一千万億分
乃至筭數譬喻所不能及須菩提若善男子
善女人於後末世有受持讀誦此經所得功
德我若具說者或有人聞心則狂亂狐疑不
信須菩提當知是經義不可思議果報亦
不可思議
尒時須菩提白佛言世尊善男子善女人發
阿耨多羅三藐三菩提心云何應住云何降
伏其心佛告須菩提善男子善女人發阿耨
多羅三藐三菩提者當生如是心我應滅度
一切衆生滅度一切衆生已而无有一衆生
實滅度者何以故若菩薩有我相人相衆生
相壽者相則非菩薩所以者何須菩提實无
有法發阿耨多羅三藐三菩提者
須菩提於意云何如来於然燈佛所有法得
阿耨多羅三藐三菩提不不也世尊如我解
佛所說義佛於然燈佛所无有法得阿耨多
羅三藐三菩提佛言如是如是須菩提實无
有法如来得阿耨多羅三藐三菩提須菩提
若有法如来得阿耨多羅三藐三菩提者然
燈佛則不與我受記汝於来世當得作佛号釋
迦牟尼以實无有法得阿耨多羅三藐三菩
提是故然燈佛與我受記作是言汝於来世
當得作佛号釋迦牟尼何以故如来者即諸
法如義若有人言如来得阿耨多羅三藐三
菩提須菩提實无有法佛得阿耨多羅三藐

提是故然燈佛與我受記作是言汝於来世
當得作佛号釋迦牟尼何以故如来者即諸
法如義若有人言如来得阿耨多羅三藐三
菩提須菩提實无有法佛得阿耨多羅三藐
三菩提須菩提如来所得阿耨多羅三藐三
菩提於是中无實无虛是故如来說一切法
皆是佛法須菩提所言一切法者即非一切
法是故名一切法
須菩提譬如人身長大須菩提言世尊如来
說人身長大則為非大身是名大身
須菩提菩薩亦如是若作是言我當滅度无
量衆生則不名菩薩何以故須菩提實无有
法名為菩薩是故佛說一切法无我无人无
衆生无壽者須菩提若菩薩作是言我當莊
嚴佛土是不名菩薩何以故如来說莊嚴佛
土者即非莊嚴是名莊嚴須菩提若菩薩通
達无我法者如来說名真是菩薩
須菩提於意云何如来有肉眼不如是世尊
如来有肉眼須菩提於意云何如来有天眼
不如是世尊如来有天眼須菩提於意云何
如来有慧眼不如是世尊如来有慧眼須菩
提於意云何如来有法眼不如是世尊如来
有法眼須菩提於意云何如来有佛眼不如
是世尊如来有佛眼須菩提於意云何恒河
中所有沙佛說是沙不如是世尊如来說是
沙須菩提於意云何如一恒河中所有沙有
如是等恒河是諸恒河所有沙數佛世界如
是寧為多不甚多世尊佛告須菩提尒所國
土中所有衆生若干種心如来悉知何以故
如来說諸心皆為非心是名為心所以者何

沙須菩提於意云何如一恒河中所有沙有
如是等恒河是諸恒河所有沙數佛世界如
是寧為多不甚多世尊佛告須菩提尒所國
土中所有衆生若干種心如来悉知何以故
如来說諸心皆為非心是名為心所以者何
須菩提過去心不可得現在心不可得未来
心不可得須菩提於意云何若有人滿三千
大千世界七寶以用布施是人以是因緣得
福多不如是世尊此人以是因緣得福甚多
須菩提若福德有實如来不說得福德多以
福德无故如来說得福德多
須菩提於意云何佛可以具足色身見不不
也世尊如来不應以具足色身見何以故如
来說具足色身即非具足色身是名具足色
身須菩提於意云何如来可以具足諸相見
不不也世尊如来不應以具足諸相見何以
故如来說諸相具足即非具足是名諸相具
足須菩提汝勿謂如来作是念我當有所說
法莫作是念何以故若人言如来有所說法
即為謗佛不能解我所說故須菩提說法
者无法可說是名法說
須菩提白佛言世尊佛得阿耨多羅三藐三
菩提為无所得耶如是如是須菩提我於阿
耨多羅三藐三菩提乃至无有少法可得是
名阿耨多羅三藐三菩提復次須菩提是法
平等无有高下是名阿耨多羅三藐三菩提
以无我无人无衆生无壽者脩一切善法則
得阿耨多羅三藐三菩提須菩提所言善法
者如来說非善法是名善法
須菩提若三千大千世界中所有諸須弥山

BD14490號　金剛般若波羅蜜經

（13–9）

平等无有高下是名阿耨多羅三藐三菩提
以无我无人无衆生无壽者脩一切善法則
得阿耨多羅三藐三菩提須菩提所言善法
者如来說非善法是名善法
須菩提若三千大千世界中所有諸須弥山
王如是等七寶聚有人持用布施若人以此
般若波羅蜜經乃至四句偈等受持讀誦為
他人說於前福德百分不及一百千万億分
乃至筭數譬喻所不能及
須菩提於意云何汝等勿謂如来作是念我
當度衆生須菩提莫作是念何以故實无有
衆生如来度者若有衆生如来度者如来則
有我人衆生壽者須菩提如来說有我者則
非有我而凡夫之人以為有我須菩提凡夫
者如来說則非凡夫
須菩提於意云何可以卅二相觀如来不須
菩提言如是如是以卅二相觀如来佛言須
菩提若以卅二相觀如来者轉輪聖王則是
如来須菩提白佛言世尊如我解佛所說義
不應以卅二相觀如来尒時世尊而說偈言
若以色見我　以音聲求我　是人行邪道　不能見如来
須菩提汝若作是念如来不以具足相故得
阿耨多羅三藐三菩提須菩提莫作是念如
来不以具足相故得阿耨多羅三藐三菩提
須菩提汝若作是念發阿耨多羅三藐三菩
提者說諸法斷滅莫作是念何以故發阿耨
多羅三藐三菩提者於法不說斷滅相須菩
提若菩薩以滿恒河沙等世界七寶布施若
復有人知一切法无我得成於忍此菩薩勝
前菩薩所得功德須菩提以諸菩薩不受福

BD14490號　金剛般若波羅蜜經

（13–10）

提者說諸法斷滅莫作是念何以故發阿耨
多羅三藐三菩提者於法不說斷滅相須菩
提若菩薩以滿恒河沙等世界七寶布施若
復有人知一切法无我得成於忍此菩薩勝
前菩薩所得功德須菩提以諸菩薩不受福
德故須菩提白佛言世尊云何菩薩不受福
德須菩提菩薩所作福德不應貪著是故
說不受福德
須菩提若有人言如來若來若去若坐若臥
是人不解我所說義何以故如來者无所從
來亦无所去故名如來
須菩提若善男子善女人以三千大千世界
碎為微塵於意云何是微塵衆寧為多不甚
多世尊何以故若是微塵衆實有者佛則不
說是微塵衆所以者何佛說微塵衆則非微
塵衆是名微塵衆世尊如來所說三千大千
世界則非世界是名世界何以故若世界實
有者則是一合相如來說一合相則非一合相
是名一合相須菩提一合相者則是不可說
但凡夫之人貪著其事須菩提若人言佛說
我見人見衆生見壽者見須菩提於意云何
是人解我所說義不世尊是人不解如來所
說義何以故世尊說我見人見衆生見壽者
見即非我見人見衆生見壽者見是名我見
人見衆生見壽者見須菩提發阿耨多羅三
藐三菩提心者於一切法應如是知如是見
如是信解不生法相須菩提所言法相者如
來說即非法相是名法相須菩提若有人以
滿无量阿僧祇世界七寶持用布施若有善
男子善女人發菩薩心者持於此經乃至

BD14490號　金剛般若波羅蜜經　（13–11）

人見衆生見壽者見須菩提發阿耨多羅三
藐三菩提心者於一切法應如是知如是見
如是信解不生法相須菩提所言法相者如
來說即非法相是名法相須菩提若有人以
滿无量阿僧祇世界七寶持用布施若有善
男子善女人發菩薩心者持於此經乃至
四句偈等受持讀誦為人演說其福勝彼云
何為人演說不取於相如如不動何以故
一切有為法如夢幻泡影如露亦如電應作如是觀
佛說是經已長老須菩提及諸比丘比丘尼
優婆塞優婆夷一切世間天人阿脩羅聞
佛所說皆大歡喜信受奉持

金剛般若波羅蜜經

儀鳳元年十一月十五日書手劉弘珪寫
用紙十二張
裝潢手解集
初校秘書省書手蕭元信
再校秘書省書手蕭元信
三校秘書省書手蕭元信
詳閱太原寺大德神符
詳閱太原寺大德嘉尚
詳閱太原寺寺主慧立
詳閱太原寺上座道成
判官司農寺上林署令李善德
使朝散大夫守尚舍奉御閻玄道監

BD14490號　金剛般若波羅蜜經　（13–12）

優婆塞優婆夷一切世間天人阿脩羅聞
佛所說皆大歡喜信受奉持
金剛般若波羅蜜經
儀鳳元年十一月十五日書手劉弘珪寫
用紙十二張
裝潢手解集
初校秘書省書手蕭元信
再校秘書省書手蕭元信
三校秘書省書手蕭元信
詳閱太原寺大德神符
詳閱太原寺大德嘉尚
詳閱太原寺寺主慧立
詳閱太原寺上座道成
判官司農寺上林署令李善德
使朝散大夫守尚舍奉御閻玄道監

BD14490 號　金剛般若波羅蜜經　（13–13）

孝子感應
問古来孝子行何德行感何
不朽宜明至理無假昌言
某對某聞立身之道以孝先
郭巨埋於愛子大孝傾其世
爲出穴所以孟仁得筍抽以
至孝通靈無一言而不感一心
者不敢惡於他親書曰唯孝動
斷貪濁
問夫以貪官害政濁宰乱邑
異式塞彼貪心
某對某聞種藕深池則根固
枝葉豈非處物得宜故以相
任得人必須吏部嚴明書僚

BD14491 號　對策（擬）　（5–1）

問相以貪官害政濫事亂民
異式塞彼貪心
某對某聞種藕深池則根朋
枝葉豈非處物得宜故以相
任得人必須吏部嚴明書條
擢仁者以安人使民謳五袴 見殘於隴畝使號脯
夫能令職濁勵心清廉盡力 隹猶知逐日況於貪者
者哉謹對
問古來唯聞善政罕見虐 四美寬弘希陳酷暴
既無其惡何以顯能子素語 宜陳指說
某對某聞紂王酷虐剥胔之心桀帝豺狼享忠賢之
士昔嚴延在任長安有流血之憧王吉當官沛國有全死
之危至如周吁聞紋前決大刑侯賢見豪諉之破沒斯乃
亂虐害物何名至治者哉譬魅蠹之彼民善蠐蛆之食木
民遭蠱害立見傾亡樹被蠹假尋者倒作蒼生何罪逢此
凶時者哉謹對
世間貪利不憚刑書
問世間馳騖貪競寔繁貴賤咸然非利不可熟知刑憲
不忘脩章掛網觸繩仍從伏法何其頓尔冀子明言
某對某聞世界貪婪玄文已之舊說蒼生競利俗教之所
先陳枳橘遂以改儀梅杏於爲變質信土風之有隔實世
界之應然者也既而去聖遥遠黎庶澆離儉約之記未聞
賒縱之風弥切自大唐膺籙四海歸仁玄芝於是見祥未…

某對某聞世界貪婪玄文已之舊說蒼生競利俗教之所
先陳枳橘遂以改儀梅杏於爲變質信土風之有隔實世
界之應然者也既而去聖遥遠黎庶澆離儉約之記未聞
賒縱之風弥切自大唐膺籙四海歸仁玄芝於是見祥朱草
贊爲呈瑞貪泉已息涌浪井於是濤波民懷廉恥之心
俗有邑邑之美寧心解官猶犢即擅特生受物送臺而
無宗子謹對
唯欲貪求亦有義讓
問世道貪競以貪爲本爲有義讓爲心貪求子既
博聞無惑斯辯
某對某聞閻浮職濁釋典之所說爲世道澆浮孔經之
所著矣然則黔黎蠢蠢情有未同庶類數數意亦不等
或志昏聲色或意靜林泉或斷食以裂山河或蔬飯而
居蓬華或控弦億兆之衆建國開基或聞授位之名則臨
河洗耳故張禹有讓田之美久着蒲苗陶石有施飯之名
仍傳蘭菓何必梁銷散物獨降學生兵帝極窮偏須貞
婦豈有唯應貪覓而無義讓哉謹對
問豪富
問韓魏已來人多侈覺相嘲詐諷各尚資財雖有其言
未覩其事子之強識並是何人
某對某聞色聲世界富誕爲先豪貴矜誇故其然矣
至如石崇錦鄣五十里以霞生吉甫衛鋸卌里而雷弗充乎

問韓魏已來人多侈覺相嘲誇調各尚資財雖有其言
未覩其事子之强識並是何人
某對某聞色聲世堺（界）而誕為若豪貴矜誇故其然矣
至如石崇錦鄣五十里以霞生吉甫衛鎗丗里而雷沸況乎
漢稱金屋周曰璧臺豈止羊琇嫣豪家然歟戾前王孫
僦岸室累千金而已謹對
問婦女妖皇
問婦女妖華妍鄙雖別近之所覩未見異人往古以來
誰為令淑如其出物子可具陳
某對某聞越豨鸞人多諸妖異狂花實蘗有艷無
戌至如野狸入朝時稱吏部曲鬭當路世号神童故褒
以姒咲而傾周妲已歡而殺紂色邦乱政其在茲乎何令淑
之可陳特妖耶之往也後賢明達寧非龜鏡者我謹對
問富貴人唯覔財利亡有清潔
問世多聲色各擅名聞武紫蓋臨朝武緗衣本邑情
無廉素意在憍賒為當恣事貪求為當更有清潔
某對某聞惟岳極麥梅檀与蒿艾眾林惟海極深明珠
与蜯礫同處故知人之異也豈可雷同至如祈帝登朝情
敦光讓龜君即位意在憍賒昔少平有洛陽之
布被興祖南陽之職黃紙充衣並[illegible]
乃仲翁捐於赤鐵詎淂渾茲妍鄙
循禮讓息逃已

BD14491號　對策（擬）　　（5–4）

以姒咲而傾周妲已歡而殺紂色邦乱政其在茲乎何令淑
之可陳特妖耶之往也後賢明達寧非龜鏡者我謹對
問富貴人唯覔財利亡有清潔
問世多聲色各擅名聞武紫蓋臨朝武緗衣本邑情
無廉素意在憍賒為當恣事貪求為當更有清潔
某對某聞惟岳極麥梅檀与蒿艾眾林惟海極深明珠
与蜯礫同處故知人之異也豈可雷同至如祈帝登朝情
敦光讓龜君即位意在憍賒昔少平有洛陽之
布被興祖南陽之職黃紙充衣並[illegible]
乃仲翁捐於赤鐵詎淂渾茲妍鄙
循禮讓息逃已
問循河異術淂已知礼讓以息逃
某對某聞國以已為本已以食為
命故移風易俗以樂為先安上治
右教稼稆之方雲師之皇道六書
千藉然後蘭茂咸以臨邦選懿著
知歸何已救之有乎豈黔黎之不
安撫貧弱

BD14491號　對策（擬）　　（5–5）

度生老□
說應十二因緣法為諸菩薩因阿耨多羅三
藐三菩提說應六波羅蜜法究竟佛慧得大
勢是威音王佛壽四十万億那由他恒河沙劫
正法住世劫數如一閻浮提微塵像法住世劫
數如四天下微塵其佛饒益眾生已然後滅
度正法像法滅盡之後於此國土復有佛出
亦号威音王如來應供正遍知明行足善逝
世間解无上士調御丈夫天人師佛世尊如
是次第有二万億佛皆同一号最初威音
王如來既已滅度正法滅後於像法中增上
慢比丘有大勢力尒時有一菩薩比丘名常
不輕得大勢以何因緣名常不輕是比丘凡
有所見若比丘比丘尼優婆塞優婆夷皆悉
礼拜讚歎而作是言我深敬汝等不敢輕慢
所以者何汝等皆行菩薩道當得作佛　而
是比丘不專讀誦經典但行礼拜乃至遠見
四眾亦復故往礼拜讚歎而作是言我不敢

BD14492號　妙法蓮華經（八卷本）卷七　（23–1）

礼拜讚歎而作是言我深敬汝等不敢輕慢
所以者何汝等皆行菩薩道當得作佛　而
是比丘不專讀誦經典但行礼拜乃至遠見
四眾亦復故往礼拜讚歎而作是言我不敢
輕於汝等汝等皆當作佛四眾之中有生瞋
恚心不淨者惡口罵詈(言)是无智比丘從何
所來自言我不輕汝而與我等授記當得作
佛我等不用如是虛妄授記如此經歷多年
常被罵詈不生瞋恚常作是言汝當作佛說
是語時眾人或以杖木瓦石而打擲之避走
遠住猶高聲唱言我不敢輕(於)汝(等)汝等皆當作
佛以其常作是語故增上慢比丘比丘尼優
婆塞優婆夷号之為常不輕是比丘臨欲終
時於虛空中具聞威音王佛先所說法華經
二十千万億偈悉能受持即得如上眼根清
淨耳鼻舌身意根清淨得是六根清淨已更
增壽命二百万億那由他歲廣為人說是法
華經於時增上慢四眾比丘比丘尼優婆塞
優婆夷輕賤是人為作不輕名者見其得大
神通力樂說辯力大善寂力聞其所說皆信
伏隨從是菩薩復化千万億眾令住阿耨多
羅三藐三菩提命終之後得值二千億佛皆
号日月燈明於其法中說是法華經以是因
緣復值二千億佛同号雲自在燈王於此諸
佛法中受持讀誦為諸四眾說此經典故得是

BD14492號　妙法蓮華經（八卷本）卷七　（23–2）

羅三狼三菩提命終之後得值二千億佛皆
号日月燈明於其法中說是法華經以是因
緣復值二千億佛同号雲自在燈王於此諸
佛法中受持讀誦為諸四衆說此經典故得是
常眼清淨耳鼻舌身意諸根清淨於四衆中
說法心无所畏得大勢是常不輕菩薩摩訶
薩供養如是若千諸佛恭敬尊重讚嘆種
諸善根於後復值千万億佛亦於諸佛法
中說是經典功德成就當得作佛得大勢於意
云何尒時常不輕菩薩豈異人乎則我身是
若我於宿世不受持讀誦此經為他人說者
不能疾得阿耨多羅三狼三菩提我於先佛
所受持讀誦此經為人說故疾得阿耨多羅
三狼三菩提得大勢彼時四衆比丘比丘尼
優婆塞優婆夷以瞋恚意輕賤我故二百億
劫常不值佛不聞法不見僧千劫於阿鼻地
獄受大苦惱畢是罪已復遇常不輕菩薩教
化阿耨多羅三狼三菩提得大勢於汝意云
何尒時四衆常輕是菩薩者豈異人乎今此
會中欿陁婆羅等五百菩薩師子月等五百
比丘尼思佛等五百優婆塞皆於阿耨多羅
三狼三菩提不退轉者是得大勢當知是法
華經大饒益諸菩薩摩訶薩能令至於阿耨
多羅三狼三菩提是故諸菩薩摩訶薩於如
来滅後常應受持讀誦解說書寫是經尒時

比丘尼思佛等五百優婆塞皆於阿耨多羅
三狼三菩提不退轉者是得大勢當知是法
華經大饒益諸菩薩摩訶薩能令至於阿耨
多羅三狼三菩提是故諸菩薩摩訶薩於如
来滅後常應受持讀誦解說書寫是經尒時
世尊欲重宣此義而說偈言
過去有佛　号威音王　神智无量　將導一切
天人龍神　所共供養
是佛滅後　法欲盡時　有一菩薩　名常不輕
時諸四衆　計着於法　不輕菩薩　往到其所
而語之言　我不輕汝　汝等行道　皆當作佛
諸人聞已　輕毀罵詈　不輕菩薩　能忍受之
其罪畢已　臨命終時　得聞此經　六根清淨
神通力故　增益壽命　復為諸人　廣說是經
諸着法衆　皆蒙菩薩　教化成就　令住佛道
不輕命終　值无數佛　說是經故　得无量福
漸具功德　疾成佛道　彼時不輕　則我身是
時四部衆　著法之者　聞不輕言　汝當作佛
以是因緣　值无數佛　此會菩薩　五百之衆
并及四部　清信士女　今於我前　聽法者是
我於前世　勸是諸人　聽受斯經　第一之法
開示教人　令住涅槃　世世受持　如是經典
億億万劫　至不可議　時乃得聞　是法華經　億億万劫　至不可議
諸佛世尊　時說是經
是故行者　於佛滅後　聞如是經　勿生疑惑
應當一心　廣說此經　世世值佛　疾成佛道

我於前世　勸是諸人　聽受斯經　第一之法
開示教人　令住涅槃　世世受持　如是經典
億億万劫　至不可議　諸佛世尊　時說是經
（時乃得聞　是法華經　億億万劫　至不可議）
是故行者　於佛滅後　聞如是經　勿生疑惑
應當一心　廣說此經　世世值佛　疾成佛道

妙法蓮華經如來神力品第廿一

尒時千世界微塵等菩薩摩訶薩從地踊出
者皆於佛前一心合掌瞻仰尊顏而白佛言
世尊我等於佛滅後世尊分身所在國土滅
度之處當廣說此經所以者何我等亦自欲
得是真淨大法受持讀誦解說書寫而供養
之尒時世尊於文殊師利等无量百千万億
舊住娑婆世界菩薩摩訶薩及諸比丘比丘
尼優婆塞優婆夷天龍夜叉乹闥婆阿脩羅
迦樓羅緊那羅摩睺羅伽人非人等一切衆
前現大神力出廣長舌上至梵世一切毛孔
放於无量无數色光皆悉遍照十方世界衆
寶樹下師子座上諸佛亦復如是出廣長舌
放无量光釋迦牟尼佛及寶樹下諸佛現神
力時滿百千歲然後還攝舌相一時謦欬俱
共彈指是二音聲遍至十方諸佛世界地皆
六種震動其中衆生天龍夜叉乹闥婆阿脩
羅迦樓羅緊那羅摩睺羅伽人非人等以佛
神力故皆見此娑婆世界无量无邊百千万億
衆寶樹下師子座上諸佛及見釋迦牟尼佛

BD14492號　妙法蓮華經（八卷本）卷七　（23–5）

六種震動其中衆生天龍夜叉乹闥婆阿脩
羅迦樓羅緊那羅摩睺羅伽人非人等以佛
神力故皆見此娑婆世界无量无邊百千万億
衆寶樹下師子座上諸佛及見釋迦牟尼佛
共多寶如來在寶塔中坐師子座又見无量
无邊百千万億菩薩摩訶薩及諸四衆恭敬
圍繞釋迦牟尼佛既見是已皆大歡喜得未
曾有即時諸天於虛空中高聲唱言過此无
量无邊百千万億阿僧祇世界有國名娑婆
是中有佛名釋迦牟尼今為諸菩薩摩訶薩
說大乘經名妙法蓮華教菩薩法佛所護念
汝等當深心隨喜亦當礼拜供養釋迦牟尼
佛彼諸衆生聞虛空中聲已合掌向娑婆世
界作如是言南无釋迦牟尼佛南无釋迦牟
尼佛以種種華香瓔珞幡蓋及諸嚴身之具
珎寶妙物皆共遙散娑婆世界所散諸物從
十方來辟如雲集變成寶帳遍覆此間諸佛
之上于時十方世界通達无㝵如一佛土尒
時佛告上行等菩薩大衆諸佛神力如是无
量无邊不可思議若我以是神力於无量无
邊百千万億阿僧祇劫為囑累故說此經功
德猶不能盡以要言之如來一切所有之法如
來一切自在神力如來一切秘密之藏如來
一切甚深之事皆於此經宣示顯說是故汝
等於如來滅後應一心受持讀誦解說書寫

BD14492號　妙法蓮華經（八卷本）卷七　（23–6）

邊百千万億阿僧祇劫為囑累故說此經功
德猶不能盡以要言之如來一切所有之法如
來一切自在神力如來一切秘要之藏如來
一切甚深之事皆於此經宣示顯說是故汝
等於如來滅後應一心受持讀誦解說書寫
如說脩行所在國土若有受持讀誦解說
書寫如說脩行若經卷所住之處若於園中
若於林中若於樹下若於僧坊若白衣舍若
在殿堂若山谷曠野是中皆應起塔供養所
以者何當知是處即是道場諸佛於此得阿
耨多羅三藐三菩提諸佛於此轉于法輪諸
佛於此而般涅槃尒時世尊欲重宣此義而說
偈言
諸佛救世者　住於大神通　為悅衆生故　現无量神力
舌相至梵天　身放无數光　為求佛道者　現此希有事
諸佛謦咳聲　及彈指之聲　周聞十方國　地皆六種動
以佛滅度後　能持是經故　諸佛皆歡喜　現无量神力
囑累是經故　讚美受持者　於无量劫中　猶故不能盡
是人之功德　无邊无有窮　如十方虛空　不可得邊際
能持是經者　則為已見我　亦見多寶佛　及諸分身者
又見我今日　教化諸菩薩　能持是經者　令我及分身
滅度多寶佛　一切皆歡喜　十方現在佛　并過去未來
亦見亦供養　亦令得歡喜　諸佛坐道場　所得秘要法
能持是經者　不久亦當得　能持是經者　於諸法之義
名字及言辭　樂說无窮盡　如風於空中　一切无鄣㝵

BD14492號　妙法蓮華經（八卷本）卷七　　（23–7）

又見我今日　教化諸菩薩　能持是經者　令我及分身
滅度多寶佛　一切皆歡喜　十方現在佛　并過去未來
亦見亦供養　亦令得歡喜　諸佛坐道場　所得秘要法
能持是經者　不久亦當得　能持是經者　於諸法之義
名字及言辭　樂說无窮盡　如風於空中　一切无鄣㝵
於如來滅後　知佛所說經　因緣及次第　隨義如實說
如日月光明　能除諸幽冥　斯人行世間　能滅衆生闇
教无量菩薩　畢竟住一乘　是故有智者　聞此功德利
於我滅度後　應受持斯經　是人於佛道　決定无有疑
妙法蓮華經囑累品第廿二
尒時釋迦牟尼佛從法座起現大神力以右手
摩无量菩薩摩訶薩頂而作是言我於无量
百千万億阿僧祇劫脩習是難得阿耨多羅
三藐三菩提法今以付囑汝等汝等應當一
心流布此法廣令增益如是三摩諸菩薩
摩訶薩頂而作是言我於无量百千万億阿
僧祇劫脩習是難得阿耨多羅三藐三菩提
法今以付囑汝等汝等當受持讀誦廣宣此
法令一切衆生普得聞知所以者何如來有大
慈悲无諸慳恡亦无所畏能與衆生佛之智
慧如來智慧自然智慧如來是一切衆生
之大施主汝等亦應隨學如來之法勿生慳
恡於未來世若有善男子善女人信如來智
慧者當為演說此法華經使得聞知為令其
人得佛慧故若有衆生不信受者當於如來

BD14492號　妙法蓮華經（八卷本）卷七　　（23–8）

之大施主汝等亦應隨學如来之法勿生慳
悋於未来世若有善男子善女人信如来智
慧者當為演說此法華經使得聞知為令其
人得佛慧故若有衆生不信受者當於如来
餘深妙法中示教利喜汝等若能如是則為
已報諸佛之恩時諸菩薩摩訶薩聞佛作是
說已皆大歡喜遍滿其身益加恭敬曲躬低
頭合掌向佛俱發聲言如世尊勅當具奉行
唯然世尊願不有慮諸菩薩摩訶薩衆如是
三反俱發聲言如世尊勅當具奉行唯然世
願不有慮尒時釋迦牟尼佛令十方来諸
尊分身佛各還本土而作是言諸佛各隨所安
多寶佛塔還可如故說是語時十方无量分
身諸佛坐寶樹下師子座上者及多寶佛并
上行等无邊阿僧祇菩薩大衆舍利弗等聲
聞四衆及一切世間天人阿脩羅等聞佛所說
皆大歡喜
妙法蓮華經藥王菩薩本事品第廿三
尒時宿王華菩薩白佛言世尊藥王菩薩云
何遊於娑婆世界世尊是藥王菩薩有若干
百千万億那由他難行苦行善哉世尊願少
解說諸天龍神夜叉乾闥婆阿脩羅迦樓羅
緊那羅摩睺羅伽人非人等又他方國土諸来
菩薩及此聲聞衆聞皆歡喜尒時佛告宿王
華菩薩乃往過去无量恒河沙劫有佛号日
月淨明德如来應供正遍知明行足善逝世

解說諸天龍神夜叉乾闥婆阿脩羅迦樓羅
緊那羅摩睺羅伽人非人等又他方國土諸来
菩薩及此聲聞衆聞皆歡喜尒時佛告宿王
華菩薩乃往過去无量恒河沙劫有佛号日
月淨明德如来應供正遍知明行足善逝世
間解无上士調御丈夫天人師佛世尊其佛
有八十億大菩薩摩訶薩七十二恒河沙大
聲聞衆佛壽四万二千劫菩薩壽命亦等彼
國无有女人地獄餓鬼畜生阿脩羅等及以
諸難地平如掌琉璃所成寶樹莊嚴寶帳覆
上垂寶華幡寶瓶香鑪周遍國界七寶為臺
一樹一臺其樹去臺盡一箭道此諸寶樹皆
有菩薩聲聞而坐其下諸寶臺上各有百億
諸天作天伎樂歌嘆於佛以為供養尒時彼
佛為一切衆生憙見菩薩及衆菩薩諸聲聞
衆說法華經是一切衆生憙見菩薩樂習苦
行於日月淨明德佛法中精進經行一心求
佛滿万二千歲已得現一切色身三昧得此
三昧已心大歡喜即作念言我得現一切色
身三昧皆是得聞法華經力我今當供養日
月淨明德佛及法華經即時入是三昧於虛
空中雨曼陁羅華摩訶曼陁羅華細末堅黑
栴檀滿虛空中如雲而下又雨海此岸栴檀
之香此香六銖價直娑婆世界以供養佛作
是供養已從三昧起而自念言我雖以神力

月淨明德佛及法華經即時入是三昧於虛
空中雨曼陁羅華摩訶曼陁羅華細末堅黑
栴檀滿虛空中如雲而下又雨海此岸栴檀
之香此香六銖價直娑婆世界以供養佛作
是供養已從三昧起而自念言我雖以神力
供養於佛不如以身供養即服諸香栴檀
薰陸兜樓婆畢力迦沉水膠香又飲瞻蔔諸
華香油滿千二百歲已香油塗身於日月淨明
德佛前以天寶衣而自纏身灌諸香油以神
通力願而自然身光明遍照八十億恒河沙世
界其中諸佛同時讚言善哉善哉善男子
是真精進是名真法供養如來若以華香瓔
珞燒香末香塗香天繒幡蓋及海此岸栴檀之
香如是等種種諸物供養所不能及假使國
城妻子布施亦所不及善男子是名第一之
施於諸施中最尊最上以法供養諸如來
故作是語已而各默然其身火然千二百歲
過是已後其身乃盡一切眾生喜見菩薩作
如是法供養已命終之後復生日月淨明德
佛國中於淨德王家結加趺坐忽然化生即
為其父而說偈言
大王今當知　我經行彼處　即時得一切　現諸身三昧
懃行大精進　捨所愛之身
說是偈已而白父言日月淨明德佛今故現
在我先供養佛已得解一切眾生語言陁羅
尼復聞是法華經八百千万億那由他甄迦

BD14492號　妙法蓮華經（八卷本）卷七　（23–11）

大王今當知　我經行彼處　即時得一切　現諸身三昧
懃行大精進　捨所愛之身
說是偈已而白父言日月淨明德佛今故現
在我先供養佛已得解一切眾生語言陁羅
尼復聞是法華經八百千万億那由他甄迦
羅頻婆羅阿閦婆等偈大王我今當還供養
此佛白已即坐七寶之臺上昇虛空高七多
羅樹往到佛所頭面礼足合十指爪以偈讚佛
容顏甚奇妙　光明照十方　我適曾供養　今復還親近
尒時一切眾生喜見菩薩說是偈已而白佛言
世尊世尊猶故在世尒時日月淨明德佛告
一切眾生喜見菩薩善男子我涅槃時到
滅盡時至汝可安施牀坐我於今夜當般涅
槃又勑一切眾生喜見菩薩善男子我以佛
法囑累於汝及諸菩薩大弟子并阿耨多羅
三藐三菩提法亦以三千大千七寶世界諸
寶樹寶臺及給侍諸天悉付於汝我滅度後
所有舍利亦付囑汝當令流布廣設供養應
起若干千塔如是日月淨明德佛勑一切眾
生喜見菩薩已於夜後分入於涅槃尒時一
切眾生喜見菩薩見佛滅度悲感懊惱戀慕
於佛即以海此岸栴檀為𧂐供養佛身而以
燒之火滅已後收取舍利作八万四千寶瓶
以起八万四千塔高三世界表刹莊嚴垂諸幡
蓋懸眾寶鈴尒時一切眾生喜見菩薩復自

BD14492號　妙法蓮華經（八卷本）卷七　（23–12）

於佛即以海此岸栴檀爲積供養佛身而以
燒之火滅已後收取舍利作八万四千寶瓶
以起八万四千塔高三世界表剎莊嚴垂諸幡
蓋懸衆寶鈴尒時一切衆生憙見菩薩復自
念言我雖作是供養心猶未足我今當更
供養舍利便語諸菩薩大弟子及天龍夜叉
等一切大衆汝等當一心念我今供養日月
淨明德佛舍利作是語已即於八万四千塔
前然百福莊嚴臂七万二千歲而以供養令
无數求聲聞衆无量阿僧祇人發阿耨多羅
三藐三菩提心皆使得住現一切色身三昧
尒時諸菩薩及大弟子天人阿脩羅等見其无
臂憂惱悲哀而作是言此一切衆生憙見菩薩是
我等師教化我者而今燒臂身不具足于時一
切衆生憙見菩薩於大衆中立此誓言我捨
兩臂必當得佛金色之身若實不虛令我兩
臂還復如故作是誓已自然還復由斯菩薩
福德智慧淳厚所致當尒之時三千大千世界
六種震動天雨寶華一切人天得未曾有佛
告宿王華菩薩於汝意云何一切衆生憙見
菩薩豈異人乎今藥王菩薩是也其所捨
身布施如是无量百千万億那由他數宿王
華若有發心欲得阿耨多羅三藐三菩提者
能然手指乃至足指供養佛塔勝以國城妻
子及三千大千國土山林河池諸珎寶物而

身布施如是无量百千万億那由他數宿王
華若有發心欲得阿耨多羅三藐三菩提者
能然手指乃至足指供養佛塔勝以國城妻
子及三千大千國土山林河池諸珎寶物而
供養者若復有人以七寶滿三千大千世界
供養於佛及大菩薩辟支佛阿羅漢是人所
得功德不如受持此法華經乃至一四句偈
其福最多宿王華譬如一切川流江河諸水
之中海爲第一此法華經亦復如是於諸如
來所說經中最爲深大又如土山黑山小鐵
圍山大鐵圍山及十寶山衆山之中須弥山
爲第一此法華經亦復如是於諸經中最爲
其上又如衆星之中月天子最爲第一此法
華經亦復如是於千万億種諸經法中最爲
照明又如日天子能除諸闇此經亦復如是
能破一切不善之闇又如諸小王中轉輪聖
王最爲第一此經亦復如是於衆經中最爲
其尊又如帝釋於三十三天中王此經亦復
如是諸經中王又如大梵天王一切衆生之父
此經亦復如是一切賢聖學无學及發菩薩
心者之父又如一切凡夫人中須陁洹斯陁含
阿那含阿羅漢辟支佛爲第一此經亦復如
是一切如來所說若菩薩所說若聲聞所說
諸經法中最爲第一有能受持是經典者
亦復如是於一切衆生中亦爲第一一切聲

心者之父又如一切凡夫人中須陁洹斯陁含
阿那含阿羅漢辟支佛為第一此經亦復如
是一切如来所説若菩薩所説若聲聞所説
諸經法中最為第一有能受持是經典者
亦復如是於一切衆生中亦為第一一切聲
聞辟支佛中菩薩為第一此經亦復如是於
一切諸經法中最為第一如佛為諸法王此
經亦復如是諸經中王宿王華此經能救一
切衆生者此經能令一切衆生離諸苦惱此
經能大饒益一切衆生充滿其願如清涼池
能滿一切諸渴乏者如寒者得火如裸者得
衣如商人得主如子得母如渡得船如病得
醫如暗得燈如貧得寶如民得王如賈客得
海如炬除暗此法華經亦復如是能令衆生
離一切苦一切病痛能解一切生死之縛若
人得聞此法華經若自書若使人書所得功
德以佛智慧籌量多少不得其邊若書是經
卷華香瓔珞燒香末香塗香幡蓋衣服種種
之燈蘇燈油燈諸香油燈瞻蔔油燈須曼油
燈波羅羅油燈婆利師迦油燈那婆摩利油
燈供養所得功德亦復無量宿王華若有人
聞是藥王菩薩本事品者亦得無量無邊功
德若有女人聞是藥王菩薩本事品能受持
者盡是女身後不復受若如来滅後後五百
歳中若有女人聞是經典如説脩行於此命

BD14492號　妙法蓮華經（八卷本）卷七　（23–15）

聞是藥王菩薩本事品者亦得無量無邊功
德若有女人聞是藥王菩薩本事品能受持
者盡是女身後不復受若如来滅後後五百
歳中若有女人聞是經典如説脩行於此命
終即往安樂世界阿弥陁佛大菩薩衆圍繞
住處生蓮華中寶座之上不復為貪欲所惱亦
復不為瞋恚愚癡所惱亦復不為憍慢嫉妬
諸垢所惱得菩薩神通無生法忍得是忍已
眼根清淨以是清淨眼根見七百万二千億
那由他恒河沙等諸佛如来是時諸佛遥共
讚言善哉善哉善男子汝能於釋迦牟尼佛
法中受持讀誦思惟是經為他人説所得福
德無量無邊火不能焚水不能漂汝之功德
千佛共説不能令盡汝今已能破諸魔賊壊
生死軍諸餘怨敵皆悉摧滅善男子百千
諸佛以神通力共守護汝於一切世間天人之
中無如汝者唯除如来其諸聲聞辟支佛乃
至菩薩智慧禪定無有與汝等者宿王華此
菩薩成就如是功德智慧之力若有人聞是藥
王菩薩本事品能隨喜讚善者是人現世
口中常出青蓮華香身毛孔中常出牛頭
栴檀之香所得功德如上所説是故宿王華以此
藥王菩薩本事品囑累於汝我滅度後後
五百歳中廣宣流布於閻浮提無令斷絶惡
魔魔民諸天龍夜叉鳩槃荼等得其便也宿

BD14492號　妙法蓮華經（八卷本）卷七　（23–16）

栴檀之香所得功德如上所說是故宿王華以
藥王菩薩本事品囑累於汝我滅度後後
五百歲中廣宣流布於閻浮提无令斷絕惡
魔魔民諸天龍夜叉鳩槃荼等得其便也宿
王華汝當以神通之力守護是經所以者何
此經則為閻浮提人病之良藥若人有病得
聞是經病即消滅不老不死宿王華汝若見
有受持是經者應以青蓮華盛滿末香供散
其上散已作是念言此人不久必當取草坐
於道場破諸魔軍當吹法螺擊大法鼓度脫
一切眾生老病死海是故求佛道者見有受
持是經典人應當如是生恭敬心說是藥王
菩薩本事品時八萬四千菩薩得解一切眾
生語言陀羅尼多寶如來於寶塔中讚宿王
華菩薩言善哉善哉宿王華汝成就不可思
議功德乃能問釋迦牟尼佛如此之事利益
无量一切眾生

妙法蓮華經妙音菩薩品第廿四

尒時釋迦牟尼佛放大人相肉髻光明及放
眉間白毫相光遍照東方百八万億那由他
恒河沙等諸佛世界過是數已有世界名淨
光莊嚴其國有佛号淨華宿王智如來應供
正遍知明行足善逝世間解无上士調御丈
夫天人師佛世尊為无量无邊菩薩大眾恭

恒河沙等諸佛世界過是數已有世界名淨
光莊嚴其國有佛号淨華宿王智如來應供
正遍知明行足善逝世間解无上士調御丈
夫天人師佛世尊為无量无邊菩薩大眾恭
敬圍繞而為說法釋迦牟尼佛白毫光明遍
照其國尒時一切淨光莊嚴國中有一菩薩
名曰妙音久已殖眾德本供養親近无量百
千万億諸佛而悉成就甚深智慧得妙幢相
三昧法華三昧淨德三昧宿王戲三昧无緣
三昧智印三昧解一切眾生語言三昧集一
切功德三昧清淨三昧神通遊戲三昧慧炬
三昧莊嚴王三昧淨光明三昧淨藏三昧不
共三昧日旋三昧得如是等百千万億恒河沙
等諸大三昧釋迦牟尼佛光照其身即白淨
華宿王智佛言世尊我當往詣娑婆世界礼
拜親近供養釋迦牟尼佛及見文殊師利法
王子菩薩藥王菩薩勇施菩薩宿王華菩薩
上行意菩薩莊嚴王菩薩藥上菩薩等尒時淨
華宿王智佛告妙音菩薩汝莫輕彼國生下
劣想善男子彼娑婆世界高下不平土石諸
山穢惡充滿佛身卑小諸菩薩眾其形亦小
而汝身四万二千由旬我身六百八十万由
旬汝身第一端正百千万福光明殊妙是故
汝往莫輕彼國若佛菩薩及國土生下劣想
妙音菩薩白其佛言世尊我今詣娑婆世界

山穢惡充滿佛身卑小諸菩薩衆其形亦小
而汝身四万二千由旬我身六百八十万由
旬汝身第一端正百千万福光明殊妙是故
汝往莫輕彼國若佛菩薩及國土生下劣想
妙音菩薩白其佛言世尊我今詣娑婆世界
皆是如來之力如來神通遊戲如來功德智
慧莊嚴於是妙音菩薩不起于座身不動搖
而入三昧以三昧力於耆闍崛山去法座不
遠化作八万四千衆寶蓮華閻浮檀金為莖
白銀為葉金剛為鬚甄叔迦寶以為其臺尒
時文殊師利法王子見是蓮華而白佛言世
尊是何因緣先現此瑞有若干千万蓮華閻
浮檀金為莖白銀為葉金剛為鬚甄叔迦寶
以為其臺尒時釋迦牟尼佛告文殊師利是
妙音菩薩摩訶薩欲從淨華宿王智佛國与
八万四千菩薩圍繞而來至此娑婆世界供
養親近礼拜於我亦欲供養聽法華經文殊
師利白佛言世尊是菩薩種何善本脩何功
德而能有是大神通力行何三昧願為我等
說是三昧名字我等亦欲勤脩行之行此三
昧乃能見是菩薩色相大小威儀進止唯願
世尊以神通力彼菩薩來令我得見尒時釋
迦牟尼佛告文殊師利此久滅度多寶如來
當為汝等而現其相時多寶佛告彼菩薩善
男子來文殊師利法王子欲見汝身于時妙

BD14492號　妙法蓮華經（八卷本）卷七　（23-19）

世尊以神通力彼菩薩來令我得見尒時釋
迦牟尼佛告文殊師利此久滅度多寶如來
當為汝等而現其相時多寶佛告彼菩薩善
男子來文殊師利法王子欲見汝身于時妙
音菩薩於彼國沒與八万四千菩薩俱共發
來所經諸國六種震動皆悉雨於七寶蓮華
百千天樂不鼓自鳴是菩薩目如廣大青蓮
華葉正使和合百千万月其面貌端正復過於
此身真金色无量百千功德莊嚴威德熾盛
光明照曜諸相具足如那羅延堅固之身入
七寶臺上昇虛空去地七多羅樹諸菩薩衆
恭敬圍繞而來詣此娑婆世界耆闍崛山
到已下七寶臺以價直百千瓔珞持至釋迦
牟尼佛所頭面礼足奉上瓔珞而白佛言世
尊淨華宿王智佛問訊世尊少病少惱起居
輕利安樂行不四大調和不世事可忍不衆
生易度不无多貪欲瞋恚愚癡嫉妬慳慢不
无不孝父母不敬沙門邪見不善心不攝五
情不世尊衆生能降伏諸魔怨不久滅度多
寶如來在七寶塔中來聽法不又問訊多寶
如來安隱少惱堪忍久住不世尊我今欲見多
寶佛身唯願世尊示我令見尒時釋迦牟尼
佛語多寶佛是妙音菩薩欲得相見時多寶
佛告妙音言善哉善哉汝能為供養釋迦
牟尼佛及聽法華經并見文殊師利等故來

BD14492號　妙法蓮華經（八卷本）卷七　（23-20）

如来安隱少惱堪忍久住不世尊我今欲見多
寶佛身唯願世尊示我令見尒時釋迦牟尼
佛語多寶佛是妙音菩薩欲得相見時多寶
佛告妙音言善哉善哉汝能為供養釋迦
牟尼佛及聽法華經并見文殊師利等故来
至此尒時華德菩薩白佛言世尊是妙音菩
薩（摩訶薩）種何善根脩何功德有是神力佛告華德
菩薩過去有佛名雲雷音王多陁阿伽度阿
羅呵三藐三佛陁國名現一切世間劫名喜
見妙音菩薩於万二千歳以十万種伎樂供
養雲雷音王佛并奉上八万四千七寶鉢以
是因緣果報今生淨華宿王智佛國有是神
力華德於汝意云何尒時雲雷音王佛所妙
音菩薩伎樂供養奉上寶器者豈異人乎今
此妙音菩薩摩訶薩是華德是妙音菩薩已
曾供養親近无量諸佛久殖德本又值恒河
沙等百千万億那由他佛華德汝但見妙音
菩薩其身在此而是菩薩現種種身處處為
諸衆生說是經典或現梵王身或現帝釋身
或現自在天身（或現）大自在天身或現天大將軍
身或現毗沙門天王身或現轉輪聖王身或
現諸小王身或現長者身或現居士身或現
宰官身或現婆羅門身或現比丘比丘尼優
婆塞優婆夷身或現長者居士婦女身或現
宰官婦女身或現婆羅門婦女身或現童男
童女身或現天龍夜叉乾闥婆阿脩羅迦樓
羅緊那羅摩睺羅伽人非人等身而說是經

BD14492號　妙法蓮華經（八卷本）卷七　（23–21）

宰官身或現婆羅門身或現比丘比丘尼優
婆塞優婆夷身或現長者居士婦女身或現
宰官婦女身或現婆羅門婦女身或現童男
童女身或現天龍夜叉乾闥婆阿脩羅迦樓
羅緊那羅摩睺羅伽人非人等身而說是經
諸有地獄餓鬼畜生及衆難處皆能救濟乃
至於王後宮變為女身而說是經華德是妙
音菩薩能救護娑婆世界諸衆生者是妙音
菩薩如是種種變化現身在此娑婆國土為
諸衆生說是經典於神通變化智慧无所損
減是菩薩以若干智慧明照娑婆世界令一
切衆生各得所知於十方恒河沙世界中亦
復如是若應以聲聞形得度者現聲聞形而
為說法應以辟支佛形得度者現辟支佛形
而為說法應以菩薩形得度者現菩薩形而
為說法應以佛形得度者即現佛形而為說
法如是種種隨所應度（者）而為現形乃至應以
滅度而得度者示現滅度華德妙音菩薩摩
訶薩成就大神通智慧之力其事如是尒時
華德菩薩白佛言世尊是妙音菩薩深種善
根世尊是菩薩住何三昧而能如是在所變
現度脫衆生佛告華德菩薩善男子其三昧
名現一切色身妙音菩薩住是三昧中能如
是饒益无量衆生說是妙音菩薩品時與妙
音菩薩俱（来）者八万四千人皆得現一切色身
三昧此娑婆世界无量菩薩亦得是三昧

BD14492號　妙法蓮華經（八卷本）卷七　（23–22）

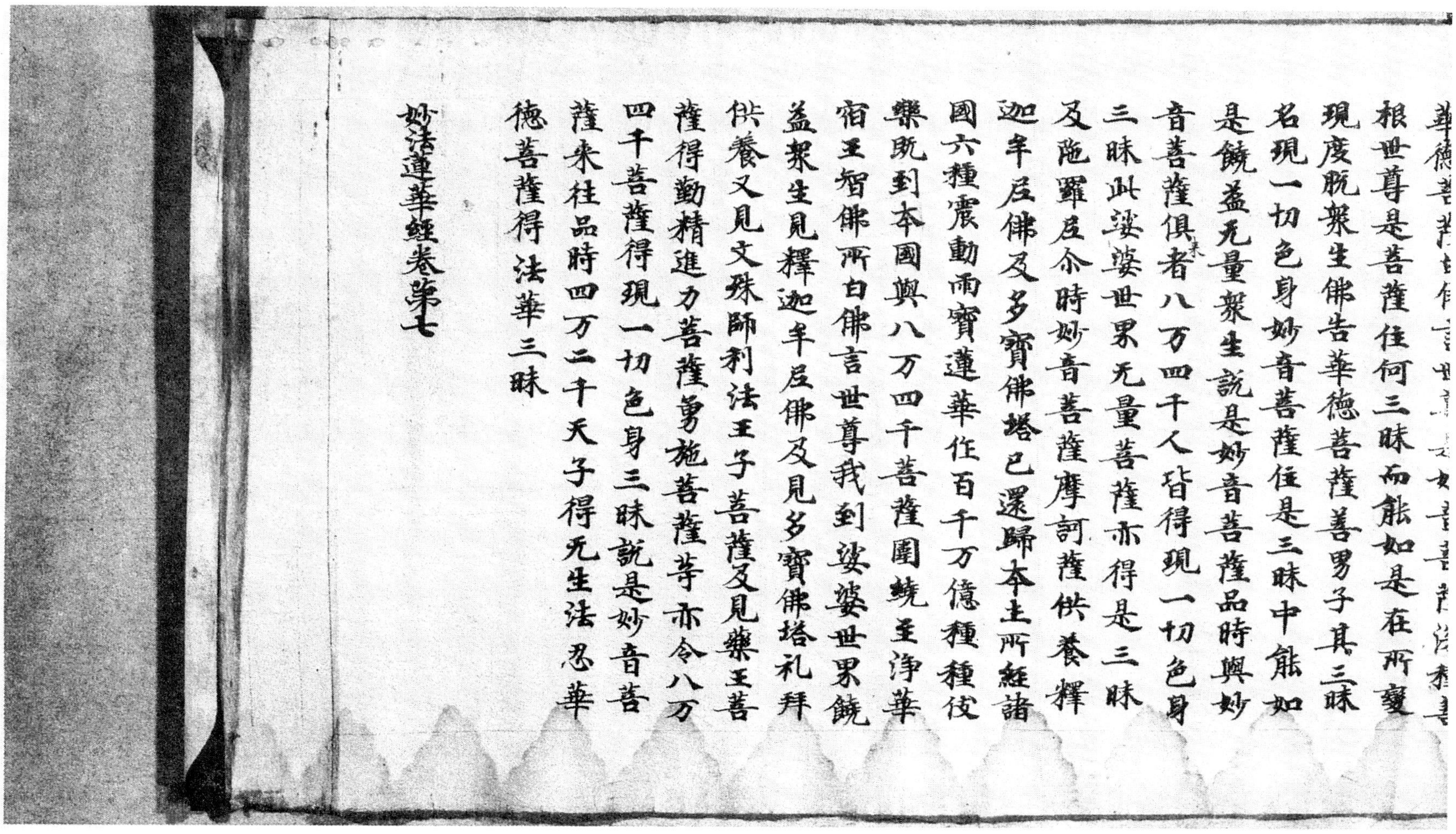

華德菩薩白佛言世尊是妙音菩薩深種善
根世尊是菩薩住何三昧而能如是在所變
現度脫衆生佛告華德菩薩善男子其三昧
名現一切色身妙音菩薩住是三昧中能如
是饒益无量衆生說是妙音菩薩品時與妙
音菩薩俱來者八万四千人皆得現一切色身
三昧此娑婆世界无量菩薩亦得是三昧
及陁羅尼尒時妙音菩薩摩訶薩供養釋
迦牟尼佛及多寶佛塔已還歸本土所經諸
國六種震動雨寶蓮華作百千万億種種伎
樂既到本國與八万四千菩薩圍繞至淨華
宿王智佛所白佛言世尊我到娑婆世界饒
益衆生見釋迦牟尼佛及見多寶佛塔礼拜
供養又見文殊師利法王子菩薩又見藥王菩
薩得勤精進力菩薩勇施菩薩等亦令八万
四千菩薩得現一切色身三昧說是妙音菩
薩來往品時四万二千天子得无生法忍華
德菩薩得法華三昧

妙法蓮華經卷第七

BD14492 號　妙法蓮華經（八卷本）卷七　（23–23）

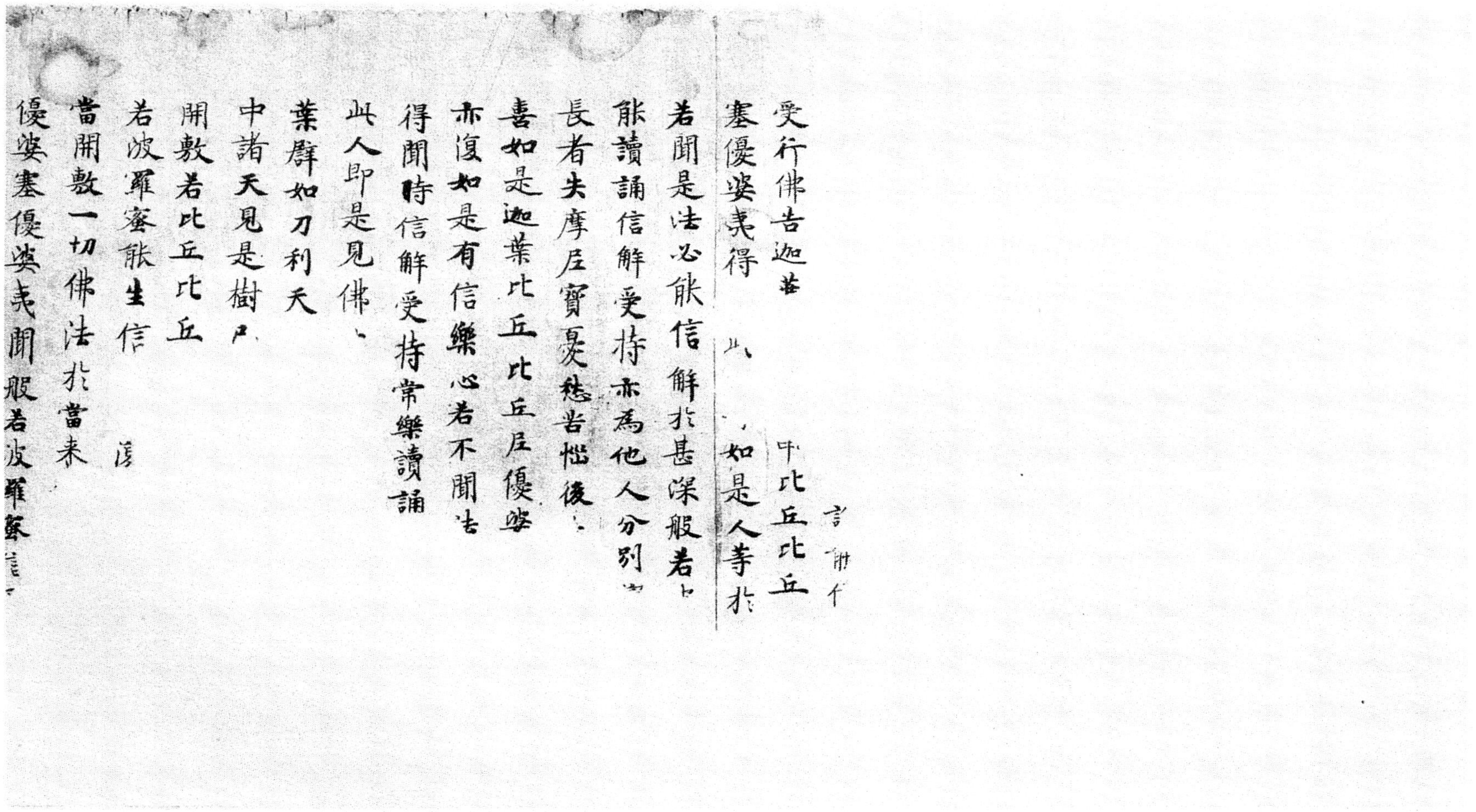

受行佛告迦葉　中比丘比丘
塞優婆夷得　此　如是人等於
若聞是法心能信解於甚深般若
能讀誦信解受持亦為他人分別
長者失摩尼寶憂愁苦惱後
喜如是迦葉比丘比丘尼優婆
亦復如是有信樂心若不聞法
得聞時信解受持常樂讀誦
此人即是見佛
葉譬如忉利天
中諸天見是樹
開敷若比丘比丘
若波羅蜜能生信
當開敷一切佛法於當來
優婆塞優婆夷聞般若波羅蜜

BD14493 號　文殊師利所說摩訶般若波羅蜜經（一卷本）　（11–1）

葉譬如刀利天
中諸天見是樹尸
開敷若比丘比丘
若波羅蜜能生信
當開敷一切佛法於當来
優婆塞優婆夷聞般若波羅蜜信
不悔沒當知是人已從此會聽受
為人聚落城邑廣說流布當知是
念如是甚深般若波羅蜜中有能信樂无疑
或者是善男子善女人於過去諸佛久已脩
學殖衆善根譬如有人以手穿珠忽遇无上
真摩尼寶心大歡喜當知是人必已曾見如
是迦葉若善男子　學餘法忽然得
聞甚深般若波羅蜜　歡喜亦復如是當
知此人已曾聞故若有衆生得聞甚深般若
波羅蜜心能信受生大歡喜如是人等亦曾
親近无數諸佛從聞般若波羅蜜已脩學故
譬如有人先所逕見城邑聚落後若聞人讚
歎彼城所有薗菀種種池泉華菓林樹男女
人民皆可愛樂是人聞已即大歡喜更勸令
說是城薗菀衆好嚴餝雜華池泉多諸甘菓
種種珎妙一切愛樂是人得聞重甚歡喜如
是之人皆曾見故若善男子善女人有聞般
若波羅蜜信心聽受能生歡喜樂聞不猒而
更勸說當知此輩已從文殊師利曾聞如是
般若波羅蜜故迦葉白佛言世尊若將来世
善男子善女人得聞是甚深般若波羅蜜言

BD14493號　文殊師利所說摩訶般若波羅蜜經（一卷本）　（11–2）

是之人皆曾見故若善男子善女人有聞般
若波羅蜜信心聽受能生歡喜樂聞不猒而
更勸說當知此輩已從文殊師利曾聞如是
般若波羅蜜故迦葉白佛言世尊若將来世
善男子善女人得聞是甚深般若波羅蜜信
樂聽受以是相故當知此人亦於過去佛所
曾聞脩學文殊師利白佛言世尊佛說諸法
无作无相第一寂滅若善男子善女人有能
如是諦了斯義如聞如說為諸如来之所讚
歎不違法相是即佛說亦是熾然般若波羅
蜜相亦名熾然具足佛法通達實相不可思
議佛告文殊師利我本行菩薩道時脩諸善
根欲住阿鞞跋致地當學般若波羅蜜欲成
阿耨多羅三藐三菩提當學般若波羅蜜若
善男子善女人欲解一切法相欲知一切衆生
心界皆悉同等當學般若波羅蜜文殊師利
欲學一切佛法具足无礙當學般若波羅蜜
欲學一切佛成阿耨多羅三藐三菩提時相
好威儀无量法式當學般若波羅蜜欲知一
切佛不成阿耨多羅三藐三菩提一切法式
及諸威儀當學般若波羅蜜何以故是空法
中不見諸佛菩提等故若善男子善女人欲
知如是等相无疑或者當學般若波羅蜜何
以故般若波羅蜜不見諸法若生若滅若垢
若淨是故善男子善女人應作如是學般若
波羅蜜欲知一切法无過去未来現在等相
當學般若波羅蜜何以故法界性相无三世

BD14493號　文殊師利所說摩訶般若波羅蜜經（一卷本）　（11–3）

知如是等相无疑惑者當學般若波羅蜜何
以故般若波羅蜜不見諸法若生若滅若垢
若淨是故善男子善女人應作如是學般若
波羅蜜欲知一切法无過去未來現在等相
當學般若波羅蜜何以故法界性相无三世
故欲知一切法同入法界心无罣礙當學般
若波羅蜜欲得三轉十二行法輪亦自證知
而不取着當學般若波羅蜜欲得慈心遍覆
一切衆生而无限齊亦不作念有衆生相當
學般若波羅蜜欲得於一切衆生不起諍論
亦復不取无諍論相當學般若波羅蜜欲知
是處非處十力无畏住佛智慧得无礙辯當
學般若波羅蜜尒時文殊師利白佛言世尊
我觀正法无為无相无得无利无生无滅无
來无去无知者无見者无作者不見般若波
羅蜜亦不見般若波羅蜜境界非證非不證
不作戲論无有分別一切法无盡離盡无凡
夫法无聲聞法无辟支佛法佛法非得非
不得不捨生死不證涅槃非思議非不思議
非作非不作法相如是不知云何當學般若
波羅蜜尒時佛告文殊師利若能如是知諸
法相是名當學般若波羅蜜菩薩摩訶薩若
欲學菩提自在三昧得是三昧已照明一切
甚深佛法及知一切諸佛名字亦悉了達諸
佛世界无有鄣礙當如文殊師利所說般若
波羅蜜中學文殊師利白佛言世尊何故名般
若波羅蜜佛言般若波羅蜜无邊无際无名

欲學菩提自在三昧得是三昧已照明一切
甚深佛法及知一切諸佛名字亦悉了達諸
佛世界无有鄣礙當如文殊師利所說般若
波羅蜜中學文殊師利白佛言世尊何故名般
若波羅蜜佛言般若波羅蜜无邊无際无名
无相非思量无歸依无洲无犯无福无晦无
明如法界无有分齊亦无限數是名般若波
羅蜜亦名菩薩摩訶薩行處非行處非不行
處悉入一乘名非行處何以故无念无作故文
殊師利白佛言世尊當云何行能速得阿耨
多羅三藐三菩提佛言文殊師利如般若波
羅蜜所說行能速得阿耨多羅三藐三菩提
復有一行三昧若善男子善女人脩是三昧
者亦速得阿耨多羅三藐三菩提文殊師利
言世尊云何名一行三昧佛言法界一相繫
緣法界是名一行三昧若善男子善女人欲
入一行三昧當先聞般若波羅蜜如說脩學
然後能入一行三昧如法界緣不退不壞不
思議无礙无相善男子善女人欲入一行三
昧應處空閑捨諸乱意不取相貌繫心一佛
專稱名字随佛方所端身正向能於一佛念
念相續即是念中能見過去未來現在諸佛
何以故念一佛功德无量无邊亦與无量諸
佛功德无二不思議佛法等无分別皆乘一
如成冣正覺悉具无量功德无量辯才如是
入一行三昧者盡知恒沙諸佛法界无差別
相阿難所聞佛法得念總持辯才智慧於聲聞

何以故念一佛功德无量无邊亦與无量諸
佛功德无二不思議佛法等无分別皆乘一
如成最正覺悉具无量功德无量辯才如是
入一行三昧者盡知恒沙諸佛法界无差別
相阿難所聞佛法得念揔持辯才智慧於聲
聞中雖為最勝猶住量數則有限礙若得一
行三昧諸經法門一一分別皆悉了知決定
无礙晝夜常說智慧辯才終不斷絕若比阿
難多聞辯才百千等分不及其一菩薩摩訶
薩應作是念我當云何逐得一行三昧不可
思議功德无量名稱佛言菩薩摩訶薩當
念一行三昧常懃精進而不懈怠如是次第
斷斷脩學則能得入一行三昧不可思議功
德作證除謗正法不信惡業重罪鄣者所不
能入復次文殊師利譬如有人得摩尼珠示
其珠師珠師荅言此是无價真摩尼寶即求
師言為我治磨勿失光色珠師治已隨其磨
時珠色光明暎徹表裏文殊師利若有善男
子善女人脩學一行三昧不可思議功德无
量名稱隨脩學時知諸法相明達无礙功德
增長亦復如是文殊師利譬如日輪光明遍
滿无有減相若得一行三昧悉能具足一切
功德无有缺少亦復如是照明佛法如日輪
光文殊師利我所說法皆是一味離味解脫
味寂滅味若善男子善女人得是一行三昧
者其所演說亦是一味離味解脫味寂滅味
隨順正法无錯謬相文殊師利若菩薩摩訶

功德无有缺少亦復如是照明佛法如日輪
光文殊師利我所說法皆是一味離味解脫
味寂滅味若善男子善女人得是一行三昧
者其所演說亦是一味離味解脫味寂滅味
隨順正法无錯謬相文殊師利若菩薩摩訶
薩得是一行三昧皆悉滿足助道之法速得
阿耨多羅三藐三菩提復次文殊師利菩薩
摩訶薩不見法界有分別相及以一相速得
阿耨多羅三藐三菩提相不可思議是菩提
中亦无得佛如是知者速得阿耨多羅三藐
三菩提若信一切法悉是佛法不生驚怖亦
不疑惑如是忍者速得阿耨多羅三藐三菩
提文殊師利白佛言世尊以如是因速得阿
耨多羅三藐三菩提耶佛言得阿耨多羅三
藐三菩提不以因得不以非因得何以故不
思議界不以因得不以非因得若善男子善
女人聞如是說不生懈怠當知是人以於先
佛種諸善根是故比丘比丘尼聞說是甚深
般若波羅蜜不生驚怖即是從佛出家若優
婆塞優婆夷得聞如是甚深般若波羅蜜心
不驚怖即是成就真歸依處文殊師利若善
男子善女人不習甚深般若波羅蜜即是不
脩佛乘譬如大地一切藥木皆依地生長文
殊師利菩薩摩訶薩亦復如是一切善根皆
依般若波羅蜜而得增長於阿耨多羅三藐
三菩提不相違背爾時文殊師利白佛言世
尊此閻浮提城邑聚落當於何處演說如是

殊師利菩薩摩訶薩亦復如是一切善根皆
依般若波羅蜜而得增長於阿耨多羅三藐
三菩提不相違背尒時文殊師利白佛言世
尊此閻浮提城邑聚落當於何處演說如是
甚深般若波羅蜜佛告文殊師利今此會中
若有人聞般若波羅蜜皆發誓言於未來世
常得與般若波羅蜜相應從是信解未来世
中能聽是經當知此人不從餘小善根中来
所能堪受聞已歡喜文殊師利若復有人從汝
聽是般若波羅蜜應作是言此般若波羅蜜
中无聲聞辟支佛法佛法亦无凡夫生滅等
法文殊師利白佛言世尊若比丘比丘尼優
婆塞優婆夷来問我言云何如来說般若波
羅蜜我當荅言一切諸法无諍論相云何如
来當說般若波羅蜜何以故不見有法可與
法諍亦无衆生心識能知復次世尊我當更
說究竟實際何以故一切法相同入實際阿
羅漢无別勝法何以故阿羅漢法凡夫法不
一不異故復次世尊如是說法无有衆生已
得涅槃今得當得何以故无有決定衆生相
故文殊師利言若人欲聞般若波羅蜜我當
作如是說其有聽者不念不著无聞无得當
如幻人无所分別如是說者是真說法是故
聽者莫作二相不捨諸見而脩佛法不取佛
法不捨凡夫法何以故佛及凡夫二法相空
无取捨故若人聞我當作是說如是安慰如

BD14493號　文殊師利所說摩訶般若波羅蜜經（一卷本）　（11–8）

如幻人无所分別如是說者是真說法是故
聽者莫作二相不捨諸見而脩佛法不取佛
法不捨凡夫法何以故佛及凡夫二法相空
无取捨故若人聞我當作是說如是安慰如
是建立善男子善女人應如是問作是住心
不退沒當如法相隨順般若波羅蜜說尒時
世尊歎文殊師利善哉善哉如汝所說若善
男子善女人欲見諸佛應學如是般若波羅
蜜欲親近諸佛如法供養應學如是般若波
羅蜜若欲言如来是我世尊應學如是般若
波羅蜜若言如来非我世尊亦應學如是般
若波羅蜜若欲成阿耨多羅三藐三菩提應
學如是般若波羅蜜若欲不成阿耨多羅三
藐三菩提亦應學如是般若波羅蜜若欲成
就一切三昧應學如是般若波羅蜜若欲成
就一切三昧亦應學如是般若波羅蜜何
以故无作三昧无異相故一切法无生无出
故若欲知一切法假名應學如是般若波羅
蜜若欲知一切衆生脩菩提道不求菩提相
心不退沒應學如是般若波羅蜜何以故一
切法皆菩提相故若欲知一切衆生行非行
相非行即菩提菩提即法界法界即實際心
不退沒應學如是般若波羅蜜若欲知一切
如来神通變化无相无礙亦无方所應學如
是般若波羅蜜佛告文殊師利若比丘比丘尼
優婆塞優婆夷欲得不墮惡趣當學般若波

BD14493號　文殊師利所說摩訶般若波羅蜜經（一卷本）　（11–9）

不退沒應學如是般若波羅蜜若欲知一切
如来神通變化无相无礙亦无方所應學如
是般若波羅蜜佛告文殊師利若比丘比丘尼
優婆塞優婆夷欲得不墮惡趣當學般若波
羅蜜一四句偈受持讀誦為他解說隨順實
相如是善男子善女人當知決定得阿耨多
羅三藐三菩提則住佛國若聞如是般若波羅
蜜不驚不畏心生信解當知此輩佛所印可
是佛所行大乘法印若善男子善女人學此
法印超過惡趣不入聲聞辟支佛道以超過
故尒時帝釋卅三天以天妙花優鉢羅華拘
物頭華分陁利華天曼陁羅華等天旃檀
香及餘末香種種金寶作天伎樂為供養
般若波羅蜜并諸如來及文殊師利以散其
上作是供養已願我常聞般若波羅蜜法印
釋提桓因復作是願願閻浮提善男子善女
人常使得聞是經決定佛法皆令信解受持
讀誦為人演說一切諸天為作擁護尒時佛
告釋提桓因言憍尸迦如是如是善男子善
女人當得決定諸佛菩提文殊師利白佛言
世尊如是受持善男子善女人得大利益功
德无量尒時以佛神力一切大地六反震動
佛時微咲放大光明遍照三千大千世界文
殊師利白佛言世尊即是如來印般若波羅
蜜相佛言文殊師利如是如是說般若波羅
蜜已皆現此瑞為印般若波羅蜜故使人受

BD14493 號　文殊師利所說摩訶般若波羅蜜經（一卷本）　（11–10）

告釋提桓因言憍尸迦如是如是善男子善
女人當得決定諸佛菩提文殊師利白佛言
世尊如是受持善男子善女人得大利益功
德无量尒時以佛神力一切大地六反震動
佛時微咲放大光明遍照三千大千世界文
殊師利白佛言世尊即是如來印般若波羅
蜜相佛言文殊師利如是如是說般若波羅
蜜已皆現此瑞為印般若波羅蜜故使人受
持令无讚毀何以故无相法印不可讚毀我
今以是法印令諸天魔不能得便佛說是經
尒時諸大菩薩及四部衆聞說般若波羅蜜
歡喜奉行

文殊師利所說般若波羅蜜經一卷

BD14493 號　文殊師利所說摩訶般若波羅蜜經（一卷本）　（11–11）

其心安如海我
安住方便中亦皆說是 于夢无有量
亦以諸方便 演說如是法 如今者世尊 從生及出家
得道轉法輪 亦以方便說 世尊說實道 波旬无此事
以是我定知 非是魔作佛 我墮疑網故 謂是魔所為
聞佛柔軟音 深遠甚微妙 演暢清淨法 我心大歡喜
疑悔永已盡 安住實智中 我定當作佛 為天人所敬
轉无上法輪 教化諸菩薩
尒時佛告舍利弗吾今於天人沙門婆羅門
等大眾中說我昔曾於二万億佛所為无上
道故常教化汝汝亦長夜随我受學我以方
便引導汝故生我法中舍利弗我昔教汝志
願佛道汝今悉忘而便自謂已得滅度我今
還欲令汝憶念本願所行道故為諸聲聞說
是大乘經名妙法蓮華教菩薩法佛所護念
舍利弗汝於未來世過无量无邊不可思議
劫供養若干千万億佛奉持正法具足菩薩
所行之道當得作佛号曰華光如來應供正
遍知明行足善逝世間解无上士調御丈夫
天人師佛世尊國名離垢其土平正清淨嚴

BD14494號　妙法蓮華經卷二　（17–1）

是大乘經名妙法蓮華教菩薩法佛所護念
舍利弗汝於未來世過无量无邊不可思議
劫供養若干千万億佛奉持正法具足菩薩
所行之道當得作佛号曰華光如來應供正
遍知明行足善逝世間解无上士調御丈夫
天人師佛世尊國名離垢其土平正清淨嚴
飾安隱豐樂天人熾盛琉璃為地有八交道
黃金為繩以界其側其傍各有七寶行樹常
有華菓華光如來亦以三乘教化眾生舍利
弗彼佛出時雖非惡世以本願故說三乘法
其劫名大寶莊嚴何故名曰大寶莊嚴其國
中以菩薩為大寶故彼諸菩薩无量无邊不
可思議筭數譬喻所不能及非佛智力无能
知者若欲行時寶華承足此諸菩薩非初發
意皆久植德本於无量百千万億佛所淨脩
梵行恒為諸佛之所稱歎常脩佛慧具大神
通善知一切諸法之門質直无偽志念堅固
如是菩薩充滿其國舍利弗華光佛壽十二
小劫除為王子未作佛時其國人民壽八小
劫華光如來過十二小劫授堅滿菩薩阿耨
多羅三藐三菩提記告諸比丘是堅滿菩薩
次當作佛号曰華足安行多陁阿伽度阿羅
訶三藐三佛陁其佛國土亦復如是舍利弗
是華光佛滅度之後正法住世三十二小劫
像法住世亦三十二小劫尒時世尊欲重宣
此義而說偈言
舍利弗來世 成佛普智尊 号名曰華光 當度无量眾

BD14494號　妙法蓮華經卷二　（17–2）

訶三藐三佛陁其佛國土亦復如是舍利弗
是華光佛滅度之後正法住世三十二小劫
像法住世亦三十二小劫尒時世尊欲重宣
此義而說偈言
舍利弗来世　成佛普智尊　号名曰華光　當度无量衆
供養无數佛　具足菩薩行　十力等功德　證於无上道
過无量劫已　劫名大寶嚴　世界名離垢　清淨无瑕穢
以瑠璃為地　金繩界其道　七寶雜色樹　常有華果實
彼國諸菩薩　志念常堅固　神通波羅蜜　皆已悉具足
於无數佛所　善學菩薩道　如是等大士　華光佛所化
佛為王子時　棄國捨世榮　於最末後身　出家成佛道
華光佛住世　壽十二小劫　其國人民衆　壽命八小劫
佛滅度之後　正法住於世　三十二小劫　廣度諸衆生
正法滅盡已　像法三十二　舍利廣流布　天人普供養
華光佛所為　其事皆如是　其兩足聖尊　最勝无倫匹
彼即是汝身　宜應自欣慶
尒時四部衆比丘比丘尼優婆塞優婆夷天
龍夜叉乾闥婆阿脩羅迦樓羅緊那羅摩睺
羅伽等大衆見舍利弗於佛前受阿耨多羅
三藐三菩提記心大歡喜踊躍无量各各脫
身所著上衣以供養佛釋提桓因梵天王等
與无數天子亦以天妙衣天曼陁羅華摩訶
曼陁羅華等供養於佛所散天衣住虛空中
而自迴轉諸天伎樂百千万種於虛空中一
時俱作雨衆天華而作是言佛昔於波羅奈
初轉法輪今乃復轉无上最大法輪尒時諸
天子欲重宣此義而說偈言

BD14494號　妙法蓮華經卷二

（17–3）

曼陁羅華等供養於佛所散天衣住虛空中
而自迴轉諸天伎樂百千万種於虛空中一
時俱作雨衆天華而作是言佛昔於波羅奈
初轉法輪今乃復轉无上最大法輪尒時諸
天子欲重宣此義而說偈言
昔於波羅奈　轉四諦法輪　分別說諸法　五衆之生滅
今復轉最妙　无上大法輪　是法甚深奧　少有能信者
我等從昔来　數聞世尊說　未曾聞如是　深妙之上法
世尊說是法　我等皆隨喜　大智舍利弗　今得受尊記
我等亦如是　必當得作佛　於一切世間　最尊无有上
佛道叵思議　方便隨宜說　我所有福業　今世若過去
及見佛功德　盡迴向佛道
尒時舍利弗白佛言世尊我今无復疑悔親
於佛前得受阿耨多羅三藐三菩提記是諸
千二百心自在者昔住學地佛常教化言我
法能離生老病死究竟涅槃是學无學人亦
各自以離我見及有无見等謂得涅槃而今
於世尊前聞所未聞皆墮疑惑善哉世尊願
為四衆說其因緣令離疑悔尒時佛告舍利
弗我先不言諸佛世尊以種種因緣譬喻言
辭方便說法皆為阿耨多羅三藐三菩提耶
是諸所說皆為化菩薩故然舍利弗今當復
以譬喻更明此義諸有智者以譬喻得解舍
利弗若國邑聚落有大長者其年衰邁財富
无量多有田宅及諸僮僕其家廣大唯有一
門多諸人衆一百二百乃至五百人止住其
中堂閣朽故墻壁頹落柱根腐敗梁棟傾危

BD14494號　妙法蓮華經卷二

（17–4）

利弗若國邑聚落有大長者其年衰邁財冨
无量多有田宅及諸僮僕其家廣大唯有一
門多諸人衆一百二百乃至五百人止住其
中堂閣朽故墻壁頹落柱根腐敗梁棟傾危
周帀俱時欻然火起焚燒舍宅長者諸子若
十二十或至三十在此宅中長者見是大火
從四面起即大驚怖而作是念我雖能於此
所燒之門安隱得出而諸子等於火宅内樂
著嬉戲不覺不知不驚不怖火来逼身苦痛
切己心不猒患无求出意舍利弗是長者作
是思惟我身手有力當以衣裓若以几案從
舍出之復更思惟是舍唯有一門而復狹小
諸子幼稚未有所識戀著戲處或當墮落爲
火所燒我當爲說怖畏之事此舍已燒宜時
疾出无令爲火之所燒害作是念已如所思
惟具告諸子汝等速出父雖憐愍善言誘喻
而諸子等樂著嬉戲不肯信受不驚不畏了
无出心亦復不知何者是火何者爲舍云何
爲失但東西走戲視父而已尒時長者即作
是念此舍已爲大火所燒我及諸子若不時
出必爲所焚我今當設方便令諸子等得免
斯害父知諸子先心各有所好種種珎玩奇
異之物情必樂著而告之言汝等所可玩好
希有難得汝若不取後必憂悔如此種種羊
車鹿車牛車今在門外可以遊戲汝等於
此火宅宜速出来隨汝所欲皆當與汝尒時諸
子聞父所說珎玩之物適其願故心各勇鋭

BD14494 號　妙法蓮華經卷二　（17–5）

希有難得汝若不取後必憂悔如此種種羊
車鹿車牛車今在門外可以遊戲汝等於
此火宅宜速出来隨汝所欲皆當與汝尒時諸
子聞父所說珎玩之物適其願故心各勇鋭
互相推排競共馳走爭出火宅是時長者見
諸子等安隱得出皆於四衢道中露地而坐
无復鄣礙其心泰然歡喜踊躍時諸子等各
白父言父先所許玩好之具羊車鹿車牛車
願時賜與舍利弗尒時長者各賜諸子等一
大車其車高廣衆寶莊校周帀欄楯四面懸
鈴又於其上張設幰蓋亦以珎奇雜寶而嚴
飾之寶繩交絡垂諸華瓔重敷綩綖安置丹
枕駕以白牛膚色充潔形體姝好有大筋力
行步平正其疾如風又多僕從而侍衛之所
以者何是大長者財冨无量種種諸藏悉皆
充溢而作是念我財物无極不應以下劣小
車與諸子等今此幼童皆是吾子愛无偏黨
我有如是七寶大車其數无量應當等心各
各與之不宜差別所以者何以我此物周給
一國猶尚不匱何況諸子是時諸子各乘大
車得未曾有非本所望舍利弗於汝意云何
是長者等與諸子珎寶大車寧有虛妄不舍
利弗言不也世尊是長者但令諸子得免火
難全其軀命非爲虛妄何以故若全身命便
爲已得玩好之具況復方便於彼火宅而拔
濟之世尊若是長者乃至不與最小一車猶
不虛妄何以故是長者先作是意我以方便

BD14494 號　妙法蓮華經卷二　（17–6）

利弗言不也世尊是長者但令諸子得免火
難全其軀命非為虛妄何以故若全身命便
為已得玩好之具況復方便於彼火宅而拔
濟之世尊若是長者乃至不與最小一車猶
不虛妄何以故是長者先作是意我以方便
令子得出以是因緣无虛妄也何況長者自
知財富无量欲饒益諸子等與大車佛告舍
利弗善哉善哉如汝所言舍利弗如來亦復
如是則為一切世間之父於諸怖畏衰惱憂
患无明暗蔽永盡无餘而悉成就无量知見
力无所畏有大神力及智慧力具足方便智
慧波羅蜜大慈大悲常无懈惓恒求善事利
益一切而生三界朽故火宅為度衆生生老
病死憂悲苦惱愚癡暗蔽三毒之火教化令
得阿耨多羅三藐三菩提見諸衆生為生老
病死憂悲苦惱之所燒煮亦以五欲財利故
受種種苦又以貪著追求故現受衆苦後受
地獄畜生餓鬼之苦若生天上及在人間貧
窮困苦愛別離苦怨憎會苦如是等種種諸
苦衆生沒在其中歡喜遊戲不覺不知不驚
不怖亦不生猒不求解脫於此三界火宅東
西馳走雖遭大苦不以為患舍利弗佛見此
已便作是念我為衆生之父應拔其苦難與
无量无邊佛智慧樂令其遊戲舍利弗如來
復作是念若我但以神力及智慧力捨於方
便為諸衆生讚如來知見力无所畏者衆生
不能以是得度所以者何是諸衆生未免生

BD14494號　妙法蓮華經卷二　（17–7）

无量无邊佛智慧樂令其遊戲舍利弗如來
復作是念若我但以神力及智慧力捨於方
便為諸衆生讚如來知見力无所畏者衆生
不能以是得度所以者何是諸衆生未免生
老病死憂悲苦惱而為三界火宅所燒何由
能解佛之智慧舍利弗如彼長者雖復身手
有力而不用之但以慇懃方便免濟諸子火
宅之難然後各與珍寶大車如來亦復如是
雖有力无所畏而不用之但以智慧方便於
三界火宅拔濟衆生為說三乘聲聞辟支佛
佛乘而作是言汝等莫得樂住三界火宅勿
貪麤弊色聲香味觸也若貪著生愛則為所
燒汝速出三界當得三乘聲聞辟支佛佛乘
我今為汝保任此事終不虛也汝等但當懃
脩精進如來以是方便誘進衆生復作是言
汝等當知此三乘法皆是聖所稱歎自在无
繫无所依求乘是三乘以无漏根力覺道禪
定解脫三昧等而自娛樂便得无量安隱快
樂舍利弗若有衆生內有智性從佛世尊聞
法信受慇懃精進欲速出三界自求涅槃是
名聲聞乘如彼諸子為求羊車出於火宅若
有衆生從佛世尊聞法信受慇懃精進求自
然慧樂獨善寂深知諸法因緣是名辟支佛
乘如彼諸子為求鹿車出於火宅若有衆生
從佛世尊聞法信受懃脩精進求一切智佛
智自然智无師智如來知見力无所畏愍念
安樂无量衆生利益天人度脫一切是名大

BD14494號　妙法蓮華經卷二　（17–8）

然慧樂獨善寂深知諸法因緣是名辟支佛
乘如彼諸子為求鹿車出於火宅若有衆生
從佛世尊聞法信受慇懃精進求一切智佛
智自然智无師智如來知見力无所畏愍念
安樂无量衆生利益天人度脫一切是名大
乘菩薩求此乘故名為摩訶薩如彼諸子為
求牛車出於火宅舍利弗如彼長者見諸子
等安隱得出火宅到无畏處自惟財富无量
等以大車而賜諸子如來亦復如是為一切
衆生之父若見无量億千衆生以佛教門出
三界苦怖畏險道得涅槃樂如來爾時便作
是念我有无量无邊智慧力无畏等諸佛法
藏是諸衆生皆是我子等與大乘不令有人
獨得滅度皆以如來滅度而滅度之是諸衆
生脫三界者悉與諸佛禪定解脫等娛樂之
具皆是一相一種聖所稱歎能生淨妙第一
之樂舍利弗如彼長者初以三車誘引諸子
然後但與大車寶物莊嚴安隱第一然彼長
者无虛妄之咎如來亦復如是无有虛妄初
說三乘引導衆生然後但以大乘而度脫之
何以故如來有无量智慧力无所畏諸法之
藏能與一切衆生大乘之法但不盡能受舍
利弗以是因緣當知諸佛方便力故於一佛
乘分別說三佛欲重宣此義而說偈言
譬如長者 有一大宅 其宅久故 而復頓弊
堂舍高危 柱根摧朽 梁棟傾斜 基陛頹毀
牆壁圮坼 泥塗褫落 覆苫亂墜 椽梠差脫

BD14494 號　妙法蓮華經卷二　（17–9）

乘分別說三佛欲重宣此義而說偈言
譬如長者 有一大宅 其宅久故 而復頓弊
堂舍高危 柱根摧朽 梁棟傾斜 基陛頹毀
牆壁圮坼 泥塗褫落 覆苫亂墜 椽梠差脫
周障屈曲 雜穢充遍 有五百人 止住其中
鵄梟鵰鷲 烏鵲鳩鴿 蚖蛇蝮蝎 蜈蚣蚰蜒
守宮百足 狖狸鼷鼠 諸惡蟲輩 交橫馳走
屎尿臭處 不淨流溢 蜣蜋諸蟲 而集其上
狐狼野干 咀嚼踐蹋 嚌齧死屍 骨肉狼藉
由是群狗 競來搏撮 飢羸慞惶 處處求食
鬪諍摣掣 啀喍嘷吠 其舍恐怖 變狀如是
處處皆有 魑魅魍魎 夜叉惡鬼 食噉人肉
毒蟲之屬 諸惡禽獸 孚乳產生 各自藏護
夜叉競來 爭取食之 食之既飽 惡心轉熾
鬪諍之聲 甚可怖畏 鳩槃荼鬼 蹲踞土埵
或時離地 一尺二尺 往返遊行 縱逸嬉戲
捉狗兩足 撲令失聲 以腳加頸 怖狗自樂
復有諸鬼 其身長大 裸形黑瘦 常住其中
發大惡聲 叫呼求食 復有諸鬼 其咽如針
復有諸鬼 首如牛頭 或食人肉 或復噉狗
頭髮蓬亂 殘害兇險 飢渴所逼 叫喚馳走
夜叉餓鬼 諸惡鳥獸 飢急四向 窺看窗牖
如是諸難 恐畏无量 是朽故宅 屬于一人
其人近出 未久之間 於後宅舍 忽然火起
四面一時 其焰俱熾 棟梁椽柱 爆聲震裂
摧折墮落 牆壁崩倒 諸鬼神等 揚聲大叫
鵰鷲諸鳥 鳩槃荼鬼 周慞惶怖 不能自出

BD14494 號　妙法蓮華經卷二　（17–10）

如是諸難　恐畏无量　是朽故宅　屬于一人
其人近出　未久之閒　於後宅舍　忽然火起
四面一時　其焰俱熾　棟梁椽柱　爆聲震裂
摧折墮落　墻壁崩倒　諸鬼神等　揚聲大叫
鵰鷲諸鳥　鳩槃荼鬼　周慞惶怖　不能自出
惡獸毒虫　藏竄孔穴　毗舍闍鬼　亦住其中
薄福德故　為火所逼　共相殘害　飲血噉肉
野干之屬　並已前死　諸大惡獸　競來食噉
臭烟烽𤇆　四面充塞　蜈蚣蚰蜒　毒蛇之類
為火所燒　爭走出穴　鳩槃荼鬼　隨取而食
又諸餓鬼　頭上火然　飢渴熱惱　周慞悶走
其宅如是　甚可怖畏　毒害火災　衆難非一
是時宅主　在門外立　聞有人言　汝諸子等
先因遊戲　來入此宅　稚小无知　歡娛樂著
長者聞已　驚入火宅　方宜救濟　令无燒害
告喻諸子　說衆患難　惡鬼毒虫　災火蔓莚
衆苦次第　相續不絕　毒蛇蚖蝮　及諸夜叉
鳩槃荼鬼　野干狐狗　鵰鷲鵄梟　百足之屬
飢渴惱急　甚可怖畏　此苦難處　況復大火
諸子无知　雖聞父誨　猶故樂著　嬉戲不已
是時長者　而作是念　諸子如此　益我愁惱
今此舍宅　无一可樂　而諸子等　耽湎嬉戲
不受我教　將為火害　即便思惟　設諸方便
告諸子等　我有種種　珍玩之具　妙寶好車
羊車鹿車　大牛之車　今在門外　汝等出來
吾為汝等　造作此車　隨意所樂　可以遊戲
諸子聞說　如此諸車　即時奔競　馳走而出
到於空地　離諸苦難　長者見子　得出火宅

告諸子等　我有種種　珍玩之具　妙寶好車
羊車鹿車　大牛之車　今在門外　汝等出來
吾為汝等　造作此車　隨意所樂　可以遊戲
諸子聞說　如此諸車　即時奔競　馳走而出
到於空地　離諸苦難　長者見子　得出火宅
住於四衢　坐師子座　而自慶言　我今快樂
此諸子等　生育甚難　愚小无知　而入險宅
多諸毒虫　魑魅可畏　大火猛焰　四面俱起
而此諸子　貪樂嬉戲　我已救之　令得脫難
是故諸人　我今快樂　尒時諸子　知父安坐
皆詣父所　而白父言　願賜我等　三種寶車
如前所許　諸子出來　當以三車　隨汝所欲
今正是時　唯垂給與　長者大富　庫藏衆多
金銀琉璃　車𤦲馬瑙　以衆寶物　造諸大車
莊校嚴飾　周帀欄楯　四面懸鈴　金繩交絡
真珠羅網　張施其上　金華諸瓔　處處垂下
衆綵雜飾　周帀圍遶　柔軟繒纊　以為茵蓐
上妙細㲲　價直千億　鮮白淨潔　以覆其上
有大白牛　肥壯多力　形體姝好　以駕寶車
多諸儐從　而侍衛之　以是妙車　等賜諸子
諸子是時　歡喜踊躍　乘是寶車　遊於四方
嬉戲快樂　自在无礙　告舍利弗　我亦如是
衆聖中尊　世間之父　一切衆生　皆是吾子
深著世樂　无有慧心　三界无安　猶如火宅
衆苦充滿　甚可怖畏　常有生老　病死憂患
如是等火　熾然不息　如來已離　三界火宅
寂然閑居　安處林野　今此三界　皆是我有

深著世樂　无有慧心　三界无安　猶如火宅
衆苦充滿　甚可怖畏　常有生老　病死憂患
如是等火　熾然不息　如來已離　三界火宅
寂然閑居　安處林野　今此三界　皆是我有
其中衆生　悉是吾子　而今此處　多諸患難
唯我一人　能為救護　雖復教詔　而不信受
於諸欲染　貪著深故　以是方便　為說三乘
令諸衆生　知三界苦　開示演說　出世間道
是諸子等　若心決定　具足三明　及六神通
有得緣覺　不退菩薩　汝舍利弗　我為衆生
以此譬喻　說一佛乘　汝等若能　信受是語
一切皆當　得成佛道　是乘微妙　清淨第一
於諸世間　為无有上　佛所悅可　一切衆生
所應稱讚　供養禮拜　无量億千　諸力解脫
禪定智慧　及佛餘法　得如是乘　令諸子等
日夜劫數　常得遊戲　與諸菩薩　及聲聞衆
乘此寶乘　直至道場　以是因緣　十方諦求
更无餘乘　除佛方便　告舍利弗　汝諸人等
皆是吾子　我則是父　汝等累劫　衆苦所燒
我皆濟拔　令出三界　我雖先說　汝等滅度
但盡生死　而實不滅　今所應作　唯佛智慧
若有菩薩　於是衆中　能一心聽　諸佛實法
諸佛世尊　雖以方便　所化衆生　皆是菩薩
若人小智　深著愛欲　為此等故　說於苦諦
衆生心喜　得未曾有　佛說苦諦　真實无異
若有衆生　不知苦本　深著苦因　不能暫捨
為是等故　方便說道　諸苦所因　貪欲為本

BD14494號　妙法蓮華經卷二　（17–13）

若人小智　深著愛欲　為此等故　說於苦諦
衆生心喜　得未曾有　佛說苦諦　真實无異
若有衆生　不知苦本　深著苦因　不能暫捨
為是等故　方便說道　諸苦所因　貪欲為本
若滅貪欲　无所依止　滅盡諸苦　名第三諦
為滅諦故　脩行於道　離諸苦縛　名得解脫
是人於何　而得解脫　但離虛妄　名為解脫
其實未得　一切解脫　佛說是人　未實滅度
斯人未得　无上道故　我意不欲　令至滅度
我為法王　於法自在　安隱衆生　故現於世
汝舍利弗　我此法印　為欲利益　世間故說
在所遊方　勿妄宣傳　若有聞者　隨喜頂受
當知是人　阿鞞跋致　若有信受　此經法者
是人已曾　見過去佛　恭敬供養　亦聞是法
若人有能　信汝所說　則為見我　亦見於汝
及比丘僧　并諸菩薩　斯法華經　為深智說
淺識聞之　迷惑不解　一切聲聞　及辟支佛
於此經中　力所不及　汝舍利弗　尚於此經
以信得入　況餘聲聞　其餘聲聞　信佛語故
隨順此經　非己智分　又舍利弗　憍慢懈怠
計我見者　莫說此經　凡夫淺識　深著五欲
聞不能解　亦勿為說　若人不信　毀謗此經
則斷一切　世間佛種　或復顰蹙　而懷疑惑
汝當聽說　此人罪報　若佛在世　若滅度後
其有誹謗　如斯經典　見有讀誦　書持經者
輕賤憎嫉　而懷結恨　此人罪報　汝今復聽
其人命終　入阿鼻獄　具足一劫　劫盡更生

BD14494號　妙法蓮華經卷二　（17–14）

則斷一切世間佛種 或復顰蹙 而懷疑惑
汝當聽說 此人罪報 若佛在世 若滅度後
其有誹謗 如斯經典 見有讀誦 書持經者
輕賤憎嫉 而懷結恨 此人罪報 汝今復聽
其人命終 入阿鼻獄 具足一劫 劫盡更生
如是展轉 至無數劫 從地獄出 當墮畜生
若狗野干 其形頊瘦 黧黮疥癩 人所觸嬈
又復為人 之所惡賤 常困飢渴 骨肉枯竭
生受楚毒 死被瓦石 斷佛種故 受斯罪報
若作駱駝 或生驢中 身常負重 加諸杖捶
但念水草 餘無所知 謗斯經故 獲罪如是
有作野干 來入聚落 身體疥癩 又無一目
為諸童子 之所打擲 受諸苦痛 或時致死
於此死已 更受蟒身 其形長大 五百由旬
聾騃無足 宛轉腹行 為諸小虫 之所唼食
晝夜受苦 無有休息 謗斯經故 獲罪如是
若得為人 諸根闇鈍 矬陋攣躄 盲聾背傴
有所言說 人不信受 口氣常臭 鬼魅所著
貧窮下賤 為人所使 多病痟瘦 無所依怙
雖親附人 人不在意 若有所得 尋復忘失
若脩醫道 順方治病 更增他疾 或復致死
若自有病 無人救療 設服良藥 而復增劇
若他反逆 抄劫竊盜 如是等罪 橫羅其殃
如斯罪人 永不見佛 衆聖之王 說法教化
如斯罪人 常生難處 狂聾心亂 永不聞法
於無數劫 如恒河沙 生輒聾瘂 諸根不具
常處地獄 如遊園觀 在餘惡道 如己舍宅
駝驢猪狗 是其行處 謗斯經故 獲罪如是

如斯罪人 永不見佛 衆聖之王 說法教化
如斯罪人 常生難處 狂聾心亂 永不聞法
於無數劫 如恒河沙 生輒聾瘂 諸根不具
常處地獄 如遊園觀 在餘惡道 如己舍宅
駝驢猪狗 是其行處 謗斯經故 獲罪如是
若得為人 聾盲瘖瘂 貧窮諸衰 以自莊嚴
水腫乾痟 疥癩癰疽 如是等病 以為衣服
身常臭處 垢穢不淨 深著我見 增益瞋恚
婬欲熾盛 不擇禽獸 謗斯經故 獲罪如是
告舍利弗 謗斯經者 若說其罪 窮劫不盡
以是因緣 我故語汝 無智人中 莫說此經
若有利根 智慧明了 多聞強識 求佛道者
如是之人 乃可為說 若人曾見 億百千佛
殖諸善本 深心堅固 如是之人 乃可為說
若人精進 常脩慈心 不惜身命 乃可為說
若人恭敬 無有異心 離諸凡愚 獨處山澤
如是之人 乃可為說 又舍利弗 若見有人
捨惡知識 親近善友 如是之人 乃可為說
若見佛子 持戒清潔 如淨明珠 求大乘經
如是之人 乃可為說 若人無瞋 質直柔軟
常愍一切 恭敬諸佛 如是之人 乃可為說
復有佛子 於大衆中 以清淨心 種種因緣
譬喻言辭 說法無礙 如是之人 乃可為說
若有比丘 為一切智 四方求法 合掌頂受
但樂受持 大乘經典 乃至不受 餘經一句
如是之人 乃可為說 如人至心 求佛舍利
如是求經 得已頂受 其人不復 志求餘經

以是因緣 我故語汝 无智人中 莫說此經
若有利根 智慧明了 多聞強識 求佛道者
如是之人 乃可為說 若人曾見 億百千佛
殖諸善本 深心堅固 如是之人 乃可為說
若人精進 常脩慈心 不惜身命 乃可為說
若人恭敬 无有異心 離諸凡愚 獨處山澤
如是之人 乃可為說 又舍利弗 若見有人
捨惡知識 親近善友 如是之人 乃可為說
若見佛子 持戒清潔 如淨明珠 求大乘經
如是之人 乃可為說 若人无瞋 質直柔軟
常愍一切 恭敬諸佛 如是之人 乃可為說
復有佛子 於大眾中 以清淨心 種種因緣
譬喻言辭 說法无礙 如是之人 乃可為說
若有比丘 為一切智 四方求法 合掌頂受
但樂受持 大乘經典 乃至不受 餘經一句
如是之人 乃可為說 如人至心 求佛舍利
如是求經 得已頂受 其人不復 志求餘經
亦未曾念 外道典籍 如是之人 乃可為說
者 窮劫不盡

BD14494號　妙法蓮華經卷二　（17–17）

歸命南方如是等无量无邊諸佛
南无西方无量壽佛　南无師子佛
南无香積王佛　南无香佛
南无奮迅佛　南无虛空藏佛
南无寶幢佛　南无清淨眼佛
南无樂莊嚴佛　南无寶山佛
南无光王佛
歸命西方如是等无量无邊諸佛
南无北方難勝佛　南无月光佛
南无旃檀佛　南无自在佛
南无金色王佛　南无月色旃檀佛
南无普眼見佛　南无普照眼見佛
南无輪手佛　南无无垢佛
歸命北方如是等无量无邊諸佛
南无東南方治地佛　南无自在佛
南无法自在佛　南无法慧佛
南无法思佛　南无常法慧佛
南无常樂佛　南无善思惟佛
南无善住佛　南无善辟佛

BD14495號　佛名經（十六卷本）卷一　（37–1）

南无東南方治地佛　南无自在佛
南无法自在佛　南无法慧佛
南无法思佛　南无常法慧佛
南无常樂佛　南无善思惟佛
南无善住佛　南无善辟佛
歸命東南方如是等无量无邊諸佛
南无西南方那羅延佛　南无龍王德佛
南无寶聲佛　南无地自在佛
南无人王佛　南无妙聲佛
南无點慧佛　南无妙香華佛
南无天王佛　南无常清淨眼佛
歸命西南方如是等无量无邊諸佛
南无西北方月光面佛　南无月光佛
南无月幢佛　南无勇猛佛
南无日光面佛　南无日藏佛
南无日光莊嚴佛　南无華身佛
南无波頭摩藏佛　南无波頭摩鬚佛
南无師子聲王佛
歸命西北方如是等无量无邊諸佛
南无東北方寂諸根佛　南无寂滅佛
南无大將佛　南无淨勝佛
南无淨妙聲佛　南无淨天供養佛
南无善化佛　南无化佛
南无善意佛　南无善意住持佛
歸命東北方如是等无量无邊佛

BD14495號　佛名經（十六卷本）卷一　（37–2）

南无大將佛　南无淨勝佛
南无淨妙聲佛　南无淨天供養佛
南无善化佛　南无化佛
南无善意佛　南无善意住持佛
歸命東北方如是等无量无邊佛
南无下方寶行佛　南无疾行佛
南无點慧佛　南无堅固王佛
南无金剛齊佛　南无師子佛
南无奮迅佛
從此以上一百佛
南无如寶住佛　南无成功德佛
南无功德得佛　南无善安樂佛
歸命下方如是等无量无邊佛
南无上方无量勝佛　南无雲王佛
南无雲功德佛　南无无量稱名佛
南无聞身王佛　南无大功德佛
南无大須弥佛　南无降伏魔王佛
歸命上方如是等无量无邊佛
南无未來普賢佛　南无弥勒佛
南无觀世自在佛　南无得大勢王佛
南无虛空藏佛　南无无垢稱佛
南无成就義佛　南无寶聲佛
南无大海佛　南无无盡意佛
歸命未來如是等无量无邊佛
善男子若人受持讀誦是諸佛名現世安

BD14495號　佛名經（十六卷本）卷一　（37–3）

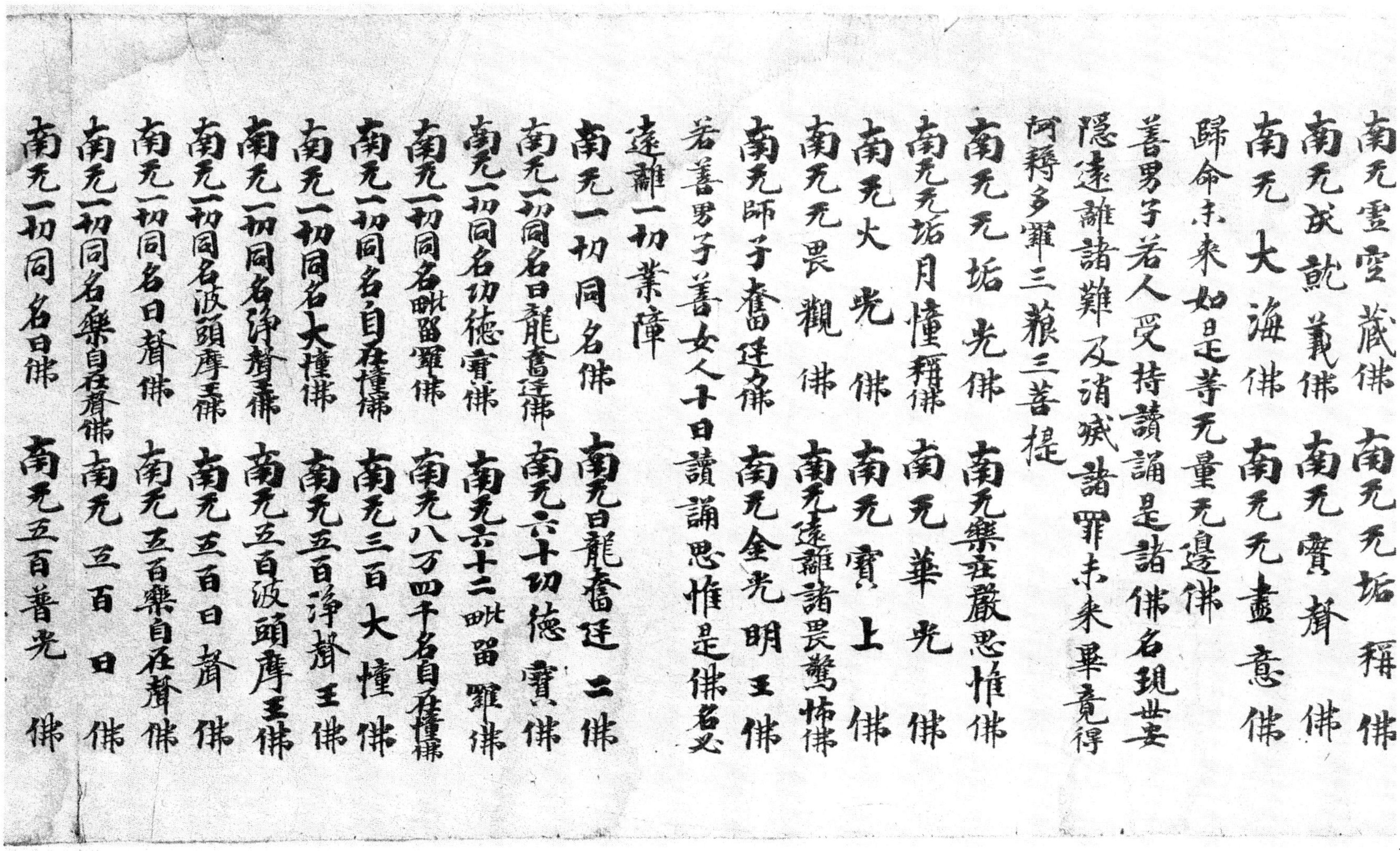

南无雲雷藏佛 南无无垢稱佛
南无成就義佛 南无寶聲佛
南无大海佛 南无无盡意佛
歸命未來如是等无量无邊佛
善男子若人受持讀誦是諸佛名現世安
隱遠離諸難及消滅諸罪未來畢竟得
阿耨多羅三藐三菩提
南无无垢光佛 南无樂莊嚴思惟佛
南无无垢月幢稱佛 南无華光佛
南无火光佛 南无寶上佛
南无无畏觀佛 南无遠離諸畏驚怖佛
南无師子奮迅佛 南无金光明王佛
若善男子善女人十日讀誦思惟是佛名必
遠離一切業障
南无一切同名佛 南无日龍奮迅二佛
南无一切同名日龍奮迅佛 南无六十功德寶佛
南无一切同名功德寶佛 南无六十二毗留羅佛
南无一切同名毗留羅佛 南无八万四千名自在幢佛
南无一切同名自在幢佛 南无三百大幢佛
南无一切同名大幢佛 南无五百淨聲王佛
南无一切同名淨聲王佛 南无五百波頭摩王佛
南无一切同名波頭摩王佛 南无五百日聲佛
南无一切同名日聲佛 南无五百樂自在聲佛
南无一切同名樂自在聲佛 南无五百日佛
南无一切同名日佛 南无五百普光佛

BD14495號　佛名經（十六卷本）卷一　（37–4）

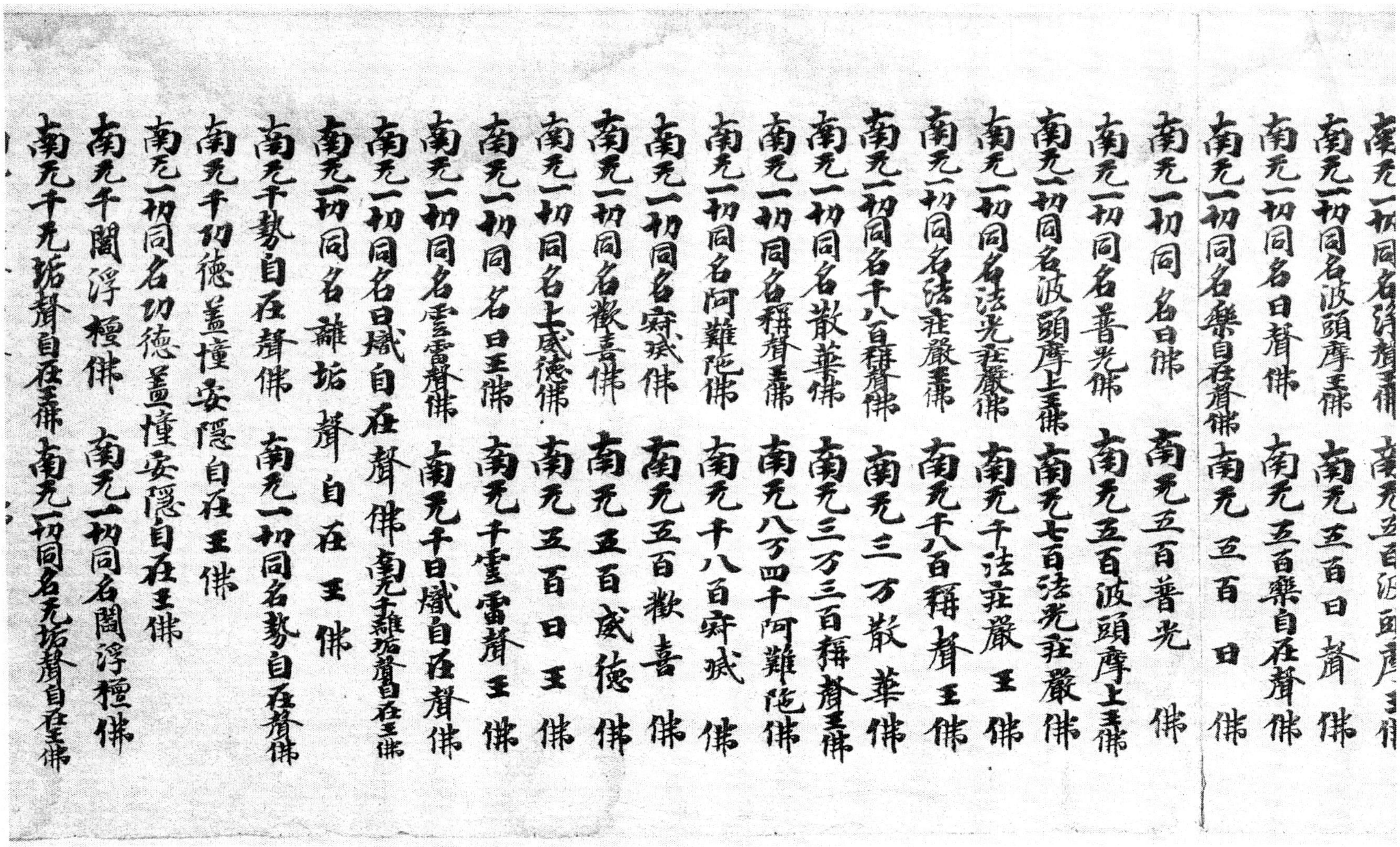

南无一切同名淨聲王佛 南无五百波頭摩王佛
南无一切同名波頭摩王佛 南无五百日聲佛
南无一切同名日聲佛 南无五百樂自在聲佛
南无一切同名樂自在聲佛 南无五百日佛
南无一切同名日佛 南无五百普光佛
南无一切同名普光佛 南无五百波頭摩上王佛
南无一切同名波頭摩上王佛 南无七百法光莊嚴佛
南无一切同名法光莊嚴佛 南无千法莊嚴王佛
南无一切同名法莊嚴王佛 南无千八百稱聲王佛
南无一切同名千八百稱聲佛 南无三万散華佛
南无一切同名散華佛 南无三万三百稱聲王佛
南无一切同名稱聲王佛 南无八万四千阿難陀佛
南无一切同名阿難陀佛 南无十八百寂滅佛
南无一切同名寂滅佛 南无五百歡喜佛
南无一切同名歡喜佛 南无五百威德佛
南无一切同名上威德佛 南无五百日王佛
南无一切同名日王佛 南无千雲雷聲王佛
南无一切同名雲雷聲佛 南无千日藏自在聲佛
南无一切同名日藏自在聲佛 南无千離垢聲自在王佛
南无一切同名離垢聲自在王佛
南无千勢自在聲佛 南无一切同名勢自在聲佛
南无千功德蓋幢安隱自在王佛
南无一切同名功德蓋幢安隱自在王佛
南无千閻浮檀佛 南无一切同名閻浮檀佛
南无千无垢聲自在王佛 南无一切同名无垢聲自在王佛

BD14495號　佛名經（十六卷本）卷一　（37–5）

南无千切德蓋幢安隱自在王佛
南无一切同名切德蓋幢安隱自在王佛
南无千閻浮檀佛　南无一切同名閻浮檀佛
南无千无垢聲自在王佛　南无一切同名无垢聲自在王佛
南无遠離諸怖聲自在王佛
南无一切同名遠離諸怖聲自在王佛
南无二千駒隣佛
從此以上二百佛
南无一切同名駒隣佛
南无二千寶幢佛　南无一切同名寶幢佛
南无八千堅精進佛　南无一切同名堅精進佛
南无八千威德佛　南无一切同名威德佛
南无八千然燈佛　南无一切同名然燈佛
南无十千迦葉佛　南无一切同名迦葉佛
南无十千清淨面蓮華香積佛
南无一切同名清淨面蓮華香積佛
南无十千莊嚴王佛　南无一切同名莊嚴王佛
南无十千星宿佛　南无一切同名星宿佛
南无八千娑羅王佛　南无一切同名娑羅王佛
南无一万八千娑羅自在王佛
南无一切同名娑羅自在王佛
南无一万八千普護佛　南无一切同名普護佛
南无四万嶺莊嚴佛　南无一切同名嶺莊嚴佛
南无三千毗盧舍那佛　南无一切同名毗盧舍那佛
南无三千放光佛　南无一切同名放光佛

BD14495號　佛名經（十六卷本）卷一　（37–6）

南无一切同名娑羅自在王佛
南无一万八千普護佛　南无一切同名普護佛
南无四万嶺莊嚴佛　南无一切同名嶺莊嚴佛
南无三千毗盧舍那佛　南无一切同名毗盧舍那佛
南无三千放光佛　南无一切同名放光佛
南无三千釋迦牟尼佛　南无一切同名釋迦牟尼佛
南无三万日月太白佛　南无一切同名日月太白佛
南无六万波頭摩上王佛　南无一切同名波頭摩上王佛
南无六万能令衆生離諸見佛
南无一切同名能令衆生離諸見佛
南无六十百千万成就義見佛
南无一切同名成就義見佛
南无无量百千万名不可勝佛
南无一切同名名不可勝佛
南无二億拘隣佛　南无一切同名拘隣佛
南无三億弗沙佛　南无一切同名弗沙佛
南无六十億大莊嚴佛　南无一切同名大莊嚴佛
南无八十億寶體法決定佛
南无一切同名寶體法決定佛
南无六十億娑羅自在王佛
南无一切同名娑羅自在王佛
南无十八億寶體法決定佛
南无一切同名寶體法決定佛
南无十八億日月燈明佛
南无一切同名日月燈明佛

BD14495號　佛名經（十六卷本）卷一　（37–7）

南无一切同名娑羅自在王佛
南无十八億寶體法決定佛
南无一切同名寶體法決定佛
南无十八億日月燈明佛
南无一切同名日月燈明佛
南无百億決定光明佛
南无一切同名決定光明佛
南无二十億日月燈明佛
南无一切同名日月燈明佛
南无二十億妙聲王佛
南无一切同名妙聲王佛
南无二十百億雲自在王佛
南无一切同名雲自在王佛
南无三十億釋迦牟尼佛
南无一切同名釋迦牟尼佛
南无二十億千怖畏聲王佛
南无一切同名怖畏聲王佛
南无四十億那由他妙聲佛
南无一切同名妙聲佛　南无億千樂莊嚴佛
南无一切同名樂莊嚴佛
南无億那由他百千覺華佛
南无一切同名覺華佛
南无六十頻婆羅遠離諸怖畏佛
南无一切同名遠離諸怖畏佛
南无須彌微塵數一切功德山王勝名佛

BD14495號　佛名經（十六卷本）卷一　（37-8）

南无一切同名覺華佛
南无六十頻婆羅遠離諸怖畏佛
南无一切同名遠離諸怖畏佛
南无須彌微塵數一切功德山王勝名佛
南无一切同名功德山王勝名佛
南无十佛國土不可說億那由他微塵普賢佛
南无一切同名普賢佛　南无過去未來現在諸佛
南无旃檀遠離諸煩惱藏佛
南无功德奮迅佛　南无勝奮迅佛
南无修寂靜佛　南无上寂靜佛
南无住虛空佛　南无降伏諸魔怨佛
南无百寶佛　南无難勝光佛
南无自在作佛　南无日作佛
南无无垢光佛　南无自在觀佛
南无金光明師子奮迅佛　南无无威德佛
南无觀自在佛
南无无量光佛　南无釋迦牟尼佛
南无靜去佛
從此以上三百佛
南无寂靜佛　南无普光明積上功德王佛
南无普現見佛　南无金剛功德佛
南无不動佛　南无普賢佛
南无普照佛　南无寶法上決定佛
南无无畏佛　南无无垢光佛
南无樂說莊嚴思惟佛　南无无垢月幢稱佛

BD14495號　佛名經（十六卷本）卷一　（37-9）

南无寂靜佛　南无普光明積上功德王佛
南无普現見佛　南无金剛功德佛
南无不動佛　南无普賢佛
南无普照佛　南无寶法上決定佛
南无无畏佛　南无无垢光佛
南无樂說莊嚴思惟佛　南无无垢月幢稱佛
南无拘蘓摩莊嚴光明作佛
南无出火佛　南无寶上佛
南无无畏觀佛　南无師子奮迅力佛
南无遠離怖畏毛竪稱佛　南无金剛牟尼佛
南无飲甘露佛　南无金剛光明佛
南无善見佛　南无尸棄佛
南无毗舍浮佛　南无拘留孫佛
南无難勝佛　南无阿閦佛
南无盡舍佛　南无阿孫陀佛
南无尼孫佛　南无寶光炎佛
南无孫留佛　南无自在佛
南无寶精進月光莊嚴威德聲自在王佛
南无遠離一切諸畏煩惱上功德佛
南无初發心念斷起發解斷煩惱佛
南无斷諸煩惱闇三昧上王佛
南无寶炎佛　南无大炎積佛
南无栴檀佛　南无手上王佛
南无寶上佛　南无善住智慧王障佛
南无火光慧滅昏闇佛　南无烏增上佛

南无寶炎佛　南无大炎積佛
南无栴檀佛　南无手上王佛
南无寶上佛　南无烏增上佛
南无火光慧滅昏闇佛　南无善住智慧王障佛
南无截金剛佛　南无天王佛
南无一切義上王佛　南无三昧喻佛
南无念王佛　南无光明觀佛
南无一切所依王佛　南无善護幢王佛
南无發趣速自在王佛　南无寶炎佛
南无積大炎佛　南无旃檀香佛
南无善住慧王无障佛　南无炎智音佛
南无寶藏佛　南无教炎佛
南无迦葉佛　南无多羅住佛
南无智來佛　南无能聖佛
南无過一切憂惱王佛　南无一切德莊嚴佛
南无成就一切義佛　南无无畏王佛
南无一切衆生導師佛
次礼十二部尊經大藏法輪
凡閻浮界内一切經合有八万四千卷
南无山海慧經　南无日曜經
南无月曜經　南无日淨經
南无弛喻經　南无月淨經
南无華鮮經　南无斧柯經
南无法華經　南无摩訶般若波羅蜜經
南无摩訶衍經　南无毗婆沙經

南无月曜經 南无日淨經
南无池喻經 南无月淨經
南无華鮮經 南无斧柯經
南无法華經 南无摩訶般若波羅蜜經
南无摩訶衍經 南无毗婆沙經
南无增一阿含經 南无華嚴經
南无大般涅槃經 南无大品經
南无阿毗曇經 南无大集經
南无誠實論經 南无雜阿毗曇經
南无長阿含經 南无諸佛下生經
南无舍利弗阿毗曇經 南无出曜經
南无四分經 南无妙讚經
南无光讚經 南无雜阿含經
從此以上四百佛十二部經
次礼十方諸大菩薩
南无无垢稱菩薩 南无地藏菩薩
南无虛空藏菩薩 南无觀世音菩薩
南无大勢菩薩 南无香象菩薩
南无大香象菩薩 南无藥王菩薩
南无藥上菩薩 南无金剛藏菩薩
南无解脫月菩薩 南无彌勒菩薩
南无奮迅菩薩 南无无所發菩薩
南无陀羅尼自在王菩薩
南无无盡意菩薩 南无堅意菩薩
南无歸命如是无量无邊菩薩

南无奮迅菩薩 南无无所發菩薩
南无陀羅尼自在王菩薩
南无无盡意菩薩 南无堅意菩薩
南无歸命如是无量无邊菩薩
南无東方九十億百千万同名梵勝菩薩
南无南方九十億百千万同名不隣陀羅菩薩
南无西方九十億百千万同名大功德菩薩
南无北方九十億百千万同名大藥王菩薩
歸命如是等十方世界无量无邊菩薩
南无舍利弗應當敬礼十方諸大菩薩摩訶薩
南无文殊師利菩薩摩訶薩 南无觀世音菩薩
南无大勢至菩薩 南无普賢菩薩
南无龍勝菩薩 南无龍德菩薩
次礼聲聞緣覺一切賢聖
南无阿利多辟支佛 南无婆利多辟支佛
南无多伽樓辟支佛 南无稱辟支佛
南无見辟支佛 南无愛見辟支佛
南无　見辟支佛 南无乾陀羅辟支佛
南无无憂辟支佛 南无梨沙婆辟支佛
歸命如是等无量无邊辟支佛
礼三寶已次復懺悔
夫欲礼懺必須先敬三寶所以然者三寶即
是一切衆生良友福田若能歸向者則滅无
量罪長无量福能令行者離生死苦得解
脫樂是故弟子某甲等歸依十方盡虛空

礼三寶已次湏懺悔
夫欲礼懺必湏先敬三寶所以然者三寶即
是一切衆生良友福田若能歸向者則滅无
量罪長无量福能令行者離生死苦得解
脫樂是故弟子某甲等歸依十方盡虛空
界一切諸佛歸依十方盡虛空界一切尊法歸
依十方盡虛空界一切聖僧弟子今日所以
懺悔者正言无始以來在凡夫地莫問貴賤
罪自无量或因三業而生罪或從六根而起
過或以內心自耶思惟或藉外境起於染著
如是乃至十惡增長八万四千諸塵勞門然其
罪相雖復无量大而為語不出有三何等為
三一者煩惱二者是業三者是果報此三種
法能障聖道及以人天勝妙好事是故經
中目為三障所以諸佛菩薩教作方便懺悔
除滅此三滅者則六根十惡乃至八万四千諸
諸塵勞門皆悉清淨是故弟子今日運此
增上勝心懺悔三障欲滅此三罪者當用何等
心可令此罪滅除先當興七種心以為方便然
後此罪乃可得滅何等為七一者慚愧二
者恐怖三者厭離四者發菩提心五者怨
親平等六者念報佛恩七者觀罪性空
第一慚愧者自惟我與釋迦如來同為凡
夫而今世尊成道以來已經爾所塵沙劫
數而我等相與耽染六塵流浪生死永无出

BD14495號　佛名經（十六卷本）卷一　（37–14）

者恐怖三者厭離四者發菩提心五者怨
親平等六者念報佛恩七者觀罪性空
第一慚愧者自惟我與釋迦如來同為凡
夫而今世尊成道以來已經爾所塵沙劫
數而我等相與耽染六塵流浪生死永无出
期此實天下可慚可愧可羞可恥
第二恐怖者既是凡夫身口意業常與罪
相應以是因緣命終之後應墮地獄畜生餓
鬼受无量苦如此實為可驚可恐可怖可
懼
第三厭離者相與當觀生死之中唯有无
常苦空无我不淨虛假如水上泡速起速
滅往來流轉猶若車輪生老病死八苦交煎无
時暫息衆等相與但觀自身從頭至足其
中但有卅六物髮毛爪齒眵淚涕唾生熟二
藏大腸小腸脾腎心肺肝膽脾胃肪膏腦
膜筋脉骨髓大小便利九孔常流是故經言
此身苦所集一切皆不淨何有智慧者而當
樂此身生死既有如此種種惡法甚可患厭
第四發菩提心者經言當樂佛身佛身者
即法身也從无量功德智慧生從六波羅蜜
生從慈悲喜捨生從卅七助菩提法生從如是
等種種功德智慧生如來自欲得此身者當
發菩提心求一切種智常樂我淨薩婆若果
淨佛國土成就衆生於身命財无所悋惜

BD14495號　佛名經（十六卷本）卷一　（37–15）

生從慈悲喜捨生從卅七助菩提法生從如是
等種種功德智慧生如來自欲得此身者當
發菩提心求一切種智常樂我淨薩婆若果
淨佛國土成就衆生於身命財无所悋惜
第五怨親平等者於一切衆生起慈悲心彼
我想何以故尒若見怨異親即是分別以分
別故起諸相相著因緣生諸煩惱因緣造諸
惡業惡業因緣故得苦果
第六念報佛因者如來往昔无量劫中捨頭
目髓腦支節手足國城妻子象馬七珎爲我等
故脩諸苦行此恩此德實難酬報是故經言
若以頂戴兩肩荷負於恒沙劫不能報我等
欲報如來恩者當於此世勇猛精進捍勞忍苦
不惜身命建立三寶弘通大乘廣化衆生同入正
道
第七觀罪性空者无有實相從因緣生顛倒而
有既從因緣而生則可從因緣而滅從因緣而
生者狎近惡友造作无端從因緣而滅者即
是今日洗心懺悔是故經言此罪相不在外不
在内不在中間故知此罪從本是空生如是等
七種心已緣想十方諸佛賢聖擎拳合掌披陳
至到慙愧改革舒歷心肝洗蕩腸胃如此懺悔
亦何罪而不滅亦何障而不消若復𢟝尒攸攸
緩縱情慮徒自勞形於事何益且復人命无常
喻如轉燭一息不還便同灰壤三塗苦報即身應

至到慙愧改革舒歷心肝洗蕩腸胃如此懺悔
亦何罪而不滅亦何障而不消若復𢟝尒攸攸
緩縱情慮徒自勞形於事何益且復人命无常
喻如轉燭一息不還便同灰壤三塗苦報即身應
受不可以錢財寶貨囑託求脫窈窈冥冥恩
赦无期獨嬰此苦无代受者莫言我今生中无
有此罪所以不能懇到懺悔經中道言凡夫
之人舉足動步无非是罪又復過去生中皆
悉成就无量惡業追逐行者如影隨形若不
懺悔罪惡日滋故苞藏瑕疵佛教不許說
悔先罪淨名所尚故知長淪苦海寔由隱覆
是故弟子今日發露懺悔不敢覆藏所言三障
者一曰煩惱二名爲業三是果報此三種法更
相由藉因煩惱故所以起惡業惡業因緣故
得苦果是故弟子今日至心第一先應懺悔
煩惱障又此煩惱諸佛菩薩入理聖人種種
呵責亦謂此煩惱以爲怨家何以故能斷衆
生慧命根故亦謂此煩惱以之爲賊能劫衆
生諸善法故謂此煩惱以爲瀑河能漂衆生
入於生死大苦海故亦謂此煩惱以爲羈鏁能
繫衆生於生死獄不能得出故所以六道牽
連四生不絶惡業无窮苦果不息當知皆是
煩惱過患是故弟子今日運此增上善心歸
依佛

入於生死大苦海故可說此煩惱以爲羈鎖能
繫衆生於生死獄不能得出故所以六道牽
連四生不絕惡業无窮苦果不息當知皆是
煩惱過患是故弟子今日運此增上善心歸
依佛
南无東方善德佛　南无南方寶相佛
南无西方普光佛　南无北方相德佛
南无東南方網明佛　南无西南方上智佛
南无西北方華德佛　南无東北方明智佛
南无下方明德佛　南无上方香積佛
如是十方盡虛空界一切三寶弟子從无始
以來至于今日或在人天六道受報有此心識
常懷愚惑繁滿胸衿或因三毒根造一切
罪或因三漏造一切罪或因三苦造一切罪或
緣三假造一切罪或貪三有造一切罪如是等
罪无量无邊惱亂一切六道四生今日慚愧
皆悉懺悔
又復弟子无始以來至于今日或因四識住造
一切罪或因四流造一切罪或因四取造一切
罪或因四執造一切罪或因四緣造一切罪或
因四大造一切罪或因四縛造一切罪或因
四食造一切罪或四生造一切罪如是等罪
无量无邊惱亂六道一切衆生今日慚愧
皆悉懺悔　又復弟子无始以來至於
今日或因五住地煩惱造一切罪或因五受

四食造一切罪或四生造一切罪如是等罪
无量无邊惱亂六道一切衆生今日慚愧
皆悉懺悔　又復弟子无始以來至於
今日或因五住地煩惱造一切罪或因五受
根造一切罪或因五蓋造一切罪或因五
慳造一切罪或因五見造一切罪或因五心
造一切罪如是等煩惱无量无邊惱亂六
道一切四生今日發露皆悉懺悔
又復弟子无始以來至於今日或因六情根
造一切罪或因六識造一切罪或因六想造
一切罪或因六受造一切罪或因六行造一
切罪或因六愛造一切罪或因六疑造一切罪
如是等煩惱无量无邊惱亂六道一切四生
今日慙愧發露皆悉懺悔
又復弟子无始以來至於今日或因七漏造一
切罪或因七使造一切罪或因八到造一切罪
或因八垢造一切罪或因八苦造一切罪惱亂
六道一切四生今日發露皆悉懺悔
又復无始以來至於今日或因九惱造一切
罪或因九結造一切罪或因九上緣造一切
罪或因十煩惱造一切罪或因十纏造一切
罪或因十一遍使造一切罪或因十二入造一切
罪或因十六知見造一切罪或十八界造一
切罪或因廿五我造一切罪或因六十二見
造一切罪或因見諦思惟九十八使百八煩

罪或因十煩惱造一切罪或因十纏造一切
罪或因十一遍使一切罪或因十二入造一切
罪或因十六知見造一切罪或十八界造一
切罪或因廿五我造一切罪或因六十二見
造一切罪或因見諦思惟九十八使百八煩
惱晝夜熾然開諸漏門造一切罪惱亂賢
聖及以四生遍滿三界弥亘六道无處可藏
无處可避今日至到向十方佛尊法聖衆慙
愧發露皆悉懺悔
願弟子承是懺悔善盡一切煩惱生生世世
三慧明三達朗三苦滅三願滿弟子承是懺
悔四識等一切煩惱所生功德生生世世廣四
等心立四信業四惡趣滅得四无畏
願弟子承是懺悔五蓋等諸煩惱度五道樹
五根淨五眼成五分懺悔六受等諸煩惱所生
功德願生生世世具足六神通滿足六度業
不爲六塵或常行六妙行又願弟子承是懺
悔七漏八垢九結十纏等一切諸煩惱所生功
德生生世世生七淨華洗塵八水具九斷智成
十地行願以懺悔十一遍使及十二入十八界
等一切諸煩惱所生功德願十一空解常用
栖心自在能轉十二行輪具十八不共之法无
量功德一切圓滿
三部合卷　罪報應經　此經有六十品略此一品流行
南无不動光觀自在无量命尼弥實炎弥留金剛佛

栖心自在能轉十二行輪具十八不共之法无
量功德一切圓滿
三部合卷　罪報應經　此經有六十品略此一品流行
南无不動光觀自在无量命尼弥實炎弥留金剛佛
南无火奮迅通佛　南无善寂慧月佛
南无聲自在王佛　南无清淨月輪佛
南无住阿僧祇精進功德佛
南无无盡意佛　南无實憶佛
南无光明无垢藏佛　南无火奮迅通佛
南无雲普讚佛　南无師子奮迅通佛
南无弥留上王佛　南无智慧來佛
南无讚妙法幢佛　南无金光明師子奮迅王佛
南无佛　南无善住如意積王佛
南无普現佛　南无釋迦牟尼佛
南无无量光佛　南无放炎佛
南无栴檀香佛　南无无垢慧深聲王佛
南无斷一切障佛　南无无量光明佛
南无作功德佛　南无普香上佛
南无不可勝奮迅聲吉佛　南无降伏慉愓佛
南无毗婆尸佛　南无尸棄佛
南无毗舍浮佛　南无拘留孫佛
南无拘那含牟尼佛　南无迦葉佛
南无釋迦牟尼佛　南无成就一切義佛
南无能作无畏佛　南无寂靜王佛
南无阿閦佛　南无靈主佛

南无毗舍浮佛　南无拘留孫佛
南无拘那含牟尼佛　南无迦葉佛
南无釋迦牟尼佛　南无氏戴一切義佛
南无能作无畏佛　南无寂靜王佛
南无阿閦佛　南无盧舍佛
南无阿弥多佛　南无尼弥佛
南无住法佛　南无實炎佛
南无弥留佛
從此以上五百佛十二部經一切賢聖
南无金剛佛
南无持法佛　南无勇猛法佛
南无妙法光明佛　南无法月面佛
南无住法佛　南无法幢佛
南无法威德佛　南无法自在佛
南无善住法佛　南无法寂佛
南无善知力佛　南无弥勒菩无量佛
南无毗婆尸佛　南无尸棄佛
南无毗舍浮佛　南无拘留孫佛
南无拘那含牟尼佛　南无迦葉佛
南无釋迦牟尼佛　南无阿弥陀佛
南无照佛　南无勝色佛
南无樂意佛　南无大導師佛
南无大聖天佛　南无那羅延佛
南无樹提佛　南无憙他佛
南无毗盧遮那佛　南无栴檀佛

BD14495號　佛名經（十六卷本）卷一　（37–22）

南无樂意佛　南无大導師佛
南无大聖天佛　南无那羅延佛
南无樹提佛　南无憙他佛
南无毗盧遮那佛　南无栴檀佛
南无具足佛　南无化佛
南无善化佛　南无世自在佛
南无人自在佛　南无摩醯那自在佛
南无勝自在佛　南无十力自在佛
南无毗頭羅佛　南无離諸畏佛
南无離諸憂佛　南无能破諸耶佛
南无散諸耶佛　南无破異意佛
南无智慧巖佛　南无寶嶽佛
南无弥留嶽佛　南无降魔佛
南无善才佛　南无堅才佛
南无堅奮迅佛　南无堅精進佛
南无堅莎羅佛　南无堅心佛
南无堅勇猛破陣佛　南无破陣佛
南无實體佛　南无曇无竭佛
南无尼陀佛
南无波羅羅堅佛　南无普光佛
南无普賢佛　南无勝海佛
南无功德海佛　南无法海佛
南无虛空寂佛　南无虛空功德佛
南无虛空庫藏佛　南无虛空心佛
南无虛空多羅佛　南无无垢心佛

BD14495號　佛名經（十六卷本）卷一　（37–23）

南无功德海佛　南无法海佛
南无虚空寂佛　南无虚空功德佛
南无虚空庫藏佛　南无虚空心佛
南无虚空多羅佛　南无无垢心佛
南无放光世界中現在説法虚空勝離塵无
垢塵平等眼清淨功德幢光明華波頭摩
瑠璃光寶香象身勝妙羅納莊嚴頂无量日
月光明照莊嚴顯上莊嚴法界善化无障尋
王佛彼佛世界中有菩薩名无比彼佛授記
不久得阿耨多羅三藐三菩提号種種光華
寶波頭摩金色身普照莊嚴不住眼放光照
十方世界幢王佛
若有善男子善女人信心受持讀誦彼佛及
菩薩名是善男子善女人超越閻浮提微
塵數劫得陁羅尼一切諸惡病不及其身
南无无量功德寶集樂示現金光明師子
奮迅王佛
南无師子奮迅心雲聲王佛
南无无垢淨光明覺寶華不斷光莊嚴王佛
南无寶光明莊嚴智功德聲自在王佛
南无寶波頭摩智清淨上王佛
南无摩善住山王佛
南无光花種種奮迅王佛
南无拘蘇摩奮迅王佛
南无波頭摩上孫留幢王佛

南无寶波頭摩智清淨上王佛
南无摩善住山王佛
南无光花種種奮迅王佛
南无拘蘇摩奮迅王佛
南无波頭摩上孫留幢王佛
南无幢空俱蘇摩王佛
南无莎羅華上光王佛
南无无垢眼上光王佛
南无无垢意山王佛
南无種種樂説莊嚴王佛
南无无尋藥王成就勝王佛
南无千雷雲聲王佛
南无金光明師子奮迅王佛
南无善寂智慧月聲自在王佛
南无善住摩尼山王佛
南无歡喜藏勝山王佛
南无普光上勝功德山王佛
南无功德藏增上山王佛
南无動山嶽王佛　南无善住諸禪藏王佛
南无法海潮功德王佛　南无稱功德山王佛
從此以上六百佛十二部經一切賢聖
南无一切華香在王佛
南无銀幢蓋王佛　南无雷燈幢王佛
南无月摩尼光王佛　南无波頭摩上星宿王佛
南无无量上王佛　南无覺王佛

南无一切華香在王佛
南无銀幢蓋王佛 南无雷燈幢王佛
南无月摩尼光王佛 南无波頭摩上星宿王佛
南无无量上王佛 南无覺王佛
南无弥留幢王佛 南无莎羅華上王佛
南无因陁羅幢王佛 南无師子奮迅王佛
南无俱蘓摩生王佛 南无微細華佛
南无説義佛 南无无量精進佛
南无无邊弥留佛 南无離藏佛
南无无量眼佛 南无无量發行佛
南无發行難佛 南无无所發行佛
南无无量發行佛 南无斷諸難佛
南无不定願佛 南无善住諸願佛
南无不念示現佛
南无无量善根成就諸行佛
南无无垢奮迅佛 南无不住奮迅佛
南无妙色佛 南无无相聲佛
南无虛空星宿增王佛 南无栴檀室佛
南无樂意佛 南无善行佛
南无境界自在佛 南无樂行佛
南无樂解脱佛 南无遠離怖畏毛竪佛
南无清淨眼佛 南无進寂靜佛
南无世間可樂佛 南无隨世間意佛
南无隨世間眼佛 南无寶佛

BD14495號　佛名經（十六卷本）卷一　　（37–26）

南无清淨眼佛 南无進寂靜佛
南无世間可樂佛 南无隨世間意佛
南无隨世間眼佛 南无寶佛
南无寶愛佛 南无羅睺羅佛
南无羅睺羅天佛 南无羅睺羅淨佛
南无寶慧佛 南无寶聲佛
南无寶形佛 南无羅網手佛
南无摩尼輪佛 南无解脱威德佛
南无善行佛 南无大愛佛
南无人面佛 南无吉佛
南无夢陁羅佛 南无淨聖佛
南无淨宿佛 南无離胎佛
南无虛空莊嚴佛 南无集功德佛
南无師子步佛 南无功德海佛
南无摩尼功德佛 南无廣功德佛
南无稱成佛 南无大如意輪佛
南无无畏上王佛 南无俱蘓摩國土佛
南无功德幢佛 南无威德佛
南无華眼佛 南无喜身佛
南无慧國土佛 南无喜威德佛
南无波頭他智慧奮迅佛
南无功德聚佛 南无寂滅慧佛
南无降魔佛 南无无上光佛
南无法自在佛 南无得世間功德佛

BD14495號　佛名經（十六卷本）卷一　　（37–27）

南无降魔佛　南无无上光佛
南无法自在佛　南无得世間功德佛
南无寶諦稱佛　南无智勝佛
南无智愛佛　南无得智佛
南无智幢佛　南无羅網光幢佛
善男子善女人与一切衆生安隱樂如諸佛
者當讀誦是諸佛名復作是言
南无離諸无智瞎佛　南无虚空平等心佛
南无清淨无垢佛　南无善无垢藏佛
南无堅固行佛　南无精進聲佛
從此以上七百佛十二部經一切賢聖
南无不離一切衆生門佛　南无斷諸過佛
南无成就觀佛　南无平等須弥面佛
南无无障无㝵精進堅佛
南无娑羅華王佛
南无无量功德王佛　南无弥留燈王佛
南无藥王聲聲王佛　南无梵聲王佛
南无妙鼓聲王佛　南无雲聲王佛
南无龍自在王佛　南无世間自在王佛
南无陁羅尼自在王佛　南无滌王佛
南无治諸病王佛　南无藥王佛
南无鷹王佛　南无燈王佛
南无樹提王佛　南无喜王佛
南无星宿王佛　南无雲王佛
南无雷王佛　南无娑羅王佛

南无鷹王佛　南无燈王佛
南无樹提王佛　南无喜王佛
南无星宿王佛　南无雲王佛
南无雷王佛　南无娑羅王佛
南无堅固自在王佛　南无功德聚佛
南无華聚佛　南无寶聚佛
南无寶住持庭燎佛　南无住持功德佛
南无住持无障力佛　南无住持地力進去佛
南无住持妙无垢位佛
南无一切寶莊嚴色住持佛
南无自在轉一切法佛　南无轉法輪佛
南无勝威德佛　南无淨威德佛
南无聖威德佛　南无大威德佛
南无師子威德佛　南无娑羅威德佛
南无悲威德佛　南无地威德佛
南无无垢威德佛　南无无垢瑠璃佛
南无无垢辟佛　南无无垢眼佛
南无无垢面佛　南无波頭摩面佛
南无月面佛　南无日面佛
南无百威德莊嚴佛　南无金色佛
南无金色形佛　南无可樂色佛
南无瞻婆伽色佛　南无能興樂佛
南无能興眼佛　南无難勝佛
南无難降伏佛　南无斷諸惡佛
南无難量佛　南无難伏佛

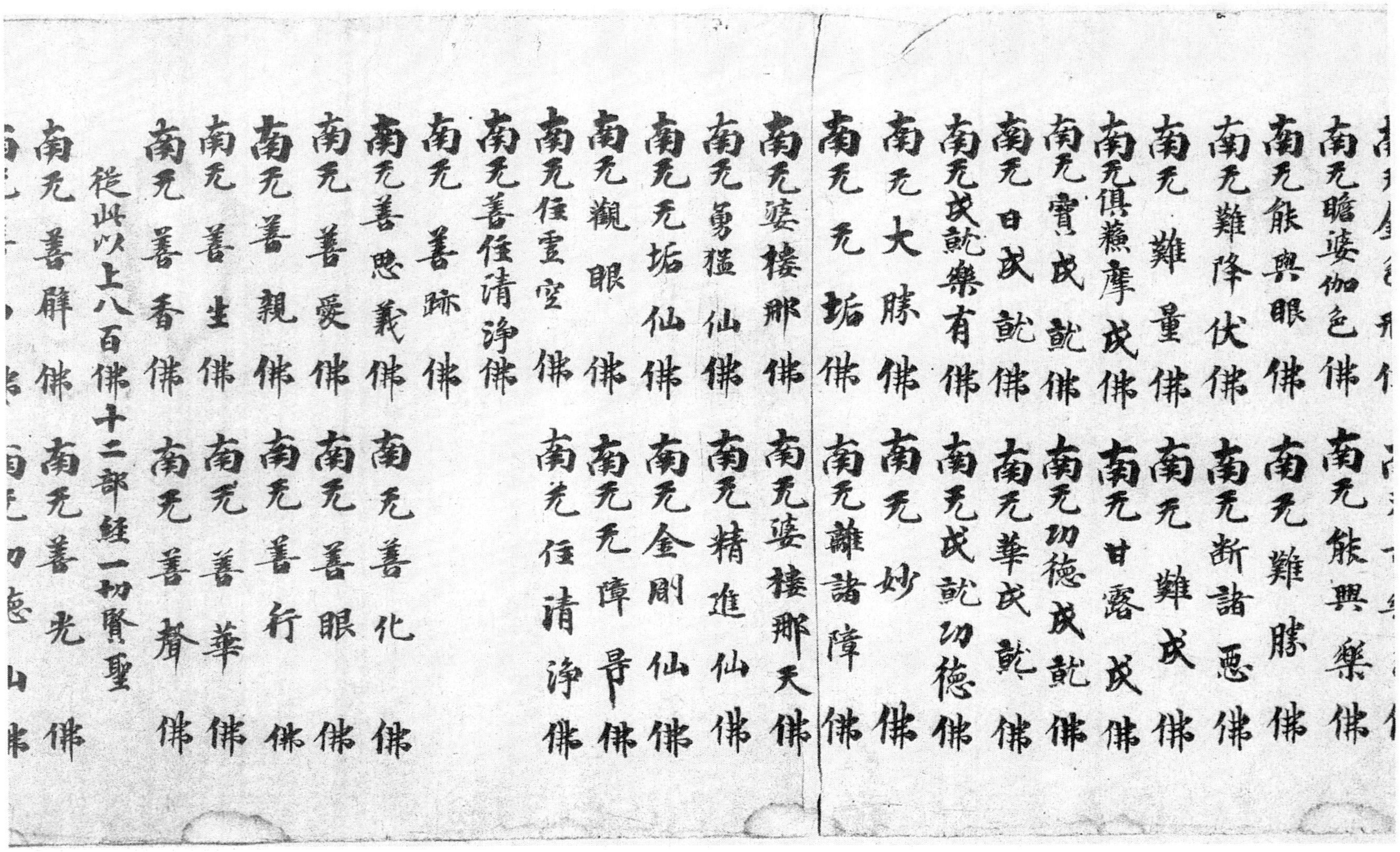
南无瞻婆伽色佛　南无能興樂佛
南无能興眼佛　南无難勝佛
南无難降伏佛　南无斷諸惡佛
南无難量佛　南无難成佛
南无俱蘇摩成佛　南无甘露成佛
南无寶成就佛　南无功德成就佛
南无日成就佛　南无華成就佛
南无成就樂有佛　南无成就功德佛
南无大勝佛　南无妙佛
南无无垢佛　南无離諸障佛
南无婆樓那佛　南无婆樓那天佛
南无勇猛仙佛　南无精進仙佛
南无无垢仙佛　南无金剛仙佛
南无觀眼佛　南无无障㝵佛
南无住虛空佛　南无住清淨佛
南无善住清淨佛
南无善跡佛
南无善思義佛　南无善化佛
南无善愛佛　南无善眼佛
南无善親佛　南无善行佛
南无善生佛　南无善華佛
南无善香佛　南无善聲佛
從此以上八百佛十二部經一切賢聖
南无善鮮佛　南无善光佛

BD14495 號　佛名經（十六卷本）卷一　（37–30）

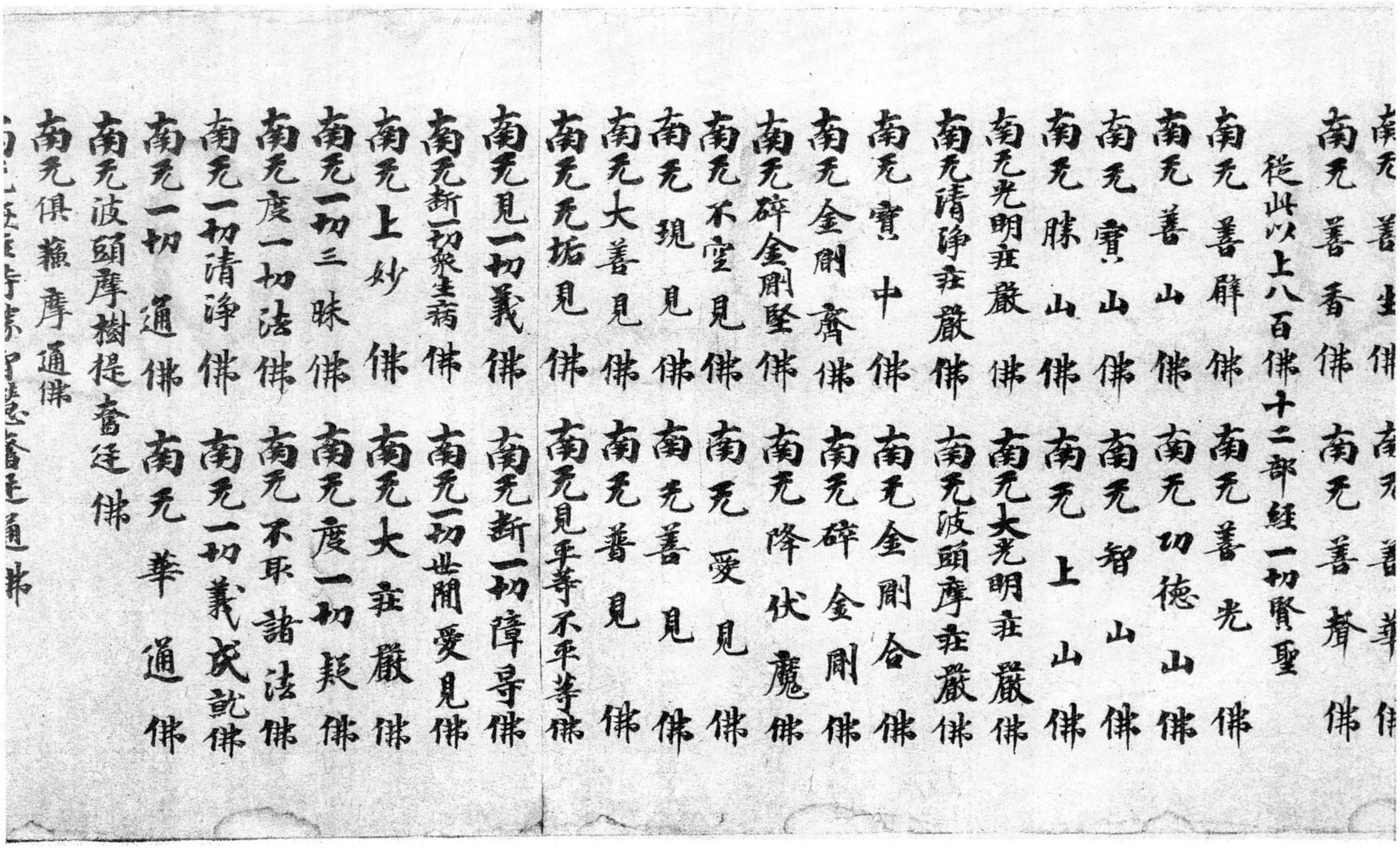
南无善香佛　南无善聲佛
從此以上八百佛十二部經一切賢聖
南无善鮮佛　南无善光佛
南无善山佛　南无功德山佛
南无寶山佛　南无智山佛
南无勝山佛　南无上山佛
南无光明莊嚴佛　南无大光明莊嚴佛
南无清淨莊嚴佛　南无波頭摩莊嚴佛
南无寶中佛　南无金剛合佛
南无金剛齊佛　南无碎金剛佛
南无碎金剛堅佛　南无降伏魔佛
南无不空見佛　南无愛見佛
南无現見佛　南无善見佛
南无大善見佛　南无普見佛
南无无垢見佛　南无見平等不平等佛
南无見一切義佛　南无斷一切障㝵佛
南无斷一切眾生病佛　南无一切世間愛見佛
南无上妙佛　南无大莊嚴佛
南无一切三昧佛　南无度一切疑佛
南无度一切法佛　南无不取諸法佛
南无一切清淨佛　南无一切義成就佛
南无一切通佛　南无華通佛
南无波頭摩樹提奮迅佛
南无俱蘇摩通佛

BD14495 號　佛名經（十六卷本）卷一　（37–31）

南无一切通佛 南无華通佛
南无波頭摩樹提奮迅佛
南无俱蘓摩通佛
南无海住持勝智慧奮迅通佛
次礼十二部尊經大藏法輪
南无賢愚經 南无雜寶藏經
南无賢劫經 南无大般泥洹經
南无十住毗婆沙經 南无三藏經
南无大莊嚴論經 南无阿育王經
南无優婆塞經 南无道行經
南无小品經 南无菩薩地經
南无菩薩地持經 南无阿差尼經
南无雜心經 南无中阿含經
南无弥勒成佛經 南无大臣經
南无百緣經 南无華手經
南无悲華經 南无觀佛三昧經
南无大哀經 南无中論經
南无法華經 南无普曜經
南无大樓炭經 南无佛本行經
次礼十方諸大菩薩
南无勝成就菩薩 南无勝藏菩薩
南无波頭摩勝菩薩 南无成就有菩薩
南无持地菩薩 南无實掌菩薩
南无寶印手菩薩 南无師子意菩薩
南无師子奮迅吼聲菩薩

BD14495號 佛名經(十六卷本)卷一 (37–32)

南无波頭摩勝菩薩 南无成就有菩薩
南无持地菩薩 南无實掌菩薩
南无寶印手菩薩 南无師子意菩薩
南无師子奮迅吼聲菩薩
南无虛空藏菩薩
南无發心即轉法輪菩薩
南无一切聲差別樂說菩薩
南无山樂說菩薩 南无大海意菩薩
南无大山菩薩 南无愛見菩薩
南无歡喜王菩薩 南无无邊觀菩薩
南无无邊觀行菩薩 南无破耶見魔菩薩
南无无憂德菩薩 南无成就一切義菩薩
南无師子菩薩 南无善住意菩薩
南无无比心菩薩 南无那羅德菩薩
次礼聲聞緣覺一切賢聖
從此以上九百佛十二部經一切賢聖
南无毗耶離辟支佛 南无俱薩羅辟支佛
南无波藪陀羅辟支佛 南无无妻淨心辟支佛
南无寶无垢辟支佛 南无福德辟支佛
南无直福德辟支佛 南无唯黑辟支佛
南无黑辟支佛 南无識辟支佛
南无香辟支佛 南无有香辟支佛
歸命如是等无量无邊辟支佛
礼三寶已次復懺悔
夫論懺悔者本是改往修來滅惡興善

BD14495號 佛名經(十六卷本)卷一 (37–33)

南无香辟支佛　南无有香辟支佛
歸命如是等无量无邊辟支佛
礼三寶已次復懺悔
夫論懺悔者本是改往脩來滅惡興善
人生居世誰能无過學人失念尚起煩惱羅漢
結習動身口業豈況凡夫而當無過但智者
先覺便能改悔愚者覆藏遂使滋蔓所以積
習長夜曉悟无期若能慚愧發露懺悔者
豈惟正是滅罪而已亦復增長无量功德樹
立如來涅槃妙果若欲行此法者先當外肅
形儀瞻奉尊像內起敬意緣於想法懇切至
到生二種心何等為二一者自念我此形命
難可常保一朝散壞不知此身何時可復若
復不值諸佛賢聖忽遭逢惡友造衆罪業
復應墮落深坑險趣二者自念我此生中雖
得值遇如來正法為佛弟子弟子之法紹繼
聖種淨身口意善法自居而今我等公自作惡
而復覆藏言他不知謂彼不見隱匿在心傲然
无愧此實天下愚惑之甚即今現有十方諸
佛大地菩薩諸天神仙何曾不以清淨天
眼見於我等所作罪惡又復幽顯靈祇注記
罪福纖豪无差夫論作罪之人命終之後牛頭
獄卒錄其精神在閻羅王所辯覈是非當
命之時一切怨對皆來證據各言汝先屠裁我

BD14495號　佛名經（十六卷本）卷一　（37–34）

眼見於我等所作罪惡又復幽顯靈祇注記
罪福纖豪无差夫論作罪之人命終之後牛頭
獄卒錄其精神在閻羅王所辯覈是非當
命之時一切怨對皆來證據各言汝先屠裁我
身炮煮蒸炙或言汝先剝奪於我一切財寶
財寶離我眷屬我於今者始得汝便於時
現前證據何得敢諱唯應甘心分受宿殃如
經所明地獄之中不枉治人若其平素所作
衆罪心自忘失者是其生時造惡之處一切
諸相皆現在前各言汝昔在於我邊作如是
罪今何得諱是為作罪无藏隱處於是閻
魔羅王切齒呵責將付地獄歷劫窮年求出
莫由此事不遠不關他人正是我身自作自
受雖父子至親一旦對至无代受者衆等相與
及其形休體无衆疾各自努力與性命競大
怖至時悔无所及是故弟子至心歸命
南无東方破疑淨光佛　南无南方无憂德佛
南无西方花嚴神通佛　南无北方月殿清淨佛
南无東南方破一切闇佛
南无西南方大衰觀衆生佛
南无西北方香氣放光明佛
南无東北方无量功德海佛
南无下方斷一切疑佛
南无上方離一切憂佛

BD14495號　佛名經（十六卷本）卷一　（37–35）

南无西北方香氣放光明佛
南无東北方无量功德海佛
南无下方斷一切疑佛
南无上方離一切憂佛
如是十方盡虛空界一切三寶弟子等從
无始以來至於今日積聚无明障蔽心目隨
煩惱性造三世罪或躭染愛著起於貪欲
煩惱或瞋恚忿怒懷害煩惱或惛憒瞪瞢
不了煩惱或我慢自高輕傲煩惱或疑正道
猶豫煩惱謗无因果耶見煩惱翫押惡法起
見取煩惱僻稟耶師造戒取煩惱乃至一等
四執橫計煩惱今日至誠皆悉懺悔
又復无始以來至於今日守惜堅著起慳悋
煩惱不攝六情奢誕煩惱心行弊惡不忍
煩惱怠墮緩縱不勤煩惱情慮躁動覺觀
煩惱觸境迷惑无知解煩惱隨世八風生
彼我煩惱諂曲面譽不直心煩惱獷強難媄
姤擊剌佷戾煩惱山險暴害諂妻煩惱乖背
二諦執相煩惱於苦集滅道生顛倒煩惱隨
從生死十二因緣流轉煩惱乃至无始无明
住地恒沙煩惱起四住地構於三界苦果煩
惱如是諸煩惱无量无邊惱亂賢聖六道四
生今日發露向十方佛尊法聖眾皆悉懺悔
弟子等承是懺悔貪瞋癡等一切煩惱生生
世世折憍慢幢竭愛欲水滅瞋恚火破愚癡
暗斷疑根裂諸見網深識三界猶如牢

BD14495號　佛名經（十六卷本）卷一　（37–36）

住地恒沙煩惱起四住地構於三界苦果煩
惱如是諸煩惱无量无邊惱亂賢聖六道四
生今日發露向十方佛尊法聖眾皆悉懺悔
弟子等承是懺悔貪瞋癡等一切煩惱生生
世世折憍慢幢竭愛欲水滅瞋恚火破愚癡
暗斷疑根裂諸見網深識三界猶如牢
獄四大毒虵五陰怨賊六入空聚愛詐親善
脩八聖道斷无明源正向涅槃不休不息卅
七品心心相應十波羅蜜常現在前　礼一拜

佛名經卷第一　佛名經

BD14495號　佛名經（十六卷本）卷一　（37–37）

羅吒等

問曰念生智為念幾生耶荅曰或有說者念
一生復有說念二生乃至七生曾聞王舍城
中有屠兒名伽吒是阿闍世王少時親友而
語阿闍世言太子汝若登王位時與我作何
善事耶阿闍世荅言與汝從心所願阿闍世
害其父命而登王位時屠兒伽吒往詣王所
而白王言大王往日許我所願今正是時王
荅之言隨意求索時伽吒屠兒便說心願使
我於王舍城內獨得屠殺不聽餘人時王語
言汝今何用是弊惡願為更求餘願是時屠
兒復語王言善惡諸業悉无果報王語之言
何以知之作是說耶屠兒荅言大王當知我
自憶念於七世中在王舍城常屠羊自活命
終之後生三十三天王聞是語極生疑怪即以
是事而往白佛佛告王言如其所說而无有
異此人施辟支佛食發於邪願使我於王舍
城中常獨殺羊賣肉以此業故七生人中七
生天上今於此身業報已盡却後七日身壞

終之後生三十三天王聞是語極生疑怪即以
是事而往白佛佛告王言如其所說而无有
異此人施辟支佛食發於邪願使我於王舍
城中常獨殺羊賣肉以此業故七生人中七
生天上今於此身業報已盡却後七日身壞
命終當生盧贈地獄以是事故知念生智
憶念七世復有說者能念五百世事曾聞有
一比丘自念五百世次第常生餓鬼中若憶
念過去飢渴苦時則於諸有而生苦想斷一
切緣獨勤行精進得須陁洹果作是思惟我
恒得諸比丘所須之物使我行道我今應當
還求所須施諸比丘即行勸化時諸比丘而
語之言汝先嬾惰今以何故勤行教化時彼
比丘即向諸比丘廣說上事以是事故知念
生智憶念五百世事復有一比丘自憶念次
第五百世生地獄中若憶念受地獄苦時舉
身毛孔血流而出汙身及衣日日詣水澡浴
浣衣勤行精進得阿羅漢果更不澡浴浣衣
時諸比丘而語之言汝常澡浴浣衣以水為
淨今何以不此比丘向諸比丘廣說上事如
此憶念五百世事復有或憶念世界成時者
曾聞有旃陁羅王名多羅孃佉善通呪術及
諸論有子名奢頭羅頗貌端正當於尒時尊
者舍利弗作婆羅門名弗伽羅娑羅善通皮
陁及皮陁分經有女名波翅多時旃陁羅王
往詣弗伽羅娑羅所而語之言可以汝女用
息我子時弗伽羅娑羅門便生瞋恚而

諸論有子名肴頭羅䫫貌端正當於尒時尊
者舍利弗作婆羅門名弗伽羅娑羅善通皮
陁及皮陁分経有女名波翅多時旃陁羅王
往詣弗伽羅娑羅所而語之言可以汝女用
妻我子時弗伽羅娑羅婆羅門便生瞋恚而
語之言汝於四姓畀下我於四姓尊貴何緣
以女用妻汝子時旃陁羅王語婆羅門言夫
族姓尊畀无有常定汝頗曾聞誰造梵書邪
婆羅門荅言我聞是瞿頻陁羅婆羅門所造
復問誰造佉盧吒書邪婆羅門荅言我聞是
佉盧吒仙人所造復問誰造此皮陁及皮陁
分経而荅之言皆是往昔大婆羅門等之所
造作時旃陁羅言如是等往昔諸人皆是我
身時婆羅門聞是語已心生歡喜便以己女
而妻其子如此憶念世界成時事経說佛告
村主我自憶念九十一劫以來不曾為飲食
故起身口意惡業問曰佛為以念前世智為
以自性念生智憶念此事若以念前世智知
者何以念九十一劫而不多邪若以自性念
生智知者何故但說憶念七世或五百世
乃至憶念世界成時而不說憶念九十一劫
者邪荅曰應作是說佛以念前世智知問曰
若然者何故但說九十一劫而不多邪尊者
波奢說曰若說百劫亦生此疑但說此不違
法相復次九十一劫中有七佛出世故復次
從此已來種相好業故復有說者以自性念
生智知問曰若然者何故說自性念生智憶

BD14496 號　阿毗曇毗婆沙論卷五一　（14–3）

若然者何故但說九十一劫而不多邪尊者
波奢說曰若說百劫亦生此疑但說此不違
法相復次九十一劫中有七佛出世故復次
從此已來種相好業故復有說者以自性念
生智知問曰若然者何故說自性念生智憶
念七世若五百世乃至劫成時而不說九十
一劫邪荅曰餘人如此佛則多知問曰自性
念生智為憶念中有時不荅曰或有說者不
知所以者何中有微細非自性念生智境界
故評曰應作是說憶念中有所以者何若不
憶念者於前生則憶念少分不憶念少分
問曰菩薩前身時有自性念生智最後身時
為有不邪若有者云何緣力勝因力邪若无
者菩薩云何轉裹退邪荅曰應作是說最後
身有問曰若然者云何現在外緣力勝過去
內因力邪荅曰不以无外緣力故名為內因
力乃以利根故名內因力菩薩於一切眾生
根利最勝誰作是說菩薩最後身无外緣力
邪淨居諸天為現老病死者亦因弥伽釋王
女為說讚涅槃偈如說
安樂以為母　无憂以為父　寂静以為妻　不久汝當得
見聞是事心生猒患然後出家過去諸佛亦
為菩薩說道具諸法如是等豈非外緣力邪
復有說者最後身无問曰若然者云何菩薩
轉裹退邪荅曰菩薩雖无此智而有勝妙念
前世智顧智
云何時心解脫云何不動心解脫問曰何故

BD14496 號　阿毗曇毗婆沙論卷五一　（14–4）

為菩薩說道具說法如是等豈非外緣大得
復有說者最後身无問曰若然者云何菩薩
轉衰退邪荅曰菩薩雖无此智而有勝妙念
前世智願智
云何時心解脫云何不動心解脫問曰何故
作此論荅曰此是佛經佛經說佛告阿難比
丘不應樂著衆集種種談議所以者何若樂
著衆集種種談議欲求身證時心解脫不動
心解脫者无有是處若比丘不樂著衆集種
種談議欲求身證時心解脫不動心解脫者
斯有是處佛經雖作是說而不廣分別云何
是解脫體性云何得此解脫根揵度雖說得
是二解脫而不說此二解脫體性今欲說此
二解脫體性故而作此論復有說所以作論
者或說時心解脫是有漏非時心解脫是无
漏欲止如是說者意亦明此二解脫是无漏故
復有說所以作此論者或有說時心解脫是
有為非時心解脫是无為為止如是說者意
亦明此二解脫是有為故復有說所以作論
者或有說時心解脫是學非時心解脫是无
學所以者何時心解脫有所作故非時心解
脫无所作故為止如是說者意亦明此二解
脫俱是无學故而作此論
一切有為无為法中二法是解脫體性有為
法中是大地中解脫无為法中是數滅大地
中解脫有二種謂染汙不染汙染汙者邪解
脫不染汙者是正解脫正解脫有二種有漏

脫俱是无學故而作此論
一切有為无為法中二法是解脫體性有為
法中是大地中解脫无為法中是數滅大地
中解脫有二種謂染汙不染汙染汙者邪解
脫不染汙者是正解脫正解脫有二種有漏
无漏有漏者與不淨无量等相應者是也无
漏者學无學學者與岀法忍乃至金剛喻定
相應者是也无學者是阿羅漢阿羅漢有二
種謂時心解脫非時心解脫時心解脫者五
種阿羅漢非時心解脫者是一種阿羅漢此
二種阿羅漢離欲得无欲是心解脫離无明
是慧解脫問曰若離欲得无欲是心解脫離
无明是慧解脫者集法經說云何通如說云
何時心解脫荅曰是不貪善根對治於貪云
何非時心解脫荅言是不癡善根對治於癡
如是解脫是善根性邪荅曰集法經文應如
是說云何時心解脫荅曰言與不貪善根相
應解脫是也云何非時心解脫荅言與不癡
善根相應解脫是也此文應如是說而不說
者有何意邪荅曰或有為不貪故而斷貪心
或有為不癡故斷於癡心是故作如是說問
曰何故名時解脫荅曰待時得故名時待時
者待於六時六時者謂衣食卧具說法方人
待衣者得好細耎衣則能得解脫不得則不
得解脫待食者若得蘇蜜肉等美食能得解
脫不得則不得解脫待卧具者若得厚耎卧
具能得解脫不得則不得解脫待脫去皆皆

待衣者得好細耎衣則能得解脫不得則不
得解脫待食者若得蘇蜜肉等美食能得解
脫不得則不得解脫待卧具者若得厚耎卧
具能得解脫不得則不得解脫待說法者若
聞善方便說法人所說則能得解脫不聞則
不得解脫待方者若其方寂靜无諸亂鬧則
能得解脫若不寂靜則不得解脫待人者若
得善性易共住人同處者則能得解脫不得
則不得解脫何故名非時解脫邪答曰不待
時而得解脫故名非時解脫不待時者不待
六時謂衣食卧具說法方人等不待衣時者
著糞掃衣能脩善法勝時解脫者價直百千
兩衣不待食時者雖食下賤麁食而能脩道
勝時解脫食百味食不待卧具時者坐於石
上而能脩道勝時解脫坐厚耎座上不待說
法時者若聞无方便說法人所說則速入禪
定不待方時者若其方多聲亂鬧則速入定
不待人時者若得惡性難共住人而共同處
則速入定復次狹小道得此法故名時解脫
問曰何者是狹小道答曰或有於一身中種
善根第二身成熟第三身得解脫若不以狹
小道得者名非時解脫何者非狹小道或有
於六十劫而脩方便如尊者舍利弗或有於
百劫而脩方便如辟支佛或有於三阿僧祇
劫而脩方便如佛世尊復次以劣弱道得故
名時解脫何者是劣弱道於彼善法不數數

小道得者名非時解脫何者非狹小道或有
於六十劫而脩方便如尊者舍利弗或有於
百劫而脩方便如辟支佛或有於三阿僧祇
劫而脩方便如佛世尊復次以劣弱道得故
名時解脫何者是劣弱道於彼善法不數數
脩不常脩不一切時脩若於日初分脩中分後
分則不脩若於初夜脩中夜後夜則不脩與
上相違名非時解脫復次以多定道得故名
時解脫以多慧道得故名非時解脫復次行
者若為適意不適意利益不利益苦樂所須
具作障礙者名時解脫與上相違名非時解
脫
時解脫是五種阿羅漢非時解脫是一種不
動法阿羅漢問曰何故五種阿羅漢是時解
脫答曰各有勝故五種阿羅漢是時解脫以
人多故一種不動法阿羅漢是非時解脫合
三乘道故亦有等義俱在无過清淨身中生
故復次以下人多故五種阿羅漢名時解脫
以上人少故一種不動法阿羅漢名非時解
脫如今世間王者大臣長者居士甚少卑下
人甚多如是辟支佛得波羅蜜聲聞甚少時
解脫阿羅漢甚多復次易得易起故五種阿
羅漢是時解脫難得難起故一種不動法阿羅
漢是非時解脫如今世人往師子主國及真
丹國還者甚少若從此村至彼村還者甚多
彼亦如是復次時解脫法不多用功不有所
作而得故五種阿羅漢是時解脫非時解脫

漢是非時解脱如今世人往師子主國及真
丹國還者甚少若從此村至彼村還者甚多
彼亦如是復次時解脱法不多用功不有所
作而得故五種阿羅漢是時解脱非時解脱
法多用功多有所作而得故一種不動法阿
羅漢名非時解脱復次時解脱法有增有減
故五種阿羅漢是時解脱增者是勝進減者
是退非時解脱无增減故一種不動法阿羅
漢是非時解脱无增者无勝進无減者无退
如說時解脱是愛法問曰何故時解脱是愛
法邪荅曰如經本說時解脱阿羅漢守護愛
重此法使我於此法莫退如人唯有一目其
家眷屬皆共護之不令冷熱風塵而毀壞之
彼亦如是復次時解脱阿羅漢於解脱不得
自在多用功乃現在前起現在故心生歡喜
故名愛法非時解脱於解脱得自在不多用
功而現在前起現在故心不生喜不名愛法
復次時解脱阿羅漢有退以畏退故數數起
解脱現在前非時解脱阿羅漢无退以不畏
退故不數數起解脱現在前復次時解脱阿
羅漢多人所愛用故名愛法與此相違名不
愛法復次時解脱阿羅漢以多信道得故名
愛法非時解脱阿羅漢以慧多得道故名不
愛法復次非時解脱阿羅漢有憎惡聖道善
根如空空无願无願无相无相三昧以此善
根憎惡聖道故不愛此法時解脱阿羅漢无

愛法非時解脱阿羅漢以慧多得道故名不
愛法復次非時解脱阿羅漢有憎惡聖道善
根如空空无願无願无相无相三昧以此善
根憎惡聖道故不愛此法時解脱阿羅漢无
此善根故愛護此法經本雖不說義應如是
問曰何故非時解脱阿羅漢名不動法邪荅
曰以勝妙故如今世間所有勝妙飲食衣服
瓔珞所在之處不動人瞋心彼亦如是復次
煩惱能令人心動能令人心生而不熟濕而
相著以穢汙故在善心上无其勢力故不得
自在故名不動復次已斷煩惱更不復退故
名不動如善射人正射於的稱言不動彼亦
如是如經說佛告舍利弗若比丘比丘尼有
不動解脱法寶瓔珞者能斷不善法備於善
法問曰何故不動解脱名法寶瓔珞邪荅曰
以堅牢故勝妙故无過故輕舉故无垢故清
淨故難得故名寶瓔珞復次辟如泉池之中
若以寶珠投之則不雜垢穢若人身中有不
動解脱寶瓔珞者則不雜煩惱垢穢亦復如
是復次如人屋中有摩尼寶珠者則无黑闇
若人身中有不動法寶珠者則无无明黑闇
亦復如是復次如方寶珠所置之處即安不
動若人身中有不動解脱方寶珠者其心不
動亦復如是復次如人家中有无價寶珠者
其家畢竟无貧窮之苦若人身中有不動寶
珠者其人永斷聖道貧窮之苦亦復如是復

動亦復如是復次如人家中有无價寶珠者
其家畢竟无貧窮之苦若人身中有不動寶
珠者其人永斷聖道貧窮之苦亦復如是復
次辟如如意寶珠安置幢上隨人意念雨種
種寶能令百千衆生離貧窮苦佛世尊亦尒
以不動寶珠安置四无量幢上隨衆生所念
雨種種法寶除去衆生貧窮法寶之苦亦復
如是問曰若不動心解脫是勝妙法者何故
經說是不增不減法耶荅曰行者等得此法
故若滿東方有刹利子若滿南方有婆羅門
子若滿西方有居士子若滿北方有首陁子
剃除鬚髮身著法服信家非家於正法出家
皆身證不動心解脫而此法无有增減復次
欲說佛法饒財多寶故佛法除不動心解脫
更有无量餘善法功德不動心解脫唯是一
法故復次欲現如來身中有无量功德故除
不動心解脫更有无量餘善功德不動心解
脫唯是一法故復次欲令疑者得決定故經
說尊者目揵連於僧中擯出瞻婆比丘諸比
丘咸有是念令僧減少佛作是說若我弟子
得深遠勝妙不動心解脫於僧中出者不能
令僧有增有減何況彼犯戒衆威儀遠離白
淨法者豈能令僧有增減耶復次此法是无
增无減法故无增者无勝進无減者不退失
一切時心解脫盡與盡智相應耶問曰何故
作此論荅曰欲令疑者得決定故時解脫阿

增无減法故无增者无勝進无減者不退失
一切時心解脫盡與盡智相應耶問曰何故
作此論荅曰欲令疑者得決定故時解脫阿
羅漢脩二種慧謂盡智无學正見非時解脫
阿羅漢脩三種慧謂盡智无生智无學正見
或謂如時解脫阿羅漢脩二種慧非時解脫
者亦尒如非時解脫阿羅漢脩三種慧時解
脫亦尒欲決定說時解脫脩二種慧非時解
脫脩三種慧故而作此論
諸時解脫盡盡智相應耶廣作四句如經本
說盡智者時解脫阿羅漢金剛喻定一刹那
頃現在前盡智次第相續起現在前從盡智
起或起无學正見或起世俗心非時解脫阿
羅漢金剛喻定盡智俱一刹那頃現在前次
第相續起无生智現在前從无生智起或起
无學正見或起世俗心一切阿羅漢盡脩无
學正見不必盡起現在前問曰盡智无生智
有何差別耶荅曰或有說者名即差別是名
盡智是名无生智復次所作已竟名盡智從
无學因生名无生智復次或未曾得而得或
曾得而得名盡智未曾得而得名无生智復
次解脫道勝進道所攝名盡智唯勝進道所
攝名无生智復次盡智有五種阿羅漢无生
智有一種阿羅漢謂不動心解脫盡智无生
智是謂差別問曰初盡智爲是何智耶荅曰
或有說者是苦比智所以者何行者初入聖

次解脫道勝進道所攝名盡智唯勝進道所
攝名无生智復次盡智有五種阿羅漢无生
智有一種阿羅漢謂不動心解脫盡智无生
智是謂差別問曰初盡智爲是何智邪荅曰
或有說者是苦比智所以者何行者初入聖
道時觀果出亦觀果如以毒箭射獸毒遍身
中後若死時毒氣還在瘡孔彼亦如是復有
說者是集比智所以者何行者入聖道時觀
果出聖道時觀因故如是生死法或是因是
果若知因知果則生死道斷名爲苦邊評曰
應作是說是苦比智若是苦比智非
集比智若是集比智非苦比智

阿毗曇毗婆沙卷第五十一

龍朔二年七月十五日右衛將軍鄂國公尉遲寶琳與僧道
爽及鄂縣有緣知識等敬於雲際山寺潔淨寫一切
尊經以此勝因上資　皇帝皇后七代父母及一切
法界蒼生庶法鼓振於愛流慧炬揚暉靡幽不永
夜釋搭情塵之累咸昇正覺之道
此經即於雲際上寺常住供養
經生沈和寫用紙十一張
造經僧道爽別本再校訖

BD14496號　阿毗曇毗婆沙論卷五一　（14–13）

集比智若是集比智非苦比智

阿毗曇毗婆沙卷第五十一

龍朔二年七月十五日右衛將軍鄂國公尉遲寶琳與僧道
爽及鄂縣有緣知識等敬於雲際山寺潔淨寫一切
尊經以此勝因上資　皇帝皇后七代父母及一切
法界蒼生庶法鼓振於愛流慧炬揚暉靡幽不永
夜釋搭情塵之累咸昇正覺之道
此經即於雲際上寺常住供養
經生沈和寫用紙十一張
造經僧道爽別本再校訖

BD14496號　阿毗曇毗婆沙論卷五一　（14–14）

二一中未全身舍利
縱廣四十由旬諸天人民悉
香燒香塗香衣服瓔珞幢幡寶
礼拜供養七寶妙塔无量衆生
量衆生悟辟支佛不可思議衆
至不退轉佛告諸比丘未來世中
子善女人聞妙法華經提婆達多品
不生疑惑者不墮地獄餓鬼畜生生十
前所生之處常聞此經若生人天中
妙樂若在佛前蓮華化生於時下方多寶世
尊所從菩薩名曰智積啓多寶佛當還本土
釋迦牟尼佛告智積曰善男子且待須臾此
有菩薩名文殊師利可與相見論說法可還
本土
尒時文殊師利坐千葉蓮華大如車輪俱来
菩薩亦坐寶華從於大海娑竭羅龍宮自然
踊出住虚空中詣靈鷲山從蓮華下至於佛
所頭面敬礼二世尊足脩敬已畢往智積所

菩薩亦坐寶華從於大海娑竭羅龍宮自然
踊出住虚空中詣靈鷲山從蓮華下至於佛
所頭面敬礼二世尊足脩敬已畢往智積所
共相慰問却坐一面智積菩薩問文殊師利
仁往龍宮所化衆生其數幾何文殊師利言
其數无量不可稱計非口所宣非心所測且
待須臾自當有證所言未竟无數菩薩坐寶
蓮華從海踊出詣靈鷲山住在虚空此諸菩
薩皆是文殊師利之所化度具菩薩行皆共論
說六波羅蜜本聲聞人在虚空中說聲聞行
今皆脩行大乘空義文殊師利謂智積曰於
海教化其事如此尒時智積菩薩以偈讚曰
大智德勇健　化度无量衆　今此諸大會　及我皆已見
演暢實相義　開闡一乘法　廣導諸群生　令速成菩提
文殊師利言我於海中唯常宣說妙法華經
智積問文殊師利言此經甚深微妙諸經中
寶世所希有頗有衆生勤加精進脩行此經
速得佛不文殊師利言有娑竭羅龍王女年
始八歲智慧利根善知衆生諸根行業得陁
羅尼諸佛所說甚深秘藏悉能受持深入禪
定了達諸法於刹那頃發菩提心得不退轉
辯才无礙慈念衆生猶如赤子功德具足心
念口演微妙廣大慈悲仁讓志意和雅能至
菩提智積菩薩言我見釋迦如來於无量劫
難行苦行積功累德求菩薩道未曾止息觀

辯才无礙慈念衆生猶如赤子功德具足心
念口演微妙廣大慈悲仁讓志意和雅能至
菩提智積菩薩言我見釋迦如來於无量劫
難行苦行積功累德求菩薩道未曾止息觀
三千大千世界乃至无有如芥子許无非菩
薩捨身命處為衆生故然後乃得成菩提道
不信此女於須臾頃便成正覺言論未訖時
龍王女忽現於前頭面礼敬却住一面以偈
讚曰
深達罪福相　遍照於十方　微妙淨法身　具相三十二
以八十種好　用莊嚴法身　天人所戴仰　龍神咸恭敬
一切衆生類　无不宗奉者　又聞成菩提　唯佛當證知
我闡大乘教　度脫苦衆生
時舍利弗語龍女言汝謂不久得无上道是
事難信所以者何女身垢穢非是法器云何
能得无上菩提佛道懸曠經无量劫勤苦積
行具脩諸度然後乃成又女人身猶有五鄣
一者不得作梵天王二者帝釋三者魔王四
者轉輪聖王五者佛身云何女身速得成佛
尒時龍女有一寶珠價直三千大千世界持
以上佛佛即受之龍女謂智積菩薩尊者
舍利弗言我獻此寶珠世尊納受是事疾不
荅言甚疾女言以汝神力觀我成佛復速於
此當時衆會皆見龍女忽然之間變成男子
具菩薩行即往南方无垢世界坐寶蓮華成

BD14497號　妙法蓮華經（八卷本）卷五　（25-3）

舍利弗言我獻此寶珠世尊納受是事疾不
荅言甚疾女言以汝神力觀我成佛復速於
此當時衆會皆見龍女忽然之間變成男子
具菩薩行即往南方无垢世界坐寶蓮華成
等正覺三十二相八十種好普為十方一切衆
生演說妙法尒時娑婆世界菩薩聲聞天龍
八部人與非人皆遙見彼龍女成佛普為時
會人天說法心大歡喜悉遙敬礼无量衆生
聞法解悟得不退轉无量衆生得受道記无
垢世界六反震動娑婆世界三千衆生住不
退地三千衆生發菩提心而得授記智積菩
薩及舍利弗一切衆會默然信受
妙法蓮華經勸持品第十三
尒時藥王菩薩摩訶薩及大樂說菩薩摩訶
薩與二万菩薩眷屬俱皆於佛前作是誓言
唯願世尊不以為慮我等於佛滅後當奉持
讀誦說此經典後惡世衆生善根轉少多增上
慢貪利供養增不善根遠離解脫雖難可
教化我等當起大忍辱力讀誦此經持說書寫
種種供養不惜身命尒時衆中五百阿羅漢得
受記者白佛言世尊我等亦自誓願於異國
土廣說此經復有學无學八千人得受記者
從坐而起合掌向佛作是誓言世尊我等亦
當於他國土廣說此經所以者何是娑婆國
中人多弊惡懷增上慢功德淺薄瞋濁諂曲
心不實故尒時佛姨母摩訶波闍波提比丘

BD14497號　妙法蓮華經（八卷本）卷五　（25-4）

從坐而起合掌向佛作是誓言世尊我等亦
當於他國土廣說此經所以者何是娑婆國
中人多弊惡懷增上慢功德淺薄瞋濁諂曲
心不實故尒時佛姨母摩訶波闍波提比丘
尼與學无學比丘尼六千人俱從坐而起一
心合掌瞻仰尊顏目不暫捨於時世尊告
憍曇弥何故憂色而視如來汝心將无謂我
不說汝名受阿耨多羅三藐三菩提記耶憍曇
弥我先捴說一切聲聞皆已受記今汝欲知
記者將來之世當於六万八千億諸佛法中
為大法師及六千學无學比丘尼俱為法師
汝如是漸漸具菩薩道當得作佛号一切衆
生憙見如來應供正遍知明行足善逝世間
解无上士調御丈夫天人師佛世尊憍曇弥
是一切衆生憙見佛及六千菩薩轉次授記
得阿耨多羅三藐三菩提尒時羅睺羅母耶
輸陁羅比丘尼作是念世尊於授記中獨不
說我名佛告耶輸陁羅汝於來世百万億諸
佛法中脩菩薩行為大法師漸具佛道於善
國中當得作佛号具足千万光相如來應供
正遍知明行足善逝世間解无上士調御丈
夫天人師佛世尊佛壽无量阿僧祇劫尒時
摩訶波闍波提比丘尼及耶輸陁羅比丘尼
并其眷屬皆大歡喜得未曾有即於佛前
而說偈言
世尊導師 安隱天人 我等聞記 心安具足

夫天人師佛世尊佛壽无量阿僧祇劫尒時
摩訶波闍波提比丘尼及耶輸陁羅比丘尼
并其眷屬皆大歡喜得未曾有即於佛前
而說偈言
世尊導師 安隱天人 我等聞記 心安具足
諸比丘尼說是偈已白佛言世尊我等亦能
於他方國土廣宣此經
尒時世尊視八十万億那由他諸菩薩摩訶
薩是諸菩薩皆是阿惟越致轉不退法輪得
諸陁羅尼即從坐起至於佛前一心合掌而
作是念若世尊告勑我等持說此經者當如
佛教廣宣斯法復作是念佛今默然不見告
勑我當云何時諸菩薩敬順佛意并欲自滿
本願便於佛前作師子吼而發誓言世尊我
等於如來滅後周旋往反十方世界能令衆
生書寫此經受持讀誦解說其義如法脩行
正憶念皆是佛之威力惟願世尊在於他方
遙見守護即時諸菩薩俱同發聲而說偈言
惟願不為慮 於佛滅度後 恐怖惡世中 我等當廣說
有諸无智人 惡口罵詈等 及加刀杖者 我等皆當忍
惡世中比丘 耶智心諂曲 未得謂為得 我慢心充滿
或有阿練若 納衣在空閑 自謂行真道 輕賤人間者
貪著利養故 與白衣說法 為世所恭敬 如六通羅漢
是人懷惡心 常念世俗事 假名阿練若 好出我等過
而作如是言 此諸比丘等 為貪利養故 說外道論議
自作此經典 誑惑世間人 為求名聞故 分別於是經

貪著利養故　與白衣說法　為世所恭敬　如六通羅漢
是人懷惡心　常念世俗事　假名阿練若　好出我等過
而作如是言　此諸比丘等　為貪利養故　說外道論議
自作此經典　誑惑世間人　為求名聞故　分別於是經
常在大衆中　欲毀我等故　向國王大臣　婆羅門居士
及餘比丘衆　誹謗說我惡　謂是邪見人　說外道論議
我等敬佛故　悉忍是諸惡　為斯所輕言　汝等皆是佛
如此輕慢言　皆當忍受之
濁劫惡世中　多有諸恐怖　惡鬼入其身　罵詈毀辱我
我等敬信佛　當著忍辱鎧　為說是經故　忍此諸難事
我不愛身命　但惜无上道　我等於來世　護持佛所囑
世尊自當知　濁世惡比丘　不知佛方便　隨宜所說法
惡口而顰蹙　數數見擯出　遠離於塔寺　如是等衆惡
念佛告勑故　皆當忍是事
諸聚落城邑　其有求法者　我皆到其所　說佛所囑法
我是世尊使　處衆无所畏　我當善說法　願佛安隱住
我於世尊前　諸來十方佛　發如是誓言　佛自知我心

妙法蓮華經安樂行品第十四

尒時文殊師利法王子菩薩摩訶薩白佛言
世尊是諸菩薩甚為難有敬順佛故發大誓
願於後惡世護持讀誦說是法華經世尊菩薩
摩訶薩於後惡世云何能說是經佛告文殊
師利若菩薩摩訶薩於後惡世欲說是經當
安住四法一者安住菩薩行處及親近處能
為衆生演說是經文殊師利云何名菩薩摩
訶薩行處若菩薩摩訶薩住忍辱地柔和善

願於後惡世護持讀誦說是法華經世尊菩薩
摩訶薩於後惡世云何能說是經佛告文殊
師利若菩薩摩訶薩於後惡世欲說是經當
安住四法一者安住菩薩行處及親近處能
為衆生演說是經文殊師利云何名菩薩摩
訶薩行處若菩薩摩訶薩住忍辱地柔和善
順而不卒暴心亦不驚又復於法无所行而觀諸
法如實相亦不行不分別是名菩薩摩訶
薩行處云何名菩薩摩訶薩親近處菩薩摩
訶薩不親近國王王子大臣官長不親近諸
外道梵志尼揵子等及造世俗文筆讚詠外
書及路伽耶陀逆路伽耶陀者亦不親近諸
有凶戲相扠相撲及那羅等種種變現之戲
又不親近旃陀羅及畜猪羊雞狗畋獵漁捕
諸惡律儀如是人等或時來者則為說法无
所希望又不親近求聲聞比丘比丘尼優婆
塞優婆夷亦不問訊若於房中若經行處若
在講堂中不共住止或時來者隨宜說法无
所希求文殊師利又菩薩摩訶薩不應於女
人身取能生欲想相而為說法亦不樂見若
入他家不與小女處女寡女等共語亦復不
近五種不男之人以為親厚不獨入他家若有
因緣須獨入時但一心念佛若為女人說法
不露齒笑不現胷臆乃至為法猶不親厚況
復餘事不樂畜年少弟子沙彌小兒亦不樂
與同師常好坐禪在於閑處脩攝其心文殊

因緣須獨入時但一心念佛若為女人說法
不露齒笑不現胷臆乃至為法猶不親厚況
復餘事不樂畜年少弟子沙弥小兒亦不樂
與同師常好坐禪在於閑處脩攝其心文殊
師利是名初親近處復次菩薩摩訶薩觀一
切法空如實相不顛倒不動不退不轉如虛
空无所有性一切語言道斷不生不出不起
无名无相實无所有无量无邊无礙无障但
以因緣有從顛倒生故說常樂觀如是法相
是名菩薩摩訶薩第二親近處尒時世尊
欲重宣此義而說偈言
若有菩薩 於後惡世 无怖畏心 欲說是經
應入行處 及親近處 常離國王 及國王子
大臣官長 凶險戲者 及旃陀羅 外道梵志
亦不親近 增上慢人 貪著小乘 三藏學者
破戒比丘 名字羅漢 及比丘尼 好戲笑者
深著五欲 求現滅度 諸優婆夷 皆勿親近
若是人等 以好心來 到菩薩所 為聞佛道
菩薩則以 无所畏心 不懷希望 而為說法
寡女處女 及諸不男 皆勿親近 以為親厚
亦莫親近 屠兒魁膾 畋獵漁捕 為利殺害
販肉自活 衒賣女色 如是之人 皆勿親近
凶險相撲 種種嬉戲 諸婬女等 盡勿親近
莫獨屏處 為女說法 若說法時 无得戲笑
入里乞食 將一比丘 若无比丘 一心念佛
是則名為 行處近處 以此二處 能安樂說

BD14497號 妙法蓮華經（八卷本）卷五 （25–9）

販肉自活 衒賣女色 如是之人 皆勿親近
凶險相撲 種種嬉戲 諸婬女等 盡勿親近
莫獨屏處 為女說法 若說法時 无得戲笑
入里乞食 將一比丘 若无比丘 一心念佛
是則名為 行處近處 以此二處 能安樂說
又復不行 上中下法 有為无為 實不實法
亦不分別 是男是女 不得諸法 不知不見
是則名為 菩薩行處
一切諸法 空无所有 无有常住 亦无起滅
是名智者 所親近處
顛倒分別 諸法有无 是實非實 是生非生
在於閑處 脩攝其心 安住不動 如須弥山
觀一切法 皆无所有 猶如虛空 无有堅固
不生不出 不動不退 常住一相 是名近處
若有比丘 於我滅後 入是行處 及親近處
說斯經時 无有怯弱
菩薩有時 入於靜室 以正憶念 隨義觀法
從禪定起 為諸國王 王子臣民 婆羅門等
開化演暢 說斯經典 其心安隱 无有怯弱
文殊師利 是名菩薩 安住初法 能於後世
說法華經
又文殊師利如來滅後於末法中欲說是經
應住安樂行若口宣說若讀經時不樂說人
及經典過亦不輕慢諸餘法師不說他人好
惡長短於聲聞人亦不稱名說其過惡亦不

BD14497號 妙法蓮華經（八卷本）卷五 （25–10）

又文殊師利如來滅後於末法中欲說是經
應住安樂行若口宣說若讀經時不樂說人
及經典過亦不輕慢諸餘法師不說他人好
惡長短於聲聞人亦不稱名說其過惡亦不
稱名讚歎其美又亦不生怨嫌之心善脩如
是安樂心故諸有聽者不逆其意有所難問
不以小乘法荅但以大乘而為解說令得一
切種智尒時世尊欲重宣此義而說偈言
菩薩常樂 安隱說法 於清淨地 而施牀座
以油塗身 澡浴塵穢 著新淨衣 內外俱淨
安處法座 隨問為說
若有比丘 及比丘尼 諸優婆塞 及優婆夷
國王王子 群臣士民 以微妙義 和顏為說
若有難問 隨義而荅 因緣譬喻 敷演分別
以是方便 皆使發心 漸漸增益 入於佛道
除嬾惰意 及懈怠想 離諸憂惱 慈心說法
晝夜常說 无上道教 以諸因緣 无量譬喻
開示衆生 咸令歡喜
衣服臥具 飲食醫藥 而於其中 无所希望
但一心念 說法因緣 願成佛道 令衆亦尒
是則大利 安樂供養
我滅度後 若有比丘 能演說斯 妙法華經
心无嫉恚 諸惱鄣礙 亦无憂愁 及罵詈者
又无怖畏 加刀杖等 亦无擯出 安住忍故
智者如是 善脩其心 能住安樂 如我上說

是則大利 安樂供養
我滅度後 若有比丘 能演說斯 妙法華經
心无嫉恚 諸惱鄣礙 亦无憂愁 及罵詈者
又无怖畏 加刀杖等 亦无擯出 安住忍故
智者如是 善脩其心 能住安樂 如我上說
其人功德 千万億劫 筭數譬喻 說不能盡
又文殊師利菩薩摩訶薩於後末世法欲滅
時受持讀誦斯經典者无懷嫉妬諂誑之心
亦勿輕罵學佛道者求其長短若比丘比丘
尼優婆塞優婆夷求聲聞者求辟支佛者求
菩薩道者无得惱之令其疑悔語其人言汝
等去道甚遠終不能得一切種智所以者何
汝是放逸之人於道懈怠故又亦不應戲論
諸法有所諍競當於一切衆生起大悲想於
諸如來起慈父想於諸菩薩起大師想於十
方諸大菩薩常應深心恭敬礼拜於一切衆
生平等說法以順法故不多不少乃至深愛
法者亦不為多說文殊師利是菩薩摩訶薩
於後末世法欲滅時有成就是第三安樂行
者說是法時无能惱亂得好同學共讀誦是
經亦得大衆而來聽受聽已能持持已能誦
誦已能說說已能書若使人書供養經卷恭
敬尊重讚歎尒時世尊欲重宣此義而說偈
言
若欲說是經 當捨嫉恚慢 諂誑邪偽心 常脩質直行
不輕蔑於人 亦不戲論法 不令他疑悔 云汝不得佛

敬尊重讃歎尒時世尊欲重宣此義而說偈
言
若欲說是經　當捨嫉恚慢　諂誑耶偽心　常脩質直行
不輕蔑於人　亦不戲論法　不令他疑悔　云汝不得佛
是佛子說法　常柔和能忍　慈悲於一切　不生懈怠心
十方大菩薩　愍衆故行道　應生恭敬心　是則我大師
於諸佛世尊　生无上父想　破於憍慢心　說法无障礙
第三法如是　智者應守護　一心安樂行　无量衆所敬
又文殊師利菩薩摩訶薩於後末世法欲滅
時有持是法華經者於在家出家人中生大
慈心於非菩薩人中生大悲心應作此念如
是之人則為大失如來方便隨宜說法不聞
不知不覺不問不信不解其人雖不問不信
不解是經我得阿耨多羅三藐三菩提時隨
在何地以神通力智慧力引之令得住是法
中文殊師利是菩薩摩訶薩於如來滅後有
成就此第四法者說是法時无有過失常為
比丘比丘尼優婆塞優婆夷國王王子大臣
人民婆羅門居士等供養恭敬尊重讃歎虛
空諸天為聽法故亦常隨侍若在聚落城邑
空閑林中有人來欲難問者諸天晝夜常為
法故而衛護之能令聽者皆得歡喜所以者
何此經是一切過去未來現在諸佛神力所
護故文殊師利是法華經於无量國中乃至名
字不可得聞何況得見受持讀誦文殊師

BD14497號　妙法蓮華經（八卷本）卷五　（25-13）

何此經是一切過去未來現在諸佛神力所
護故文殊師利是法華經於无量國中乃至名
字不可得聞何況得見受持讀誦文殊師
利譬如強力轉輪聖王欲以威勢降伏諸國
而諸小王不順其命時轉輪王起種種兵而
往討伐王見兵衆戰有功者即大歡喜隨功
賞賜或與田宅聚落城邑或與衣服嚴身之
具或與種種珍寶金銀瑠璃車𤦲馬瑙珊瑚
虎魄象馬車乘奴婢人民唯髻中明珠不以
與之所以者何獨王頂上有此一珠若以與
之王諸眷屬必大驚怪文殊師利如來亦復
如是以禪定智慧力得法國土王於三界而
諸魔王不肯順伏如來賢聖諸將與之共戰
其有功者心亦歡喜於四衆中為說諸經令
其心悅賜以禪定解脫无漏根力諸法之財
又復賜與涅槃之城言得滅度引導其心皆
令歡喜而不為說是法華經文殊師利如轉
輪王見諸兵衆有大功者心甚歡喜以此難
信之珠久在髻中不妄與人而今與之如來
亦復如是於三界中為大法王以法教化一
切衆生見賢聖軍與五陰魔煩惱魔死魔共
戰有大功勳滅三毒出三界破魔網尒時如
來亦大歡喜此法華經能令衆生至一切智
一切世間多怨難信先所未說而今說之文
殊師利此法華經是諸如來第一之說於諸

BD14497號　妙法蓮華經（八卷本）卷五　（25-14）

戰有大功勳滅三毒出三界破魔網尒時如
來亦大歡喜此法華經能令衆生至一切智
一切世間多怨難信先所未說而今說之文
殊師利此法華經是諸如來第一之說於諸
說中最為甚深末後賜與如彼强力之王久
護明珠今乃與之文殊師利此法華經諸佛
如來秘密之藏於諸經中最在其上長夜守
護不妄宣說始於今日乃與汝等而敷演之
尒時世尊欲重宣此義而說偈言
常行忍辱 哀愍一切 乃能演說 佛所讃經
後末世時 持此經者 於家出家 及非菩薩
應生慈悲 斯等不聞 不信是經 則為大失
我得佛道 以諸方便 為說此法 令住其中
譬如强力 轉輪之王 兵戰有功 賞賜諸物
象馬車乘 嚴身之具 及諸田宅 聚落城邑
或與衣服 種種珎寶 奴婢財物 歡喜賜與
如有勇健 能為難事 王解髻中 明珠賜之
如來亦尒 為諸法王 忍辱大力 智慧寶藏
以大慈悲 如法化世 見一切人 受諸苦惱
欲求解脫 與諸魔戰 為是衆生 說種種法
以大方便 說此諸經 既知衆生 得其力已
末後乃為 說是法華 如王解髻 明珠與之
此經為尊 衆經中上 我常守護 不妄開示
今正是時 為汝等說
我滅度後 求佛道者 欲得安隱 演說斯經

末後乃為 說是法華 如王解髻 明珠與之
此經為尊 衆經中上 我常守護 不妄開示
今正是時 為汝等說
我滅度後 求佛道者 欲得安隱 演說斯經
應當親近 如是四法 讀是經者 常无憂惱
又无病痛 顏色鮮白 不生貧窮 卑賤醜陋
衆生樂見 如慕賢聖 天諸童子 以為給使
刀仗不加 毒不能害 若人惡罵 口則閇塞
遊行无畏 如師子王 智慧光明 如日之照
若於夢中 但見妙事 見諸如來 坐師子座
諸比丘衆 圍繞說法 又見龍神 阿脩羅等
數如恒沙 恭敬合掌 自見其身 而為說法
又見諸佛 身相金色 放无量光 照於一切
以梵音聲 演說諸法 佛為四衆 說无上法
見身處中 合掌讃佛 聞法歡喜 而為供養
得陁羅尼 證不退智 佛知其心 深入佛道
即為授記 成最正覺 汝善男子 當於來世
得无量智 佛之大道 國土嚴淨 廣大无比
亦有四衆 合掌聽法 又見自身 在山林中
脩習善法 證諸實相 深入禪定 見十方佛
諸佛身金色 百福相莊嚴 聞法為人說 常有是好夢
又夢作國王 捨宮殿眷屬 及上妙五欲 行詣於道場
在菩提樹下 而處師子座 求道過七日 得諸佛之智
成无上道已 起而轉法輪 為四衆說法 逕千万億劫
說无漏妙法 度无量衆生 後當入涅槃 如烟盡火滅

又夢作國王　捨宮殿眷屬　及上妙五欲　行詣於道場
在菩提樹下　而處師子座　求道過七日　得諸佛之智
成无上道已　起而轉法輪　為四衆說法　逕千万億劫
說无漏妙法　度无量衆生　後當入涅槃　如烟盡火滅
若後惡世中　說是第一法　是人得大利　如上諸功德
妙法蓮華經從地踊出品第十五
尒時他方國土諸来菩薩摩訶薩過八恒河
沙數於大衆中起合掌作礼而白佛言世尊
若聽我等於佛滅後在此娑婆世界勤加精
進護持讀誦書寫供養是經典者當於此土
而廣說之尒時佛告諸菩薩摩訶薩衆止善
男子不須汝等護持此經所以者何我娑婆
世界自有六万恒河沙等菩薩摩訶薩一一菩
薩各有六万恒河沙眷屬是諸人等能於我
滅後護持讀誦廣說此經佛說是語時娑婆
世界三千大千國土地皆震裂而於其中有
无量千万億菩薩摩訶薩同時踊出是諸菩
薩身皆金色三十二相无量光明先盡在此娑
婆世界之下此界虛空中住是諸菩薩聞釋
迦牟尼佛所說音聲從下發来一一菩薩皆
是大衆唱導之首各將六万恒河沙眷屬況
將五万四万三万二万一万恒河沙等眷屬者
況復乃至一恒河沙半恒河沙四分之一乃至
千万億那由他分之一況復千万億那由他
眷屬況復億万眷屬況復千万百万乃至一

BD14497 號　妙法蓮華經（八卷本）卷五　（25–17）

將五万四万三万二万一万恒河沙等眷屬者
況復乃至一恒河沙半恒河沙四分之一乃至
千万億那由他分之一況復千万億那由他
眷屬況復億万眷屬況復千万百万乃至一
万況復一千一百乃至一十況復將五四三
二一弟子者況復單己樂遠離行如是等比无量
无邊筭數譬喻所不能知是諸菩薩從地出
已各詣虛空七寶妙塔多寶如来釋迦牟尼
佛所到已向二世尊頭面礼足及至諸寶樹
下師子座上佛所亦皆作礼右繞三匝合掌
恭敬以諸菩薩種種讚法而以讚歎住在一
面欣樂瞻仰於二世尊是諸菩薩摩訶薩從
初踊出以諸菩薩種種讚法而讚於佛如是
時間經五十小劫是時釋迦牟尼佛默然而
坐及諸四衆亦皆默然五十小劫佛神力故
令諸大衆謂如半日尒時四衆亦以佛神力
故見諸菩薩遍滿无量百千万億國土虛空
是菩薩衆中有四導師一名上行二名无邊
行三名淨行四名安立行是四菩薩於其衆
中最為上首唱導之師在大衆前各共合掌
觀釋迦牟尼佛而問訊言世尊少病少惱安
樂行不所應度者受教易不不令世尊生疲
勞耶尒時四大菩薩而說偈言
世尊安樂　少病少惱　教化衆生　得无疲倦
又諸衆生　受化易不　不令世尊　生疲勞耶

BD14497 號　妙法蓮華經（八卷本）卷五　（25–18）

樂行不所應度者受教易不不令世尊生疲
勞耶尒時四大菩薩而說偈言
世尊安樂　少病少惱　教化衆生　得无疲惓
又諸衆生　受化易不　不令世尊　生疲勞耶
尒時世尊於菩薩大衆中而作是言如是如
是諸善男子如来安樂少病少惱諸衆生等
易可化度无有疲勞所以者何是諸衆生世
世已来常受我化亦於過去諸佛供養尊重
種諸善根此諸衆生始見我身聞我所說即
皆信受入如来慧除先脩習學小乘者如是
之人我今亦令得聞是經入於佛慧尒時諸
大菩薩而說偈言
善哉善哉　大雄世尊　諸衆生等　易可化度
能問諸佛　甚深智慧　聞已信行　我等隨喜
於時世尊讚歎上首諸大菩薩善哉善哉善
男子汝等能於如来發隨喜心尒時弥勒菩
薩及八千恒河沙諸菩薩衆皆作是念我等
從昔已来不見不聞如是大菩薩摩訶薩衆
從地踊出住世尊前合掌供養問訊如来時
弥勒菩薩摩訶薩知八千恒河沙諸菩薩等
心之所念并欲自决所疑合掌向佛以偈問
曰
无量千万億　大衆諸菩薩　昔所未曾見　願兩足尊說
是從何所来　以何因緣集　巨身大神通　智慧叵思議
其志念堅固　有大忍辱力　衆生所樂見　為從何所来

BD14497號　妙法蓮華經（八卷本）卷五　（25–19）

无量千万億　大衆諸菩薩　昔所未曾見　願兩足尊說
是從何所来　以何因緣集　巨身大神通　智慧叵思議
其志念堅固　有大忍辱力　衆生所樂見　為從何所来
一一諸菩薩　所將諸眷屬　其數无有量　如恒河沙等
或有大菩薩　將六万恒沙　如是諸大衆　一心求佛道
是諸大師等　六万恒河沙　俱来供養佛　及護持是經
將五万恒河　其數過於是　四万及三万　二万至一万
一千一百等　乃至一恒沙　半及三四分　億万分之一
千万那由他　万億諸弟子　乃至於半億　其數復過上
百万至一万　一千及一百　五十與一十　乃至三二一
單已无眷屬　樂於獨處者　俱来至佛所　其數轉過上
如是諸大衆　若人行籌數　過於恒沙劫　猶不能盡知
是諸大威德　精進菩薩衆　誰為其說法　教化而成就
從誰初發心　稱揚何佛法　受持行誰經　脩習何佛道
如是諸菩薩　神通大智力　四方地震裂　皆從中踊出
世尊我昔来　未曾見是事　願說其所從　國土之名号
我常遊諸國　未曾見是衆
我於此衆中　乃不識一人　忽然從地出　願說其因緣
今此之大會　无量百千億　是諸菩薩等　皆欲知此事
是諸菩薩衆　本末之因緣　无量德世尊　唯願决衆疑
尒時釋迦牟尼分身諸佛從无量千万億他方
國土来者在於八方諸寶樹下師子座上結
加趺坐其佛侍者各各見是菩薩大衆於
三千大千世界四方從地踊出住於虛空各
白其佛言世尊此諸无量无邊阿僧祇菩薩

BD14497號　妙法蓮華經（八卷本）卷五　（25–20）

尒時釋迦牟尼分身諸佛從无量千万億他方
國土來者在於八方諸寶樹下師子座上結
加趺坐其佛侍者各各見是菩薩大衆於
三千大千世界四方從地踊出住於虛空各
白其佛言世尊此諸无量无邊阿僧祇菩薩
大衆從何所來尒時諸佛各告侍者諸善男
子且待須臾有菩薩摩訶薩名弥勒釋迦牟
尼佛之所授記次後作佛已問斯事佛今荅之
汝等自當因是得聞尒時釋迦牟尼佛告弥
勒菩薩善哉善哉阿逸多乃能問佛如是
大事汝等當共一心被精進鎧發堅固意如
來今欲顯發宣示諸佛智慧諸佛自在神通之
力諸佛師子奮迅之力諸佛威猛大勢之力
尒時世尊欲重宣此義而說偈言
當精進一心　我欲說此事　勿得有疑悔　佛智叵思議
汝今出信力　住於忍善中　昔所未聞法　今皆當得聞
我今安慰汝　勿得懷疑懼　佛无不實語　智慧不可量
所得第一法　甚深叵分別　如是今當說　汝等一心聽
尒時世尊說此偈已告弥勒菩薩我今於此
大衆宣告汝等阿逸多是諸大菩薩摩訶薩
无量无數阿僧祇從地踊出汝等昔所未見
者我於是娑婆世界得阿耨多羅三藐三菩
提已教化示導是諸菩薩調伏其心令發道
意此諸菩薩皆於是娑婆世界之下此界虛
空中住於諸經典讀誦通利思惟分別正憶
念阿逸多是諸善男子等不樂在衆多有所

BD14497號　妙法蓮華經（八卷本）卷五　（25–21）

提已教化示導是諸菩薩調伏其心令發道
意此諸菩薩皆於是娑婆世界之下此界虛
空中住於諸經典讀誦通利思惟分別正憶
念阿逸多是諸善男子等不樂在衆多有所
說常樂靜處勤行精進未曾休息亦不依止
人天而住常樂深智无有鄣㝵亦常樂於諸
佛之法一心精進求无上慧尒時世尊欲重
宣此義而說偈言
阿逸汝當知　是諸大菩薩　從无數劫來　脩習佛智慧
悉是我所化　令發大道心　此等是我子　依止是世界
常行頭陀事　志樂於靜處　捨大衆憒鬧　不樂多所說
如是諸子等　學習我道法　晝夜常精進　為求佛道故
在娑婆世界　下方空中住
志念力堅固　常勤求智慧　說種種妙法　其心无所畏
我於伽耶城　菩提樹下坐　得成最正覺　轉无上法輪
尒乃教化之　令初發道心　今皆住不退　悉當得成佛
我今說實語　汝等一心信　我從久遠來　教化是等衆
尒時弥勒菩薩摩訶薩及无數諸菩薩等心
生疑惑怪未曾有而作是念云何世尊於少
時間教化如是无量无邊阿僧祇諸大菩薩
令住阿耨多羅三藐三菩提即白佛言世尊
如來為太子時出於釋宮去伽耶城不遠坐
於道場得成阿耨多羅三藐三菩提從是以
來始過四十餘年世尊云何於此少時大作佛
事以佛勢力以佛功德教化如是无量大菩

BD14497號　妙法蓮華經（八卷本）卷五　（25–22）

如來為太子時出於釋宮去伽邪城不遠坐
於道場得成阿耨多羅三藐三菩提從是以
來始過四十餘年世尊云何於此少時大作佛
事以佛勢力以佛功德教化如是无量大菩
薩衆當成阿耨多羅三藐三菩提世尊此大
菩薩衆假使有人於千万億劫數不能盡不
得其邊斯等久遠以來於无量无邊諸佛所
殖諸善根成就菩薩道常脩梵行世尊如
此之事世所難信譬如有人色美髮黑年二
十五指百歲人言是我子其百歲人亦指年
少言是我父生育我等是事難信佛亦如是
得道已來其實未久而此大衆諸菩薩等已
於无量千万億劫為佛道故勤行精進善入
出住无量百千万億三昧得大神通久脩梵
行善能次第集諸善法巧於問答人中之寶
一切世間甚為希有今日世尊方云得佛道
時初令發心教化示導令向阿耨多羅三藐
三菩提世尊得佛未久乃能作此大功德事
我等雖復信佛隨宜所說佛所出言未曾虛
妄佛所知者皆悉通達然諸新發意菩薩於
佛滅後若聞是語或不信受而起破法罪業
因緣唯然世尊願為解說除我等疑及未來
世諸善男子聞此事已亦不生疑尒時弥勒
菩薩欲重宣此義而說偈言
佛昔從釋種　出家近伽邪　坐於菩提樹　尒來尚未久
此諸佛子等　其數不可量　久已行佛道　住神通智力

BD14497號　妙法蓮華經（八卷本）卷五　（25-23）

時初令發心教化示導令向阿耨多羅三藐
三菩提世尊得佛未久乃能作此大功德事
我等雖復信佛隨宜所說佛所出言未曾虛
妄佛所知者皆悉通達然諸新發意菩薩於
佛滅後若聞是語或不信受而起破法罪業
因緣唯然世尊願為解說除我等疑及未來
世諸善男子聞此事已亦不生疑尒時弥勒
菩薩欲重宣此義而說偈言
佛昔從釋種　出家近伽邪　坐於菩提樹　尒來尚未久
此諸佛子等　其數不可量　久已行佛道　住神通智力
善學菩薩道　不染世間法　如蓮華在水　從地而踊出
皆起恭敬心　住於世尊前　是事難思議　云何而可信
佛得道甚近　所成就甚多　願為除衆疑　如實分別說
譬如少壯人　年始二十五　示人百歲子　髮白而面皺
是等我所生　子亦說是父　父少而子老　舉世所不信
世尊亦如是　得道來甚近　是諸菩薩等　志固无怯弱
從无量劫來　而行菩薩道　巧於難問答　其心无所畏
忍辱心決定　端政有威德　十方佛所讚　善能分別說
不樂在人衆　常好在禪定　為求佛道故　於下空中住
我等從佛聞　於此事无疑　願佛為未來　演說令開解
若有於此經　生疑不信者　即當墮惡道　願今為解說
是无量菩薩　云何於少時　教化令發心　而住不退地

妙法蓮華經卷第五

BD14497號　妙法蓮華經（八卷本）卷五　（25-24）

佛得道甚近　所成就甚多　願為除衆疑　如實分別說
譬如少壯人　年始二十五　示人百歲子　髮白而面皺
是等我所生　子亦說是父　父少而子老　舉世所不信
世尊亦如是　得道來甚近　是諸菩薩等　志固无怯弱
從无量劫來　而行菩薩道　巧於難問答　其心无所畏
忍辱心決定　端政有威德　十方佛所讃　善能分別說
不樂在人衆　常好在禪定　為求佛道故　於下空中住
我等從佛聞　於此事无疑　願佛為未來　演說令開解
若有於此經　生疑不信者　即當墮惡道　願今為解說
是无量菩薩　云何於少時　教化令發心　而住不退地

妙法蓮華經卷第五

BD14497號　妙法蓮華經（八卷本）卷五　（25–25）

時慧［…］大衆中即［…］
袒右肩右膝着地向佛合掌恭敬而言
佛言希有世尊如來應供正遍知善護念諸
菩薩善付囑諸菩薩
世尊云何菩薩大乘中發阿耨多羅三藐三
菩提心應云何住云何脩行云何降伏其心
尒時佛告須菩提善我善我須菩提如汝所
說如來善護念諸菩薩善付囑諸菩薩汝今
諦聽當為汝說如菩薩大乘中發阿耨多羅
三藐三菩提心應如是住如是脩行如是降伏
其心須菩提白佛言世尊如是願樂欲聞佛
告須菩提諸菩薩生如是心所有一切衆生
衆生所攝若卵生若胎生若濕生若化生若
有色若无色若有想若无想若非有想非无
想所有衆生界衆生所攝我皆令入无餘涅
槃而滅度之如是滅度无量无邊衆生實无
衆生得滅度者何以故須菩提若菩薩有
衆生相即非菩薩何以故非須菩提若菩薩

BD14498號　金剛般若波羅蜜經（菩提流支本）　（19–1）

有色若无色若有想若无想若非有想非无
想所有衆生界衆生所攝我皆令入无餘涅
槃而滅度之如是滅度无量无邊衆生實无
衆生得滅度者何以故須菩提若菩薩有
衆生相即非菩薩何以故非須菩提若菩薩
起衆生相人相壽者相則不名菩薩
復次須菩提菩薩不住於事行於布施无所
住行於布施不住色布施不住聲香味觸法
布施須菩提菩薩應如是布施不住於相想
何以故若菩薩不住相布施其福德聚不
可思量須菩提於汝意云何東方虛空可
思量不須菩提言不也世尊佛言如是須菩
提南西北方四維上下虛空可思量不須菩
提言不也世尊佛言如是如是須菩提菩薩
无住相布施福德聚亦復如是不可思量
佛復告須菩提菩薩但應如是行於布施須
菩提於意云何可以相成就見如來不須
菩提言不也世尊不可以相成就得見如來
何以故如來所說相即非相佛告須菩提凡
所有相皆是妄語若見諸相非相則非妄
語如是諸相非相則見如來
須菩提白佛言世尊頗有衆生於未來世
末世得聞如是脩多羅章句生實相不佛告
須菩提莫作是說頗有衆生於未來世末世得

BD14498號　金剛般若波羅蜜經（菩提流支本）　（19–2）

須菩提白佛言世尊頗有衆生於未來世
末世得聞如是脩多羅章句生實相不佛告
須菩提莫作是說頗有衆生於未來世末世得
聞如是脩多羅章句生實相不佛復告須菩
提有未來世末世有菩薩摩訶薩法欲滅時
有持戒脩福德智慧者於此脩多羅章句能
生信心以此爲實佛復告須菩提當知彼菩
薩摩訶薩非於一佛二佛三四五佛所脩行
供養非於一佛二佛三四五佛所而種善根
佛復告須菩提已於无量百千万諸佛所脩
行供養无量百千万諸佛所種諸善根聞是
脩多羅乃至一念能生淨信須菩提如來悉
知是諸衆生如來悉見是諸衆生須菩提是
諸菩薩生如是无量福德聚取如是无量福
德何以故須菩提是諸菩薩无復我相衆
生相人相壽者相須菩提是諸菩薩无法相
亦非无法相无相亦非无相何以故須菩提
是諸菩薩若取法相則爲著我人衆生壽者須
菩提若是菩薩有法相則著我相人相衆生
相壽者相何以故須菩提不應取法相非不
取法以是義故如來常說栰喻法門是法應
捨非捨法故
復次佛告慧命須菩提須菩提於意云何如
來得阿耨多羅三藐三菩提耶如來有所說
法耶須菩提言如我解佛所說義无有定

BD14498號　金剛般若波羅蜜經（菩提流支本）　（19–3）

復次佛告慧命須菩提須菩提於意云何如
來得阿耨多羅三藐三菩提耶如來有所說
法耶須菩提言如我解佛所說義无有定
法如來得阿耨多羅三藐三菩提亦无有定
法如來可說何以故如來所說法皆不可取
不可說非法非非法何以故一切聖人皆以
无為法得名
須菩提於意云何若滿三千大千世界七寶
以用布施須菩提於意云何是善男子善女
人所得福德寧為多不須菩提言甚多婆伽
婆甚多脩伽陁彼善男子善女人得福德甚
多何以故世尊是福德聚即非福德聚是故
如來說福德聚福德聚佛言須菩提若善男
子善女人以滿三千大千世界七寶持用布
施若復有於此經中受持乃至四句偈等為他
人說其福勝彼无量不可數何以故須菩提
一切諸佛阿耨多羅三藐三菩提法皆從此
經出一切諸佛如來皆從此經生須菩提所
謂佛法佛法者即非佛法是名佛法
須菩提於意云何須陁洹能作是念我得須
陁洹果不須菩提言不也世尊何以故實无
有法名須陁洹不入色聲香味觸法是名須
陁洹佛言須菩提於意云何斯陁含能作是
念我得斯陁含果不須菩提言不也世尊何
以故實无有法名斯陁含是名斯陁含須菩

陁洹果不須菩提言不也世尊何以故實无
有法名須陁洹不入色聲香味觸法是名須
陁洹佛言須菩提於意云何斯陁含能作是
念我得斯陁含果不須菩提言不也世尊何
以故實无有法名斯陁含是名斯陁含須菩
提於意云何阿那含能作是念我得阿那含
果不須菩提言不也世尊何以故實无有法
名阿那含是名阿那含須菩提於意云何阿
羅漢能作是念我得阿羅漢不須菩提言不
也世尊何以故實无有法名阿羅漢世尊若
阿羅漢作是念我得阿羅漢即為著我人衆
生壽者世尊佛說我得无諍三昧最為第一
世尊說我是離欲阿羅漢世尊我不作是念
我是離欲阿羅漢世尊我若作是念我得阿
羅漢世尊則不記我无諍行第一以須菩提
實无所行而名須菩提无諍无諍行
佛告須菩提於意云何如來昔在然燈佛所
得阿耨多羅三藐三菩提法不須菩提言不
也世尊如來在然燈佛所於法實无所得阿
耨多羅三藐三菩提
佛告須菩提若菩薩作是言我莊嚴佛國土
彼菩薩不實語何以故須菩提如來所說莊
嚴佛土者則非莊嚴是名莊嚴佛土是故須
菩提諸菩薩摩訶薩應如是生清淨心而无
所住不住色生心不住聲香味觸法生心應

佛告須菩提若菩薩作是言我莊嚴佛國土
彼菩薩不實語何以故須菩提如来所說莊
嚴佛土者則非莊嚴是名莊嚴佛土是故須
菩提諸菩薩摩訶薩應如是生清淨心而无
所住不住色生心不住聲香味觸法生心應
无所住而生其心須菩提譬如有人身如須
弥山王須菩提於意云何是身為大不須菩
提言甚大世尊何以故佛說非身是名大身
彼身非身是名大身
佛言須菩提如恒河中所有沙數如是沙等
恒河於意云何是諸恒河沙寧為多不須菩
提言甚多世尊但諸恒河尚多无數何況其
沙佛言須菩提我今實言告汝若有善男子
善女人以七寶滿尒所恒河沙數世界以施
諸佛如来須菩提於意云何彼善男子善女
人得福多不須菩提言甚多世尊彼善男子
善女人得福甚多佛告須菩提以七寶滿尒
所恒河沙世界持用布施若善男子善女人
於此法門乃至受持四句偈等為他人說而
此福德勝前福德无量阿僧祇
復次須菩提隨所有處說是法門乃至四句
偈等當知此處一切世間天人阿脩羅皆應
供養如佛塔廟何況有人盡能受持讀誦此
經須菩提當知是人成就冣上第一希有之
法若是經典所在之處則為有佛若尊重似

BD14498號　金剛般若波羅蜜經（菩提流支本）　（19–6）

偈等當知此處一切世間天人阿脩羅皆應
供養如佛塔廟何況有人盡能受持讀誦此
經須菩提當知是人成就冣上第一希有之
法若是經典所在之處則為有佛若尊重似
佛尒時須菩提白佛言世尊當何名此法門
我等云何奉持佛告須菩提是法門名為金
剛般若波羅蜜以是名字汝當奉持何以故
須菩提佛說般若波羅蜜則非般若波羅蜜
須菩提於意云何如来有所說法不須菩提
言世尊如来无所說法須菩提於意云何三
千大千世界所有微塵是為多不須菩提言
彼微塵甚多世尊須菩提是諸微塵如来說
非微塵是名微塵如来說世界非世界是名
世界佛言須菩提於意云何可以卅二大人
相見如来不須菩提言不也世尊何以故如
来說卅二大人相即是非相是名卅二大人
相佛言須菩提若有善男子善女人以恒河
沙等身命布施若復有人於此法門中乃至
受持四句偈等為他人說其福甚多无量阿
僧祇尒時須菩提聞說是經深解義趣涕淚
悲泣捫淚而白佛言希有婆伽婆希有脩伽
陁佛說如是甚深法門我從昔来所得慧眼
未曾得聞如是法門何以故須菩提佛說般
若波羅蜜即非般若波羅蜜世尊若復有人
得聞是經信心清淨則生實相當知是人成

BD14498號　金剛般若波羅蜜經（菩提流支本）　（19–7）

悲泣抆淚而白佛言希有婆伽婆希有脩伽
陁佛說如是甚深法門我從昔來所得慧眼
未曾得聞如是法門何以故須菩提佛說般
若波羅蜜即非般若波羅蜜世尊若復有人
得聞是經信心清淨則生實相當知是人成
就第一希有功德世尊是實相者則是非相
是故如來說名實相實相世尊我今得聞如
是法門信解受持不足為難若當來世其有
衆生得聞是法門信解受持是人則為第一
希有何以故此人无我相人相衆生相壽者
相何以故我相即是非相人相衆生相壽者
相即是非相何以故離一切諸相則名諸佛
佛告須菩提如是如是若復有人得聞是經
不驚不怖不畏當知是人甚為希有何以故
須菩提如來說第一波羅蜜非第一波羅蜜如
來說第一波羅蜜者彼无量諸佛亦說波羅
蜜是名第一波羅蜜
須菩提如來說忍辱波羅蜜即非忍辱波羅
蜜何以故須菩提如我昔為歌利王割截身
體我於尒時无我相无衆生相无人相无壽
者相无相亦非无相何以故須菩提我於往
昔節節支解時若有我相衆生相人相壽者
相應生瞋恨須菩提又念過去於五百世作
忍辱仙人於尒所世无我相无衆生相无人
相无壽者相是故須菩提菩薩應離一切相

者相无相亦非无相何以故須菩提我於往
昔節節支解時若有我相衆生相人相壽者
相應生瞋恨須菩提又念過去於五百世作
忍辱仙人於尒所世无我相无衆生相无人
相无壽者相是故須菩提菩薩應離一切相
發阿耨多羅三藐三菩提心何以故若心有
住則為非住不應住色生心不應住聲香味
觸法生心應生无所住心是故佛說菩薩心
不住色布施須菩提菩薩為利益一切衆生應
如是布施須菩提言世尊一切衆生相即是
非相何以故如來說一切衆生即非衆生須
菩提如來是真語者實語者如語者不異語
者須菩提如來所得法所說法无實无妄語
須菩提譬如有人入闇則无所見若菩薩心
住於事而行布施亦復如是須菩提譬如人
有目夜分已盡日光明照見種種色若菩薩
不住於事行於布施亦復如是
復次須菩提若有善男子善女人能於此法
門受持讀誦脩行則為如來以佛智慧悉知
是人悉見是人悉覺是人皆得成就无量无
邊功德聚須菩提若有善男子善女人初日
分以恒河沙等身布施中日分復以恒河沙
等身布施後日分復以恒河沙等身布施如
是捨恒河沙等无量身如是百千万億那由
他劫以身布施若復有人聞此法門信心不

邊功德須菩提若有善男子善女人初日
分以恒河沙等身布施中日分復以恒河沙
等身布施後日分復以恒河沙等身布施如
是捨恒河沙等无量身如是百千万億那由
他劫以身布施若復有人聞此法門信心不
謗其福勝彼无量阿僧祇何況書寫受持讀
誦脩行為人廣說
須菩提以要言之是經有不可思議不可稱
量无邊功德此法門如來為發大乘者說為
發最上乘者說若有人能受持讀誦脩行此
經廣為人說如來悉知是人悉見是人皆成
就不可思議不可稱无有邊无量功德聚如
是人等則為荷擔如來阿耨多羅三藐三菩
提何以故須菩提若樂小法者則於此經不
能受持讀誦脩行為人解說若有我見衆生
見人見壽者見於此法門能受持讀誦脩行
為人解說者无有是處須菩提在在處處若
有此經一切世間天人阿脩羅所應供養當
知此處則為是塔皆應恭敬作禮圍繞以諸
華香而散其處復次須菩提若善男子善女
人受持讀誦此經為人輕賤何以故是人先
世罪業應墮惡道以今世人輕賤故先世罪
業則為消滅當得阿耨多羅三藐三菩提須
菩提我念過去无量阿僧祇劫於然
燈佛前得值八十四億那由他百千万諸佛

BD14498號　金剛般若波羅蜜經（菩提流支本）　（19–10）

世罪業應墮惡道以今世人輕賤故先世罪
業則為消滅當得阿耨多羅三藐三菩提須
菩提我念過去无量阿僧祇劫於然
燈佛前得值八十四億那由他百千万諸佛
我皆親承供養无空過者須菩提如是无量
諸佛我皆親承供養无空過者若復有人於
後世末世能受持讀誦脩行此經所得功德
我所供養諸佛功德於彼百分不及一千万
億分乃至筭數譬喻所不能及須菩提若有
善男子善女人於後世末世有受持讀誦脩
行此經所得功德若我具說者或有人聞心
則狂亂疑惑不信須菩提當知是法門不可
思議果報亦不思議
尒時須菩提白佛言世尊云何菩薩發阿耨
多羅三藐三菩提心云何住云何脩行云何
降伏其心佛告須菩提菩薩發阿耨多羅三
藐三菩提心者當生如是心我應滅度一切衆
衆生令入无餘涅槃界如是滅度一切衆生
已而无一衆生實滅度者何以故須菩提若
菩薩有衆生相人相壽者相則非菩薩何以
故須菩提實无有法名為菩薩發阿耨多羅
三藐三菩提心者
須菩提於意云何如來於然燈佛所有法得
阿耨多羅三藐三菩提不須菩提白佛言不

BD14498號　金剛般若波羅蜜經（菩提流支本）　（19–11）

故須菩提實无有法名為菩薩發阿耨多羅
三藐三菩提心者
須菩提於意云何如來於然燈佛所有法得
阿耨多羅三藐三菩提不須菩提白佛言不
也世尊如我解佛所說義佛於然燈佛所无
有法得阿耨多羅三藐三菩提佛言如是如
是須菩提實无有法如來於然燈佛所得阿
耨多羅三藐三菩提須菩提若有法如來得
阿耨多羅三藐三菩提者然燈佛則不與我
受記汝於來世當得作佛号釋迦牟尼以實
无有法得阿耨多羅三藐三菩提是故然燈
佛與我受記作如是言摩那婆於未來世當
得作佛号釋迦牟尼何以故須菩提言如來
者即實真如須菩提若有人言如來得阿耨
多羅三藐三菩提者是人不實語須菩提實
无有法佛得阿耨多羅三藐三菩提須菩提
如來所得阿耨多羅三藐三菩提於是中不
實不妄語是故如來說一切法皆是佛法須
菩提所言一切法一切法者即非一切法是
故名一切法
須菩提譬如有人其身妙大須菩提言世尊
如來說人身妙大則非大身是故如來說名
大身
佛言須菩提菩薩亦如是若作是言我當滅
度无量衆生則非菩薩佛言須菩提於意云

BD14498 號　金剛般若波羅蜜經（菩提流支本）　（19-12）

須菩提譬如有人其身妙大須菩提言世尊
如來說人身妙大則非大身是故如來說名
大身
佛言須菩提菩薩亦如是若作是言我當滅
度无量衆生則非菩薩佛言須菩提於意云
何頗有實法名為菩薩不須菩提言不也世尊
實无有法名為菩薩是故佛說一切法无衆
生无人无壽者須菩提若菩薩作是言我莊
嚴佛國土是不名菩薩何以故如來說莊嚴
佛土莊嚴佛土者即非莊嚴是名莊嚴佛國
土須菩提若菩薩通達无我无我法者如來
說名真是菩薩菩薩
須菩提於意云何如來有肉眼不須菩提言
如是世尊如來有肉眼佛言須菩提於意云
何如來有天眼不須菩提言如是世尊如來
有天眼佛言須菩提於意云何如來有慧眼
不須菩提言如是世尊如來有慧眼佛言須
菩提於意云何如來有法眼不須菩提言如
是世尊如來有法眼佛言須菩提於意云何
如來有佛眼不須菩提言如是世尊如來有
佛眼佛言須菩提於意云何如恒河中所有
沙佛說是沙不須菩提言如是世尊如來說
是沙佛言須菩提於意云何如一恒河中所
有沙有如是等恒河是諸恒河所有沙數佛

BD14498 號　金剛般若波羅蜜經（菩提流支本）　（19-13）

佛眼佛言須菩提於意云何如恒河中所有
沙佛說是沙不須菩提言如是世尊如来說
是沙佛言須菩提於意云何如一恒河中所
有沙有如是等恒河是諸恒河所有沙數佛
世界如是世界寧為多不須菩提言彼世界
甚多世尊佛告須菩提尒所世界中所有衆
生若干種心住如来悉知何以故如来說諸
心住皆為非心住是名為心住何以故須菩
提過去心不可得現在心不可得未来心不
可得須菩提於意云何若有人以滿三千大
千世界七寶持用布施是善男子善女人以
是因緣得福多不須菩提言如是世尊此人
以是因緣得福甚多佛言如是如是須菩提
彼善男子善女人以是因緣得福德聚多須
菩提若福德聚有實如来則不說福德聚福
德聚
須菩提於意云何佛可以具足色身見不須
菩提言不也世尊如来不應以色身見何以
故如来說具足色身即非具足色身是故如
来說名具足身色佛言須菩提於意云何如
来可以具足諸相見不須菩提言不也世尊
如来不應以具足諸相見何以故如来說諸
相具足即非具足是故如来說名諸相具足
佛言須菩提於意云何汝謂如来作是念我

来可以具足諸相見不須菩提言不也世尊
如来不應以具足諸相見何以故如来說諸
相具足即非具足是故如来說名諸相具足
佛言須菩提於意云何汝謂如来作是念我
當有所說法耶須菩提莫作是念何以故若
人言如来有所說法則為謗佛不能解我所
說故何以故須菩提如来說法說法者无法
可說是名說法
尒時慧命須菩提白佛言世尊頗有衆生於
未来世聞說是法生信心不佛言須菩提彼
非衆生非不衆生何以故須菩提衆生衆生
者如来說非衆生是名衆生
佛言須菩提於意云何如来得阿耨多羅三
藐三菩提耶須菩提言不也世尊世尊无有
少法如来得阿耨多羅三藐三菩提佛言如
是如是須菩提我於阿耨多羅三藐三菩提
乃至无有少法可得是名阿耨多羅三藐三
菩提復次須菩提是法平等无有高下是名
阿耨多羅三藐三菩提以无衆生无人无壽
者得平等阿耨多羅三藐三菩提一切善
法得阿耨多羅三藐三菩提須菩提所言善法
善法者如来說非善法是名善法
須菩提三千大千世界中所有諸須弥山王
如是等七寶聚有人持用布施若人以此般

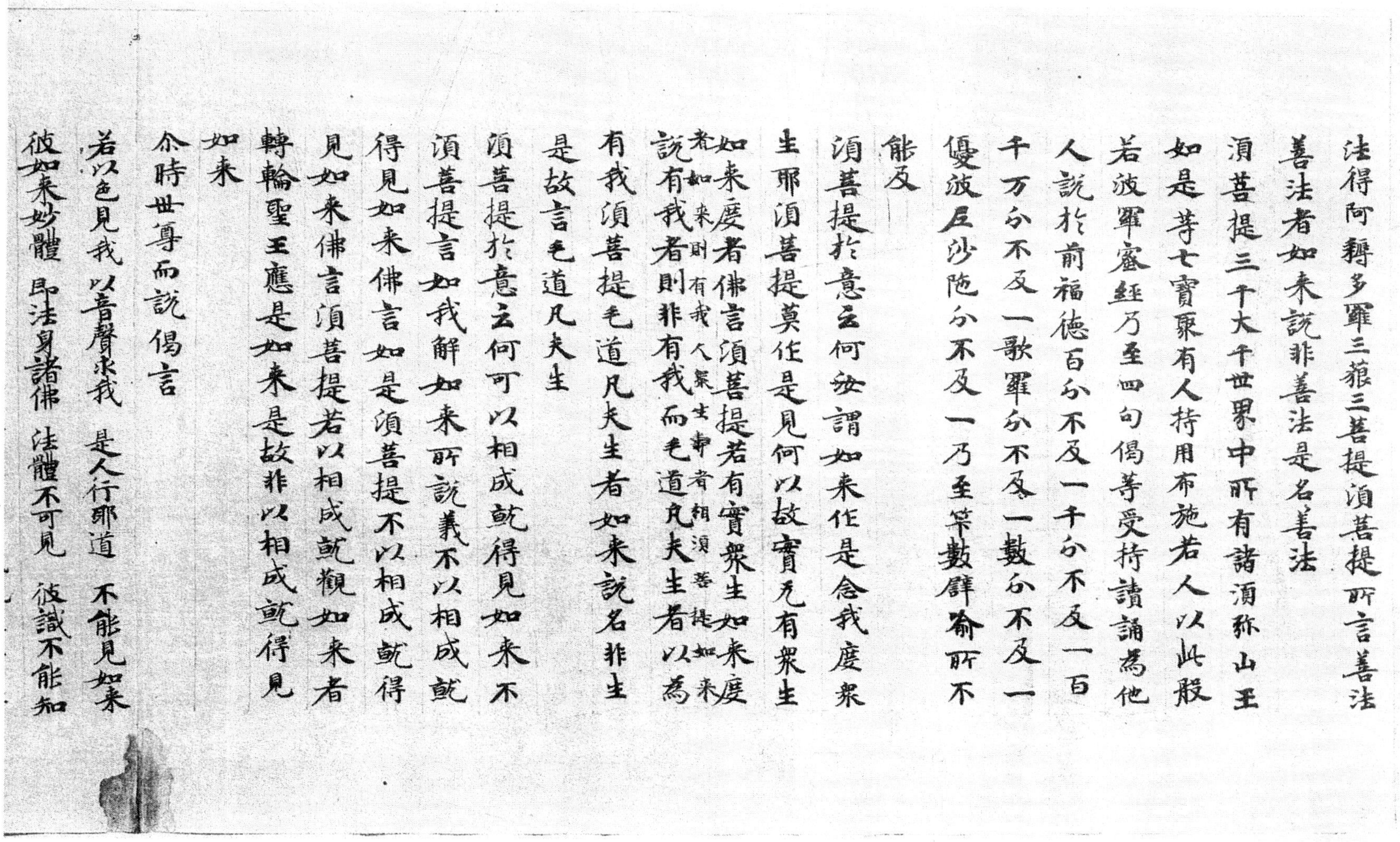
法得阿耨多羅三藐三菩提須菩提所言善法
善法者如来說非善法是名善法
須菩提三千大千世界中所有諸須弥山王
如是等七寶聚有人持用布施若人以此般
若波羅蜜經乃至四句偈等受持讀誦為他
人說於前福德百分不及一千分不及一百
千万分不及一歌羅分不及一數分不及一
優波尼沙陁分不及一乃至筭數譬喻所不
能及
須菩提於意云何汝謂如来作是念我度衆
生耶須菩提莫作是見何以故實无有衆生
如来度者佛言須菩提若有實衆生如来度
者如来則有我人衆生壽者相須菩提如来
說有我者則非有我而毛道凡夫生者以為
有我須菩提毛道凡夫生者如来說名非生
是故言毛道凡夫生
須菩提於意云何可以相成就得見如来不
須菩提言如我解如来所說義不以相成就
得見如来佛言如是須菩提不以相成就得
見如来佛言須菩提若以相成就觀如来者
轉輪聖王應是如来是故非以相成就得見
如来
尒時世尊而說偈言
若以色見我　以音聲求我　是人行邪道　不能見如来
彼如来妙體　即法身諸佛　法體不可見　彼識不能知

BD14498號　金剛般若波羅蜜經（菩提流支本）　（19–16）

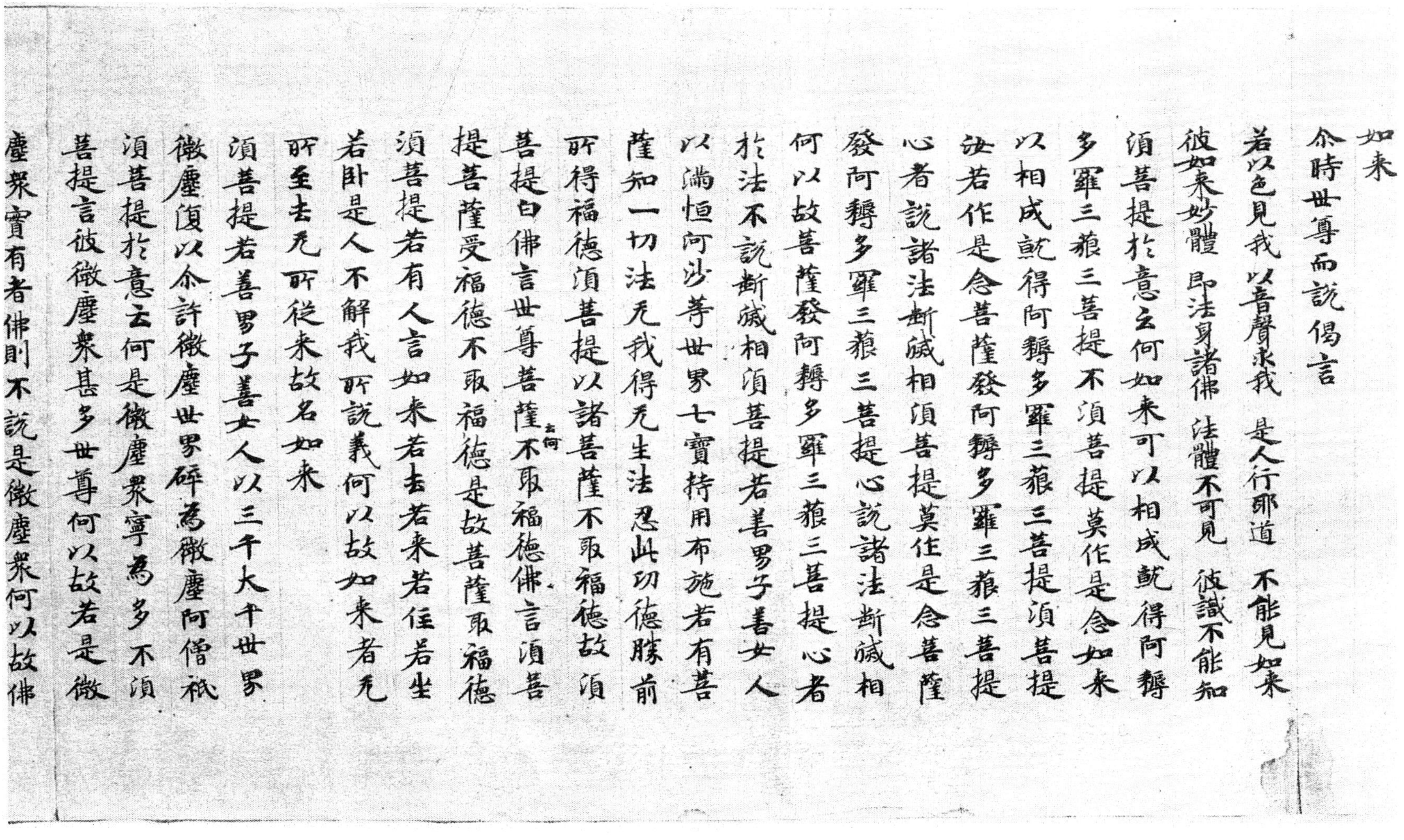
如来
尒時世尊而說偈言
若以色見我　以音聲求我　是人行邪道　不能見如来
彼如来妙體　即法身諸佛　法體不可見　彼識不能知
須菩提於意云何如来可以相成就得阿耨
多羅三藐三菩提不須菩提莫作是念如来
以相成就得阿耨多羅三藐三菩提須菩提
汝若作是念菩薩發阿耨多羅三藐三菩提
心者說諸法斷滅相須菩提莫作是念菩薩
發阿耨多羅三藐三菩提心說諸法斷滅相
何以故菩薩發阿耨多羅三藐三菩提心者
於法不說斷滅相須菩提若善男子善女人
以滿恒河沙等世界七寶持用布施若有菩
薩知一切法无我得无生法忍此功德勝前
所得福德須菩提以諸菩薩不取福德故須
菩提白佛言世尊菩薩云何不取福德佛言須菩
提菩薩受福德不取福德是故菩薩取福德
須菩提若有人言如来若去若来若住若坐
若卧是人不解我所說義何以故如来者无
所至去无所從来故名如来
須菩提若善男子善女人以三千大千世界
微塵復以尒許微塵世界碎為微塵阿僧祇
須菩提於意云何是微塵衆寧為多不須
菩提言彼微塵衆甚多世尊何以故若是微
塵衆實有者佛則不說是微塵衆何以故佛

BD14498號　金剛般若波羅蜜經（菩提流支本）　（19–17）

須菩提若善男子善女人以三千大千世界
微塵復以尒許微塵世界碎為微塵阿僧祇
須菩提於意云何是微塵衆寧為多不須
菩提言彼微塵衆甚多世尊何以故若是微
塵衆實有者佛則不說是微塵衆何以故佛
說微塵衆則非微塵衆是故佛說微塵衆世
尊如来所說三千大千世界則非世界是故
佛說三千大千世界何以故若世界實有者
則是一合相如来說一合相則非一合相是
故佛說一合相佛言須菩提一合相者則是
不可說但凡夫之人貪著其事何以故須菩
提若人如是言佛說我見人見衆生見壽者
見須菩提於意云何是人所說為正語不須
菩提言不也世尊何以故世尊如来說我見
人見衆生見壽者見即非我見人見衆生見
壽者見是名我見人見衆生見壽者見須菩
提菩薩發阿耨多羅三藐三菩提心者於一
切法應如是知如是見如是信如是不住法
相何以故須菩提所言法相法相者如来說
即非法相是名法相須菩提若有菩薩摩訶
薩以滿无量阿僧祇世界七寶持用布施若
有善男子善女人發菩薩心者於此般若波
羅蜜經乃至四句偈等受持讀誦為他人說
其福勝彼无量阿僧祇云何為人演說而不

BD14498號　金剛般若波羅蜜經（菩提流支本）　（19–18）

薩以滿无量阿僧祇世界七寶持用布施若
有善男子善女人發菩薩心者於此般若波
羅蜜經乃至四句偈等受持讀誦為他人說
其福勝彼无量阿僧祇云何為人演說而不
名說是名為說
一切有為法　如星翳燈幻　露泡夢電雲　應作如是觀
佛說是經已長老須菩提及諸比丘比丘尼
優婆塞優婆夷菩薩摩訶薩一切世間天人
阿脩羅乾闥婆等聞佛所說皆大歡喜信受
奉行

金剛般若波羅蜜經

大唐永隆元年四月廿日武騎尉左領軍衛前遂府左果毅上柱陸仁協敬造

BD14498號　金剛般若波羅蜜經（菩提流支本）　（19–19）

故无現在
有現在過去則有未來以无現在過
未來以是義故虛空之性非三世攝
子以虛空无故无有三世不以有故无三世
也如虛空華非是有故无有三世虛空亦尒
非是有故无有三世善男子无物者即是虛
空佛性亦尒善男子虛空无故非三世攝佛
性常故非三世攝善男子如來已得阿耨多
羅三藐三菩提所有佛性一切佛法常无變
易以是義故无有三世猶如虛空善男子虛
空无故非內非外佛性常故非內非外故說
佛性猶如虛空善男子如世間中无罣㝵處
名為虛空如來得阿耨多羅三藐三菩提
已於一切佛法无有罣㝵故言佛性猶如虛
空以是因緣我說佛性猶如虛空迦葉菩薩
白佛言世尊如來佛性涅槃非三世攝而名為
有虛空亦非三世所攝何故不得名為有耶
佛言善男子為非涅槃名為涅槃為非如來
名為如來為非佛性名為佛性云何名為非
涅槃耶所謂一切煩惱有為之法為破如是

BD14499號　大般涅槃經（北本　異卷）卷三七　（23–1）

空以是因緣我說佛性猶如虛空迦葉菩薩
白佛言世尊如來佛性涅槃非三世攝而名為
有虛空亦非三世所攝何故不得名為有耶
佛言善男子為非涅槃名為涅槃為非如來
名為如來為非佛性名為佛性云何名為非
涅槃耶所謂一切煩惱有為之法為破如是
有為煩惱是名涅槃非如來者謂一闡提至
辟支佛為破如是一闡提等至辟支佛是名
如來非佛性者所謂一切墻壁凡石无情之
物離如是等无情之物是名佛性善男子一
切世間无非虛空對於虛空迦葉菩薩白佛
言世尊世間亦无非四大對而猶得名四大是
有虛空无對何故不得名之為有佛言善男
子若言涅槃非三世攝虛空亦尒者是義不
然何以故涅槃是有可見可證是色是跡章
句是有是相是緣是歸依處寂靜光明安隱
彼岸是故得名非三世攝虛空之性无如是
法是故名无若有離於如是等法更有法者
應三世攝虛空若同是有法者不得非是三
世所攝善男子如世人說虛空名為无色无
對不可覩見若无色對不可見者即心數法
虛空若同心數法者不得不是三世所攝若
三世攝即是四陰是故離四陰已无有虛空
復次善男子諸外道言夫虛空者即是光明
若是光明即是色法虛空若尒是色法者即
是无常是无常故三世所攝云何外道說非三
世若三世攝則非虛空亦可說言虛空是

BD14499號　大般涅槃經（北本　異卷）卷三七　（23–2）

復次善男子諸外道言夫虛空者即是光明
若是光明即是色法虛空若尒是色法者即
是无常是无常故三世所攝云何外道說非三
世若三世攝則非虛空亦可說言虛空是
常善男子復有人言虛空者即是住處若有
住處即是色法而一切處皆是无常三世所
攝虛空亦常非三世攝若說處者知无虛空
復有說言虛空者即是次第若是次第即是
數法若是可數即三世攝若三世攝云何言
常善男子若復說言夫虛空者不離三法一
者空二者實三者空實若言空是當知虛空
是无常法何以故實處无故若言實是當知
虛空亦是无常何以故空處无故若空實是
當知虛空亦是无常何以故二處无故是故虛
空名之為无善男子如說虛空是可作法如
說去樹去舍而作虛空平作虛空覆於虛空
上於虛空畫虛空色如大海水是故虛空是
可作法一切作法皆是无常猶如凡瓶虛空
若尒應是无常善男子世間人說一切法中
无罣㝵處名虛空者是无㝵處於一法所為
具足有為分有耶若具足有當知餘處則无
虛空若分有者則是彼此可數之法若是可
數當知无常善男子若有人說虛空无㝵與
有並合又復說言虛空在物如器中菓二俱
不然何以故若言並合則有三種一異業合
如飛鳥集樹二共業合如兩羊相觸三已合
共合如二雙指合在一處若言異業共合異

數當知无常善男子若有人說虛空无㝵與
有並合又復說言虛空在物如器中菓二俱
不然何以故若言並合則有三種一異業合
如飛鳥集樹二共業合如兩羊相觸三已合
共合如二雙指合在一處若言異業共合異
則有二一是物業二虛空業若空業合物空
則无常若物業合空物則不遍如其不遍是
亦无常若言虛空是常其性不動與動物合
者是義不然何以故虛空若常物亦應常物
若无常空亦无常若言虛空亦常无常无有
是處若共業合是義不然何以故虛空名遍
若與業合業亦應遍若是遍者應一切遍若
一切遍應一切合不應說有合與不合若言已
合共合如二雙指合是義不然何以故先无
有合後方合故先无後有是无常法是故不
得說言虛空已合共合如世間法先无後有
是物无常虛空若尒亦應无常若言虛空在
物如器中菓是義不然何以故如是虛空先
无器時在何處住若有住處虛空則多如其多
者云何言常言一言遍若使虛空離空有住
有物亦應離虛空住是故當知无有虛空善
男子若有說言指住之處名為虛空當知虛
空是无常法何以故指有四方若有四方當
知虛空亦有四方一切常法都无方所以有
方故虛空无常若是无常不離五陰要離五
陰是无所有善男子有法若從因緣住者當
知是法名為无常善男子譬如一切衆生樹

空是无常法何以故栢有四方若有四方當
知虛空亦有四方一切常法都无方所以有
方故虛空无常若是无常不離五陰要離五
陰是无所有善男子有法若從因緣住者當
知是法名爲无常善男子譬如一切衆生樹
木因地而住地无常故因地之物次苐无常
善男子如地因水水无常故地亦无常如水
因風風无常故水亦无常風依虛空虛空无
常故風亦无常若无常者云何說言虛空是
常遍一切處虛空无故非是過去未來現在
亦如兔角是无物故非是過去未来現在是
故我說佛性常故非三世攝虛空无故非三
世攝善男子我終不與世間共諍何以故智
者說有我亦說有智者說无我亦說无迦葉
菩薩言世尊菩薩摩訶薩具足幾法不與世
諍不爲世法之所沾汙佛言善男子菩薩摩
訶薩具足十法不與世諍不爲世法之所沾
汙何等爲十一者信心二者有戒三者親近
善友四者內善思惟五者具足精進六者具
足正念七者具足智慧八者具足正語九者
樂於正法十者憐愍衆生善男子菩薩具足
如是十法不與世諍不爲世法之所沾汙如
憂鉢羅華迦葉菩薩白佛言世尊如佛所說
世智說有我亦說有世智說无我亦說无何
等名爲世智有无佛言善男子世智若說色
是无常苦空无我乃至識亦如是善男子是
名世間智者說有我亦說有善男子世間智

BD14499 號　大般涅槃經（北本　異卷）卷三七　（23–5）

憂鉢羅華迦葉菩薩白佛言世尊如佛所說
世智說有我亦說有世智說无我亦說无何
等名爲世智有无佛言善男子世智若說色
是无常苦空无我乃至識亦如是善男子是
名世間智者說有我亦說有善男子世間智
者說色无有常樂我淨受想行識亦復如是
善男子是名世間智者說无我亦說无迦葉
菩薩白佛言世尊世間智者即佛菩薩一切
聖人若諸聖人色是无常苦空无我云何如
来說佛色身常恒无變世間智者所說无法
云何如来說言是有如来世尊作如是說去
何復言不與世諍不爲世法之所沾汙如来
已離三種顚倒所謂想倒心倒見倒應說
佛色實是无常今乃說常云何得名遠離
顚倒不與世諍佛言善男子凡夫之色從煩
惱生是故智說色是无常苦空无我如来色
者遠離煩惱是故說是常恒无變迦葉菩薩
言世尊云何爲色從煩惱生善男子煩惱三
種所謂欲漏有漏无明漏智者應當觀是
三漏所有罪過所以者何知罪過已則能遠
離譬如醫師先診病脉知病所在然後授藥
善男子如人將盲至棘林中捨之而還盲人
於後甚難得出設得出者身體壞盡世間凡
夫亦復如是不能知見三漏過患則隨逐行
如其見者則能遠離知罪過已離受果報
報輕微善男子有四種人一作業時重受報
時輕二作業時輕受報時重三作業時重受
報俱重四作業時輕受報俱輕善男子若人

BD14499 號　大般涅槃經（北本　異卷）卷三七　（23–6）

於後甚難得出設得出者身體壞盡世間凡
夫亦復如是不能知見三漏過患則隨逐行
如其見者則能遠離知罪過已雖受果報果
報輕微善男子有四種人一作業時重受報
時輕二作業時輕受報時重三作業時重受
報俱重四作業時輕受報俱輕善男子若人
能觀煩惱罪過是人作業受果俱輕善男子
有智之人作如是念我應遠離如是等漏又
復不應作如是等鄙惡之事何以故我今未
得脫於地獄餓鬼畜生人天報故我若脩道
當因是力破壞諸苦是人觀已貪欲瞋恚愚
癡微弱既見貪欲瞋癡輕已其心歡喜復作
是念我今如是皆由脩道因緣力故令我得
離不善之法親近善法是故現在得見正道
應當懃加而脩集之是人因是懃脩道力遠
離无量諸惡煩惱及離地獄餓鬼畜生人天
果報是故我於异經中說當觀一切有漏煩
惱及有漏因何以故有智之人若但觀漏不
觀漏因則不能斷諸煩惱也何以故智者觀
漏從是因生我今斷因漏則不生善男子如
彼醫師先斷病因病則不生智者先斷煩惱因
者亦復如是有智之人先當觀因次觀果報
知從善因生於善果知從惡因生於惡果觀
果報已遠離惡因觀果報已復當次觀煩惱
輕重觀輕重已先離重者既離重已輕者自
去善男子智者若知煩惱煩惱因煩惱果報
煩惱輕重是人尒時精懃脩道不息不悔

知從善因生於善果知從惡因生於惡果觀
果報已遠離惡因觀果報已復當次觀煩惱
輕重觀輕重已先離重者既離重已輕者自
去善男子智者若知煩惱煩惱因煩惱果報
煩惱輕重是人尒時精懃脩道不息不悔
親近善友至心聽法為滅如是諸煩惱故善
男子譬如病者自知病輕必可除差雖得苦
藥服之不悔有智之人亦復如是懃脩聖道
歡善不愁不息不悔善男子若人能知煩惱煩
惱因煩惱果報煩惱輕重為除煩惱故懃脩
道是人不從煩惱生色受想行識亦復如是
若不能知煩惱煩惱因煩惱果報煩惱輕重
不懃脩集是人則從煩惱生色受想行識亦
復如是善男子知煩惱煩惱因煩惱果報煩
惱輕重為斷煩惱脩行道者即是如來以是
因緣如來色常乃至識常善男子不知煩惱煩
惱因煩惱果報煩惱輕重不能脩道即是凡
夫是故凡夫色是无常受想行識悉是无常
善男子世間智者一切聖人菩薩諸佛說是
二義我亦如是說是二義是故我說不與世
間智者共諍不為世法之所沾汙迦葉菩薩
復白佛言世尊如佛所說三有漏者云何名
為欲漏有漏无明漏耶佛言善男子欲漏者
內惡覺觀因於外緣生於欲漏是故我昔在
王舍城告阿難言阿難汝今受此女人所說
偈頌是偈乃是過去諸佛之所宣說是故一
切內惡覺觀外諸因緣名之為欲是名欲漏
有漏者色无色界內惡覺觀外諸因緣除欲

為欲漏有漏无明漏耶佛言善男子欲漏者
内惡覺觀因於外緣生於欲漏是故我昔在
王舍城告阿難言阿難汝今受此女人所說
偈頌是偈乃是過去諸佛之所宣說是故一
切内惡覺觀外諸因緣名之為欲是名欲漏
有漏者色无色界内諸惡法外諸因緣除欲
界中外諸因緣内諸覺觀是名有漏无明漏
者不能了知我及我所不別内外名无明漏善
男子无明即一切諸漏根本何以故一切衆
生无明因緣於陰入界憶想作想名為衆生
是名想倒心倒見倒以是因緣生一切漏是
故我於十二部經說无明者即是貪因瞋因
癡因迦葉菩薩言世尊如來昔於十二部經
說言不善思惟因緣生於貪欲瞋癡今何因
緣乃說无明善男子如是二法互為因果互
相增長不善思惟生於无明无明因緣生不
善思惟善男子其能生長諸煩惱者皆悉名
為煩惱因緣親近如是煩惱因緣名為无
明不善思惟如子生牙子是近因四大遠因
煩惱亦尒迦葉菩薩白佛言世尊如佛所說
无明即漏云何復言因无明故生於諸漏佛
言善男子如我所說无明漏者是内无明因
於无明生諸漏者是内外因若說无明漏是
名内倒不識无常苦空无我若說一切煩惱
因緣是名不知外我我所若說无明漏是名
无始无終從无明生陰入界等迦葉菩薩白
佛言世尊如佛所說有智之人知於漏因云

因緣是名不知外我我所若說无明漏是名
无始无終從无明生陰入界等迦葉菩薩白
佛言世尊如佛所說有智之人知於漏因云
何名為知於漏因善男子智者當觀何因緣
故生是煩惱造作何行生此煩惱於何時中
生此煩惱共誰住時生此煩惱何處心住生
此煩惱觀何事已生於煩惱受誰房舍卧具
飲食衣服湯藥而生煩惱何因緣故轉下作
中轉中作上下業作中中業作上菩薩摩訶
薩作是觀時則得遠離生漏因緣如是觀時
未生煩惱遮令不生已生煩惱便得除滅是
故我於契經中說智者當觀生煩惱因迦葉
菩薩白佛言世尊衆生一身云何能起種種
煩惱佛言善男子如一器中有種種子得水
雨已各各自生衆生亦尒器雖是一愛因緣
故而能生長種種煩惱迦葉菩薩言世尊智
者云何觀於果報善男子智者當觀諸漏因
緣能生地獄餓鬼畜生是漏因緣得人天身
即是无常苦空无我是身器中得三種苦三
種无常是漏因緣能令衆生作五逆罪受諸
惡報能斷善根犯四重禁誹謗三寶智者當
觀我既受得如是之身不應生起如是煩惱
受諸惡果迦葉菩薩言世尊有无漏果復言
智者斷諸果報无漏果報在斷中不諸得道
人有无漏果如其智者求无漏果云何佛說
一切智者應斷果報若其斷者今諸聖人云

智者斷諸果報无漏果報在斷中不諸得道
人有无漏果如其智者求无漏果云何佛說
一切智者應斷果報若其斷者今諸聖人云
何得有善男子如來或時因中說果果中說
因如世間人說泥即縷即是衣是名因中
說果果中說因者牛即水草人即是食我亦
如是因中說果先於經中作是說言我從心
因心運身故言心身
身至梵天邊是名因中說果果中說
因此六入者名過去業是名果中說因善男子
一切聖人真實无有无漏果報一切聖人脩
道果報更不生漏是故名為无漏果報善
男子有智之人如是觀時則得永滅煩惱果
報善男子智者觀已為斷如是煩惱果報脩
集聖道聖道者即空无想願脩是道已能滅
一切煩惱果報
迦葉菩薩白佛言世尊一切衆生皆從煩惱
而得果報言煩惱者所謂惡也從惡煩惱所
生煩惱亦名為惡如是煩惱則有二種一因
二果因惡故果惡果惡故子惡如絍婆菓其
子苦故華菓莖葉一切皆苦猶如毒樹其子
毒故菓亦是毒因亦衆生果亦衆生因亦煩
惱果亦煩惱煩惱因果即是衆生衆生即是
煩惱因果若從是義云何如來先喻雪山亦
有毒草微妙藥王若言煩惱即是衆生衆生
即是煩惱云何而言衆生身中有妙藥王佛
言善哉善哉善男子无量衆生咸同此疑汝

BD14499 號　大般涅槃經（北本　異卷）卷三七　　（23–11）

煩惱因果若從是義云何如來先喻雪山亦
有毒草微妙藥王若言煩惱即是衆生衆生
即是煩惱云何而言衆生身中有妙藥王佛
言善哉善哉善男子无量衆生咸同此疑汝
今能為啓請求解我亦能斷諦聽諦聽善思
念之亦當為汝分別解說善男子雪山喻者
即是衆生言毒草者即是煩惱妙藥王者即
淨梵行善男子若有衆生能脩如是清淨梵
行是名身中有妙藥王迦葉菩薩白佛言世
尊云何衆生有清淨梵行善男子猶如世間
從子生果是果有能與子作因有不能者有
能作者是名果子若不能作唯得名果不得
名子一切衆生亦復如是皆有二種一者有
煩惱果是煩惱因二者有煩惱果非煩惱因
是煩惱果非煩惱因是則名為清淨梵行善
男子衆生觀受知是一切漏之近因所謂內
外漏受因緣故不能斷絕一切諸漏亦不能
出三界牢獄衆生因受著我我所生於心倒
想倒見倒是故衆生先當觀受如是受者為
一切愛而作近因是故智者欲斷愛者當先
觀受善男子一切衆生十二因緣所作善惡
皆因受時是故我為阿難說言阿難一切衆
生所作善惡皆是受時是故智者先當觀受
既觀受已復當更觀如是受者何因緣生若
因緣生如是因緣復從何生若无因生无因
何故不生无受復觀是受不因自在天生不

BD14499 號　大般涅槃經（北本　異卷）卷三七　　（23–12）

生所作善悪皆是受時是故智者先當觀受
既觀受已復當更觀如是受者何因緣生若
因緣生如是因緣復從何生若无因生无因
何故不生无受復觀是受不因自在天生不
因士夫生不因微塵生非時節生不因想生
不因性生不從自生不從他生非自他生非
无因生是受皆從緣合而生因緣者即是愛
也是和合中非有受非无受是故我當斷是
和合斷和合故則不生受善男子智者觀因
已次觀果報衆生因受受於地獄餓鬼畜生
乃至三界无量苦惱受因緣故受无常樂受
因緣故斷於善根受因緣故獲得解脫作是
觀時不作受因云何名為不作受因謂分別
受何等受能作愛何等愛能作受善男子衆
生若能如是深觀愛因受因則便能斷我及
我所善男子若人能作如是等觀則應分別
愛之與受在何處滅即見愛受有少滅處當
知亦應有畢竟滅尒時即於解脫生信生信
心已是解脫處何由而得知從八正即便修集
云何名為八正道耶是道觀受有三種相一者
苦二者樂三者不苦不樂如是三種俱能增
長身之與心何因緣故能增長耶單因緣也
是單三種一者无明單二者明單三者非明
无明單言明單者即八正道其餘二單增長
身心及三種受是故我應斷二種單因緣單
斷故不生三受善男子如是受者亦名為因
亦名為果智者當觀亦因亦果云何為因

是單三種一者无明單二者明單三者非明
无明單言明單者即八正道其餘二單增長
身心及三種受是故我應斷二種單因緣單
斷故不生三受善男子如是受者亦名為因
亦名為果智者當觀亦因亦果云何為因
受生愛名之為因云何名果因單生故名之
為果是故此受亦因亦果智者如是觀是受
已次復觀愛受果報故名之為愛智者觀愛
復有二種一者雜食二者无食雜食愛者因
生老病死一切諸有无食愛者斷生老病死
一切諸有貪无漏道智者復當作如是念我
若生是雜食之愛則不能斷生老病死我今
雖貪无漏之道不斷受因則不能得无漏道
果是故應當先斷是單單既斷已受則自
滅受既滅已愛亦隨滅是名八正道善男子
若有衆生能如是觀雖有毒身其中亦有微
妙藥王如雪山中雖有毒草亦有妙藥善男子
如是衆生雖從煩惱而得果報而是果報更
不復為煩惱作因是則名為清淨梵行復次
善男子智者當觀受愛二事何因緣生知因
想生何以故衆生見色亦不生貪及觀受時
亦不生貪若於色中生顛倒想謂色即是常
樂我淨受是常恒无有變易因是倒想生貪
恚癡是故智者應當觀想云何觀想當作是
念一切衆生未得正道皆有倒想云何倒想
於非常中生於常想於非樂中生於樂想於非
淨中生於淨想於空法中生於我想於非我

恚癡是故智者應當觀想當作是
念一切衆生未得正道皆有倒想云何倒想
於非常中生於常想於非樂中生於樂想於非
淨中生於淨想於空法中生於我想於非男
女大小晝夜歲月衣服房舍卧具生於男女
至卧具想是想三種一者小二者大三者
无邊小因緣故生於小想大因緣故生於大
想无量緣故生无量想復有小想謂未入定
復有大想謂已入定復有无量想謂十一切入
復有小想所謂欲界一切想等復有大想所
謂色界一切想等復有无量想謂无色界一
切想等三想滅故受則自滅想受滅故名為
解脫迦葉菩薩言世尊滅一切法名為解脫
如來云何說想受滅名解脫耶佛言善男子
如來或時因衆生說聞者解法或時因法說
於衆生聞者亦解說於衆生云何名為因衆
生說聞者解法如我先為大迦葉說迦葉衆
生滅時善法則滅是名因衆生說聞者解法
云何因法說於衆生聞者亦解說於衆生如
我先為阿難說言我亦不說親近一切法亦
復不說不親近一切法若法近已善法衰羸
不善熾盛如是法者不應親近若法近已不
善衰滅善法增長如是法者是應親近是名
因法說於衆生聞者亦解說於衆生善男子
如來雖說想受二滅則已揔說一切可斷智
者既觀如是想已次觀想因是无量想因何

善衰滅善法增長如是法者是應親近是名
因法說於衆生聞者亦解說於衆生善男子
如來雖說想受二滅則已揔說一切可斷智
者既觀如是想已次觀想因是无量想因何
而生知因觸生是觸二種一者因煩惱觸二
者因解脫觸因无明生名煩惱觸因明生者
名解脫觸因煩惱觸生於倒想因解脫觸生
不倒想觀想因已次觀果報迦葉菩薩白佛
言世尊若以因此煩惱之想生於倒想一切
聖人實有倒想而无煩惱是義云何佛言善
男子云何聖人而有倒想迦葉菩薩言世尊
一切聖人牛作牛想亦說是牛馬作馬想亦
說是馬男女大小舍宅車乘去來亦尒是名
倒想善男子一切凡夫有二種想一者世流
布想二者著想一切聖人唯有世流布想无
有著想一切凡夫惡覺觀故於世流布生於
著想一切聖人善覺觀故於世流布不生著
想是故凡夫名為倒想聖人雖知不名倒想
智者如是觀想因已次觀果報是惡想果在
於地獄餓鬼畜生人天中受如我因斷惡覺
觀故无明觸斷是故想斷因想斷故果報亦
斷智者為斷如是想因脩八正道善男子若
有能作如是等觀則得名為清淨梵行善男
子是名衆生毒身之中有妙藥王如雪山中
雖有毒草亦有妙藥復次善男子智者觀欲
欲者即是色聲香味觸善男子即是如來
因中說果從此五事生於欲耳實非欲也善男

有前作如是觀則得名為清淨梵行善男
子是名衆生毒身之中有妙藥王如雪山中
雖有毒草亦有妙藥復次善男子智者觀欲
欲者即是色聲香味觸善男子即是如來
因中說果從此五事生於欲耳實非欲也善男
子愚癡之人貪求受之於是色中生顛倒想乃
至觸中亦生倒想倒想因緣便生於受是故
世間說因倒想生十種想欲因緣故在於世
間受惡果報以惡加於父母沙門婆羅門等
所不應作而故作之不惜身命是故智者觀
是惡想因緣故生欲心智者如是觀欲因已
次觀果報是欲多有諸惡果報所謂地獄餓
鬼畜生人中天上是名觀果報若是惡想得
除滅者終不生於此欲心也无欲心故不受
惡受无惡受故則无惡果是故我應先斷惡
想斷惡想已如是等法自然而滅是故智者
為滅惡想循八正道是則名為清淨梵行是
名衆生毒身之中有妙藥王如雪山中雖有
毒草亦有妙藥復次善男子智者如是觀是
欲已次當觀業何以故有智之人當作是念
受想觸欲即是煩惱是煩惱者能作生業不
作受業如是煩惱與業共行則有二種一作
生業二作受業是故智者當觀於業是業三
種謂身口意善男子身口二業亦名為業亦
名業果意唯名業不名為果以業因故則名
為業善男子身口二業名為外業意業名内
是三種業共煩惱行故作二種業一者生業

BD14499號　大般涅槃經（北本　異卷）卷三七　（23–17）

種謂身口意善男子身口二業亦名為業亦
名業果意唯名業不名為果以業因故則名
為業善男子身口二業名為外業意業名内
是三種業共煩惱行故作二種業一者生業
二者受業善男子正業者即意業也期業者
謂身口業先發故名意業從意業生名身口
業是故意業得名為正智者觀業已次觀業
因業因者即无明觸因无明觸衆生求有求
有因緣即是愛也愛因緣故造作三種身口意
業善男子智者如是觀業因已次觀果報果
報有四一者黑黑果報二者白白果報三者雜
雜果報四者不黑不白不黑不白果報黑黑
果報者作業時垢果報亦垢白白果報者作
業時淨果報亦淨是名白白果報雜雜果
雜者作業時雜果報亦雜不白不黑不白不
黑果報者名无漏業迦葉菩薩白佛言世尊
先說无漏无有果報今云何言不白不黑果
報耶佛言善男子是義有二一者亦果亦報
二者唯果非報黑黑果報亦名為果亦名為報
黑因生故得名為果能作因故復名為報淨
雜亦尒无漏果者因有漏生故名為果不作
他因不名為報是故名果不名為報迦葉菩
薩白佛言世尊是无漏業非是黑法何因緣
故不名為白善男子无有報故不名為白對
治黑故故名為白我今乃說受果報者名為
黑白是无漏業不受報故不名為白名為寂
靜如是業者有定受報處如十惡法定在地

BD14499號　大般涅槃經（北本　異卷）卷三七　（23–18）

薩白佛言世尊是无漏業非是黑法何因緣
故不名為白善男子无有報故不名為白對
治黑故故名為白我今乃說受果報者名為
黑白是无漏業不受報故不名為白名為寂
静如是業者有定受報處如十惡法定在地
獄餓鬼畜生十善之業定在人天十不善法
有上中下上因緣故受地獄身中因緣故受畜
生身下因緣故受餓鬼身人業十善復有四
種一者下二者中三者上四者上上下因緣故
生欝單曰中因緣故生弗婆提上因緣故生
瞿陁尼上上因緣生閻浮提有智之人作是
觀已即作是念我當云何斷是果報復作是
念是業因緣无明單生我若斷除无明與單
如是業果則滅不生是故智者為斷无明單
因緣故脩八正道是則名為清淨梵行善男
子是名衆生毒身之中有妙藥王如雪山中
雖有毒草亦有妙藥復次善男子智者觀業
觀煩惱已次觀是二所得果報是二果報即
是苦也既知是苦則能捨離一切受生智者
復觀煩惱因緣生於煩惱業因緣故亦生煩
惱煩惱因緣復生於業業因緣生苦苦因緣
故生於煩惱煩惱因緣生有有因緣生苦有
因緣生有有因緣生業業因緣生煩惱煩惱
因緣生苦苦因緣生苦善男子智者若能作如是
觀當知是人能觀業苦何以故如上所觀
即是生死十二因緣若人能觀如是生死十
二因緣當知是人不造新業能壞故業善

因緣生有有因緣生業業因緣生煩惱煩惱
因緣生苦苦因緣生苦善男子智者若能作如是
觀當知是人能觀業苦何以故如上所觀
即是生死十二因緣若人能觀如是生死十
二因緣當知是人不造新業能壞故業善
男子有智之人觀地獄苦觀一地獄乃至一百
卅六所一一地獄有種種苦皆是煩惱業因
緣生觀地獄已次觀餓鬼畜生等苦作是觀
已復觀人天所有諸苦如是衆苦皆從煩惱
業因緣生善男子天上雖无大苦惱事然其
身體柔軟細滑見五相時極受大苦如地獄
苦等无差別善男子智者深觀三界諸苦皆
從煩惱業因緣生善男子譬如坏器則易
破壞衆生受身亦復如是既受身已是衆
苦器譬如大樹華菓繁茂衆鳥能壞如多乾
草小火能焚衆生受身為苦所壞亦復如是善
男子智者若能觀苦八種如聖行中當知是人
能斷衆苦善男子智者深觀是八苦已次觀
苦因苦因者即愛无明是愛无明則有二種一
者求身二者求財求身求財二俱是苦是故
當知愛无明者即是苦因善男子是愛无明
則有二種一者內二者外內能作業外能增
長又復內能作業外作業果斷內愛已業則
得斷斷外愛已果則得斷內愛能生未來世
苦外愛能生現在世苦智者觀愛即是苦因
既觀因已次觀果報苦果報者即是取也愛
果名取是取因緣即內外愛則有愛苦善男

得斷斷外愛已果則得斷內愛能生未來世
苦外愛能生現在世苦智者觀愛即是苦因
既觀因已次觀果報苦果報者即是取也愛
果名取是取因緣即內外愛則有愛苦善男
子智者當觀愛因緣取取因緣愛若我能斷
愛取二事則不造業受於衆苦是故智者爲
斷受苦脩八正道善男子若有人能如是觀
者是則名爲清淨梵行是名衆生毒身之中
有妙藥王如雪山中雖有毒草亦有妙藥
迦葉菩薩白佛言世尊云何名爲清淨梵行
佛言善男子一切法是迦葉菩薩言世尊一
切法者義不决定何以故如來或說是善不
善或時說爲四念處觀或說是十二入或說
是善知識或說是十二因緣或說是衆生或
說是正見邪見或說十二部經或說即是二
諦如來今乃說一切法爲淨梵行悉是何等
一切法耶佛言善哉善哉善男子如是微妙
大涅槃經乃是一切善法寶藏譬如大海是
衆寶藏是涅槃經亦復如是即是一切字義
秘藏善男子如須弥山衆藥根本是經亦尒
即是菩薩戒之根本善男子譬如虛空是一
切物之所住處是經亦尒即是一切善法住
處善男子譬如猛風无能繫縛一切菩薩行
是經者亦復如是不爲一切煩惱惡法之所
繫縛善男子譬如金剛无能壞者是經亦尒
雖有外道惡邪之人不能破壞善男子如恒
河沙无能數者如是經義亦復如是无能數

BD14499號　大般涅槃經（北本　異卷）卷三七　（23-21）

是經者亦復如是不爲一切煩惱惡法之所
繫縛善男子譬如金剛无能壞者是經亦尒
雖有外道惡邪之人不能破壞善男子如恒
河沙无能數者如是經義亦復如是无能數
者善男子是經典者爲諸菩薩而作法幢如
帝釋幢善男子是經即是趣涅槃城之商主
也如大導師引諸商人趣向大海善男子是
經能爲諸菩薩等作法光明如世日月能破
諸闇善男子是經能爲病苦衆生作大良藥
如雪山中微妙藥王能治衆病善男子是經
能爲一闡提杖猶如羸人因之得起善男子
是經能爲一切惡人而作橋梁猶如世橋能
度一切善男子是經能爲行五有者遇煩惱
熱而作陰涼如世間蓋遮霞暑熱善男子是
經即是大无畏王能壞一切煩惱惡魔如師
子王降伏衆獸善男子是經即是大神呪師
能壞一切煩惱惡魔如世呪師能去魍魎善
男子是經即是无上霜雹能壞一切生死果
報如世雹雨壞諸菓實善男子是經能爲
壞戒目者作大良藥猶如世間安闍陁藥善
療眼痛善男子是經能住一切善法如世間地
能住衆物善男子是經即是毀戒衆生之明
鏡也如世間鏡見諸色像善男子是經能爲
无慙愧者而作衣服如世衣裳鄣蔽形體善
男子是經能爲貧善法者作大財寶如功德
天利益貧者善男子是經能爲渴法衆生作
甘露漿如八味水充足渴者善男子是經能

BD14499號　大般涅槃經（北本　異卷）卷三七　（23-22）

療眼痛善男子是經能住一切善法如世間地
能住衆物善男子是經即是戮弍衆生之明
鏡也如世間鏡見諸色像善男子是經能爲
无慙愧者而作衣服如世衣裳鄣蔽形體善
男子是經能爲貧善法者作大財寶如功德
天利益貧者善男子是經能爲渴法衆生作
甘露漿如八味水充足渴者善男子是經能
爲煩惱之人而作法牀如世之人遇安隱牀
善男子是經能爲初地菩薩至十住菩薩而
作瓔珞香華塗香末香燒香清淨種性具足
三乘過於一切六波羅蜜受妙樂處如忉利
天波利質多羅樹善男子是經即是鬥利
智斧能伐一切煩惱大樹即是利刀能割習
氣即是勇健能摧魔怨即是智火焚煩惱薪
即因緣藏出辟支佛即是聞藏生聲聞人即
是一切諸天之眼即是一切人之正道即是
一切畜生依處即是餓鬼解脫之處即是地
獄无上之尊即是一切十方衆生无上之器
即是十方過去未來現在諸佛之父母也善
男子是故此經攝一切法如我先說此經雖
攝一切諸法我說梵行即是卅七助道法

大般涅槃經卷第卅七

BD14499號　大般涅槃經（北本　異卷）卷三七　（23–23）

□金對□光明功德菩薩
已即頭面禮佛尒時十方如恒河沙□
周遍悉有微妙之香衆生聞者皆得遠離□
心苦惚尒時寶藏如來即爲金對智慧光明
功德菩薩而說偈言
金對慧能破　汝今可還起　十方佛世界　周遍有〻
與无量衆生　安樂及歡喜　當來得成佛　无上世間
善男子尒時金對智慧光明功德菩薩聞是
偈已具心歡喜即起合掌前禮佛足去佛不
遠復坐聽法
善男子尒時寶海梵志復白第五王子无畏
所言乃至發心亦復如是尒時王子菩梵志
言我今所願不欲於此不淨世界成阿耨多
羅三藐三菩提願成佛時世界之中无有地獄
畜生餓鬼之名具地純以紺琉璃寶廣說皆

BD14500號　悲華經卷四　（24–1）

速復坐聽法
善男子爾時寶海梵志復白第五王子無畏
所言乃至發心亦復如是爾時王子答梵志
言我今所願不欲於此不淨世界成阿耨多
羅三藐三菩提願成佛時世界之中無地獄
畜生餓鬼之名其地純以紺琉璃寶廣說皆
蓮華世界所有莊嚴爾時無畏王子手持蓮
華上寶藏佛作如是言世尊若我所願成就
得己利者以佛力故令東佛前願我當得悉
見種種莊嚴三昧復願天雨種種蓮華大如
車輪遍滿十方如恒河沙世界微塵數等諸
佛國土亦令我等皆遙見之善男子無畏王
子說是言已以佛力故尋時即得悉見種種
莊嚴三昧天雨種種無量蓮華大如車輪遍
滿十方如恒河沙等世界微塵數等諸佛國
土一切大衆皆得遙見見是事已得歡喜樂
爾時佛告無畏王子善男子乃能作是甚深
微妙之大願也取淨佛土復能疾得悉見
種種莊嚴三昧願不虛故天雨如是無量蓮
華世尊若我所願成就得己利者願此蓮華
悉住於空不復墮落時寶藏佛告無畏王子
言善男子汝今速疾以諸蓮華即於虛空是
故号汝為虛空印爾時佛告虛空印菩薩善
男子汝於未來世過一恒河沙等阿僧祇劫入
第二恒河沙等阿僧祇劫於東南方去此佛
土百千万億恒河沙等世界彼有世界名曰
蓮華汝於是中當成阿耨多羅三藐三菩提
号蓮華尊如來應正遍知明行足善逝世間
解無上士調御丈夫天人師佛世尊所有大

土百千万億恒河沙等世界彼有世界名曰
蓮華汝於是中當成阿耨多羅三藐三菩提
号蓮華尊如來應正遍知明行足善逝世間
解無上士調御丈夫天人師佛世尊所有大
衆純諸菩薩摩訶薩等其數無量不可稱計
其佛壽命無量無邊所願具足悉皆成就爾
時虛空印菩薩摩訶薩頭面禮敬於寶藏如
來即起合掌去佛不遠復坐聽法爾時世尊為
虛空印而說偈言
善男子當知　有人住己利　能斷煩惱結　常令得寂靜
所受持功德　數如恒河沙　世界微塵等　成就而不失
汝於當來世　成佛無上道　亦如過去佛　等無有差別
善男子虛空印菩薩聞是偈已心生歡喜
善男子爾時寶海梵志白第六王子虛空言
乃至發心亦復如是爾時王子菴婆羅白佛
言世尊我今所願不欲於此不淨世界成阿
耨多羅三藐三菩提略說如虛空印所願世
尊若我所願成就得己利者願令十方如恒
河沙等世界之中自然而有七寶妙蓋在上
虛空羅列而住純金為網以覆其上七寶為
鈴垂以莊嚴其蓋寶鈴常出佛聲法聲比丘
僧聲六波羅蜜聲及六神通十力無畏如是
等聲世界衆生聞者尋發阿耨多羅三藐三
菩提心已發心者得不退轉寶鈴所出法佛
僧聲乃至無所畏聲悉聞十方世界虛空以
佛力故及得自聞世尊若我成就得己利者
願我今者願我今者得知日三昧以三昧力
故增益一切諸善根令得三昧已唯願諸佛
與我受阿耨多羅三藐三菩提記是時王子

佛力故及得自聞世尊為我成就得已利者
願我今者願我今者得知日三昧以三昧力
故增益一切諸善根今得三昧已唯願諸佛
與我受阿耨多羅三藐三菩提記是時王子
說是語已以佛力故即得知日三昧尒時世
尊讚王子言善哉善哉善男子汝所願者甚
深甚深以是深功德因緣故尋時十方如恒
河沙等世界中自然而有七寶妙蓋於上虛
空羅列而住純金為網以覆其上七寶為鈴
垂以莊嚴其鈴常出佛法僧聲乃至无所畏
聲尒時有百千億那由他衆生聞是聲已尋
請阿耨多羅三藐三菩提是故号汝為虛空
日光明尒時佛告虛空日光明菩薩摩訶薩
汝於來世當成阿耨多羅三藐三菩提過一
恒河沙阿僧祇劫入第二恒河沙等阿僧祇
劫東方去此二恒河沙等佛剎有世界名曰
日月汝於是中當成阿耨多羅三藐三菩提
号法自在豐王如來應正遍知明行足善逝
世間解无上士調御丈夫天人師佛世尊尒
時虛空日光明菩薩聞是記已即禮佛足尒
時世尊為虛空日光明而說偈言
善男子今起　善哉自調御　以得時大悲　於一切衆生
度脫令斷苦　畢竟住彼岸　猶慧善分別　今到无上道
善男子尒時虛空日光明菩薩聞是偈已其
心歡喜即起合掌前禮佛足去佛不遠復坐
聽法
尒時寶海梵志復白第七王子善臂言乃至
發心亦復如是尒時王子白佛言我今所願
不欲於此不淨世界成阿耨多羅三藐三菩

聽法
尒時寶海梵志復白第七王子善臂言乃至
發心亦復如是尒時王子白佛言我今所願
不欲於此不淨世界成阿耨多羅三藐三菩
提願我來世所有世界无有地獄畜生餓鬼
女人名字及以胎生須弥諸山大小鐵圍山
陵堆阜石沙穢惡荊蕀惡風木樹聚林大海
江河日月晝夜闇冥鬼處衆生等類无有便
利涕淚汗唾身心不受諸不樂事馬瑙為地
无諸塵土純有百千无量珠寶而莊嚴之无
有諸草唯有妙好勇陀羅華種種寶樹以為
校餝其寶樹上有妙寶蓋復有種種寶衣華
鬘諸寶瓔珞香華伎樂諸寶器物諸寶妙華
以如是等校餝其樹世界之中无有晝夜以
華開合而知時節諸菩薩等於合華中自然
出生既得生已皆得悉見種種莊嚴三昧以三
昧力故得見十方如微塵等諸世界中現在
諸佛於此三昧一念之中具足六通以天耳
故悉聞十方如微塵等世界現在諸佛說法
音聲以宿命智知過去世如一佛土微塵等
劫宿世之事以天眼故悉見十方諸佛世界
種種莊嚴以他心智故於一念中得知如一
佛世界微塵等世界衆生心之所念乃至
成阿耨多羅三藐三菩提終不失是三昧清
旦之時四方有風柔軟清淨吹微妙香及散
諸華以風力故諸菩薩等從三昧起從三昧
起已即得如意通力以是力故於一念
中能到十方一一方面如一佛土微塵等
諸佛世界供養現在諸佛世尊諸受妙法即
一念中還至本土无有異聞諸菩薩等在勇

旦之時四方有風柔濡清淨吹微妙香及常
諸華以風力故諸菩薩等從三昧起從三昧
起已即得如是如意通力以是力故於一念
中能到十方一一方面如一佛土微塵數等
諸佛世界供養現在諸佛世尊諮受妙法即
一念中還至本土无有罣閡諸菩薩等在勇
陁羅華摩訶勇陁羅華臺之中結跏趺坐思
惟法門所謂欲得見我所在方面隨身所向
悉令得見若於深法有疑滯者以見我故尋
得除滅若有聞義欲聽法者以見我故即得
深解无有狐疑所有菩薩深解无我及无我
所是故能捨身根命根一切无乏不退於阿
耨多羅三藐三菩提世界无有一切不善之
名亦无受戒受戒之名毀戒悔過一切衆生
具身皆有三十二相得那羅延力乃至成阿
耨多羅三藐三菩提无有一人天根毀缺不
完具者所有衆生即於生已顏貌自顯默三
法衣得善分別三昧乃至阿耨多羅三藐三
菩提終不中失諸衆生等悉得和合一切善
根无有一人為老病苦所惱諸菩薩命終之
時結跏趺坐入於火定自燒其身燒其身已
四方清風來吹其身舍利散在諸方无佛世
界尋時變作摩尼寶珠如轉輪聖王所有寶
珠若有衆生見觸之者悉令不墮三惡道中
乃至涅槃不受諸苦即得捨身生於他方現
在佛所諮受妙法發阿耨多羅三藐三菩提
心便不退轉所有衆生若命終時其心在定
无有散亂不受諸苦愛別離等命終之後不
墮八難无佛之世乃至成阿耨多羅三藐三
菩提常得見佛諮受妙法供養衆僧一切衆

BD14500 號　悲華經卷四　（24–6）

在佛所諮受妙法發阿耨多羅三藐三菩提
心便不退轉所有衆生若命終時其心在定
无有散亂不受諸苦愛別離等命終之後不
墮八難无佛之世乃至成阿耨多羅三藐三
菩提常得見佛諮受妙法供養衆僧一切衆
生離於貪欲瞋恚愚癡愛(忍)嫉妬无明憍慢世
界无有聲聞緣覺所有大衆純諸菩薩摩訶
薩等无諸具國其心柔濡无有愛濁堅固不
退於阿耨多羅三藐三菩提得諸三昧世界
純有清淨光明十方如微塵等諸佛世界悉
得見聞我之世界所有微妙之音悉遍
十方如微塵等諸佛世界我界衆生常得快
樂未曾聞有受苦之聲世尊我行菩薩道時
不作齊限我今要當在嚴如是清淨佛土衆
生之類皆使清淨遍滿其國然後乃成阿耨
多羅三藐三菩提世尊我成阿耨多羅三藐
三菩提當出无量无邊光明照於十方如千
佛剎微塵數等諸佛世界令彼衆生悉蒙見
我三十二相即時得斷貪欲瞋恚愚癡嫉妬
无明憍慢一切煩惱發阿耨多羅三藐三菩
提心如其所求得陁羅尼三昧忍辱以見我
故寒冰地獄所有衆生悉得煴樂譬如菩薩
入第二禪以見我故身心受於第一妙樂發
阿耨多羅三藐三菩提心若其命終要當生
我佛之世界生已即得不退轉於阿耨多羅
三藐三菩提熱地獄等畜生餓鬼亦復如是
諸天所見光明一倍令我壽命无量无邊无
能數者除一切智世尊我成阿耨多羅三藐
三菩提已令十方无量无邊阿僧祇世界現
在諸佛[illegible]

BD14500 號　悲華經卷四　（24–7）

三藐三菩提并地獄等畜生餓鬼亦復如是
諸天所見光明一倍今我壽命无量无邊无
能數者除一切智世尊我成阿耨多羅三藐
三菩提已令十方无量无邊阿僧祇世界現
在諸佛稱讚於我具餘衆生若得聞是稱讚
我聲願作善根速生我國命終之後必生我
國唯除五逆毀壞正法誹謗聖人世尊我成
阿耨多羅三藐三菩提已十方无量无邊阿
僧祇世界中所有衆生若聞我聲發願欲生
我世界者是諸衆生臨命終時悉令見我與
諸大衆前後圍遶我於尒時入无翳三昧以
三昧力故在於其前而為說法以聞法故尋
得斷除一切苦惱心大歡喜其心喜故得寶
寘三昧以三昧力故令心得念及无生忍命
終之後必生我界若餘世界諸衆生等无有
七財不欲脩集行於三乘不欲生於人天中
者亦不稱行一切善根及三福處非法行者
愛著惡欲專行邪見如是衆生願我入於无
燋惱三昧以三昧力故彼諸衆生若命終時
我與大衆而往其前為說妙法復為示現佛
出所有又勸令發阿耨多羅三藐三菩提心
衆生聞已即於我所心生深信歡喜安樂尋
發阿耨多羅三藐三菩提心令彼衆生得斷
苦惱斷苦惱已便得日燈光明三昧斷於處
聞命終之後尋生我界尒時寶藏如來讚言
善哉善哉汝今乃能作微妙之大願也世尊
若我所願成就得已利者願令十方如微塵
等諸佛世界悉雨憂陁羅娑羅香并栴檀香
牛頭栴檀種種末香若有衆生在在處處聞

善哉善哉汝今乃能作微妙之大願也世尊
若我所願成就得已利者願令十方如微塵
等諸佛世界悉雨憂陁羅娑羅香并栴檀香
牛頭栴檀種種末香若有衆生在在處處聞
是香者悉發阿耨多羅三藐三菩提心令我
今者得金對願三昧以三昧力故悉得遙見
諸世界中所雨諸香善男子尒時王子說是
言已尋得三昧自見十方如微塵數等諸佛
世界所有諸香憂陁婆羅香栴檀之香牛頭
栴檀種種末香及見一一方面有不可計諸
衆生等恭敬叉手發阿耨多羅三藐三菩提
心寶藏如來告王子言善男子汝之所願已
得成就天雨種種諸微妙香已有不可計衆
生恭敬叉手發阿耨多羅三藐三菩提心是
故号汝為師子香汝於來世過一恒河沙等
阿僧祇劫入第二恒河沙等阿僧祇劫上方
去此四十二恒河沙世界微塵數等諸佛世界
有世界名青香光明无垢汝於彼土當得成
阿耨多羅三藐三菩提号光明无垢堅香豐王
如來應正遍知明行足善逝世間解无上士
調御丈夫天人師佛世尊善男子尒時師子
香菩薩禮寶藏如來頭面著地尒時如來為
師子香菩薩而說偈言

天人師起　受諸供養　度脫生死　令離苦惱
斷有結縛　及諸煩惱　來世當作　天人之尊

善男子尒時師子香菩薩聞是偈已心大歡
喜即起合掌去佛不遠復坐聽法
善男子尒時寶海梵志復白第八王子泯圖
言乃至發心亦復如是尒時王子前白佛言

斷有結縛　及諸煩惱　未世當作　天人之尊
善男子尒時師子香菩薩聞是偈已心大歡
喜即起合掌去佛不遠復坐聽法
善男子尒時寶海梵志復白第八王子泯圖
言乃至發心亦復如是尒時王子前白佛言
世尊我今所願要當於是不淨世界脩菩薩
道復當脩治莊嚴十千不淨世界令其嚴淨
如青香光明无垢世界亦當教化无量菩薩
令心清淨无有垢穢皆趣大乘悉使充滿我
之世界然後我當成阿耨多羅三藐三菩提
世尊願我脩行菩薩道時要當勝於餘諸菩
薩世尊我已於七歲之中端坐思惟諸佛菩
薩清淨功德及種種莊嚴佛土功德是時即
得名見種種莊嚴三昧等万一千菩薩三昧
等增進脩行世尊若未來諸菩薩等行菩薩
道時亦願悉得如是三昧世尊願我得出離三
世勝幢三昧以三昧力故悉見十方无量无
邊諸佛世界在在處處現在諸佛出離三世為
諸衆生說於正法世尊願我得不退三昧以
三昧力故於一念中悉見如微塵等諸佛菩
薩及諸聲聞恭敬圍遶願我於此一一佛所
得无依止三昧以三昧力故作變化身一時
遍至如一佛界微塵數等諸如來所供養礼
拜願我一一身以種種无上珍寶華香塗香
末香妙勝伎樂種種莊嚴供養一一諸佛世
尊願我一一身於一一佛所如大海水渧等劫
行菩薩道願我得一切身變化三昧以三昧
力故於一念中在一一佛前知如一佛土微
塵數等諸佛世界世尊願我得功德力三昧
以三昧力故於一一佛前遍到如一佛土微

尊願我一一身於一一佛所如大海水渧等劫
行菩薩道願我得一切身變化三昧以三昧
力故於一念中在一一佛前知如一佛土微
塵數等諸佛世界世尊願我得功德力三昧
以三昧力故於一一佛前遍到如一佛土微
塵數等諸世尊所以微妙讚歎讚歎諸佛世
尊願我得不眴三昧以三昧力故於一念中
悉見諸佛遍滿十方无量无邊世界之中世
尊願我得无諍三昧以三昧力故於一念中
悉見過去未來現在諸佛所有淨世界世尊願
我得首楞嚴三昧以三昧力故化作地獄之
身入地獄中與地獄衆生說微妙法勸令發
阿耨多羅三藐三菩提心彼諸衆生聞是法
已尋發无上菩提之心即便命終生於人中
隨所生處常得值佛隨所值佛而得聽法聽
受法已即得住於不退轉地乾闥婆阿脩羅
迦樓羅緊那羅摩睺羅伽人非人等天龍鬼
神夜叉羅剎毗舍遮富單那伽吒富單那屠
殺魁膾商賈婬女畜生餓鬼如是等衆亦復
如是皆令發阿耨多羅三藐三菩提心有諸
衆生隨所生處得諸色像我亦之身如業所
作隨更苦樂及諸工巧願我變化作如是身
隨其所作而教化之世尊若有衆生各各異
音願我隨其種種音聲而為說法各各歡喜
因其歡喜勸發安心令其不退於阿耨多羅
三藐三菩提世尊我要當教十千佛土所有
衆生令心清淨无有行業煩惱諸毒乃至不
令一人屬於四魔何况多也若我莊嚴十千
佛土如是清淨如光明无垢尊香王佛青香
光明无垢世界所有種種[illegible]莊嚴然後我

三藐三菩提世尊我要當教十千佛出所有
衆生令心清淨无有行業煩惱諸垢乃至不
令一人屬於四魔何况多也若我莊嚴十千
佛出如是清淨如光明无垢尊音王佛青香
光明无垢世界所有種種嚴妙莊嚴無邊我
身及諸眷屬乃當如彼師子香菩薩之所願
也世尊若我所願成就得已利者當令十千諸
佛世界所有衆生斷諸音惱得柔軟心得調
伏心各各自於四天下界見佛世尊現在說
法一切衆生自然而得種種珎寶華香末香
及以塗香種種衣服種種幢幡各各以用供
養於佛供養佛已悉發无上菩提之心世尊
願我今者以悉得見種種莊嚴三昧力故皆
得遠見如是諸事作是語已尋如所願悉得
見之尒時世尊讃弥具言善哉善哉善男
子汝今世界周迊四面一万佛出清淨莊嚴
於未來世復當教化无量衆生令心清淨復
當供養无量无邊諸佛世尊善男子以是因
緣故今改汝字号為普賢於未來世過一恒
恒沙等阿僧祇劫入第二恒河沙等阿僧祇
劫末後分中於北方界去此世界過六十恒
河沙等佛土有世界名知水善淨功德汝當
於中成阿耨多羅三藐三菩提号智剛吼自在
相王如來應正遍知明行足善逝世間解无
上士調御丈夫天人師佛世尊善男子尒時
普賢菩薩摩訶薩頭面着地礼寶藏佛尒時
如來即為普賢菩薩而說偈言
汝起善導師　已得如所願　善能調衆生　皆令得一心
度於煩惱河　及脫諸恩法　來世作燈明　諸天世人師

上士調御丈夫天人師佛世尊善男子尒時
普賢菩薩摩訶薩頭面着地礼寶藏佛尒時
如來即為普賢菩薩而說偈言
汝起善導師　已得如所願　善能調衆生　皆令得一心
度於煩惱河　及脫諸恩法　來世作燈明　諸天世人師
善男子尒時會中有十千人心生懈怠異口
同音作如是言世尊我等來世即於如是嚴
淨佛土成阿耨多羅三藐三菩提所謂普賢
菩薩所脩清淨諸世界也世尊我等要當具
足脩六波羅蜜以具足波羅蜜故各各於諸
佛土成阿耨多羅三藐三菩提善男子尒時
寶藏如來即便為是十千人等授阿耨多羅
三藐三菩提記善男子普賢菩薩成阿耨多
羅三藐三菩提時汝等當於普賢菩薩所脩清
淨万佛出中一時成阿耨多羅三藐三菩提
有一千佛同号智熾尊音王如來應正遍知
明行足善逝世間解无上士調御丈夫天人
師佛世尊復有千佛同号增相尊音王復有
千佛同号善无垢尊音王復有千佛同号離
怖畏尊音王復有千佛同号善无垢光尊音
王復有五百佛同号日音王復有五百佛同号日
藏尊王復有五佛同号樂音尊王復有二佛
同号日光明復有四佛同号龍自在復有八
佛同号離怖佛師子光明復有十佛同号離
音光明復有八佛同号音聲師復有十一佛
同号顯露法音復有九佛同号功德法師子
復有廿佛同号不可思議王復有四十佛同号
寶幢光明尊王復有一佛号覺知尊相王復
有七佛同号不可思議意復有三佛同号智
藏復有十五佛同号知山幢復有五十佛同号

同号顯露法音復有九佛同号功德法積王
復有廿佛同号不可思議王復有四十佛同号
寶幢光明尊王復有一佛号覺知尊相王復
有七佛同号不可思議意復有五佛同号智
藏復有十五佛同号知山幢復有五十佛同号
智海王復有三十佛同号大力尊音王復有
二佛同号山功德劫復有八十佛同号清淨
智慧復有九十佛同号尊相獲王復有百佛
同号善智光焰當音尊王復有八十佛同号
勝尊大海功德智山力王復有四十佛同号
无上善尊提王復有二佛同号知覺山華王
復有二佛同号功德山知覺復有三佛同号
金剛師子復有二佛同号持戒光明復有二
佛号示現增益復有一佛号无量光明復有
三佛同号師子遊戲復有二佛同号无盡智
山復有二佛同号寶光明復有二佛同号无
垢智慧復有九佛号智慧光明復有二佛号
師子稱復有二佛同号功德通王復有二佛
復同号雨法華復有一佛号遊光明復有一
佛号增益山王復有一佛号出法光焰王復
有一佛号音尊王復有一佛号无垢目有復
一佛号大寶藏復有一佛号力光鄣閡王復
有一佛号自知功德力復有一佛号衣服知
足復有一佛号得自在復有一佛号无鄣閡
利益復有一佛号智慧藏復有一佛号大山
王復有一佛号日力藏復有一佛号求功德
復有一佛号華幢杖復有一佛号衆光明復
有一佛号无處功德王復有一佛号金剛上
復有一佛号日法相復有一佛号尊音王復
有一佛号堅持金剛復有一佛号珎寶自在

王復有一佛号日力藏復有一佛号求功德
復有一佛号華幢杖復有一佛号衆光明復
有一佛号无處功德王復有一佛号金剛上
復有一佛号日法相復有一佛号尊音王復
有一佛号堅持金剛復有一佛号珎寶自在
復王有一佛号堅自在幢復有一佛号山劫
復有一佛号雨娛樂復有一佛号增益善法
復有一佛号婆羅王復有二佛同号遍滿大
海功德王復有一佛号智慧和合復有一佛
号智幟復有一佛号華衆復有一佛号世間
尊復有一佛号憂曇鉢華幢復有一佛号法
幢自在王復有一佛号旃檀王復有一佛号
善住復有一佛号精進力復有一佛号幢等
光明復有一佛号日智步復有一佛号日海
幢復有一佛号滅法稱復有一佛号壞魔王
復有一佛号衆光明復有一佛号出智光明
復有一佛号日慧燈復有一佛号安隱王復
有一佛号日智音復有一佛号幢攝取復有
一佛号天金剛復有一佛号種種莊嚴王復
有一佛号无勝智復有一佛号善住意復有
一佛号月王復有一佛号无勝步自在王復
有一佛号濡儺陁王復有八十佛同号師子
步王復有五十佛同号那羅延无勝藏復有
七十佛同号聚集珎寶功德復有三十佛同
号光明藏復有二十佛同号分別星宿稱王
復有二佛同号功德力娑婆王復有九十佛
同号嚴妙音復有一佛号日梵增復有一佛
号提頭賴吒王復有千佛同号蓮華當擇稱
尊王復有六十佛同号光明熾盛王復有三

号光眼藏復有二十佛同号[illegible]
復有二佛同号功德力婆娑王復有九十佛
同号微妙音復有一佛号曰梵增復有一佛
号提頭賴吒王復有千佛同号蓮華香釋師
尊王復有六十佛同号光明熾盛王復有三
十佛同号蓮華香力增復有二佛同号无量
功德大海増復有一佛号閻浮險復有一
百三佛同号功德山幢復有一佛号師子相
復有一百一佛同号龍雷尊華光明王復有
一佛号善趣獲光我甘露功德王劫復有千
佛同号離法增龍王解脫覺世界海眼山王
皆有十号如來應正遍知明行足善逝世間
解无上士調御丈夫天人師佛世尊如是等
佛同共一日一時各各於諸世界成阿耨多
羅三藐三菩提壽命各十中劫御等涅槃亦
同一日般涅槃已所有正法七日即滅善男
子尒時十千人向寶藏佛頭面作禮尒時世
尊為十千人而說偈言
龍王汝起　堅固自在　无上善願　清淨和合
御等用意　疾如猛風　精懃修學　六波羅蜜
未世必成　天人之尊
善男子尒時十千人聞是偈已心生歡喜即
起合掌前禮佛足去佛不遠復坐聽法
善男子尒時寶海梵志復白第九王子蜜蘇
言乃至發心亦復如是尒時王子前白佛言
世尊我行菩薩道時願十方如恒河沙等世
界所有現在諸佛為我作證令於佛前發阿
耨多羅三藐三菩提心世尊願我行菩薩道
時乃至成佛於其中間不生悔心乃至成佛
常作一心无有退轉如說而行如行而說乃

界所有現在諸佛為我作證令於佛前發阿
耨多羅三藐三菩提心世尊願我行菩薩道
時乃至成佛於其中間不生悔心乃至成佛
常作一心无有退轉如說而行如行而說乃
至无有一人來惱我心更不求於聲聞緣覺
不起婬欲恚相之心其心不與睡眠悔憍疑
悔等共亦復不生貪婬煞盜妄語兩舌惡口
綺語貪恚耶見嫉妬憍慢欺誑之心我脩善
薩道乃至成阿耨多羅三藐三菩提中間不
生如是等法乃至成阿耨多羅三藐三菩提
行時步步心心數法常念諸佛得見諸佛諮
受妙法供養衆僧於諸生處常願出家當出
家時即得成就畜掃三衣常在樹下獨坐思惟
作阿蘭若常行乞食不求利養行於知足常
講說法成就无量无鄣閡辯不犯大罪不以
我相為女人說法若說法時恒以空相其心
常念空无之法拱手端坐亦不露齒若有學
習大乘之人而於其所起世尊想恭敬供養
所聞法處亦起佛想於諸沙門婆羅門中故
生恭敬供養尊重除佛世尊於餘衆中不生
分別此是福田此非福田而行布施願我不
於法施人所生嫉妬心若有衆生應被刑戮
願我捨命以救護之若有衆生犯於諸罪願
我以力言說錢財而拔濟之令得解脫若有
在家出家之人有諸罪過願不發露顯現於
人於諸利養名譽等中而常遠離如避火坑
刀劍毒樹世尊若我此願乃至成阿耨多羅
三藐三菩提已悉得成就如今佛前之所願
者令我兩手自然而有千輻天輪所得光明如
天蓮華善男子是時王子說是語已其兩手

刀劍毒樹世尊若我此願乃至成阿耨多羅
三藐三菩提已悉得成就如今佛前之所願
者今我兩手自然而有千輻輪所得光明如
火熾炎善男子是時王子說是語已其兩手
中即尋各有一千輻輪如說而得世尊若我
所願成就速得已利成阿耨多羅三藐三菩
提者我今進此千輻天輪至於无佛五濁世
界是輪當作如是大聲遍滿佛出如難陁龍
王憂波難陁龍王作八音聲遍滿世界其輪
音聲出復如是所謂菩薩更記音聲不失
尊念猶慧之聲備學空法諸佛所有法藏之
聲若有眾生在在處處聞是法聲即得斷除
貪欲瞋恚愚癡憍慢慳悋嫉妬而得寂靜思
惟諸佛甚深猶慧發阿耨多羅三藐三菩提
心善男子尒時王子即遣二輪譬如諸佛神
力捷疾其輪去疾亦復如是遍至十方无佛
惡世為諸眾生出諸菩薩更記音聲不失尊
念猶慧之聲備學空法諸佛所有法藏之聲
在在處處諸眾生等聞是法音即便得斷貪
欲瞋恚愚癡憍慢慳悋嫉妬而得寂靜思惟
諸佛甚深猶慧發阿耨多羅三藐三菩提心其
輪須臾還來在此王子前住善男子尒時寶
藏如來讚王子言善哉善哉善男子汝行菩
薩道所發善願无上眾妙遣此天輪至於无
於佛五濁之世今无量无邊阿僧祇億百千
眾生安心住於无穢濁心心无㤪害勸化發於
阿耨多羅三藐三菩提以是故今改汝字為
阿閦於未來世當為世尊汝今當於佛前如
心所喜願取種種莊嚴佛土尒時阿閦白佛

眾生安心住於无穢濁心心无㤪害勸化發於
阿耨多羅三藐三菩提以是故今改汝字為
阿閦於未來世當為世尊汝今當於佛前如
心所喜願取種種莊嚴佛土尒時阿閦白佛
言世尊我今所願如是種種莊嚴佛土令我
世界純金為地地平如掌多有種種諸天妙
寶遍滿其國无有山陵堆阜土沙礫石荊蕀
之屬其地柔軟譬如天衣行時足下陷入四
寸舉足還復无有地獄畜生餓鬼不淨臭穢
純有諸天微妙上香及曼陁羅摩訶曼陁羅
華遍滿其國所有眾生无有老病各各自在
不相畏怖常不惱他命不中夭臨捨命時心
无悔恨其心決定无有錯謬念思惟諸佛
如來若命終已不墮惡道不生无佛五濁惡
世乃至成阿耨多羅三藐三菩提常得見佛
諮受妙法供養眾僧所有眾生薄婬怒癡皆
行十善世界无有種種江河无有犯罪及犯
罪名亦无天魔諸留難事眾生受形无有惡色亦
不分別尊卑高下一切眾生寂靜无我及无
我所聲聞菩薩乃至夢中不失不淨眾生常
樂求法聽法无有一人生於倒見亦无外道
眾生无有身心疲極皆得五通无有飢渴諸
苦惱事隨其所喜樂種種食飲即有寶器自
然在手有種種食猶如欲界所有諸天无有
涕唾便利之患淡陰汗淚亦无寒熱常有
滯香風鼻身此風香氣微妙具足薰諸天人
不須餘香如是香風隨諸天人所求冷煖皆
使滿足又復有求憂鉢羅華香風又復有求
憂陁娑羅香風有求沈水香風有求多伽羅

濡香風隼身此風香氣微妙具足薰諸天人
不復餘香如是香風隨諸天人所求冷煖皆
使滿足又復有求憂鉢羅華香風又復有求
憂陁娑羅香風有求沈水香風有求多伽羅
香風有求阿伽羅香風有求種種香風如所
悕望於發心時皆得成就除五濁世願我國
土有七寶樓其寶樓中敷七寶狀茵蓐丹枕
細滑柔濡猶如天衣衆生處此寶樓狀榻皆
悉歡樂其樓四邊有好池水其水具足有八
功德衆生隨意而取用之其國多有金多羅
樹種種華菓妙香具足上妙寶衣種種寶蓋
真珠瓔珞而以莊嚴諸衆生等隨意所喜妙
寶衣服即於樹上自然承着華菓香等出復
如是世尊願我菩提之樹純是七寶高千由
由旬樹莖周匝滿一由旬枝葉縱廣滿千由
旬常有微風吹菩提樹其樹出六波羅蜜
根力覺道微妙之聲若有衆生聞此妙聲一
切皆得離於欲心所有女人成就一切諸妙
功德猶如兜術天上天女无有婦人諸不淨
事由吉憍慢嫉妬覆心不與男子隔心交通
若諸男子發婬欲心至女人所以愛心視須
臾之間便得離欲心自散離即便還去得
清淨无垢三昧以三昧力故於諸魔縛而得
解脫更不復生惡欲之心如是女人若見男
子有愛欲心便得任身出得離於婬欲之想
當任身時若懷男女身心无有諸苦惱事常
受快樂如忉利天人身心所受上妙快樂女
人懷任七日七夜所受快樂亦復如是亦如
比丘入第二禪處胎男女不為一切不淨所

BD14500號　悲華經卷四　（24–20）

子有愛欲心便得任身出得離於婬欲之想
當任身時若懷男女身心无有諸苦惱事常
受快樂如忉利天人身心所受上妙快樂女
人懷任七日七夜所受快樂亦復如是亦如
比丘入第二禪處胎男女不為一切不淨所
污滿足七日即便出生當其生時受諸快樂
有微妙香女人產時亦无諸苦如是母子俱
共入水洗浴其身是時女人得如是念以念
力故尋得離欲清淨三昧以三昧力故其心
常定於諸魔縛而得解脫若有衆生宿業成
就應无量世億作女人身以是力故得離女
身乃至涅槃一切女業永滅无餘更不復受
或有衆生宿業成就於无量億劫應處胞胎
受苦惱者願我成阿耨多羅三藐三菩提已
聞我名字即生歡喜生歡喜已尋便命終處
胎即生我之世界尋於生已所受胎身永盡
无餘乃至成阿耨多羅三藐三菩提更不受
胎或有衆生多善根者尋便得來至我世界
蓮華中生或有衆生少善根者要當處胎或
受女人所生我界然後乃得永盡胎身所有
衆生一向純受微妙快樂微風吹此金多羅
樹出微妙聲所謂苦空无我无常等聲聞是
聲者得光明三昧以三昧力故得諸聖道悉
滌三昧世界无有婬欲想聲世尊我坐菩提
樹下於一念中成阿耨多羅三藐三菩提已
願我世界无有日月光明晝夜差別除華開
合我成阿耨多羅三藐三菩提已當以光明
遍照三千大千世界以光明力故令諸衆生
悉得天眼以天眼故得見十方无量无邊諸
佛世界在在處處諸佛世尊現在說法世尊

BD14500號　悲華經卷四　（24–21）

願我世界无有日月光明晝夜差別除業開
令我成阿耨多羅三藐三菩提已當以光明
遍照三千大千世界以光明力故令諸衆生
悉得天眼以天眼故得見十方无量无邊諸
佛世界在在處處諸佛世尊現在說法世尊
我成阿耨多羅三藐三菩提已說於正法令此
音聲遍滿三千大千世界衆生聞者得念佛
三昧衆生或有行住迴轉隨所方面常得見
我若於諸法有疑滯處以見我故即得斷疑
世尊我成阿耨多羅三藐三菩提已十方无
量无邊阿僧祇諸佛世界在在處處所有衆
生若學聲聞若學緣覺若學大乘聞我名者
命終要來生我世界學聲聞人聞我法者得
八解脫阿羅漢果學大乘人聞我法者得深
法忍陀羅尼門及諸三昧不退轉於阿耨多
羅三藐三菩提得无量聲聞以為眷屬其數
无邊无能數者唯除諸佛世尊我成阿耨多
羅三藐三菩提隨所至方舉下足處即有千
葉金蓮華生其華嚴妙有大光明我當進至
无佛之處稱讚我名若有衆生於此華中得
聞稱讚我名字者尋生歡喜種諸善根欲生
我國願命終時悉皆來生我諸大衆出家之
人遠離諂曲姤嫉貢高所門之法姤尊重於
法於諸所須名稱利養心不貴重常樂苦空
无常无我常懃精進尊法依僧若諸菩薩得
不退者皆悉令得能而三昧以三昧故為諸
衆生說般若波羅蜜令離生死乃至成佛於
其中間所可說法不忘不失世尊我成佛已
壽命住世十千大劫般涅槃後正法住世滿

BD14500號　悲華經卷四　（24–22）

不退者皆悉令得能而三昧以三昧故為諸
衆生說般若波羅蜜令離生死乃至成佛於
其中間所可說法不忘不失世尊我成佛已
壽命住世十千大劫般涅槃後正法住世滿
一千劫尒時如來讚阿閦言善哉善哉善男
子汝今已取清淨世界汝於來世過一恒河
沙等阿僧祇劫入第二恒河沙等阿僧祇劫
東方去此千佛世界彼有世界名曰妙樂所
有莊嚴如汝所願皆悉具足汝於是中當成
阿耨多羅三藐三菩提猶號阿閦如來應正
遍知明行足善逝世間解无上士調御丈夫
天人師佛世尊尒時阿閦菩薩白佛言世尊
若我所願成就得已剎者一切世間陰界諸
入所攝衆生皆得慈心无怨賊想及諸穢濁
身心使樂猶如十住諸菩薩等處蓮華上結
跏趺坐三昧正受以三昧力令心无垢是諸
衆生身心使樂亦復如是我今頭面敬禮於
佛唯願此地有金色光善男子尒時阿閦菩
薩尋以頭面敬禮佛足是時一切无量衆生
身心即受大使樂其地亦有金色光明尒時
寶藏如來為阿閦菩薩而說偈言
尊意且起　汝今已令　一切衆生　心无瞋惱
復於衆生　生大悲心　尚手當得　天千輪
淨意當來　為天人尊
善男子尒時阿閦菩薩聞是偈已心大歡喜
即起合掌前禮佛足去佛不遠復坐聽法

悲華經卷第四

一挍

BD14500號　悲華經卷四　（24–23）

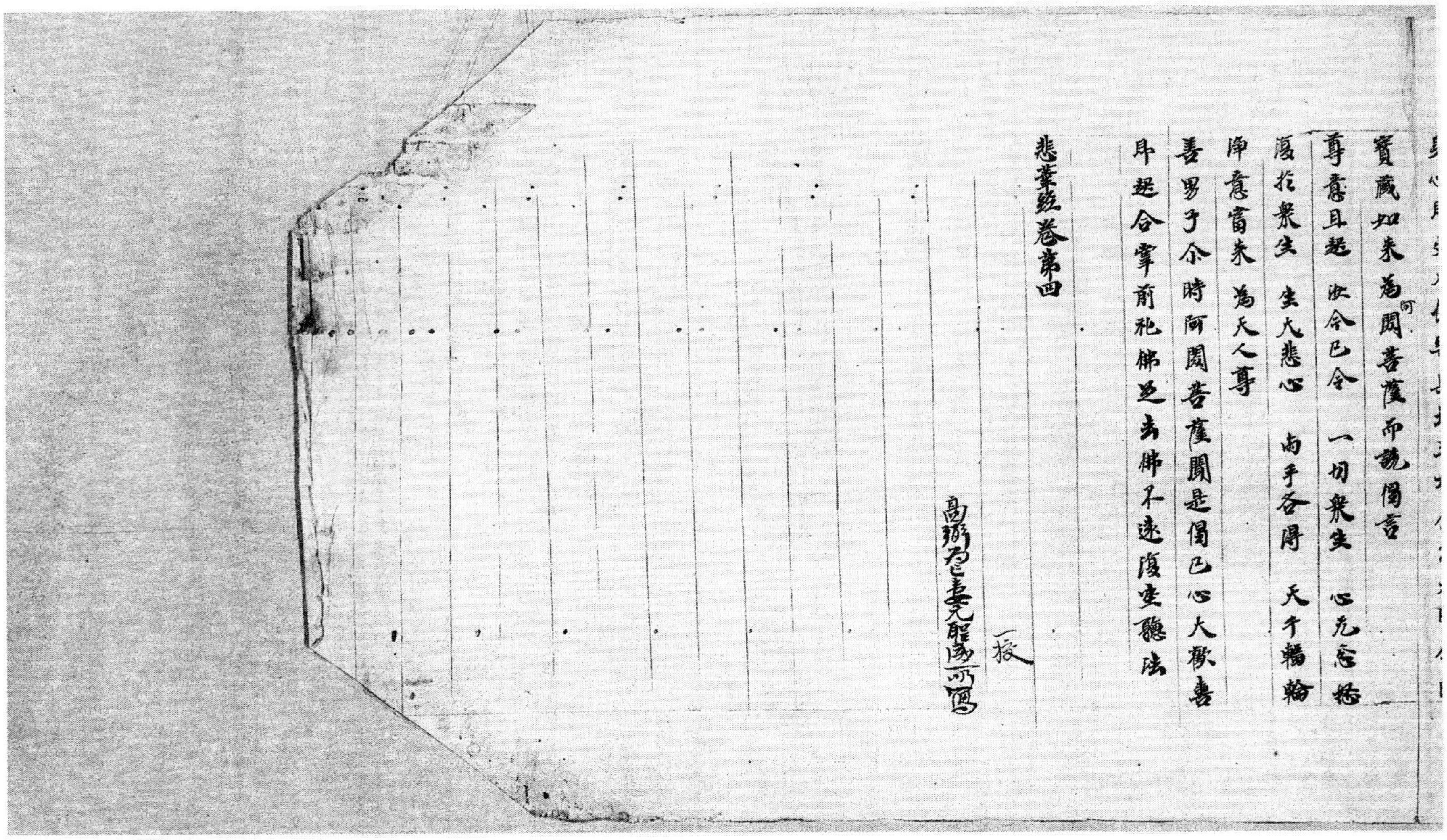

BD14500 號　悲華經卷四　　（24–24）

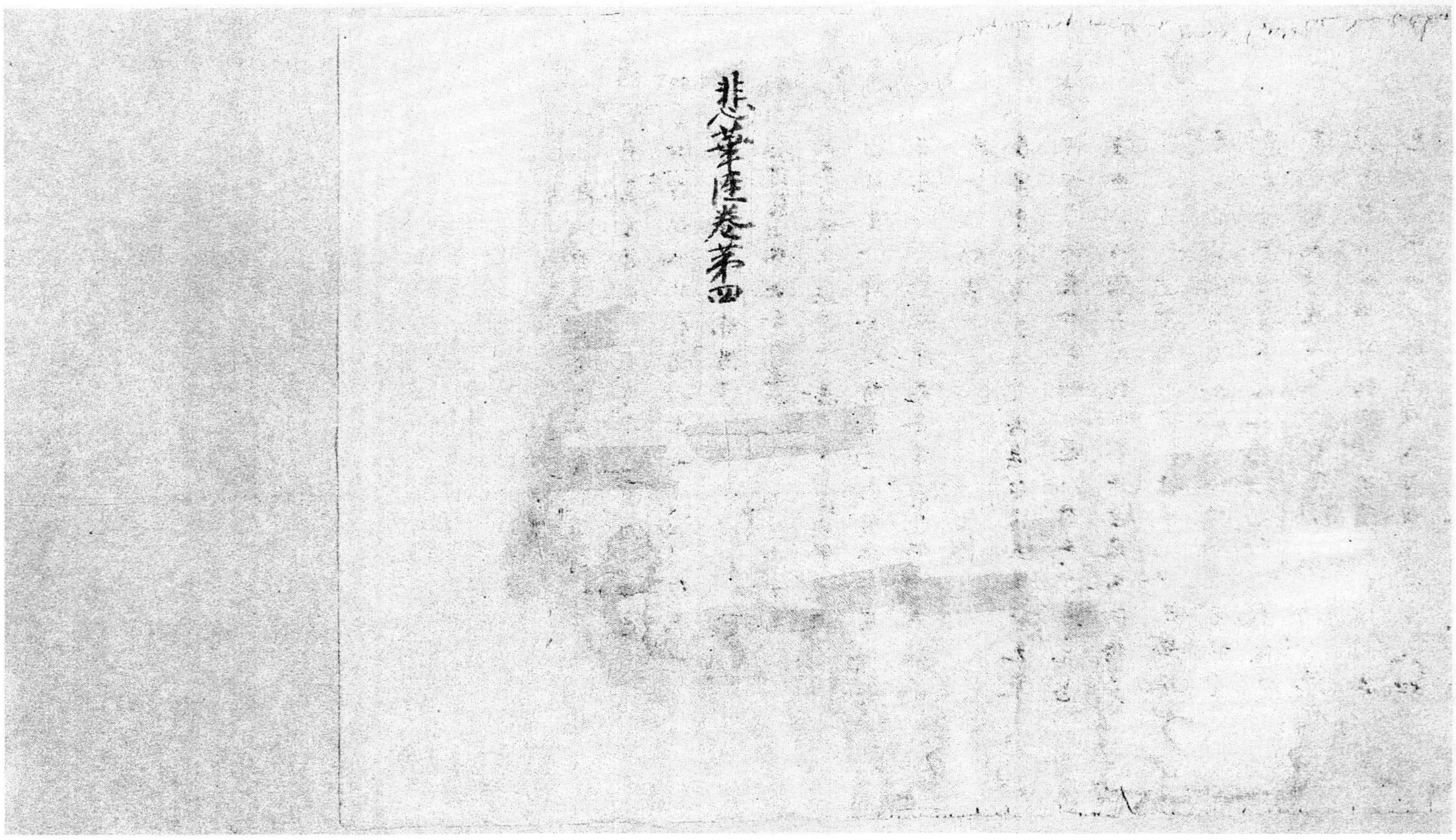

BD14500 號背　勘記　　（1–1）

他化自在
並從摩諸天衆　及三十三天
地水火風神　依妙高山住　七海山神衆　所有諸眷屬
滿財及五頂　日月諸星辰　如是諸衆生　令世間安隱
斯等諸天神　不樂作罪業　敬佛鬼子母　及最小愛兒
天龍藥叉衆　乾闥阿蘇羅　及以緊那羅　莫呼洛伽等
我以世尊力　悉皆申請召　願降慈悲心　與我无礙辯
一切人天衆　能了他心者　皆願加神力　與我妙辯才
乃至盡虛空　周遍於法界　所有含生類　與我妙辯才
尒時辯才天女聞是請已告婆羅門言善哉
大士若有男子女人能依如是呪及呪讚如前
所說受持法式歸敬三寶虔心正念於所求事
皆不唐捐兼復受持讀誦此金光明微
妙經典所願求者无不果遂速得成就除不
至心時婆羅門深心歡喜合掌頂受
尒時佛告辯才天女善哉善哉善女天汝能
流布是妙經王擁護所有受持經者及能利
益一切衆生令得安樂說如是法施與辯才
不可思議得福无量諸發心者速趣菩提
金光明最勝王經大吉祥天女品第十六
尒時大吉祥天女即從座起前禮佛足合掌
恭敬白佛言世尊我若見有苾芻苾芻尼鄔
波索迦鄔波斯迦受持讀誦為人解說是金
光明最勝王經者我當專心恭敬供養此等

BD14501 號　金光明最勝王經卷八　（16–1）

益一切衆生令得安樂說如是法施與辯才
不可思議得福无量諸發心者速趣菩提
金光明最勝王經大吉祥天女品第十六
尒時大吉祥天女即從座起前禮佛足合掌
恭敬白佛言世尊我若見有苾芻苾芻尼鄔
波索迦鄔波斯迦受持讀誦為人解說是金
光明最勝王經者我當專心恭敬供養此等
法師所謂飲食衣服臥具醫藥及餘一切所
須資具皆令圓滿无有乏少若晝若夜於此
經王所有句義觀察思量安樂而住令此經
典於贍部洲廣行流布為彼有情已於无量
百千佛所種善根者常使得聞不速隱沒復
於无量百千億劫當受人天種種勝樂常得
豐稔永除飢饉一切有情恒受安樂亦得值
遇諸佛世尊於未來世速證无上大菩提果
永絕三塗輪迴苦難世尊我念過去有瑠璃
金山寶花光照吉祥功德海如來應正等覺
十号具足我於彼所種諸善根由彼如來慈
悲愍念威神力故令我今日隨所念處隨所
視方隨所至國能令无量百千万億衆生受
諸快樂乃至所須衣服飲食資生之具金銀
瑠璃硨磲瑪瑙珊瑚虎珀真珠等寶悉令充
足若復有至心讀誦是金光明最勝王經亦
當日日燒衆名香及諸妙花為我供養彼
瑠璃金山寶花光照吉祥功德海如來應正
等覺復當每日於三時中稱念我名別以香
花及諸美食供養於我亦常聽受此妙經王
得如是福而說頌曰
由能如是持經故　自身眷屬離諸衰
所須衣食无乏時　威光壽命難窮盡
能使地味常增長　諸天降雨隨時節
令彼天衆咸歡悅　及以園林穀果神

BD14501 號　金光明最勝王經卷八　（16–2）

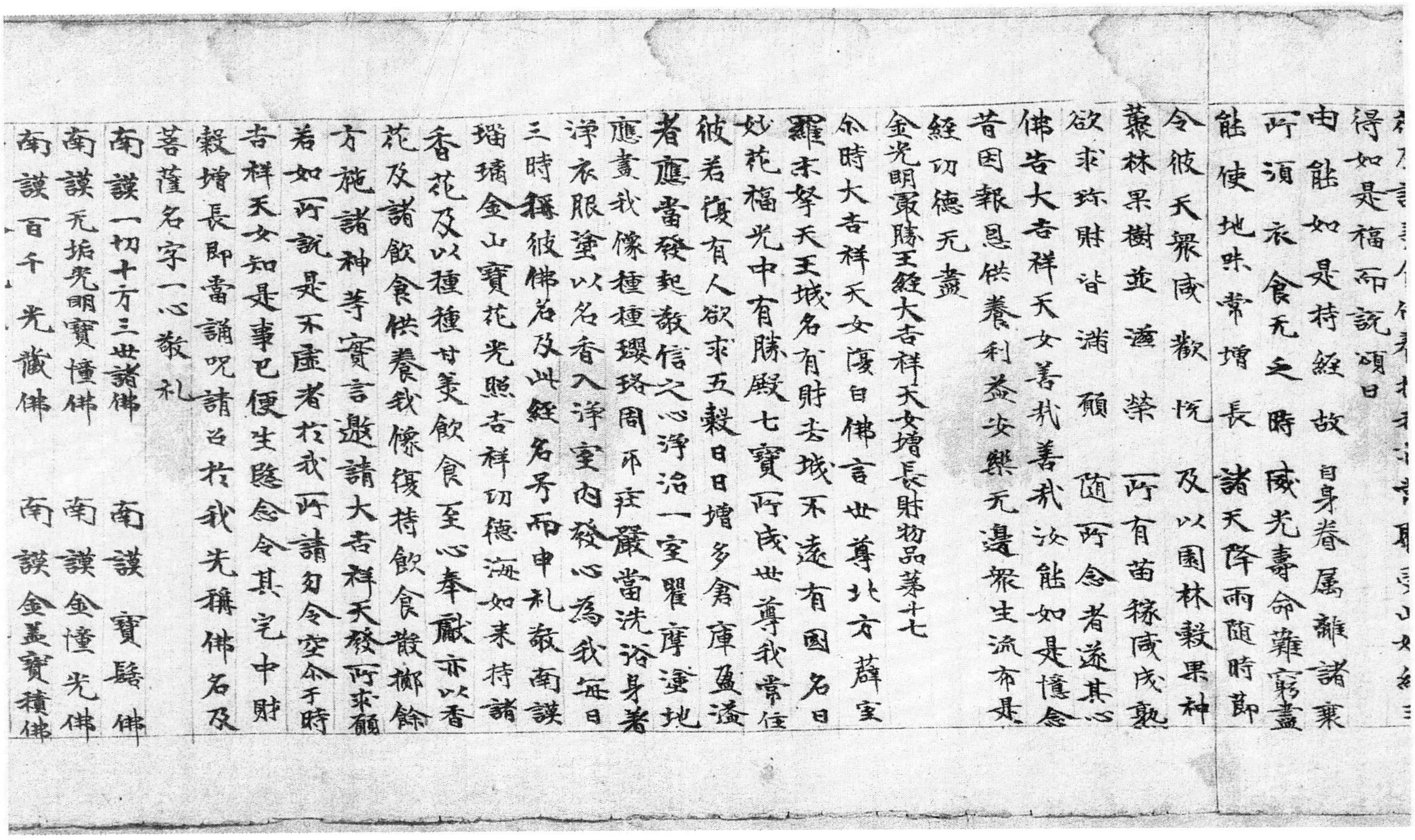

得如是福而說頌曰
由能如是持經故　自身眷屬離諸衰
所須衣食无乏時　威光壽命難窮盡
能使地味常增長　諸天降雨隨時節
令彼天衆咸歡悅　及以園林穀果神
藂林果樹並滋榮　所有苗稼咸成熟
欲求珍財皆滿願　隨所念者遂其心
佛告大吉祥天女善哉善哉汝能如是憶念
昔因報恩供養利益安樂无邊衆生流布是
經功德无盡
金光明最勝王經大吉祥天女增長財物品第十七
尒時大吉祥天女復白佛言世尊北方薛室
羅末拏天王城名有財去城不遠有園名曰
妙花福光中有勝殿七寶所成世尊我常住
彼若復有人欲求五穀日日增多倉庫盈溢
者應當發起敬信之心淨治一室瞿摩塗地
應畫我像種種瓔珞周帀莊嚴當洗浴身著
淨衣服塗以名香入淨室內發心為我每日
三時稱彼佛名及此經名号而申礼敬南謨
瑠璃金山寶花光照吉祥功德海如來持諸
香花及以種種甘美飲食至心奉獻亦以香
花及諸飲食供養我像復持飲食散擲餘
方施諸神等實言邀請大吉祥天發所求願
若如所說是不虛者於我所請勿令空尒于時
吉祥天女知是事已便生隱念令其宅中財
穀增長即當誦呪請召於我先稱佛名及
菩薩名字一心敬礼
南謨一切十方三世諸佛　南謨寶髻佛
南謨无垢光明寶幢佛　南謨金幢光佛
南謨百千光藏佛　南謨金蓋寶積佛

BD14501 號　金光明最勝王經卷八　（16–3）

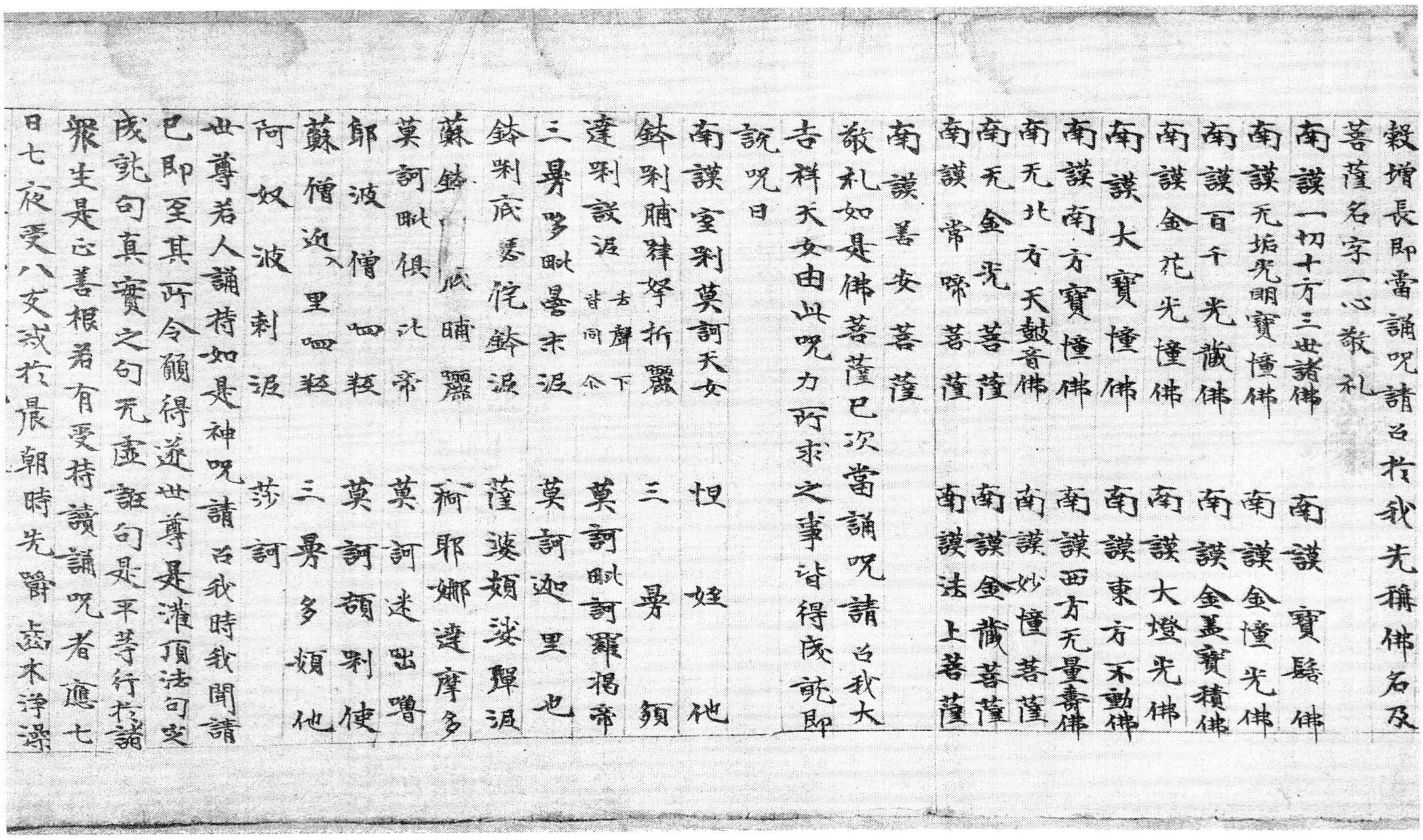

穀增長即當誦呪請召於我先稱佛名及
菩薩名字一心敬礼
南謨一切十方三世諸佛　南謨寶髻佛
南謨无垢光明寶幢佛　南謨金幢光佛
南謨百千光藏佛　南謨金蓋寶積佛
南謨金花光幢佛　南謨大燈光佛
南謨大寶幢佛　南謨東方不動佛
南謨南方寶幢佛　南謨西方无量壽佛
南无北方天鼓音佛　南謨妙幢菩薩
南无金光菩薩　南謨金藏菩薩
南謨常啼菩薩　南謨法上菩薩
南謨善安菩薩
敬礼如是佛菩薩已次當誦呪請召我大
吉祥天女由此呪力所求之事皆得成就即
說呪曰
南謨室唎莫訶天女　怛姪他
鉢唎脯稡拏折囉　三曼多　頞
達唎設泥（去聲下同）　莫訶毗訶羅揭帝
三曼多毗曇末泥　莫訶迦里也
鉢唎底瑟侘鉢泥　薩婆頞他娑彈泥
蘇鉢唎底晡囉　痾耶娜達摩多
莫訶毗俱比帝　莫訶迷咄嚕
鄔波僧四稅　莫訶頡唎使
蘇僧近入里四稅　三曼多頞他
阿奴波剌泥　莎訶
世尊若人誦持如是神呪請召我時我聞請
已即至其所令願得遂世尊是灌頂法句定
成就句真實之句无虛誑句是平等行於諸
衆生是正善根若有受持讀誦呪者應七
日七夜受八支戒於晨朝時先嚼齒木淨漱

BD14501 號　金光明最勝王經卷八　（16–4）

阿 妙 泳 末 泥 莎訶
世尊若人誦持如是神呪請召我時我聞請
已即至其所令願得遂世尊是灌頂法句定
成就句真實之句无虛誑句是平等行於諸
衆生是正善根若有受持讀誦呪者應七
日七夜受八支戒於晨朝時先嚼齒木淨澡
漱已及於晡後香花供養一切諸佛自陳其罪
當為己身及諸含識迴向發願令所希求速
得成就淨治一室或在閑室阿蘭若處瞿摩
為壇燒旃檀香而為供養置一勝座幡蓋莊
嚴名花布列壇內應當至心誦持前呪希望
我至我於尒時即便護念觀察是人來入
其室就座而坐受其供養從是以後當令
彼人於睡夢中得見於我隨所求事以實告
知若聚落空澤及僧住處隨所求者皆
令圓滿金銀財寶牛羊穀麥飲食衣服皆得
隨心受諸快樂既得如是勝妙果報當以上分
供養三寶及施於我廣修法會設諸飲食布
列香花既供養已所有供養貨之取直復為供
養我當終身常住於此擁護是人令无闕乏
隨所希求悉皆稱意亦當時時給濟貧乏不
應慳惜獨為己身常讀是經供養不絕當
以此福普施一切迴向菩提願出生死速得解
脫尒時世尊讚言善哉吉祥天女汝能如是
流布此經不可思議自他俱益

金光明最勝王經堅牢地神品第十八

尒時堅牢地神即於衆中從座而起合掌恭
敬而白佛言世尊是金光明最勝王經若現
在世若未來世若在城邑聚落王宮樓觀及

流布此經不可思議自他俱益
金光明最勝王經堅牢地神品第十八
尒時堅牢地神即於衆中從座而起合掌恭
敬而白佛言世尊是金光明最勝王經若現
在世若未來世若在城邑聚落王宮樓觀及
阿蘭若山澤空林有此經王流布之處世尊
我當往詣其所供養恭敬擁護流通若有
方處為說法師敷置高座演說經者我以神
力不現本身在於座所頂戴其足我得聞法
深心歡喜得飡法味增益威光慶悅无量自
身既得如是利益亦令大地深十六万八千踰
繕那至金剛輪際令其地味悉皆增益乃至
四海所有土地亦使肥濃田疇沃壤倍勝常
日亦復令此贍部洲中江河池沼所有諸樹
藥草藂林種種花果根莖枝葉及諸苗稼
形相可愛衆所樂觀色香具足皆堪受用若
諸有情受用如是勝飲食已長命色力諸根
安隱增益光輝无諸痛惱心慧勇健无不堪
能又此大地凡有所須百千事業皆悉周備
世尊以是因緣諸贍部洲安隱豐樂人民熾
盛无諸衰惱所有衆生皆受安樂既受如是
身心快樂於此經王深加愛敬所在之處皆願
受持供養恭敬尊重讚歎又復於彼說法大
師法座之處悉皆往彼為諸衆生勸請說是
最勝經王何以故世尊由說此經我之自身并
諸眷屬咸蒙利益光暉氣力勇猛威勢顏
容端正倍勝於常世尊我堅牢地神蒙法味已
令贍部洲縱廣七千踰繕那地皆沃壤乃至如
前所有衆生皆受安樂是故世尊時彼衆

諸眷屬咸蒙利益光暉氣力勇猛威勢顏
容端正倍勝於常世尊我堅牢地神蒙法味已
令贍部洲縱廣七千踰繕那地皆沃壤乃至如
前所有衆生皆受安樂是故世尊時彼衆
生為報我恩應作是念我當必定聽受是經
恭敬供養尊重讚歎作是念即從住處城邑
聚落舍宅空地詣法會所頂禮法師聽受是
經既聽受已各還本處心生慶喜共作是言
我等今者得聞甚深无上妙法即是攝受不
可思議功德之聚由經力故我等當值无量
无邊百千俱胝那庾多佛承事供養永離三
塗極苦之處復於來世百千生中常生天上
及在人間受諸勝樂時彼諸人各還本處為
諸人衆說是經王若一喻一品一昔因緣一如
來名一菩薩名一四句頌或復一句為諸衆
生說是經典乃至首題名字世尊隨諸衆生
所住之處其地悉皆沃壤肥濃過於餘處凡
是土地所生之物悉得增長滋茂廣大令諸
衆生受於快樂多饒財好行惠施心常堅
固深信三寶作是語已尒時世尊告堅牢地
神曰若有衆生聞是金光明最勝經王乃至一
句命終之後當得往生三十三天及餘天
處若有衆生為欲供養是經王故莊嚴宅
宇乃至張一傘蓋懸一繒幡由是因緣六天
之上如念受生七寶妙宮隨意受用各各自然
有七千天女共相娛樂日夜常受不可思議
殊勝之樂作是語已尒時堅牢地神白佛言
世尊以是因緣若有四衆昇於法座說是法
時我當晝夜擁護是人自隱其身在於座所

之上如念受生七寶妙宮隨意受用各各自然
有七千天女共相娛樂日夜常受不可思議
殊勝之樂作是語已尒時堅牢地神白佛言
世尊以是因緣若有四衆昇於法座說是法
時我當晝夜擁護是人自隱其身在於座所
頂戴其足世尊如是經典為彼衆生已於百
千佛所種善根者於贍部洲流布不滅是諸
衆生聽斯經者於未來世无量百千俱胝那
庾多劫天上人中常受勝樂得遇諸佛速
成阿耨多羅三藐三菩提不歷三塗生死之苦
尒時堅牢地神白佛言世尊我有心呪能利
人天安樂一切若有男子女人及諸四衆欲
得親見我真身者應當至心持此陀羅尼
隨其所願皆悉遂心所謂資財珍寶伏藏及求
神通長年妙藥并療衆病降伏怨敵制諸異
論當持淨室安置道場洗浴身已著鮮潔衣
踞草座上於有舍利尊像之前或有舍利
制底之所燒香散花飲食供養於白月八日
布灑星合即可誦此請召之呪
怛姪他 只里 只里 主嚕主嚕 句嚕句嚕
拘柱句柱 覩柱 覩柱 縛訶上 縛訶
伐捨 伐捨 莎訶
世尊此之神呪若有四衆誦一百八遍請召
於我我為是人即來赴請又復世尊若有衆
生欲得見我現共語者亦應如前安置
法式誦此神呪
怛姪他 頞折泥去去 頞力剎泥室尸達里
訶訶 呬呬 區嚕 伐囉莎訶
世尊若人持此呪時應誦一百八遍并誦前
呪我必現身隨其所願悉得成就終不虛
然若欲誦此呪持誦護身呪曰

怛姪他頞折泧去 頡力剎泧室尸達里
訶訶呬呬畫嚕去 伐麗莎訶
世尊若人持此呪時應誦一百八遍并誦前
呪我必現身隨其所願悉得成就終不虛
然若欲誦此呪時誦護身呪曰
怛姪他你室里 末捨羯檄捺檄矩檄
勃地上 勃地麗 底檄婢檄矩句檄
佉婆上 只里 莎訶
世尊誦此呪時取五色線誦呪二十一遍作
二十一結繫在左臂肘後即便護身无有所
懼若有至心誦此呪者所求必遂我不妄語
我以佛法僧寶而為要契證知是實
尒時世尊告地神日善哉善哉汝能以是
實語神呪護此經王及說法者以是因緣令
汝獲得无量福報

金光明最勝王經僧慎尒耶藥叉大将品第十九

尒時僧慎尒耶藥叉大将并與二十八部藥
叉諸神於大衆中皆從座起偏袒右肩右膝
著地合掌向佛白言世尊此金光明最勝經
王若現在世及未來世所在宣揚流布之處
若於城邑聚落山澤空林或王宮殿或僧
住處世尊我僧慎尒耶藥叉大将并與二十八
部藥叉諸神俱詣其所各自隱形隨處擁
護彼說法師令離衰惱常受安樂及聽法者
若男若女童男童女於此經中乃至受持一四
句頌或持一句或此經王首題名号及此經中
一如来名一菩薩名發心稱念恭敬供養者
我當救護攝受令无災横離苦得樂世尊
何故我名正了知此之因緣是佛親證我知
諸法我曉一切法隨所有一切法如所有一切

BD14501號　金光明最勝王經卷八　（16–9）

句頌或持一句或此經王首題名号及此經中
一如来名一菩薩名發心稱念恭敬供養者
我當救護攝受令无災横離苦得樂世尊
何故我名正了知此之因緣是佛親證我知
諸法我曉一切法隨所有一切法如所有一切
諸法種類體性差別世尊如是諸法我能
了知我有難思智光我有難思智炬我有難
思智行我有難思智聚我於難思智境而
能通達世尊如我於一切法正智正曉正覺能
正觀察世尊以是因緣我藥叉大将名正了
知以是義故我能令彼說之師言詞辯了
具足莊嚴亦令精氣從毛孔入身力充足威
光勇健難思智光皆得成就得正憶念无
有退屈增益彼身令无衰損諸根安樂常生
歡喜以是因緣為彼有情已於百千佛所殖諸
善根修福業者於贍部洲廣宣流布不速
隱沒彼諸有情聞是經已得不可思議大智
光明及以无量福智之聚於未来世當受无量
俱胝那庾多劫不可思量人天勝樂常與諸
佛共相值遇速證无上正等菩提閻羅之界
三塗極苦不復經過
尒時正了知藥叉大将白佛言世尊我有施羅
尼今對佛前親自陳說為欲饒益憐愍諸有
情故即說呪曰
南謨佛陀引也 南謨達摩也
南謨僧伽引也 南謨䟦羅蚶合大摩也
南謨因達羅也 南謨折出南
莫呂羅闍喃 怛姪他呬里呬里
弭里弭里瞿里 莫訶瞿里健陁里
莫訶健陁里 達羅弭雉

BD14501號　金光明最勝王經卷八　（16–10）

南謨僧伽引也　南謨䟦羅剉舍大摩也
南謨因達羅也　南謨折出南
莫呂羅閻蘭　怛姪他呬里呬里
弭里弭里瞿里　莫訶瞿里健陁里
莫訶健陁里　達羅弭雉
莫訶達羅弭雉　單荼曲勸駈問第去
訶訶訶訶　呬呬呬呬呬
呼呼呼呼　漢魯墨謎瞿墨絰
者者者　只只只主主主
脯荼攝涉之　鉢攞　尸揭羅上　尸揭羅
濕底婆侻　呬　薄伽梵僧慎尒耶莎訶
若復有人於此明呪能受持者我當給與資
生樂具飲食衣服花果珎異或求男女童男
童女金銀珎寶諸瓔珞具我皆供給隨所願
求令无闕乏此之明呪有大威力若誦呪時
我當速至其所令无障礙隨意成就若持
此呪時應知其法先畫一鋪僧慎尒耶藥叉
形像高四五尺手執鉾鑠於此像前作四方壇
安四滿瓶蜜水或沙糖水塗香粖香燒香及
諸花鬘又於壇前作地火爐中安炭火以蘇
摩芥子燒於爐中口誦前呪一百八遍一遍
一燒乃至我藥叉大將自來現身問呪人曰
尒何所須意所求者即以事荅我即隨言
於所求事皆令滿足或須金銀及諸伏藏或
欲神仙乘空而去或求天眼通或知他心事於
一切有情隨意自在令斷煩惱速得解脫皆
得成就
尒時世尊告正了知藥叉大將曰善哉善哉
汝能如是利益一切衆生說此神呪擁護正

欲神仙乘空而去或求天眼通或知他心事於
一切有情隨意自在令斷煩惱速得解脫皆
得成就
尒時世尊告正了知藥叉大將曰善哉善哉
汝能如是利益一切衆生說此神呪擁護正
法福利无邊
金光明最勝王經法正論第廿
尒時此大地神女名曰堅牢於大衆中從座
而起頂礼佛足合掌恭敬白佛言世尊於諸
國中為人王者若无正法不能治國安養衆
生及以自身長居勝位唯願世尊慈悲哀愍
當為我說王法正論治國之要令諸人王得
聞法已如說脩行正化於世能令勝位永保
安寧國內居人咸蒙利益
尒時世尊於大衆中告堅牢地神曰汝當諦
聽過去有王名力尊幢其王有子名曰妙幢
受灌頂位未久之頃尒時父王告妙幢言有
王法正論名天主教法我於昔時受灌頂位
而為國主我之父王名智力尊幢為我說是
王法正論我依此論於二万歲善治國土我
不曾憶起一念心行於非法汝於今日亦應
如是勿以非法而治於國云何名為王法正論
汝今善聽當為汝說尒時力尊幢王即為
其子以妙伽他說正論曰
我說王法論　利安諸有情　為斷世間疑　滅除衆過失
一切諸天主　及以人中王　當生歡喜心　合掌聽我說
往昔諸天衆　集在金剛山　四王從座起　請問於大梵
梵主最勝尊　天中大自在　願哀愍我等　為斷諸疑惑
云何處人世　而得名為天　復以何因緣　號名曰天子

其子以妙伽他說正論曰
我說王法論　利安諸有情　為斷世間疑　滅除衆過失
一切諸天主　及以人中王　當生歡喜心　合掌聽我說
往昔諸天衆　集在金剛山　四王從座起　請問於大梵
梵王最勝尊　天中大自在　願哀愍我等　為斷諸疑惑
云何處人世　而得名為天　復以何因緣　号名曰天子
云何生人間　獨得為人主　云何在天上　復得作天王
如是護世間　問彼梵王已　尒時梵天王　即便為彼說
護世汝當知　為利有情故　問我治國法　我說應善聽
由先善業力　生天得作王　若在於人中　統領為人主
諸天共加護　然後入母胎　既至母胎中　諸天復守護
雖生在人世　尊勝故名天　由諸天護持　亦得名天子
三十三天主　分力助人王　及一切諸天　亦資自在力
除滅諸非法　惡業令不生　教有情修善　使得生天上
人及蘇羅衆　并健闥婆等　羅剎栴荼羅　悉皆資半力
父母資半力　令捨惡修善　諸天共護持　示其善惡報
若造善惡業　令於現世中　諸天共護持　示其善惡報
國人造惡業　王捨不禁制　斯非順正理　治擯當如法
若見惡不遮　非法便滋長　遂令王國內　姧詐日增多
王見國中人　造惡不遮止　三十三天衆　咸生忿怒心
因此損國政　諂偽行世間　被他怨敵侵　破壞其國土
居家及資具　積財皆散失　種種諂誑生　更互相侵奪
由正法得王　而不行其法　國人皆破散　如象蹋蓮池
惡風起无恒　暴雨非時下　妖星多變怪　日月蝕无光
五穀衆花果　菓實皆不成　國土遭飢饉　由王捨正法
若王捨正法　以惡法化人　諸天處本宮　見已生憂惱
彼諸天王衆　共作如是言　此王作非法　惡黨相親附
王位不久安　諸天皆忿恨　由彼懷忿恨　其國當敗亡
以非法教人　流行於國內　鬪諍多姧偽　疾疫生衆苦

BD14501號　金光明最勝王經卷八　（16–13）

若王捨正法　以惡法化人　諸天處本宮　見已生憂惱
彼諸天王衆　共作如是言　此王作非法　惡黨相親附
王位不久安　諸天皆忿恨　由彼懷忿恨　其國當敗亡
以非法教人　流行於國內　鬪諍多姧偽　疾疫生衆苦
天主不護念　餘天咸捨棄　國土當滅亡　王身受苦厄
父母及妻子　兄弟并姉妹　俱遭愛別離　乃至身亡歿
變怪流星墮　二日俱時出　他方怨賊來　國人遭喪乱
國所重大臣　枉横而身死　所愛象馬等　亦復皆散失
處處有兵戈　人多非法死　惡鬼來入國　疾疫遍流行
國中最大臣　及以諸輔相　其心懷諂佞　並悉行非法
見行非法者　而生於愛敬　於行善法人　苦楚而治罰
由愛敬惡人　治罰善人故　星宿及風雨　皆不以時行
有三種過生　正法當隱沒　衆生无光色　地肥皆下沉
由敬惡輕善　復有三種過　非時降霜雹　飢疫苦流行
穀稼諸果實　滋味皆損減　於其國土中　衆生多疾病
國中諸樹林　先生甘美果　由斯皆損減　苦澀无滋味
先有妙園林　可愛遊戲處　忽然皆枯悴　見者生憂惱
稻麦諸果實　美味漸消亡　食時心不喜　何能長諸大
衆生光色滅　勢力盡衰微　食噉雖復多　不能令飽足
於其國界中　所有衆生類　少力无勇勢　所作不堪能
國人多疾患　衆苦逼其身　鬼魅遍流行　隨處生羅剎
若王作非法　親近於惡人　令三種世間　因斯受衰損
如是无邊過　出在於國中　皆由見惡人　棄捨不治擯
由諸天加護　得作於國王　而不以正法　守護於國界
若人修善行　當得生天上　若造惡業者　死必墮三塗
若王見國人　縱其造過失　三十三天衆　皆生熱惱心
不順諸天教　及以父母言　此是非法人　非王非孝子
若於自國中　見行非法者　如法當治罰　不應生捨棄

BD14501號　金光明最勝王經卷八　（16–14）

若人修善行　當得生天上　若造惡業者　死必墮三塗
若王見國人　縱其造過失　三十三天衆　皆生熱惱心
不順諸天教　及以父母言　此是非法人　非王非孝子
若於自國中　見行非法者　如法當治罰　不應生捨棄
是故諸天衆　皆護持此王　以滅諸惡法　能修善根故
王於此世中　必招於現報　由於善惡業　行捨勸衆生
為示善惡報　故得作人王　諸天共護持　一切咸隨喜
由自利利他　治國以正法　見有諂侫者　應當如法治
假使失王位　及以害命緣　終不行惡法　見惡而捨棄
害中極重者　無過失國位　皆由諂侫人　為此當治罰
若有諂誑人　當失於國位　由斯損王政　如象入花園
天主皆瞋恨　阿蘇羅亦然　以彼為人王　不以法治國
是故應如法　治罰於惡人　以善化衆生　不順於非法
能捨於身命　不隨非法友　於親及非親　平等觀一切
若為正法王　國內无偏黨　法王有名稱　普聞三界中
三十三天衆　歡喜作是言　贍部洲法王　彼即是我子
以善化衆生　正法治於國　勸行於正法　當令生我宮
天及諸天子　及以蘇羅衆　因王正法化　常得心歡喜
天衆皆歡喜　共護於人王　衆星依位行　日月无乖度
和風常應節　甘雨順時行　苗實皆善成　人无飢饉者
一切諸天衆　充滿於自宮　是故汝人王　忘身弘正法
應尊重法寶　由斯衆安樂　常觀親正法　功德自莊嚴
眷屬常歡喜　能遠離諸惡　以法化衆生　恒令得安隱
令彼一切人　修行於十善　率土常豐樂　國土得安隱
王以法化人　善調於惡行　常得好名稱　安樂諸衆生
爾時大地一切人王及諸大衆聞佛說此古
昔人王治國要法得未曾有皆大歡喜信
受奉行

BD14501 號　金光明最勝王經卷八　（16–15）

三十三天衆　歡喜作是言　贍部洲法王　彼即是我子
以善化衆生　正法治於國　勸行於正法　當令生我宮
天及諸天子　及以蘇羅衆　因王正法化　常得心歡喜
天衆皆歡喜　共護於人王　衆星依位行　日月无乖度
和風常應節　甘雨順時行　苗實皆善成　人无飢饉者
一切諸天衆　充滿於自宮　是故汝人王　忘身弘正法
應尊重法寶　由斯衆安樂　常觀親正法　功德自莊嚴
眷屬常歡喜　能遠離諸惡　以法化衆生　恒令得安隱
令彼一切人　修行於十善　率土常豐樂　國土得安隱
王以法化人　善調於惡行　常得好名稱　安樂諸衆生
爾時大地一切人王及諸大衆聞佛說此古
昔人王治國要法得未曾有皆大歡喜信
受奉行

金光明最勝王經卷第八

從丙寅至代限三年已來所有煞害生命冤
債負命怨家債主並願乘茲金光明經速得
生天更莫作怨家債主願解怨釋結并奉
太山府君　平等大王　五道大神　天曹地府
伺命伺錄　土府水官　行病鬼王　疫使等
并府君諸郎君　胡使錄公使者　舅母關官保
人可韓及兼風伯雨師諸善知識等同霑此福

BD14501 號　金光明最勝王經卷八　（16–16）

大般若波羅蜜多經卷第八十一
初分天帝品第二十二之五　三藏法師玄奘奉　詔譯
善現如來之心不住布施波羅蜜多不住淨戒
安忍精進靜慮般若波羅蜜多何以故以
布施波羅蜜多等不可得故善現如來之心
不住四靜慮不住四无量四无色定何以故以
四靜慮等不可得故善現如來之心不住八
解脫不住八勝處九次第定十遍處何以
故以八解脫等不可得故善現如來之心不
住四念住不住四正斷四神足五根五力七
等覺支八聖道支何以故以四念住等不可
得故善現如來之心不住空解脫門不住无
相无願解脫門何以故以空解脫門等不可
得故善現如來之心不住五眼不住六神道
何以故以五眼等不可得故善現如來之心
不住佛十力不住四无所畏四无礙解大慈
大悲大喜大捨十八佛不共法何以故以佛
十力等不可得故善現如來之心不住无忘

BD14502 號　大般若波羅蜜多經卷八一　（23–1）

得故善現如來之心住五眼不住六神道
何以故以五眼等不可得故善現如來之心
不住佛十力不住四无所畏四无礙解大慈
大悲大喜大捨十八佛不共法何以故以佛
十力等不可得故善現如來之心不住无忘
失法不住恒住捨性何以故以无忘失法等
不可得故善現如來之心不住一切陀羅尼
門不住一切三摩地門何以故以一切陀羅尼
門等不可得故善現如來之心不住一切
智不住道相智一切相智何以故以一切智
等不可得故善現如來之心不住聲聞乘不
住獨覺乘无上乘何以故以聲聞乘等不可
得故善現如來之心不住預流及預流向果
不住一來不還阿羅漢及一來不還阿羅漢
向果何以故以預流等不可得故善現如來
之心不住獨覺及獨覺菩提不住菩薩如
來及菩薩如來法何以故以獨覺等不可得
故善現如來之心不住極喜地及法不住離垢
地發光地焰慧地極難勝地現前地遠行地
不動地善慧地法雲地及法何以故以極喜
地等不可得故善現如來之心不住異生地
及法不住種性地第八地具見地薄地離欲
地已辦地獨覺地菩薩地如來地及法何以
故以異生地等不可得故如是善現如來之
心於一切法都无所住亦非不住
時具壽善現謂舍利子言如是菩薩摩訶薩

BD14502 號　大般若波羅蜜多經卷八一　（23–2）

地已辦地獨覺地菩薩地如來地及法何以
故以異生地等不可得故如是善現如來之
心於一切法都无所住亦非不住
時具壽善現謂舍利子言如是菩薩摩訶薩
雖住般若波羅蜜多而同如來於一切法都
无所住亦非不住所以者何舍利子菩薩摩
訶薩雖住般若波羅蜜多而於色非住非不
住於受想行識亦非住非不住何以故以色
蘊等无二相故舍利子菩薩摩訶薩雖住般
若波羅蜜多而於眼處非住非不住於耳鼻
舌身意處亦非住非不住何以故以眼處等
无二相故舍利子菩薩摩訶薩雖住般若波
羅蜜多而於色處非住非不住於聲香味
觸法處亦非住非不住何以故以色處等无二
相故舍利子菩薩摩訶薩雖住般若波羅蜜
多而於眼界非住非不住於色界眼識界及
眼觸眼觸為緣所生諸受亦非住非不住何
以故以眼界等无二相故舍利子菩薩摩訶
薩雖住般若波羅蜜多而於耳界非住非不
住於聲界耳識界及耳觸耳觸為緣所生諸
受亦非住非不住何以故以耳界等无二
相故舍利子菩薩摩訶薩雖住般若波羅蜜
多而於鼻界非住非不住於香界鼻識界
及鼻觸鼻觸所生諸受亦非住非不住何
以故以鼻界等无二相故舍利子菩薩摩
訶薩雖住般若波羅蜜多而於舌界非住

BD14502 號　大般若波羅蜜多經卷八一　（23-3）

多而於鼻界非住非不住於香界鼻識界
及鼻觸鼻觸所生諸受亦非住非不住何
以故以鼻界等无二相故舍利子菩薩摩
訶薩雖住般若波羅蜜多而於舌界非住
非不住於味界舌識界及舌觸舌觸為緣
所生諸受亦非住非不住何以故以舌界等
无二相故舍利子菩薩摩訶薩雖住般若
波羅蜜多而於身界非住非不住於觸界
身識界及身觸身觸為緣所生諸受亦非
住非不住何以故以身界等无二相故舍利
子菩薩摩訶薩雖住般若波羅蜜多而
於意界非住非不住於法界意識界及意
觸意觸為緣所生諸受亦非住非不住何
以故以意界等二无相故舍利子菩薩摩
訶薩雖住般若波羅蜜多而於地界非住
非不住於水火風空識界亦非住非不
住何以故以地界等无二相故舍利子菩
薩摩訶薩雖住般若波羅蜜多而於苦聖
諦非住非不住於集滅道聖諦亦非住
非不住何以故以苦聖諦等无二相故舍
利子菩薩摩訶薩雖住般若波羅蜜多
而於无明非住非不住於行識名色六處
觸受愛取有生老死愁歎苦憂惱亦非
住非不住何以故以无明等无二相故舍利
子菩薩摩訶薩雖住般若波羅蜜多而於

BD14502 號　大般若波羅蜜多經卷八一　（23-4）

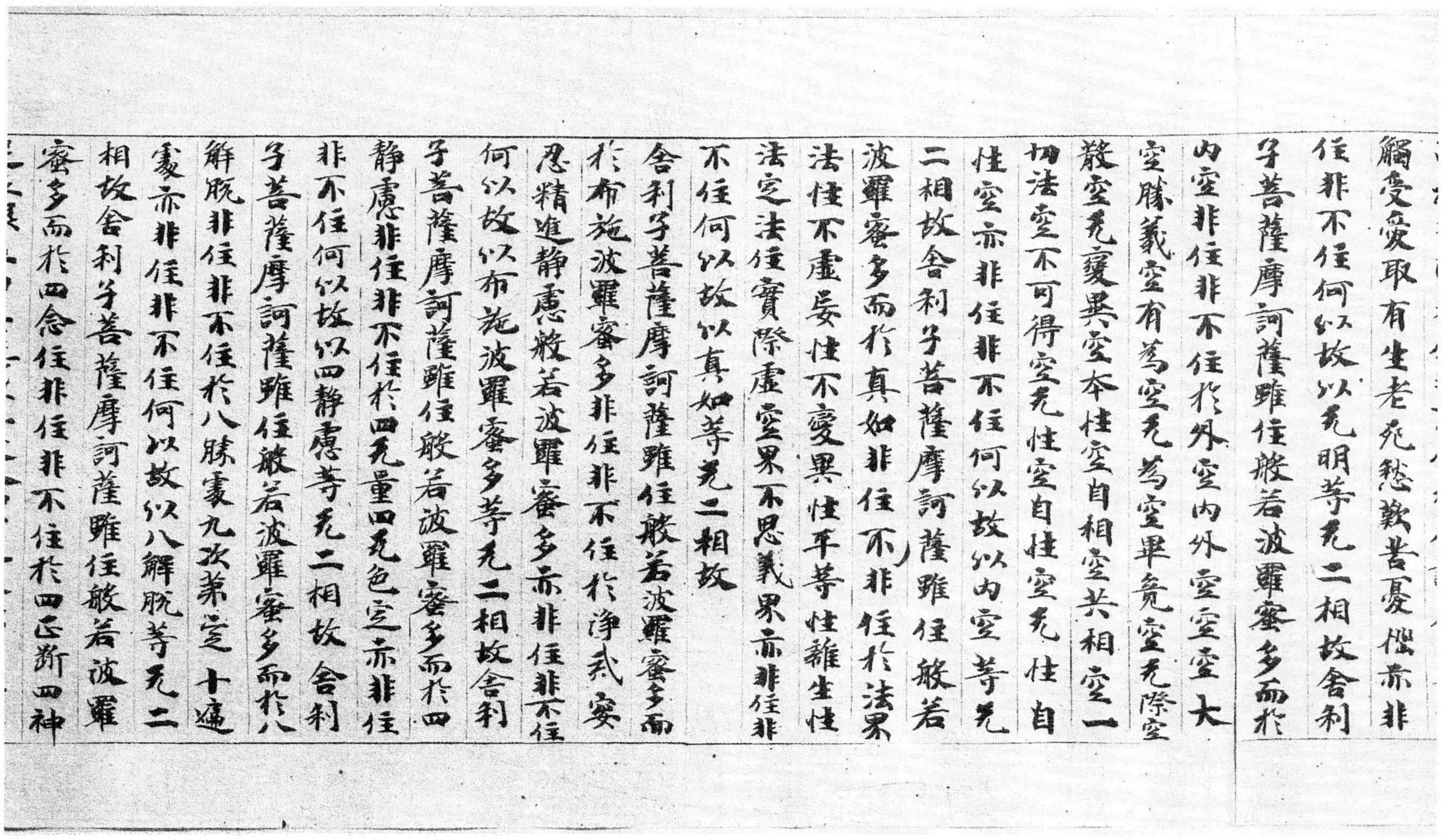
觸受愛取有生老死愁歎苦憂惱亦非
住非不住何以故以无明等无二相故舍利
子菩薩摩訶薩雖住般若波羅蜜多而於
內空非住非不住於外空內外空空空大
空勝義空有為空无為空畢竟空无際空
散空无變異空本性空自相空共相空一
切法空不可得空无性空自性空无性自
性空亦非住非不住何以故以內空等无
二相故舍利子菩薩摩訶薩雖住般若
波羅蜜多而於真如非住不非住於法界
法性不虛妄性不變異性平等性離生性
法定法住實際虛空界不思議界亦非住非
不住何以故以真如等无二相故
舍利子菩薩摩訶薩雖住般若波羅蜜多而
於布施波羅蜜多非住非不住於淨戒安
忍精進靜慮般若波羅蜜多亦非住非不住
何以故以布施波羅蜜多等无二相故舍利
子菩薩摩訶薩雖住般若波羅蜜多而於四
靜慮非住非不住於四无量四无色定亦非住
非不住何以故以四靜慮等无二相故舍利
子菩薩摩訶薩雖住般若波羅蜜多而於八
解脫非住非不住於八勝處九次第定十遍
處亦非住非不住何以故以八解脫等无二
相故舍利子菩薩摩訶薩雖住般若波羅
蜜多而於四念住非住非不住於四正斷四神

BD14502號　大般若波羅蜜多經卷八一　（23–5）

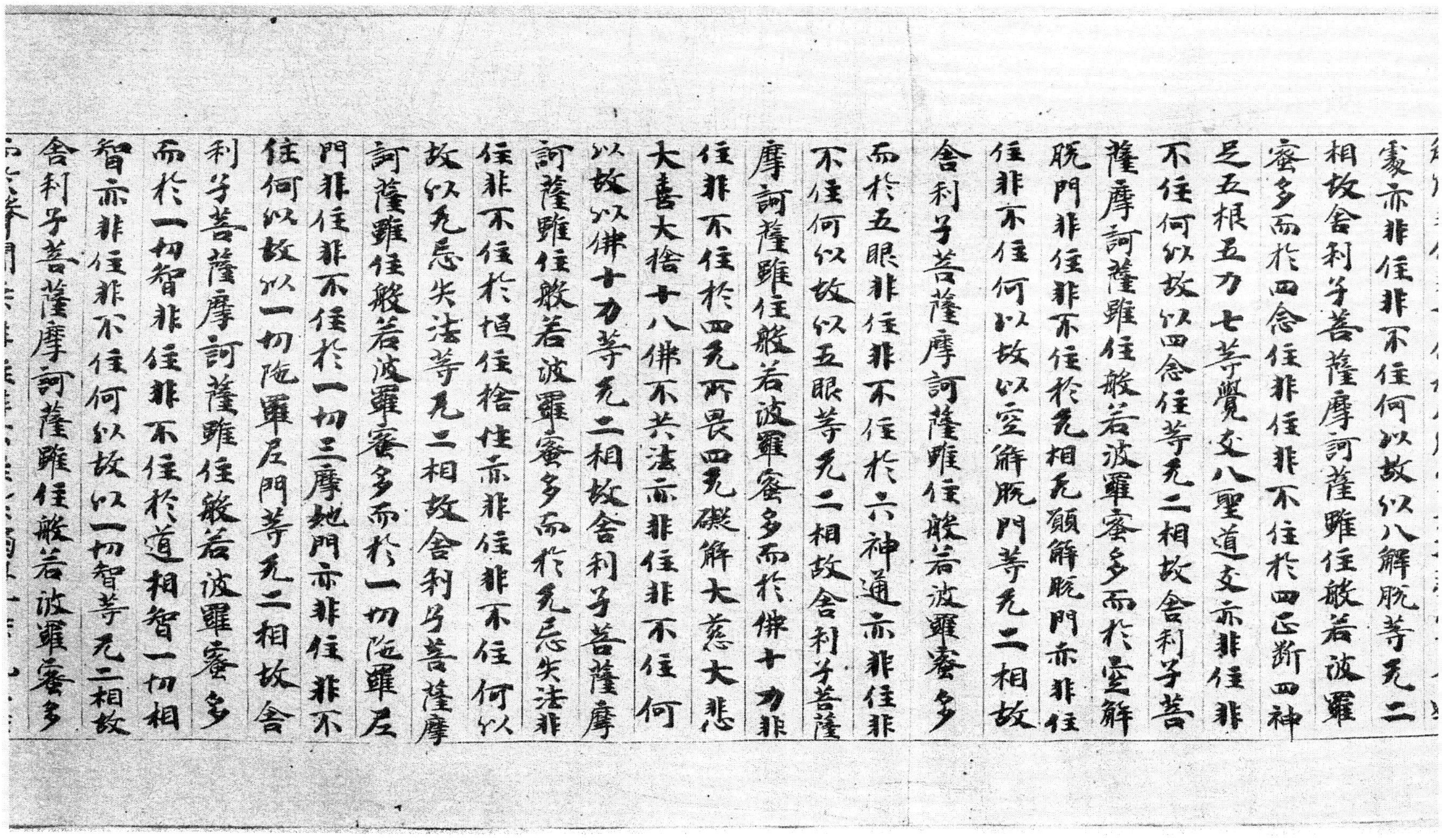
處亦非住非不住何以故以八解脫等无二
相故舍利子菩薩摩訶薩雖住般若波羅
蜜多而於四念住非住非不住於四正斷四神
足五根五力七等覺支八聖道支亦非住非
不住何以故以四念住等无二相故舍利子菩
薩摩訶薩雖住般若波羅蜜多而於空解
脫門非住非不住於无相无願解脫門亦非住
非不住何以故以空解脫門等无二相故
舍利子菩薩摩訶薩雖住般若波羅蜜多
而於五眼非住非不住於六神通亦非住非
不住何以故以五眼等无二相故舍利子菩薩
摩訶薩雖住般若波羅蜜多而於佛十力非
住非不住於四无所畏四无礙解大慈大悲
大喜大捨十八佛不共法亦非住非不住何
以故以佛十力等无二相故舍利子菩薩摩
訶薩雖住般若波羅蜜多而於无忘失法非
住非不住於恒住捨性亦非住非不住何以
故以无忘失法等无二相故舍利子菩薩摩
訶薩雖住般若波羅蜜多而於一切陀羅尼
門非住非不住於一切三摩地門亦非住非不
住何以故以一切陀羅尼門等无二相故舍
利子菩薩摩訶薩雖住般若波羅蜜多
而於一切智非住非不住於道相智一切相
智亦非住非不住何以故以一切智等无二相故
舍利子菩薩摩訶薩雖住般若波羅蜜多

BD14502號　大般若波羅蜜多經卷八一　（23–6）

利子菩薩摩訶薩雖住般若波羅蜜多
而於一切智非住非不住於道相智一切相
智亦非住非不住何以故以一切智等无二相故
舍利子菩薩摩訶薩雖住般若波羅蜜多
而於聲聞乘非住非不住於獨覺乘无上乘
亦非住非不住何以故以聲聞乘等无二相
故舍利子菩薩摩訶薩雖住般若波羅蜜多
而於預流及預流向果非住非不住於一來
不還阿羅漢及一來不還阿羅漢向果亦非
住非不住何以故以預流等无二相故舍利子
菩薩摩訶薩雖住般若波羅蜜多而於獨
覺及獨覺菩提非住非不住於菩薩如來
及菩薩如來法亦非住非不住何以故以獨
覺等无二相故舍利子菩薩摩訶薩雖住般
若波羅蜜多而於極喜地及法非住非不住
於離垢地發光地焰慧地極難勝地現前地遠
行地不動地善慧地法雲地及法亦非住非
不住何以故以極喜地等无二相故舍利子菩
薩摩訶薩雖住般若波羅蜜多而於異
生地及法非住非不住於種性地第八地具見
地薄地離欲地已辦地獨覺地菩薩地如來
地及法亦非住非不住何以故以異生地等无
二相故舍利子菩薩摩訶薩於般若波羅
蜜多隨非住非不住以无所得為方便應
如是學
初分諸天子品第二十三

二相故舍利子菩薩摩訶薩於般若波羅
蜜多隨非住非不住以无所得為方便應
如是學
初分諸天子品第二十三
尒時會中有諸天子竊作是念諸藥叉等言
詞呪句雖復隱密而尚可知尊者善現於此
般若波羅蜜多雖以種種言詞顯示而我等
輩竟不能解善現知彼心之所念便告之言
汝等天子於我所說不能解耶諸天子言如
是如是具壽善現復告彼言我曾於此不說
一字汝亦不聞當何所解何以故甚深般若
波羅蜜多文字言說皆遠離故由此於中說
者聽者及能解者皆不可得一切如來應
正等覺所證无上正等菩提其相甚深亦復
如是天子當知如佛化身化作无量苾芻苾
芻尼鄔波索迦鄔波斯迦俱來集會復化
作一能說法人於此衆中宣揚妙法於意
云何是中有實能說能聽能解者不諸天
子言不也大德善現告言如是天子一切法
皆如化故般若中說者聽者及能解者都
不可得天子當知如在夢中夢見有佛教誡
教授菩薩聲聞於意云何是中有實能說
能聽能解者不諸天子言不也大德善現
告言如是天子一切法皆如夢故般若中說
者聽者及能解者都不可得天子當知如
有二人處一山谷各在一面讚佛法僧俱時

能聽能解者不諸天子言不也大德善現
告言如是天子一切法皆如夢故般若中說
者聽者及能解者都不可得天子當知如
有二人處一山谷各住一面讚佛法僧俱時
響於意云何此二響聲能互相聞互相雜
諸天子言不也大德善現告言如是天子一切法
皆如響故般若中說者聽者及能解者都
不可得天子當知如巧幻師或彼弟子於四
衢道幻作四衆及一佛身處中說法於意云
何是中有實能說能聽能解者不諸天
子言不也大德善現告言如是天子一切法
皆如幻故般若中說者聽者及能解者都
不可得
時諸天子復作是念尊者善現於此般若
波羅蜜多雖復種種方便顯說欲令易解而
其意趣甚深轉甚深微細更微細難可測
度善現知彼心之所念便告之曰天子當知
色非甚深非微細受想行識亦非甚深非
微細何以故色深細性不可得故受想行識深
細性亦不可得故天子當知眼處非甚深非微
細耳鼻舌身意處亦非甚深非微細何以故
眼處深細性不可得故耳鼻舌身意處深細
性亦不可得故天子當知色處非甚深非微
細聲香味觸法處亦非甚深非微細何以故
色處深細性不可得故聲香味觸法處深細
性亦不可得故天子當知眼界非甚深非微

BD14502 號　大般若波羅蜜多經卷八一　（23-9）

眼處深細性不可得故耳鼻舌身意處深細
性亦不可得故天子當知色處非甚深非微
細聲香味觸法處亦非甚深非微細何以故
色處深細性不可得故聲香味觸法處深細
性亦不可得故天子當知眼界非甚深非微細
色界眼識界及眼觸眼觸為緣所生諸受
亦非甚深非微細何以故眼界深細性不可
得故色界乃至眼觸為緣所生諸受深細
性亦不可得故天子當知耳界非甚深非微
細聲界耳識界及耳觸耳觸為緣所生諸受
亦非甚深非微細何以故耳界深細性不可得故
聲界乃至耳觸為緣所生諸受深細性亦不
可得故天子當知鼻界非甚深非微細香界
鼻識界及鼻觸鼻觸為緣所生諸受亦非
甚深非微細何以故鼻界深細性不可得故香
界乃至鼻觸為緣所生諸受深細性亦不可
得故天子當知舌界非甚深非微細味界舌
識界及舌觸舌觸為緣所生諸受亦非甚深
非微細何以故舌界深細性不可得故味界乃
至舌觸為緣所生諸受深細性亦不可得
故天子當知身界非甚深非微細觸界身識
界及身觸身觸為緣所生諸受亦非甚深
非微細何以故身界深細性不可得故觸界乃
至身觸為緣所生諸受深細性亦不可得故
天子當知意界非甚深非微細法界意識界
及意觸意觸為緣所生諸受亦非甚深非微

BD14502 號　大般若波羅蜜多經卷八一　（23-10）

非微細何以故身界深細性不可得故觸界乃
至身觸為緣所生諸受深細性亦不可得故
天子當知意界非甚深非微細法界意識界
及意觸意觸為緣所生諸受亦非甚深非微
細何以故意界深細性不可得故法界乃至意
觸為緣所生諸受深細性亦不可得故天子
當知地界非甚深非微細水火風空識界亦
非甚深非微細何以故地界深細性不可得故
水火風空識界深細性亦不可得故天子當
知苦聖諦非甚深非微細集滅道聖諦亦
非甚深非微細何以故苦聖諦深細性不可
得故集滅道聖諦深細性亦不可得故天子
當知无明非甚深非微細行識名色六處觸
受愛取有生老死愁歎苦憂惱亦非甚深
非微細何以故无明細性不可得故行乃至老
死愁歎苦憂惱深細性亦不可得故天子當
知內空非甚深非微細外空內外空空空大
空勝義空有為空无為空畢竟空无際空
散空无變異空本性空自相空共相空一切
法空不可得空无性空自性空无性自性空亦
非甚深非微細何以故內空深細性不可得故
外空乃至无性自性空深細性亦不可得故
天子當知真如非甚深非微細法界法性
不虛妄性不變異性平等性離生性法定法
住實際虛空界不思議界亦非甚深非微細
何以故真如深細性不可得故法界乃至不

BD14502 號　大般若波羅蜜多經卷八一　（23–11）

外空乃至无性自性空深細性亦不可得故
天子當知真如非甚深非微細法界法性
不虛妄性不變異性平等性離生性法定法
住實際虛空界不思議界亦非甚深非微細
何以故真如深細性不可得故法界乃至不
可思議界深細性亦不可得故
天子當知布施波羅蜜多非甚深非微細淨
戒安忍精進靜慮般若波羅蜜多亦非甚深
非微細何以故布施波羅蜜多深細性不可得
故淨戒乃至般若波羅蜜多深細性亦不
可得故天子當知四靜慮非甚深非微細四
无量四无色定亦非甚深非微細何以故四靜
慮深細性不可得故四无量四无色定深細
性亦不可得故天子當知八解脫非甚深非
微細八勝處九次第定十遍處亦非甚深
非微細何以故八解脫深細性不可得故八勝
處九次第定十遍處深細性亦不可得故天
子當知四念住非甚深非微細四正斷四神
足五根五力七等覺支八聖道支亦非甚
深非微細何以故四念住深細性不可得故
四正斷乃至八聖道支深細性亦不可得故
天子當知五眼非甚深非微細六神通亦非
甚深非微細何以故五眼深細性不可得故
六神通深細性亦不可得故天子當知佛十
力非甚深非微細四无所畏四无礙解大慈
大悲大喜大捨十八佛不共法亦非甚深非

BD14502 號　大般若波羅蜜多經卷八一　（23–12）

甚深非微細何以故五眼深細性不可得故
六神通深細性亦不可得故天子當知佛十
力非甚深非微細四无所畏四无礙解大慈
大悲大喜大捨十八佛不共法亦非甚深非
微細何以故佛十力深細性不可得故四无所
畏乃至十八佛不共法深細性亦不可得故
天子當知无忘失法非甚深非微細恒住
捨性亦非甚深非微細何以无故忘失法深
細性不可得故恒住捨性深細性亦不可得
故天子當知一切陀羅尼門非甚深非微細
一切三摩地門亦非甚深非微細何以故一
切陀羅尼門深細性不可得故一切三摩地
門深細性亦不可得故天子當知一切智非
甚深非微細道相智一切相智亦非甚深非
微細何以故一切智深細性不可得故道相
智一切相智深細性亦不可得故天子當知
聲聞乘非甚深非微細獨覺乘无上乘亦
非甚深非微細何以故聲聞乘深細性不可得
故獨覺乘无上乘深細性亦不可得故天子
當知預流非甚深非微細一來不還阿羅漢
亦非甚深非微細何以故預流深細性不可
得故一來不還阿羅漢深細性亦不可得故
天子當知預流向預流果非甚深非微細一
來向一來果不還向不還果阿羅漢向阿羅
漢果亦非甚深非微細何以故預流向預流
果深細性不可得故一來向一來果乃至阿

天子當知預流向預流果非甚深非微細一
來向一來果不還向不還果阿羅漢向阿羅
漢果亦非甚深非微細何以故預流向預流
果深細性不可得故一來向一來果乃至阿
羅漢向阿羅漢果深細性亦不可得故天子
當知獨覺非甚深非微細獨覺向獨覺果
亦非甚深非微細何以故獨覺深細性不可得
獨覺向獨覺果深細性亦不可得故天子當
知菩薩摩訶薩非甚深非微細三藐三佛陀
亦非甚深非微細何以故菩薩摩訶薩深細
性不可得故三藐三佛陀深細性亦不可得
故天子當知菩薩摩訶薩法非甚深非微
細无上正等菩提亦非甚深非微細何以故菩
薩摩訶薩法深細性不可得故无上正等菩
提深細性亦不可得故天子當知極喜地非
甚深非微細離垢地發光地焰慧地極難勝
地現前地遠行地不動地善慧地法雲地亦
非甚深非微細何以故極喜地深細性不可
得故離垢地乃至法雲地深細性亦不可得
故天子當知極喜地法非甚深非微細離垢
地法發光地法焰慧地法極難勝地法現前
地法遠行地法不動地法善慧地法法雲地
法亦非甚深非微細何以故極喜地法深細性
不可得故離垢地法乃至法雲地法深細性
亦不可得故天子當知異生地非甚深非微細
種性地第八地具見地薄地離欲地已辦地

地法遠行地法不動地法善慧地法法雲地
法亦非甚深非微細何以故極喜地法深細性
不可得故離垢地法乃至法雲地法深細性
亦不可得故天子當知異生地非甚深非微細
種性地第八地具見地薄地離欲地已辦地
獨覺地菩薩地如來地亦非甚深非微細何
以故異生地深細性不可得故種性地乃至如
來地深細性亦不可得故天子當知異生地法
非甚深非微細種性地法第八地法具見地
法薄地法離欲地法已辦地法獨覺地法菩
薩地法如來地法亦非甚深非微細何以故
異生地法深細性不可得故種姓地法乃至
如來地法深細性亦不可得故時諸天子復
作是念尊者善現所說法中不施設色不
施設受想行識何以故色蘊性等不可說
故尊者善現所說法中不施設眼處不
施設耳鼻舌身意處何以故眼處性等不
可說故尊者善現所說法中不施設色處
不施設聲香味觸法處何以故色處性等不
可說故尊者善現所說法中不施設眼界不
施設色界眼識界及眼觸眼觸為緣所生
諸受何以故眼界性等不可說故尊者善現所
說法中不施設耳界不施施聲界耳識界及
耳觸耳觸為緣所生諸受何以故耳界性等
不可說故尊者善現所說法中不施設鼻
界不施設香界鼻識界及鼻觸鼻觸為

諸受何以故耳界性等不可說故尊者善現所
說法中不施設耳界不施施聲界耳識界及
耳觸耳觸為緣所生諸受何以故耳界性等
不可說故尊者善現所說法中不施設鼻
界不施設香界鼻識界及鼻觸鼻觸為
緣所生諸受何以故鼻界性等不可說故尊者善現
所說法中不施設舌界不施設味界舌識界及舌
觸舌觸為緣所生諸受何以故舌界性等不
可說故尊者善現所說法中不施設身界
不施設觸界身識界及身觸身觸為緣所
生諸受何以故身界性等不可說故尊者善
現所說法中不施設意界施設法界意識界
及意觸意觸為緣所生諸受何以故意界性
等不可說故尊者善現所說法中不施設地
界不施設水火風空識界何以故地界性等
不可說故尊者善現所說法中不施設苦聖
諦不施設集滅道聖諦何以故苦聖諦性等
不可說故尊者善現所說法中不施設无明
不施設行識名色六處觸受愛取有生老死
愁歎苦憂惱何以故无明性等不可說故尊
者善現所說法中不施設內空不施設外空內
外空空空大空勝義空有為空无為空畢
竟空无際空散空无變異空本性空自相空
共相空一切法空不可得空无性空自性空
无性自性空何以故內空性等不可說故尊
者善現所說法中不施設真如不施設法界

无變空无際空散空无變異空本性空自相空
共相空一切法空不可得空无性空自性空
无性自性空何以故内空性等不可說故尊
者善現所說法中不施設真如不施設法界
法性不虛妄性不變異性平等性離生性法
定法住實際虛空界不思議界何以故真如
性等不可說故
尊者善現所說法中不施設布施波羅蜜多
不施設淨戒安忍精進靜慮般若波羅蜜多
何以故布施波羅蜜多性等不可說故尊者
善現所說法中不施設四靜慮不施設四无
量四无色定何以故四靜慮性等不可說故
尊者善現所說法中不施設八解脫不施設
八勝處九次第定十遍處何以故八解脫性
等不可說故尊者善現所說法中不施設四
念住不施設四正斷四神足五根五力七等覺
支八聖道支何以故四念住性等不可說故尊
者善現所說法中不施設空解脫門不施
設无相无願解脫門何以故空解脫門性等
不可說故尊者善現所說法中不施設五
眼不施設六神通何以故五眼性等不可說故
尊者善現所說法中不施設佛十力不施
設四无所畏四无礙解大慈大悲大喜大捨
十八佛不共法何以故佛十力性等不可說故
尊者善現所說法中不施設无忘失法不

BD14502號　大般若波羅蜜多經卷八一　（23–17）

尊者善現所說法中不施設佛十力不施
設四无所畏四无礙解大慈大悲大喜大捨
十八佛不共法何以故佛十力性等不可說故
尊者善現所說法中不施設无忘失法不
施設恒住捨性何以故无忘失法性等不可
說故尊者善現所說法中不施設一切陀羅
尼門不施設一切三摩地門何以故一切陀羅
尼門性等不可說故尊者善現所說法中
不施設一切智不施設道相智一切相智何
以故一切智性等不可說故尊者善現所說
法中不施設聲聞乘不施設獨覺乘无上乘
何以故聲聞乘性等不可說故尊者善現所
說法中不施設預流不施設一來不還阿羅
漢何以故預流性等不可說故尊者善現所
說法中不施設預流向預流果不施設一來向
一來果不還向不還果阿羅漢向阿羅漢果
何以故預流向預流果性等不可說故尊
者善現所說法中不施設獨覺不施設獨覺
向獨覺果何以故獨覺性等不可說故尊者
善現所說法中不施設菩薩摩訶薩不施設
三藐三佛陀何以故菩薩摩訶薩性等不可
說故尊者善現所說法中不施設菩薩摩訶
薩法不施設无上正等菩提何以故菩薩摩
訶薩法性等不可說故尊者善現所說法中
不施設極喜地不施設離垢地發光地焰慧
地極難勝地現前地遠行地不動地善慧地

BD14502號　大般若波羅蜜多經卷八一　（23–18）

薩法不施設无上正等菩提何以故菩薩摩
訶薩法性等不可說故尊者善現所說法中
不施設極喜地不施設離垢地發光地焰慧
地極難勝地現前地遠行地不動地善慧地
法雲地何以故極喜地性等不可說故尊者
善現所說法中不施設極喜地法不施設離
垢地法發光地法焰慧地法極難勝地法現
前地法遠行地法不動地法善慧地法法雲
地法何以故極喜地法性等不可說故尊者
善現所說法中不施設異生地不施設種性地
地第八地具見地薄地離欲地已辦地獨覺地菩
薩地如來地何以故異生地性等不可說故
尊者善現所說法中不可施設異生地法不
施設種姓地法第八地法具見地法薄地法
離欲地法已辦地法獨覺地法菩薩地法如
來地法何以故異生地法性等不可說故
尊者善現所說法中亦不施設文字語言何
以故文字語言性等不可說故
尒時善現知諸天子心所念法便告之言如
是如是如汝所念諸法乃至无上菩提文字
語言皆所不及故於般若波羅蜜多无說
无聽亦无解者是故汝等於諸法中應隨
所說脩堅固忍諸有欲住欲證預流一來不還
阿羅漢果亦依此忍而得究竟諸有欲住欲
證獨覺所得菩提亦依此忍而得究竟諸有
欲住欲證无上正等菩提要依此忍而得究竟

BD14502號　大般若波羅蜜多經卷八一　（23–19）

无聽亦无解者是故汝等於諸法中應隨
所說脩堅固忍諸有欲住欲證預流一來不還
阿羅漢果亦依此忍而得究竟諸有欲住欲
證獨覺所得菩提亦依此忍而得究竟諸有
欲住欲證无上正等菩提要依此忍而得究竟
如是諸天子諸菩薩摩訶薩從初發心乃至
究竟應住无說无聽无解甚深般若波羅蜜
多當勤脩學不應捨離
時諸天子心復念言尊者善現於今欲為何
等有情說何等法善現尒時知諸天子心所
念事便告之曰天子當知我今欲為如幻如
化如夢有情說如幻如化夢之法何以故
如是聽者於所說中无聞无解无所證故時
諸天子即復問言能說能聽及所說法皆
如幻如化如夢事耶善現答言如是如是如
汝所說如幻有情為如幻者說如幻法如化
有情為如化者說如化法如夢有情為如夢
者如夢法天子當知我如幻如化如夢所見有
情命者生者養者士夫補特伽羅意生儒
童作者受者知者見者如幻如化如夢所見
何以故以我等自性空故天子當知色如幻
如化如夢所見受想行識如幻如化如夢所
見何以故以色蘊等自性空故天子當知眼
處如幻如化如夢所見耳鼻舌身意處如幻
如化如夢所見何以故以眼處等自性空故
天子當知色處如幻如化如夢所見聲香味

BD14502號　大般若波羅蜜多經卷八一　（23–20）

見何以故以色蘊等自性空故天子當知眼
處如幻如化如夢所見耳鼻舌身意處如幻
如化如夢所見何以故以眼處等自性空故
天子當知色處如幻如化如夢所見聲香味
觸法處如幻如化如夢所見何以故以色處
等自性空故天子當知眼界如幻如化夢所
見色界眼識界及眼觸眼觸為緣所生諸
受如幻如化如夢所見何以故以眼界等自性
空故天子當知耳界如幻如化如夢所見聲
界耳識界及耳觸耳觸為緣所生諸受如幻
如化如夢所見何以故以耳界等自性空故
天子當知鼻界如幻如化如夢所見香界
鼻識界及鼻觸鼻觸為緣所生諸受如幻如
化如夢所見何以故以鼻界等自性空故天
子當知舌界如幻如化如夢所見味界舌識界
及舌觸舌觸為緣所生諸受如幻如化如夢
所見何以故以舌界等自性空故天子當
知身界如幻如化如夢所見觸界身識界及
身觸身觸為緣所生諸受如幻如化如夢所
見何以故以身界等自性空故天子當知意
界如幻如化如夢所見法界意識界及意觸
意觸為緣所生諸受如幻如化如夢所見何
以故以意界等自性空故天子當知地界如
幻如化如夢所見水火風空識界如幻如化
如夢所見何以故以地界等自性空故天子當
知苦聖諦如幻如化如夢所見集滅道聖諦

以故以意界等自性空故天子當知地界如
幻如化如夢所見水火風空識界如幻如化
如夢所見何以故以地界等自性空故天子當
知苦聖諦如幻如化如夢所見集滅道聖諦
如幻如化如夢所見何以故以苦聖諦等自
性空故天子當知無明如幻如化如夢所見行
識名色六處觸受愛取有生老死愁歎苦憂
惱如幻如化如夢所見何以故以無明等自
性空故天子當知內空如幻如化如夢所見外
空內外空空空大空勝義空有為空無為
空畢竟空無際空散空無變異空本性空
自相空共相空一切法空不可得空無性空
自性空無性自性空如幻如化如夢所見何以
故以內空等自性空故天子當知真如如
幻如化如夢所見法界法性不虛妄性不變
異性平等性離生性法定法住實際虛空界
不思議界如幻如化如夢所見何以故以真如
等自性空故

大般若波羅蜜多經卷第八十一

比丘邕斌寫

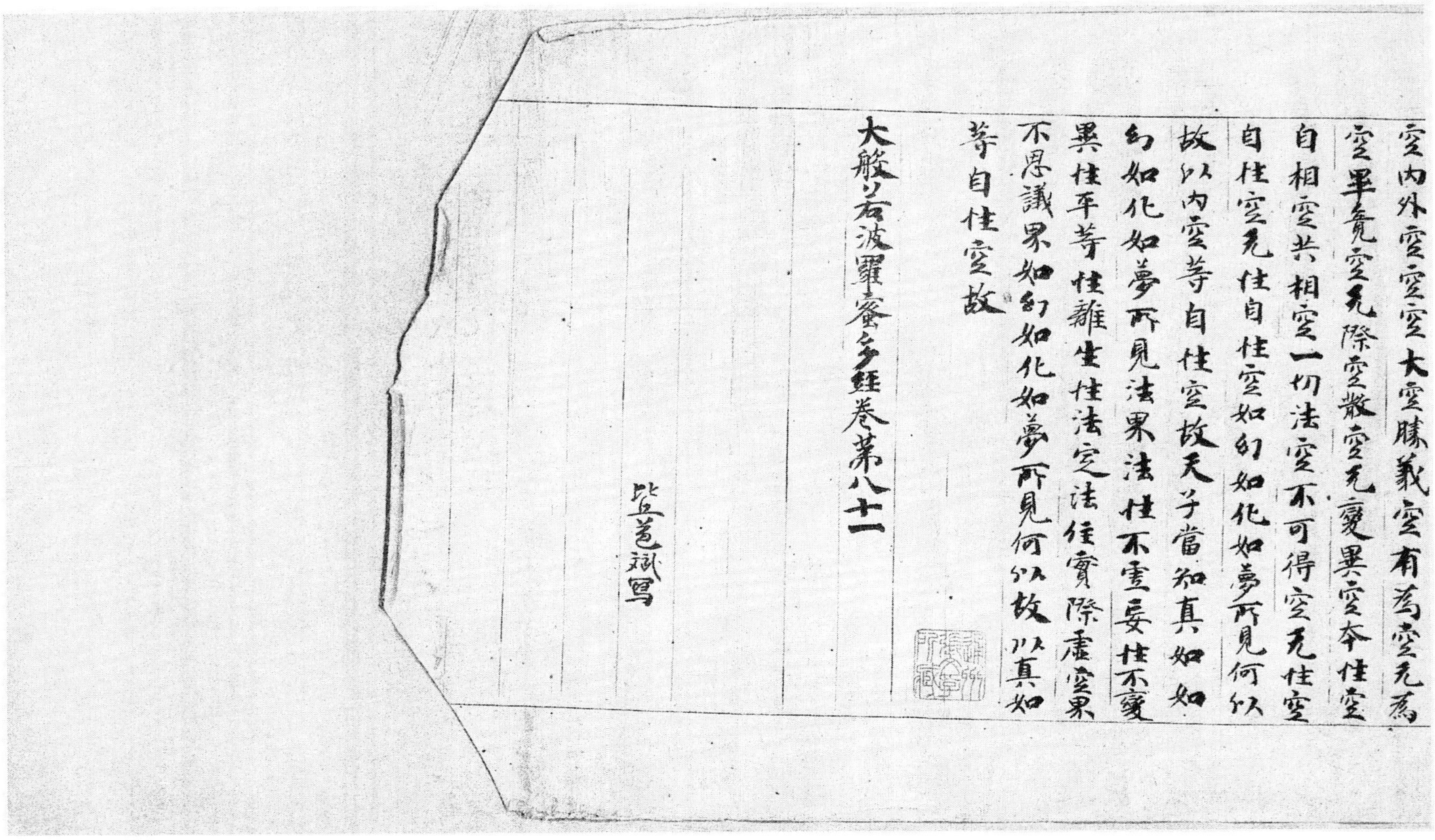

空内外空空空大空勝義空有為空无為
空畢竟空无際空散空无變異空本性空
自相空共相空一切法空不可得空无性空
自性空无性自性空如幻如化如夢所見何以
故以内空等自性空故天子當知真如如
幻如化如夢所見法界法性不虛妄性不變
異性平等性離生性法定法住實際虛空界
不思議界如幻如化如夢所見何以故以真如
等自性空故

大般若波羅蜜多經卷第八十一

比丘菴斌寫

BD14502 號　大般若波羅蜜多經卷八一　（23–23）

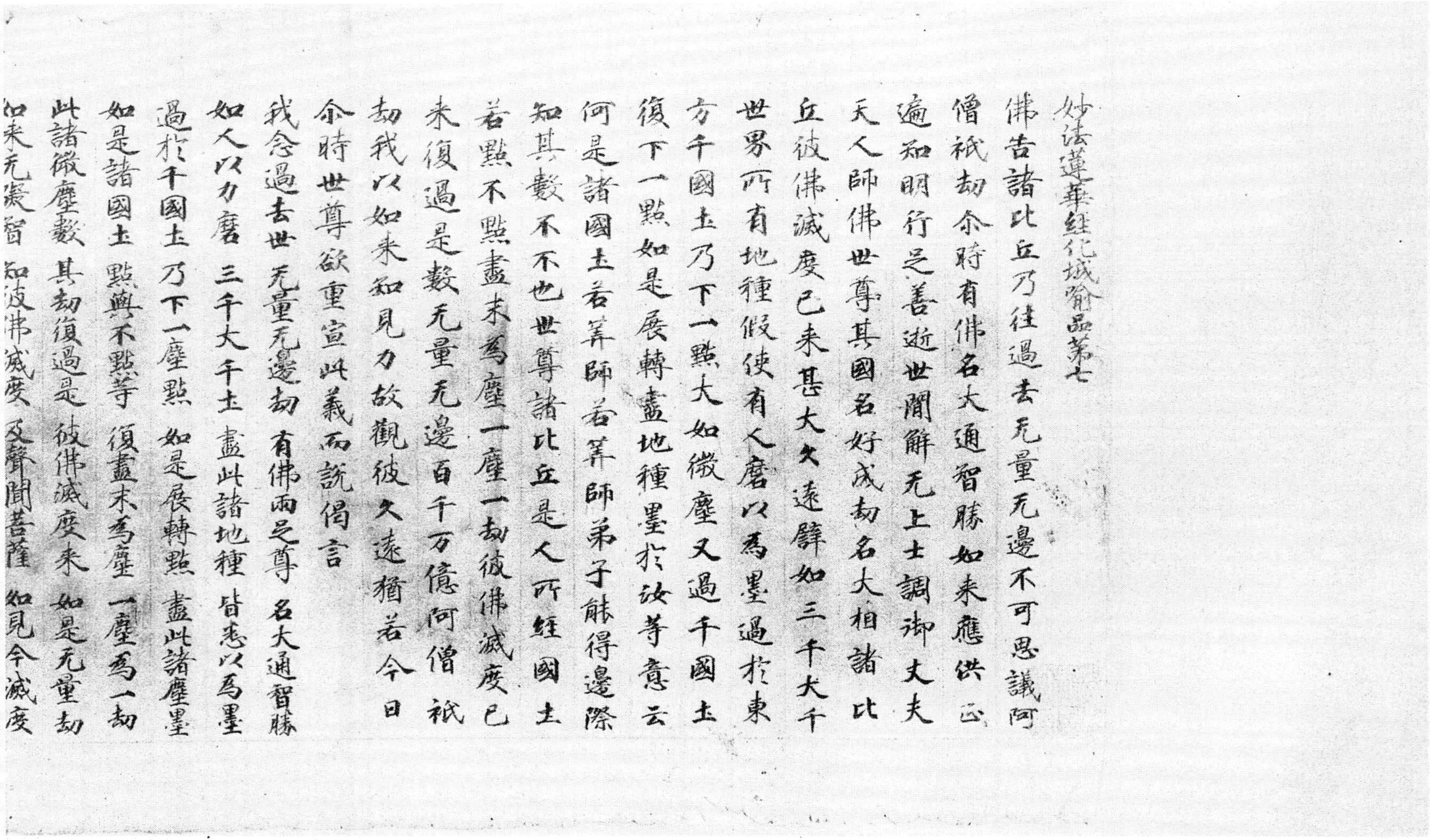

妙法蓮華經化城喻品第七
佛告諸比丘乃往過去无量无邊不可思議阿
僧祇劫尒時有佛名大通智勝如來應供正
遍知明行足善逝世間解无上士調御丈夫
天人師佛世尊其國名好成劫名大相諸比
丘彼佛滅度已來甚大久遠譬如三千大千
世界所有地種假使有人磨以為墨過於東
方千國土乃下一點大如微塵又過千國土
復下一點如是展轉盡地種墨於汝等意云
何是諸國土若筭師若筭師弟子能得邊際
知其數不不也世尊諸比丘是人所經國土
若點不點盡末為塵一塵一劫彼佛滅度已
來復過是數无量无邊百千万億阿僧祇
劫我以如來知見力故觀彼久遠猶若今日
尒時世尊欲重宣此義而說偈言
我念過去世　无量无邊劫　有佛兩足尊　名大通智勝
如人以力磨　三千大千土　盡此諸地種　皆悉以為墨
過於千國土　乃下一塵點　如是展轉點　盡此諸塵墨
如是諸國土　點與不點等　復盡末為塵　一塵為一劫
此諸微塵數　其劫復過是　彼佛滅度來　如是无量劫
如來无㝵智　知彼佛滅度　及聲聞菩薩　如見今滅度

BD14503 號　妙法蓮華經卷三　（16–1）

如人以力磨　三千大千土　盡此諸地種　皆悉以爲墨
過於千國土　乃下一塵點　如是展轉點　盡此諸塵墨
如是諸國土　點與不點等　復盡末爲塵　一塵爲一劫
此諸微塵數　其劫復過是　彼佛滅度來　如是无量劫
如來无礙智　知彼佛滅度　及聲聞菩薩　如見今滅度
諸比丘當知　佛智淨微妙　无漏无所礙　通達无量劫
佛告諸比丘大通智勝佛壽五百四十萬億那
由他劫其佛本坐道場破魔軍已垂得阿耨
多羅三藐三菩提而諸佛法不現在前如是
一小劫乃至十小劫結跏趺坐身心不動而
諸佛法猶不在前尒時忉利諸天先爲彼
佛於菩提樹下敷師子座高一由旬佛於此
坐當得阿耨多羅三藐三菩提適坐此座時
諸梵天王雨衆天華面百由旬香風時來吹
去萎華更雨新者如是不絕滿十小劫供養
於佛乃至滅度常雨此華四王諸天爲供養
佛常擊天鼓其餘諸天作天伎樂滿十小劫
至于滅度亦復如是諸比丘大通智勝佛過
十小劫諸佛之法乃現在前成阿耨多羅三
藐三菩提其佛未出家時有十六子其第一
者名曰智積諸子各有種種珍異玩好之具
聞父得成阿耨多羅三藐三菩提皆捨所珍
往詣佛所諸母涕泣而隨送之其祖轉輪聖
王与一百大臣及餘百千万億人民皆共圍
繞隨至道場咸欲親近大通智勝如來供
養恭敬尊重讚歎到已頭面礼足繞佛畢已
一心合掌瞻仰世尊以偈頌曰

往詣佛所諸母涕泣而隨送之其祖轉輪聖
王与一百大臣及餘百千万億人民皆共圍
繞隨至道場咸欲親近大通智勝如來供
養恭敬尊重讚歎到已頭面礼足繞佛畢已
一心合掌瞻仰世尊以偈頌曰
大威德世尊　爲度衆生故　於无量億歲　尒乃得成佛
諸願已具足　善哉吉无上　世尊甚希有　一坐十小劫
身體及手足　靜然安不動　其心常惔怕　未曾有散亂
究竟永寂滅　安住无漏法　今者見世尊　安隱成佛道
我等得善利　稱慶大歡喜　衆生常苦惱　盲瞑无導師
不識苦盡道　不知求解脫　長夜增惡趣　減損諸天衆
從瞑入於瞑　永不聞佛名　今佛得最上　安隱无漏道
我等及天人　爲得最大利　是故咸稽首　歸命无上尊
尒時十六王子偈讚佛已勸請世尊轉於法
輪咸作是言世尊說法多所安隱憐愍饒益
諸天人民重說偈言
世雄无等倫　百福自莊嚴　得无上智慧　願爲世間說
度脫於我等　及諸衆生類　爲分別顯示　令得是智慧
若我等得佛　衆生亦復然　世尊知衆生　深心之所念
亦知所行道　又知智慧力　欲樂及修福　宿命所行業
世尊悉知已　當轉无上輪
佛告諸比丘大通智勝佛得阿耨多羅三藐
三菩提時十方各五百万億諸佛世界六種
震動其國中間幽瞑之處日月威光所不能
照而皆大明其中衆生各得相見咸作是言
此中云何忽生衆生又其國界諸天宮殿乃
至梵宮六種震動大光普照遍滿世界勝諸

佛告諸比丘大通智勝佛得阿耨多羅三藐
三菩提時十方各五百万億諸佛世界六種
震動其國中間幽瞑之處日月威光所不能
照而皆大明其中衆生各得相見咸作是言
此中云何忽生衆生又其國界諸天宮殿乃
至梵宮六種震動大光普照遍滿世界勝諸
天光尒時東方五百万億諸國土中梵天宮
殿光明照曜倍於常明諸梵天王各作是念
今者宮殿光明昔所未有以何因緣而現此
相是時諸梵天王即各相詣共議此事時彼
衆中有一大梵天王名救一切爲諸梵衆而
說偈言
我等諸宮殿　光明昔未有　此是何因緣　宜各共求之
爲大德天生　爲佛出世間　而此大光明　遍照於十方
尒時五百萬億國土諸梵天王與宮殿俱各
以衣裓盛諸天華共詣西方推尋是相見大
通智勝如來處于道場菩提樹下坐師子座
諸天龍王乾闥婆緊那羅摩睺羅伽人非人
等恭敬圍繞及見十六王子請佛轉法輪即時
諸梵天王頭面礼佛繞百千帀即以天華而
散佛上其所散華如須弥山并以供養佛菩
提樹其菩提樹高十由旬華供養已各以宮
殿奉上彼佛而作是言唯見哀愍饒益我等
所獻宮殿願垂納處時諸梵天王即於佛前
一心同聲以偈頌曰
世尊甚希有　難可得值遇　具无量功德　能救護一切
天人之大師　哀愍於世間　十方諸衆生　普皆蒙饒益

所獻宮殿願垂納處時諸梵天王即於佛前
一心同聲以偈頌曰
世尊甚希有　難可得值遇　具无量功德　能救護一切
天人之大師　哀愍於世間　十方諸衆生　普皆蒙饒益
我等所從來　五百万億國　捨深禪定樂　爲供養佛故
我等先世福　宮殿甚嚴飾　今以奉世尊　唯願哀納受
尒時諸梵天王偈讚佛已各作是言唯願世
尊轉於法輪度脫衆生開涅槃道時諸梵天
王一心同聲而說偈言
世雄兩足尊　唯願演說法　以大慈悲力　度苦惱衆生
尒時大通智勝如來默然許之又諸比丘東南
方五百万億國土諸大梵王各自見宮殿光
明照曜昔所未有歡喜踊躍生希有心即各
相詣共議此事時彼衆中有一大梵天王名
曰大悲爲諸梵衆而說偈言
是事何因緣　而現如此相　我等諸宮殿　光明昔未有
爲大德天生　爲佛出世間　未曾見此相　當共一心求
過千萬億土　尋光共推之　多是佛出世　度脫苦衆生
尒時五百万億諸梵天王与宮殿俱各以衣裓
盛諸天華共詣西北方推尋是相見大通智
勝如來處于道場菩提樹下坐師子座諸
天龍王乾闥婆緊那羅摩睺羅伽人非人等
恭敬圍繞及見十六王子請佛轉法輪時諸
梵天王頭面礼佛繞百千帀即以天華而散
佛上所散之華如須弥山并以供養佛菩提
樹華供養已各以宮殿奉上彼佛而作是言

天龍王乾闥婆緊那羅摩睺羅伽人非人等
恭敬圍繞及見十六王子請佛轉法輪時諸
梵天王頭面礼佛繞百千帀即以天華而散
佛上所散之華如須弥山并以供養佛菩提
樹華供養已各以宮殿奉上彼佛而作是言
唯見哀愍饒益我等所獻宮殿願垂納受
尒時諸梵天王即於佛前一心同聲以偈頌曰
聖主天中王　迦陵頻伽聲　哀愍衆生者　我等今敬礼
世尊甚希有　久遠乃一現　一百八十劫　空過无有佛
三悪道充滿　諸天衆減少　今佛出於世　為衆生作眼
世間所歸趣　救護於一切　為衆生之父　哀愍饒益者
我等宿福慶　今得值世尊
尒時諸梵天王偈讚佛已各作是言唯願世
尊哀愍一切轉於法輪度脫衆生時諸梵天
王一心同聲而說偈言
大聖轉法輪　顯示諸法相　度苦惱衆生　令得大歡喜
衆生聞此法　得道若生天　諸悪道減少　忍善者增益
尒時大通智勝如來默然許之又諸比丘南
方五百万億國土諸大梵王各自見宮殿光
明照曜昔所未有歡喜踊躍生希有心即各
相詣共議此事以何因緣我等宮殿有此光
曜而彼衆中有一大梵天王名曰妙法為諸
梵衆而說偈言
我等諸宮殿　光明甚威曜　此非无因緣　是相宜求之
過於百千劫　未曾見是相　為大德天生　為佛出世間
尒時五百万億諸梵天王与宮殿俱各以衣
祴盛諸天華共詣北方推尋是相見大通智

BD14503 號　妙法蓮華經卷三　（16–6）

梵衆而說偈言
我等諸宮殿　光明甚威曜　此非无因緣　是相宜求之
過於百千劫　未曾見是相　為大德天生　為佛出世間
尒時五百万億諸梵天王与宮殿俱各以衣
祴盛諸天華共詣北方推尋是相見大通智
勝如來處于道場菩提樹下坐師子座諸天
龍王乾闥婆緊那羅摩睺羅伽人非人等恭
敬圍繞及見十六王子請佛轉法輪時諸梵
天王頭面礼佛繞百千帀即以天華而散佛
上所散之華如須弥山并以供養佛菩提樹
華供養已各以宮殿奉上彼佛而作是言唯
見哀愍饒益我等所獻宮殿願垂納受尒時
諸梵天王即於佛前一心同聲以偈頌曰
世尊甚難見　破諸煩惱者　過百三十劫　今乃得一見
諸飢渴衆生　以法雨充滿　昔所未曾見　无量智慧者
如優曇鉢羅　今日乃值遇　我等諸宮殿　蒙光故嚴飾
世尊大慈愍　唯願垂納受
尒時諸梵天王偈讚佛已各作是言唯願世
尊轉於法輪令一切世間諸天魔梵沙門婆
羅門皆獲安隱而得度脫時諸梵天王一心
同聲以偈頌曰
唯願天人尊　轉无上法輪　擊于大法鼓　而吹大法螺
普雨大法雨　度无量衆生　我等咸歸請　當演深遠音
尒時大通智勝如來默然許之西南方乃至
下方亦復如是尒時上方五百万億國土諸大
梵王皆悉自覩所止宮殿光明威曜昔所未
有歡喜踊躍生希有心即各相詣共議此事

BD14503 號　妙法蓮華經卷三　（16–7）

普雨大法雨　度无量衆生　我等咸歸請　當演深遠音
尒時大通智勝如來默然許之　西南方乃至
下方亦復如是　尒時上方五百万億國土諸大
梵王皆悉自覩所止宮殿光明威曜　昔所未
有　歡喜踊躍生希有心　即各相詣共議此事
以何因緣　我等宮殿有斯光明　時彼衆中有
一大梵天王名曰尸棄　爲諸梵衆而說偈言
今以何因緣　我等諸宮殿　威德光明曜　嚴飾未曾有
如是之妙相　昔所未聞見　爲大德天生　爲佛出世間
尒時五百万億諸梵天王與宮殿俱　各以衣
裓盛諸天華　共詣下方推尋是相　見大通智
勝如來處于道場菩提樹下坐師子座　諸天
龍王乾闥婆緊那羅摩睺羅伽人非人等恭
敬圍繞　及見十六王子請佛轉法輪　時諸梵
天王頭面礼佛　繞百千帀　即以天華而散佛
上　所散之華如須弥山　并以供養佛菩提樹
華供養已　各以宮殿奉上彼佛　而作是言　唯
見哀愍饒益我等　所獻宮殿願垂納處　時諸
梵天王即於佛前　一心同聲以偈頌曰
善哉見諸佛　救世之聖尊　能於三界獄　勉出諸衆生
普智天人尊　哀愍群萌類　能開甘露門　廣度於一切
於昔无量劫　空過无有佛　世尊未出時　十方常暗瞑
三惡道增長　阿脩羅亦盛　諸天衆轉減　死多墮惡道
不從佛聞法　常行不善事　色力及智慧　斯等皆減少
罪業因緣故　失樂及樂想　住於邪見法　不識善儀則
不蒙佛所化　常墮於惡道　佛爲世間眼　久遠時乃出

於昔无量劫　空過无有佛　世尊未出時　十方常暗瞑
三惡道增長　阿脩羅亦盛　諸天衆轉減　死多墮惡道
不從佛聞法　常行不善事　色力及智慧　斯等皆減少
罪業因緣故　失樂及樂想　住於邪見法　不識善儀則
不蒙佛所化　常墮於惡道　佛爲世間眼　久遠時乃出
哀愍諸衆生　故現於世間　超出成正覺　我等甚欣慶
及餘一切衆　喜歎未曾有　我等諸宮殿　蒙光故嚴飾
今以奉世尊　唯垂哀納受　願以此功德　普及於一切
我等與衆生　皆共成佛道
尒時五百万億諸梵天王偈讚佛已　各白佛
言　唯願世尊轉於法輪　多所安隱　多所度脫
時諸梵天王而說偈言
世尊轉法輪　擊甘露法鼓　度苦惱衆生　開示涅槃道
唯願受我請　以大微妙音　哀愍而敷演　无量劫習法
尒時大通智勝如來受十方諸梵天王及十
六王子請　即時三轉十二行法輪　若沙門婆
羅門　若天魔梵及餘世間所不能轉　謂是苦
是苦集　是苦滅　是苦滅道　及廣說十二因緣
法　无明緣行　行緣識　識緣名色　名色緣六入
六入緣觸　觸緣受　受緣愛　愛緣取　取緣有
有緣生　生緣老死憂悲苦惱　无明滅則行滅
行滅則識滅　識滅則名色滅　名色滅則六入
滅　六入滅則觸滅　觸滅則受滅　受滅則愛滅
愛滅則取滅　取滅則有滅　有滅則生滅　生滅
則老死憂悲苦惱滅　佛於天人大衆之中說
是法時　六百萬億那由他人以不受一切法故
而於諸漏心得解脫　皆得深妙禪定三明六

滅六入滅則觸滅觸滅則受滅受滅則愛滅
愛滅則取滅取滅則有滅有滅則生滅生滅
則老死憂悲苦惱滅佛於天人大衆之中說
是法時六百萬億那由他人以不受一切法故
而於諸漏心得解脫皆得深妙禪定三明六
通具八解脫第二第三第四說法時千万億
恒河沙那由他等衆生亦以不受一切法故而
於諸漏心得解脫從是已後諸聲聞衆无
量无邊不可稱數尒時十六王子皆以童子
出家而爲沙弥諸根通利智慧明了已曾供
養百千万億諸佛淨脩梵行求阿耨多羅
三藐三菩提俱白佛言世尊是諸无量千万
億大德聲聞皆已成就世尊亦當爲我等說
阿耨多羅三藐三菩提法我等聞已皆共脩
學世尊我等志願如來知見深心所念佛自
證知尒時轉輪聖王所將衆中八万億人見十
六王子出家亦求出家王即聽許尒時彼佛
受沙弥請過二万劫已乃於四衆之中說是
大乘經名妙法蓮華教菩薩法佛所護念說
是經已十六沙弥爲阿耨多羅三藐三菩提故
皆共受持諷誦通利說是經時十六菩薩沙
弥皆悉信受聲聞衆中亦有信解其餘衆
生千萬億種皆生疑惑佛說是經於八千劫
未曾休廢說此經已即入靜室住於禪定八
万四千劫是時十六菩薩沙弥知佛入室寂
然禪定各昇法座亦於八万四千劫爲四部
衆廣說分別妙法華經一一皆度六百万億

BD14503 號　妙法蓮華經卷三　（16–10）

生千萬億種皆生疑惑佛說是經於八千劫
未曾休廢說此經已即入靜室住於禪定八
万四千劫是時十六菩薩沙弥知佛入室寂
然禪定各昇法座亦於八万四千劫爲四部
衆廣說分別妙法華經一一皆度六百万億
那由他恒河沙等衆生示教利喜令發阿耨
多羅三藐三菩提心大通智勝佛過八万四
千劫已從三昧起往詣法座安詳而坐普告
大衆是十六菩薩沙弥甚爲希有諸根通利
智慧明了已曾供養无量千万億數諸佛於
諸佛所常脩梵行受持佛智開示衆生令入
其中汝等皆當數數親近而供養之所以者
何若聲聞辟支佛及諸菩薩能信是十六菩
薩所說經法受持不毀者是人皆當得阿耨
多羅三藐三菩提如來之慧佛告諸比丘是
十六菩薩常樂說是妙法蓮華經一一菩薩
所化六百万億那由他恒河沙等衆生世世所
生與菩薩俱從其聞法悉皆信解以此因緣
得值四万億諸佛世尊于今不盡諸比丘我
今語汝彼佛弟子十六沙弥今皆得阿耨多
羅三藐三菩提於十方國土現在說法有无
量百千万億菩薩聲聞以爲眷屬其二沙
弥東方作佛一名阿閦在歡喜國二名須弥
頂東南方二佛一名師子音二名師子相南
方二佛一名虛空住二名常滅西南方二佛
一名帝相二名梵相西方二佛一名阿弥陁
二名度一切世間苦惱西北方二佛一名多

BD14503 號　妙法蓮華經卷三　（16–11）

弥東方作佛一名阿閦在歡喜國二名須弥
頂東南方二佛一名師子音二名師子相南
方二佛一名虛空住二名常滅西南方二佛
一名帝相二名梵相西方二佛一名阿弥陁
二名度一切世間苦惱西北方二佛一名多
摩羅跋旃檀香神通二名須弥相北方二佛
一名雲自在二名雲自在王東北方佛名壞
一切世間怖畏第十六我釋迦牟尼佛於娑
婆國土成阿耨多羅三藐三菩提諸比丘我
等為沙弥時各各教化无量百千万億恒河
沙等衆生從我聞法為阿耨多羅三藐三菩
提此諸衆生于今有住聲聞地者我常教化
阿耨多羅三藐三菩提是諸人等應以是
法漸入佛道所以者何如來智慧難信難解
尒時所化无量恒河沙等衆生者汝等諸比
丘及我滅度後未來世中聲聞弟子是也我
滅度後復有弟子不聞是經不知不覺菩薩
所行自於所得功德生滅度想當入涅槃我於
餘國作佛更有異名是人雖生滅度之想入
於涅槃而於彼土求佛智慧得聞是經唯以
佛乘而得滅度更无餘乘除諸如來方便說
法諸比丘若如來自知涅槃時到衆又清淨
信解堅固了達空法深入禪定便集諸菩薩
及聲聞衆為說是經世間无有二乘而得滅
度唯一佛乘得滅度耳比丘當知如來方便
深入衆生之性知其志樂小法深著五欲為
是等故說於涅槃是人若聞則便信受譬如

BD14503號　妙法蓮華經卷三　（16–12）

信解堅固了達空法深入禪定便集諸菩
及聲聞衆為說是經世間无有二乘而得滅
度唯一佛乘得滅度耳比丘當知如來方便
深入衆生之性知其志樂小法深著五欲為
是等故說於涅槃是人若聞則便信受譬如
五百由旬險難惡道曠絕无人怖畏之處若
有多衆欲過此道至珍寶處有一導師聰
慧明達善知險道通塞之相將導衆人欲
過此難所將人衆中路懈退白導師言我等
疲極而復怖畏不能復進前路猶遠今欲退
還導師多諸方便而作是念此等可愍云何捨
大珍寶而欲退還作是念已以方便力於險
道中過三百由旬化作一城告衆人言汝等勿
怖莫得退還今此大城可於中止隨意所作
若入是城快得安隱若能前至寶所亦可得
去是時疲極之衆心大歡喜歎未曾有我等
今者免斯惡道快得安隱於是衆人前入化
城生已度想生安隱想尒時導師知此人衆
既得止息无復疲惓即滅化城語衆人言汝
等去來寶處在近向者大城我所化作為止息
耳諸比丘如來亦復如是今為汝等作大導
師知諸生死煩惱惡道險難長遠應去應度
若衆生但聞一佛乘者則不欲見佛不欲親
近便作是念佛道長遠久受懃苦乃可得成
佛知是心怯弱下劣以方便力而於中道為止
息故說二涅槃若衆生住於二地如來尒時
即便為說汝等所作未辦汝所住地近於佛

BD14503號　妙法蓮華經卷三　（16–13）

近便作是念佛道長遠久受勤苦乃可得成
佛知是心怯弱下劣以方便力而於中道爲止
息故說二涅槃若衆生住於二地如來尒時
即便爲說汝等所作未辦汝所住地近於佛
慧當觀察籌量所得涅槃非真實也但是
如來方便之力於一佛乘分別說三如彼導
師爲止息故化作大城既知息已而告之言
寶處在近此城非實我化作耳尒時世尊欲
重宣此義而說偈言
大通智勝佛　十劫坐道場　佛法不現前　不得成佛道
諸天神龍王　阿修羅衆等　常雨於天華　以供養彼佛
諸天擊天鼓　并作衆伎樂　香風吹萎華　更雨新好者
過十小劫已　乃得成佛道　諸天及世人　心皆懷踊躍
彼佛十六子　皆與其眷屬　千万億圍繞　俱行至佛所
頭面礼佛足　而請轉法輪　聖師子法雨　充我及一切
世尊甚難值　久遠時一現　爲覺悟群生　震動於一切
東方諸世界　五百万億國　梵宮殿光曜　昔所未曾有
諸梵見此相　尋來至佛所　散華以供養　并奉上宮殿
請佛轉法輪　以偈而讚歎　佛知時未至　受請默然坐
三方及四維　上下亦復尒　散華奉宮殿　請佛轉法輪
世尊甚難值　願以大慈悲　廣開甘露門　轉无上法輪
无量慧世尊　受彼衆人請　爲宣種種法　四諦十二緣
无明至老死　皆從生緣有　如是衆過患　汝等應當知
宣暢是法時　六百万億姟　得盡諸苦際　皆成阿羅漢
第二說法時　千万恒沙衆　於諸法不受　亦得阿羅漢
從是後得道　其數无有量　万億劫筭數　不能得其邊
時十六王子　出家作沙彌　皆共請彼佛　演說大乘法

BD14503號　妙法蓮華經卷三　（16-14）

无明至老死　皆從生緣有　如是衆過患　汝等應當知
宣暢是法時　六百万億姟　得盡諸苦際　皆成阿羅漢
第二說法時　千万恒沙衆　於諸法不受　亦得阿羅漢
從是後得道　其數无有量　万億劫筭數　不能得其邊
時十六王子　出家作沙彌　皆共請彼佛　演說大乘法
我等及營從　皆當成佛道　願得如世尊　慧眼第一淨
佛知童子心　宿世之所行　以无量因緣　種種諸譬喻
說六波羅蜜　及諸神通事　分別真實法　菩薩所行道
說是法華經　如恒河沙偈　彼佛說經已　靜室入禪定
一心一處坐　八万四千劫　是諸沙彌等　知佛禪未出
爲无量億衆　說佛无上慧　各各坐法座　說是大乘經
於佛宴寂後　宣揚助法化　一一沙彌等　所度諸衆生
有六百萬億　恒河沙等衆　彼佛滅度後　是諸聞法者
在在諸佛土　常與師俱生　是十六沙彌　具足行佛道
今現在十方　各得成正覺　尒時聞法者　各在諸佛所
其有住聲聞　漸教以佛道　我在十六數　曾亦爲汝說
是故以方便　引汝趣佛慧　以是本因緣　今說法華經
令汝入佛道　慎勿懷驚懼　譬如險惡道　迥絕多毒獸
又復无水草　人所怖畏處　无數千萬衆　欲過此險道
其路甚曠遠　經五百由旬　時有一導師　强識有智慧
明了心決定　在險濟衆難　衆人皆疲倦　而白導師言
我等今頓乏　於此欲退還　導師作是念　此輩甚可愍
如何欲退還　而失大珍寶　尋時思方便　當設神通力
化作大城郭　莊嚴諸舍宅　周帀有園林　渠流及浴池
重門高樓閣　男女皆充滿　即作是化已　慰衆言勿懼
汝等入此城　各可隨所樂　諸人既入城　心皆大歡喜
皆生安隱想　自謂已得度　導師知息已　集衆而告言

BD14503號　妙法蓮華經卷三　（16-15）

化作大城郭 莊嚴諸舍宅 周帀有園林 渠流及浴池
重門高樓閣 男女皆充滿 即作是化已 慰衆言勿懼
汝等入此城 各可隨所樂 諸人既入城 心皆大歡喜
皆生安隱想 自謂已得度 導師知息已 集衆而告言
汝等當前進 此是化城耳 我見汝疲極 中路欲退還
故以方便力 權化作此城 汝今勤精進 當共至寶所
我亦復如是 為一切導師 見諸求道者 中路而懈廢
不能度生死 煩惱諸險道 故以方便力 為息說涅槃
言汝等苦滅 所作皆已辦 既知到涅槃 皆得阿羅漢
尒乃集大衆 為說真實法 諸佛方便力 分別說三乘
唯有一佛乘 息處故說二 今為汝說實 汝所得非滅
為佛一切智 當發大精進 汝證一切智 十力等佛法
具三十二相 乃是真實滅 諸佛之導師 為息說涅槃
既知是息已 引入於佛慧

妙法蓮華經卷第三

BD14503 號　妙法蓮華經卷三　　（16–16）

阿毗達磨俱舍論卷第廿七　　尊者世親造
三藏法師玄奘奉　詔譯
分別智品第七之二
如是已辯諸智差別智所成德今當顯示於
中先辯佛不共德且初成佛盡智位脩不共
佛法有十八種何謂十八頌曰
十八不共法　謂佛十力等
論曰佛十力四无畏三念住及大悲如是合
名為十八不共法唯於諸佛盡智時脩餘聖
所无故名不共且佛十力相別云何頌曰
力處非處十　業八除滅道　定根解界九　遍趣九或十
宿住死生俗　盡六或十智　宿住死生智　依靜慮餘通
贍部男佛身　於境无礙故
論曰佛十力者一處非處智力具以如來十
智為性二業異熟智力八智為性謂除滅道
三靜慮解脫等持等至智力四根上下智力
五種種勝解智力六種種界智力如是四力
皆九智性謂除滅智七遍趣行智力或齊顯

BD14504 號　阿毗達磨俱舍論卷二七　　（18–1）

論曰佛十力者一處非處智力具以如来十
智為性二業異熟智力八智為性謂除滅道
三静慮解脫等持等至智力四根上下智力
五種種勝解智力六種種界智力如是四力
皆九智性謂除滅智七遍趣行智力或聲顯
此義有二途若謂但緣能趣為境九智除滅
若謂亦緣所趣為境十智為性八宿住隨念
智力九死生智力如是二力皆俗智性十漏
盡智力或聲亦顯義有二途若謂但緣漏盡
為境六智除道苦集他心若謂漏盡身中所
得十智為性已辯自性依地別者第八第九
依四静慮餘八通依十一地起欲四静慮未
至中間并四无色名十一地已辯依地依身
別者皆依贍部男子佛身已辯依身何故名
力以於一切所知境中智无礙轉故名為力
由此十力唯依佛身唯佛已除諸惑習氣於
一切境隨欲能知餘此相違故不名力如舍
利子捨求度人不能觀知鷹所逐鴿前後二
際生多少等如是諸佛遍於所知心力无邊
云何身力頌曰
身那羅延力　或節節皆然　為等七十增　此觸處為性
論曰佛生身力等那羅延有餘師言佛身支
節一一皆具那羅延力大德法救說諸如来
身力无邊猶如心力若異此者則諸佛身應
不能持无邊心力大覺獨覺及轉輪王支節

節一一皆具那羅延力大德法救說諸如来
身力无邊猶如心力若異此者則諸佛身應
不能持无邊心力大覺獨覺及轉輪王支節
相連如其次第似龍蟠結連鎖相鉤故三相
望力有勝劣那羅延力其量云何十十倍增
為等七力謂凡象香象摩訶諾健那鉢羅塞
建提伐浪伽遮怒羅那羅延後後力增前前
十倍有說前六十十倍增敵那羅延半身之
力此力一倍成那羅延於所說中唯多應理
如是身力觸處為性謂所觸中大種差別有
說是造觸離七外別有佛四无畏相別云何
頌曰
四无畏如次　初十二七力
論曰佛四无畏如經廣說一正等覺无畏十
智為性猶如初力二漏永盡无畏六十智性
如第十力三說障法无畏八智為性如第二
力四說出道无畏九十智性如第七力如何
於智立无畏名此无畏名目无怯懼由有智
故不怯懼他故无畏名目諸智體理實无畏
是智所成不應說言體即是智佛三念住相
別云何頌曰
三念住念慧　緣順違俱境
論曰佛三念住如經廣說諸弟子衆一向恭
敬能正受行如来緣之不生歡喜捨而安住
正念正知是謂如来第一念住諸弟子衆唯

三念住念慧　緣順違俱境
論曰佛三念住如經廣說諸弟子衆一向恭
敬能正受行如來緣之不生歡喜捨而安住
正念正知是謂如來第一念住諸弟子衆唯
不恭敬不正受行如來緣之不生憂慼捨而
安住正念正智是謂如來第二念住諸弟子
衆一類恭敬能正受行一類不敬不正受行
如來緣之不生歡慼捨而安住正念正智是
謂如來第三念住此三皆用念慧為體諸大
聲聞亦於弟子順違俱境離歡慼俱此何名
為不共佛法唯佛於此并習斷故或諸弟子
隨屬如來有順違俱應甚歡慼佛能不起可
謂希奇非屬諸聲聞不起非奇特故唯在佛
得不共名諸佛大悲云何相別頌曰
大悲唯俗智　資糧行相境　平等上品故　異悲由八因
論曰如來大悲俗智為性若異此者則不能
緣一切有情亦不能作三苦行相如共有悲
此大悲名依何義立依五義故此立大名一
由資糧故大謂大福德智慧資糧所成辦故
二由行相故大謂此力能於三苦境作行相
故三由所緣故大謂此総以三界有情為所
緣故四由平等故大謂此等於一切有情作
利樂故五由上品故大謂最上品更无餘悲
能齊此故此與悲異由八種因一由自性无
癡无瞋自性異故二由行相三苦一苦行相
異故三由所緣三界一界所緣異故四由依

利樂故五由上品故大謂最上品更无餘悲
能齊此故此與悲異由八種因一由自性无
癡无瞋自性異故二由行相三苦一苦行相
異故三由所緣三界一界所緣異故四由依
地第四靜慮通餘異故五由依身唯佛通餘
身有異故六由證得離有頂欲證得異故七
由救濟事成希望救濟異故八由哀愍平等
不等哀愍異故已辯佛德異餘有情諸佛相
望法皆等不頌曰
由資糧法身　利他佛相似　壽種姓量等　諸佛有差別
論曰由三事故諸佛皆等一由資糧等圓滿
故二由法身等成辦故三由利他等究竟故
由壽種姓身量等殊諸佛相望容有差別壽
異謂佛壽有短長種異謂佛生剎帝利婆羅
門種姓異謂佛姓喬荅摩迦葉波等量異謂
佛身有小大等言顯諸佛法住久近等如是
有異由出世時所化有情機宜別故諸有智
者思惟如來三種圓德深生愛敬其三者何
一因圓德二果圓德三恩圓德初因圓德復
有四種一无餘脩福德智慧二種資糧脩无
遺故二長時脩經三大劫阿僧企耶脩无倦
故三无間脩精勤勇猛剎那剎那脩无癈故
四尊重脩恭敬所學无所顧惜脩无慢故次
果圓德亦有四種一智圓德二斷圓德三威
勢圓德四色身圓德智圓德有四種一无師
智二一切智三一切種智四无功用智斷圓
[illegible]

四尊重備恭敬正學无所顧惜破无
果圓德亦有四種一智圓德二斷圓德三威
勢圓德四色身圓德智圓德有四種一无師
智二一切智三一切種智四无功用智斷圓
德有四種一一切煩惱斷二一切定障斷三
畢竟斷四并習斷威勢圓德有四種一於外
境化變住持自在威勢二於壽量若促若延
自在威勢三於空障極遠速行小大相入自
在威勢四令世間種種本性法尒轉勝希奇
威勢威勢圓德復有四種一難化必能化二
答難必決疑三立教必出離四惡黨必能伏
色身圓德有四種一具衆相二具隨好三具
大力四內身骨堅越金剛外發神光踰百千
日後恩圓德亦有四種謂令永解脫三惡趣
生死或能安置善趣三乘總說如來圓德如
是若別分析則有无邊唯佛世尊能知能說
更留命行經多大劫阿僧企耶說乃可盡如
是則顯佛世尊身具有无邊殊勝奇特因果
恩德如大寶山有諸愚夫自乏衆德雖聞如
是佛功德山及所說法不能信重諸有智者
聞說如斯生信重心徹於骨髓彼由一念極
信重心轉滅无邊不定惡業攝受殊勝人天
涅槃故說如來出現於世為諸智者无上福
田依之引生不空可愛殊勝速疾究竟果故
如薄伽梵自說頌言
若於佛福田　能殖少分善　初獲勝善趣　後必得涅槃

涅槃故說如來出現於世為諸智者无上福
田依之引生不空可愛殊勝速疾究竟果故
如薄伽梵自說頌言
若於佛福田　能殖少分善　初獲勝善趣　後必得涅槃
已說如來不共功德共功德今當辯頌曰
復有餘佛法　共餘聖異生　謂无諍願智　无礙解等德
論曰世尊復有无量功德與餘聖者及異生
共謂无諍願智无礙解通靜慮无色等至等
持无量解脫勝處遍處等隨其所應謂前三
門唯共餘聖通靜慮等亦共異生前三門中
且辯无諍頌曰
无諍世俗智　後靜慮不動　三洲緣未生　欲界有事惑
論曰言无諍者謂阿羅漢觀有情苦由煩惱
生自知已身福田中勝恐他煩惱復緣已生
故思求發如是相智由此方便令他有情不
緣已身生貪瞋等此行能息諸有情類煩惱
諍故得无諍名此行但以俗智為性第四靜
慮為其所依樂通行中審為勝故不動應果
能起非餘餘尚不能自防起惑况能止息他
身煩惱此唯依止三洲人身緣欲未來有事
煩惱勿他煩惱緣已生故諸无事惑不可遮
防內起隨應總緣境故辯无諍已次辯願智
頌曰
願智能遍緣　餘如无諍說
論曰以願為先引妙智起如願而了故名願
智此智自性地種姓身與无諍同但所緣別

防内起隨應揔緣境故辯无諍已次辯願智
頌曰
願智能遍緣　餘如无諍說
論曰以願為先引妙智起如願而了故名願
智此智自性地種姓身與无諍同但所緣別
以一切法為所緣故毗婆沙者作如是言願
智不能證知无色觀彼因行及彼等流差別
故知如田夫類諸有欲起此願智時先發誠
願求知彼境便入邊際第四靜慮以為加行
從此无間隨所入定勢力勝劣如先願力引
正智起於所求境皆如實知已辯願智无礙
解者頌曰
无礙解有四　謂法義詞辯　名義言說道　无退智為性
法詞唯俗智　五二地為依　義十六辯九　皆依一切地
但得必具四　餘如无諍說
論曰諸无礙解揔說有四一法无礙解二義
无礙解三詞无礙解四辯无礙解此四揔說
如其次第以緣名義言及說道不可退轉智
為自性謂无退智緣能詮法名句文身立為
第一緣所詮義立為第二緣方言詞立為第
三緣應正理无滯礙說及緣自在定慧二道
立為第四此則揔說无礙解體兼顯所緣於
中法詞二无礙解唯俗智攝緣名身等及世
言詞事境界故法无礙解通依五地謂欲界
四靜慮以於上地无名等故詞无礙解唯依
二地謂欲界初靜慮以於上地无尋伺故義

BD14504 號　阿毗達磨俱舍論卷二七　（18-8）

[illegible]
中法詞二无礙解唯俗智攝緣名身等及世
言詞事境界故法无礙解通依五地謂欲界
四靜慮以於上地无名等故詞无礙解唯依
二地謂欲界初靜慮以於上地无尋伺故義
无礙解十六智攝若諸法皆名為義義无
礙解則十智攝若唯涅槃名為義者義无礙
解則六智攝謂俗法類滅盡无生辯无礙解
九智所攝謂唯除滅緣說道故此二通依一
切地起謂依欲界乃至有頂辯无礙解於說
道中許隨緣一皆得起故施設足論釋此四
言緣名句文此所詮義即此一二多男女等
言別此无滯說及所依道无退轉智如次建
立法義詞辯无礙解名由此顯成四種次第
有餘師說詞謂一切訓釋言詞如有說言有
變礙故名為色等辯謂展轉言无滯礙傳說
此四无礙解生如次串習筭計佛語聲明因
明為前加行若於四處未得善巧必不能生
无礙解故理實一切无礙解生唯學佛語能
為加行如是四種无礙解中隨得一時必具
得四非不具四可名為得此四所緣自性依地
與前无諍差別如是種姓依身如无諍說
如是所說无諍行等頌曰
六依邊際得　邊際六後定　遍順至究竟　佛餘加行得
論曰无諍願智四无礙解六種皆依邊際定
得邊際靜慮體有六種前六際詞迦餘邊際
[illegible]

BD14504 號　阿毗達磨俱舍論卷二七　（18-9）

六依邊際得　邊際六後定　遍順至究竟　佛餘加行得
論曰无諍願智四无礙解六種皆依邊際定
得邊際靜慮體有六種前六際詞迦餘邊際
詞无礙解雖依彼得而體非彼靜慮所収邊
際名但依第四靜慮故此一切地遍所随順
故增至究竟故得邊際名云何此名遍所随
順謂正脩學此靜慮時從欲界心入初靜慮
次第順入乃至有頂復從有頂入无所有次
第逆入乃至欲界復從欲界次第順入展轉
乃至第四靜慮名一切地遍所随順云何此
名增至究竟謂專脩習第四靜慮從下至中
從中至上如是三品復各分三上上品生名
至究竟如是靜慮得邊際名此中邊名顯无
越義勝无越此故名為邊際言為顯類義極
義如說四際及實際言際佛所餘一切聖者
所說六種唯加行得非離染得非皆得故唯
佛於此亦離染得諸佛功德初盡智時由離
染故一切頓得後時随欲能豕現前不由加
行以佛世尊於一切法自在轉故已辯前三
唯共餘聖德於亦共凡德且應辯通頌曰
通六謂神境　天眼耳他心　宿住漏盡通　解脫道慧攝
四俗他心五　漏盡通如力　五依四靜慮　自下地為境
聲聞麟喻佛　二三千无數　未曾由加行　曾脩離染得
念住初三身　他心三餘四　天眼耳无記　餘四通唯善
論曰通有六種一神境智證通二天眼智證

BD14504號　阿毗達磨俱舍論卷二七　（18–10）

聲聞麟喻佛　二三千无數　未曾由加行　曾脩離染得
念住初三身　他心三餘四　天眼耳无記　餘四通唯善
論曰通有六種一神境智證通二天眼智證
通三天耳智證通四他心智證通五宿住随
念智證通六漏盡智證通雖六通中第六唯
聖然其前五異生亦得依揔相說亦共異生
如是六通解脫道攝慧為自性如沙門果解
脫道言顯出障義神境等四唯俗智攝他心
通五智攝謂法類道世俗他心漏盡通如力
說謂或六或十智由此已顯漏盡智通依一
切地緣一切境前之五通依四靜慮何緣此
五不依无色初三別緣色為境故脩他心通
色為門故脩宿住通漸次憶念分位差別方
得成故成時能緣處姓等故依无色地无如
是能諸有欲脩他心通者先審觀已身心二
相前後變異展轉相随後復審觀他身心相
由此加行漸次得成成已不觀自心諸色於
他心等能如實知諸有欲脩宿住通者先自
審察次前滅心漸復逆觀至生分位前前差
別至結生心乃至能憶知中有前一念名自
宿住加行已成為憶念他加行亦介此通初
起唯次第知串習成時亦能超憶諸所憶事
要曾領受憶淨居者昔曾聞故從无色歿来
生此者依他相續初起此通所餘亦依自相
續起脩神境等前三通時思輕光聲以為加

BD14504號　阿毗達磨俱舍論卷二七　（18–11）

宿住加行已成爲憶宿他加行亦依此道神
起唯次第知串習成時亦能超憶諸所憶事
要曾領受憶淨居者昔曾聞故從无色殁来
生此者依他相續初起此通所餘亦依自相
續起脩神境等前三通時思輕光聲以爲加
行成已自在隨所應爲故此五通不依无色
又諸无色觀滅上增五通必依止觀均地未
至等地由此已遮如是五通境唯自下且如
神境隨依何地於自下地行化自在於上不
然勢力劣故餘四亦尒隨其所應是故无能
取无色界他心宿住爲二通境即此五通於
世界境作用廣陿諸聖不同謂大聲聞麟喻
大覺不極作意如次能於一二三千諸世界
境起行化等自在作用若極作意如次能於
二千三千无數世界如是五通若有殊勝勢
用猛利從无始来曾未得者由加行得若曾
串習无勝勢用及彼種類由離染得若起現
前皆由加行佛於一切皆離染得隨欲現前
不由加行六中前三唯身念住但緣色故謂
神境通緣四外處色香味觸天眼色天耳緣
聲若尒何緣說死生智知有情類由現身中
成身語意諸惡行等非天眼通能知此事有
別勝智是通眷屬依聖身起能如是知是天
眼通力所引故與通合立死生智名他心智
通三念住攝謂受心法緣心等故宿住漏盡
四念住攝通緣五蘊一切境故此六通中天

別勝智是道眷屬依聖身起能如是知是天
眼通力所引故與通合立死生智名他心智
通三念住攝謂受心法緣心等故宿住漏盡
四念住攝通緣五蘊一切境故此六通中天
眼天耳无記性攝許此二體是眼耳識相應
慧故若尒寧說依四静慮隨根說故亦无有
失謂所依止眼耳二根由四静慮力所引起
即彼地攝故依四地通依根故說依四言或
此依通无間道說通无間道依四地故餘之
四通性皆是善若尒何故品類足言通云何
謂善慧彼據多分或勝說如契經說无學
三明彼於六通以何爲性頌曰
第五二六明　治三際愚故　後眞二假說　學有闇非明
論曰言三明者一宿住智證明二死生智證
明三漏盡智證明如其次第以无學位攝第
五二六通爲其自性六中三種獨名明者如
次對治三際愚故謂宿住智通治前際愚死
生智通治後際愚漏盡智通治中際愚此三
皆名无學明者俱在无學身中起故於中最
後容有是眞通无漏故餘二假說體唯非學
非无學故有學身中有愚闇故雖有前二不
立爲明雖有暫時伏滅愚闇後還被蔽故不
名明契經說有三種示導彼於六通以何爲
體頌曰
第一四六導　教誡導爲尊　定爲通所成　引利樂果故
論曰三示導者一神變示導二記心示導三

體頌曰
第一四六導　教誡導為尊　定由通所成　引利樂果故
論曰三示導者一神變示導二記心示導三
教誡示導如其次第以六通中第一四六為
其自性唯此三種多所化生令初後心最為
勝故或此能引憎背正法及處中者令發心
故能示能導得示導名又唯此三令於佛法
如次歸伏信受脩行得示導名餘三不尒於
三示導教誡最尊唯此定由通所成故定能
引他利樂果故謂前二導呪術亦能不但由
通故非決定如有呪術名健馱梨持此便能
騰空自在復有呪術名伊刹尼持此便能知
他心念教誡示導除漏盡通餘不能為故是
決定又前二導有但令他暫時迴心非引勝
果教誡示導亦定令他多當利益及安樂果
以能如實方便說故由是教誡最勝非餘神
境二言為目何義頌曰
神體謂等持　境二謂行化　行三意勢佛　運身勝解通
化二謂欲色　四二外處性　此各有二種　謂似自他身
論曰依毗婆沙所說理趣神名所目唯勝等
持由此能為神變事故諸神變事說名為境
此有二種謂行及化行復三種一者運身謂
乘空行猶如飛鳥二者勝解謂極遠方作近
思惟便能速至三者意勢謂極遠方舉心緣
時身即能至此勢如意得意勢名於此三中
意勢唯佛運身勝解亦通餘乘謂我世尊神

此有二種謂行及化行復三種一者運身謂
乘空行猶如飛鳥二者勝解謂極遠方作近
思惟便能速至三者意勢謂極遠方舉心緣
時身即能至此勢如意得意勢名於此三中
意勢唯佛運身勝解亦通餘乘謂我世尊神
通迅速隨方遠近舉心即至由此世尊作如
是說諸佛境界不可思議故意勢行唯世尊
有勝解兼餘聖運身并異生化復二種謂欲
色界若欲界化外四處除聲若色界化唯二
謂色觸以色界中无香味故此二界化各有
二種謂屬自身他身別故身在欲界化有四
種在色亦然故總成八若生在色作欲界化
如何不有成香味失如衣嚴具作而不成有
說在色唯化二處化作化事為即是通不尒
云何是通之果此有幾種差別云何頌曰
能化心十四　定果二至五　如所依定得　從淨自生二
化事由自地　語通由自下　化身與化主　語必俱非佛
先立願留身　後起餘心語　有死留堅體　餘說无留義
初多心一化　成滿此相違　脩得无記攝　餘得通三性
論曰神境通果能變化心力能化生一切化
事此有十四謂依根本四靜慮生有差別故
依初靜慮有二化心一欲界攝二初靜慮第
二靜慮有三化心二種如前加二靜慮第三
有四第四有五謂各自下如理應思諸果化
心依自上地必无依下下地定心不生上果
勢力劣故第二定等果下地化心對初定等

二静慮有三化心二種如前加二静慮第三
有四第四有五謂各自下如理應思諸果化
心依自上地必无依下下地定心不生上果
勢力劣故第二定等果下地化心對初定等
果上地化心由依及行亦得名勝如得静慮
化心亦然果與所依俱時得故諸從静慮起
果化心此心必无直出觀義謂從淨定起初
化心此後後心從自類起此前前念生自類
心最後化心還生淨定故此從二能生二心
非定果心无記性攝不還入定有直出義如
從門入還從門出諸所化事由自地心无異
地化心起餘地化故化所發言通由自下謂
欲初定化所發言此言必由自地心起上化
起語由初定心上地自无起表心故若一化
主起多化身要化主語時諸化身方語言音
詮表一切皆同故有伽他作如是說
一化生語時　諸所化皆語　一化主若默　諸所化亦然
此但說餘佛則不尒佛諸定力最自在故與
所化語容不俱時言音所詮亦容有別發語
心起化心既无應无化身化如何語由先願
力留所化身後起餘心發語表業故雖化語
二心不俱而依化身亦得發語非唯化主命
現在時能留化身令久時住亦有令住至命
終後即如尊者大迦葉波留骨璅身至慈尊
世唯堅實體可得久留故迦葉波不留肉等
有餘師說願力留身必无有能令至死後欲

現在時能留化身令久時住亦有令住至命
終後即如尊者大迦葉波留骨瑣身至慈尊
世唯堅實體可得久留故迦葉波不留肉等
有餘師說願力留身必无有能令至死後欲
光尊者留骨瑣身由諸天神持令久住初習
業者由多化心方能化生一所化事習成滿
者由一化心隨欲化生多少化事如是十四
能變化心皆是脩得无記性攝即是通果无
記攝義餘生得等能變化心通善不善无記
性攝如天龍等能變化心彼亦能為自他身
化於十色處化九除聲理實无能化為根者
然所化境不離根故言化九處亦无有失天
眼耳言為目何義頌曰
天眼耳謂根　即定地淨色　恒同分无缺　取障細遠等
論曰此言唯目天眼耳根即四静慮所生淨
色謂緣光聲脩加行故依四静慮於眼耳邊
引起彼地微妙大種所造淨色眼耳二根見
色聞聲名天眼耳如是眼耳何故名天體即
是天定地攝故然天眼耳種類有三一脩得
天即如前說二者生得謂生天中三者似天
謂生餘趣由勝業等之所引生能遠見聞似
天眼耳如藏臣寶菩薩輪王諸龍鬼神及中
有等脩得眼耳過現當生恒是同分以圣現
在必與識俱能見聞故處所必具无瞖无缺
如生色界一切有情能隨所應取被障隔極
細遠等諸方色聲故於此中有如是頌

天眼耳如藏臣寶菩薩輪王諸龍鬼神及中
有等脩得眼耳過現當生恒是同分以至現
在必與識俱能見聞故處所必具无翳无缺
如生色界一切有情能隨所應取被障隔極
細遠等諸方色聲故於此中有如是頌
肉眼於諸方 被障細遠色 无能見切用 天眼見无遺
前說他心脩餘得異神境等五各有異邪亦
有云何頌曰
神境五脩生 呪藥業成故 他心脩生呪 又加占相成
三脩生業成 除脩皆三性 人唯无生得 地獄初能知
論曰神境智類揔有五種一脩得二生得三
呪成四藥成五業成曼馱多王及中有等諸
神境智是業成攝他心智類揔有四種前三
如上加占相成餘三各三謂脩生業除脩所
得皆通善等非定果故不得通名人中都无
生所得者餘皆容有隨其所應本性生念業
所成攝於地獄趣初受生時唯以生得他心
宿住知他心等及過去生嘗受逼已更无知
義若生餘趣如應常知
說一切有部俱舍論卷第廿七

BD14504 號　阿毗達磨俱舍論卷二七　（18–18）

郎君須立身莫供酒家親一君不見[illegible]
郎君須努力

BD14504 號背　郎君須立身（擬）　（1–1）

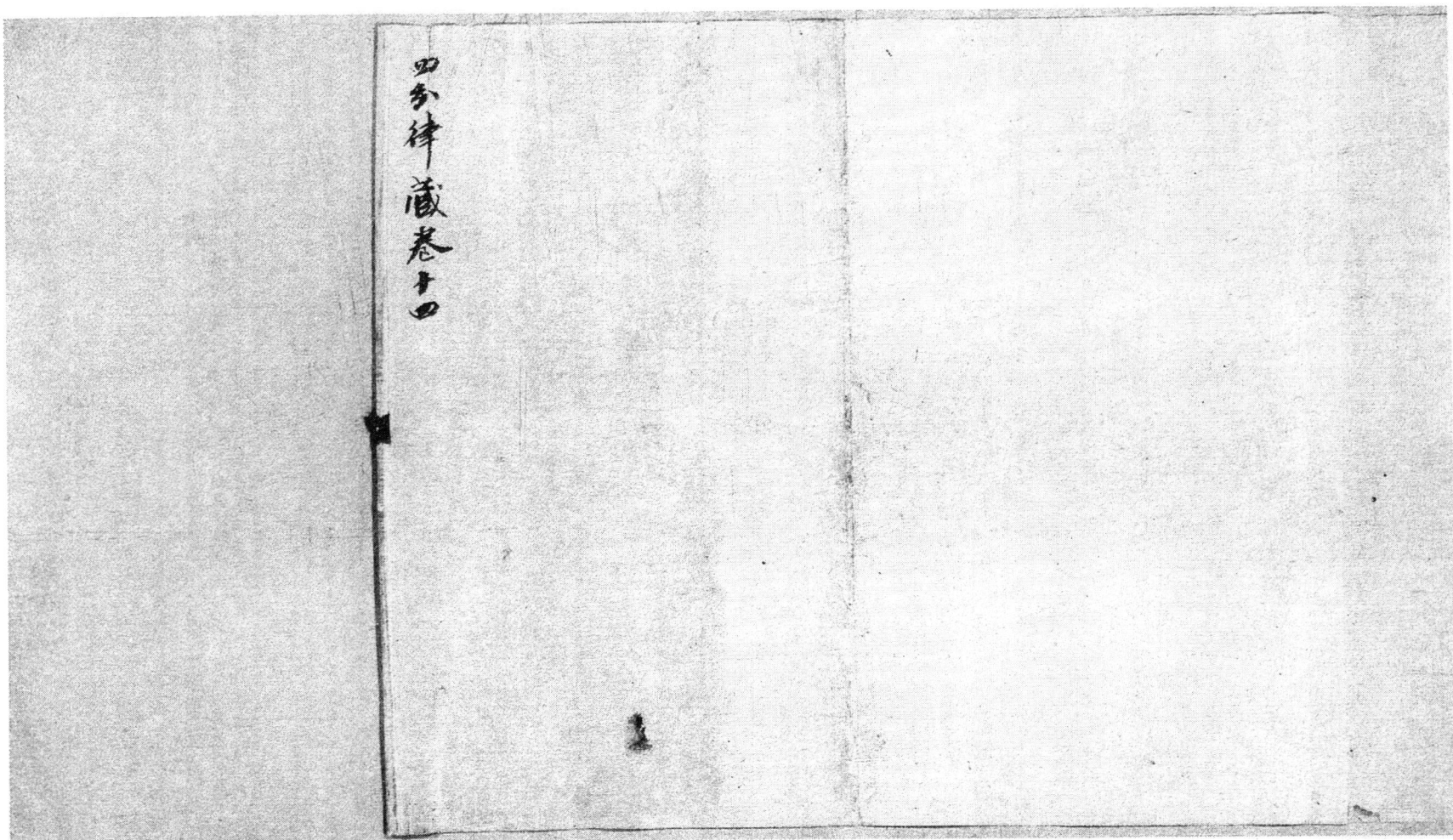

四分律藏卷十四

BD14505 號背　護首　　（1–1）

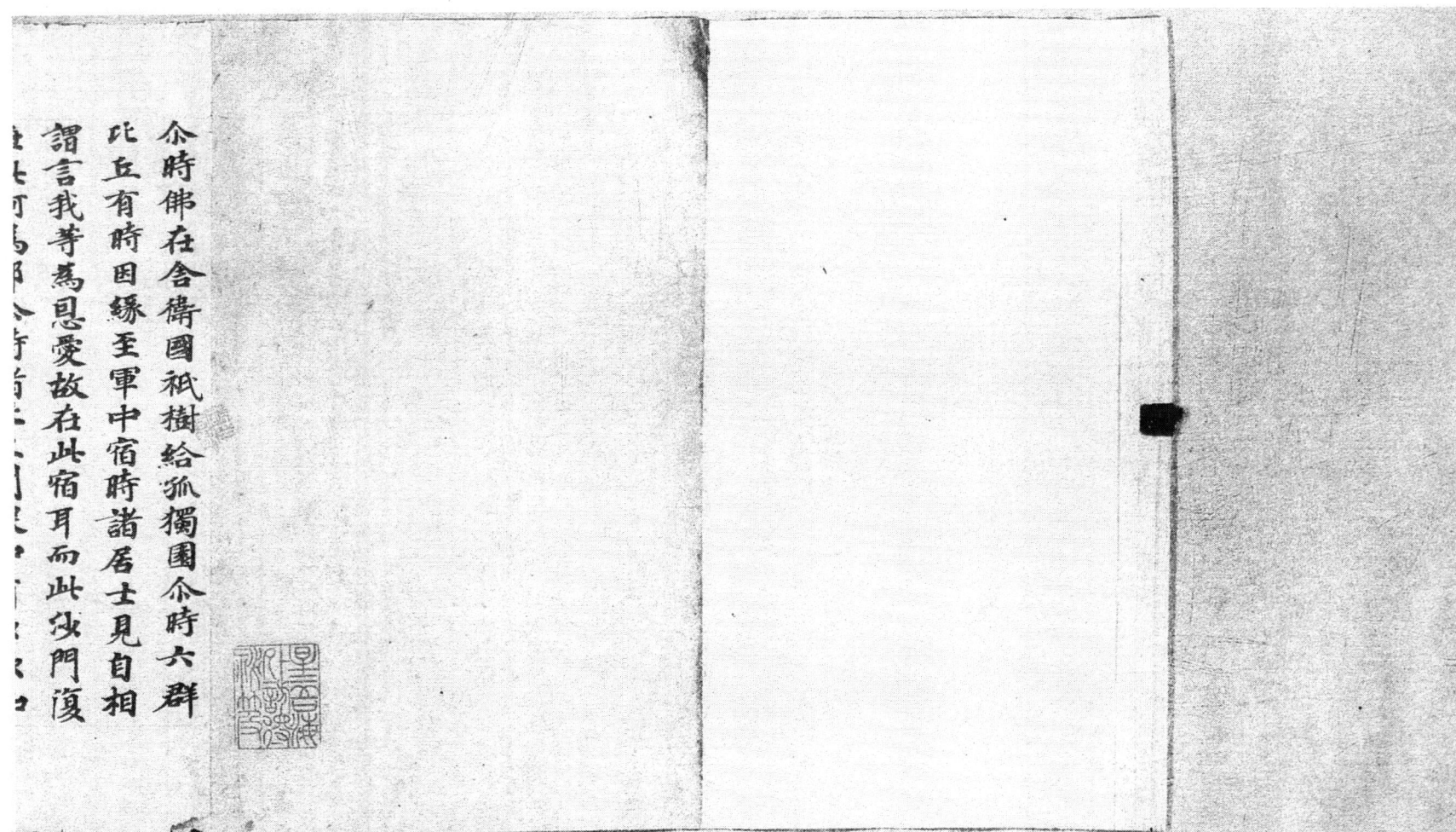

尒時佛在舍衛國祇樹給孤獨園尒時六群
比丘有時因緣至軍中宿時諸居士見自相
謂言我等爲恩愛故在此宿耳而此沙門復

BD14505 號　四分律（異卷）卷一四　　（24–1）

尒時佛在舍衛國祇樹給孤獨園尒時六群
比丘有時因緣至軍中宿時諸居士見自相
謂言我等為恩愛故在此宿耳而此沙門復
在此何為耶尒時諸比丘聞衆中有少欲知
足行頭陁樂學戒知慚愧者嫌責六群比丘
言世尊制戒有時因緣乃得至軍中汝等云
何乃於軍中止宿耶尒時諸比丘往世尊所
頭面礼足以此因緣具白世尊世尊以此因
緣集比丘僧呵責六群比丘汝所為非非威
儀非沙門法非淨行非隨順行所不應為云
何六群比丘有時因緣得至軍中汝等何事
乃在軍中宿耶世尊呵責六群比丘已告諸
比丘此癡人多種有漏處最初犯戒自今已
去與比丘結戒集十句義乃至正法久住欲
說戒者當如是說若比丘有因緣聽至軍中
二宿三宿過者波逸提比丘義如上若比丘
有因緣欲至軍中得二宿住至第三宿明相
未出時應離見聞處彼比丘軍中二宿已至
第三宿明相未出不離見聞處明相出波夜
提若離見處至聞處突吉羅離聞處至見處
突吉羅比丘尼波夜提式叉摩那沙彌沙彌
尼突吉羅是謂為犯不犯者得二宿已至第
三宿明相未出[不]離見聞處若水陸道斷若惡
獸難盜賊難水張難為勢力者所執或繫則

尼突吉羅是謂為犯不犯者得二宿已至第
三宿明相未出[不]離見聞處若水陸道斷若惡
獸難盜賊難水張難為勢力者所執或繫則
或梵行難命難得二宿軍中住至三宿明相
未出不離見聞處不犯不犯者最初未制戒
癡狂心亂痛惱所纏 卅九竟
尒時佛在舍衛國祇樹給孤獨園尒時六群
比丘聞世尊制戒聽比丘有時因緣二宿三
宿軍中住彼在軍中住觀軍陣鬪戰觀諸力
人象馬時六群比丘中有一人以箸軍陣故
為箭所射時同伴比丘即以衣裹之轝還諸
居士見已問比丘言此人何所患耶報言无
患向往觀軍陣鬪為箭所射時諸居士皆共
譏嫌言我等為恩愛故興此軍陣汝等出家
人往軍中何所作耶諸比丘聞已其中有少
欲知足行頭陁樂覺戒知慚愧者嫌責六群
比丘言世尊制戒聽比丘有時因緣至軍中
應二宿三宿往[住]彼住軍中二宿三宿已云何
乃往觀軍陣戰鬪而為箭所射也尒時諸比
丘往世尊所頭面礼足在一面坐以此因緣
具白世尊世尊尒時以此因緣集比丘僧呵
責六群比丘言汝所為非非威儀非沙門法
非淨行非隨順行所不應為云何六群比丘
世尊聽比丘有時因緣往軍中二宿三宿住
而汝等往軍中二宿三宿至乃觀軍陣戰鬪

與白世尊世尊以此因緣集比丘僧呵
責六群比丘言汝所爲非非威儀非沙門法
非淨行非隨順行所不應爲云何六群比丘
世尊聽比丘有時因緣往軍中二宿三宿住
而汝等往軍中二宿三宿住乃觀軍陣戰鬪
爲箭所射也尒時世尊以无數方便呵責六
群比丘已告諸比丘此癡人多種有漏處最
初犯戒自今已去與比丘結戒集十句義乃
至正法久住欲說戒者當如是說若比丘二
宿三宿軍中住或時觀軍陣鬪戰若觀遊軍
象馬力勢者波逸提比丘義如上鬪者若戲
鬪若真實鬪軍者一種軍乃至四種軍或有
王軍賊軍居士軍力勢者第一爲力第一馬
力第一車力第一歩力也陣者四方陣或圓
陣或半月形陣或張甄陣或減相陣象王馬
王人王彼比丘往觀軍陣鬪戰象馬勢力者
從道至道從道至非道從非道至道從高至
下從下至高往而見者波逸提往而不見者
突吉羅方便莊嚴欲往而不往者一切突吉
羅若比丘先在道行軍陣後至應避不避者
突吉羅比丘尼波逸提式叉摩那沙弥沙弥
尼突吉羅是謂爲犯不犯者有時因緣若有
所白若請喚若爲勢力所持去或命難或梵
行難若先前行軍陣後至下道避若水陸道
斷盜賊惡獸水大張或被強力所執繫或命

尼突吉羅是謂爲犯不犯者有時因緣若有
所白若請喚若爲勢力所持去或命難或梵
行難若先前行軍陣後至下道避若水陸道
斷盜賊惡獸水大張或被強力所執繫或命
難淨行難不避道无犯无犯者最初未制戒
癡狂心亂痛惱所纏 五十竟
尒時佛在支陁國與大比丘衆千二百五十
人俱時尊者娑伽陁爲佛作供養人尒時娑
伽陁下道詣一編髮梵志住處語梵志言汝
此住處第一房我今欲寄止一宿能相容止
不梵志荅言不惜可宿耳但此中有毒龍恐
相傷害耳比丘言但見聽止或不害我編髮
梵志荅言此室廣大隨意可住尒時長老娑
伽陁即入其室自敷草蓐跏趺坐繫念在前
時彼毒龍見娑伽陁結跏趺坐已即放大烟
娑伽陁亦放大烟毒龍毒之復放身火娑伽
陁亦放身火時彼室然如似大火娑伽陁自
念言我今寧可滅此龍火令不傷龍身耶於
是即滅龍火使不傷害時彼毒龍大光无色
娑伽陁火光轉盛有種種色青黃赤白緑
碧頗梨色時娑伽陁其夜降此毒龍盛著鉢
中明日清旦持往詣編髮梵志所語言所言
毒龍者我已降之置在鉢中故以相示尒時
狗睒弥主在編髮梵志家宿彼作如是念未
曾有世尊弟子有如是大神力何况如來

毒龍者我已降之置在鉢中故以相示尒時
拘睒弥王在編鵄梵志家宿彼作如是念未
曾有世尊弟子有如是大神力何況如來
即白婆伽陁言若世尊來至拘睒弥時願見
告勅欲一礼覲婆伽陁報言大佳尒時世尊
從支陁國人閒遊行至拘睒弥國時彼國王
聞世尊將千二百五十弟子至此國即乘車
往迎世尊遥見世尊顏貌端正諸相寂定
其定息滅得上調伏如調龍馬猶若澄淵見
已篤信心生以恭敬心即下車至世尊所頭面
礼足已在一面住尒時世尊無數方便說法勸
化令得歡喜時拘睒弥王聞佛無數方便說法
勸化心大歡喜已顧者衆僧不見婆伽陁即
問諸比丘言婆伽陁今為所在耶諸比丘報
言在後正尒當至尒時婆伽陁與六群比丘
相隨在後至時拘睒弥王見婆伽陁來即往
迎頭面礼足已在一面立時婆伽陁復為種
種方便說法勸化令心歡喜時拘睒弥王聞
婆伽陁種種方便說法勸化得歡喜已白言
何所須欲可說之婆伽陁報言止止此即為
供養我已彼復白言願說何所須欲六群比
丘語彼言汝知不比丘衣鉢尼師檀鍼筒此
是易得物耳更有於比丘難得者與之彼即
問言於比丘何者難得六群比丘報言欲須
黑酒彼報言欲須者明日可來取隨意多火

丘語彼言汝知不比丘衣鉢尼師檀鍼筒此
是易得物耳更有於比丘難得者與之彼即
問言於比丘何者難得六群比丘報言欲須
黑酒彼報言欲須者明日可來取隨意多火
時彼礼婆伽陁足遶已而去明日清旦婆伽
陁著衣持鉢詣拘睒弥王家就坐而坐時彼
拘睒弥王出種種甘饌飲食兼與黑酒極令
飽滿時婆伽陁食飲飽足已從坐起去於中
路為酒所醉到地而吐衆鳥亂鳴尒時世尊
知而故問阿難衆鳥何故鳴喚阿難白佛言
大德此婆伽陁受拘睒弥王請食種種飲食
兼飲黑酒醉卧道邊大吐使衆鳥亂鳴佛吉
阿難此婆伽陁比丘癡人如今不能降伏小
龍況能降伏大龍佛告阿難凡飲酒者有十
過失何等十一者顏色惡二者少力三者眼
視不明四者現瞋恚相五者壞田業資生法
六者增致疾病七者益鬪訟八者无名稱惡
名流布九者智慧減少十者身壞命終墮三
惡道阿難是謂飲酒者有十過失佛告阿難
自今已去以我為師者乃至不得以草木頭
内著酒中而入口尒時世尊以无數方便呵
責婆伽陁比丘已告諸比丘婆伽陁比丘癡
人多種有漏處㝡初犯戒自今已去與比丘
結戒集十句義乃至正法久住欲說戒者當
如是說若比丘飲酒者波逸提比丘義如上

責婆伽陁比丘已告諸比丘婆伽陁比丘處
人多種有漏處最初犯戒自今已去與比丘
結戒集十句義乃至正法久住欲說戒者當
如是說若比丘飲酒者波逸提比丘義如上
酒者木酒粳米酒餘米酒大麦酒若有餘酒
法作酒者是木酒者梨汁酒閻浮菓酒甘蔗
酒舍樓伽菓酒蕤汁酒蒲桃酒梨汁酒者若
以蜜石蜜雜作乃至蒲桃酒亦如是雜酒者
酒色酒香酒味不應飲或有酒非酒色酒香
酒味不應飲或有酒非酒色非酒香酒味不
應飲或有酒非酒色非酒香非酒味不應飲
非酒酒色酒香酒味應飲非酒非酒色酒香
酒味應飲非酒非酒色非酒香酒味應飲非
酒非酒色非酒香非酒味應飲彼比丘若酒
酒煮酒和若食飲者波逸提若飲甜味酒者
突吉羅若飲酢味酒者突吉羅若食麴若酒
糟突吉羅酒酒想波逸提酒疑波逸提酒无
酒想波逸提無酒有酒想突吉羅無酒疑突
吉羅比丘尼波逸提式叉摩那沙弥沙弥尼
突吉羅是謂為犯不犯者若有如是如是病
餘藥治不差以酒為藥若以酒塗瘡一切无
犯无犯者最初未制戒痴狂心亂痛惱所纏

五十一竟

尒時佛在舍衛國祇樹給孤獨園尒時十七
群比丘在阿耆羅婆提河水中嬉戲從此岸

BD14505號　四分律（異卷）卷一四　（24–8）

餘藥治不差以酒為藥若以酒塗瘡一切无
犯无犯者最初未制戒痴狂心亂痛惱所纏

五十一竟

尒時佛在舍衛國祇樹給孤獨園尒時十七
群比丘在阿耆羅婆提河水中嬉戲從此岸
至彼岸或順流或逆流或此沒彼出或以手
畫水或水相澆潰尒時波斯匿王與末利夫
人在樓觀上遥見十七群比丘在此河水中
嬉戲從此岸至彼岸或順流或逆流或此沒
彼出或以手畫水或水相澆潰見已即語末
利夫人言看汝所事者末利夫人報王言此
諸比丘是年少始出家者在佛法未久或是
長老癡無所知也時末利夫人即疾下樓語
那陵迦婆羅門言汝持我名往至祇桓中問
訊世尊遊步康強教化有勞耶以此一裹石
蜜奉上世尊以此因緣具白世尊時彼婆羅
門即受夫人教往至詣世尊所問訊已住一
面坐已那陵迦婆羅門白世尊言末利夫人
故遣我來問訊世尊遊步康強起居輕利教
化有勞也今奉此一裹石蜜以向因緣具白
世尊世尊尒時以此因緣集比丘僧以无數
方便呵責十七群比丘言汝所為非非威儀
非沙門法非淨行非隨順行所不應為云何
十七群比丘在阿耆羅婆提河水中嬉戲從
此岸至彼岸或順流或逆流或從此沒彼出

BD14505號　四分律（異卷）卷一四　（24–9）

方便呵責十七群比丘言汝所為非非威儀
非沙門法非淨行非隨順行所不應為云何
十七群比丘在阿耆羅婆提河水中嬉戲從
此岸至彼岸或順流或逆流或從此沒彼出
或以手畫水或水相澆潰尒時世尊呵責十
七群比丘已告諸比丘此癡人多種有漏處
最初犯戒自今已去與比丘結戒集十句義
乃至正法久住欲說戒者當如是說若比丘
水中嬉戲者波逸提比丘當如上水中戲者
放意自恣從此岸至彼岸或順流逆流或此
沒彼出或以手畫水或水相澆潰乃至以鉢
盛水戲挊一切波逸提除水已若酪漿若清
酪漿若苦酒若麦汁器中挊戲者突吉羅比
丘尼波逸提式叉摩那沙弥沙弥尼突吉羅
是謂為犯不犯者若道路行渡水或從此岸
至彼岸或水中牽材木若竹若捭順流上下
若取石取沙若失物沉入水底此沒彼出或
欲學知浮法而將摧臂畫水潰水一切无犯
无犯者最初未制戒癡狂心亂痛惱所纏 五十二竟
尒時佛在舍衛國祇樹給孤獨園尒時六群
比丘中有一人擊攊十七群比丘中一人乃
令命終諸比丘聞其中有少欲知足行頭陁
樂學戒知慚愧者嫌責六群比丘言云何擊
攊十七群比丘乃令命終耶尒時諸比丘往
世尊所頭面礼足已在一面坐坐已以此因

令命終諸比丘聞其中有少欲知足行頭陁
樂學戒知慚愧者嫌責六群比丘言云何擊
攊十七群比丘乃令命終耶尒時諸比丘往
世尊所頭面礼足已在一面坐坐已以此因
緣具白世尊世尊尒時以是因緣集比丘僧
呵責六群比丘言汝所為非非威儀非沙門
法非淨行非隨順行所不應為云何六群比
丘汝等擊攊十七群比丘乃令命終耶以无
數方便呵責六群比丘已告諸比丘言此六
群比丘癡人多種有漏處最初犯戒自今已
去與比丘結戒集十句義乃至正法久住欲
說戒者當如是說若比丘以指相擊攊者波
逸提比丘義如上指者手有十脚有十若比
丘以手脚指相擊攊者一切波逸提除手脚
指已若杖若戶鑰若佛柄及一切餘物相擊
攊者一切突吉羅比丘尼波逸提式叉摩那
沙弥沙弥尼突吉羅是謂為犯不犯者若不
故擊攊若眠觸令覺若出入行來若掃地誤
觸誤以杖頭觸无犯无犯者最初未制戒癡
狂心亂痛惱所纏 五十三竟
尒時佛在拘睒毗國瞿師羅園中尒時闡陁
欲犯戒諸比丘諫言汝莫作此意不應尒時
闡陁不從諸比丘諫即便犯諸比丘聞已其
中有少欲知足行頭陁樂學戒知慚愧者嫌
責闡陁言云何闡陁欲犯戒諸比丘諫而不

欲犯戒諸比丘諫言汝莫作此意不應尒時
闡陁不從諸比丘諫即便犯諸比丘聞已其
中有少欲知足行頭陁樂學戒知慙愧者嫌
責闡陁言云何闡陁欲犯戒諸比丘諫而不
從語便犯耶時諸比丘往世尊所頭面礼足
已在一面坐坐已以此因緣具白世尊世尊
尒時以此因緣集比丘僧呵責闡陁言汝所
為非非威儀非沙門法非淨行非隨順行所
不應為云何闡陁諸比丘諫而不從語便犯
戒耶以无數方便呵責闡陁已告諸比丘此
癡人多種有漏處㝡初犯戒自今已去與比
丘結戒集十句義乃至正法久住欲說戒者
當如是說若比丘不受諫者波逸提比丘義
如上不受諫者若他遮言莫作是不應尒然
故作故犯根本不從語突吉羅若自知我所
作非然故作犯根本不從語者波逸提比丘
尼波逸提式叉摩那沙弥沙弥尼突吉羅是
謂為犯不犯者若無智人來諫者報言汝可
問汝師和上學問誦經知諫法然後可諫若
諫者當用若戲咲語若獨處語若在夢中語
若欲說此乃說彼者一切无犯无犯者㝡初
未制戒癡狂心亂痛惱所纏　五十四竟
尒時佛在波羅梨毗國尒時尊者那迦波羅
比丘常侍世尊左右供給所須佛語那迦波

若欲說此乃說彼者一切无犯无犯者㝡初
未制戒癡狂心亂痛惱所纏　五十四竟
尒時佛在波羅梨毗國尒時尊者那迦波羅
比丘常侍世尊左右供給所須佛語那迦波
羅汝取雨衣來我欲至經行處經行即受教
取雨衣與世尊世尊尒時受雨衣已至經行
處經行尒時釋提桓因作金經行堂已合
掌在世尊前立言我世尊經行我善逝經行
諸佛常法若經行時供養人在經行道頭立
尒時那迦波羅比丘在經行道頭立知前夜
已過白世尊言初夜已過可還入房舍尒時
世尊嘿然時那迦波羅知中夜後夜過明相
已出衆鳥覺時天欲明復白世尊言初中後
夜已過明相出衆鳥覺時天欲明了顛世尊
還入房尒時世尊嘿然時那迦波羅心自念
言我今寧可恐怖佛使令入房邪尒時那迦
波羅即反被拘執來至佛所作非人恐怖聲
沙門我是鬼世尊報言當知此愚人心亦是
悪時釋提桓因白佛言衆中亦有如此人耶
佛告釋提桓因言衆中有如此人語釋提桓
因言此人於此生中當得清淨之法尒時釋
提桓因以偈讚佛
聖獨步不放逸　若毀譽不移動　聞師子吼不驚
如風過草无礙　引導一切諸衆　決定一切人天
尒時世尊以偈報言天帝謂我怖故說此言

提桓因以偈讚佛
聖獨步不放逸　若毀譽不移動　聞師子吼不驚
如風過草无礙　引導一切諸衆　決定一切人天
尒時世尊以偈報言天帝謂我怖故說此言
耶尒時釋提桓因即礼佛足隱形而去尒時
世尊夜過已清旦集比丘僧以此因緣具向
諸比丘說之此那伽波羅癡人乃欲恐怖我
尒時世尊以无數方便呵責六群比丘已告
諸比丘此癡人多種有漏處最初犯戒自今
已去與比丘結戒集十句義乃至正法久住
欲說戒者當如是說若比丘恐怖他比丘者
波逸提比丘義如上若以色聲香味觸法恐
怖人云何色恐怖或作爲形馬形或作鬼形
馬形以如是形色恐怖人令彼見若恐怖若
不恐怖波逸提以如是形色恐怖人前人不
見者突吉羅云何聲恐怖人或貝聲鼓聲波
羅聲爲聲馬聲駝聲啼聲以如是聲恐怖人
令彼人聞恐怖不恐怖波逸提若以如是聲
恐怖人彼不聞突吉羅云何香恐怖人若根
香薩羅樹香樹膠香皮香膚香葉華果香
若美香若臭氣若以此諸香恐怖人彼人嗅香
若怖已不怖波逸提若以如是香恐怖人前
人不嗅者突吉羅云何味恐怖人若以味與
人若酢若恬若苦若澀若鹹若袈裟味以如
此味恐怖人令彼人嘗味怖已不怖波逸提

若怖已不怖波逸提若以如是香恐怖人前
人不嗅者突吉羅云何味恐怖人若以味與
人若酢若恬若苦若澀若鹹若袈裟味以如
此味恐怖人令彼人嘗味怖已不怖波逸提
若作如是味恐怖人彼不嘗者突吉羅云何
觸恐怖人若以熱若以冷若輕若重若細若
麤若滑若澀若耎若堅以如是觸恐怖人令
彼人觸怖已不怖波逸提以如是觸恐怖人
彼人不觸者突吉羅云何以法恐怖人語前
人言我見如是相若夢汝當死若失衣鉢若
罷道汝和上阿闍梨亦當死失衣鉢若罷道
若父母得重病若命終以如是法恐怖人令
彼知怖已不怖波逸提若以如是法恐怖人
彼不知者突吉羅若比丘以色聲香味觸法
恐怖人若說而了了者波逸提說不了了者
突吉羅比丘尼波夜提式叉摩那沙彌沙彌
尼突吉羅是謂爲犯不犯者或闇地坐无燈
火或大小便處遙見謂言是鳥若賊若惡獸
便恐怖若至闇室中无燈火處大小便處聞
行聲若觸草木聲若謦欬聲而怖畏若以色
示人不作恐怖意若以聲香味觸與人不作
恐怖意若實有是事若見如是相或夢中見
若當死或罷道若失衣鉢若和上師當死失
衣鉢罷道若父母病重當死便作如是語語
彼言我見如是諸變相事若戲笑語若疾疾

恐怖意若實有是事若見如是相或夢中見
若當死或罷道若失衣鉢若和上師當死失
衣鉢罷道若父母病重當死便作如是語語
彼言我見如是諸變相事若戲咲語若疾疾
語若獨語夢中語欲說此乃錯說彼一切无
犯无犯者㝡初未制戒癡狂心亂痛惱所纏
五十五竟
尒時佛在羅閱祇迦蘭陁竹園中有池水尒
時摩竭國缾沙王聽諸比丘常在中洗浴時
六群比丘於後夜明相未出時入池水浴尒
時缾沙王於後夜明相未出與綵女俱詣池
洗浴聞六群比丘在池水洗浴聲即問左右
言此中誰洗浴答言是比丘王言莫大作聲
勿使諸比丘不及洗浴而去彼六群比丘以種
種細末藥更相洗浴乃至明相出時缾沙
王竟不得洗浴而去時諸大臣皆共嫌恚自
相謂言此沙門釋子不知慚愧外自稱言我
脩正法如此有何正法於後夜中相將入池
水以種種細末藥更相洗浴乃至明相出使
王竟不得洗浴而去時諸比丘聞其中有少
欲知足行頭陁樂學戒知慚愧者嫌責六群
比丘言云何於後夜入水浴以種種細末藥
更相洗浴乃至明相出使王不得洗浴也尒
時諸比丘往世尊所頭面礼足已在一面坐
以此因緣具白世尊世尊尒時以此因緣集

BD14505號　四分律（異卷）卷一四

（24-16）

比丘言云何於後夜入水浴以種種細末藥
更相洗浴乃至明相出使王不得洗浴也尒
時諸比丘往世尊所頭面礼足已在一面坐
以此因緣具白世尊世尊尒時以此因緣集
比丘僧呵責六群比丘言汝所為非非威儀
非沙門法非淨行非隨順行所不應為云何
汝等於後夜中入池水以種種細末藥更相
洗浴乃至明相出使王不得洗浴而去耶尒
時世尊以無數方便呵責六群比丘已告諸
比丘此癡人多種有漏處㝡初犯戒自今已
去與比丘結戒集十句義乃至正法久住欲
說戒者當如是說若比丘半月應洗浴若過
波逸提如是世尊與比丘結戒尒時諸比丘
盛熱時身體疱沸出汗垢臭穢畏慎不敢洗
浴恐犯過半月洗浴諸比丘白佛佛言聽諸
比丘熱時數數洗浴自今已去應如是說戒
若比丘半月應洗浴除餘時若過波逸提餘
時者熱時如是世尊與比丘結戒其中諸病
比丘身體疱沸出汗垢臭穢或大小便吐汙
不淨畏慎不敢洗浴恐犯過半月洗諸比丘
白佛佛言聽諸病比丘數數洗浴自今已去
當如是說戒若比丘半月洗浴不得過除餘
時波逸提餘時者熱時病時如是世尊與比
丘結戒時諸比丘作事身體汗垢臭穢諸比
丘有畏慎心不敢洗浴白佛佛言聽諸比丘

BD14505號　四分律（異卷）卷一四

（24-17）

當如是說戒若比丘半月洗浴不得過除餘
時波逸提餘時者熱時病時如是世尊與比
丘結戒時諸比丘作事身體汗垢臭穢諸比
丘有畏慎心不敢洗浴白佛佛言聽諸比丘
作時數數洗浴自今已去當如是說戒若比
丘半月洗浴不得過除餘時波逸提餘時者
熱時病時作時如是世尊與諸比丘結戒時
諸比丘風雨中行身體疱沸汗出塵坌汙穢
不淨有畏慎不敢洗浴白佛佛言聽諸比丘
風雨時數數洗浴自今已去當如是說戒若
比丘半月洗浴不得過除餘時波逸提餘時
者熱時病時作時風時雨時如是世尊與比
丘結戒時諸比丘道行身疱沸出汗垢塵土
汙穢不淨畏慎不敢洗浴白佛佛言聽諸比
丘道行時數數洗浴自今已去當如是說戒
若比丘半月洗浴无病比丘應受不得過除
餘時波逸提餘時者熱時病時風時雨時作
時道行時此是餘時比丘義如上熱時者春
四十五日夏初一月是熱時病者下至身體
臭穢是謂病作者下至掃屋前地風雨時者
下至一旋風一渧雨著身道行者下至半由
旬若來若往者是若比丘半月洗浴除餘時
若過一遍澆身波逸提若水洗半身亦波逸
提若方便莊嚴欲洗浴不去一切突吉羅比
丘尼波逸提式叉摩那沙弥沙弥尼突吉羅

BD14505號　四分律（異卷）卷一四　（24–18）

旬若來若往者是若比丘半月洗浴除餘時
若過一遍澆身波逸提若水洗半身亦波逸
提若方便莊嚴欲洗浴不去一切突吉羅比
丘尼波逸提式叉摩那沙弥沙弥尼突吉羅
是謂為犯不犯者半月洗浴熱時病時作時
風時雨時道行時數數洗浴若為勢力所持
強使洗浴无犯无犯者最初未制戒癡狂心
亂痛惱所纏　五十六竟
尒時世尊在曠野城時六群比丘自相謂言
我等在上坐前不得隨意言語即出房外在
露地拾諸柴草及大樹株然火向時空樹株
中有一毒虵得火氣熱逼從樹孔中出諸比
丘見已皆驚怖言毒虵毒虵即取所燒薪散
擲東西迸火乃燒佛講堂比丘聞之其中有
少欲知足行頭陁樂學戒知慚愧者嫌責六
群比丘言汝等云何自相謂言我等在上坐
前不得隨意語出房外拾諸草木大樹株在
露地然火向空樹中有毒虵出驚怖取所燒
薪擲西東使迸火乃燒佛講堂耶尒時諸比
丘即往世尊所頭面礼足已在一面坐以此
因緣具白世尊世尊尒時以此因緣集比丘
僧呵責六群比丘言汝所為非非威儀非沙
門法非淨行非隨順行所不應為云何六群
比丘自相謂言我等在上坐前不得隨意言
語出房外拾諸草木大樹株在露地然火向

BD14505號　四分律（異卷）卷一四　（24–19）

僧呵責六群比丘言汝所為非非威儀非沙
門法非淨行非隨順行所不應為云何六群
比丘自相謂言我等在上坐前不得隨意言
語出房外拾諸草木大樹株在露地然火向
有毒虵出驚怖取所燒薪散擲東西使迸火
燒佛講堂耶尒時世尊以无數方便呵責六
群比丘已告諸比丘此癡人多種有漏處最
初犯戒自今已去與比丘結戒集十句義乃
至正法久住欲說戒者當如是說若比丘為
自炙故露地然火若教人然波逸提如是世
尊與比丘結戒尒時病比丘畏慎不自然火
不教人然比丘白佛佛言聽病比丘露地然
火及教人然自今已去當如是說戒若比丘
无病為自炙故露地然火教人然者波逸提
如是世尊與比丘結戒尒時諸比丘欲為諸
病比丘煑粥若羹飯若在溫室若在廚屋若
在浴室中薫鉢若染衣若然燈若燒香諸比
丘皆畏慎不敢作佛言如此事聽自今已去
當如是說戒若比丘無病自為炙故在露地
然火若教人然除時因緣波逸提比丘義如
上病者若須火便身若比丘无病為自炙故
在於露地然火若然草木枝葉紵麻蒭摩
若牛屎糠糞掃燒一切然者波逸提若以火
置草木枝葉麻紵牛屎糠糞掃中然者一
切波逸提被燒半燋擲著火中者突吉羅若

BD14505號　四分律（異卷）卷一四　（24–20）

上病者若須火便身若比丘无病為自炙故
在於露地然火若然草木枝葉紵麻蒭摩
若牛屎糠糞掃燒一切然者波逸提若以火
置草木枝葉麻紵牛屎糠糞掃中然者一
切波逸提被燒半燋擲著火中者突吉羅若
然炭突吉羅若不語前人言汝看是知是者
突吉羅比丘尼波逸提式叉摩那沙弥沙弥
尼突吉羅是謂為犯不犯者語前人言看是
知是若病人自然教人然有時因緣看病人
為病人煑糜粥羹飯若在廚屋中若溫室中
若在浴室中若薫鉢若煑染衣汁然燈燒香
一切无犯无犯者最初未制戒癡狂心亂痛
惱所纏　五十七竟
尒時佛在舍衛國祇樹給孤獨園時有居士
請衆僧明日食即於其夜辨具種種肥美飲
食明日清旦往白時至尒時十七群比丘持
衣鉢坐具鍼筒著一面經行彷徉望食時到
時六群比丘伺彼經行背向時取其衣鉢坐
具針筒藏舉彼聞白時到即看言我等衣鉢
坐具針筒在此誰持去餘比丘問言汝等何
處求答言我等在此持衣鉢坐具針筒置一
面經行望食時到六群比丘在前調挵餘比
丘案之見六群比丘調挵必是其人取衣鉢
藏之諸比丘聞其中有少欲知足行頭陀樂
學戒知慙愧者嫌責六群比丘言云何汝等

BD14505號　四分律（異卷）卷一四　（24–21）

處來荅言我等在此持衣鉢坐具針筒置一
面經行望食時到六群比丘在前調弄餘比
丘察之見六群比丘調弄必是其人取衣鉢
藏之諸比丘聞其中有少欲知足行頭陁樂
學戒知慙愧者嫌責六群比丘言云何汝等
取十七群比丘衣鉢坐具鍼筒藏之耶尒時
諸比丘往世尊所頭面礼足在一面坐以此
因緣具白世尊世尊尒時以此因緣集比丘
僧呵責六群比丘言汝所為非非威儀非沙
門法非淨行非隨順行所不應為云何六群
比丘同十七群比丘經行背向取他衣鉢坐
具針筒藏耶尒時世尊以無數方便呵責六
群比丘已告諸比丘此癡人多種有漏處最
初犯戒自今已去與比丘結戒集十句義乃
至正法久住欲說戒者當如是說若比丘藏
比丘衣鉢坐具針筒若自藏教人藏下至戲
咲者波逸提比丘義如上彼比丘藏比丘衣
鉢坐具針筒若教人藏下至戲咲者波逸提
比丘尼波逸提式叉摩那沙弥沙弥尼突吉
羅是謂為犯不犯者若實知彼人物相體悉
而取舉若在露地為風雨所漂漬取舉若物
主為性慢藏所有衣鉢坐具針筒放散狼藉
為欲誡勑彼故而取藏之若借彼衣著而彼
不收攝恐失便取舉之或以衣鉢諸物故有
命難梵行難藏之一切无犯无犯者最初未

羅是謂為犯不犯者若實知彼人物相體悉
而取舉若在露地為風雨所漂漬取舉若物
主為性慢藏所有衣鉢坐具針筒放散狼藉
為欲誡勑彼故而取藏之若借彼衣著而彼
不收攝恐失便取舉之或以衣鉢諸物故有
命難梵行難藏之一切无犯无犯者最初未
制戒癡狂心亂痛惱所纏　五十八竟

四分律藏卷第十四

皇后藤原氏光明子奉為
尊考贈正一位太政太臣府君尊妣
贈從一位橘氏太夫人敬寫一切經論
及律莊嚴既了伏願憑斯勝因奉
資冥助永庇菩提之樹長遊般若
之津又願上奉　聖朝恒延福壽
下及寮采共盡忠節又光明子自發
誓言弘濟沉淪勤除煩障妙窮諸
法早契菩提乃至傳燈無窮法布
天下聞名持卷獲福消灾一切迷方
會歸覺路

天平十二年五月一日記

命難梵行難藏之一切危犯危犯者實初
制式瘋狂心亂痛惱所纏 五十八竟
四分律藏卷第十四
皇后藤原氏光明子奉為
尊考贈正一位太政太臣府君尊妣
贈從一位橘氏太夫人敬寫一切經論
及律莊嚴既了伏願憑斯勝因奉
資冥助永庇菩提之樹長遊般若
之津又願上奉 聖朝恒延福壽
下及寮采共盡忠節又光明子自發
誓言弘濟沉淪勤除煩障妙窮諸
法早契菩提乃至傳燈無窮流布
天下聞名持卷獲福消災一切迷方
會歸覺路
天平十二年五月一日記

BD14505號　四分律（異卷）卷一四　（24–24）

言[illegible]人即日彈指此女從三昧
起文殊尸利白佛以何因緣我動三千大千
國土地不能令此女起棄諸蓋菩薩一彈指
便從三昧起佛告文殊尸利汝因此女人初
發阿耨多羅三藐三菩提意是女人因棄諸蓋
菩薩初發阿耨多羅三藐三菩提意以是故
汝不能令覺汝於諸菩薩三昧中功德未滿
是諸菩薩三昧中得自在佛三昧中少多入
而未得自在故耳寶積佛聞是語已告普明
曰欲往隨意宜知是時尒時寶積佛以千葉
金色蓮華與普明菩薩而告之曰善男子汝
以此華散釋迦牟尼佛上生彼娑婆國中諸
菩薩難及難勝汝當一心以遊彼國問曰佛
何以言欲往隨意宜知是時荅曰佛於弟子
愛斷故於弟子中心不著故復次是菩薩未
得一切智未得佛眼故心中少多有疑謂釋
迦牟尼佛功德大所益或勝是故答言欲往

BD14506號　大智度論卷一〇　（28–1）

以此華散釋迦牟尼佛上坐彼娑婆國中諸
菩薩難及難勝汝當一心以遊彼國問曰佛
何以言欲往隨意宜知是時荅曰佛於弟子
愛斷故於弟子中心不著故復次是菩薩未
得一切智未得佛眼故心中少多有疑謂釋
迦牟尼佛功德大所益或勝是故語言欲往
隨意復次是菩薩遙見釋迦牟尼佛身小心生
小慢言彼佛不如是故佛語汝往莫觀佛身
勿念國土但聽佛說法復次是國土雖婆娑
界極遠在東邊是菩薩聞釋迦牟尼佛所
說諸法相與寶積佛說諸法相正同便言國
土雖遠法相不異增益大信心轉堅固復次
先世因緣故雖遠處生應來聽法譬如繩繫
雀腳雖復遠飛攝之則還復次是娑婆國土
中菩薩見普明遠來聽法便作是念彼從遠
來況我生此國中而不聽法如是種種因緣
是故佛言欲往隨意宜知是故問曰諸佛力
等更不求福何故以華為信荅曰隨世間法
行故如二國王力勢雖同亦相贈遺復次示
善濡心故以華為信世間法中使從遠來必
應有信佛隨世法是故致信復次諸佛恭敬
法故供養於法以法為師何以故三世諸佛
皆以諸法實相為師問曰何以不自供養身
中法而供養他法荅曰隨世間法如比丘欲
供養法寶不自供養身中法而供養餘持法
知法解法者佛亦如是雖身中有法而供養
餘佛法問曰如佛不求福德何以故供養荅

法故供養於法以法為師何以故三世諸佛
皆以諸法實相為師問曰何以不自供養身
中法而供養他法荅曰隨世間法如比丘欲
供養法寶不自供養身中法而供養餘持法
知法解法者佛亦如是雖身中有法而供養
餘佛法問曰如佛不求福德何以故供養荅
曰佛從无量阿僧祇劫中脩諸功德常行諸
善不但求報敬功德故而作供養如佛在時
有一盲比丘眼无所見而以手縫衣時針絍
脫便言誰愛福德為我絍針是時佛到其所
語比丘我是愛福德人為汝絍來是比丘識
佛聲疾起著衣禮佛足白佛言佛功德已滿
云何言愛福德佛報言我雖功德已滿我深
知功德因功德果報功德力我於一切眾生
中得最第一由此功德是故我愛佛為此比
丘讚功德已次為隨意說法是比丘得法眼
淨肉眼更明復次佛雖功德已滿更无所須為
教化弟子故語之言我尚作功德汝云何不
作如伎家百歲老公而儛人呵之言老公年
已百歲何用是儛公荅我不須儛但欲教子
孫故自佛亦如是功德雖滿為教弟子作功
德故而供養問曰若介者佛何以不自遙散
釋迦牟尼佛上而遣人供養荅曰為此間諸
菩薩信普明故復次佛所遣使水火兵毒
百千種害終不能傷道里懸遠欲令安隱故
問曰何以不以好寶深經若佛菩薩寶言此寶

德故而供養問曰若佛…
釋迦牟尼佛上而遣人供養荅曰為此閒諸
菩薩信普明故復次佛所遣使水火兵毒
百千種害終不能傷道里懸遠欲令安隱故
問曰何以不以好寶深經若佛菩薩寶（言此寶諸天所
不見能出種種妙物如摩尼珠故名佛寶）為信而以蓮華蓮華小物何足為
信荅曰佛不須物佛寶天寶尚亦不須何況
人寶以不須故不遣亦以佛自等有故不遣
深經亦尒復次諸經於佛則无甚深甚深之
稱出自凡人凡人所疑於佛无异凡人所難
佛皆易之復次華香清妙宜為供養如人獻
贈必以異物問曰何故正以蓮華不以餘物
荅曰供養唯以華香幡蓋華有二事有色有
香問曰餘華亦有色有香何故唯以蓮華供
養荅曰如華手經中說十方佛皆以華供養
釋迦文佛復次蓮華有三種一者人華二者
天華三者菩薩華人華大蓮華十餘葉天華百
葉菩薩華千葉彼國土中多有金色光明
千葉蓮華娑婆國中雖有化華千葉无水
生者以是故遣是蓮華千葉金色如上舌相
中說問曰佛何以令普明以華散佛上荅曰
供養法華香幡蓋幡蓋應上乾香應燒濕香
應塗地末香及華應散問曰何以不供奉而
已而自散上荅曰手自供養是身業濡言問
訊是口業能起身口業是意業是三業得功
德牢固與佛道作因緣問曰何以言汝當一

BD14506號　大智度論卷一〇　（28–4）

中說問曰佛何以令普明以華散佛上荅曰
供養法華香幡蓋幡蓋應上乾香應燒濕香
應塗地末香及華應散問曰何以不供奉而
已而自散上荅曰手自供養是身業濡言問
訊是口業能起身口業是意業是三業得功
德牢固與佛道作因緣問曰何以言汝當一
心敬慎娑婆國中諸菩薩難及難勝荅曰佛
辟支佛阿羅漢一切諸賢聖皆一心敬慎魔
若魔民及內身結使種種先世罪報皆是賊
近此諸賊故應一心慎辟如入賊中行不自
慎護為賊所得以是故言一心敬慎以遊彼
國復次以人心多散如狂如醉一心敬慎則
是諸功德初門攝心得禪便得實智慧得實
智慧便得解脫得解脫便得盡苦如是事
皆從一心得如佛般涅槃後一百歲有一比丘
名憂波毱得六神通阿羅漢當尒時世為閻
浮提大導師彼時有比丘尼年百廿歲此比
丘尼年小時見佛憂波毱來入其舍欲問佛
容儀先遣弟子弟子語比丘尼我大師憂波
毱欲來見汝問佛容儀是時比丘尼以鉢盛
滿麻油著戶扉下試之知其威儀詳審以不
憂波毱入徐排戶扉麻油小棄坐已問比丘
尼汝見佛不容貌何似為我說之比丘尼荅
我尒時年小見佛來入聚落眾人言佛來我
〻隨眾人出見光明便礼頭上金釵墮地在
大闇林下佛光照之幽隱皆見即時得釵我
自是後乃作比丘尼憂波毱更問佛在世時

BD14506號　大智度論卷一〇　（28–5）

我尒時年小見佛來入聚落衆人言佛來我
之隨衆人出見光明便礼頭上金釵墮地在
大闇林下佛光照之幽隱皆見即時得釵我
自是後乃作比丘尼優波毱更問佛在世時
比丘威儀礼法何如荅曰佛在時六群比丘
无著无恥最是弊惡威儀法則勝如今日何
以知之六群比丘入戶不令油棄此雖弊惡
知比丘儀法行住坐卧不失法則汝雖是六
神通阿羅漢不如彼也優波毱聞是謂大自
慙愧以是故言一心敬順一心敬順善人相
也復次何以故言一心敬慎是菩薩難勝難
及難破難近辟如大師子王難勝難破之如
白鳥王及龍王如大火夫皆難可近是菩薩
大智慧福德力故若人欲勝欲破是不可得
心可自破是故言難近問曰一切大菩薩皆
大功德智慧利根一切難近何以獨言娑婆
國中菩薩難近荅曰實如所言但以多寶國
中菩薩遠未見此國土不如石沙穢惡菩薩
身小一切衆事皆亦不如必生輕慢是故佛
言一心敬順彼諸菩薩難近復次樂處生人
多不勇猛不聽明少智慧如鬱怛羅日人以
大樂故无出家无受戒諸天中亦尒是娑婆
國土中是樂因緣少有三惡道老病死土地
自活法難以是故易得猒心見老病死至心
大猒患見貧窮人知先世因緣所致心生大

大樂故无出家无受戒諸天中亦尒是娑婆
國土中是樂因緣少有三惡道老病死土地
自活法難以是故易得猒心見老病死至心
大猒患見貧窮人知先世因緣所致心生大
猒以是故智慧利根彼聞菩薩七寶國土種
種寶樹心念飲食應意而得如是生猒心難
是故智慧不能大利辟如利刀著好飲食中
刀便生垢飲食雖好而與刀不相宜若以石
磨之脂灰瑩治垢除刀利是菩薩亦如是生
雜國中利智難近如人少小急苦多有所能
亦多有所堪又如養馬不乘則无所任復次
是娑婆國中菩薩多方便故難近餘處不尒
如佛說我自憶念宿世一日施人千命度衆
生故雖諸功德大波羅蜜一切佛事具足而
不作佛恒以方便度脫衆生是事故是娑
婆國中菩薩難近
尒時普明菩薩從寶積佛取千葉金色光
明蓮華與无數菩薩出家在家童男童女共
俱發到問曰是普明菩薩大力神通故應能
來是出家菩薩及童男童女云
寶國土最在東邊道里懸遠是自用力行為
寶積佛力是普明菩薩力耶為釋迦牟尼
佛力荅曰盡是四種人力是出家居家菩薩
戒是不退五通成就菩薩四禪足好脩先世釋
迦牟尼佛因緣亦自用己力亦是普明菩薩
力何以故是中力勢薄者是普明菩薩力故得

佛力荅曰盡是四種人力是出家居家菩薩
或是不退五通成就菩薩四禪足好脩先世釋
迦牟尼佛因緣亦自用己力亦是普明菩薩
力何以故是中力劣薄者是普明菩薩力故得
來如轉輪聖王飛上天時四種兵及諸宮觀
畜獸一切皆飛轉輪聖王功福大故能令一
切隨而飛從此亦如是力劣薄者以普明菩
薩力故皆亦得來亦實積力亦是釋迦牟尼
光明照之若自无力但釋迦牟尼佛光明照之
亦應能來何況有三問曰是普明菩薩何不
獨來而多將衆人荅曰翼從所宜故譬如國王
出時必有營從復次是普明菩薩及釋迦牟
尼佛因緣人故何以故國大衆中是二衆共
來是故如有因緣者來无因緣者住問曰是
菩薩何以故與諸居家出家童男童女俱來
荅曰佛弟子七衆比丘比丘尼學戒尼沙弥
沙弥尼憂婆塞憂婆夷憂婆塞憂婆夷是
居家餘五衆是出家出家在家中更有二種
若大若小小者童男童女餘者為大問曰大
者應行小者何以能來荅曰在功德不在大小
若失功德利不善法雖耆而小若、
若夫功德利行不善法雖耆而小若有功德
利行善法是雖小而大復次此小者遠來人
見則歎小而能尒為法遠來亦顯佛法小大
皆得奉行外道法中婆羅門得行其法非婆
羅門不得行佛法无大无小无內无外一切

BD14506 號　大智度論卷一〇　(28-8)

若夫功德利行不善法雖耆而小若有功德
利行善法是雖小而大復次此小者遠來人
見則歎小而能尒為法遠來亦顯佛法小大
皆得奉行外道法中婆羅門得行其法非婆
羅門不得行佛法无大无小无內无外一切
皆得脩行譬如服藥以除病為主不擇貴賤
大小皆供養恭敬奉給尊重東方諸佛問曰
若皆供養東方諸佛諸佛甚多何時當訖得
來此間荅曰是諸菩薩非作人天法供養自
行菩薩供養法菩薩供養法身入禪定其身
直從其身邊出无量身化作種種供養之
物滿諸佛國譬如大龍王行時身邊水出普
雨天下問曰此諸菩薩啟諸釋迦牟尼佛何
以中道供養諸佛荅曰諸佛第一福田若供
養者得大果報譬如人廣脩田地為多得穀
故諸菩薩見諸佛供養得佛果報是故供養
復次菩薩常敬重於佛如人敬重父母諸菩
薩蒙佛說法得種種三昧種種陀隣尼種種
神力知恩故廣供養如法華經中藥王菩薩從
佛得一切變現色身三昧作是思惟我當云
何供養佛及法華三昧三昧即時飛到天上
以三昧力雨七寶華香幡蓋供養於佛出三
昧已意猶不足於千二百歲服食衆香飲諸
香油然後以天白疊纏身而燒自作誓使我
身光明照八十恒河沙等佛土是八十恒河
沙等國中諸佛讚言善哉善哉善男子以身
供養是為第一勝以國財妻子供養百千

BD14506 號　大智度論卷一〇　(28-9)

昧已意猶不足於千二百歲服食衆香飲諸
香油然後以天白疊纏身而燒自作誓使我
身光明照八十恒河沙等佛土是八十恒河
沙等國中諸佛讚言善哉善哉善男子以身
供養是為第一勝以國財妻子供養百千
万億不可以譬喻為比於千二百歲身燃不
藏復次是供養佛得無量名聞福德利益諸
不善事皆悉藏除諸善根得增長今世後世常
得供養報又後得作佛如是供養佛得種種
無量利以是故諸菩薩供養佛華香瓔珞擣
香澤香燒香塗香衣服幢蓋向釋迦牟尼佛
所到以頭面禮足一面立問曰應言禮何以
名頭面禮足答曰人身中第一貴者頭五情
所著而最在上故足第一賤履不淨處最在
下故是故以所貴禮所賤貴重供養故復次
有下中上禮下者揖中者跪上者稽首頭面
禮足是上供養以是故佛毗尼中下坐比丘
兩手捉上坐兩足以頭面禮問曰四種身儀
若坐若立若行若臥何以故一面立答曰為
來故不應住為恭敬供養故不應臥此事易明
何足問也應問或坐或立坐者於供養不
重立者恭敬供養法復次佛法中諸外道出
家及一切白衣未到佛所皆坐外道他法輕
佛故坐白衣如客是故坐一切五衆身心屬
佛是故立若得道諸阿羅漢如舍利弗目連
須菩提等所作已辦是故聽坐餘雖得三道

何足問也應問或坐或立坐者於供養不
重立者恭敬供養法復次佛法中諸外道出
家及一切白衣未到佛所皆坐外道他法輕
佛故坐白衣如客是故坐一切五衆身心屬
佛是故立若得道諸阿羅漢如舍利弗目連
須菩提等所作已辦是故聽坐餘雖得三道
亦不聽坐大事未辦結賊未破故譬如王臣
大有功勳故得坐是諸菩薩中雖有白衣以
從遠來供養佛故立普明菩薩白佛大德寶
積佛致問世尊少惱少患興居輕利氣力安
樂不今以千葉金色蓮華供養世尊問曰寶
積佛一切智何以方問訊釋迦牟尼佛少惱
少患興居輕利氣力安樂不答曰諸佛法尒
知而故問如毗尼中達膩伽比丘作赤色瓦窟
佛見已知而問阿難此作何物阿難白佛是
陶家子出家字達膩伽作小草舍常為放牛
人所壞三作三破是故作此瓦舍佛語阿難
破此瓦窟何以故外道輩當言佛大師在時
漏處法出如是等處處知而故問復次佛雖
一切智隨世界法世人問訊佛亦問訊佛人中
生受人法寒熱生死與人等問訊法亦應等
復次世界中大貴大賤不應相問訊佛等力
故應問訊復次是多寶國土清淨莊嚴佛身
色光明亦大若不問訊人謂輕慢又復欲示
佛國身色光明種種雖勝智慧神力俱等無
異是故問訊問曰何以問少惱少病不答曰
有二種病一者外因緣病二者內因緣病外

色光明亦大若不問訊人謂輕慢又復欲示
佛國身色光明種種難勝智慧神力俱等无
異是故問訊問曰何以問少惱少病不荅曰
有二種病一者外因緣病二者内因緣病外
者寒熱飢渴兵刃刀杖墜落推砰如是等種
種外患名為惱内者飲食不節卧起无常四
百四病如是等種種名為内病如此二病有
身皆苦是故問少惱不問曰何以不問无惱
无病而問少惱少病荅曰聖人實知身為苦
本无不病時何以故是四大合而為身地水
火風性不相宜各各相害譬如疽創无不痛
時若以藥塗可得小差而不可得愈人身亦如
是此中常病常治治故得活不治則死以是
故不得問无惱无病外患常有風雨寒熱為
惱復有身四儀坐卧行立久坐則極惱久卧
久住久行皆惱以是故問少惱少病問曰問
少惱少病則足何以復言興居輕利荅曰人雖
病差未得平復以是故問興居輕利問曰何以
故言氣力安樂不荅曰有人病差雖能行步
坐起氣力未足不能造事施為携輕舉重故
問氣力有人雖病得差能舉重携輕而未受
安樂是故問安樂不問曰若无病有力何以
未受安樂荅曰有人貧窮怨怖憂愁不得安
樂以是故問得安樂不復次有二種問訊法
法訊身問訊心若言少惱少病興居輕利氣
力是問訊身若言安樂不是問訊心種種内

未受安樂荅曰有人貧窮怨怖憂愁不得安
樂以是故問得安樂不復次有二種問訊法
法訊身問訊心若言少惱少病興居輕利氣
力是問訊身若言安樂不是問訊心種種内
外諸病名為身病婬欲瞋恚嫉妬慳貪憂愁
怖畏等種種煩惱九十八結五百纏種種欲
願等名為心病是二病問訊故言少惱少病
興居輕利氣力安樂不問曰人問訊則應尒
諸天尚不應如此問訊何況於佛荅曰佛身
二種一神通變化身二父母生身父母生身
受人法故不如天是故應如人法問訊問曰
一切賢聖心无所著不貪身不惜壽不樂死
不悅生若如是者何用問訊荅曰隨世界法
故受人法問訊遣問訊亦以人法千葉金色
蓮華如上說
尒時世尊受是千葉金色蓮華已向東方供
養恒河沙等諸國土中佛問曰佛无勝如
何以故向東方諸佛散華供養如佛初得道
時自念人无所尊則事業不成今十方天地
誰可尊事者我欲師而事之是時梵天王等
諸天白佛佛為无上无過佛者佛亦自以天
眼觀三世十方天地中无勝佛者心自念言
我行摩訶般若波羅蜜今自致作佛是我所
尊即是我師我當恭敬供養尊事是法譬如
有樹名為好堅是樹在地中百歲枝葉具足
一日出生高百丈是樹出已欲求大樹以蔭

尊耶是我師我當恭敬供養尊事是法譬如
有樹名為好堅是樹在地中百歲枝葉具足
一日出生高百丈是樹出已欲求大樹以蔭
其身是時林中有神語好堅樹言世中无大
汝者諸樹皆當在汝蔭中佛亦如是无量阿
僧祇劫在菩薩地中生一日於菩提樹下金
剛坐處坐實知一切諸法相得成佛道是時
自念誰可尊事以為師者我當承事恭敬供
養時梵天王等諸天白佛言佛為无上无過
佛者今何以故復供養東方諸佛荅曰佛雖
无上三世十方天地中无過佛者而行供養
供養有上中下下於己者而供養之是下供
養供養勝己是上供養供養與己等者是中
供養諸佛供養是中供養如大愛道比丘尼
與五百阿羅漢比丘尼一日中一時入涅槃
是時諸得三道憂婆塞舉五百牀四天王舉
佛乳母大愛道牀佛自在前擎香鑪燒香
供養佛語比丘汝等助我供養乳母身尒時
諸阿羅漢比丘各各以神足力到摩梨山上取
牛頭栴檀香薪助佛作積是為下供養是以
故雖不求果而行等供養復次唯佛應供養
佛餘人不知佛德如說
智人能舊智　智論則智書　智人能知智　如蛇知蛇足
以是故諸佛一切智能供養一切智復次是
十方佛世世勸助釋迦牟尼佛如七住菩薩
觀諸法空无所有不生不滅如是觀已於一

佛餘人不知佛德如說
智人能舊智　智論則智書　智人能知智　如蛇知蛇足
以是故諸佛一切智能供養一切智復次是
十方佛世世勸助釋迦牟尼佛如七住菩薩
觀諸法空无所有不生不滅如是觀已於一
切世界中心不著欲放捨六波羅蜜入涅槃
譬如人夢中作栰渡大河水手足疲勞生患
厭想在中流中夢覺自念言何許有河而可
渡者是時懃心都放菩薩亦如是立七住中
得无生法忍心行皆止欲入涅槃尒時十方
諸佛皆放光明照菩薩身以右手摩其頭語
言善男子勿生此心汝當念汝本願欲渡衆
生汝雖知空衆生不解汝當集諸功德教化
衆生共入涅槃汝未得金色身三十二相八
十種好无量光明卅二業汝今始得一无生
法門莫便大喜是時菩薩聞諸佛教悔還生
本心行六波羅蜜以度衆生如是等初得佛
道時得是佐助又佛初得道時心自思惟是
法甚深衆生愚矇薄福我亦五惡世生今當
云何念已我當於一法中作三分分為三乘
以渡衆生作是思惟時十方諸佛皆現光明
讚言善哉善哉我等亦在五惡世中分一法
作三分以度衆生是時佛聞十方語聲帰大
歡喜稱言南模佛如是十方佛處處勸助為
作大利知恩重故以華供養十方佛㝡上福
德无過此德何以故是華寶種佛功德力所

有三歩以度衆生是時徧度十方諸摩訶大
歡喜稱言南無佛如是十方佛處處勸動為
作大利知恩重故以華供養十方佛實上福
德无過此德何以故是華寶積佛功德力所
生非是衆生華普明是十住法身菩薩送此
華來上釋迦牟尼佛釋迦牟尼佛知十方佛
是第一福田故以供養是福倍多何以故佛
自供養佛故佛法中有四種布施一施者請
淨受者不淨二施者不淨受者清淨三施者
清淨受者亦淨四施者不淨受者不淨今施
東方諸佛是為二俱淨請是福實大以是故
佛自供養十方佛問曰一切聖人不受果報
後更不生云何名是施福實大答曰是福雖
无人受其福相自大若有人受者其報无量
諸聖人知有為法皆无常空故捨入涅槃是
福亦捨譬如燒金丸雖眼見端政不可以手
觸燒人手故復次如人有創則須藥塗若无
創藥无所施人有身亦如是常為飢渴寒熱
所逼亦如創發以衣被飲食溫曖將適如藥
塗創如愚癡人為貪藥故不用除創若其无
創藥亦无用諸佛以身為創捨故身創故亦
不受報藥以是故雖有大福亦不受報尒時
所散蓮華滿東方恒河沙等諸佛國土問曰
華少而國多云何滿答曰佛神通力故如上
八種自恣變化法大能令小小能令大輕能
令重重能令輕自在无导隨意所到能動天
地所願能辯諸大聖人皆得是八種自在是

華少而國多云何滿答曰佛神通力故如上
八種自恣變化法大能令小小能令大輕能
令重重能令輕自在无导隨意所到能動天
地所願能辯諸大聖人皆得是八種自在是
故佛能以小華滿東方恒河沙等國土又復
以亦衆生未來福報如此少華滿東方國土
又勸東方菩薩言種福於佛田中所得果報
亦如此華彌滿无量汝雖遠來應當歡喜過
此大福田果報无量
一一華上皆有菩薩結加趺坐說六波羅蜜
聞此法者皆畢至阿耨多羅三藐三菩提問
曰上佛以舌相光作千葉寶華一一華
上皆有坐佛今何以故一一華上皆有坐菩
薩答曰上是佛所化華故有坐佛此是普明
菩薩所供養華是故有坐菩薩復次上諸衆
生應見坐佛得度今此衆生應見坐菩薩得
度結加趺坐說六波羅蜜聞此法者畢至阿
耨多羅三藐三菩提如先說諸出家在家菩
薩及諸童男童女頭面礼釋迦牟尼佛各各以
供養具供養恭敬尊重讚嘆釋迦牟尼佛是
諸出家在家菩薩及諸小男小女各各以善
根福德力故得供養釋迦牟尼佛何伽度阿
羅呵三藐三佛陀如說偈
諸聖所來道　佛亦如是來　實相及所去　佛亦尒无異
諸聖如實語　佛亦如實說　以是故名佛　多陀阿伽度
悲體心堅固　精進為甲冑　智慧明利劍　[illegible]

報福德力故得供養釋迦牟尼佛何伽度阿
羅呵三藐三佛陀如說偈
諸聖所來道　佛亦如是來　實相及所去　佛亦介无異
諸聖如實語　佛亦如實說　以是故名佛　多陀阿伽度
忍鎧心堅固　精進弓強　智慧箭勁利　破憍慢諸賊
應受天世人　一切所供養　以是故名佛　以為阿梨訶
正知苦實相　亦實知習　知苦盡實相　亦知苦盡道
真正解四諦　定實不可變　是故十方中　號三藐三佛
得微妙三明　清淨行亦具　是故号世尊　鞞闍遮羅那
滅除老病死　令到安隱處　以是故名佛　以為脩伽陀
知世所從來　亦知世盡道　以是故名佛　為路迦鞞陀
禪戒智等眼　无及況出上　以是故名佛　為阿耨多羅
大悲度衆生　濡言教調御　以是故名佛　富樓沙曇藐
智慧无煩惱　說衆上解脫　以是故名佛　提婆魔菟舍
三世動不動　盡及不盡法　道樹下悉知　是故名為佛
南方恒河沙等諸國土其國最在邊國名離
一切憂佛号无憂佛菩薩名離憂西方恒河
沙等諸國土其國最在邊國名識惡佛号寶
山菩薩名儀意北方恒河沙等諸國土其國
最在邊國名勝佛号勝王菩薩名得勝下方
恒河沙等諸國土其國最在邊國名善佛号
善德菩薩名華上上方恒河沙等諸國土其
國最在邊國名喜佛号喜德菩薩名得喜如
是一切皆如東方問日如佛法中實无諸方
名何以故諸五陰十二入十八持中所不攝
四法藏中亦无說方是實法曰緣求亦不可

善德菩薩名華上上方恒河沙等諸國土其
國最在邊國名喜佛号喜德菩薩名得喜如
是一切皆如東方問日如佛法中實无諸方
名何以故諸五陰十二入十八持中所不攝
四法藏中亦无說方是實法曰緣求亦不可
得今何以故此中說十方諸佛十方菩薩來
答曰隨世俗法所傳故說方求方實不可得
問曰何以言无方汝四法藏中不說我六法
藏中說汝陰入持中不攝我陀羅驃中攝是
方法常相故有相故亦有亦常如經中說日
出處是東方日沒處是西方日行處是南方
日不行處是北方日有三分合若前合若今
合若後合隨方日分初合是東方西方亦如
是日不行處是无分處闇此此間彼是方相
若无方无彼此彼此是方相而非方答曰不
然須弥是四域之中日繞須弥照四天下欝
但羅日日中是弗婆提日出於弗婆提人是
東方弗婆提日中是閻浮提日出於閻浮提
人是東方是實无初何以故一切方皆東方
皆南方皆西方皆北方汝言日出處是東方
日行處是南方日沒處是西方日不行處是
北方是事不然復次有處日不合是為非方
无方相故問曰我說一國中方相汝以四國
為難以是故東方非无初答曰若一國中日
與東方合是為有邊故无常无
不遍以是故方但有名而无實

北方是事不然復次有處日不合是為非方
无方相故問日我說一國中方相汝以四國
為難以是故東方非无初荅日若一國中日
與東方合是為有邊故无常无
不遍以是故方但有名而无實
是又䣊中（一日一夜有）是羅耶中（一日一夜有一百廿四文）是者睺多中（須臾）
尒時是三千大千國土皆成為寶華遍覆地
懸繒幡蓋香樹華樹皆悉莊嚴問日此誰神
力令地為寶荅日是佛无量神力變化所為
有人呪術幻法及鬼神龍王諸天等能變少
物令三千大千國土皆為珎寶餘人及梵天
王所皆不能佛入四禪中十四變化心能令
三千大千國土華香樹木一切土地皆悉莊
嚴一切衆生皆悉和同心轉為善何以故莊
嚴此國土為說般若波羅蜜故亦為十方諸
菩薩客來及諸天世人故莊嚴如人請貴客
若一家請則莊嚴一家一國土則莊嚴一國
轉輪聖王則莊嚴四天下梵天王莊嚴三千
大千國土佛為十方无量恒河沙等諸國土
中主是諸他方菩薩及諸天世人客來故亦
為此彼衆人見此變化莊嚴則生大心生清
淨歡喜心從大心發大業從大業得大報受
大報時更生大心如是展轉增益得成阿耨
多羅三藐三菩提以是故變此國土皆悉為
寶何名為寶寶有四種金銀毗瑠璃頗梨更
有七種寶金銀毗瑠璃頗梨車𤦲馬瑙赤真
珠（此珠極貴非珊瑚也）更復有寶摩羅伽地（此珠金翅鳥口邊出）因

BD14506號　大智度論卷一〇　（28–20）

大報時更生大心如是展轉增益得成阿耨
多羅三藐三菩提以是故變此國土皆悉為
寶何名為寶寶有四種金銀毗瑠璃頗梨更
有七種寶金銀毗瑠璃頗梨車𤦲馬瑙赤真
珠（此珠極貴非珊瑚也）更復有寶摩羅伽陁（此珠金翅鳥口邊出綠色能辟一切毒）因
陁尼羅（天青珠也）摩訶尼羅（大青珠也）鉢摩羅伽（赤光珠也）越闍（金剛）
（部珠如意珠也）玉貝珊瑚虎魄等種種名為寶是寶
有三種有人寶天寶菩薩寶人寶力少唯有
清淨光色除毒鬼除闇亦除飢渴寒熱種
種苦事天寶亦大亦勝常隨逐天身可使令
共語輕而不重菩薩寶勝於天寶能兼有人
寶天寶事又能令一切衆生知死此生彼因
緣本末譬如明鏡見其面像復次菩薩寶能
出種種法音若為首飾寶冠則雨十方无量
國土諸佛上幢幡華蓋種種供養之具以供
養佛又雨衣被卧具生活之物種種衆事隨
衆生所須皆悉雨之給施衆生如是等種種
衆寶以除衆生貧窮苦厄問日是諸珎寶從
何處出荅日金出山石沙赤銅中真珠出魚
腹中竹中虵腦中龍珠出龍腦中珊瑚出海
中石樹生貝出虫甲銀出燒石餘瑠璃頗梨
等皆出山窟中如意珠出自佛舍利若法没
盡時諸舍利皆變為如意珠譬如過千歲冰
化為頗梨珠如是等諸寶是人中常寶佛所
莊嚴一切國土是衆殊勝諸天所不能得何
以故從大功德所生種種華幡如光說香樹

BD14506號　大智度論卷一〇　（28–21）

等皆出山窟中如意珠出自佛舍利若法没
盡時諸舍利皆變爲如意珠辟如過千歲氷
化爲頗梨珠如是等諸寶是人中常寶佛所
莊嚴一切國土是衆殊勝諸天所不能得何
以故從大功德所生種種華幡如先說香樹
者名阿伽樓(淦香樹也)多伽樓(木香樹也)栴檀如是等種
種香樹華樹名占蔔(黃華樹也)阿輸迦(无憂華樹)婆呵
伽羅(赤華樹也)如是等種種華樹辟如華積世界
普華佛國文殊尸利善住意菩薩及餘大
威神諸菩薩皆在此國問曰何以言辟如華
積世界荅曰彼國常有淨華此國變化一時
故以喻也辟喻法以小喻大如人面好辟滿
月問曰東有千方諸清淨國土如阿弥陀佛
安樂國土等何以但以普華國土爲喻荅曰
阿弥陀佛國土不如華積世界何以故法積
比丘佛雖將至十方觀清淨國功德力薄不
能得見上妙清淨國土以是故國土不如復
次當佛變化此國時正與華積世界相似以
是故言辟如華積世界問曰東有餘大菩
薩如毗摩羅詰光世音遍吉菩薩等何以不
言此諸菩薩在彼住而但言文殊尸利善住
意菩薩荅曰是遍吉菩薩一一毛孔常出諸佛
國土及諸佛菩薩遍滿十方以化衆生无適
住處文殊尸利分身變化入五道中或作聲
聞或作緣覺或作佛身如首楞嚴三昧經中
說文殊尸利菩薩過去世作龍種尊佛七十二
億世作辟支迦佛是可言可說遍吉菩薩不

國土及諸佛菩薩遍滿十方以化衆生无適
住處文殊尸利分身變化入五道中或作聲
聞或作緣覺或作佛身如首楞嚴三昧經中
說文殊尸利菩薩過去世作龍種尊佛七十二
億世作辟支迦佛是可言可說遍吉菩薩不
可量不可說住處不可知若住應在一切國
中住是故不說復次及諸大威神菩薩亦應
想說遍吉等諸大菩薩
尒時佛知一切世界皆集若天世界若魔世
界若梵世界若沙門婆羅門及天若揵闥婆
人阿脩羅等世界皆集及諸菩薩摩訶薩紹
尊位者問曰佛神力无量一切十方衆生若
盡来在會者一切國土應空若不来者佛无
量神力有所不能荅曰不應盡来何以故諸
佛國土无邊无量若盡来者便爲有邊又復
十方各各有佛亦說般若波羅蜜如般若波
羅蜜卅三品中十方面各千佛現皆說般若
波羅蜜以是故不應盡来問曰若有十方諸
佛皆說般若波羅蜜十方諸菩薩何以故来
荅曰如普明菩薩来章中已說與釋迦牟尼佛
因緣故来復次是諸菩薩本願故若有說般
若波羅蜜處我當聽受供養是以遠来欲以
身力積功德故亦以示諸衆生我從遠来供
養法故云何汝在此國而不供養問曰佛於
法不著何以故七現神力而令衆生大集荅
日是般若波羅蜜甚深難知難解不可思議

養法故云何汝在此國而不供養問曰佛於
法不著何以故七見神力而令衆生大集答
曰是般若波羅蜜甚深難知難解不可思議
是故廣集諸大菩薩令新發意者心得信樂
譬如小人所語不爲人信貴重大人人必信
受問曰何以故言若天世界若魔世界若
梵世界但應言天世界人世界則足何以故
十号中言天人師以是應言天人而已答曰
諸天有天眼天耳利根智慧多自知來以是
故言天世界問曰若天世界已攝魔梵何以
別說若魔若梵答曰天中有三大主釋提婆
那民二處天主魔王六欲天主梵世界中梵
天王爲主問曰如夜摩天兜率陀天化樂天
皆有主何以但有三主答曰釋提婆那民依
地住佛亦依地住常來佛所大有名稱人多
說故魔王常來嬈佛又是一切欲界中主夜
魔天兜率陀天化樂天皆屬魔王復次天世
界則三界天皆攝是天中一切欲界魔爲王
是故別說復次魔常嬈佛令來聽般若波羅
蜜餘人增益信故問曰色界中大有天何故
但言梵世界集答曰上諸天无覺觀不喜散
心又難聞故梵世界有四識易聞故又梵世
界近故復次梵名離欲清淨今言梵世界已
摠說色界諸天復次餘天无有人民劫初生
時梵天王獨在梵宮寂漠无人其心不悅而
自生念此間何以不生人民是時梵音天命

BD14506號　大智度論卷一〇　（28–24）

界近故復次梵名離欲清淨今言梵世界已
摠說色界諸天復次餘天无有人民劫初生
時梵天王獨在梵宮寂漠无人其心不悅而
自生念此間何以不生人民是時光音天命
盡者應命來生梵王便自生念此諸天光无
隨我念故生我能生此諸天諸天是時亦各
自念我從梵王生梵王是我父也以是故但
說梵世界復次二禪三禪四禪天於欲界見
佛聽法若觀易菩薩眼識耳識身識皆在梵
世界中取以是故別說梵世界問曰何以故
獨說諸沙門婆羅門不說國王及長者諸餘
人衆答曰智慧人有二分沙門婆羅門出家
名沙門在家名婆羅門餘人心存世樂是故
不說婆羅門多學智慧求福出家人一切求
道是故但說沙門婆羅門在家中七世清淨
生滿六歲皆受戒名婆羅門是沙門婆羅門
中有道德智慧以是故說問曰先已說天世
界今何以復說天答曰天世界是四天王忉
利天魔是他化自在天梵是色界今說天是
欲界中夜摩兜率陀化樂愛身天等（愛身在六天上形色絶妙故言愛身）
問曰何以但說揵闥婆不說諸餘鬼神
及龍王答曰是揵闥婆是諸天伎隨逐諸天
其心柔濡福德力小減諸天諸鬼神鬼神道
中攝龍王畜生道中攝甄陁羅亦是天伎皆
屬天與天同住共坐飲食伎樂皆與天同是揵
闥婆王名童籠磨（秦言樹也）是揵闥婆甄陁羅恒

BD14506號　大智度論卷一〇　（28–25）

其心柔濡福德力小減諸天諸鬼神鬼神道
中攝龍王畜生道中攝甄陀羅亦是天伎皆
屬天與天同住共坐飲食伎樂皆與天同是揵
闥婆王名童龍磨（秦言樹也）是揵闥婆甄陀羅恒
在二處住常所居止在十寶山間有時天上
為諸天作樂此二種常備休上下人在四天
下生生有四種極長壽乃至無量歲極短壽
乃至十歲阿脩羅惡心鬪諍而不破戒大脩
施福生在大海邊住亦有城郭宮殿是阿脩
羅王名毗摩質多婆犁羅睺如是等名阿脩
羅王如說一時羅睺阿脩羅王欲噉月月天
子怖疾到佛所說偈
大智精進佛世尊　我今歸命稽首禮
是羅睺羅惱亂我　願佛憐愍見救護
佛與羅睺而說偈言
月能照闇而清涼　是虛空中大燈明
其色白淨有千光　汝莫吞月疾放去
爾時羅睺怖懅流汗即疾放月
婆利阿脩羅王見羅睺惶怖放月說偈問曰
汝羅睺羅何以故　惶怖戰慄疾放月
汝身流汗如疾人　心怖不安乃如是
羅睺爾時說偈答曰
世尊以偈而勅我　我不放月頭七分
設得生活不安隱　以故我今放此月
婆利阿脩羅王說此偈言
諸佛難得值　久遠乃出世　說此清淨偈　羅睺即放月

世尊以偈而勅我　我不放月頭七分
設得生活不安隱　以故我今放此月
婆利阿脩羅王說此偈言
諸佛難得值　久遠乃出世　說此清淨偈　羅睺即放月
問曰何以不說地獄畜生餓鬼答曰地獄大
苦心亂不能受法畜生愚癡覆心不能受化
餓鬼為飢渴大燒身故不得受法復次畜生
餓鬼中少多有來聽法者生福德心而已不
堪受道是故不說問曰若爾者揵闥婆阿脩
羅亦不應說何以故鬼神道中已攝故答曰
佛不說攝今何以言攝此是迦旃延子等說
如阿脩羅力與天等或時戰鬪勝天揵闥婆
是諸天伎與天同受福樂有智慧能別好醜
何以故不得受道法如雜阿含天品中說富
那婆藪鬼神母佛遊行宿其處爾時世尊說
上妙法廿女男二人啼泣母為說偈以止之
汝欝怛羅勿作聲　富那婆藪亦莫啼
我今聞法得道證　汝亦當得必如我
以是事故知鬼神中有得道者復次摩訶衍
中密迹金剛力士於諸菩薩中勝何況餘人
如屯崘摩甄陀羅王揵闥婆王至佛所彈琴
讚佛三千世界皆為震動乃至摩訶迦葉不
安其坐如此人等云何不能得道如諸阿脩
羅王龍王皆到佛所問佛深法佛隨其問而
答深義何以言不能得道問曰於五道眾生
中佛是天人師不說三惡道以其無福无

佛不說攝今何以言攝此是迦旃延子等說
如阿脩羅力與天等或時戰鬪勝天揵闥婆
是諸天伎與天同受福樂有智慧能別好醜
何以故不得受道法如雜阿含天品中說富
那婆藪鬼神母佛遊行宿其處尒時世尊說
上妙法廿女男二人啼泣母爲說偈止之
汝聲怛羅勿作聲　富那婆藪亦莫啼
我今聞法得道證　汝亦當得如我
以是事故知鬼神中有得道者復次摩訶衍
中密迹金剛力士於諸菩薩中勝何況餘人
如屯崙摩甄陀羅王揵闥婆王至佛所彈琴
讚佛三千世界皆爲震動乃至摩訶迦葉不
安其坐如此人等云何不能得道如諸阿脩
羅王龍王皆到佛所問佛深法佛隨其問而
荅深義何以言不能得道問曰於五道衆生
中佛是天人師不說三惡道以其无福无
道分故者是諸龍鬼皆墮惡道中荅曰
不分明說三道說五道者是一切有部僧
說婆蹉弗姤路部僧說有六道復次應有六
道何以故三惡道一向大有苦處福多罪少
是名阿脩羅揵闥婆等生處應別以是故應

BD14506號　大智度論卷一〇　（28–28）

死於十方而作已辦將是實放涅槃之相何
其苦哉如何世尊一旦捨離四无量心不受人
天而奉供養智慧日月從今永滅无上法船
於斯沈沒嗚呼痛哉世間大苦舉手拍胸悲
號啼哭支節戰動不能自持身諸毛孔流血
灑地介時會中有優婆塞是拘尸那工巧之子
名曰純陁與其同類十五人俱爲於世間得
善果故捨身威儀從坐而起偏袒右肩右膝
著地合掌向佛悲泣墮淚頂礼佛足而白佛言
唯願世尊及比丘僧哀受我等最後供養爲
度无量諸衆生故世尊我等從今无主无親
无救无護无歸无趣貧窮飢困欲從如來將
求未來唯願哀愍受我微供然後乃入於般
涅槃世尊譬如剎利若婆羅門毗舍首陀以
貧窮故遠至他國役力農作得好調牛良田
平政无諸沙鹵惡草株杌唯悕天雨言調牛
者喻身口七良田平正喻於智慧除去沙鹵

BD14507號　大般涅槃經（北本　異卷）卷二　（25–1）

求來食唯願哀愍受我微供然後乃入於般
涅槃世尊譬如剎利若婆羅門毗舍首陁以
貧窮故遠至他國役力農作得好調牛良田
平政无諸沙鹵惡草株杌唯悕天雨言調牛
者喻身口七良田平正喻於智慧除去沙鹵
惡草株杌喻諸煩惱世尊我今身有調牛良
田除去株杌唯悕如來甘露法雨貧四姓者
即我身是貧於无上法之財寶唯願哀愍除
斷我等貧窮困苦拯及无量苦惱衆生我今
所供雖復微少兾得充足如來大衆我今无
主无親无歸願垂矜愍如羅睺羅尒時世尊
一切種智无上調御告純陁曰善哉善哉我
今為汝除斷貧窮无上法雨雨汝身田令生法
牙汝今於我欲求壽命色力安辯我當施汝常
命色力安无㝵辯何以故純陁施食有二果報
无差何等為二一者受已得阿耨多羅三藐
三菩提二者受已入於涅槃我今受汝最後
供養令汝具足檀波羅蜜尒時純陁即白佛
言如佛所說二施果報无差別者是義不然
何以故先受施者煩惱未盡未得成就一切
種智亦未能令衆生具足檀波羅蜜後受施
者煩惱已盡已得成就一切種智能令衆生
普得具足檀波羅蜜先受施者直是衆生後
得施者是天中天先受施者是雜食身煩惱之
身是後邊身是无常身後受施者无煩惱身
金剛之身法身常身无邊之身云何而言二
諸施果報等无差別先受施者未能具足檀波
羅蜜乃至般若波羅蜜唯得肉眼未得佛眼

BD14507號　大般涅槃經（北本　異卷）卷二　（25–2）

得施者是天中天先受施者是雜食身煩惱之
身是後邊身是无常身後受施者无煩惱身
金剛之身法身常身无邊之身云何而言二
諸施果報等无差別先受施者未能具足檀波
羅蜜乃至般若波羅蜜唯得肉眼未得佛眼
乃至慧眼後受施者已得具足檀波羅蜜乃
至般若波羅蜜具足佛眼乃至慧眼云何而
言二施果報等无差別世尊先受施者受已
食噉入腹消化得命得色得力得安得无㝵
辯後受施者不食不消无五事果云何而言二
施果報等无差別佛言善男子如來已於无量
无邊阿僧祇劫无有食身煩惱之身无後邊
身常身法身金剛之身善男子未見佛性者
名煩惱身雜食之身是後邊身菩薩尒時受
飲食已入金剛三昧此食消已即見佛性得
阿耨多羅三藐三菩提是故我言二施果報
等无差別菩薩尒時破壞四魔今入涅槃亦
破四魔是故我言二施果報等无差別菩薩
尒時雖不廣說十二部經先已通達今入涅
槃廣為衆生分別演說是故我言二施果報
等无差別善男子如來之身已於无量阿僧
祇劫不受飲食為諸聲聞說言先受難陁難
陁波羅二牧牛女所奉乳糜然後乃得阿耨
多羅三藐三菩提我實不食我今為於此會
大衆是故受汝最後所奉實亦不食尒時大
衆聞佛世尊普為大會受於純陁最後供養
歡喜踊躍同聲讚言善〻哉〻希有純陁汝
今立字名不虛稱言純陁者名解妙義汝今

BD14507號　大般涅槃經（北本　異卷）卷二　（25–3）

大衆是故受汝㝡後所奉實之不虛。尒時大
衆聞佛世尊普為大會受於純陁㝡後供養
歡喜踊躍同聲讚言善哉善哉希有純陁汝今
今立字名不虛稱言純陁者名解妙義汝今
建立如是大義是故依實從義立名故名純
陁汝今現世得大名利德願滿足甚奇純陁
生在人中復得難得无上之利善哉純陁如優
曇華世間希有佛出於世亦復甚難值佛生
信聞法復難佛臨涅槃㝡後供養能辦是事
復難於是南无南无純陁純陁汝今已具種
波羅蜜猶如秋月十五日夜清淨圓滿无諸
雲翳一切衆生无不瞻仰汝亦如是而為我
等之所瞻仰佛已受汝㝡後供養令汝具足
檀波羅蜜南无純陁是故說汝如月盛滿一
切衆生无不瞻仰南无純陁雖受人身心如
佛心汝今純陁真是佛子如羅睺羅等无有
異。尒時大衆即說偈言

汝雖生人道　已越第六天　我及一切衆　今故稽首請
人中最勝尊　今當入涅槃　汝應愍我等　唯願速請佛
久住於世間　利益无量衆　演說智所讚　无上甘露法
汝若不請佛　我命將不全　是故應見為　咸請調御師

尒時純陁歡喜踊躍譬如有人父母卒喪忽
然還活純陁歡喜亦復如是復起礼佛說是
偈言

快哉獲已利　善得於人身　蠲除貪恚等　永離三惡道
快哉獲已利　遇得金寶聚　值遇調御師　不懼墮畜生
佛如優曇華　值遇生信難　遇已種善根　永滅餓鬼苦

BD14507 號　大般涅槃經（北本　異卷）卷二　（25–4）

然還活純陁歡喜亦復如是復起礼佛說是
偈言
快哉獲已利　善得於人身　蠲除貪恚等　永離三惡道
快哉獲已利　遇得金寶聚　值遇調御師　不懼墮畜生
佛如優曇華　值遇生信難　遇已種善根　永滅餓鬼苦
亦復能損減　阿脩羅種類　芥子投針鋒　佛出難於是
我已具足檀　度人天生死　佛不染世法　如蓮華處水
善斷有頂種　永度生死流　生世為人難　值佛世亦難
猶如大海中　盲龜遇浮孔　我今所奉食　願得无上報
一切煩惱結　摧破不堅牢　我今於此處　不求人天身
設使得之者　心亦不甘樂　如來受我供　歡喜无有量
猶如伊蘭華　出於栴檀香　我身如伊蘭　如來受我供
如出栴檀香　是故我歡喜　我今得現報　㝡勝上妙處
釋梵諸天等　悉來供養我　一切諸世間　悉生諸苦惱
以知佛世尊　欲入於涅槃　高聲唱是言　世間无調御
不應捨衆生　應觀如一子　如來在僧中　演說无上法
如須弥寶山　安處于大海　佛智能善斷　我等无明闇
猶如虛空中　起雲得清涼　如來能善除　一切諸煩惱
猶如日出時　除雲光普照　是諸衆生等　啼泣面目腫
皆悉為生死　苦水之所漂　以是故世尊　應長衆生信
為斷生死苦　久住於世間

佛告純陁如是如是如汝所說佛出世難如
優曇華值佛生信亦復甚難佛臨涅槃㝡後
施食能具足檀倍復甚難汝今純陁莫大愁
苦應生踊躍喜自慶幸得值㝡後供養如來
成就具足檀波羅蜜不應請佛久住於世汝今
當觀諸佛境界悉皆无常諸行性相亦復如
是即為純陁說而偈言

BD14507 號　大般涅槃經（北本　異卷）卷二　（25–5）

皆應生踊躍喜自慶幸得值最後供養如來
成就具足檀波羅蜜不應請佛久住於世汝今
當觀諸佛境界悉皆无常諸行性相亦復如
是即為純陀說而偈言
一切諸世間　生者皆歸死　壽命雖无量　要必當有盡
夫盛必有衰　合會有別離　壯年不久停　盛色病所侵
命為死所吞　无有法常者　諸王得自在　勢力无等雙
一切皆遷動　壽命亦如是　眾苦輪无際　流轉无休息
三界皆无常　諸有无有樂　有道本性相　一切皆空无
可壞法流動　常有憂患等　恐怖諸過惡　老病死衰惱
是諸有无邊　易壞怨所侵　煩惱所纏裹　猶如蠶處繭
何有智慧者　而當樂是處　此身苦所集　一切皆不淨
扼縛癰瘡等　根本无義利　上至諸天身　皆亦復如是
諸欲皆无常　故我不貪著　離欲善思惟　而證於真實
究竟斷有者　今日當涅槃
我度有彼岸　已得過諸苦　是故於今者　純受上妙樂
尒時純陀白佛言世尊如是如是誠如聖教
我今所有智慧微淺猶如蚊虻何能思議如
來涅槃深奧之義世尊我今已与諸大龍為
菩薩摩訶薩斷諸結漏文殊師利法王子等
世尊譬如幼年初得出家雖未受具即墮僧
數我亦如是以佛菩薩神通力故得在如是
大菩薩數是故我今欲令如來久住於世不
入涅槃譬如飢人終无變吐願使世尊亦復
如是常住於世不入涅槃尒時文殊師利法
王子告純陀言純陀汝今不應發如是言欲
使如來常住於世不般涅槃如彼飢人无所
變吐汝今當觀諸行性相如是觀行具空三

BD14507號　大般涅槃經（北本　異卷）卷二　（25–6）

大菩薩數是故我今欲令如來久住於世不
入涅槃譬如飢人終无變吐願使世尊亦復
如是常住於世不入涅槃尒時文殊師利法
王子告純陀言純陀汝今不應發如是言欲
使如來常住於世不般涅槃如彼飢人无所
變吐汝今當觀諸行性相如是觀行具空三
昧欲求正法應如是學純陀問言文殊師利
夫如來者天上人中最尊最勝如是如來豈
是行耶若是行者為生滅法譬如水泡速起
速滅往來流轉猶如車輪一切諸行亦復如
是我聞諸天壽命極長云何世尊是天中天
壽命更促不滿百年如聚落主勢得自在以
自在力能制他人是人福盡其後貧賤人所
輕蔑為他策使所以者何失勢力故世尊亦
尒同於諸行同諸行者則不得稱為天中天
也何以故諸行即是生死法故文殊如來正
覺不應同於諸行性相復次文殊為知而說不
知而說而言如來同於諸行設使如來同諸
行者則不得言於三界中為天中天自在法
王譬如人王有大力士其力當千更无有能
降伏之者故稱此人一人當千如是力士王
所愛念偏賜爵祿封賞自恣所以得稱當千
人者是人未必力敵於千但以種種技藝所
能勝千故故稱當千如來亦尒降煩惱魔天
魔陰魔死魔是故如來名三界尊如彼力士
一人當千以是因緣成就具足種種无量真
實功德故稱如來應正遍知文殊師利汝今不
應憶想分別以如來法同於諸行譬如巨富

BD14507號　大般涅槃經（北本　異卷）卷二　（25–7）

能〻勝千故故稱當千如來之尒降伏憍慢天
魔陰魔死魔是故如來名三界尊如彼力士
一人當千以是因緣成就具足種種无量真
實功德故稱如來應正遍知文殊師利汝今不
應憶想分別以如來法同於諸行譬如巨富
長者生子相師占之有短壽相父母聞已知
其不任紹繼家嗣不復愛重視如草芥夫短
壽者不為沙門婆羅門等男女大小之所敬
念若使如來同諸行者亦復不為一切世間
人天衆生之所奉敬如來所說不變不異真
實之法亦无受者是故文殊不應說言如來
同於一切諸行復次文殊譬如貧女无有居
家救護之者加復病苦飢渴所逼遊行乞匃
止他客舍寄生一子是客舍主驅逐令去其
産未久攜抱是兒欲至他國於其中路遇惡
風雨寒苦並至多為蚊虻蜂螫毒虫之所唼
食逕由恒河抱兒而度其水漂疾而不放捨
於是母子遂共俱沒如是女人慈念功德命終
之後生於梵天文殊師利若有善男子欲護正法
勿說如來同於諸行不同諸行唯當自責我今
愚癡无有慧目如來正法不可思議是故不應
宣說如來定是有為定是无為若正見者應
說如來定是无為何以故能為衆生生善法
故生憐愍故如彼貧女在於恒河為愛念子
而捨身命善男子護法菩薩亦應如是寧捨
身命不說如來同於有為當言如來同於无
為以說如來同无為故得阿耨多羅三藐三
菩提如彼女人得生梵天何以故以護法故

故生憐愍故如彼貧女在於恒河為愛念子
而捨身命善男子護法菩薩亦應如是寧捨
身命不說如來同於有為當言如來同於无
為以說如來同无為故得阿耨多羅三藐三
菩提如彼女人得生梵天何以故以護法故
云何護法所謂說言如來同於无為善男子
如是之人雖不求解〻脫〻自至如彼貧女
不求梵天梵天自至文殊師利如人遠行中
路疲極寄止他舍卧寐之中其室忽然大火
卒起即時驚悟尋自思惟我於今者定死不
疑具慚愧故以衣纏身即便命終生忉利天
從是已後滿八十反作大梵王滿百千世生
於人中為轉輪王是人不復生三惡趣展轉
常生安樂之處以是緣故文殊師利若善男
子有慚愧者不應觀佛同於諸行文殊師利
外道邪見可說如來同於有為持戒比丘不
應如是於如來所生有為想若言如來是有
為者即是妄語當知是人死入地獄如人自
處於已舍宅文殊師利如來真實是无為法
不應復言是有為也汝從今日於生死中應
捨无智求於正智當知如來即是无為若能
如是觀如來者具足當得三十二相速疾成
就阿耨多羅三藐三菩提尒時文殊師利法
王子讚純陀言善哉善哉善男子汝今已作
長壽因緣能知如來是常住法不變異法无
為之法汝今如是善覆如來有為之相如彼
火人為慚愧故以衣覆身以善心故生忉利
天復為梵王轉輪聖王不至惡趣常受安樂

長壽因緣能知如來是常住法不變異法無
為之法汝今如是善覆如來有為之相如彼
丈人為慚愧故以衣覆身以善心故生忉利
天復為梵王轉輪聖王不至惡趣常受安樂
汝亦如是善覆如來有為相故於未來世必
定當得三十二相八十種好十八不共法無
量壽命不在生死常受安樂不久得成應正
遍知純陀如來次後自當廣說我之與汝俱
亦當覆如來有為有為無為且共置之汝可
隨時速施飯食如是施者諸施中最若比丘
比丘尼優婆塞優婆夷遠行疲極所須之物
應當清淨隨時給與如是速施即是具足種
波羅蜜根本種子純陀若有最後施佛及僧
若多若少若足若不足宜速及時如來正爾
當般涅槃純陀答言文殊師利汝今何故貪
為此食而言多少足與不足令我時施文殊
師利如來昔日苦行六年尚自支持況於今
日須臾間耶文殊師利汝今實謂如來正覺
受斯食耶然我定知如來身者即是法身非
為食身爾時佛告文殊師利如是如是如純
陀言善哉純陀汝已成就微妙大智善入甚
深大乘經典文殊師利語純陀言汝謂如來
是無為者如來之身即是長壽若作是知佛
所悅可純陀答言如來非獨悅可於我亦復
悅可一切眾生文殊師利言如來於汝及以
於我一切眾生皆悉悅可純陀答言汝不應
言如來悅可夫悅可者則是倒想若有倒想
則是生死有生死者即有為法是故文殊勿

BD14507號　大般涅槃經（北本　異卷）卷二　（25–10）

所悅可純陀答言如來非獨悅可於我亦復
悅可一切眾生文殊師利言如來於汝及以
於我一切眾生皆悉悅可純陀答言汝不應
言如來悅可夫悅可者則是倒想若有倒想
則是生死有生死者即有為法是故文殊勿
謂如來是有為也若言如來是有為者我與
仁者俱行顛倒文殊師利如來無有愛念之
想夫愛念者如彼㹀牛愛念其子雖復飢渴
行求水草若足不足忽然還歸諸佛世尊無
有是念等視一切如羅睺羅如是念者即是諸
佛智慧境界文殊師利譬如國王調御駕駟
欲令牛車而及之者無有是處我與仁者亦復
如是欲盡如來微密深奧亦無是處文殊師
利如金翅鳥王上昇虛空無量由旬下觀大
海悉見水性魚鼈黿鼉龜龍之屬及見己
影如於明鏡見諸色像凡夫少智不能籌量
如是所見我與仁者亦復如是不能籌量如
來智慧文殊師利語純陀言如是如是汝如
所說我於此事非為不達直欲試汝諸菩薩事
爾時世尊從其面門出種種光其光明耀照
文殊身文殊師利遇斯光已即知是事尋告
純陀如來今者現是瑞相不久必當入於涅
槃汝先所設最後供養宜時奉獻佛及大眾
純陀當知如來放是種種光明非無因緣純
陀聞已情塞默然佛告純陀汝所奉施佛及
大眾今正是時如來正爾當般涅槃第二第
三亦復如是爾時純陀聞佛語已舉聲啼哭
悲感而言苦哉苦哉世間虛空復白大眾我

BD14507號　大般涅槃經（北本　異卷）卷二　（25–11）

勝妙先所設供養宜時奉獻佛及大衆
純陀當知如來放是種種光明非无因緣純
陀聞已情塞嘿然佛告純陀汝所奉施佛及
大衆今正是時如來正尒當般涅槃第二第
三亦復如是尒時純陀聞佛語已舉聲啼哭
悲噎而言苦ゝ哉ゝ世間虛空復白大衆我
等今者一切當共五體投地同聲勸佛莫般涅槃
尒時世尊復告純陀莫大啼哭令心懊憒當
觀是身猶如芭蕉熱時之炎水沫幻化乾闥
婆城坏器電光亦如畫水臨死之囚熟菓段
宍如織經盡如碓上下當觀諸行猶雜毒食
有爲之法多諸過患於是純陀復白佛言如
來不欲久住於世我當云何而不啼哭苦ゝ
哉ゝ世間虛空唯願世尊憐愍我等及諸
衆生久住於世勿般涅槃佛告純陀汝今不
應發如是言憐愍我故久住於世我以憐愍
汝及一切是故今欲入於涅槃何以故諸佛
法尒有爲亦然是故諸佛而說是偈
有爲之法　其性无常　生已不住　寂滅爲樂
純陀汝今當觀一切行雜諸法无我无常不
住此身多有无量過患猶如水泡是故汝今
不應啼泣尒時純陀復白佛言如ゝ是ゝ誠
如尊教雖知如來方便示現入於涅槃而我
不能不懷苦惱覆自思惟復生慶悅佛讚純
陀善ゝ哉ゝ能知如來示同衆生方便涅槃
純陀汝今當聽如娑羅娑鳥春陽之月皆共
集被陀阿耨達池諸佛亦尒皆至是處純陀
汝今不應思惟諸佛長壽短壽一切諸法皆

BD14507號　大般涅槃經（北本　異卷）卷二　（25-12）

不能不懷苦惱覆自思惟復生慶悅佛讚純
陀善ゝ哉ゝ能知如來示同衆生方便涅槃
純陀汝今當聽如娑羅娑鳥春陽之月皆共
集被陀阿耨達池諸佛亦尒皆至是處純陀
汝今不應思惟諸佛長壽短壽一切諸法皆
如幻相如來在中以方便力无所染著何以
故諸佛法尒純陀我今受汝所獻供養爲欲
令汝度於生死諸有流故若諸人天於此處
最後供養我者悉皆當得不動果報常受安樂
何以故我是衆生良福田故汝若復欲爲諸
衆生作福田者速辦所施不宜久停尒時純
陀爲諸衆生得度脫故低頭歛淚而白佛言
善哉世尊我若堪任爲福田者則能了知如
來涅槃及非涅槃我等今者及諸聲聞緣覺
智慧猶如蚊蟻實不能量如來涅槃及非涅
槃尒時純陀及其眷屬愁憂啼泣圍遶如來
燒香散華盡心敬奉尋與文殊從坐而去供
辦食具其去未久是時此地六種震動乃至
梵世亦復如是地動有二或有地動或大地
動小動者名爲地動大動者名大地動有小
聲者名曰地動有大聲者名大地動獨地動
者名曰地動山河樹木及大海水一切動者
名大地動一向動者名曰地動周迴旋轉名
大地動ゝ名地動ゝ時能令衆生心動名大
地動菩薩初從兜率天下閻浮提時名大地
動從初生出家成阿耨多羅三藐三菩提轉
於法輪及般涅槃名大地動今日如來將入
涅槃是故此地如是大動時諸天龍乾闥婆
阿脩羅迦樓羅緊那羅摩睺羅伽

BD14507號　大般涅槃經（北本　異卷）卷二　（25-13）

地動菩薩初從兜率天下閻浮提時名大地
動從初生出家成阿耨多羅三藐三菩提轉
於法輪及般涅槃名大地動今日如來將入
涅槃是故此地如是大動時諸天龍乾闥婆
阿脩羅迦樓羅緊那羅摩睺羅伽人及非人
聞是語已身毛皆竪同聲哀泣而說偈言
稽首礼調御　我等今勸請　違離於人仙　故无有救護
今見佛涅槃　我等沒苦海　愁憂懷悲惱　猶如犢失母
貧窮无救護　猶如困病人　无醫隨自心　食所不應食
衆生煩惱病　常為諸見害　遠離法醫師　服食耶毒藥
是故佛世尊　不應見捨離　如國无君主　人民皆飢饉
我等亦如是　失蔭及法味　今聞佛涅槃　我等心迷亂
如彼大地動　迷失於諸方　大仙入涅槃　佛日墜於地
法水悉枯涸　我等定當死　如來般涅槃　衆生極苦惱
譬如長者子　新喪於父母　如來入涅槃　如其不還者
我等及衆生　悉无有救護　如來入涅槃　乃至諸畜生
一切皆愁怖　苦惱燒其心　我等於今者　云何不愁惱
如來見放捨　猶如棄涕唾　譬如日初出　光明甚暉炎
既能還自照　亦滅一切闇　如來神通光　能除我苦惱
處在大衆中　譬如須彌山
世尊譬如國王生育諸子形貌端政心常愛
念先教技藝悉令通利然後將付魁膾令煞
世尊我等今者為法王子蒙佛教誨已具正
見願莫放捨如其放捨則同王子願唯久住
不入涅槃世尊譬如有人善學諸論復於此
論而生怖畏如來亦爾通達諸法而於諸法
復生怖畏若使如來久住於世說甘露味充
足一切如是衆生則不復畏墮於地獄世尊

BD14507號　大般涅槃經（北本　異卷）卷二　（25–14）

見願莫放捨如其放捨則同王子願唯久住
不入涅槃世尊譬如有人善學諸論復於此
論而生怖畏如來亦爾通達諸法而於諸法
復生怖畏若使如來久住於世說甘露味充
足一切如是衆生則不復畏墮於地獄世尊
譬如有人初學作務為官所收閉之囹圄有
人問之汝受何事答言我今受大憂苦如其
得脫則得安樂世尊亦爾為我等故脩諸苦
行我等今者猶如得免生死苦惱云何如來
得受安樂世尊譬如醫王善解方藥偏以秘
方教授其子不教其餘外受學者如來亦爾
獨以甚深秘密之藏偏教文殊遺棄我等不
見顧念如來於法應无慳悋如彼醫王偏教
其子不教外來諸受學者所以不能普教
情存勝負故有秘惜如來之心終无勝負何
故如是不見教誨唯願久住莫般涅槃世尊
譬如老少病苦之人離於善住行於險路〻
險惡難多受苦惱更有異人見之憐愍即便
示以平坦好道世尊我亦如是所謂少者喻
未增長法身之人老者喻重煩惱病者喻未
脫生死險路者喻廿五有唯願如來示導我
等甘露正道久住於世勿入涅槃尒時世尊
告諸比丘汝等比丘莫如凡夫諸天人等愁
憂啼哭當懃精進繫心正念時諸天人阿脩
羅等聞佛所說心不啼泣猶如有人殯喪子
已心不涕泣尒時世尊為諸大衆說是偈言
汝等當開意　不應大愁苦　諸佛法皆尒　是故當嘿然
樂不放逸行　守心正憶念　遠離諸非法　慰意受歡樂

BD14507號　大般涅槃經（北本　異卷）卷二　（25–15）

憂啼哭當懃精進繫心正念時諸天人阿修
羅等聞佛所說心不啼泣猶如有人殯喪其子
已心不啼泣爾時世尊為諸大眾說是偈言
汝等當開意　不應大愁苦　諸佛法皆爾　是故當默然
樂不放逸行　守心正憶念　遠離諸非法　慰意受歡樂
復次比丘若有疑惑今皆當問若空不空若
常无常若依非依若去不去若歸非歸若恒
非恒若斷若常若眾生非眾生若有若无若
實不實若真不真若滅不滅若密不密若二
不二如是等種種法中有所疑者今應諮問
我當隨順為汝斷之亦當為汝先說甘露然
後乃當入於涅槃諸比丘佛出世難人身難
得值佛生信是事亦難能忍是亦復難
成就禁戒具足无缺得阿羅漢果是事亦難
如求金沙優曇鉢華汝諸比丘離於八難得人
身難汝等遇我不應空過我於往昔種種行
苦今得如是无上方便為汝等故无量劫中
捨身手足頭目髓腦是故汝等不應放逸汝
等比丘云何莊嚴正法寶城具足種種功德珍
寶戒定智慧以為牆塹埤堄汝今遇是佛法寶城
不應取此虛偽之物譬如商主遇真寶城取
諸凡礫而便還家汝亦如是值遇寶城取虛
偽物汝諸比丘勿以下心而生知足汝等今
者雖得出家於此大乘不生貪慕汝諸比丘
身雖得服袈裟染衣其心猶未得染大乘清
淨之法汝諸比丘雖行乞食經歷多處初未
曾乞大乘法食汝諸比丘雖除鬚髮未為正
法除諸結使汝諸比丘今當真實教勅汝等

BD14507 號　大般涅槃經（北本　異卷）卷二　（25–16）

身雖得服袈裟染衣其心猶未得染大乘清
淨之法汝諸比丘雖行乞食經歷多處初未
曾乞大乘法食汝諸比丘雖除鬚髮未為正
法除諸結使汝諸比丘今當真實教勅汝等
我今現在大眾和合如來法性真實不倒是
故汝等應當精進攝心勇猛摧諸結使十力
慧日既潛沒已汝等當為无明所覆汝諸比
丘譬如大地諸山藥草為眾生用我法亦爾出
生妙善甘露法味而為眾生種種煩惱病之
良藥我今當令一切眾生及以我子四部之
眾悉皆安住祕密藏中亦我復當安住是中
入於涅槃何等名為祕密藏中猶如伊字三
點若並則不成伊縱亦不成如摩醯首羅面
上三目乃得成伊三點若別亦不得成我亦
如是解脫之法亦非涅槃如來之身亦非涅
槃摩訶般若亦非涅槃三法各異亦非涅槃
我今安住如是三法為眾生故名入涅槃如
世伊字爾時諸比丘聞佛世尊定當涅槃皆
悉憂愁身毛為豎涕淚盈目稽首佛足遶无
量匝而白佛言世尊快說无常苦空无我世
尊譬如一切眾生跡中象跡為上是无常想
亦復如是於諸想中最為第一若有精懃脩
集之者能除一切欲界欲愛色无色愛无明
憍慢及无常想世尊如來若離无常想者則
不應入於般涅槃若不離者云何說言脩无
常想離三界愛无明憍慢及无常想世尊譬
如農夫秋月之時深耕其地能除穢草是无
常想亦復如是能除一切欲界欲愛色无色

BD14507 號　大般涅槃經（北本　異卷）卷二　（25–17）

憍慢多无常想世尊如象若尒无常想者
不應入於般涅槃若不離者云何說言脩无
常想離三界愛无明憍慢多无常想世尊譬
如農夫秋月之時深耕其地能除穢草是无
常想亦復如是能除一切欲界欲愛色无色
愛无明憍慢多无常想世尊譬如耕田秋耕
為勝如諸跡中象跡為勝於諸想中无常為
勝世尊譬如帝王知命將終恩赦天下獄囚
繫閉悉令得脫然後捨命如來今者亦應如是
度諸眾生一切无知无明繫閉皆令解脫然
後乃入於般涅槃我等今者皆未得度云何
如來便欲放捨入於涅槃世尊譬如有人為
鬼所持遇良呪師以呪力故便得除差如來
亦尒為諸聲聞除无明鬼令得安住摩訶般
若解脫等法如世伊字世尊譬如香象為人
所鏁雖有良師不能禁制頓絕羈鏁自恣而
去我未如是脫五十七煩惱繫縛云何如來
便欲放捨入於涅槃世尊如人病瘧值遇良
醫所苦得除我亦如是多諸患苦耶命熱病
雖遇如來病未除愈未得无上安隱常樂云
何如來便欲放捨入於涅槃世尊譬如醉人
不自覺知不識親疎母女姊妹迷荒婬亂言語
放逸臥蕃穢中時有良師与藥令服服已吐
酒還自憶識心懷慚愧深自剋責酒為不善
諸惡根本若能除斷則遠眾罪世尊我亦如
是往昔已來輪轉生死情色所醉貪嗜五欲
非母々想非姊々想非女々想於非眾生生
眾生想是故輪轉受生死苦如彼醉人臥蕃

酒還自憶識心懷慚愧深自剋責酒為不善
諸惡根本若能除斷則遠眾罪世尊我亦如
是往昔已來輪轉生死情色所醉貪嗜五欲
非母々想非姊々想非女々想於非眾生生
眾生想是故輪轉受生死苦如彼醉人臥蕃
穢中如來今當施我法藥令我還吐煩惱惡
酒而我未得醒悟之心云何如來便欲放捨
入於涅槃世尊譬如有人歎芭蕉樹以為堅
實无有是處世尊眾生亦尒若歎我人眾生
壽命養育知見作者受者是真實者亦无是
處我等如是脩无我想世尊譬如槃澤无所
復用是身亦尒无我无主世尊如七葉華无
有香氣是身亦尒无我无主我等如是心常
脩集无我之想如佛所說一切諸法无我我
所汝諸比丘應當脩集如是脩已則除我慢
離我慢已便入涅槃世尊譬如鳥跡空中現
者无有是處有能脩集无我想者而有諸見
亦无是處尒時世尊讚諸比丘善々哉々汝
等善能脩无我想時諸比丘即白佛言世尊
我等不但脩无我想亦更脩集其餘諸想所
謂苦想空无常想世尊譬如人醉其心顛眄
見諸山河石壁草木宮殿屋舍日月星辰皆
悉迴轉世尊若有不脩苦无常无我等想
如是之人不名為聖多諸放逸流轉生死世
尊以是因緣我等善脩如是諸想尒時佛告
諸比丘言諦々聽々汝向所引醉人喻者但
知文字未達其義何等為義如彼醉人見上
日月實非迴轉生迴轉想眾生亦尒為諸煩

尊以是因緣我等善脩如是諸想尒時佛告
諸比丘言諦〻聽〻汝向所引醉人喻者但
知文字未達其義何等為義如彼醉人見上
日月實非迴轉生迴轉想衆生亦尒為諸煩
惱无明所覆生顛倒心我計无我常計无常
淨計不淨樂計為苦以為煩惱之所覆故雖
生此想不達其義如彼醉人於非轉處而生
轉想我者即是佛義常者是法身義樂者是
涅槃義淨者是法義汝等比丘云何而言有
我想者憍慢貢高流轉生死汝等若言我亦
脩集无常苦无我等想是三種脩无有實義
我今當說勝三脩法苦者計樂樂者計苦是
顛倒法无常計常常計无常是顛倒法无我
計我我計无我是顛倒法不淨計淨淨計不
淨是顛倒法有如是等四顛倒法是人不知
正脩諸法汝諸比丘於苦法中生於樂想於
无常中生於常想於无我中生於我想於不
淨中生於淨想世間亦有常樂我淨出世亦
有常樂我淨世間法者有字无義出世間者
有字有義何以故世間之法有四顛倒故不
知義所以者何有想顛倒心倒見倒以三倒
故世間之人樂中見苦常見无常我見无我
淨見不淨是名顛倒以顛倒故世間知字而
不知義何等為義无我者名為生死我者名
為如來无常者聲聞緣覺常者如來法身苦
者一切外道樂者即是涅槃不淨者即有為
法淨者諸佛菩薩所有正法是不顛倒以不

不知義何等為義无我者名為生死我者名
為如來无常者聲聞緣覺常者如來法身苦
者一切外道樂者即是涅槃不淨者即有為
法淨者諸佛菩薩所有正法是不顛倒以不
倒故知字知義若欲遠離四顛倒者應知如
是常樂我淨時諸比丘白佛言世尊如佛所
說離四倒者則得了知常樂我淨如來今者
永无四倒則已了知常樂我淨若已了知常
樂我淨何故不住一劫半劫教導我等令離
四倒而見放捨欲入涅槃如來若見顧念教
勑我當至心頂受脩集如來若入於涅槃者
我等云何与是毒身同共止住脩於梵行我
等亦當隨佛世尊入於涅槃尒時佛告諸比
丘汝等不應作如是語我今所有无上正法
悉以付囑摩訶迦葉是迦葉者當為汝等作
大依止猶如如來為諸衆生作依止處如大
迦葉亦復如是當為汝等作依止處譬如大
王多所統領若遊巡時悉以國事付囑大臣
如來亦尒所有正法亦以付囑摩真實譬如
春時有諸人等在大池浴乘船遊戲失流離
寶沒深水中是時諸人悉共入水求覓是寶
競捉瓦石草木沙礫各〻自謂得流離珠歡
喜持出乃知非真是時寶珠猶在水中以珠
力故水皆澄清於是大衆乃見寶珠故在水
下猶如仰觀虛空月形是時衆中有一智人
以方便力安徐入水即便得珠汝等比丘不
應如是脩集无常苦无我想不淨想等以為

甚將出乃知非真是時寶珠猶在水中以珠
力故水皆澄清於是大眾乃見寶珠故在水
下猶如仰觀虛空月形是時眾中有一智人
以方便力安徐入水即便得珠汝等比丘不
應如是修集无常苦无我想不淨想等以為
實義如彼諸人各以瓦石草木沙礫而為
寶珠汝等應當善學方便在在處處常修我
想常樂淨想復應當知先所修集四法相貌
法相貌悉是顛倒欲得真實修諸相者如彼
智人巧出寶珠所謂我想常樂淨想尒時諸
比丘白佛言世尊如佛先說諸法无我汝當
修學修學是已則離我想離我想者則離憍
慢離憍慢者得入涅槃是義云何佛告諸比
丘善哉善哉汝今善能諮問是義為自斷疑
譬如國王闇鈍少智有一醫師性復頑嚚而
王不別厚賜俸祿療治眾病純以乳藥亦復
不知病起根原雖知乳藥復不善解或有風
病冷病熱病一切諸病悉教服乳是王不別
是醫知乳好醜善惡復有明醫曉八種術善
療眾病知諸方藥從遠方來是時舊醫不知
諮受反生貢高輕慢之心彼時明醫即便依
附請以為師諮受醫方祕奧之法語舊醫言
我今請仁以為師範唯願為我宣暢解說舊
醫答言卿今若能為我給使卌八年然後乃
當教汝醫法彼明醫即受其教我當如是
我當如是隨我所能當給走使是時舊醫即
將客醫共入見王是時客醫即為王說種種
醫方及餘伎藝大王當知應善分別此法如

BD14507號　大般涅槃經（北本　異卷）卷二　　（25–22）

我今請仁以為師範唯願為我宣暢解說舊
醫答言卿今若能為我給使卌八年然後乃
當教汝醫法彼明醫即受其教我當如是
我當如是隨我所能當給走使是時舊醫即
將客醫共入見王是時客醫即為王說種種
醫方及餘伎藝大王當知應善分別此法如
是可以治國此法如是可以療病尒時國王
聞是語已方知舊醫癡騃无智即便驅逐令
其出界然後倍復恭敬客醫是時客醫作是
念言欲教王者今正是時即語王言大王於
我實愛念者當求一願王即答言從此右臂
及餘身分隨意所求一切相与彼答客醫言
王雖許我一切身然我不敢多有所求今所
求者願王宣令一切國內從今已往不復服
舊醫乳藥所以者何是藥毒害多傷損故若
故服者當斬其首斷乳藥已終更无有橫死
之人常處安樂故求是願時王答言汝之所
求蓋不足言尋為宣令一切國內有病之人
皆悉不聽以乳為藥若為藥者當斬其首尒
時客醫以種種味和合眾藥謂辛苦醎甜酢
等味以療眾病无不得差其後不久王復得
病即命是醫我今病重困苦欲死當云何治
醫占王病應用乳藥尋白王言如王所患應
當服乳我於先時所斷乳藥是大妄語今若
服者最能除病王今患熱正應服乳時王語
醫汝今狂耶為熱病乎而言服乳能除此病
汝先言毒今云何服欲欺我耶先醫所讚汝
言是毒今我驅遣今復言好最能除病如

BD14507號　大般涅槃經（北本　異卷）卷二　　（25–23）

服者實能除病王今患熱正應服乳時王語
醫汝今狂耶為熱病乎而言服乳能除此病
汝先言毒今云何服欲欺我耶先醫所讚汝
言是毒令我驅遣今復言好實能除病如
汝所言我本舊醫定為勝汝是時客醫復語
王言王今不應作如是言如虫食木有成字
者此虫不知是字非字智人見之終不唱言
是虫解字亦不驚怪大王當知舊醫亦尒不
別諸病悉与乳藥如彼虫道偶成於字是先
舊醫不解乳藥好醜善惡時王問言云何不
解客醫荅王是乳藥者亦是毒害亦是甘露
云何是乳復名甘露若是牸牛不食酒糟滑
草麦䴬其犢調善放牧之處不在高原亦不
下濕飲以清流不令馳走不与特牛同共一
羣飲食調適行住得所如是乳者能除諸病
是則名為甘露妙藥除是乳已其餘一切皆
名毒害尒時大王聞是語已讚言大醫善ゝ
哉ゝ我從今日始知乳藥善惡好醜即便服
之病得除愈尋時宣令一切國內從今已往
大王今者為鬼所持為狂顛耶而誑我等復
令服乳一切人民皆懷瞋恨悉集王所王言
汝等不應於我而生瞋恨而此乳藥服与不
服悉是醫教非是我咎尒時大王及諸人民
踊躍歡喜倍共恭敬供養是醫一切病者皆
服乳藥病悉除愈汝等比丘當知如來應正
遍知明行足善逝世間解无上士調御丈夫
天人師佛世尊之復如是為大醫王出現於
世降伏一切外道邪醫諸王眾中唱如是言

BD14507號　大般涅槃經（北本　異卷）卷二　（25–24）

服悉是醫教非是我咎尒時大王及諸人民
踊躍歡喜倍共恭敬供養是醫一切病者皆
服乳藥病悉除愈汝等比丘當知如來應正
遍知明行足善逝世間解无上士調御丈夫
天人師佛世尊之復如是為大醫王出現於
世降伏一切外道邪醫諸王眾中唱如是言
我為醫王欲伏外道故唱是言无我无人眾
生壽命養育知見作者受者比丘當知是諸
外道所言我者如虫食木偶成字耳是故如
來於佛法中唱言无我為調眾生故為知時
故如是无我有因緣故亦說有我如彼良醫
善知於乳是藥非藥非如凡夫所計吾我凡
夫愚人所計我者或言大如拇指或如芥子
或如微塵如來說我悉不如是是故說言諸
法无我實非无我何者是我若法是實是真
是常是主是依性變易是名為我如彼大醫
善解乳藥如來之尒為眾生故說是法中真
實有我汝等四眾應當如是脩集是法

大般涅槃經卷第二

BD14507號　大般涅槃經（北本　異卷）卷二　（25–25）

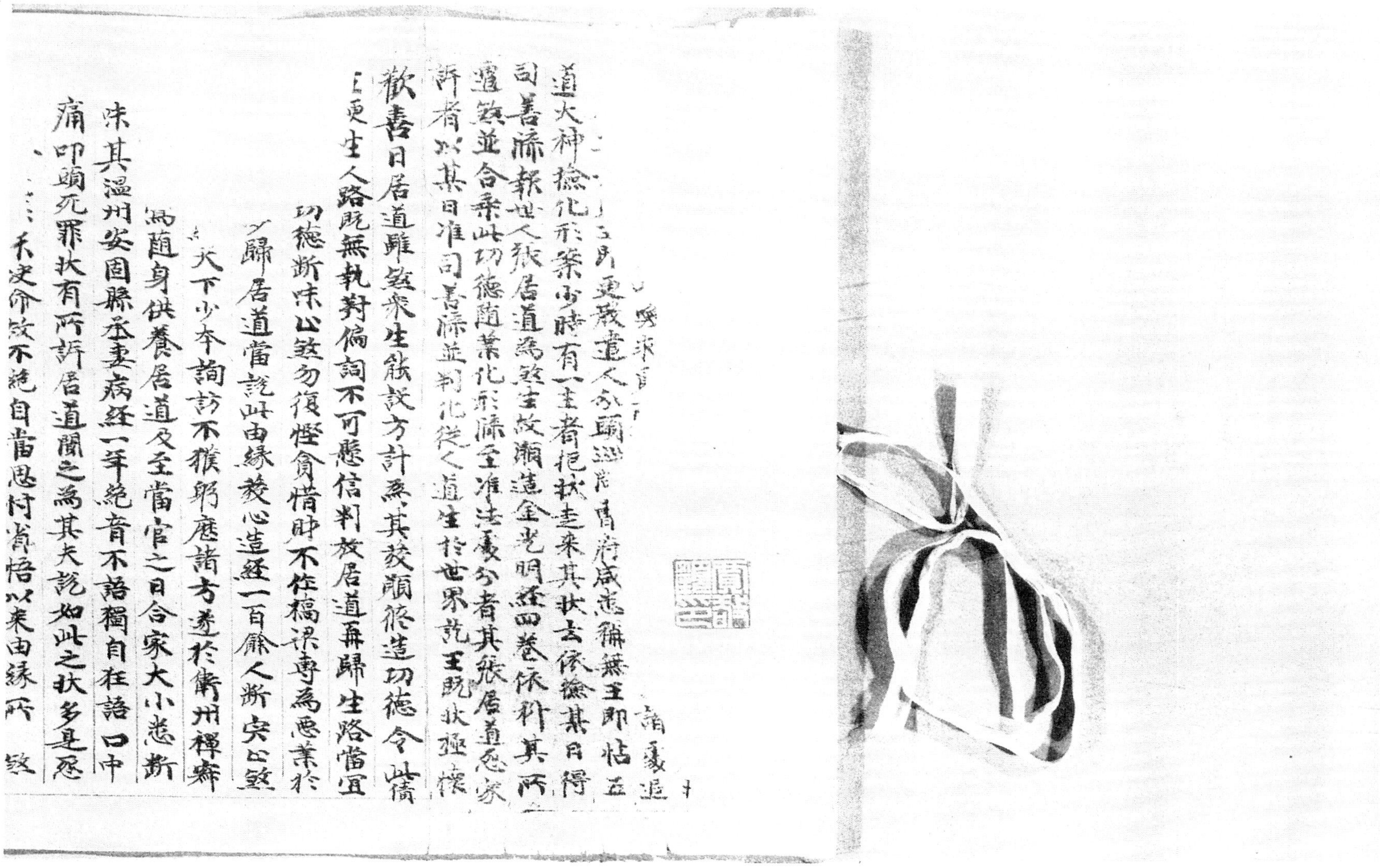

…死更嚴遣人尒頭巡…青府咸悉稱無王即帖五
道大神檢化形簿少時有一主者把狀走來其狀云依檢其日得
司善薩報世人張居道為煞生故漸遣金光明經四卷依科其所
遺煞並合乘此功德隨業化形薩至准法處分者其張居道怨家
訴者以其日准司善薩並判化從人道生於世界訖王既狀極憐
歡喜日居道雖煞衆生能設方計為其發願修造功德令此債
主更生人路既無執對偏詞不可懸信判放居道再歸生路當宜
功德斷味止煞勿復慳貪惜財不作福課專為惡業於
少歸居道當說此由緣發心造經一百餘人斷肉止煞
天下少本詢訪不獲躬歷諸方遂於衛州禪齋
為隨身供養居道及至當官之日合家大小悉斷
味其溫州安固縣丞妻病經一年絕音不語獨自在語口中
痛叩頭死罪狀有所訴居道聞之為其夫說如此之狀多是怨
未決命故不絕自當思忖省悟以來由緣所 致

BD14508 號 1　金光明經懺悔滅罪傳　（15–1）

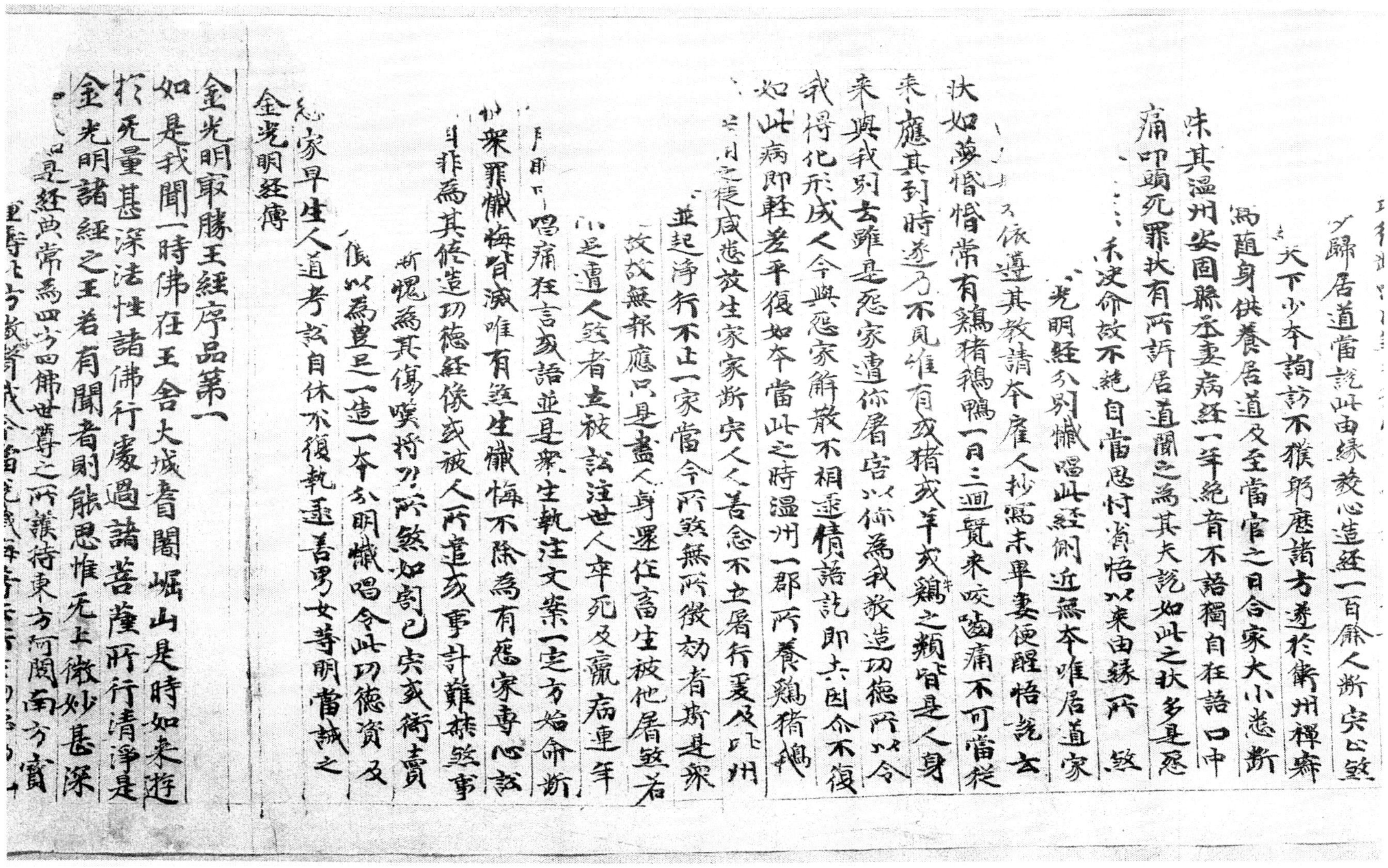

少歸居道當說此由緣發心造經一百餘人斷肉止煞
天下少本詢訪不獲躬歷諸方遂於衛州禪齋
為隨身供養居道及至當官之日合家大小悉斷
味其溫州安固縣丞妻病經一年絕音不語獨自在語口中
痛叩頭死罪狀有所訴居道聞之為其夫說如此之狀多是怨
未決命故不絕自當思忖省悟以來由緣所 致
光明經分別懺唱此經側近無本唯居道家
依遵其教請本雇人抄寫未畢妻便醒悟說云
狀如夢惛惛常有雞猪鵝鴨一日三迴覓來咬齧痛不可當從
來應其到時遂乃不見唯有戎猪戎羊戎雞之類皆是人身
來與我別去雖是怨家遭你屠害以你為我救造功德所以令
我得化形成人今與怨家解散不相逐債語訖即六因命不復
如此病即輕差平復如本當此之時溫州一郡所養雞猪鵝
之徒咸悉放生家家斷肉人人善念不立屠行爰及外州
並起淨行不止一家當今所煞無所徵劾者斯是衆
故故無報應只是盡人身還作畜生被他屠煞若
是遭人煞者盡被設注世人卒死及瘋病連年
唱痛狂言或語並是衆生執注文案一定方始命斷
衆罪懺悔皆滅唯有煞生懺悔不除為有怨家專心訟
非為其修造功德經像或被人所遣或事計難赫煞事
慚愧為其傷嘆將刀所煞如割己肉或衛責
假以為豈足一造一本分明懺唱令此功德資及
家早生人道考訟自休不復執逐善男女等明當誡之
金光明經傳
金光明最勝王經序品第一
如是我聞一時佛在王舍大城耆闍崛山是時如來遊
於無量甚深法性諸佛行處過諸菩薩所行清淨是
金光明諸經之王若有聞者則能思惟無上微妙甚深
是經典常為四方四佛世尊之所護持東方阿閦南方寶

BD14508 號 1　金光明經懺悔滅罪傳　（15–2）
BD14508 號 2　金光明經卷一

金光明經傳

金光明冣勝王經序品第一

如是我聞一時佛在王舍大城耆闍崛山是時如來遊

於无量甚深法性諸佛行處過諸菩薩所行清淨是

金光明諸經之王若有聞者則能思惟无上微妙甚深

是經典常為四方四佛世尊之所護持東方阿閦南方寶

里壽北方微妙聲我今當說懺悔等法所生功德為无

切諸苦盡不善業

而為根本　无量功德　之所莊嚴　滅除諸苦

諸根不具　壽命咸損　貧窮困苦　諸天捨離

鬪訟　王法所加　各各忿諍　財物損耗　愁憂恐怖

星災異　衆邪蠱道　變怪相續　臥見惡夢　晝夜愁惱

洗浴　聽是經典　至心清淨　著淨潔衣　專聽諸佛

是經威德　能悉滅除　如是諸惡　令其寂滅

將諸官屬　并及无量　夜叉之衆　悉來擁護

是經者　大辯天神　尼連河神　鬼子母神　地神堅牢

大梵尊天　三十三天　大神龍王　緊那羅王　迦樓羅王

阿脩羅王　與其眷屬　悉共至彼　擁護是人　晝夜不離

我今所說　諸佛世尊　甚深秘密　微妙行處　億百千劫

甚難得值　若得聞經　若為他說　若心隨喜　若設供養

如是之人　於无量劫　常為諸天　八部所敬　如是脩行

心者　得不思議　无量福聚　亦為十方　諸佛世尊

之所護持　著淨衣服　以上妙香　慈心供養

身意清淨　无有垢穢　歡喜悅豫　深樂是典

當知善得　人身人道　及以正命　若聞懺悔

持在心　是上善根　諸佛所讚

光明經壽量品第二

王舍城中有菩薩摩訶薩名曰信相已曾供養過去无量億

佛種種諸善根是信相菩薩住是思惟何因何緣

命短促方八十年復更念言如佛所說有二因緣壽

命得長何等為二一者不煞二者不盜而我世尊於无量百千億那

由他阿僧祇劫脩不煞戒具足十善飲食惠施不可限量乃至已身

BD14508 號 2　金光明經卷一　（15–3）

光明經壽量品第二

王舍城中有菩薩摩訶薩名曰信相已曾供養過去无量億

佛種種諸善根是信相菩薩住是思惟何因何緣

命短促方八十年復更念言如佛所說有二因緣壽

命得長何等為二一者不煞二者不盜而我世尊於无量百千億那

由他阿僧祇劫脩不煞戒具足十善飲食惠施不可限量乃至已身

骨髓肉血充足飢渴衆生況餘飲食大士如是至心念佛恩是

義時其室自然廣博嚴事天紺琉璃種種衆寶雜廁間錯以成

其地猶如如來所居淨土有妙香氣過諸天香烟雲垂布遍滿其室

其室四面各有四寶上妙高坐自然而出純以天衣而為敷具是妙坐

諸佛所受用華衆寶合成於蓮華上有四如來東方名阿

寶相西方名无量壽北方名微妙聲是四如來自然而坐

以大光明照王舍城及此三千大千世界乃至十方恒河沙

佛世界雨諸天華作天伎樂尒時三千大千世界所有衆生以

佛神力受天快樂諸根不具即得具足舉要言之一切世間所有利

益未曾有事悉具足出現

菩薩見是諸佛及希有事歡喜踊躍恭敬合掌向諸

佛住是思惟釋迦如來无量功德唯壽命中心生疑惑

云何如來壽命如是方八十年尒時四佛以正遍知告信相菩薩善

男子汝今不應思量如來壽命短促何以故善男子我等不見諸

天世人魔衆梵衆沙門婆羅門人及非人有能思筭如來壽量知

其齊限唯除如來時四如來將欲宣暢釋迦文佛所得壽命欲色

界天諸龍鬼神乾闥婆阿脩羅迦樓羅緊那羅摩睺羅伽及无量

百千億那由他菩薩摩訶薩以佛神力悉來聚集信相菩薩摩訶

尒時四佛於大衆中略以偈喻說釋迦如來所得壽量而作頌曰

可知幾渧　无有能數　釋尊壽命　諸須彌山

无有能量　釋尊壽命　一切大地　可知塵數

能筭　釋尊壽命　虛空分界　尚可盡邊　无有能計

釋尊壽命　不可計劫　億百千万　佛壽如是　无量无邊

[illegible]　[illegible]二緣　不害物命　施食无量　是故大士

BD14508 號 2　金光明經卷一　（15–4）

百千億那由他菩薩摩訶薩以佛神力悉來聚集信相菩薩摩訶
薩尒時四佛於大衆中略以偈喻說釋迦如來所得壽量而作頌曰
可知幾渧　无有能數　釋尊壽命　諸須弥山
无有能量　釋尊壽命　一切大地　可知塵數
不能筭　釋尊壽命　虚空分界　尚可盡邊　无有能計
釋尊壽命　不可計劫　億百千万　佛壽如是　无量无邊
是曰喻　故說二乘　不害物命　施食无量　是故大士
无量无邊　亦无齊限　是故汝今　不應於佛
而生疑惑
尒時信相菩薩摩訶薩聞是四佛宣說如來壽命无量深心信解
歡喜踊躍說是如來壽命品時无量无邊阿僧祇衆生發阿耨多
羅三藐三菩提心時四如來忽然不現
金光明經懺悔品第三
尒時信相菩薩即於其夜夢見金鼓其狀殊大其明普照喻如日光
復於光中得見十方无量无邊諸佛世尊衆寶樹下坐瑠璃座與
百千眷屬圍遶而為說法見有一人似婆羅門以桴擊鼓出大
音演說懺悔偈頌時信相菩薩從夢寤已至心憶念夢
懺悔偈頌過夜至旦出王舍城尒時亦有无量无邊百千
衆生與菩薩俱往耆闍崛山至於佛所至佛所已頂礼佛足右遶
三匝却坐一面敬心合掌瞻仰尊顏以其夢中所說金鼓及聞懺悔
偈向如來說
至心憶持　夢見金鼓　妙色晃曜　其光大盛
遍照十方　恒河世界　又因此光　得見諸佛
衆寶樹下　坐瑠璃座　无量大衆　圍遶說法
見婆羅門　擊是金鼓　其鼓音中　說如是偈　是大金鼓
所出妙音　悉能滅除　三世諸苦　地獄餓鬼　畜生等苦
貧窮困厄　及諸有苦　是鼓所出　微妙之音　能除衆生
諸苦所逼　斷衆怖畏　令得无懼　猶如諸佛　得无所畏
諸佛聖人　所成功德　離於生死　到大智岸　如是衆生
……　如是妙音

BD14508號 2　金光明經卷一　(15–5)

所出妙音　悉能滅除　三世諸苦　地獄餓鬼　畜生等苦
貧窮困厄　及諸有苦　是鼓所出　微妙之音　能除衆生
諸苦所逼　斷衆怖畏　令得无懼　猶如諸佛　得无所畏
諸佛聖人　所成功德　離於生死　到大智岸　如是衆生
功德　定及助道　猶如大海　是鼓所出　如是妙音
梵音深遠　證佛无上　菩提勝果　轉无上輪
淨　住壽无量　不思議劫　演說正法　利益衆生
害煩惱　消除諸苦　貪瞋癡等　悉令寂滅　若有衆生
處在地獄　大火熾然　燒炙其身　若聞金鼓　微妙音聲
出言教　即尋礼佛　亦令衆生　得知宿命　百生千生
令心正念　諸佛世尊　亦聞无上　微妙之言
金鼓中　所出妙音　復令衆生　值遇諸佛　遠離一切
諸佛業等　善脩无量　白淨之業　諸天世人　及餘衆生
隨其所思　諸所念求　如是金鼓　所出之音　皆悉能令
成就具足　若有衆生　墮大地獄　猛火炎熾　焚燒其身
无有救護　流轉諸難　當令是等　悉滅諸苦　若有衆生
諸苦所切　三惡道報　及以人中　如是金鼓　所出之音
悲能滅除　一切諸苦　无依无歸　无有救護　我為是等
衣處　是諸世尊　令當證知　久已於我　生大悲心
十方諸佛　現在世雄　兩足之尊　我本所作
業　今者懺悔　十方方前　不識諸佛　及父母恩
解善法　造作衆惡　自恃種姓　及諸財寶　盛年放逸
諸惡行　心念不善　口作惡業　隨心所作　不見其過
天惡行　无知闇覆　親近惡友　煩惱亂心　五欲因緣
不知猒足　故作衆惡　親近非聖　因生慳嫉
窮因緣　諂諂作惡　繫屬於他　常有怖畏　不得自在
而造諸惡　貪欲恚癡　擾動其心　渴愛所逼　造作衆惡
依因衣食　及以女色　諸結惱熱　造作衆惡　身口意惡
所集三業　如是衆罪　今悉懺悔　或不恭敬　佛法聖衆

BD14508號 2　金光明經卷一　(15–6)

不知猒足　故作衆惡　親近非聖　因生慳嫉
窮因緣　姧諂作惡　繫屬於他　常有怖畏　不得自在
而造諸惡　貪欲恚癡　擾動其心　渴愛所逼　造作衆惡
依因衣食　及以女色　諸結惱熱　造作衆惡　身口意惡
所集三業　如是衆罪　今悉懺悔　或不恭敬　佛法聖衆
如是諸罪　今悉懺悔　或不恭敬　緣覺菩薩　如是衆罪
今悉懺悔　以无智故　誹謗正法　不知恭敬　父母尊長
如是衆罪　今悉懺悔
癡　憍慢放逸　因貪恚癡　造作衆惡　如是衆罪
悔　我今供養　无量无邊　三千大千　世界諸佛
濟　十方一切　无量衆生　所有諸苦　我當安心
不可思議　阿僧祇劫　令住十地　已得安心　住十地者
令具足　如來正覺　爲一衆生　億劫循行　使无量衆
我當爲是　諸衆生等　演說微妙　甚深悔法
滅除諸惡　千劫所作　極重惡業　若能至心
懺悔者　如是衆罪　悉皆滅盡　我今已說　懺悔之法
是金光明　清淨微妙　速能滅除　一切業鄣　我當安心
住於十地　十種珎寶　以爲脚足　成佛无上　功德光明
令諸衆生　度三有海　諸佛所有　甚深法藏　不可思議
无量功德　一切種智　願悉具足　百千禪定　根力覺道
不可思議　諸陁羅尼　十力世尊　我當成就　諸佛世尊
大慈悲　當證微誠　哀愍我悔　若我百劫　所作衆惡
生大憂苦　貧窮困乏　愁惱驚懼　怖畏惡業
在在處處　暫无歡喜　十方現在　大悲世尊
除衆生　一切怖畏　願當受我　誠心懺悔　令我恐懼
心得消除　我之所有　煩惱業垢　唯願現在　諸佛世尊
大悲水　洗除令淨　過去諸惡　令悉悔過　現在作罪
發露　所未作者　更不敢作　已作之者　不敢覆藏
身業三種　口業有四　意三業行　令悉懺悔　身口所作

BD14508 號 2　金光明經卷一　（15-7）

除衆生　一切怖畏　願當受我　誠心懺悔
心得消除　我之所有　煩惱業垢　唯願現在　諸佛世尊
大悲水　洗除令淨　過去諸惡　令悉悔過　現在作罪
發露　所未作者　更不敢作　已作之者　不敢覆藏
身業三種　口業有四　意三業行　令悉懺悔　身口所作
及以意思　十種惡業　一切懺悔　遠離十惡　脩行十善
安止十地　遠十力尊　所造惡業　應受惡報　今於佛前
誠心懺悔　若此國土　及餘世界　所有善法　悉以迴向
我所脩行　身口意善　願於來世　證无上道　若在諸有
六趣險難　愚癡无智　造作諸惡　今於佛前　皆悉懺悔
間所有　生死險難　種種婬欲　愚煩惱難　如是諸難
懺悔　心輕躁難　近惡友難　三有險難　及三毒難
難　值好時難　脩功德難　值佛亦難　如是諸難
悉懺悔
諸佛世尊　我所依止　是故我今　敬礼佛海　金色晃曜
如須弥　是故我今　頂礼窴勝　其色无上　猶如真金
清淨　如紺琉璃　功德威神　名稱顯著　佛日大悲
一切闇　善淨无垢　離諸塵翳　无上佛日　大光普照
煩惱火熾　令心难熱　唯佛能除　如月清凉　三十二相
八十種好　莊嚴其身　視之无猒　功德巍巍　明網顯曜
安住三界　如日照世　猶如琉璃　淨无瑕穢　妙色廣大
種種各異　其色紅赤　如日初出　頗梨白銀　挍餝光網
如是種種　莊嚴佛日　三有之中　生死大河　潦水波蕩
忽亂我心　其味苦毒　窴爲癡惱　如來網明　能令燋枯
端嚴　相好殊特　金色光明　遍照一切　智慧大海
一界　是故我今　稽首敬礼　如大海水　其量難知
微塵　不可稱計　諸須弥山　難可度量　虛空邊際
亦不可得　諸佛亦尒　功德无量　一切有心　无能知者
於无量劫　極心思惟　不能得知　佛功德邊　大地諸山
可知量　毛渧海水　亦可知數　諸佛功德　无能知者

BD14508 號 2　金光明經卷一　（15-8）

一界 是故我今 稽首敬礼 如大海水 其量難知
微塵 不可稱計 諸須弥山 難可度量 虛空邊際
亦不可得 諸佛亦尒 功德无量 一切有心 无能知者
於无量劫 極心思惟 不能得知 佛功德邊 大地諸山
可知量 毛渧海水 亦可知數 諸佛功德 无能知者
好莊嚴 名稱讚歎 如是功德 令衆皆得 我以善業
諸因緣故 來世不久 成於佛道 講宣妙法 利益衆生
度脫一切 无量諸苦 摧伏諸魔 及其眷屬 轉於无上
清淨法輪 住壽无量 不思議劫 充足衆生 甘露法味
我當具足 六波羅蜜 猶如過佛 之所成就 斷諸煩惱
除一切苦 悉滅貪欲 及恚癡等 我當憶念 宿命之事
百生千生 百千憶生 常當至心 正念諸佛 聞說微妙
上正法 我因善業 常值諸佛 遠離諸惡 脩諸善業
界 所有衆生 无量苦惱 我當悉滅 若有衆生
根毀壞 不具足者 悉令具足 十方世界 所有病苦
羸瘦頓乏 无救護者 悉令解脫 如是諸苦 還得勢力
平服如故 若犯王法 臨當刑戮 无量怖畏 愁憂苦惱
是之人 悉令解脫
受鞭撻 繫縛枷鎖 種種苦事 逼切其身 无量百千
愁憂驚畏 種種恐懼 擾亂其心 如是无邊 諸苦惱等
願使一切 皆得解脫 若有衆生 飢渴所惱 令得種種
甘美飲食 盲者得視 聾者得聽 瘂者能言 裸者得衣
貧窮之者 即得寶藏 倉庫盈溢 无所乏少 一切皆受
安隱快樂 乃至无有 一人受苦 衆生相視 和顏悅色
形貌端嚴 人所喜見 心常思念 他人善事 飲食飽滿
德具足 隨諸衆生 之所思念 皆願令得 種種伎樂
伎箏笛 琴瑟鼓吹 如是種種 微妙音聲 江河池沼
泉諸水 金華遍布 及憂鉢羅 隨諸衆生 之所思念
即得種種 衣服飲食 錢財珎寶 金銀琉璃 真珠璧玉
乃至无有 可惡見者

安隱快樂 乃至无有 一人受苦 衆生相視 和顏悅色
形貌端嚴 人所喜見 心常思念 他人善事 飲食飽滿
德具足 隨諸衆生 之所思念 皆願令得 種種伎樂
伎箏笛 琴瑟鼓吹 如是種種 微妙音聲 江河池沼
泉諸水 金華遍布 及憂鉢羅 隨諸衆生 之所思念
即得種種 衣服飲食 錢財珎寶 金銀琉璃 真珠璧玉
雜廁瓔珞 願諸衆生 不聞惡聲 乃至无有 可惡見者
諸衆生 色貌微妙 各各相於 共相愛念 世間所有
生之具 隨其所念 悉令具足 願諸衆生 諸有求索
如其所須 應念即得 香華諸樹 常於三時 雨細末香
及塗身香 衆生受者 歡喜快樂 願諸衆生 常得供養
不可思議 十方諸佛 无上妙法 清淨无垢 及諸菩薩
聲聞大衆 願諸衆生 常得遠離 三惡八難 值无難處
覲觀諸佛 无上之王 願諸衆生 常生尊貴 多饒財寶
安隱豈樂 上妙色像 莊嚴其身 功德成就 有大名稱
諸女人 皆成男子 具足智慧 精進不懈 一切皆行
薩之道 懃心脩集 六波羅蜜 常見十方 无量諸佛
坐寶樹下 琉璃座上 安住禪定 自在快樂 演說正法
衆所樂聞 若我現在 及過去世 所作惡業 諸有險難
應得惡果 不適意者 願悉盡滅 令無有餘 若諸衆生
三有繫縛 生死羅網 弥密牢固 願以智刀 割斷破壞
除諸苦惱 早成菩提 若此閻浮 及餘他方 无量世界
所有衆生 所作種種 善巧功德 我念深心 隨其歡喜
我念以此 隨喜功德 及身口意 所作善業 願於來世
成无上道 得淨无垢 吉祥果報 若有敬礼 讚嘆十方
信心清淨 无諸疑冈 能作如是 所說懺悔 便得超越
六十劫罪 諸善男子 及善女人 諸王剎利 婆羅門等
若有恭敬 合掌向佛 稱讚如來 并讚此偈 在在處處
識宿命

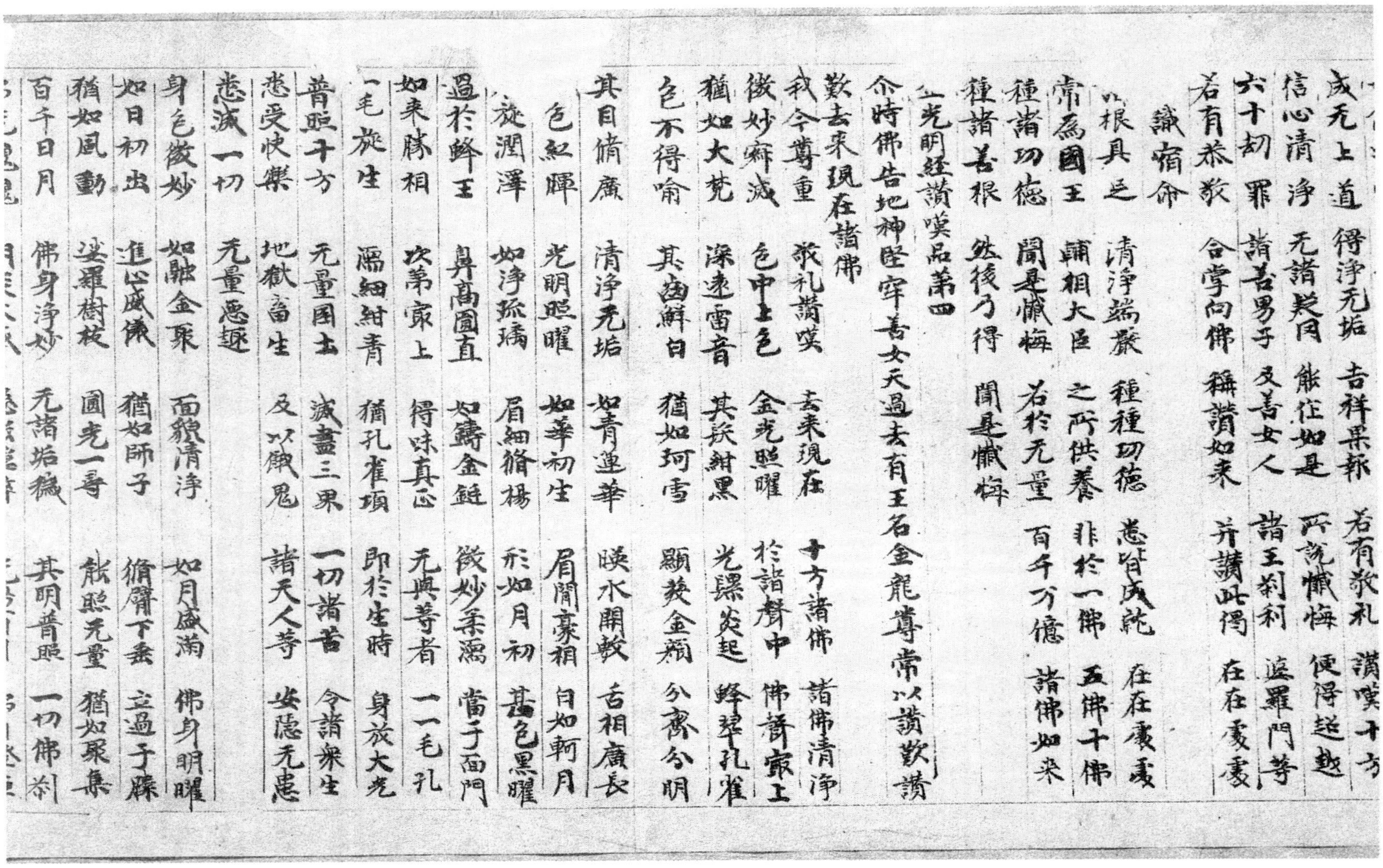

成无上道 得淨无垢 吉祥果報 若有敬礼 讚嘆十方
信心清淨 无諸疑冈 能住如是 所說懺悔 便得超越
六十劫罪 諸善男子 及善女人 諸王刹利 婆羅門等
若有恭敬 合掌向佛 稱讚如來 并讚此偈 在在處處
識宿命
諸根具足 清淨端嚴 種種功德 悉皆成就 在在處處
常為國王 輔相大臣 之所供養 非於一佛 五佛十佛
種諸功德 聞是懺悔 若於无量 百千万億 諸佛如來
種諸善根 然後乃得 聞是懺悔
金光明經讚嘆品第四
尔時佛告地神堅牢善女天過去有王名金龍尊常以讚歎讚
歎去來現在諸佛
我今尊重 敬礼讚嘆 去來現在 十方諸佛 諸佛清淨
微妙寂滅 色中上色 金光照曜 於諸聲中 佛聲最上
猶如大梵 深遠雷音 其髮紺黑 光踰炎起 蜂翠孔雀
色不得喻 其齒鮮白 猶如珂雪 顯發金顏 分齊分明
其目脩廣 清淨无垢 如青蓮華 映水開敷 舌相廣長
色紅輝 光明照曜 如華初生 眉間豪相 白如軻月
旋潤澤 如淨琉璃 眉細脩楊 形如月初 甚色黑曜
過於蜂王 鼻高圓直 如鑄金鋌 微妙柔濡 當于面門
如來勝相 次第最上 得味真正 无與等者 一一毛孔
一毛旋生 濡細紺青 猶孔雀項 即於生時 身放大光
普照十方 无量國土 滅盡三界 一切諸苦 令諸衆生
悉受快樂 地獄畜生 及以餓鬼 諸天人等 安隱无患
悉滅一切 无量惡趣
身色微妙 如融金聚 面貌清淨 如月盛滿 佛身明曜
如日初出 進止威儀 猶如師子 脩臂下垂 立過于膝
猶如風動 娑羅樹枝 圓光一尋 能照无量 猶如聚集
百千日月 佛身淨妙 无諸垢穢 其明普照 一切佛剎

BD14508 號 2　金光明經卷一　（15–11）

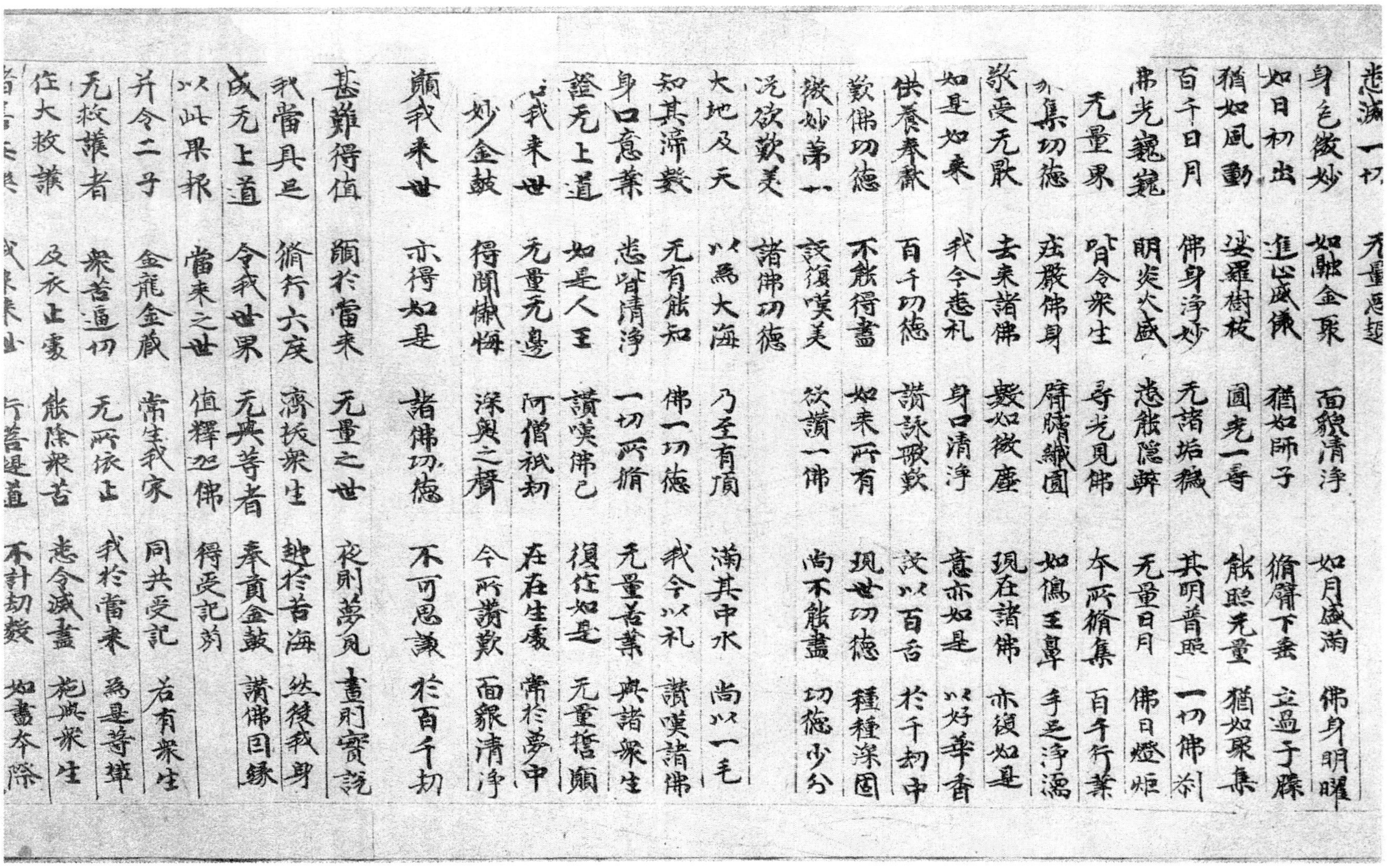

悉滅一切 无量惡趣
身色微妙 如融金聚 面貌清淨 如月盛滿 佛身明曜
如日初出 進止威儀 猶如師子 脩臂下垂 立過于膝
猶如風動 娑羅樹枝 圓光一尋 能照无量 猶如聚集
百千日月 佛身淨妙 无諸垢穢 其明普照 一切佛剎
佛光巍巍 明炎大盛 悉能隱蔽 无量日月 佛日燈炬
无量果 皆令衆生 尋光見佛 本所脩集 百千行業
所集功德 莊嚴佛身 臂臑纖圓 如鴈王鼻 手足淨濡
敬受无猒 去來諸佛 數如微塵 現在諸佛 亦復如是
如是如來 我今悉礼 身口清淨 意亦如是 以好華香
供養奉獻 百千功德 讚詠歌歎 設以百舌 於千劫中
歎佛功德 不能得盡 如來所有 現世功德 種種深固
微妙第一 設復嘆美 欲讚一佛 尚不能盡 功德少分
况欲歎美 諸佛功德
大地及天 以為大海 乃至有頂 滿其中水 尚以一毛
知其渧數 无有能知 佛一功德 我今以礼 讚嘆諸佛
身口意業 悉皆清淨 一切所脩 无量善業 與諸衆生
證无上道 如是人王 讚嘆佛已 復作如是 无量誓願
若我來世 无量无邊 阿僧祇劫 在在生處 常於夢中
妙金鼓 得聞懺悔 深奧之聲 令所讚歎 面貌清淨
願我來世 亦得如是 諸佛功德 不可思議 於百千劫
甚難得值 願於當來 无量之世 夜則夢見 晝則實說
我當具足 脩行六度 濟拔衆生 超於苦海 然後我身
成无上道 令我世界 无與等者 奉貢金鼓 讚佛因緣
以此果報 當來之世 值釋迦佛 得受記莂
并令二子 金龍金藏 常生我家 同共受記 若有衆生
无救護者 衆苦逼切 无所依止 我於當來 為是等輩
作大救護 及衣止處 能除衆苦 悉令滅盡 施與衆生
[illegible] 行菩提道 不計劫數 如盡本際

BD14508 號 2　金光明經卷一　（15–12）

成无上道　令我世界　无與等者　奉貢金鼓　讚佛因緣
以此果報　當來之世　值釋迦佛　得受記莂
并令二子　金龍金藏　常生我家　同共受記　若有衆生
无救護者　衆苦逼切　无所依止　我於當來　為是等輩
作大救護　及衣止處　能除衆苦　悉令滅盡　施與衆生
諸善安樂　我未來世　行菩提道　不計劫數　如盡本際
以此金光　懺悔因緣　使我惡海　及以業海　煩惱大海
悉竭无餘
我功德海　願悉成就　智慧大海　清淨具足　无量功德
助菩提道　猶如大海　琉寶具足　以金此光　懺悔力故
菩提功德　光明无量　慧光无垢　照徹清淨
我當來世　身光普照　功德威神　光明炎盛　於三界中
最勝殊特　諸功德力　无所減少　當度衆生　越於苦海
并復安置　功德大海　來世多劫　行菩提道　如昔諸佛
行菩提者　三世諸佛　淨妙國土　諸佛世尊　无量功德
令我來世　得此殊異　功德淨土　如佛世尊　信相當知
爾時國王　金龍尊者　則汝身是　爾時二子　金龍金光
即汝二子　銀相等是

金光明經空品第五

无量餘經　已廣說空　是故此中　略而解說　衆生根鈍
少於智慧　不能廣知　无量空義　故此尊經　略而說之
異妙方便　種種因緣　為鈍根故　起大悲心　我今演說
此妙經典　如我所解　知衆生意　是身虛偽　猶如空聚
六入村落　結賊所止　一切自住　各不相知
眼根受色　耳分別聲　鼻嗅諸香　舌嗜於味　所有身根
貪愛於觸　意根分別　一切諸法　六情諸根　各各自緣
諸塵境界　不行他緣　心如幻化　馳騁六情　而常妄想
分別諸法　猶如世人　馳走空聚　六賊所害　愚不知避
心常依止　六根境界　各各自知　所伺之處　隨行色聲

眼根受色
貪愛於觸　意根分別　一切諸法　六情諸根　各各自緣
諸塵境界　不行他緣　心如幻化　馳騁六情　而常妄想
分別諸法　猶如世人　馳走空聚　六賊所害　愚不知避
心常依止　六根境界　各各自知　所伺之處　隨行色聲
香味觸法
心處六情　如鳥投網　其心在在　常處諸根　隨逐諸塵
无有暫捨　身空虛偽　不可長養　无有諍訟　亦无正主
從諸因緣　和合而有　无有堅實　妄想故起　業力機關
假偽空聚
地水火風　合集成立　隨時增長　共相殘害　猶如四蚖
同處一篋
四大蚖蛇　其性各異　二上二下　諸方亦二　如是蛇大
悉滅无餘
地水二蛇　其性沉水　風火二蛇　性輕上昇　心識二性
躁動不停　隨業受報　天人諸趣　隨所作業　而墮三有
水火風動　散滅壞時　大小不淨　盈流於外　體生諸虫
无可愛樂　捐棄塚間　如朽敗木　善女當觀　諸法如是
何處有人　及以衆生　本性空寂　无明故有
如是諸大　一一不實　本自不生　性无和合　以是因緣
我說諸大　從本不實　和合而有　无明體性　本亦不有
妄相因緣　和合而生　无所有故　假名无明　是故我說
名日无明　行識名色　六入觸受　愛取有生　老死憂惱
衆苦行業　不可思議　生死无際　輪轉不息　本无有生
亦无和合　不善思惟　心行所造　我斷一切　諸見纏等
以智慧刀　裂煩惱網　五陰舍宅　觀悉空寂　證无上道
微妙功德　開甘露器　入甘露城　處甘露室　令諸衆生
食甘露味
吹大法蠡　擊大法鼓　然大法燈　雨勝法雨　我今摧伏

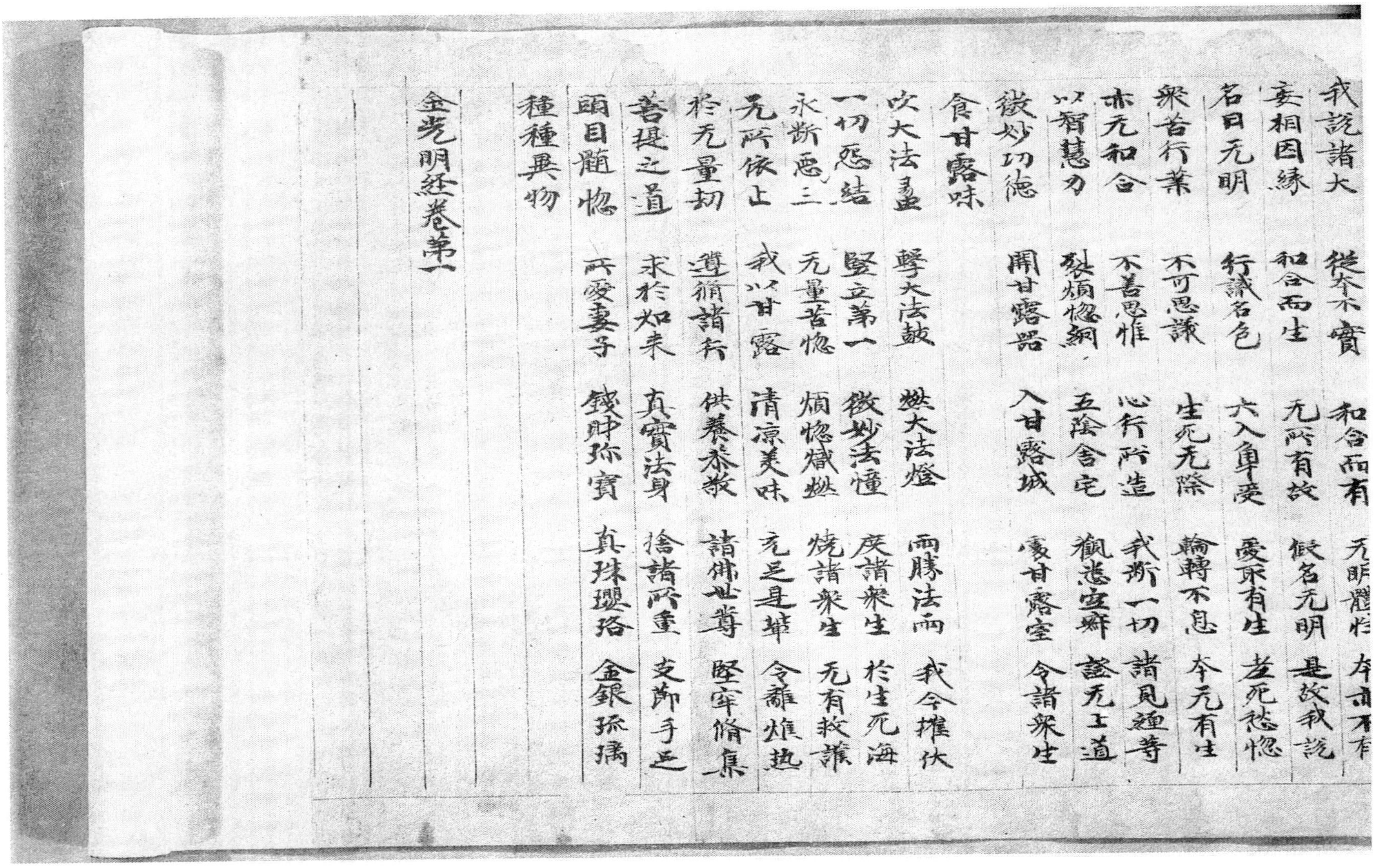

我說諸大 從本不實 和合而有 无明體性 本自不有
妄相因緣 和合而生 无所有故 假名无明 是故我說
名曰无明 行識名色 六入觸受 愛取有生 老死憂惱
衆苦行業 不可思議 生死无際 輪轉不息 本无有生
亦无和合 不善思惟 心行所造 我斷一切 諸見纏等
以智慧力 裂煩惱網 五陰舍宅 觀悉空寂 證无上道
微妙功德 開甘露器 入甘露城 處甘露室 令諸衆生
食甘露味
吹大法蠡 擊大法鼓 然大法燈 雨勝法雨 我今摧伏
一切怨結 竪立第一 微妙法幢 度諸衆生 於生死海
永斷惡三 无量苦惱 煩惱熾然 燒諸衆生 无有救護
无所依止 我以甘露 清涼美味 充足是輩 令離熾熱
於无量劫 遵循諸行 供養恭敬 諸佛世尊 堅牢脩集
菩提之道 求於如來 真實法身 捨諸所重 支節手足
頭目髓惱 所愛妻子 錢財珍寶 真珠瓔珞 金銀琉璃
種種異物

金光明經卷第一

BD14508 號 2　金光明經卷一　（15–15）

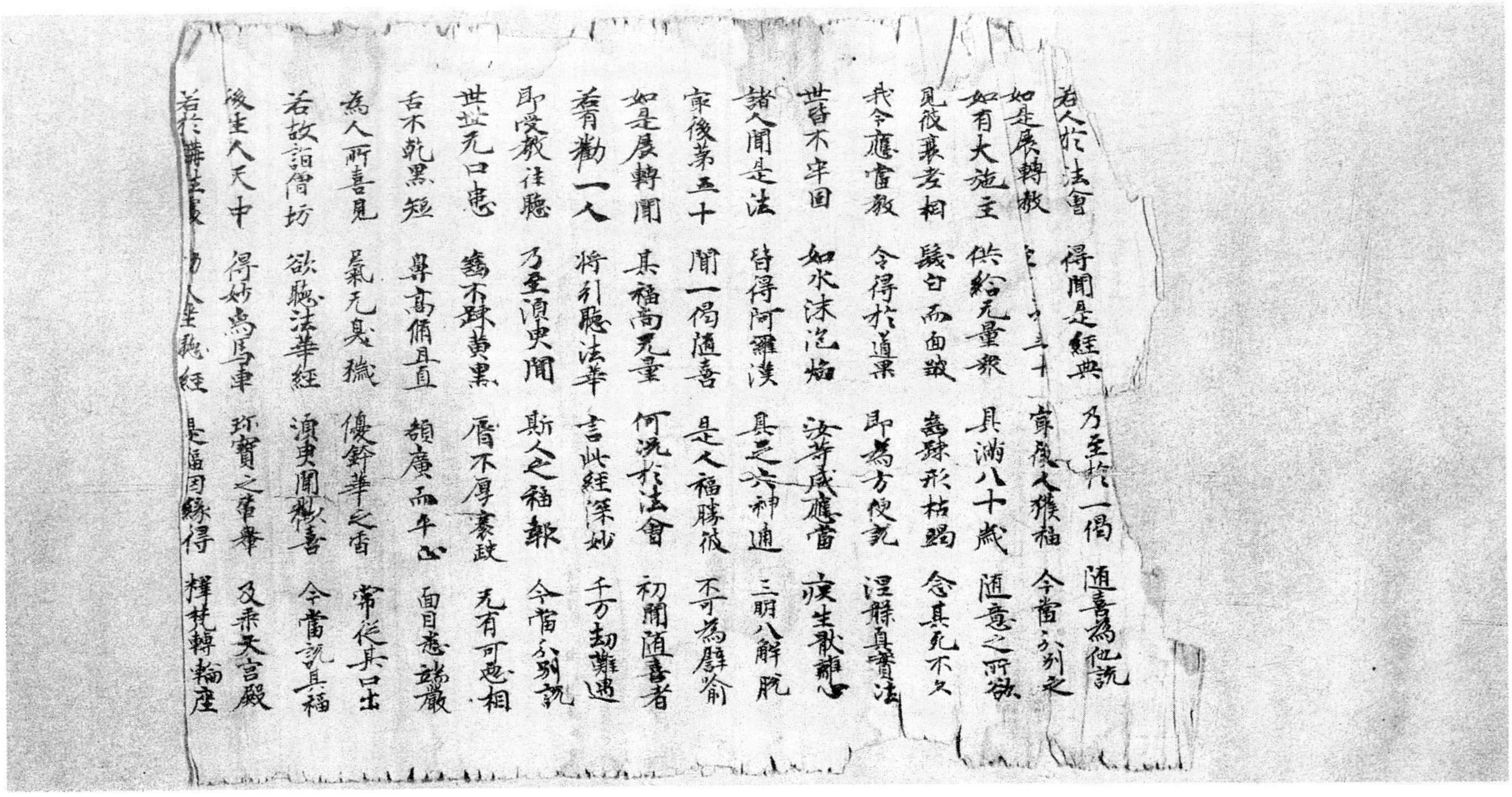

若人於法會 得聞是經典 乃至於一偈 隨喜為他說
如是展轉教 至[illegible]十 最後人獲福 今當分別之
如有大施主 供給无量衆 具滿八十歲 隨意之所欲
見彼衰老相 髮白而面皺 齒疎形枯竭 念其死不久
我今應當教 令得於道果 即為方便說 涅槃真實法
世皆不牢固 如水沫泡焰 汝等咸應當 疾生厭離心
諸人聞是法 皆得阿羅漢 具足六神通 三明八解脫
最後第五十 聞一偈隨喜 是人福勝彼 不可為譬喻
如是展轉聞 其福尚无量 何況於法會 初聞隨喜者
若有勸一人 將引聽法華 言此經深妙 千万劫難遇
即受教往聽 乃至須臾聞 斯人之福報 今當分別說
世世无口患 齒不疎黃黑 脣不厚褰缺 无有可惡相
舌不乾黑短 鼻高脩且直 額廣而平正 面目悉端嚴
為人所喜見 口氣无臭穢 優鉢華之香 常從其口出
若故詣僧坊 欲聽法華經 須臾聞歡喜 今當說其福
後生人天中 得妙象馬車 珎寶之輦輿 及乘天宮殿
若於講法處 勸人坐聽經 是福因緣得 釋梵轉輪座

BD14509 號　妙法蓮華經卷六　（1–1）

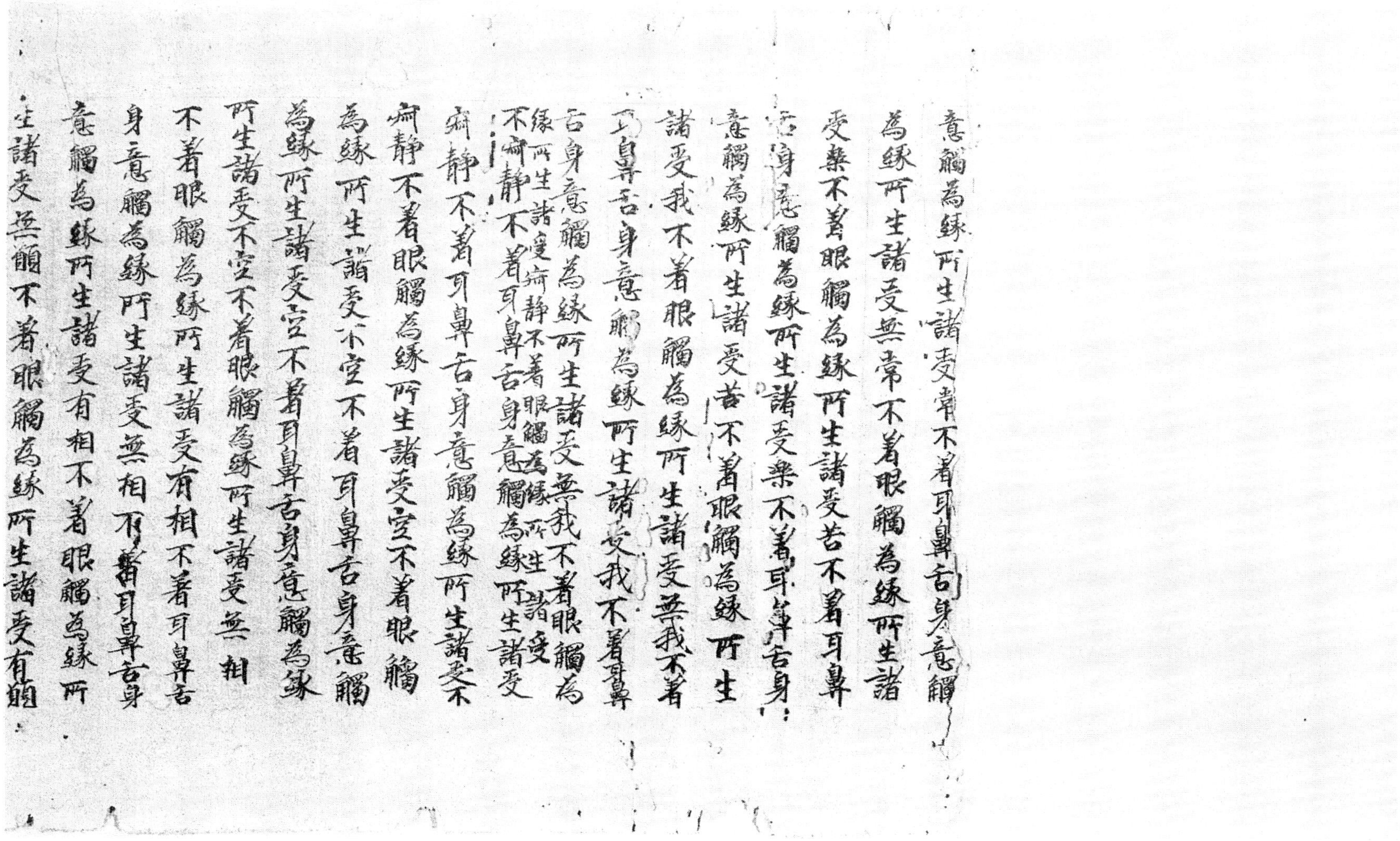

意觸為緣所生諸受常不著耳鼻舌身意觸
為緣所生諸受無常不著眼觸為緣所生諸
受樂不著眼觸為緣所生諸受苦不著耳鼻
舌身意觸為緣所生諸受樂不著耳鼻舌身
意觸為緣所生諸受苦不著眼觸為緣所生
諸受我不著眼觸為緣所生諸受無我不著
耳鼻舌身意觸為緣所生諸受我不著耳鼻
舌身意觸為緣所生諸受無我不著眼觸為
緣所生諸受寂靜不著眼觸為緣所生諸受
不寂靜不著耳鼻舌身意觸為緣所生諸受
寂靜不著耳鼻舌身意觸為緣所生諸受不
寂靜不著眼觸為緣所生諸受空不著眼觸
為緣所生諸受不空不著耳鼻舌身意觸
為緣所生諸受空不著耳鼻舌身意觸為緣
所生諸受不空不著眼觸為緣所生諸受無相
不著眼觸為緣所生諸受有相不著耳鼻舌
身意觸為緣所生諸受無相不著耳鼻舌身
意觸為緣所生諸受有相不著眼觸為緣所
生諸受無願不著眼觸為緣所生諸受有願

BD14510號　大般若波羅蜜多經（兑廢稿）卷六　（2–1）

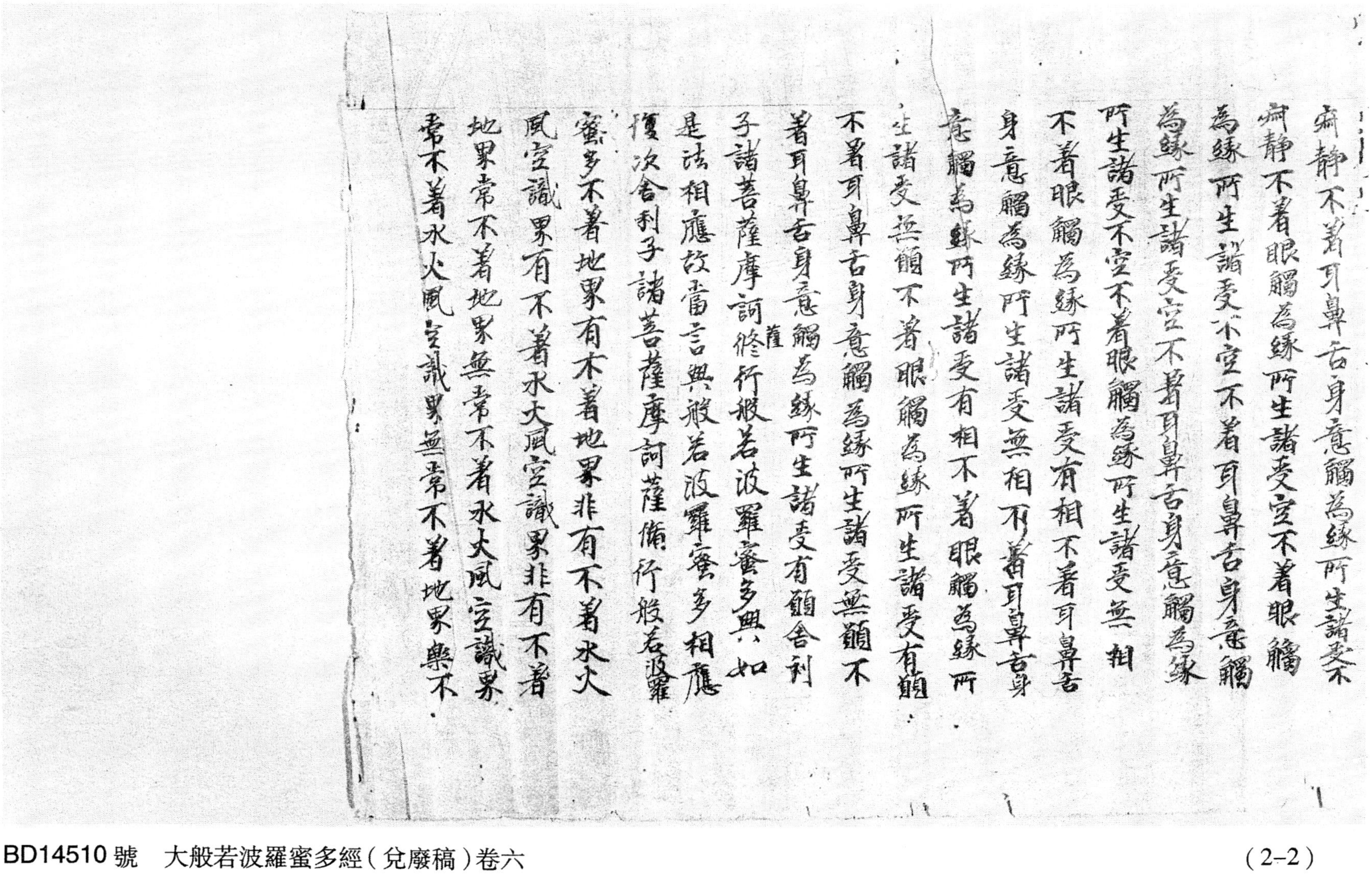

寂靜不著耳鼻舌身意觸為緣所生諸受不
寂靜不著眼觸為緣所生諸受空不著眼觸
為緣所生諸受不空不著耳鼻舌身意觸
為緣所生諸受空不著耳鼻舌身意觸為緣
所生諸受不空不著眼觸為緣所生諸受無相
不著眼觸為緣所生諸受有相不著耳鼻舌
身意觸為緣所生諸受無相不著耳鼻舌身
意觸為緣所生諸受有相不著眼觸為緣所
生諸受無願不著眼觸為緣所生諸受有願
不著耳鼻舌身意觸為緣所生諸受無願不
著耳鼻舌身意觸為緣所生諸受有願舍利
子諸菩薩摩訶薩修行般若波羅蜜多與如
是法相應故當言與般若波羅蜜多相應
復次舍利子諸菩薩摩訶薩脩行般若波羅
蜜多不著地界有不著地界非有不著水火
風空識界有不著水火風空識界非有不著
地界常不著地界無常不著水火風空識界
常不著水火風空識界無常不著地界樂不

BD14510號　大般若波羅蜜多經（兑廢稿）卷六　（2–2）

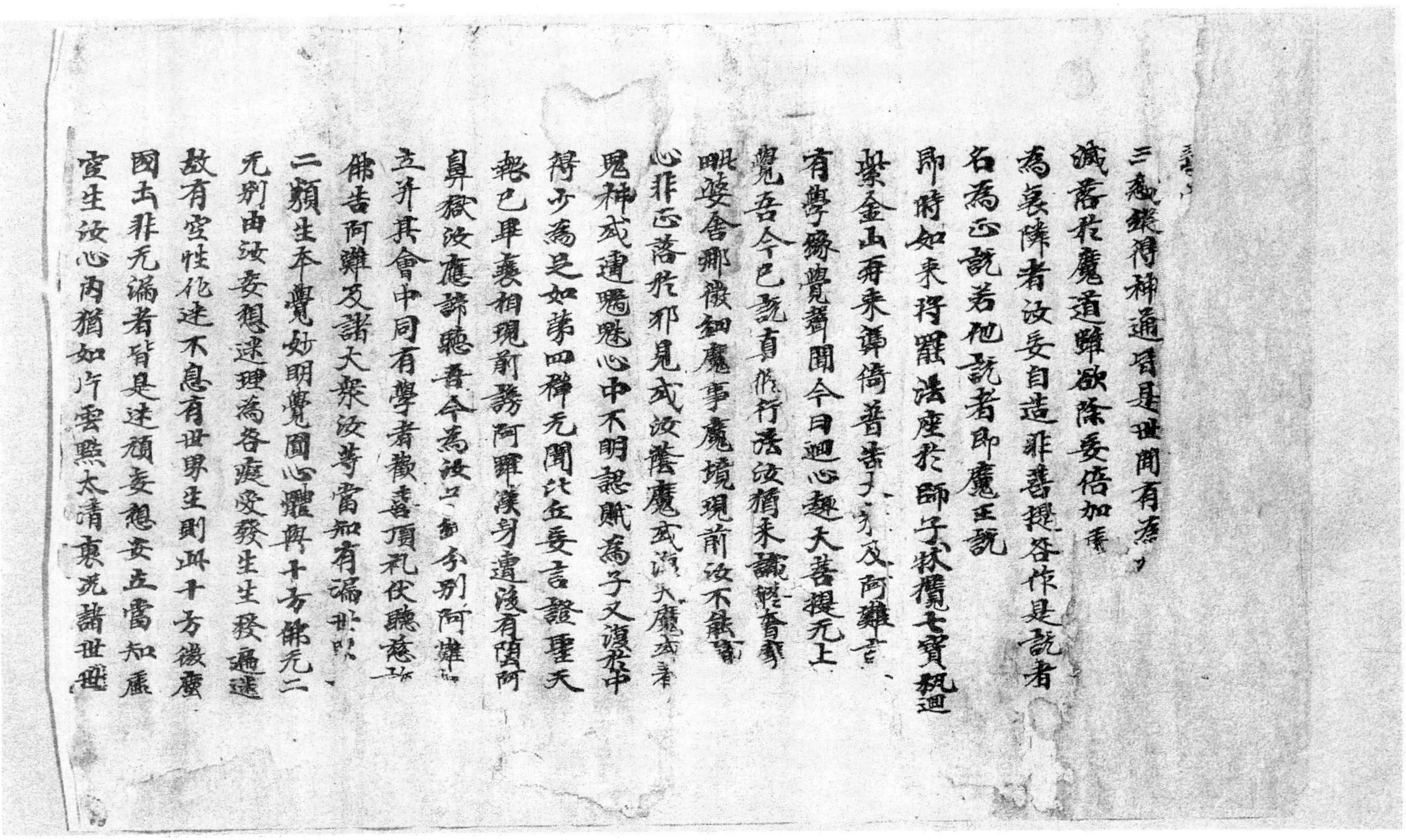

三惑發得神通皆是世間有為
滅落於魔道雖欲除妄倍加虛
為衰降者汝妄自造非菩提咎作是說者
名為正說若他說者即魔王說
即時如來將罷法座於師子牀攬七寶几迴
紫金山再來憑倚普告大眾及阿難言
有學緣覺聲聞今日迴心趣大菩提无上
妙覺吾今已說真修行法汝猶未識修奢摩
毗婆舍那微細魔事魔境現前汝不能識
洗心非正落於邪見或汝陰魔或復天魔或著
鬼神或遭魑魅心中不明認賊為子又復於中
得少為足如第四禪无聞比丘妄言證聖天
報已畢衰相現前謗阿羅漢身遭後有墮阿
鼻獄汝應諦聽吾今為汝子細分別阿難起
立并其會中同有學者歡喜頂禮伏聽慈誨
佛告阿難及諸大眾汝等當知有漏世界
十二類生本覺妙明覺圓心體與十方佛无二
无別由汝妄想迷理為咎癡愛發生生發遍迷
故有空性化迷不息有世界生則此十方微塵
國土非无漏者皆是迷頑妄想安立當知虛
空生汝心內猶如片雲點太清裏況諸世界

BD14511 號　大佛頂如來密因修證了義諸菩薩萬行首楞嚴經卷九　（1–1）

取寂滅縱得无學留願入彼末法之中起大
慈悲救度正心深信眾生令不著魔得正知
見我今度汝已出生死汝遵佛語名報佛恩
阿難如是十種禪那現境皆是想陰用心
交互故現斯事眾生頑迷不自忖量逢此因
緣迷不自識謂言登聖大妄語成墮无間獄
汝等必須將如來語於我滅後傳示末法遍令
眾生開悟斯義无令天魔得其方便保持覆
護成无上道

大佛頂萬行首楞嚴經卷第九

BD14512 號　大佛頂如來密因修證了義諸菩薩萬行首楞嚴經卷九　（2–1）

取寂滅縱得无學留願入彼末法之中起大
慈悲救度正心深信衆生令不著魔得正知
見我今度汝已出生死汝遵佛語名報佛恩
阿難如是十種禪那現境皆是想陰用心
交互故現斯事衆生頑迷不自忖量逢此因
緣迷不自識謂言登聖大妄語成墮无間獄
汝等必須將如來語於我滅後傳示末法遍令
衆生開悟斯義无令天魔得其方便保持覆
護成无上道

大佛頂萬行首楞嚴經卷第九

BD14512 號　大佛頂如來密因修證了義諸菩薩萬行首楞嚴經卷九　（2–2）

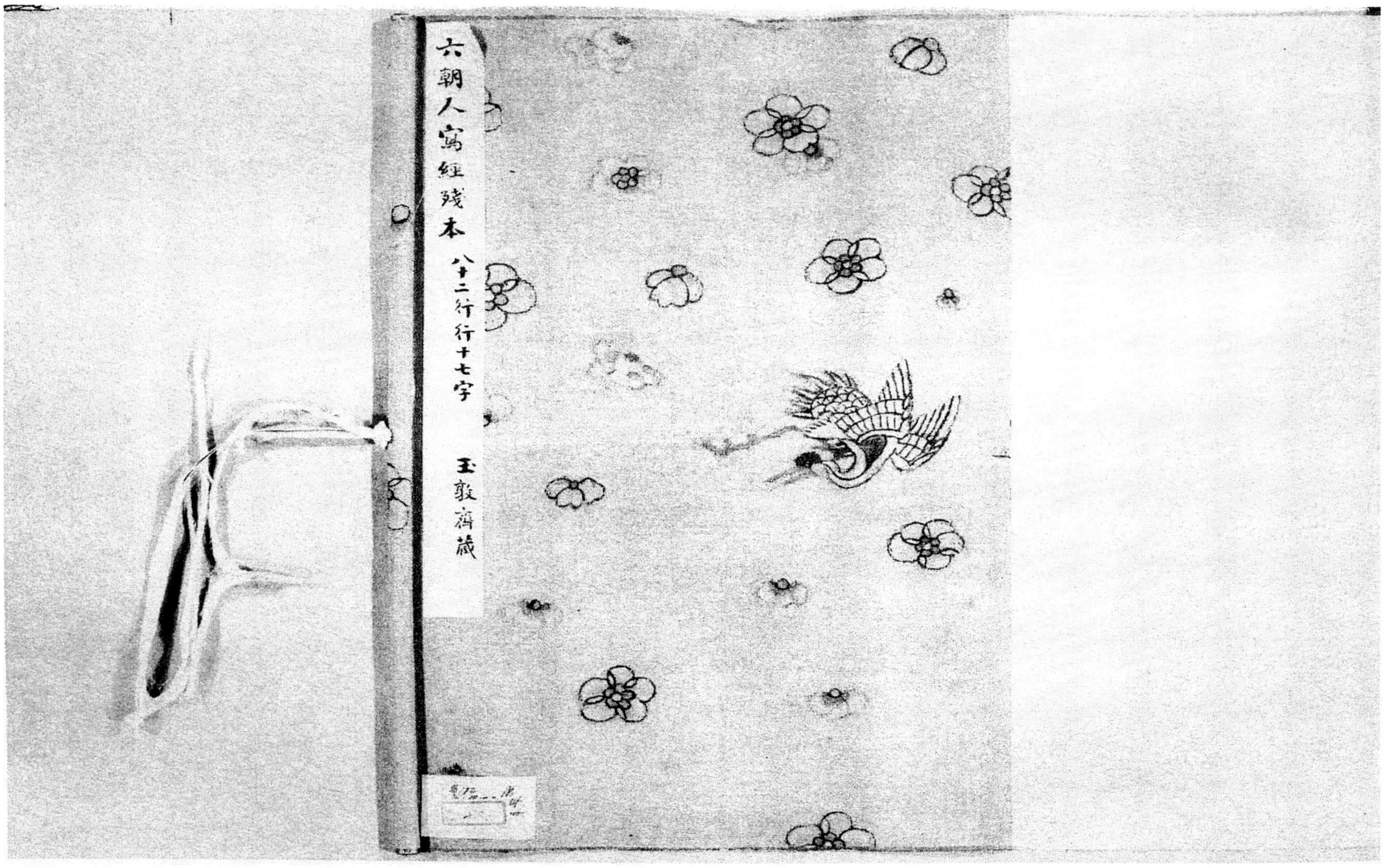

BD14513 號背　護首　（1–1）

定十遍處清淨若一切智
无二无二分无別无斷故善現无變
異空清淨故四念住清淨四念住清淨故一
切智智清淨何以故若无變異空清淨若四
念住清淨若一切智智清淨无二无二分无
別无斷故无變異空清淨故四正斷四神足五
根五力七等覺支八聖道支清淨四正斷乃
至八聖道支清淨故一切智智清淨何以故
若无變異空清淨若四正斷乃至八聖道
支清淨若一切智智清淨无二无二分无別
无斷故善現无變異空清淨故空解脫門清
淨空解脫門清淨故一切智智清淨何以故
若无變異空清淨若空解脫門清淨若一切
智智清淨无二无二分无別无斷故无變異
空清淨故无相无願解脫門清淨无相无
願解脫門清淨故一切智智清淨何以故若无
變異空清淨若无相无願解脫門清淨若一切
智智清淨无二无二分无別无斷故善現无

BD14513號　大般若波羅蜜多經卷二一三　（5–1）

若无變異空清淨若空解脫門清淨若一切
智智清淨无二无二分无別无斷故无變異
空清淨故无相无願解脫門清淨无相无
願解脫門清淨故一切智智清淨何以故若无
變異空清淨若无相无願解脫門清淨若一切
智智清淨无二无二分无別无斷故善現无
變異空清淨故菩薩十地清淨菩薩十地清
淨故一切智智清淨何以故若无變異空清
淨若菩薩十地清淨若一切智智清淨无二
无二分无別无斷故
善現无變異空清淨故五眼清淨五眼清淨
故一切智智清淨何以故若无變異空清淨
若五眼清淨若一切智智清淨无二无二
分无別无斷故无變異空清淨故六神通清
淨六神通清淨故一切智智清淨何以故若无
變異空清淨若六神通清淨若一切智智
清淨无二无二分无別无斷故善現无變異
空清淨故佛十力清淨佛十力清淨故一切
智智清淨何以故若无變異空清淨若佛
十力清淨若一切智智清淨无二无二分无別
无斷故无變異空清淨故四无所畏四无礙
解大慈大悲大喜大捨十八佛不共法清淨
四无所畏乃至十八佛不共法清淨故一切
智智清淨何以故若无變異空清淨若四无
所畏乃至十八佛不共法清淨若一切智智清
淨无二无二分无別无斷故善現无變異空
清淨故无忘失法清淨无忘失法清淨故
一切智智清淨何以故若无變異空清淨若
无忘失法清淨若一切智智清淨无二无二

BD14513號　大般若波羅蜜多經卷二一三　（5–2）

所畏乃至十八佛不共法清淨若一切智智清
淨无二无二分无別无斷故善現无變異空
清淨故无忘失法清淨无忘失法清淨故
一切智智清淨何以故若无變異空清淨若
无忘失法清淨若一切智智清淨无二无二
分无別无斷故无變異空清淨故恒住捨性
清淨恒住捨性清淨故一切智智清淨何以
故若无變異空清淨若恒住捨性清淨若一
切智智清淨无二无二分无別无斷故善現
无變異空清淨故一切智清淨一切智清淨
故一切智智清淨何以故若无變異空清淨若
一切智清淨若一切智智清淨无二无二分
无別无斷故无變異空清淨故道相智一
切相智清淨道相智一切相智清淨故一切智
智清淨何以故若无變異空清淨若道相智
一切相智清淨若一切智智清淨无二无二分
无別无斷故善現无變異空清淨故一切
陁羅尼門清淨一切陁羅尼門清淨故一切
智智清淨何以故若无變異空清淨若一切
陁羅尼門清淨若一切智智清淨无二无二
分无別无斷故无變異空清淨故一切三摩
地門清淨一切三摩地門清淨故一切智智
清淨何以故若无變異空清淨若一切三摩
地門清淨若一切智智清淨无二无二分无別
无斷故
善現无變異空清淨故預流果清淨預流果
清淨故一切智智清淨何以故若无變異空
清淨若預流果清淨若一切智智清淨无二
无二分无別无斷故无變異空清淨故一來

无斷故
善現无變異空清淨故預流果清淨預流果
清淨故一切智智清淨何以故若无變異空
清淨若預流果清淨若一切智智清淨无二
无二分无別无斷故无變異空清淨故一來
不還阿羅漢果清淨一來不還阿羅漢果清
淨故一切智智清淨何以故若无變異空清淨
若一來不還阿羅漢果清淨若一切智智清淨
无二无二分无別无斷故善現无變異空清
淨故獨覺菩提清淨獨覺菩提清淨故一
切智智清淨何以故若无變異空清淨若獨
覺菩提清淨若一切智智清淨无二无二分
无別无斷故善現无變異空清淨故一切菩
薩摩訶薩行清淨一切菩薩摩訶薩行清
淨故一切智智清淨何以故若无變異空清
淨若一切菩薩摩訶薩行清淨若一切智智
清淨无二无二分无別无斷故善現无變異
空清淨故諸佛无上正等菩提清淨諸佛
无上正等菩提清淨故一切智智清淨何以
故若无變異空清淨若諸佛无上正等菩提
清淨若一切智智清淨无二无二分无別无斷
故

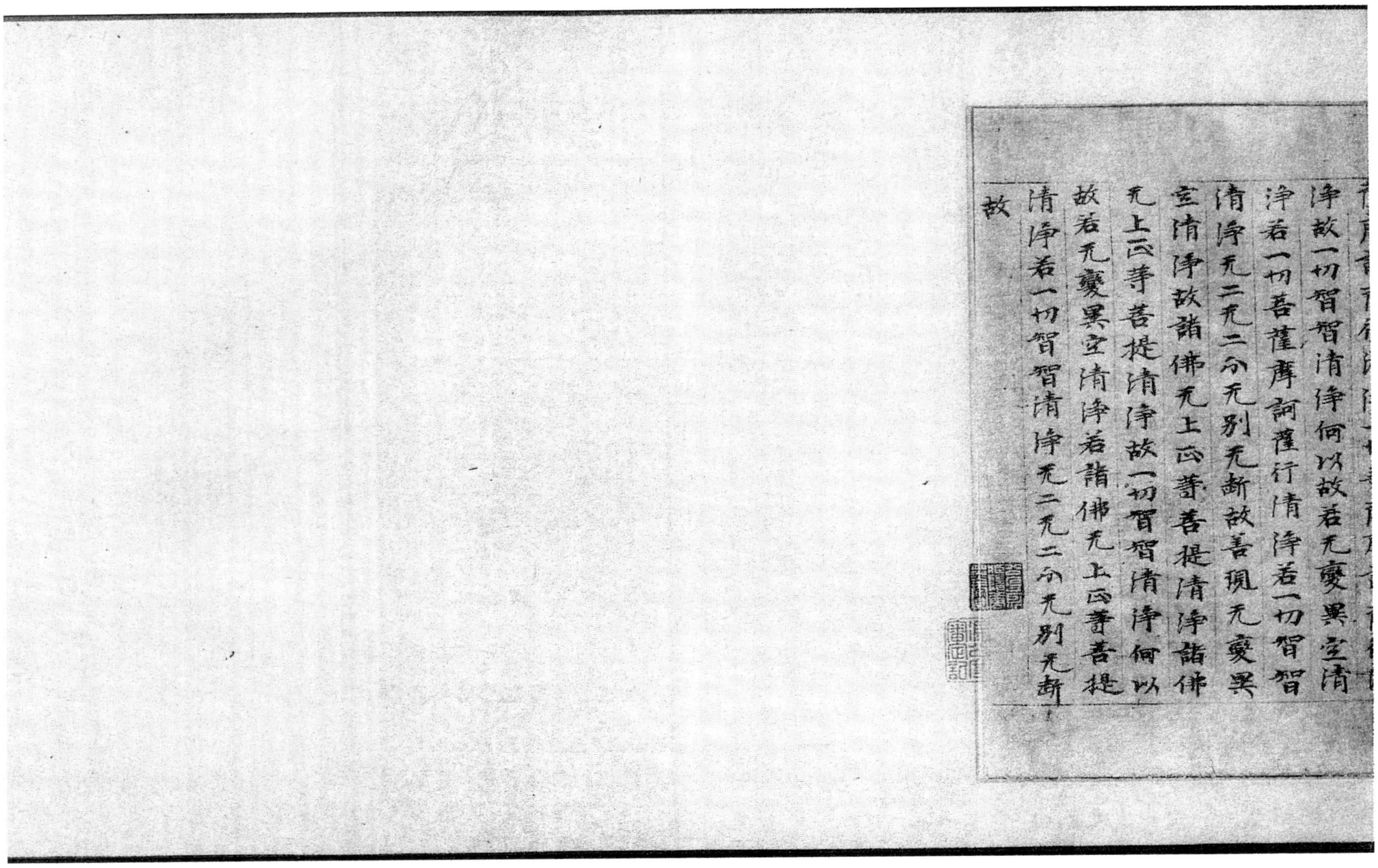
淨故一切智智清淨何以故若无變異空清
淨若一切菩薩摩訶薩行清淨若一切智智
清淨无二无二分无別无斷故善現无變異
空清淨故諸佛无上正等菩提清淨諸佛
无上正等菩提清淨故一切智智清淨何以
故若无變異空清淨若諸佛无上正等菩提
清淨若一切智智清淨无二无二分无別无斷
故

BD14513 號　大般若波羅蜜多經卷二一三　（5–5）

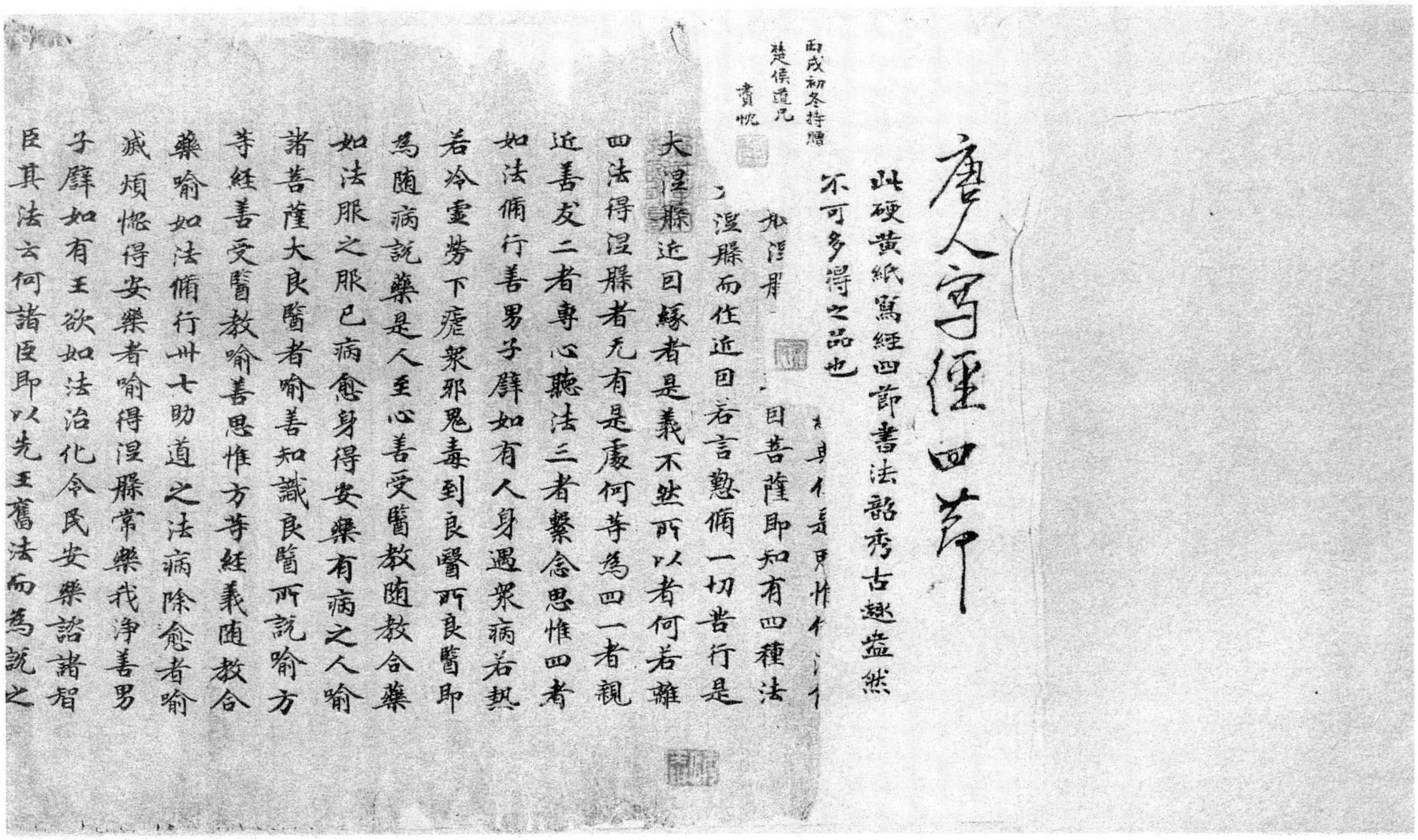
唐人寫經四節
此硬黃紙寫經四節書法韶秀古趣盎然
不可多得之品也
丙戌初冬持贈
楚僕道兄
責忱

般涅槃　因菩薩即知有四種法
之涅槃而作近因若言慇懃修一切苦行是
大涅槃近因緣者是義不然所以者何若離
四法得涅槃者无有是處何等為四一者親
近善友二者專心聽法三者繫念思惟四者
如法修行善男子譬如有人身遇衆病若熱
若冷虛勞下瘧衆邪鬼毒到良醫所良醫即
為隨病說藥是人至心善受醫教隨教合藥
如法服之服已病愈身得安樂有病之人喻
諸菩薩大良醫者喻善知識良醫所說喻方
等經善受醫教喻善思惟方等經義隨教合
藥喻如法修行卅七助道之法病除愈者喻
滅煩惱得安樂者喻得涅槃常樂我淨善男
子譬如有王欲如法治化令民安樂諮諸智
臣其法云何諸臣即以先王舊法而為說之

BD14514 號　大般涅槃經（北本）卷二五　（5–1）

如法服之服已病愈身得安樂有病之人喻
諸菩薩大良醫者喻善知識良醫所說喻方
等經善受醫教喻善思惟方等經義隨教合
藥喻如法脩行卅七助道之法病除愈者喻
滅煩惱得安樂者喻得涅槃常樂我淨善男
子譬如有王欲如法治化令民安樂諮諸智
臣其法云何諸臣即以先王舊法而為說之
王既聞已至心信行如法治國无諸怨敵是
故令民安樂无患善男子王者喻諸菩薩諸
智臣者喻善知識智臣為王所說治法喻十
二部經王既聞已至心信行喻諸菩薩繫心
所有深義如法治國喻諸菩
江脩行所謂六波羅蜜以能脩集六波
羅蜜故无諸怨敵喻諸菩薩已離諸結煩惱
惡賊得安樂者喻諸菩薩得大涅槃常樂我
淨　男子譬如有人遇惡癩病有善知識而
女　須弥山邊病可得差所以
者　良藥味如甘露若能服者病无不
愈其人至心信是事已即往彼山採服甘露
其病除愈身得安樂惡癩病者喻諸凡夫善
知識者喻諸菩薩摩訶薩等至心信受喻四
无量心須弥山者喻八聖道甘露味者喻於
佛性癩病除愈喻離煩惱得安樂者喻得涅
槃常樂我淨善男子譬如有人畜諸弟子聰
明利智是人晝夜常教不惓諸菩薩等亦復
如是一切諸衆有信不信而常教化无有疲
歡善男子善知識者所謂菩薩佛辟支佛

BD14514 號　大般涅槃經（北本）卷二五　（5–2）

佛性癩病除愈喻離煩惱得安樂者喻得涅
槃常樂我淨善男子譬如有人畜諸弟子聰
明利智是人晝夜常教不惓諸菩薩等亦復
如是一切諸衆有信不信而常教化无有疲
歡善男子善知識者所謂菩薩佛辟支佛聲
聞人中信方等者何故名為善知識耶善知
識者能教衆生遠離十惡脩行十善以是義
故名善知識復次善知識者如法而說如說
而行云何名為如法而說如說而行自不殺
生教人不殺乃至自行正見教人正見若能
如是則得名為真善知識自脩菩提亦能教
人脩行菩提以是義故名善知識自能脩行
信戒布施多聞智慧亦能教人信戒布施多
聞智慧復以是義名善知識善知識者有善
法故何等善法所作之事不求自樂常為衆
生而求於樂見他有過不訟其短口常宣說
純善之事以是義故名善知識善男子如空
中月從初一日至十五日漸漸增長善知識
者亦復如是令諸學人漸遠惡法增長善法
善男子若有親近善知識者本未有戒定慧
解脫解脫知見即便有之未具足者則得增
廣何以故以其親近善知識故曰是親近復
得了達十二部經甚深之義若能聽是十二
部經甚深義者名為聽法聽法者則是大乘
方等經典聽方等經名真聽法真聽法者即
是聽受大涅槃經大涅槃中聞有佛性如來

BD14514 號　大般涅槃經（北本）卷二五　（5–3）

得了達十二部經甚深之義若能聽是十二
部經甚深義者名為聽法聽法者則是大乘
方等經典聽方等經名真聽法真聽法者即
是聽受大涅槃經大涅槃中聞有佛性如來
畢竟不般涅槃是故名為専心聽法専心聽
法名八聖道以八聖道能斷貪欲瞋恚愚癡
故名聽法夫聽法者名十一空以此諸空於
一切法不作相貌夫聽法者名初發心乃至究
竟阿耨多羅三藐三菩提心以因初心得大
涅槃不以聞故得大涅槃以脩集故得大涅
槃善男子譬如病人雖聞醫教及藥名字不
能愈病以服食故能得差病雖聽十二深因
緣法不能得斷一切煩惱要以繫念善思惟
故能得除斷是名第三繫念思惟復以何義
名繫念思惟所謂三三昧空三昧无相三昧
无作三昧空者於廿五有不見一實无作者
於廿五有不作願求无相者无有十相所謂
色相聲相香相味相觸相生相住相滅相男
相女相脩集如是三三昧者是名菩薩繫念
思惟云何名為如法脩行如法脩行即是脩
行檀波羅蜜乃至般若波羅蜜知陰入界真
實之相亦知聲聞緣覺諸佛同於一道而般
涅槃法者即是常樂我淨不生不老不病不
死不飢不渴不苦不惱不退不沒善男子解
大涅槃甚深義者則知諸佛終不畢竟入於
涅槃善男子第一真實善知識者所謂菩薩

BD14514號　大般涅槃經（北本）卷二五　（5–4）

相女相脩集如是三三昧者是名菩薩繫念
思惟云何名為如法脩行如法脩行即是脩
行檀波羅蜜乃至般若波羅蜜知陰入界真
實之相亦知聲聞緣覺諸佛同於一道而般
涅槃法者即是常樂我淨不生不老不病不
死不飢不渴不苦不惱不退不沒善男子解
大涅槃甚深義者則知諸佛終不畢竟入於
涅槃善男子第一真實善知識者所謂菩薩
諸佛世尊何以故常以三種善調御故何等
為三一者畢竟濡語二者畢竟呵責三者濡
語呵責以是義故菩薩諸佛即是真實善知
識世復次善男子佛及菩薩為大醫故名善
知識何以故知病知藥應病授藥故譬如良
醫善八種術先觀病相相有三種何等為三
謂風熱水有風病者授之蘇油熱病之人授
之石蜜水病之者授之薑湯以知病根授藥
得差故名良醫佛及菩薩亦復如是知諸凡
夫病有三種一者貪欲二者瞋恚三者愚癡貪
欲病者教觀骨相瞋恚病者觀慈悲相愚癡
病者觀十二緣相以是義故諸佛菩薩名

BD14514號　大般涅槃經（北本）卷二五　（5–5）

來

須菩提於意云何佛可以具足色身見不不
也世尊如來不應以色身見何以故如來說
具足色身即非具足色身是名具足色身須
菩提於意云何如來可以具足諸相見不不
也世尊如來不應以具足諸相見何以故如
來說諸相具足即非具足是名諸相具足須
菩提汝勿謂如來作是念我當有所說法莫
作是念何以故若人言如來有所說法即為
謗佛不能解我所說故須菩提說法者无法
可說是名說法須菩提白佛言世尊佛得阿
耨多羅三藐三菩提為无所得耶如是如是
須菩提我於阿耨多羅三藐三菩提乃至无
有少法可得是名阿耨多羅三藐三菩提復
次須菩提是法平等无有高下是名阿耨多
羅三藐三菩提以无我无人无衆生无壽者
脩一切善法則得阿耨多羅三藐三菩提須
菩提所言善法者如來說非善法是名善法
須菩提若三千大千世界中所有諸須弥山

BD14515 號　金剛般若波羅蜜經　（4–1）

次須菩提是法平等无有高下是名阿耨多
羅三藐三菩提以无我无人无衆生无壽者
脩一切善法則得阿耨多羅三藐三菩提須
菩提所言善法者如來說非善法是名善法
須菩提若三千大千世界中所有諸須弥山
王如是等七寶聚有人持用布施若人以此
般若波羅蜜經乃至四句偈等受持為他人
說於前福德百分不及一百千万億分乃至
筭數譬喻所不能及
須菩提於意云何汝等勿謂如來作是念我
當度衆生須菩提莫作是念何以故實无有
衆生如來度者若有衆生如來度者如來則
有我人衆生壽者須菩提如來說有我者則
非有我而凡夫之人以為有我須菩提凡夫
者如來說則非凡夫須菩提於意云何可以
三十二相觀如來不須菩提言如是如是以
三十二相觀如來佛言須菩提若以三十二
相觀如來者轉輪聖王則是如來須菩提白
佛言世尊如我解佛所說義不應以三十二
相觀如來尒時世尊而說偈言
若以色見我　以音聲求我　是人行邪道　不能見如來
須菩提汝若作是念如來不以具足相故得
阿耨多羅三藐三菩提須菩提莫作是念如
來不以具足相故得阿耨多羅三藐三菩提
須菩提汝若作是念發阿耨多羅三藐三菩
提者說諸法斷滅相莫作是念何以故發阿

BD14515 號　金剛般若波羅蜜經　（4–2）

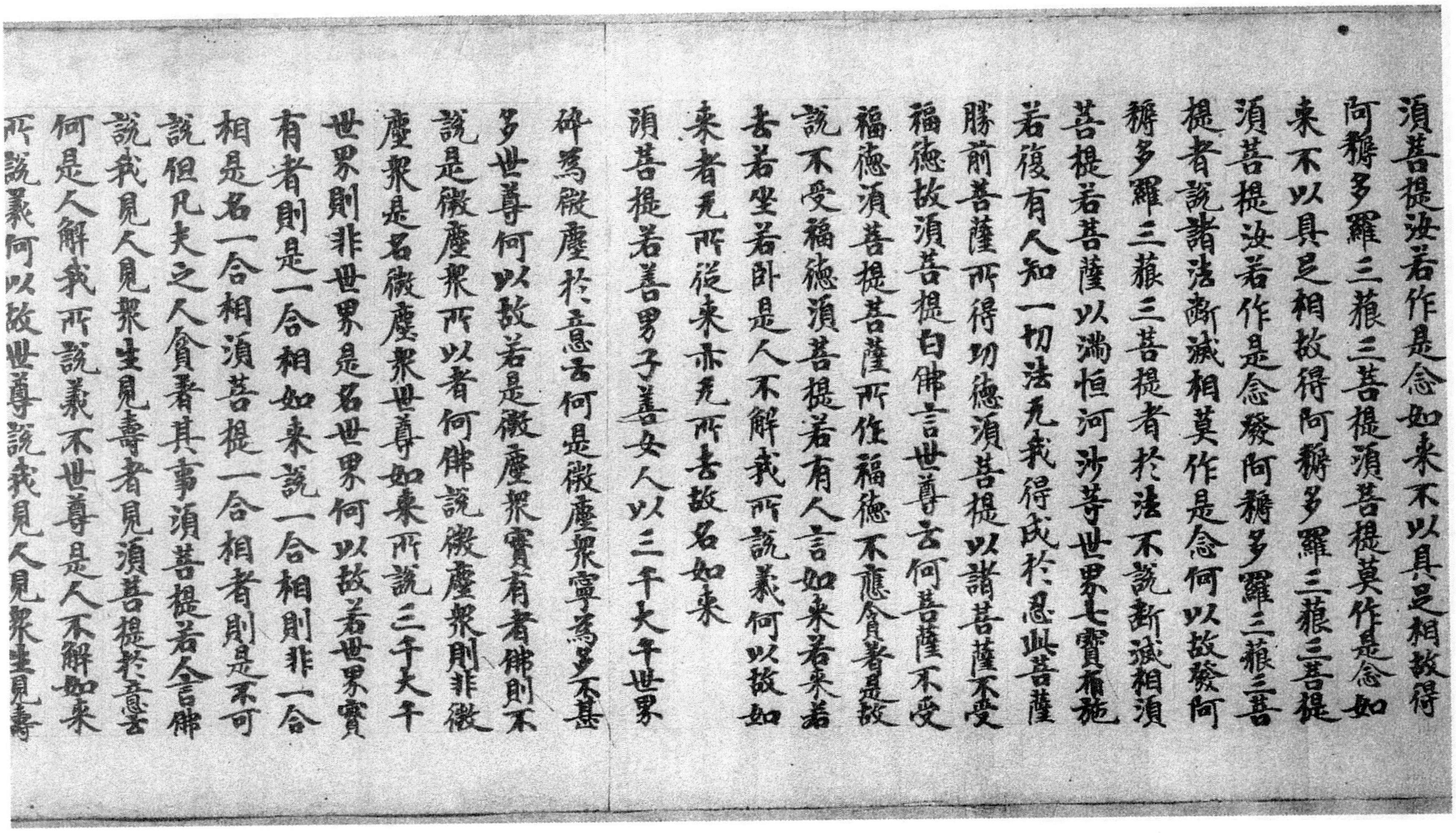

須菩提汝若作是念如來不以具足相故得
阿耨多羅三藐三菩提須菩提莫作是念如
來不以具足相故得阿耨多羅三藐三菩提
須菩提汝若作是念發阿耨多羅三藐三菩
提者說諸法斷滅相莫作是念何以故發阿
耨多羅三藐三菩提者於法不說斷滅相須
菩提若菩薩以滿恒河沙等世界七寶布施
若復有人知一切法无我得成於忍此菩薩
勝前菩薩所得功德須菩提以諸菩薩不受
福德故須菩提白佛言世尊云何菩薩不受
福德須菩提菩薩所作福德不應貪著是故
說不受福德須菩提若有人言如來若來若
去若坐若臥是人不解我所說義何以故如
來者无所從來亦无所去故名如來
須菩提若善男子善女人以三千大千世界
碎為微塵於意云何是微塵衆寧為多不甚
多世尊何以故若是微塵衆實有者佛則不
說是微塵衆所以者何佛說微塵衆則非微
塵衆是名微塵衆世尊如來所說三千大千
世界則非世界是名世界何以故若世界實
有者則是一合相如來說一合相則非一合
相是名一合相須菩提一合相者則是不可
說但凡夫之人貪著其事須菩提若人言佛
說我見人見衆生見壽者見須菩提於意云
何是人解我所說義不世尊是人不解如來
所說義何以故世尊說我見人見衆生見壽

BD14515 號　金剛般若波羅蜜經　（4–3）

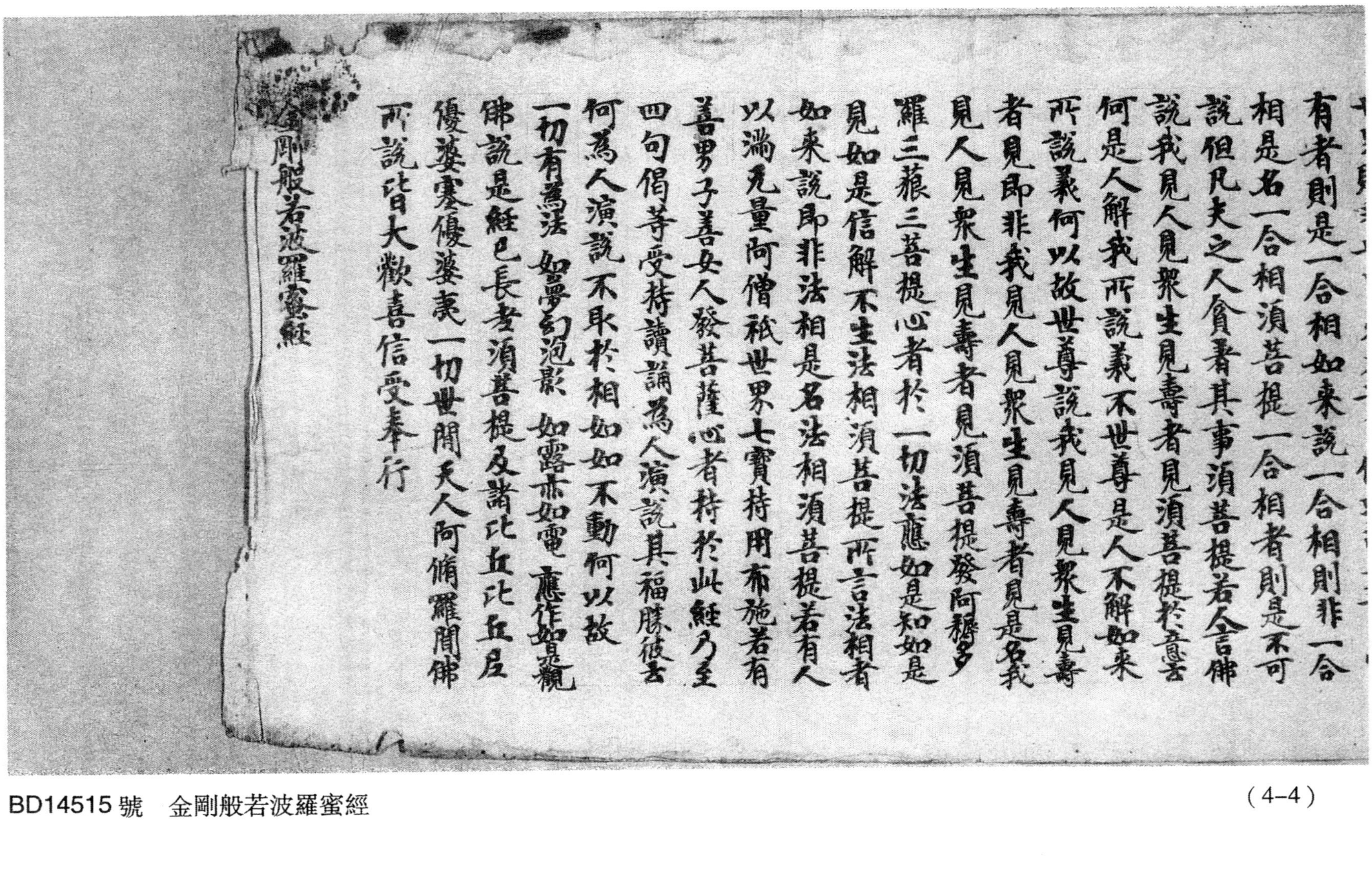

有者則是一合相如來說一合相則非一合
相是名一合相須菩提一合相者則是不可
說但凡夫之人貪著其事須菩提若人言佛
說我見人見衆生見壽者見須菩提於意云
何是人解我所說義不世尊是人不解如來
所說義何以故世尊說我見人見衆生見壽
者見即非我見人見衆生見壽者見是名我
見人見衆生見壽者見須菩提發阿耨多
羅三藐三菩提心者於一切法應如是知如是
見如是信解不生法相須菩提所言法相者
如來說即非法相是名法相須菩提若有人
以滿无量阿僧祇世界七寶持用布施若有
善男子善女人發菩薩心者持於此經乃至
四句偈等受持讀誦為人演說其福勝彼云
何為人演說不取於相如如不動何以故
一切有為法　如夢幻泡影　如露亦如電　應作如是觀
佛說是經已長老須菩提及諸比丘比丘尼
優婆塞優婆夷一切世間天人阿脩羅聞佛
所說皆大歡喜信受奉行

金剛般若波羅蜜經

BD14515 號　金剛般若波羅蜜經　（4–4）

三十二相須菩提若有善男子善女人以恒
河沙等身命布施若復有人於此經中乃至
受持四句偈等為他人說其福甚多
尒時須菩提聞說是經深解義趣涕淚悲泣
而白佛言希有世尊佛說如是甚深經典我
從昔來所得慧眼未曾得聞如是之經世尊
若復有人得聞是經信心清淨則生實相當
知是人成就第一希有功德世尊是實相者
則是非相是故如來說名實相世尊我今得
聞如是經典信解受持不足為難若當來世
後五百歲其有眾生得聞是經信解受持是
人則為第一希有何以故此人无我相人相
眾生相壽者相所以者何我相即是非相人
相眾生相壽者相即是非相何以故離一切
諸相則名諸佛
佛告須菩提如是如是若復有人得聞是經
不驚不怖不畏當知是人甚為希有何以故

BD14516號　金剛般若波羅蜜經　（3–1）

人則為第一希有何以故此人无我相人相
眾生相壽者相所以者何我相即是非相人
相眾生相壽者相即是非相何以故離一切
諸相則名諸佛
佛告須菩提如是如是若復有人得聞是經
不驚不怖不畏當知是人甚為希有何以故
須菩提如來說第一波羅蜜非第一波羅蜜
是名第一波羅蜜
須菩提忍辱波羅蜜如來說非忍辱波羅蜜
何以故須菩提如我昔為歌利王割截身體
我於尒時无我相无人相无眾生相无壽者
相何以故我於往昔節節支解時若有我相
人相眾生相壽者相應生瞋恨須菩提又念
過去於五百世作忍辱仙人於尒所世无我
相无人相无眾生相无壽者相是故須菩提
菩薩應離一切相發阿耨多羅三藐三菩提
心不應住色生心不應住聲香味觸法生心
應生无所住心若心有住則為非住是故佛說
菩薩心不應住色布施須菩提菩薩為利益一
切眾生應如是布施如來說一切諸相即是
非相又說一切眾生則非眾生須菩提如來是真
語者實語者如語者不誑語者不異語者須菩
提如來所得法此法无實无虛須菩提若菩薩
心住於法而行布施如人入闇則无所見若菩薩
心不住法而行布施如人有目日光明照見種種色
須菩提當來之世若有善男子善女人能於此經

BD14516號　金剛般若波羅蜜經　（3–2）

須菩提忍辱波羅蜜如來說非忍辱波羅蜜
何以故須菩提如我昔為歌利王割截身體
我於尒時无我相无人相无衆生相无壽者
相何以故我於往昔節節支解時若有我相
人相衆生相壽者相應生瞋恨須菩提又念
過去於五百世作忍辱仙人於尒所世无我
相无人相无衆生相无壽者相是故須菩提
菩薩應離一切相發阿耨多羅三藐三菩提
心不應住色生心不應住聲香味觸法生心
應生无所住心若心有住則為非住是故佛說
菩薩心不應住色布施須菩提菩薩為利益一
切衆生應如是布施如來說一切諸相即是
非相又說一切衆生則非衆生須菩提如來是真
語者實語者如語者不誑語者不異語者須菩
提如來所得法此法无實无虛須菩提若菩薩
心住於法而行布施如人入闇則无所見若菩薩
心不住法而行布施如人有目日光明照見種種色
須菩提當來之世若有善男子善女人能於此經
受持讀誦則為如來以佛智慧悉知是人悉見
是人皆得成就无量无邊功德

BD14516 號　金剛般若波羅蜜經　（3–3）

須菩提於意云何如來得阿耨多
菩提耶如來有所說法耶須菩提言如我解
佛所說義无有定法名阿耨多羅三藐三菩
提亦无有定法如來可說何以故如來所說
法皆不可取不可說非法非非法所以者何
一切聖賢皆以无為法而有差別
須菩提於意云何若人滿三千大千世界七
寶以用布施是人所得福德寧為多不須
提言甚多世尊何以故是福德即非福德性
是故如來說福德多若復有人於此經中受
持乃至四句偈等為他人說其福勝彼何以
故須菩提一切諸佛及諸佛阿耨多羅三藐
三菩提法皆從此經出須菩提所謂佛法者
即非佛法
須菩提於意云何須陁洹能作是念我得
陁洹果不須菩提言不也世尊何以故須陁

BD14517 號　金剛般若波羅蜜經　（4–1）

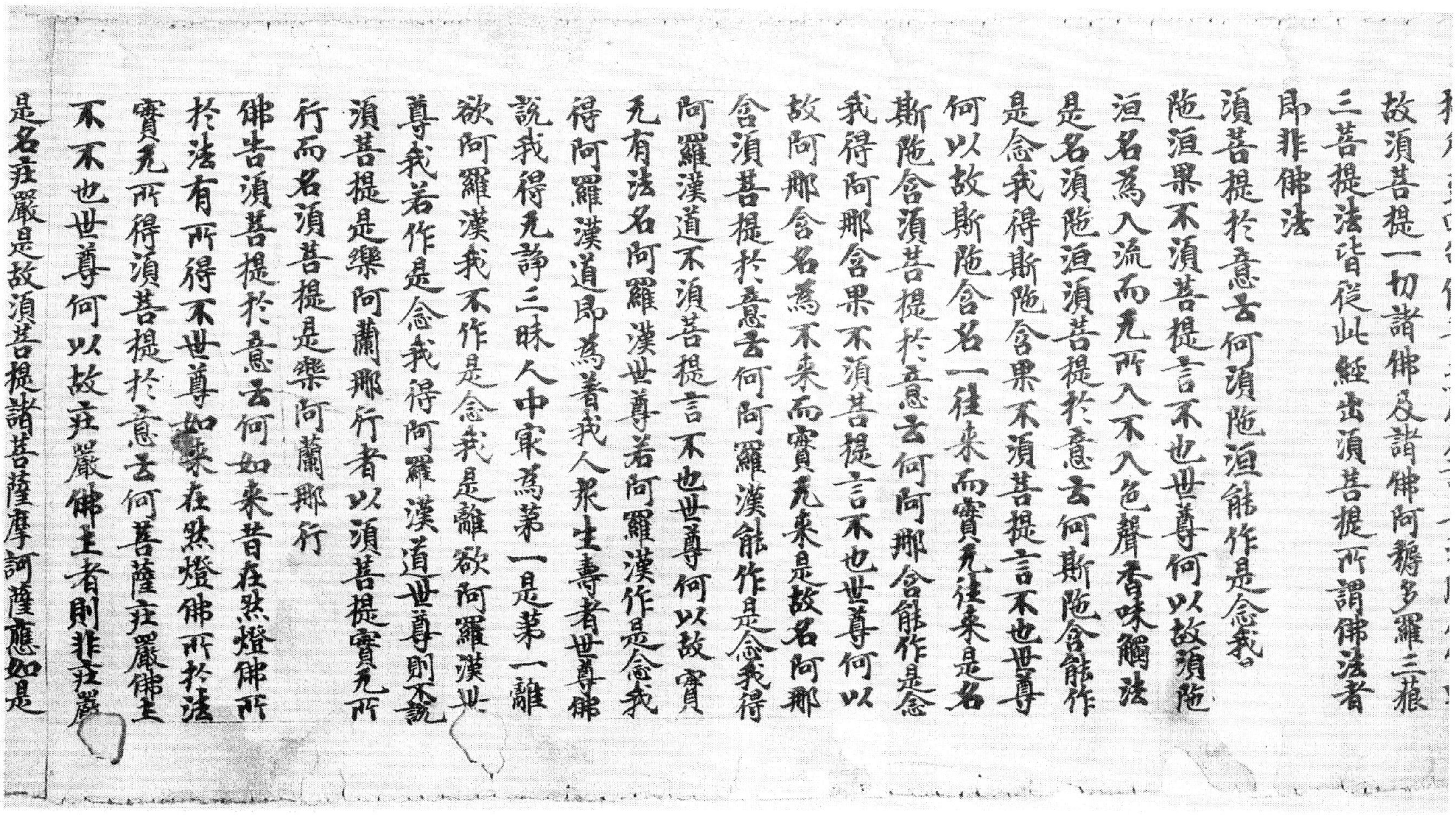
故須菩提一切諸佛及諸佛阿耨多羅三藐
三菩提法皆從此經出須菩提所謂佛法者
即非佛法
須菩提於意云何須陁洹能作是念我
陁洹果不須菩提言不也世尊何以故須陁
洹名為入流而无所入不入色聲香味觸法
是名須陁洹須菩提於意云何斯陁含能作
是念我得斯陁含果不須菩提言不也世尊
何以故斯陁含名一往來而實无往來是名
斯陁含須菩提於意云何阿那含能作是念
我得阿那含果不須菩提言不也世尊何以
故阿那含名為不來而實无來是故名阿那
含須菩提於意云何阿羅漢能作是念我得
阿羅漢道不須菩提言不也世尊何以故實
无有法名阿羅漢世尊若阿羅漢作是念我
得阿羅漢道即為著我人衆生壽者世尊佛
說我得无諍三昧人中最為第一是第一離
欲阿羅漢我不作是念我是離欲阿羅漢世
尊我若作是念我得阿羅漢道世尊則不說
須菩提是樂阿蘭那行者以須菩提實无所
行而名須菩提是樂阿蘭那行
佛告須菩提於意云何如來昔在然燈佛所
於法有所得不世尊如來在然燈佛所於法
實无所得須菩提於意云何菩薩莊嚴佛土
不不也世尊何以故莊嚴佛土者則非莊嚴
是名莊嚴是故須菩提諸菩薩摩訶薩應如是

BD14517 號　金剛般若波羅蜜經　（4–2）

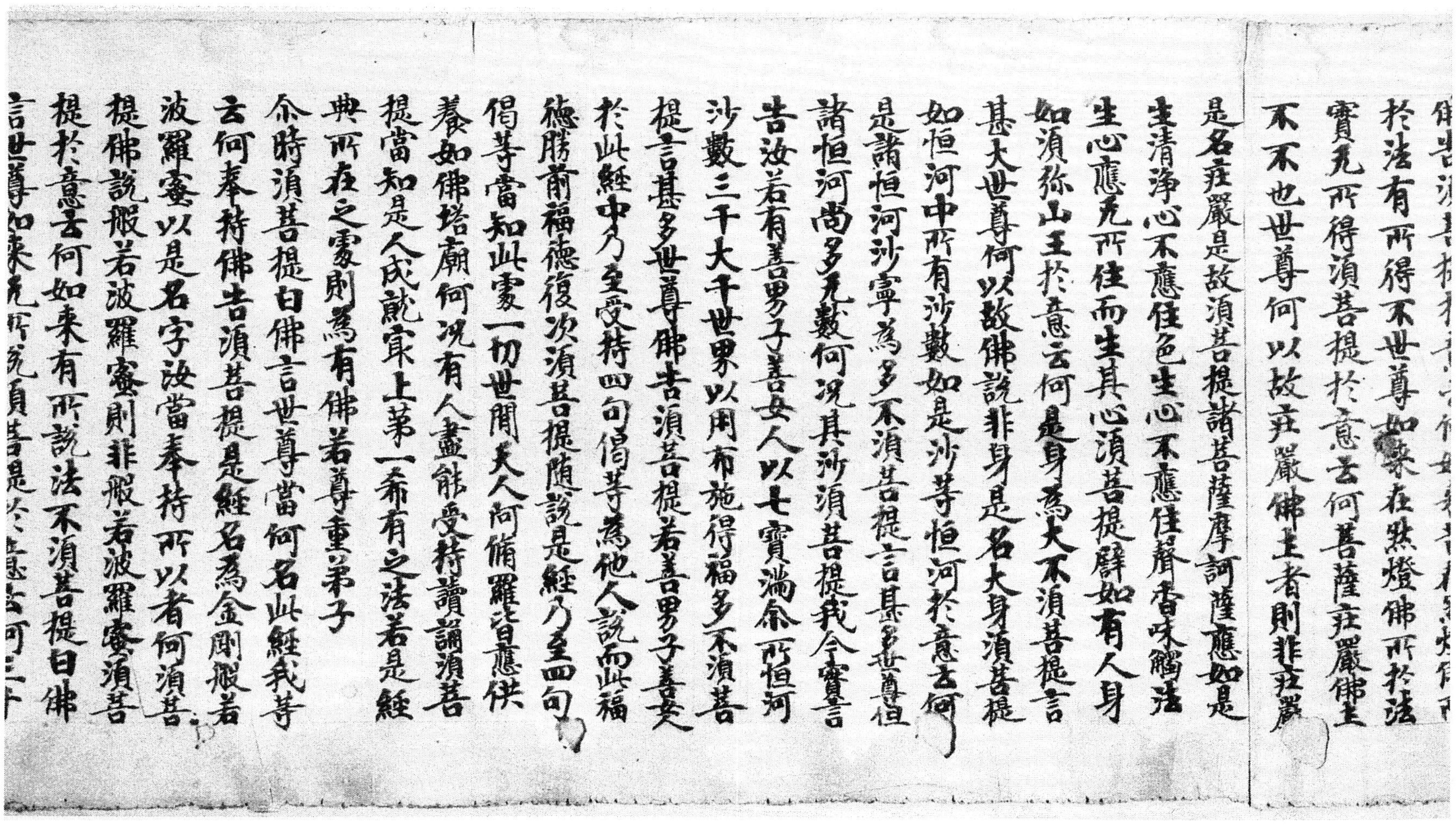
於法有所得不世尊如來在然燈佛所於法
實无所得須菩提於意云何菩薩莊嚴佛土
不不也世尊何以故莊嚴佛土者則非莊嚴
是名莊嚴是故須菩提諸菩薩摩訶薩應如是
生清淨心不應住色生心不應住聲香味觸法
生心應无所住而生其心須菩提譬如有人身
如須弥山王於意云何是身為大不須菩提言
甚大世尊何以故佛說非身是名大身須菩提
如恒河中所有沙數如是沙等恒河於意云何
是諸恒河沙寧為多不須菩提言甚多世尊但
諸恒河尚多无數何況其沙須菩提我今實言
告汝若有善男子善女人以七寶滿尒所恒河
沙數三千大千世界以用布施得福多不須菩
提言甚多世尊佛告須菩提若善男子善女
於此經中乃至受持四句偈等為他人說而此福
德勝前福德復次須菩提隨說是經乃至四句
偈等當知此處一切世間天人阿脩羅皆應供
養如佛塔廟何況有人盡能受持讀誦須菩
提當知是人成就最上第一希有之法若是經
典所在之處則為有佛若尊重弟子
尒時須菩提白佛言世尊當何名此經我等
云何奉持佛告須菩提是經名為金剛般若
波羅蜜以是名字汝當奉持所以者何須菩
提佛說般若波羅蜜則非般若波羅蜜須菩
提於意云何如來有所說法不須菩提白佛
言世尊如來无所說須菩提於意云何三千

BD14517 號　金剛般若波羅蜜經　（4–3）

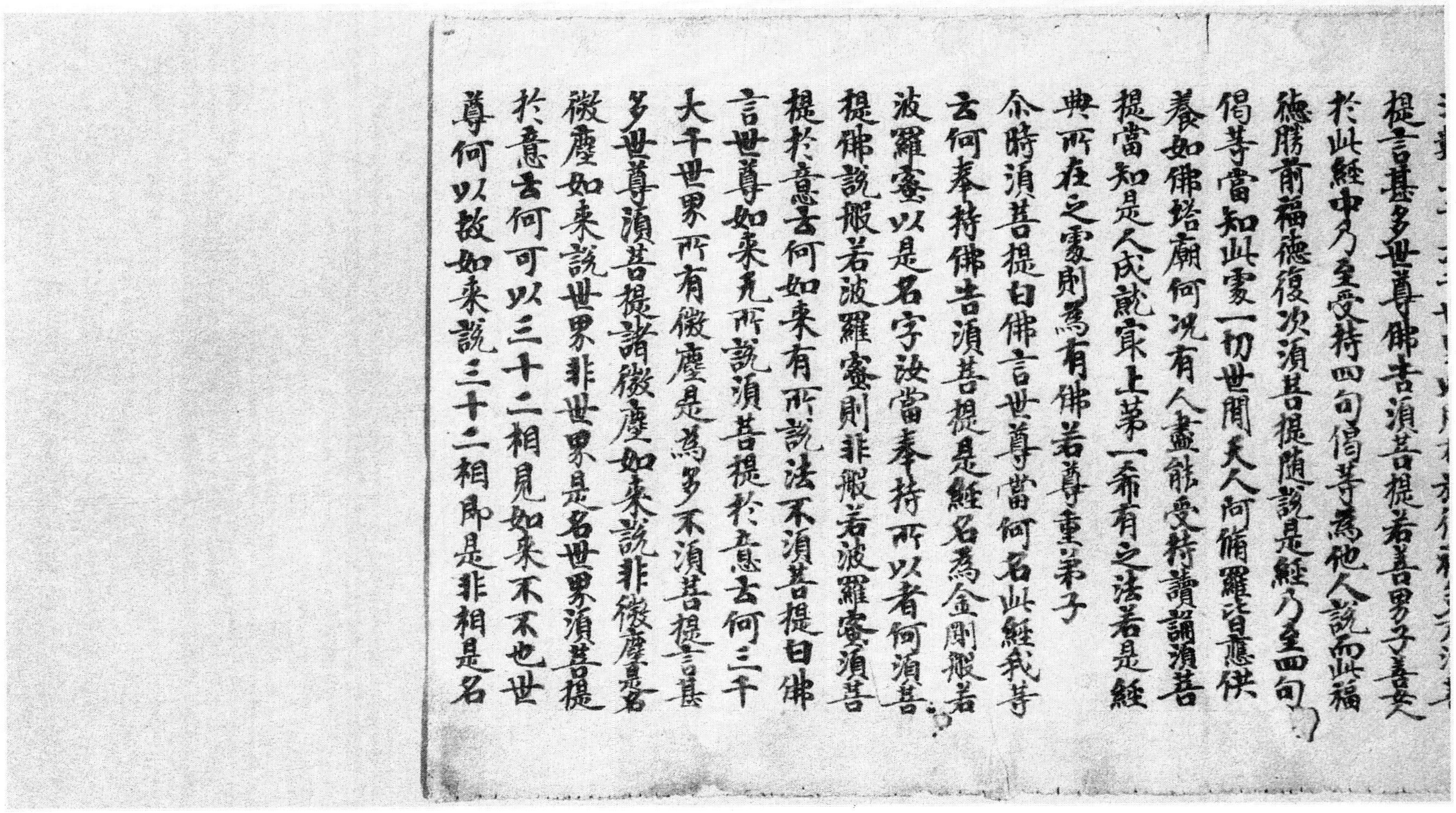
提言甚多世尊佛告須菩提若善男子善女人
於此經中乃至受持四句偈等為他人說而此福
德勝前福德復次須菩提隨說是經乃至四句
偈等當知此處一切世間天人阿脩羅皆應供
養如佛塔廟何況有人盡能受持讀誦須菩
提當知是人成就最上第一希有之法若是經
典所在之處則為有佛若尊重弟子
尒時須菩提白佛言世尊當何名此經我等
云何奉持佛告須菩提是經名為金剛般若
波羅蜜以是名字汝當奉持所以者何須菩
提佛說般若波羅蜜則非般若波羅蜜須菩
提於意云何如來有所說法不須菩提白佛
言世尊如來无所說須菩提於意云何三千
大千世界所有微塵是為多不須菩提言甚
多世尊須菩提諸微塵如來說非微塵是名
微塵如來說世界非世界是名世界須菩提
於意云何可以三十二相見如來不不也世
尊何以故如來說三十二相即是非相是名

BD14517 號　金剛般若波羅蜜經　（4–4）

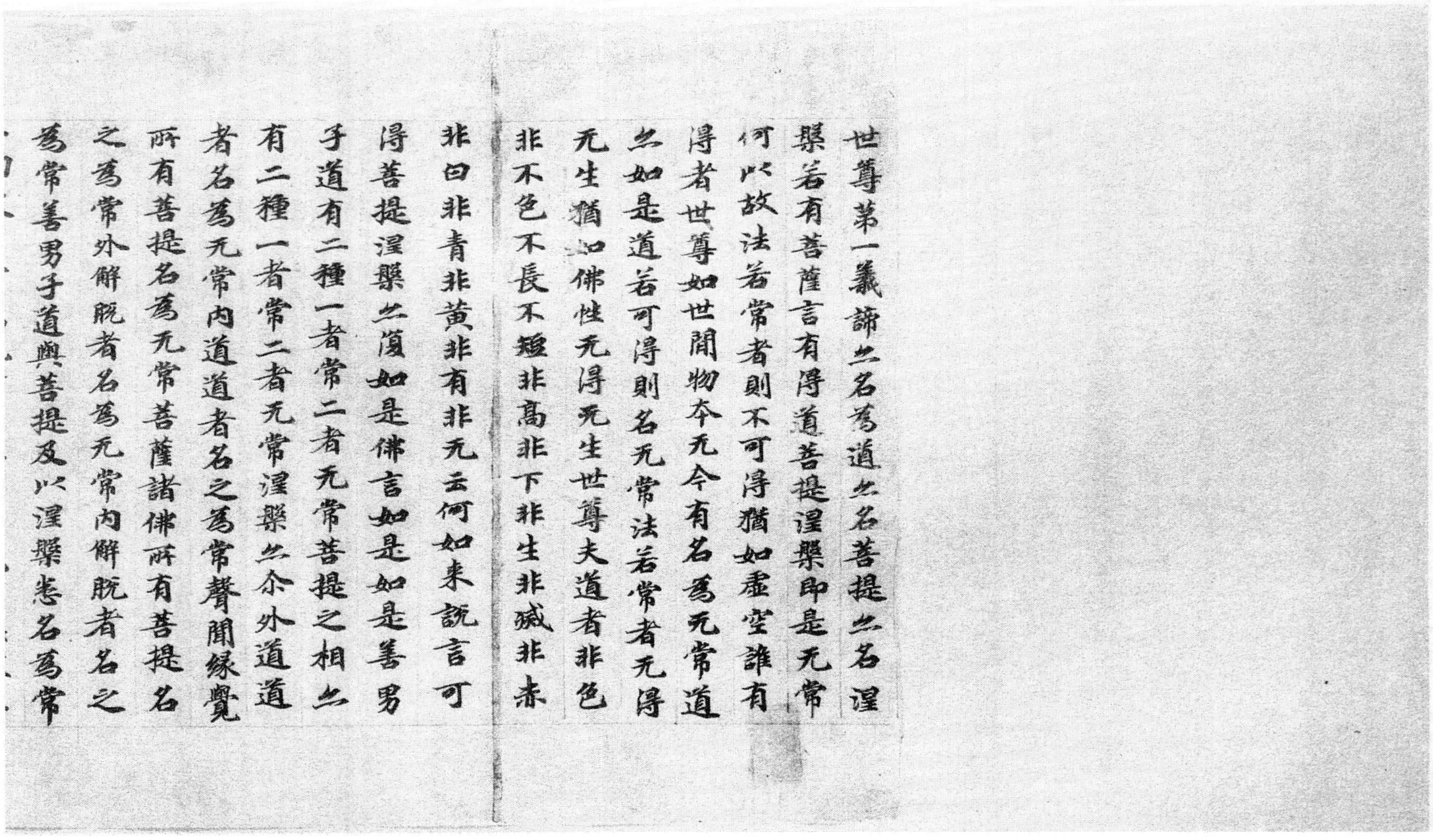
世尊第一義諦亦名為道亦名菩提亦名涅
槃若有菩薩言有得道菩提涅槃即是无常
何以故法若常者則不可得猶如虛空誰有
得者世尊如世間物本无今有名為无常道
亦如是道若可得則名无常法若常者无得
无生猶如佛性无得无生世尊夫道者非色
非不色不長不短非高非下非生非滅非赤
非白非青非黃非有非无云何如來說言可
得菩提涅槃亦復如是佛言如是如是善男
子道有二種一者常二者无常菩提之相亦
有二種一者常二者无常涅槃亦尒外道道
者名為无常內道道者名之為常聲聞緣覺
所有菩提名為无常菩薩諸佛所有菩提名
之為常外解脫者名為无常內解脫者名之
為常善男子道與菩提及以涅槃悉名為常

BD14518 號　大般涅槃經（北本　思溪本）卷一七　（14–1）

不二種一者常二者无常涅槃亦爾外道道
者名為无常內道道者名之為常聲聞緣覺
所有菩提名為无常菩薩諸佛所有菩提名
之為常外解脫者名為无常內解脫者名之
為常善男子道與菩提及以涅槃悉名為常
一切衆生常為无量煩惱所覆无慧眼故不
能得見而諸衆生為欲見故脩戒定慧以脩
行故見道菩提及以涅槃是名菩薩得道菩
提及涅槃也道之性相實不生滅以是義故
不可捉持善男子道者雖无色像可見稱量
可知而實有用善男子如衆生心雖非是色
非長非短非麁非細非縛非解非是見法而
亦是有以是義故我為須達說言長者心為
城主長者若不護心則不護身口若護心者
則護身口以不善護是身口故令諸衆生到
三惡趣護身口者則令衆生得人天涅槃得
名真實其不得者名不真實善男子道與菩
提及以涅槃亦復如是亦有亦常如其无者
云何能斷一切煩惱以其有故一切菩薩了
了見知善男子見有二種一相貌見二了了
見云何相貌見如遠見烟名為見火實不見
火雖不見火亦非虛妄見空中鶴便言見水
雖不見水亦非虛妄如見華葉便言見根雖
不見根亦非虛妄如人遙見籬間牛角便言
見牛雖不見牛亦非虛妄如見女人懷任便
言見欲雖不見欲亦非虛妄如見樹生葉便

火雖不見火亦非虛妄見空中鶴便言見水
雖不見水亦非虛妄如見華葉便言見根雖
不見根亦非虛妄如人遙見籬間牛角便言
見牛雖不見牛亦非虛妄如見女人懷任便
言見欲雖不見欲亦非虛妄如見樹生葉便
言見水雖不見水亦非虛妄又如見雲便言
見雨雖不見雨亦非虛妄如見身業及以口業
便言見心雖不見心亦非虛妄是名相貌
見云何了了見如眼見色善男子如人眼根
清淨不壞自觀掌中阿摩勒果菩薩摩訶薩
了了見道菩提涅槃亦復如是雖如是見初
无見想善男子以是因緣我於往昔告舍利
弗一切世間若有沙門若婆羅門若天若魔
若梵若人之所不知不見不覺唯有如來悉
知見覺及諸菩薩亦復如是舍利弗若諸世
間所知見覺我與菩薩亦知見覺世間衆生
之所不知不見不覺亦不自知不知見覺世
間衆生所知見覺便自說言我知見覺舍利
弗如來一切悉知見覺亦不自言我知見覺
一切菩薩亦復如是何以故若使如來作知
見覺相當知是則非佛世尊名為凡夫菩薩
亦尒迦葉菩薩言如佛世尊為舍利弗說世
間知者我亦得知世間不知我亦悉知其義
云何善男子一切世間不知不見不覺佛性
若有知見覺佛性者不名世間名為菩薩世
間之人亦復不知不見不覺十二部經十二

聞知者我亦得知世間不知我亦悉知其義
云何善男子一切世間不知不見不覺佛性
若有知見覺佛性者不名世間名為菩薩世
間之人亦復不知不見不覺十二部經十二
因緣四倒四諦三十七品阿耨多羅三藐三
菩提大般涅槃若知見覺者不名世間當名
菩薩善男子是名世間不知見覺云何世間
所知見覺所謂梵天自在天八臂天性時微
塵法及非法是造化主世間終始斷常二見
說言初禪至非非想名為涅槃善男子是名
世間所知見覺菩薩摩訶薩於如是事亦知
見覺菩薩如是知見覺已若言不知不見不
覺是為虛妄虛妄之法則為是罪以是罪故
墮於地獄善男子若男若女若沙門若婆羅
門說言无道菩提涅槃當知是輩名一闡提
魔之眷屬名為謗法如是謗法名謗諸佛如
是之人不名世間不名非世間尒時迦葉聞
是事已即以偈頌而讚嘆佛
大慈愍衆生　故令我歸依　善拔衆毒箭　故稱大醫王
世醫所療治　雖差還復生　如來所治者　畢竟不復發
世尊甘露藥　以施諸衆生　衆生既服已　不死亦不生
如來今為我　演說大涅槃　衆生聞祕藏　即得不生滅
迦葉菩薩說是偈已即白佛言世尊如佛所
說一切世間不知見覺菩薩悉能知見覺者

世尊甘露藥　以施諸衆生　衆生既服已　不死亦不生
如來今為我　演說大涅槃　衆生聞祕藏　即得不生滅
迦葉菩薩說是偈已即白佛言世尊如佛所
說一切世間不知見覺菩薩悉能知見覺者
若使菩薩是世間者不得說言世間不知不
見不覺是菩薩能知見覺若非世間有何異
相佛言善男子言菩薩者亦是世間亦非世
間不知見覺者名為世間知見覺者不名世
間汝言有何異者我今當說善男子若男若
女若有初聞是涅槃經即生敬信發阿耨多
羅三藐三菩提心者是則名為世間菩薩一
切世間不知見覺如是菩薩亦同世間不知
見覺菩薩聞是涅槃經已知有世間不知見
覺應是菩薩所知見覺知是事已即自思惟
我當云何方便脩習得知見覺復念言唯
當深心脩持淨戒善男子菩薩尒時以是因
緣於未來世在在生處戒常清淨善男子菩
薩摩訶薩以淨戒故在在生處常无憍慢耶
見疑网終不說言如來畢竟入於涅槃是名
菩薩脩持淨戒戒既清淨次脩禪定以脩定
故在在生處正念不忘所謂一切衆生悉有
佛性十二部經諸佛世尊常樂我淨一切菩
薩安住方等大涅槃經悉見佛性如是等事
憶而不忘因脩定故得十一空是名菩薩脩

菩薩脩持淨戒戒既清淨次脩禪定以脩定
故在在生處正念不忘所謂一切衆生悉有
佛性十二部經諸佛世尊常樂我淨一切菩
薩安住方等大涅槃經悉見佛性如是等事
憶而不忘因脩定故得十一空是名菩薩脩
清淨定戒定已備次脩淨慧以脩慧故初不
計著身中有我我中有身是身是我非身非
我是名菩薩脩習淨慧以脩慧故所受持戒
牢固不動善男子譬如須弥不爲四風之所
傾動菩薩摩訶薩亦復如是不爲四倒之所
傾動善男子菩薩尒時自知見覺所受持戒
无有傾動是名菩薩所知見覺非世間也善
男子菩薩見所持戒牢固不動心无悔恨无
悔恨故心得歡喜得歡喜故心得悅樂得悅
樂故心則安隱心安隱故得无動定得无動
定故得實知見實知見故猒離生死猒離生
死故便得解脫得解脫故明見佛性是名菩
薩所知見覺非世間也善男子是名世間不
知見覺而是菩薩所知見覺迦葉復言云何
菩薩脩持淨戒心无悔恨乃至明了見於佛
性佛言善男子世間戒者不名清淨何以故
世間戒者爲於有故性不定故非畢竟故不
能廣爲一切衆生以是義故名爲不淨以不
淨故有悔恨心以悔恨故心无歡喜无歡喜
故則无悅樂无悅樂故則无安隱无安隱故
无不動定无不動定故无實知見无實知見

世間戒者爲於有故性不定故非畢竟故不
能廣爲一切衆生以是義故名爲不淨以不
淨故有悔恨心以悔恨故心无歡喜无歡喜
故則无悅樂无悅樂故則无安隱无安隱故
无不動定无不動定故无實知見无實知見
故則无猒離无猒離故則无解脫无解脫故
不見佛性不見佛性故終不能得大般涅槃
是名世間戒不清淨善男子菩薩摩訶薩清
淨戒者戒非戒故非爲有故定畢竟故爲衆
生故是名菩薩戒清淨也善男子菩薩摩訶
薩於淨戒中雖不欲生无悔恨心无悔恨心
自然而生善男子譬如有人執持明鏡不期
見面面像自現亦如農夫種之良田不期生
牙而牙自生亦如然燈不期滅闇而闇自滅
善男子菩薩摩訶薩堅持淨戒无悔恨心自
然而生亦復如是以淨戒故心得歡喜善男
子如端正人自見面貌心生歡喜持淨戒者
亦復如是善男子破戒之人見戒不淨心不
歡喜如形殘者自見面貌不生喜悅破戒之
人亦復如是善男子譬如牧牛有二女人一
持酪瓶一持漿瓶俱共至城而欲賣之於路
脚跌二瓶俱破一則歡喜一則愁惱持戒破
戒亦復如是持淨戒者心則歡喜心歡喜故
則便思惟諸佛如來於涅槃中說有能持清
淨戒者則得涅槃我今脩習如是淨戒亦應

脚趺二瓶俱破一則歡喜一則愁惱持戒破
戒亦復如是持淨戒者心則歡喜心歡喜故
則便思惟諸佛如來於涅槃中説有能持清
淨戒者則得涅槃我今脩習如是淨戒亦應
得之以是因緣心則悦樂迦葉復言喜之與
樂有何差別善男子菩薩摩訶薩不作惡時
名為歡喜心淨持戒名之為樂善男子菩薩
摩訶薩觀於生死則名為喜見大涅槃名之
為樂下名為喜上名為樂離世共法名之為
喜得不共法名之為樂以戒淨故身體輕柔
口无麁過菩薩尒時若見若聞若嗅若嘗若
觸若知悉无諸惡以无惡故心得安隱以安
隱故則得静定得静定故得實知見實知見
故猒離生死猒離生死故則得解脱得解脱
故得見佛性見佛性故得大涅槃是名菩薩
清淨持戒非世間戒何以故善男子菩薩摩
訶薩所受淨戒五法佐助云何為五一信二
慙三愧四善知識五宗敬戒離五蓋故所見
清淨離五見故心无疑网離五疑故一者疑
佛二者疑法三者疑僧四者疑戒五者疑不
放逸菩薩尒時即得五根所謂信念精進定
慧得五根故得五種涅槃謂色解脱乃至識
解脱是名菩薩清淨持戒非世間也善男子
是名世間之所不知不見不覺而是菩薩所

BD14518號　大般涅槃經（北本　思溪本）卷一七　（14–8）

放逸菩薩尒時即得五根所謂信念精進定
慧得五根故得五種涅槃謂色解脱乃至識
解脱是名菩薩清淨持戒非世間也善男子
是名世間之所不知不見不覺而是菩薩所
知見覺善男子若我弟子受持讀誦書寫演
説大涅槃經有破戒者有人呵責輕賤毀辱
而作是言若佛祕藏大涅槃經有威力者云
何令汝毀所受戒若人受持是涅槃經毀禁
戒者當知是經為无威力若无威力雖復讀
誦為无利益緣是輕毀涅槃經故復令无量
无邊衆生墮於地獄受持是經而毀戒者則
是衆生惡知識也非我弟子是魔眷屬如是
之人我亦不聽受持是典寧使不受不持不
脩不以毀戒受持脩習善男子若我弟子受
持讀誦書寫演説涅槃經者當正身心慎无
挑戲輕躁擧動身為挑戲心為輕動求有之
心名為輕動身造諸業名為挑戲若我弟子
求有造業不應受持是大乘典大涅槃經若
有如是受持經者人當輕呵而作是言若佛
祕藏大涅槃經有威力者云何令汝求有造
業若持經者求有造業當知是經為无威力
若无威力雖復受持為无利益緣是輕毀涅
槃經故復令无量无邊衆生墮於地獄受持
是經求有造業則是衆生惡知識也非我弟
子名魔眷屬復次善男子若我弟子受持讀

BD14518號　大般涅槃經（北本　思溪本）卷一七　（14–9）

若无威力雖復受持爲无利益緣是輕毀涅
槃經故復令无量衆生墮於地獄受持
是經求有造業則是衆生惡知識也非我弟
子名魔眷屬復次善男子若我弟子受持讀
誦書寫演說是涅槃經莫非時說莫非國說
莫不請說莫輕心說莫處處說莫自歎說莫
輕他說莫滅佛法說莫熾然世法說善男子
若我弟子受持是經非時而說乃至熾然世
法說者人當輕呵而作是言若佛祕藏大涅
槃經有威力者云何令汝非時而說乃至熾
然世法而說若持經者作如是說當知是經
爲无威力若无威力雖復受持爲无利益緣
是輕毀涅槃經故令无量衆生墮於地獄受
持是經非時而說乃至熾然世法而說則是
衆生惡知識也非我弟子是魔眷屬善男子
若欲受持者說大涅槃者說佛性者說如來
祕藏者說大乘者說方等經者說聲聞乘者
說辟支佛乘者說解脫者見佛性者先當清
淨其身以身淨故則无呵責无呵責故令无
量人於大涅槃生清淨信信心生故恭敬是
經若聞一偈一句一字及說法者則得發於
阿耨多羅三藐三菩提心當知是人則是衆
生真善知識非惡知識是我弟子非魔眷屬
是名菩薩非世間也善男子是名世間之所
不知不見不覺而是菩薩所知見覺復次善

BD14518 號　大般涅槃經（北本　思溪本）卷一七　（14–10）

阿耨多羅三藐三菩提心當知是人則是衆
生真善知識非惡知識是我弟子非魔眷屬
是名菩薩非世間也善男子是名世間之所
不知不見不覺而是菩薩所知見覺復次善
男子云何復名一切世間不知見覺而是菩
薩所知見覺所謂六念處何等爲六念佛念
法念僧念戒念施念天善男子云何念佛如
來應正遍知明行足善逝世間解无上士調
御丈夫天人師佛世尊常不變易具足十力
四无所畏大師子吼名大沙門大婆羅門大
淨畢竟到於彼岸无能勝者无見頂者无有
怖畏不驚不動獨一无侶无師自悟疾智大
智利智深智解脫智不共智廣普智畢竟智
智寶成就人中象王人中牛王人中龍王人
中丈夫人中蓮華分陁利華調御人師爲大
施主大法之師以知法故名大法師以知義
故名大法師以知時故名大法師以知足故
名大法師以知我故名大法師知大衆故名
大法師以知衆生種種性故名大法師以知
衆生根利鈍中故名大法師說中道故名大
法師云何名如來如過去諸佛所說不變云
何不變過去諸佛爲度衆生說十二部經如
來亦尒故名如來諸佛世尊從六波羅蜜三
十七品十一空來至大涅槃如來亦尒是故
號佛爲如來也諸佛世尊爲衆生故隨宜方
便開示三乘壽命无量不可稱計如來亦尒

BD14518 號　大般涅槃經（北本　思溪本）卷一七　（14–11）

何不變過去諸佛爲度衆生說十二部經如
来亦尒故名如来諸佛世尊從六波羅蜜三
十七品十一空来至大涅槃如来亦尒是故
號佛爲如来也諸佛世尊爲衆生故隨冝方
便開示三乘壽命无量不可稱計如来亦尒
是故號佛爲如来也云何爲應世間之法𢙣
名怨家佛應害故故名爲應夫四魔者是善
薩怨諸佛如来爲菩薩時能以智慧破壞四
魔是故名應復次應者名爲遠離爲菩薩時
應當遠離无量煩惱故名爲應復次應者名
樂過去諸佛爲菩薩時雖於无量阿僧祇劫
爲衆生故受諸苦惱終无不樂而常樂之如
来亦尒是故名應又復應者一切人天應以
種種香華瓔珞幢幡伎樂而供養之是故名
應云何正遍知正者名不顛倒遍知者於四
顛倒无不通達又復正者名爲苦行遍知者
知因苦行定有苦果又復正者名世間中遍
知者畢竟定知循習中道得阿耨多羅三藐
三菩提又復正者名爲可數可稱可量遍知
者不可數不可量不可稱是故號佛爲正遍
知也善男子聲聞緣覺亦有遍知亦不遍知
何以故遍者名五陰十二入十八界聲聞緣
覺亦得遍知是名遍知云何不遍知善男子
假使二乘於无量劫觀一色陰不能盡知以
是義故聲聞緣覺无有遍知云何明行足明
者名得无量善果行名脚足善果者名阿耨

覺亦得遍知是名遍知云何不遍知善男子
假使二乘於无量劫觀一色陰不能盡知以
是義故聲聞緣覺无有遍知云何明行足明
者名得无量善果行名脚足善果者名阿耨
多羅三藐三菩提脚足者名爲戒慧乘戒慧
足得阿耨多羅三藐三菩提是故名爲明行
足也又復明者名呪行者名吉足者名果善
男子是名世間義呪者名爲解脫吉者名爲
阿耨多羅三藐三菩提果者名爲大般涅槃
是故名爲明行足也又復明者名光行者名
業足者名果善男子是名世間義光者名不
放逸業者名六波羅蜜果者名爲阿耨多羅
三藐三菩提又復明者名爲三明一菩薩明
二諸佛明三无明明菩薩明者即是般若波
羅蜜諸佛明者即是佛眼无明明者即畢竟
空行者於无量劫爲衆生故循諸善業足者
明見佛性以是義故名明行足云何善逝善
者名高逝名不高善男子是名世間義高者
名爲阿耨多羅三藐三菩提不高者即如来
心善男子心若高者不名如来是故如来名
爲善逝又復善者名善知識逝者善知識果
善男子是名世間義善知識者即初發心果
者名爲大般涅槃如来不捨宷初發心得大
涅槃是故如来名爲善逝又復善者名好逝
者名有善男子是名世間義好者名見佛性

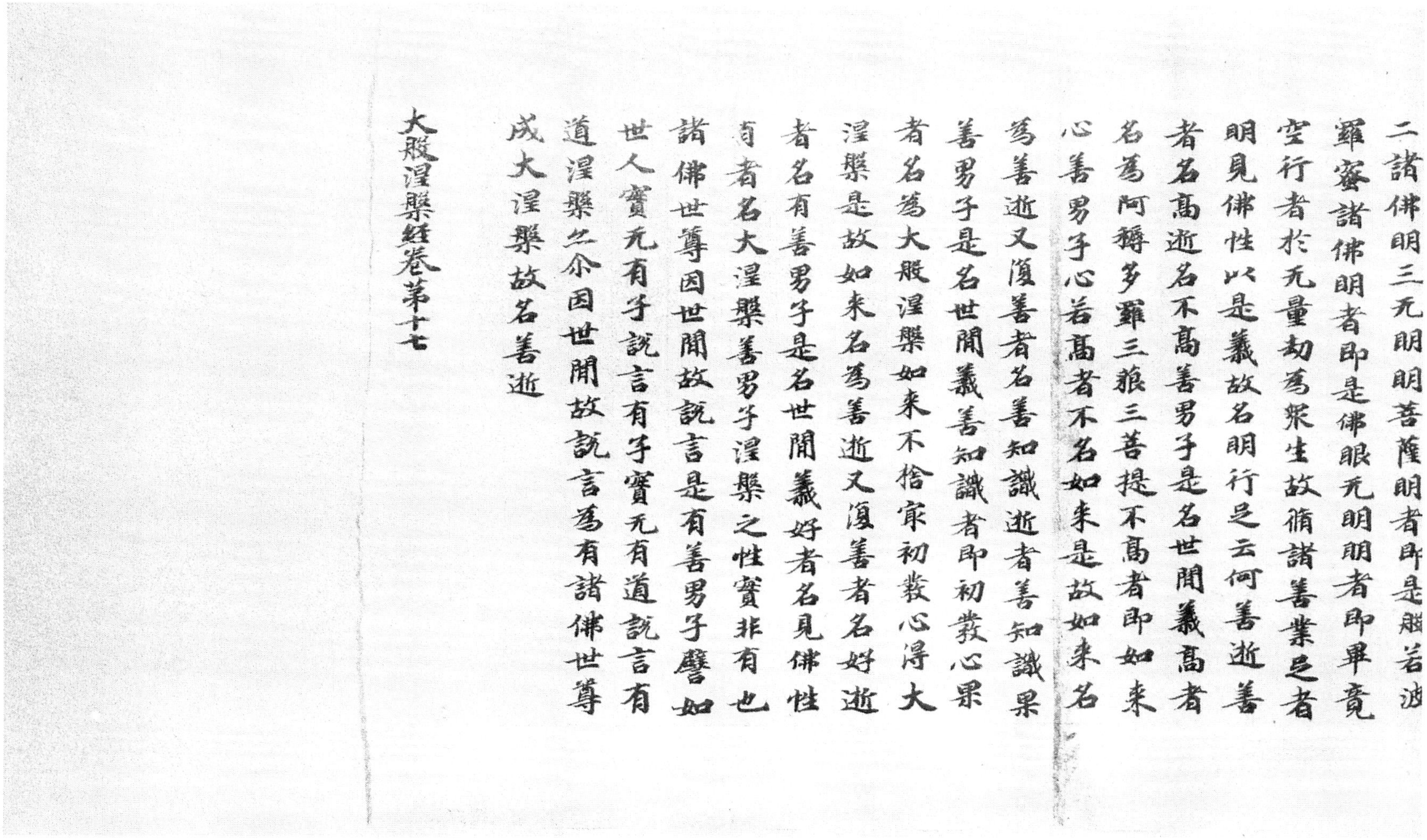

二諸佛明三无明明菩薩明者即是般若波
羅蜜諸佛明者即是佛眼无明明者即畢竟
空行者於无量劫爲衆生故脩諸善業足者
明見佛性以是義故名明行足云何善逝善
者名高逝名不高善男子是名世間義高者
名爲阿耨多羅三藐三菩提不高者即如来
心善男子心若高者不名如来是故如来名
爲善逝又復善者名善知識逝者善知識果
善男子是名世間義善知識者即初發心果
者名爲大般涅槃如来不捨本初發心得大
涅槃是故如来名爲善逝又復善者名好逝
者名有善男子是名世間義好者名見佛性
有者名大涅槃善男子涅槃之性實非有也
諸佛世尊因世間故說言是有善男子譬如
世人實无有子說言有子實无有道說言有
道涅槃亦尒因世間故說言爲有諸佛世尊
成大涅槃故名善逝

大般涅槃經卷第十七

BD14518號　大般涅槃經（北本　思溪本）卷一七　（14–14）

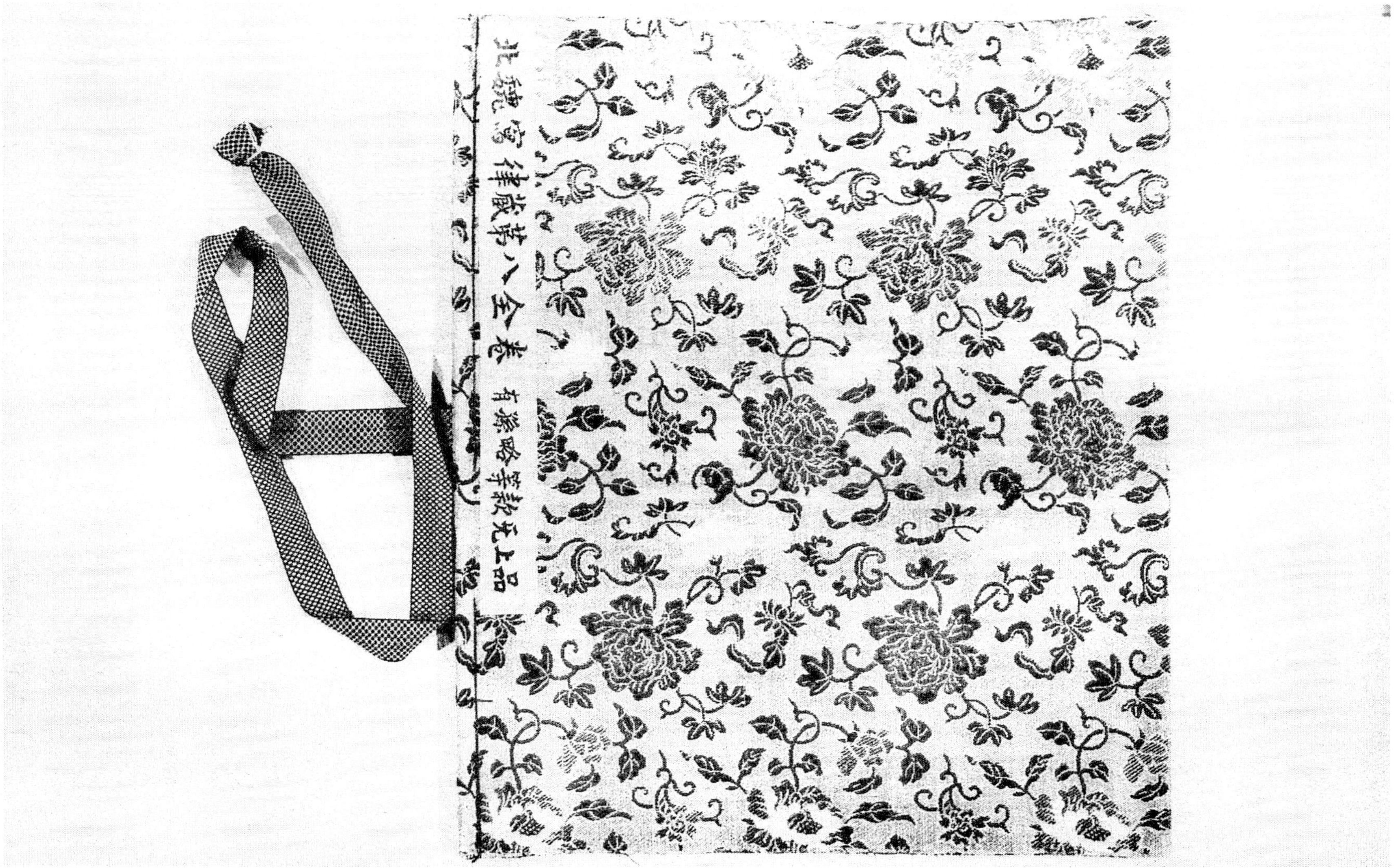

BD14519號背　護首　（1–1）

大興善寺邑長孫晤寺世人敬造一切經

律藏第四分卷第八　調部卷之三　五十七

尒時世尊在瞻舍離時優波離從坐起偏露
右肩右膝著地合掌白世尊言大德婆裘河
邊比丘為飲食故不真實非已有於白衣前
自嘆說得上人法是犯不佛言初未制戒无
犯時有比丘增上慢自記得道後精懃不懈

BD14519號　四分律（異卷）卷五七　（29–1）

尒時世尊在瞻舍離時優波離從坐起偏露
右肩右膝著地合掌白世尊言大德婆裘河
邊比丘為飲食故不真實非已有於白衣前
自嘆說得上人法是犯不佛言初未制戒无
犯時有比丘增上慢自記得道後精懃不懈
證增上勝法彼作如是念世尊為諸比丘制
戒若比丘不知不見自稱得上人法我知是
見是後於異時若問若不問為求清淨故作
如是言我不知不見而言知見虛誑妄語是
比丘波羅夷不共住我以增上慢自記得道
後精懃不懈得增上勝法我當云何即以因
緣具向同意比丘說善哉長老為我白世尊
隨世尊教我當循行諸比丘往詣佛所頭面
礼足却坐一面以此因緣具白世尊世尊尒
時以此因緣集比丘僧而為隨慎說法无數
方便讚嘆頭陁端嚴少欲知足樂於出離告
諸比丘增上慢无犯諸比丘白佛言大德若
於不能變化畜生前自稱得上人法是犯不
佛言突吉羅大德人作人想是犯不佛言波
羅夷人疑是犯不佛言偷蘭遮人作非人想
是犯不佛言偷蘭遮非人作人想是犯不佛
言偷蘭遮非人疑是犯不佛言偷蘭遮大德
若男前作女想是犯不佛言波羅夷女前作
男想是犯不佛言波羅夷若於此女前作彼
女想是犯不佛言若說了了者波羅夷若不
了了者偷蘭遮於此男前作彼男想是犯不

BD14519號　四分律（異卷）卷五七　（29–2）

若男前作女想是犯不佛言波羅夷女前作
男想是犯不佛言波羅夷若於此女前作彼
女想是犯不佛言若説了了者波羅夷若不
了了者偷蘭遮於此男前作彼男想是犯不
佛言若説而了了者波羅夷説而不了了者
偷蘭遮若手巾若使若書若現相令了了知
者波羅夷不了了知偷蘭遮大德若於天龍
阿脩羅揵闥婆夜叉餓鬼畜生能變化者前
自稱得上人法是犯不佛言説而了了者偷
蘭遮不了了者突吉羅手巾使書現相令了
了知偷蘭遮不了了者突吉羅時有比丘人
前自稱言得上人法疑佛言説而了了者波
羅夷不了了者偷蘭遮欲向此説乃向彼説
一切波羅夷時有衆多比丘於拘薩羅國遊
行時有信樂能相婆羅門見已作如是言大
德阿羅漢來比丘問言汝何所説耶荅言大
德應受飲食衣服醫藥所須之具比丘言有
是里比丘疑佛言无犯時有比丘自説得根
力覺意禪悦解脱三昧正受比丘疑佛言波
羅夷時有比丘爲人説根力覺意禪定解脱
三昧正受而不自言得比丘疑佛言无犯時
有比丘有檀越比丘語言常爲汝説法者是
阿羅漢檀越即問言大德何所説便嘿然比
丘疑佛言不了了偷蘭遮時有比丘有檀越
比丘語言數至汝家者是阿羅漢檀越即問

BD14519號　四分律（異卷）卷五七　（29–3）

有比丘有檀越比丘語言常爲汝説法者是
阿羅漢檀越即問言大德何所説便嘿然比
丘疑佛言不了了偷蘭遮時有比丘有檀越
比丘語言數至汝家者是阿羅漢檀越即問
言大德何所説便嘿然比丘疑佛言不了了
偷蘭遮時有比丘有檀越比丘語言數坐汝
坐者是阿羅漢即問言大德何所説便嘿然
比丘疑佛言不了了偷蘭遮時有比丘有檀
越比丘語言數受汝展者是阿羅漢檀越問
言大德何所説彼便嘿然疑佛言不了了偷
蘭遮時有檀越語常供養比丘言若大德是
阿羅漢者脱僧伽梨比丘即脱現相不語疑
佛言偷蘭遮時有檀越語常供養比丘言大
德若是阿羅漢著僧伽梨比丘即著現相不
語疑佛言偷蘭遮時有檀越語常所供養比
丘言大德若是阿羅漢者可坐繩床彼即坐
現相不語疑佛言偷蘭遮時有檀越語常所
供養比丘言大德若是阿羅漢者起彼即起
現相不語疑佛言偷蘭遮時有檀越問常所
供養比丘言大德若是阿羅漢上閣屋彼即
上現相不語疑佛言偷蘭遮時有檀越語常
所供養比丘言大德若是阿羅漢可下比丘
即下現相不語疑佛言偷蘭遮時有比丘有
檀越比丘語言數爲汝説法者是佛弟子聲
聞檀越問言大德何所説彼嘿然疑佛言不

BD14519號　四分律（異卷）卷五七　（29–4）

所供養比丘言大德若是阿羅漢可下比丘
即下現相不語疑佛言偷蘭遮時有比丘有
檀越比丘語言數爲汝說法者是佛弟子聲
聞檀越問言大德何所說彼嘿然疑佛言不
了了偷蘭遮數大檀越家若受坐若受食亦
如是時有檀越語常供養比丘言若大德是
佛弟子聲聞者脫僧伽梨即脫現相不語疑
佛言偷蘭遮著僧伽梨若坐若起上閣屋若
下亦如是時目連告諸比丘業報因緣得神
足諸比丘言目連汝言業報因緣得神足无
有是處虛稱得上人法波羅夷非比丘諸比丘
白佛佛言有是業報因緣得神足目連无
犯時目連告諸比丘業報因緣得天耳識宿
命知他心天眼諸比丘言目連汝言業報因
緣得天耳乃至天眼无有是處虛稱得上人
法波羅夷非比丘諸比丘白佛佛言有業報
因緣得天耳乃至得天眼目連无犯時目連
告諸比丘諸長老有如是眾生從虛空過聞
其身骨相觸聲諸比丘語目連言大德汝言
有如是眾生從虛空過聞其身骨相觸聲无
有是處虛稱得上人法波羅夷非比丘諸比
丘白佛佛言有如是眾生目連无犯尒時目
連告諸比丘我見有眾生舉身以針爲毛自
於其身或出或入受苦无量呼哭大喚時諸
比丘語目連言汝見有如是眾生无有是處

BD14519號　四分律（異卷）卷五七　（29–5）

有是處虛稱得上人法波羅夷非比丘諸比
丘白佛佛言有如是眾生目連无犯尒時目
連告諸比丘我見有眾生舉身以針爲毛自
於其身或出或入受苦无量呼哭大喚時諸
比丘語目連言汝見有如是眾生无有是處
虛稱得上人法波羅夷非比丘諸比丘白佛
佛言我先亦見如是眾生而我不說何以故
恐人不信其不信者長夜受苦此眾生於王
舍城中憙兩舌鬪亂以此惡業因緣墮地獄
中經百千万歲受諸苦痛以此餘罪因緣受
如是形是故目連无犯尒時目連告諸比丘
言我見有眾生沒在屎中受大苦痛呼哭大
喚諸比丘語目連言汝自言見有如是眾生
沒在屎中受大苦痛呼哭大喚无有是處虛
稱得上人法波羅夷非比丘諸比丘白佛佛
言我先亦見如是眾生而我不說何以故恐
人不信其不信者長夜受苦此眾生在波羅
㮈國迦葉佛時爲婆羅門時請佛及僧以屎
盛滿槽已遣人往白時到語言大德汝可食
此飲此隨意持去以此惡業因緣墮泥梨中
百千万歲受大苦痛餘罪因緣沒在屎中是
故目連无犯尒時目連告諸比丘我見有眾
生坐鐵床上鐵床火出舉身燋燃衣鉢坐具
針筒亦皆燋燃諸比丘語目連言汝見如是
眾生受苦如是无有是處虛稱得上人法波
羅夷非比丘諸比丘白佛佛言我先亦見如

BD14519號　四分律（異卷）卷五七　（29–6）

故目連无犯尒時目連告諸比丘我見有衆
生坐鐵床上鐵床火出舉身燋燃衣鉢坐具
針筒亦皆燋燃諸比丘語目連言汝見如是
衆生受苦如是无有是處虛稱得上人法波
羅夷非比丘諸比丘白佛佛言我先亦見如
是衆生受苦如是而我不說何以故恐人不
信其不信者長夜受苦此衆生過去世時在
波羅㮈國迦葉佛時惡比丘以此因緣墮地
獄中百千万歲受諸苦痛餘業因緣受此身
是故目連无犯惡比丘尼惡式叉摩那惡沙
弥沙弥尼受苦亦如是尒時目連告諸比丘
我見有衆生其身熟爛衆蠅封著苦痛大
喚諸比丘告目連言汝見有如是衆生受苦如
是无有是處虛稱得上人法波羅夷非比丘
諸比丘往白佛佛言我先亦見如是衆生而
我不說何以故惡人不信若不信者長夜受
苦此衆生是迦陵伽王第一夫人以嫉妬故
以熱沸油第二夫人眠時以灌其頂以此業
報因緣墮地獄中百千万歲受諸苦痛餘業
因緣受此身是故目連无犯尒時目連告諸
比丘我見阿脩羅宮殿城墎在海底而水懸
其上不入其宮城諸比丘語目連言汝自言
阿脩羅宮城在海底四邊及上而无水入无
有是處虛稱得上人法波羅夷非比丘諸比
丘白佛佛言有如是事阿脩羅宮城四面及
上有四種風持水住風持風不滅風牢堅風

阿脩羅宮城在海底四邊及上而无水入无
有是處虛稱得上人法波羅夷非比丘諸比
丘白佛佛言有如是事阿脩羅宮城四面及
上有四種風持水住風持風不滅風牢堅風
是故目連无犯尒時目連告諸比丘我見有
如是衆生无骨无皮无肉无血无有不淨〻
无瘕極女而不產諸比丘言目連汝自言有
如是衆生乃至女而不產无有是處虛稱得
上人法波羅夷非比丘諸比丘白佛佛言有
如是衆生目連无犯尒時世尊在王舍城時
大目連告諸比丘言諸長老我入空慧定聞
伊羅婆尼鴿王入難陁池水聲諸比丘言大
德目連汝言入空慧定聞伊羅婆尼鴿王入
難陁池水聲大德入空慧定而聞音聲无有
是處虛稱得上人法波羅夷非比丘諸比丘
白佛佛言有是定而不清淨目連无犯時目
連告諸比丘言我入空慧定聞八万四千鴿
入蔓陁延池水聲時諸比丘語目連大德自
言入空慧定聞彼諸鴿入蔓陁延池水聲大
德入空慧定而聞音聲无有是處虛稱得上
人法波羅夷非比丘時諸比丘往白佛佛言
有如是定但不清淨而目連无犯尒時目連
告諸比丘我入空慧定聞彼鴿王入耨池水
聲時諸比丘語目連汝自言入空慧之聞彼
鴿王入耨池水聲何有入空慧定而有聞聲

有如是定但不清淨而目連无犯尒時目連
告諸比丘我入空慧定聞彼鳥王入稱池水
聲時諸比丘語目連汝自言入空慧定聞彼
鳥王入稱池水聲何有入空慧定而有聞聲
无有是處虛稱得上人法波羅夷非比丘諸
比丘白佛佛言有如是定但非清淨目連无
犯識慧處无所有慧空處亦如是時目連告
諸比丘諸長老北方有池名阿耨達其水清
淨无有垢穢中有分陁利華如車輪其根如
車軸析之汁出色白如乳其味如蜜諸比丘言
汝自言北方有如是池无有是處虛稱得上
人法波羅夷非比丘比丘白佛佛言北方有
如是池如目連所說目連无犯時目連告諸
比丘北方有池名阿耨達去彼不遠更有一
池名蔓陁延縱廣五千由旬其水清淨无有
垢穢中有金色蓮華如車輪諸比丘言目連
如汝所說有如是池无有是處時大目連以
神足力往彼取華還寺置在屋內喚諸比丘
語言北方有池名阿耨達去池不遠有蔓陁
延池中有金色蓮華如車輪諸比丘言目連
无有是處虛稱得上人法波羅夷非比丘時目
連即還屋取華示諸比丘語言諸長老此
華如實不諸比丘復言汝是阿羅漢有神足
力或能化作非真實虛稱得上人法波羅夷
非比丘比丘白佛佛言目連所說如實无犯

連即還屋取華示諸比丘語言諸長老此
華如實不諸比丘復言汝是阿羅漢有神足
力或能化作非真實虛稱得上人法波羅夷
非比丘比丘白佛佛言目連所說如實无犯
時目連告諸比丘北方有池名阿耨達水從
彼池流來涌出於此諸比丘語目連言汝說
北方有池名阿耨達水從彼流來涌出於此
世尊有如是言依本而知彼池水清冷而今
此水熱沸而垢濁事不相應虛稱得上人法
波羅夷非比丘比丘白佛佛言如目連所說
而此水經過地獄來涌出王舍城是故熱沸
而垢濁目連无犯時目連告諸比丘此水出
處下有池水清冷水從彼而來諸比丘言目
連汝作如是語如世尊所說依本而知此水
熱沸下水清冷事不相應虛稱得上人法波
羅夷非比丘比丘白佛佛言比丘如目連所
說沸水出處下有池水清冷无有垢濁水從
彼來經過地獄來涌出王舍城是故熱沸有
垢目連无犯時拘薩羅國王波斯匿摩竭王
阿闍世在二國中間共戰波斯匿王破阿闍
世王軍時大目連告諸比丘波斯匿王阿闍
世王二國中間共戰波斯匿王勝後阿闍世
王復更起軍共戰阿闍世還得勝時王舍城
告令國內阿闍世王破波斯匿王諸比丘語
目連言汝言波斯匿王与阿闍世王共戰波
斯匿王破阿闍世王而今摩竭國內告令言

王復更起軍共戰阿闍世還得勝時王舍城
告令國内阿闍世王破波斯匿王諸比丘語
目連言汝言波斯匿王与阿闍世王共戰波
斯匿王破阿闍世王而今摩竭國内告令言
阿闍世王破波斯匿目連虛稱得上人法波羅
夷非比丘比丘白佛佛言有如是事波
斯匿王破阿闍世王阿闍世王後更起軍破波斯
匿王目連見前不見後是故目連无犯阿
闍世王与毗舍離共戰亦如是尒時世尊告
目連汝心心不須復說諸比丘不信汝言何
以故令諸比丘不信故得多罪時世尊告諸
比丘汝等當信如是阿羅漢比丘有大神力
勿起不信長夜受苦中有比丘名曰嚴好告
諸比丘言諸長老我憶五百劫事諸比丘言
世尊未曾自說憶五百劫事而汝自說虛稱
得上人法波羅夷非比丘諸比丘白佛佛言
嚴好比丘憶一生事我憶无數生種種之事
乃至受形相根有所言說皆悉憶之佛言嚴
好比丘无犯
尒時世尊在舍衛國優波離從坐起偏露右
肩右膝著地合掌白佛言大德迦留陁夷故
弄出不淨是犯不佛言衆初未制戒无犯時
有比丘散亂心眠夢中失不淨於夢中識了
彼作是念世尊為比丘制戒故弄失不淨僧
伽婆尸沙而我散亂心眠夢中失不淨自覺
慙愧我將无犯耶不知云何以此因緣具

有比丘散亂心眠夢中失不淨於夢中識了
彼作是念世尊為比丘制戒故弄失不淨僧
伽婆尸沙而我散亂心眠夢中失不淨自覺
慙愧我將无犯耶不知云何以此因緣具
白諸比丘善哉長老為我白佛若佛有教我
當脩行時諸比丘往世尊所頭面礼足以此
因緣具白世尊世尊尒時以此因緣集比丘
僧告言散亂心眠有五過失夢見惡事諸天
不衛護心不憶法不繫想在明夢中失不淨
散亂心眠有此五過失住心而眠有五功德
不見惡夢諸天衛護心思樂法繫想在明不
失不淨如是住心而眠有五事功德若夢中
失不犯時有比丘夢中憶識弄失不淨彼疑
佛言不犯時有比丘耶憶念失不淨佛言不
犯若見美色不觧而失不淨不犯時有比丘
憶念弄失不淨彼疑佛言僧伽婆尸沙時有
比丘憶念弄而不失疑佛言偷蘭遮時有女
人捉比丘前彼動身失不淨疑佛言僧伽婆
尸沙時有女人捉比丘前不動身失不淨疑
佛言突吉羅捉比丘後有二事亦如是時有
女人摯比丘足礼動身失不淨疑佛言僧伽
婆尸沙時有女人摯比丘足礼不動身失不
淨疑佛言突吉羅時有女人礼難陁足難陁
多欲失不淨墮女人頭上時女人慙愧難陁
亦慙愧諸比丘白佛佛言聽難陁作遮身衣

淨疑佛言突吉羅時有女人礼難陁足難陁
多欲失不淨墮女人頭上時女人慚愧難陁
亦慚愧諸比丘白佛佛言聽難陁作遮身衣
時有比丘行時男根觸衣湼槃僧失不淨佛
言不犯若大小便時失不犯洽水若㵐水中
洗失不犯時有比丘以男根逆水憶想身動
失不淨疑佛言僧伽婆尸沙時有比丘以男
根順水憶想身動失不淨疑佛言僧伽婆尸
沙時有比丘以水灑男根憶想身動失不淨
疑佛言僧伽婆尸沙時有比丘男根逆風憶
想身動失不淨疑佛言僧伽婆尸沙若順風
若口噓男根憶想身動失不淨憶想空動身
失不淨疑佛言如是一切僧伽婆尸沙時有
母捉比丘兒身不動失不淨疑佛言突吉羅
姊捉比丘故二故私通婬女捉比丘亦如是
時有比丘憶想骨間挊失不淨疑佛言偷蘭
遮時有比丘浴室中以細末藥若泥揩摩身
誤觸失不淨疑佛言不犯若大喚時若出力
作時失不淨不犯時有比丘憶想於大小道
中間挊失不淨疑佛言若作道想若疑偷蘭
遮若非道想不疑僧伽婆尸沙如是於脬間
髆間若曲䏟若脅邊若乳間若腋下若耳鼻
中若創中若繩床木床間若大小蓐間若枕
間若地若泥揣間若君持口中如是一切若
道想若疑偷蘭遮若非道想不疑僧伽婆尸

髆間若曲䏟若脅邊若乳間若腋下若耳鼻
中若創中若繩床木床間若大小蓐間若枕
間若地若泥揣間若君持口中如是一切若
道想若疑偷蘭遮若非道想不疑僧伽婆尸
沙時比丘為樂故憶想挊失不淨疑佛言僧
伽婆尸沙為藥故為試故為福德故為祠故
為善道故為施故為種子故為臧故為力故
為顏色故審之作一切僧伽婆尸沙尒時世
尊在舍衛國優波離從坐起偏露右肩右膝
著地合掌白佛言大德迦留陁夷与女人
身相觸是犯不佛言初未制戒不犯大德若
与男子身相觸是犯不佛言突吉羅大德若
与黃門身相觸是犯不佛言偷蘭遮大德与
二根人身相觸是犯不佛言偷蘭遮大德若
与畜生不能變化者身相觸是犯不佛言突
吉羅人女人女想是犯不佛言僧伽婆尸沙
人女疑是犯不佛言偷蘭遮人女非人女想
是犯不佛言偷蘭遮非人女人女想是犯不
佛言偷蘭遮非人女疑是犯不佛言偷蘭遮
大德若作女想与男身相觸是犯不佛言偷
蘭遮若作男想与女人身相觸是犯不佛言
偷蘭遮与此女身相觸作餘女想是犯不佛
言僧伽婆尸沙与此男身相觸作餘男想是
犯不佛言突吉羅與天女龍女阿脩羅女夜
叉女餓鬼女與畜生能變化者女身相觸是
犯不佛言偷蘭遮時有女人捉比丘足礼覺

言僧伽婆尸沙与此男身相觸作餘男想是
犯不佛言突吉羅與天女龍女阿脩羅女夜
叉女餓鬼女與畜生能變化者女身相觸是
犯不佛言偷蘭遮時有女人捉比丘足礼覺
觸受樂動身疑佛言僧伽婆尸沙時有女人
捉比丘足礼覺觸受樂不動身疑佛言突吉
羅時有女捉比丘足礼覺觸受樂動足大指
疑佛言僧伽婆尸沙時有女人唤捉比丘比
丘疑佛問言比丘汝覺觸受樂不荅言不佛
言无犯比丘唤捉女人亦如是時有比丘捉
犉牛尾渡水渡水已方知是犉牛比丘疑佛
言无犯不應捉犉牛尾渡水時有比丘欲心
捉女人衣角疑佛言偷蘭遮時有比丘欲心
躭女人身上捉女人嚴身具疑佛言偷蘭遮
時有比丘欲心抄女人尻疑佛言僧伽婆尸
沙時有母捉比丘彼覺觸受樂不動身疑佛
言突吉羅姊故二婬女亦如是時有比丘欲
心捉女人髮疑佛言僧伽婆尸沙時有大童
女為水所漂比丘見已慈念即接出疑佛問
言比丘汝覺觸受樂不荅言不佛言无犯時
有磨香女人為水所漂比丘見慈念即接出
疑佛問言汝覺觸受樂不荅言不佛言无犯
時有比丘與死女人身未壞者身相觸疑佛
言僧伽婆尸沙若與多不壞者身相觸僧伽
婆尸沙若與半壞者身相觸偷蘭遮若與身

BD14519號　四分律（異卷）卷五七　（29–15）

疑佛問言汝覺觸受樂不荅言不佛言无犯
時有比丘與死女人身未壞者身相觸疑佛
言僧伽婆尸沙若與多不壞者身相觸僧伽
婆尸沙若與半壞者身相觸偷蘭遮若與身
多壞者若一切壞身相觸偷蘭遮時有女人
却倚床比丘欲心動床疑佛言偷蘭遮時有
比丘欲心捉女人手疑佛言僧伽婆尸沙時
有比丘欲心捉女人脚疑佛言僧伽婆尸沙
時有女人捉比丘手比丘覺觸受樂動身疑
佛問言比丘汝覺觸受樂不荅言尒佛言僧
伽婆尸沙女人捉比丘脚亦如是時有比丘
戲唤捉女人手疑佛問言比丘汝覺觸受樂
不荅言不佛言不犯捉脚亦如是時有女人
戲唤捉比丘手比丘疑佛問比丘汝覺觸受
樂不荅言不佛言无犯捉脚亦如是時有比
丘欲心捉女人衣角牽比丘疑佛言偷蘭遮
時有比丘欲心共女人㭊捒衣疑佛言偷蘭
遮時有比丘欲心躭捉女人耳璪疑佛言偷
蘭遮捉華鬘捉釵一切偷蘭遮時有比丘雨
中與女人共行泥滑女人脚跌倒地比丘亦
脚跌倒地墮女人上疑佛問言覺觸受樂不
荅言不佛言无犯比丘倒地女人墮上亦如
是時有比丘雨中與女人共行俱脚跌倒地
相觸婉轉還相離疑佛問言汝覺觸受樂不
荅言不佛言无犯時有比丘手觸女人大小

BD14519號　四分律（異卷）卷五七　（29–16）

是時有比丘雨中與女人共行俱脚跌倒地
相隼婉轉還相離疑佛問言汝覺隼受樂不
荅言不佛言无犯時有比丘手隼女人大小
便道間疑佛言僧伽婆尸沙若股間膞間若
曲脚間若脅邊若乳間若耳中若鼻中若創
中一切僧伽婆尸沙時有比丘抱小沙弥摩
㧊鳴疑佛問言汝以何心荅言愛故不以欲
心佛言无犯不應尒時有比丘與比丘尼身
相隼疑佛言僧伽婆尸沙式叉摩那沙弥尼
亦如是時有比丘持蕪毗羅槃在道行故二
喚共行不淨即示其女根彼即以蕪毗羅槃灑
之言臭物還著臭物疑佛問言比丘汝以何
心荅言折辱其意不以欲心佛言无犯不應
尒持水在道行亦如是時有婬女喚比丘行
不淨以女根示比丘比丘以石打彼女根疑
佛問言汝以何心荅言折辱其意不以欲心
佛言无犯打女人突吉羅時有女人倚木比
丘欲心動木疑佛言偷蘭遮若繩床若坐床
若傘床若板若石若樹若梯一切偷蘭遮時
有女人乘轝行比丘欲心動轝疑佛言偷蘭
遮若輦若船亦如是時有女人抱比丘臂彼
還顧見是女人覺觸受樂疑佛言僧伽婆尸
沙尒時世尊在舍衛國憂波離從坐起偏露
右肩右膝著地合掌白佛言大德迦留陁夷與
女人麤惡語是犯不佛言初未制戒无犯大

BD14519號　四分律（異卷）卷五七　（29–17）

沙尒時世尊在舍衛國憂波離從坐起偏露
右肩右膝著地合掌白佛言大德迦留陁夷與
女人麤惡語是犯不佛言初未制戒无犯大
德若與男子麤惡語是犯不佛言突吉羅若
與黃門麤惡語是犯不佛言偷蘭遮若與二
根人麤惡語是犯不佛言偷蘭遮若与畜生
不能變化者麤惡語是犯不佛言突吉羅大
德人女人女想麤惡語是犯不佛言僧伽婆
尸沙人女疑是犯不佛言偷蘭遮人女非女
女想是犯不佛言偷蘭遮非人女人女想是
犯不佛言偷蘭遮非人女疑佛言偷蘭遮大
德若女想與男子麤惡語是犯不佛言偷蘭
遮大德男想与女麤惡語是犯不佛言偷蘭
遮大德若作此女想與彼女麤惡語疑佛言
若說而了了者僧伽婆尸沙不了了偷蘭遮
手巾信書相了了知者僧伽婆尸沙不了了
知者偷蘭遮大德若作此男想与彼男麤惡
語是犯不佛言突吉羅大德若与天女龍女
阿脩羅女夜叉女餓鬼女畜生能變化者麤
惡語是犯不佛言說而了了者偷蘭遮不了
了者突吉羅手巾信書相說了了知者偷蘭
遮不了了知者突吉羅時有比丘向女人麤
惡語疑佛言說而了了者僧伽婆尸沙不了
了者偷蘭遮欲向此說錯向彼說一切僧伽
婆尸沙時有婬女喚比丘共行不淨示其女

BD14519號　四分律（異卷）卷五七　（29–18）

惡語疑佛言說而了了者僧伽婆尸沙不了
了者偷蘭遮欲向此說錯向彼說一切僧伽
婆尸沙時有婬女喚比丘共行不淨示其女
根比丘言令汝女根斷破壞臰爛燒墮与
驢作如是事疑佛問言汝以何心答言折辱
彼不以欲心佛言无犯以惡言突吉羅如留
陁夷為性好麁惡語佛言性好麁惡語突吉
羅六羣比丘性好麁惡語佛言突吉羅時有
乞食比丘晨朝著衣持鉢往白衣家語檀越
婦言可得不彼即言大德問何等可得不比
丘嘿然不荅疑佛言說不了了偷蘭遮時有
乞食比丘晨朝著衣持鉢往白衣家語檀越
婦言與我來彼即問言大德与何等比丘嘿
然疑佛言說不了了者偷蘭遮若言當与我
不若言看若言似何等說不了了一切偷蘭
遮時有比丘有檀越檀越語婦言其甲比丘
有所須便与婦荅言可尒於是檀越即往比
丘所語言我已勅婦言若其甲比丘有所須
者便與大德有所須可往索比丘言可尒後
比丘著衣持鉢往檀越家敷坐而坐檀越婦
語比丘言大德夫勅我言其甲比丘有所須
便與大德今有所須便說比丘言汝俱不能
一切与我婦荅言大德不能何等一切与比
丘嘿然疑佛言說不了了者偷蘭遮時有比
丘有檀越檀越勅婦言其甲比丘有所須便

便與大德今有所須便說比丘言汝俱不能
一切与我婦荅言大德不能何等一切与比
丘嘿然疑佛言說不了了者偷蘭遮時有比
丘有檀越檀越勅婦言其甲比丘有所須便
与檀越即往比丘所語言我已勅婦言大德
有所須便与大德若有所須往索比丘言可
尒比丘後時著衣持鉢往檀越家敷坐如坐
檀越婦語比丘言大德我夫已勅我言其甲
比丘有所須便与大德今有所須便說比丘
言汝一切能與此事不能与彼即知其心
荅言一切能與此亦能与比丘疑佛言僧伽
婆尸沙時有比丘有檀越檀越語其婦言其
甲比丘一切有所須便與檀越往比丘所語
言我已勅婦其甲比丘一切有所須便與大
德若有所須往索比丘言可尒後異時著衣
持鉢往其家敷坐而坐檀越婦語言我夫已
勅我言其甲比丘一切有所須便與大德今
有所須便說比丘言汝不應一切與彼問言
大德何等不應一切與比丘嘿然疑佛言說
不了了者偷蘭遮次句與此句同还以言汝一切應與此事不應与彼問言何等不一切与比丘嘿然故僧伽婆尸沙時有乞食比丘晨朝著衣持鉢至檀
越家男根起語檀越婦言增益彼問言大德
何等增益嘿然疑佛言說不了了偷蘭遮時
有比丘式叉摩那為檀越彼數犯戒於比丘
前懺悔比丘言汝无慚愧犯不淨行比丘疑

越家男根越謗樗越婦言增益彼問言大穢
何等增益嘿然疑佛言說不了了偷蘭遮時
有比丘式叉摩那為檀越彼數犯戒於比丘
前懺悔比丘言汝无慚愧犯不淨行比丘疑
佛問言汝以何心荅言為教授故不以欲心
佛言无犯時有比丘有童女為檀越數犯戒
語比丘比丘言汝无慚愧犯持戒者比丘疑
佛問言汝以何心荅言以教授故不以欲心
佛言无犯時有比丘晨朝著衣持鉢往白
衣家有女人消穢形露比丘見已語言汝消
穢彼言大德尒我消穢比丘嘿然疑佛言說
不了了偷蘭遮時有乞食比丘晨朝著衣持
鉢往白衣家時有著赤衣女人形露比丘見
已語言汝著赤衣彼荅言大德我著赤衣彼
嘿然疑佛言偷蘭遮尒時世尊在波羅㮈時
有比丘婬女為檀越語比丘言大德若須此
事便說彼嘿然婬女言大德今者須那何故
嘿然彼疑佛言无犯尒時世尊在舍衛國有
外道女人形很端正比丘見已繫意在彼後
興時此女人去秖洹不遠行比丘言汝多作
彼荅言實尒多作比丘疑佛言僧伽婆尸沙
尒時世尊在舍衛國優波離從坐起偏露右
肩右膝著地白世尊言大德迦留陁夷於女
人前自讚嘆身是犯不佛言初未制戒不犯
大德若於男子前自讚嘆身是犯不佛言突
吉羅大德若於黃門前自讚嘆身是犯不佛

BD14519 號　四分律（異卷）卷五七　（29–21）

肩右膝著地白世尊言大德迦留陁夷於女
人前自讚嘆身是犯不佛言初未制戒不犯
大德若於男子前自讚嘆身是犯不佛言突
吉羅大德若於黃門前自讚嘆身是犯不佛
言偷蘭遮大德若於二根人前自讚嘆身是
犯不佛言偷蘭遮若於畜生不能變化者前
自讚嘆身是犯不佛言突吉羅人女人女想
是犯不佛言僧伽婆尸沙人女疑是犯不佛
言偷蘭遮人女非人女想是犯不佛言偷蘭
遮非人女人女想是犯不佛言偷蘭遮非人
女疑是犯不佛言偷蘭遮大德若作女想於
男子前自讚嘆身是犯不佛言偷蘭遮大德
若於男子前作女想是犯不佛言偷蘭遮大
德若作此女想於彼女前自讚嘆是犯不佛
言說而了了者僧伽婆尸沙不了了者偷蘭
遮手印信書相了了知者僧伽婆尸沙不了
了者偷蘭遮大德若於此男前作彼男想是
犯不佛言突吉羅大德若於天女龍女阿脩
羅女夜叉女餓鬼女畜生能變化者女前讚
嘆是犯不佛言說而了了者偷蘭遮不了了
者突吉羅手印信書相說令了了知偷蘭遮
不了了者突吉羅時有比丘有檀越檀越語
婦言若其甲比丘有所說隨其所說汝當供
養婦言可尒語其婦已往比丘所語言我已
勅婦言其甲比丘若有所說隨比丘語供養

BD14519 號　四分律（異卷）卷五七　（29–22）

不了了者突吉羅時有比丘有檀越檀越語
婦言若其甲比丘有所說隨其所說汝當供
養婦言可尒語其婦已注比丘所語言我已
勅婦言其甲比丘若有所說隨比丘語供養
大德若有所須可注比丘言可尒後於異時
比丘晨朝著衣持鉢注到其家𠃵坐而坐檀
越婦語言我夫已勅我言其甲比丘有所說
隨所說供養大德今若有說者便說比丘語
言汝俱不能一切供養彼問言大德云何不
能一切供養比丘嘿然疑佛言說不了了者
偷蘭遮（此中四句如上麁惡語中同上以麁惡語此供養語為異耳今略出一句不須復煩復煩文故不出）
時有比丘女人為檀越至其家語言姊此事
冣上第一身慈口慈心慈供養持戒行善法
比丘彼疑佛言无犯
尒時世尊在王舍城時優波離從坐起偏露
右肩右膝著地合掌白佛言大德迦羅比丘
媒嫁向男嘆說女向女嘆說男若為婦事若
為私通是犯不佛言初未制戒不犯若受語
注說而持彼語還是犯不佛言僧伽婆尸沙
若受語向彼說不持語還是犯不佛言偷蘭
遮若聞向彼說不持語還偷蘭遮若不受語
注向彼說持彼語還偷蘭遮若受語不向彼
說不持彼語還突吉羅若聞不向彼說不持
語還突吉羅若不受語向彼說不持語還突
吉羅時有比丘有檀越家其婦喪未久比丘
注問訊檀越有二兒比丘語言汝何不更取

注向彼說持彼語還偷蘭遮若受語不向彼
說不持彼語還突吉羅若聞不向彼說不持
語還突吉羅若不受語向彼說不持語還突
吉羅時有比丘有檀越家其婦喪未久比丘
注問訊檀越有二兒比丘語言汝何不更取
婦檀越言恐令我小兒新苦若得其甲童女
者我當取時比丘即注彼童女所語言我從
其甲居士聞言我若得其甲童女者當取為
婦童女言若須我為婦者我亦須彼為夫比
丘即還檀越所語言我聞彼女言若須我為
婦者我亦須彼為夫比丘更不持語還疑佛
言若聞而向彼說不持語還偷蘭遮唐香女
人亦如是時有居士注僧伽藍中語諸比丘
言大德為我語諸比丘言居士欲說何語彼
言為我語其甲居士与我女作婦比丘言居
士當為汝語即差一比丘作白二羯磨使注
彼居士所語言居士為汝說眾僧語彼言大
德僧何所見勅比丘言眾僧言以汝女与其
甲居士作婦彼言大德奉僧勅當与時使比
丘還僧伽藍中白僧僧即告彼居士令知比
丘疑佛言一切僧伽婆尸沙時有檀越注僧
伽藍中語諸比丘言大德僧為我語比丘言
居士欲說何語彼言為我語其甲居士以汝
女為我作婦比丘言當為汝語即差一比丘
作白二羯磨使注彼居士所語言居士我為
汝說眾僧語彼居士言大德僧何所見勅比

居士欲説何語彼言爲我語其甲居士以汝
女爲我作婦比丘言當爲汝語即差一比丘
作白二羯磨使注彼居士所語言居士我爲
汝説衆僧語彼居士言大德僧何所見勅比
丘言衆僧語汝以女与其甲居士作婦彼言
大德奉僧勅當与使比丘作如是念我今若
還白衆僧恩不在我即自注語彼居士已疑
佛言衆僧偷蘭遮使比丘僧伽婆尸沙時有
檀越注常供養比丘所語比丘言爲我語其
甲居士以女与我作婦比丘言居士當爲汝
語比丘即注彼居士所語言汝可以女与彼
其甲居士作婦居士言我女已与他若言他
已將去若言死若言賊偷去若言无比丘還
居士所語如是語一切偷蘭遮時有檀越語
常供養比丘言汝爲我語其甲居士可以女
与我作婦比丘言當爲汝語比丘即注彼居
士所語言汝可以女与彼其甲居士作婦居
士言我女有癩病若言癬若有白癩若言乾
梢病若言狂若言症病若言常有血出病若
言乏下常熱病比丘還語居士如是言已疑
佛言一切僧伽婆尸沙時有居士共婦鬪駈
出婦即注常供養比丘所語言大德夫与我
共鬪見駈出我今欲共懺悔比丘即爲和合
令懺悔疑佛言爲懺悔故无犯時有婦人与
夫共鬪已出去注常供養比丘所語言我共

出婦即注常供養比丘所語言大德夫与我
共鬪見駈出我今欲共懺悔比丘即爲和合
令懺悔疑佛言爲懺悔故无犯時有婦人与
夫共鬪已出去注常供養比丘所語言我共
夫鬪已出外今欲懺悔比丘即注和合令懺
悔疑佛言爲懺悔无犯時有婦人与夫共鬪
語言汝若不須我爲婦當言不須夫言我不
須汝爲婦即駈出注常供養比丘所言我与
夫共鬪我語夫言若不須我爲婦當言不須
爲婦夫言不須即駈我出今欲懺悔比丘即
和合令懺悔疑佛言爲懺悔故无犯時有居
士取婬女爲婦先常与此女人注反者見已
語言我欲与汝作如是如是事餘人語言此
不復作婬女今已爲某甲居士爲婦彼人即
強將共行婬時夫聞已即駈出使注常所供
養比丘所語言大德我自爲居士作婦已來
未曾犯他男子唯有此賊強李犯我我今欲
共夫懺悔比丘即和合令懺悔疑佛言无犯
時有居士給婬女所須注常供養比丘所語
言爲我語某甲婬女在某處待我比丘言可
尒即注婬女所語言某甲居士語汝在某處
住比丘疑佛言先已和合无犯爲白衣使突
吉羅時有居士占護彼童女既不迎歸又不
聽餘嫁時女語常供養比丘言大德爲我語
其甲居士我父母欲奪汝持我与餘人汝若
當迎我若當放我比丘言可尒彼比丘即主

住比丘疑佛言先已和合无犯為白衣使突
吉羅時有居士占護彼童女既不迎歸又不
聽餘嫁時女語常供養比丘言大德為我語
其甲居士我父母欲奪汝持我与餘人汝若
當迎我若當放我比丘言可尒彼比丘即往
居士所語言某甲童女言我父母欲奪汝更
与餘人汝今當迎若當放之彼疑佛言彼先
已言揞无犯為白衣使突吉羅時有居士占
護彼童女既不迎歸又不聽餘嫁彼父母言
不知今誰語其甲居士迎此童女去若當聽
令餘嫁彼家常所供養比丘狂病便言我當
為語比丘即往彼居士所捉頭語言汝迎其
甲童女若當放去後還得心疑佛言顛狂心
亂痛惱所纏一切无犯
尒時世尊在王舍城僾波離從坐起偏露右
肩右膝著地合掌白佛言大德沓婆摩羅子
清淨慈地比丘以无根謗之是犯不佛言初
未制戒无犯大德若以无根法謗清淨比丘
是犯不佛言僧伽婆尸沙時有比丘与女人
在樹下坐餘比丘語言汝婬犯女人彼荅言
我不犯共樹下坐耳彼謗者疑佛言為真實
語故不欲毀謗无犯時有比丘在家与故二
共通有異比丘相似餘比丘語此相似比丘
言汝犯故二彼言我不犯彼犯故二比丘与
我相似耳彼疑佛言為真實語故不以毀謗
无犯時有比丘婬女為檀越餘比丘語言汝

我不犯共樹下坐耳彼謗者疑佛言為真實
語故不欲毀謗无犯時有比丘在家与故二
共通有異比丘相似餘比丘語此相似比丘
言汝犯故二彼言我不犯彼犯故二比丘与
我相似耳彼疑佛言為真實語故不以毀謗
无犯時有比丘婬女為檀越餘比丘語言汝
犯婬女彼言是我檀越不犯彼疑佛言為真
實語故不以毀謗无犯若婦人若童女若黄
門若比丘尼若式叉摩那沙弥尼亦如是時
有比丘捉小沙弥摩捫嗚餘比丘語言汝犯
沙弥彼言我不犯摩捫嗚之耳彼疑佛言為
真實語故不以毀謗无犯時有比丘耶比丘
腰帶彼言汝盗我帶彼言我不盗以親厚意
耶彼疑佛言為真實語故不以毀謗无犯時
有比丘以无根僧伽婆尸沙謗他疑佛言波
逸提

律藏第四卷第八　調部卷之三　五十七

腰帶彼言汝盜我帶彼言我不盜以親厚意
取彼疑佛言為真實語故不以毀謗无犯時
有比丘以无根僧伽婆尸沙謗他疑佛言波
逸提

律藏第四卷第八　調部卷之三　五十七

BD14519號　四分律（異卷）卷五七　（29–29）

BD14520號背　護首　（1–1）

人求耳鼻舌身意處若常若無常應求眼處
若樂若苦應求耳鼻舌身意處若樂若苦應
求眼處若我若無我應求耳鼻舌身意處
若我若無我應求眼處若淨若不淨應求耳鼻
舌身意處若淨若不淨若有能求如是等法
脩行安忍是行安忍波羅蜜多憍尸迦若善
男子善女人等如是求眼處若常若無常求
耳鼻舌身意處若常若無常求眼處若樂若
苦求耳鼻舌身意處若樂若苦求眼處若我
若無我求耳鼻舌身意處若我若無我求眼處
若淨若不淨求耳鼻舌身意處若淨若不淨
依此等法行安忍者我說名為行有所得相
似安忍波羅蜜多憍尸迦如前所說當知皆
是說有所得相似安忍波羅蜜多
復次憍尸迦若善男子善女人等為發無上
菩提心者說色處若常若無常說聲香味觸
法處若常若無常說色處若樂若苦說聲香
味觸法處若樂若苦說色處若我若無我說
聲香味觸法處若我若無我說色處若淨若
不淨說聲香味觸法處若淨若不淨若有能
依如是等法脩行安忍是行安忍波羅蜜多
復作是說行安忍者應求色處若常若無常
應求聲香味觸法處若常若無常應求色處
若樂若苦應求聲香味觸法處若樂若苦應

不淨說聲香味觸法處若淨若不淨若有能
依如是等法脩行安忍是行安忍波羅蜜多
復作是說行安忍者應求色處若常若無常
應求聲香味觸法處若常若無常應求色處
若樂若苦應求聲香味觸法處若樂若苦應
求色處若我若無我應求聲香味觸法處若
我若無我應求色處若淨若不淨應求聲香
味觸法處若淨若不淨若有能求如是等法
脩行安忍是行安忍波羅蜜多憍尸迦若善男
子善女人等如是求色處若常若無常求
聲香味觸法處若常若無常求色處若樂若
苦求聲香味觸法處若樂若苦求色處若我
若無我求聲香味觸法處若我若無我求色
處若淨若不淨求聲香味觸法處若淨若不
淨依此等法行安忍者我說名為行有所得
相似安忍波羅蜜多憍尸迦如前所說當知
皆是說有所得相似安忍波羅蜜多
復次憍尸迦若善男子善女人等為發無上
菩提心者說眼界若常若無常說色界眼識
界及眼觸眼觸為緣所生諸受若常若無常
說眼界若樂若苦說色界眼識界及眼觸眼
觸為緣所生諸受若樂若苦說眼界若我若
無我說色界眼識界及眼觸眼觸為緣所生
諸受若我若無我說眼界若淨若不淨說色
界眼識界及眼觸眼觸為緣所生諸受若淨
若不淨若有能依如是等法脩行安忍是行

觸為緣所生諸受若樂若苦說眼界若我若
無我說色界眼識界及眼觸眼觸為緣所生
諸受若我若無我說眼界若淨若不淨說色
界眼識界及眼觸眼觸為緣所生諸受若淨
若不淨若有能依如是等法脩行安忍是行
安忍波羅蜜多復作是說行安忍者應求眼
界若常若無常應求色界乃至眼觸為緣所
生諸受若常若無常應求眼界若樂若苦應
求色界乃至眼觸為緣所生諸受若樂若苦
應求眼界若我若無我應求色界乃至眼觸
為緣所生諸受若我若無我應求眼界若淨
若不淨應求色界乃至眼觸為緣所生諸受
若淨若不淨若有能求如是等法脩行安忍
是行安忍波羅蜜多憍尸迦若善男子善女
人等如是求眼界若常若無常求色界乃至
眼觸為緣所生諸受若常若無常求眼界若
樂若苦求色界乃至眼觸為緣所生諸受若
樂若苦求眼界若我若無我求色界乃至眼
觸為緣所生諸受若我若無我求眼界若淨
若不淨求色界乃至眼觸為緣所生諸受若
淨若不淨依此等法行安忍者我說名為行
有所得相似安忍波羅蜜多憍尸迦如前所
說當知皆是說有所得相似安忍波羅蜜多
復次憍尸迦若善男子善女人等為發無上
菩提心者說耳界若常若無常說聲界耳識
界及耳觸耳觸為緣所生諸受若常若無常

BD14520 號　大般若波羅蜜多經卷一四一　（19–3）

有所得相似安忍波羅蜜多憍尸迦如前所
說當知皆是說有所得相似安忍波羅蜜多
復次憍尸迦若善男子善女人等為發無上
菩提心者說耳界若常若無常說聲界耳識
界及耳觸耳觸為緣所生諸受若常若無常
說耳界若樂若苦說聲界耳識界及耳觸耳
觸為緣所生諸受若樂若苦說耳界若我若
無我說聲界耳識界及耳觸耳觸為緣所生
諸受若我若無我說耳界若淨若不淨說聲
界耳識界及耳觸耳觸為緣所生諸受若淨
若不淨若有能依如是等法脩行安忍是行
安忍波羅蜜多復作是說行安忍者應求耳
界若常若無常應求聲界乃至耳觸為緣所
生諸受若常若無常應求耳界若樂若苦應
求聲界乃至耳觸為緣所生諸受若樂若苦
應求耳界若我若無我應求聲界乃至耳觸
為緣所生諸受若我若無我應求耳界若淨
若不淨應求聲界乃至耳觸為緣所生諸受
若淨若不淨若有能求如是等法脩行安忍
是行安忍波羅蜜多憍尸迦若善男子善女
人等如是求耳界若常若無常求聲界乃至
耳觸為緣所生諸受若常若無常求耳界若
樂若苦求聲界乃至耳觸為緣所生諸受若
樂若苦求耳界若我若無我求聲界乃至耳
觸為緣所生諸受若我若無我求耳界若淨
若不淨求聲界乃至耳觸為緣所生諸受若

BD14520 號　大般若波羅蜜多經卷一四一　（19–4）

樂若苦求聲界乃至耳觸為緣所生諸受若
樂若苦求耳界若我若無我求聲界乃至耳
觸為緣所生諸受若我若無我求耳界若淨
若不淨求聲界乃至耳觸為緣所生諸受若
淨若不淨依此等法行安忍者我說名為行
有所得相似安忍波羅蜜多憍尸迦如前所
說當知皆是說有所得相似安忍波羅蜜多
復次憍尸迦若善男子善女人等為發無上
菩提心者說鼻界若常若無常說香界鼻識
界及鼻觸鼻觸為緣所生諸受若常若無常
說鼻界若樂若苦說香界鼻識界及鼻觸鼻
觸為緣所生諸受若樂若苦說鼻界若我若
無我說香界鼻識界及鼻觸鼻觸為緣所生
諸受若我若無我說鼻界若淨若不淨說香
界鼻識界及鼻觸鼻觸為緣所生諸受若淨
若不淨若有能依如是等法脩行安忍是行
安忍波羅蜜多復作是說行安忍者應求鼻
界若常若無常應求香界乃至鼻觸為緣所
生諸受若常若無常應求鼻界若樂若苦應
求香界乃至鼻觸為緣所生諸受若樂若苦
應求鼻界若我若無我應求香界乃至鼻觸
為緣所生諸受若我若無我應求鼻界若淨
若不淨應求香界乃至鼻觸為緣所生諸受
若淨若不淨若有能求如是等法脩行安忍
是行安忍波羅蜜多憍尸迦若善男子善女
人等如是求鼻界若常若無常求香界乃至

BD14520 號　大般若波羅蜜多經卷一四一　（19–5）

為緣所生諸受若我若無我應求鼻界若淨
若不淨應求香界乃至鼻觸為緣所生諸受
若淨若不淨若有能求如是等法脩行安忍
是行安忍波羅蜜多憍尸迦若善男子善女
人等如是求鼻界若常若無常求香界乃至
鼻觸為緣所生諸受若常若無常求鼻界若
樂若苦求香界乃至鼻觸為緣所生諸受若
樂若苦求鼻界若我若無我求香界乃至鼻
觸為緣所生諸受若我若無我求鼻界若淨
若不淨求香界乃至鼻觸為緣所生諸受若
淨若不淨依此等法行安忍者我說名為行
有所得相似安忍波羅蜜多憍尸迦如前所
說當知皆是說有所得相似安忍波羅蜜多
復次憍尸迦若善男子善女人等為發無上
菩提心者說舌界若常若無常說味界舌識
界及舌觸舌觸為緣所生諸受若常若無常
說舌界若樂若苦說味界舌識界及舌觸舌
觸為緣所生諸受若樂若苦說舌界若我若
無我說味界舌識界及舌觸舌觸為緣所生
諸受若我若無我說舌界若淨若不淨說味
界舌識界及舌觸舌觸為緣所生諸受若淨
若不淨若有能依如是等法脩行安忍是行
安忍波羅蜜多復作是說行安忍者應求舌
界若常若無常應求味界乃至舌觸為緣所
生諸受若常若無常應求舌界若樂若苦應
求味界乃至舌觸為緣所生諸受若樂若苦

BD14520 號　大般若波羅蜜多經卷一四一　（19–6）

安忍波羅蜜多復作是說行安忍者應求香
界若常若無常應求味界乃至舌觸為緣所
生諸受若常若無常應求舌界若樂若苦應
求味界乃至舌觸為緣所生諸受若樂若苦
應求舌界若我若無我應求味界乃至舌觸
為緣所生諸受若我若無我應求舌界若淨
若不淨應求味界乃至舌觸為緣所生諸受
若淨若不淨若有能求如是等法循行安忍
是行安忍波羅蜜多憍尸迦若善男子善女
人等如是求舌界若常若無常求味界乃至
舌觸為緣所生諸受若常若無常求舌界若
樂若苦求味界乃至舌觸為緣所生諸受若
樂若苦求舌界若我若無我求味界乃至舌
觸為緣所生諸受若我若無我求舌界若淨
若不淨求味界乃至舌觸為緣所生諸受若淨
若不淨依此等法行安忍者我說名為行
有所得相似安忍波羅蜜多憍尸迦如前所
說當知皆是說有所得相似安忍波羅蜜多
復次憍尸迦若善男子善女人等為發無上
菩提心者說身界若常若無常說觸界身識
界及身觸身觸為緣所生諸受若常若無常
說身界若樂若苦說觸界身識界及身觸身
觸為緣所生諸受若樂若苦說身界若我若
無我說觸界身識界及身觸身觸為緣所生
諸受若我若無我說身界若淨若不淨說觸
界身識界及身觸身觸為緣所生諸受若淨
若不淨若有能依如是等法循行安忍是行

BD14520號　大般若波羅蜜多經卷一四一　（19–7）

觸為緣所生諸受若樂若苦說身界若我若
無我說觸界身識界及身觸身觸為緣所生
諸受若我若無我說身界若淨若不淨說觸
界身識界及身觸身觸為緣所生諸受若淨
若不淨若有能依如是等法循行安忍是行
安忍波羅蜜多復作是說行安忍者應求身
界若常若無常應求觸界乃至身觸為緣所
生諸受若常若無常應求身界若樂若苦應
求觸界乃至身觸為緣所生諸受若樂若苦
應求身界若我若無我應求觸界乃至身觸
為緣所生諸受若我若無我應求身界若淨
若不淨應求觸界乃至身觸為緣所生諸受
若淨若不淨若有能求如是等法循行安忍
是行安忍波羅蜜多憍尸迦若善男子善女
人等如是求身界若常若無常求觸界乃至
身觸為緣所生諸受若常若無常求身界若
樂若苦求觸界乃至身觸為緣所生諸受若
樂若苦求身界若我若無我求觸界乃至身
觸為緣所生諸受若我若無我求身界若淨
若不淨求觸界乃至身觸為緣所生諸受若
淨若不淨依此等法行安忍者我說名為行
有所得相似安忍波羅蜜多憍尸迦如前所
說當知皆是說有所得相似安忍波羅蜜多
復次憍尸迦若善男子善女人等為發無上
菩提心者說意界若常若無常說法界意識
界及意觸意觸為緣所生諸受若常若無常

BD14520號　大般若波羅蜜多經卷一四一　（19–8）

說當知皆是說有所得相似安忍波羅蜜多
復次憍尸迦若善男子善女人等為發無上
菩提心者說意界若常若無常說法界意識
界及意觸意觸為緣所生諸受若常若無常
說意界若樂若苦說法界意識界及意觸意
觸為緣所生諸受若樂若苦說意界若我若
無我說法界意識界及意觸意觸為緣所生
諸受若我若無我說意界若淨若不淨說法
界意識界及意觸意觸為緣所生諸受若淨
若不淨若有能依如是等法脩行安忍是行
安忍波羅蜜多復作是說行安忍者應求意
界若常若無常應求法界乃至意觸為緣所
生諸受若常若無常應求意界若樂若苦應
求法界乃至意觸為緣所生諸受若樂若苦
應求意界若我若無我應求法界乃至意觸
為緣所生諸受若我若無我應求意界若淨
若不淨應求法界乃至意觸為緣所生諸受
若淨若不淨若有能求如是等法脩行安忍
是行安忍波羅蜜多憍尸迦若善男子善女人
等如是求意界若常若無常求法界乃至
意觸為緣所生諸受若常若無常求意界若
樂若苦求法界乃至意觸為緣所生諸受若
樂若苦求意界若我若無我求法界乃至意
觸為緣所生諸受若我若無我求意界若淨
若不淨求法界乃至意觸為緣所生諸受若
淨若不淨依此等法行安忍者我說名為行

BD14520 號　大般若波羅蜜多經卷一四一　（19–9）

樂若苦求意界若我若無我求法界乃至意
觸為緣所生諸受若我若無我求意界若淨
若不淨求法界乃至意觸為緣所生諸受若
淨若不淨依此等法行安忍者我說名為行
有所得相似安忍波羅蜜多憍尸迦如前所
說當知皆是說有所得相似安忍波羅蜜多
復次憍尸迦若善男子善女人等為發無上
菩提心者說地界若常若無常說水火風空
識界若常若無常說地界若樂若苦說水火
風空識界若樂若苦說地界若我若無我說
水火風空識界若我若無我說地界若淨若
不淨說水火風空識界若淨若不淨若有能
依如是等法脩行安忍是行安忍波羅蜜多
復作是說行安忍者應求地界若常若無常
應求水火風空識界若常若無常應求地界
若樂若苦應求水火風空識界若樂若苦應
求地界若我若無我應求水火風空識界若
我若無我應求地界若淨若不淨應求水火
風空識界若淨若不淨若有能求如是等法
脩行安忍是行安忍波羅蜜多憍尸迦若善
男子善女人等如是求地界若常若無常求
水火風空識界若常若無常求地界若樂若
苦求水火風空識界若樂若苦求地界若我
若無我求水火風空識界若我若無我求地
界若淨若不淨求水火風空識界若淨若不
淨依此等法行安忍者我說名為行有所得

BD14520 號　大般若波羅蜜多經卷一四一　（19–10）

苦求水火風空識界若樂若苦求地界若我
若無我求水火風空識界若我若無我求地
界若淨若不淨求水火風空識界若淨若不
淨依此等法行安忍者我說名為行有所得
相似安忍波羅蜜多憍尸迦如前所說當知皆
是說有所得相似安忍波羅蜜多
復次憍尸迦若善男子善女人等為發無上
菩提心者說無明若常若無常說行識名色
六處觸受愛取有生老死愁歎苦憂惱若常
若無常說無明若樂若苦說行識名色六處
觸受愛取有生老死愁歎苦憂惱若樂若苦
說無明若我若無我說行識名色六處觸受
愛取有生老死愁歎苦憂惱若我若無我說
無明若淨若不淨說行識名色六處觸受愛
取有生老死愁歎苦憂惱若淨若不淨若有
能依如是等法脩行安忍是行安忍波羅蜜
多復作是說行安忍者應求無明若常若無
常應求行乃至老死愁歎苦憂惱若常若無
常應求無明若樂若苦應求行乃至老死愁
歎苦憂惱若樂若苦應求無明若我若無我
應求行乃至老死愁歎苦憂惱若我若無我
應求無明若淨若不淨應求行乃至老死愁
歎苦憂惱若淨若不淨若有能求如是等法
脩行安忍是行安忍波羅蜜多憍尸迦若善
男子善女人等如是求無明若常若無常求
行乃至老死愁歎苦憂惱若常若無常求無
明若樂若苦求行乃至老死愁歎苦憂惱若

脩行安忍是行安忍波羅蜜多憍尸迦若善
男子善女人等如是求無明若常若無常求
行乃至老死愁歎苦憂惱若常若無常求無
明若樂若苦求行乃至老死愁歎苦憂惱若
樂若苦求無明若我若無我求行乃至老死
愁歎苦憂惱若我若無我求無明若淨若不
淨求行乃至老死愁歎苦憂惱若淨若不淨
依此等法行安忍者我說名為行有所得相
似安忍波羅蜜多憍尸迦如前所說當知皆
是說有所得相似安忍波羅蜜多
復次憍尸迦若善男子善女人等為發無上
菩提心者說布施波羅蜜多若常若無常說
淨戒安忍精進靜慮般若波羅蜜多若常若
無常說布施波羅蜜多若樂若苦說淨戒安
忍精進靜慮般若波羅蜜多若樂若苦說布
施波羅蜜多若我若無我說淨戒安忍精進
靜慮般若波羅蜜多若我若無我說布施波
羅蜜多若淨若不淨說淨戒安忍精進靜慮
般若波羅蜜多若淨若不淨若有能依如是
等法脩行安忍是行安忍波羅蜜多復作是
說行安忍者應求布施波羅蜜多若常若無
常應求淨戒乃至般若波羅蜜多若常若無
常應求布施波羅蜜多若樂若苦應求淨戒
乃至般若波羅蜜多若樂若苦應求布施波
羅蜜多若我若無我應求淨戒乃至般若波
羅蜜多若我若無我應求布施波羅蜜多若

常應求淨戒乃至般若波羅蜜多若常若無
常應求布施波羅蜜多若樂若苦應求淨戒
乃至般若波羅蜜多若樂若苦應求布施波
羅蜜多若我若無我應求淨戒乃至般若波
羅蜜多若我若無我應求布施波羅蜜多若
淨若不淨應求淨戒乃至般若波羅蜜多若
淨若不淨若有能求如是等法脩行安忍是
行安忍波羅蜜多憍尸迦若善男子善女人
等如是求布施波羅蜜多若常若無常求淨
戒乃至般若波羅蜜多若常若無常求布施
波羅蜜多若樂若苦求淨戒乃至般若波羅
蜜多若樂若苦求布施波羅蜜多若我若無
我求淨戒乃至般若波羅蜜多若我若無我
求布施波羅蜜多若淨若不淨求淨戒乃至
般若波羅蜜多若淨若不淨依此等法行安
忍者我說名為行有所得相似安忍波羅蜜
多憍尸迦如前所說當知皆是說有所得相
似安忍波羅蜜多
復次憍尸迦若善男子善女人等為發無上
菩提心者說內空若常若無常說外空內外
空空空大空勝義空有為空無為空畢竟空
無際空散空無變異空本性空自相空共相
空一切法空不可得空無性空自性空無性
自性空若常若無常說內空若樂若苦說外
空內外空空空大空勝義空有為空無為空
畢竟空無際空散空無變異空本性空自相

無際空散空無變異空本性空自相空共相
空一切法空不可得空無性空自性空無性
自性空若常若無常說內空若樂若苦說外
空內外空空空大空勝義空有為空無為空
畢竟空無際空散空無變異空本性空自相
空共相空一切法空不可得空無性空自性
空無性自性空若樂若苦說內空若我若無
我說外空內外空空空大空勝義空有為空
無為空畢竟空無際空散空無變異空本性
空自相空共相空一切法空不可得空無性
空自性空無性自性空若我若無我說內空
若淨若不淨說外空內外空空空大空勝義
空有為空無為空畢竟空無際空散空無變
異空本性空自相空共相空一切法空不可
得空無性空自性空無性自性空若淨若不
淨若有能依如是等法脩行安忍是行安忍
波羅蜜多復作是說行安忍者應求內空若
常若無常應求外空乃至無性自性空若常
若無常應求內空若樂若苦應求外空乃至
無性自性空若樂若苦應求內空若我若無
我應求外空乃至無性自性空若我若無我
應求內空若淨若不淨應求外空乃至無性
自性空若淨若不淨若有能求如是等法脩
行安忍是行安忍波羅蜜多憍尸迦若善男
子善女人等如是求內空若常若無常求外
空乃至無性自性空若常若無常求內空若

自性空若淨若不淨若有能求如是等法修
行安忍是行安忍波羅蜜多憍尸迦若善男
子善女人等如是求內空若常若無常求外
空乃至無性自性空若常若無常求內空若
樂若苦求外空乃至無性自性空若樂若苦
求內空若我若無我求外空乃至無性自性
空若我若無我求內空若淨若不淨求外空
乃至無性自性空若淨若不淨依此等法行
安忍者我說名為行有所得相似安忍波羅
蜜多憍尸迦如前所說當知皆是說有所得
相似安忍波羅蜜多
復次憍尸迦若善男子善女人等為發無上
菩提心者說真如若常若無常說法界法性
不虛妄性不變異性平等性離生性法定法
住實際虛空界不思議界若常若無常說真
如若樂若苦說法界法性不虛妄性不變異
性平等性離生性法定法住實際虛空界不
思議界若樂若苦說真如若我若無我說法
界法性不虛妄性不變異性平等性離生性
法定法住實際虛空界不思議界若我若無
我說真如若淨若不淨說法界法性不虛妄
性不變異性平等性離生性法定法住實際
虛空界不思議界若淨若不淨若有能依如
是等法修行安忍是行安忍波羅蜜多復作
是說行安忍者應求真如若常若無常應求
法界乃至不思議界若常若無常應求真如

性不變異性平等性離生性法定法住實際
虛空界不思議界若淨若不淨若有能依如
是等法修行安忍是行安忍波羅蜜多復作
是說行安忍者應求真如若常若無常應求
法界乃至不思議界若常若無常應求真如
若樂若苦應求法界乃至不思議界若樂若
苦應求真如若我若無我應求法界乃至不
思議界若我若無我應求真如若淨若不淨
應求法界乃至不思議界若淨若不淨若有
能求如是等法修行安忍是行安忍波羅蜜
多憍尸迦若善男子善女人等如是求真如
若常若無常求法界乃至不思議界若常若
無常求真如若樂若苦求法界乃至不思議
界若樂若苦求真如若我若無我求法界乃
至不思議界若我若無我求真如若淨若不
淨求法界乃至不思議界若淨若不淨依此
等法行安忍者我說名為行有所得相似安
忍波羅蜜多憍尸迦如前所說當知皆是說
有所得相似安忍波羅蜜多
復次憍尸迦若善男子善女人等為發無上
菩提心者說苦聖諦若常若無常說集滅道
聖諦若常若無常說苦聖諦若樂若苦說集
滅道聖諦若樂若苦說苦聖諦若我若無我
說集滅道聖諦若我若無我說苦聖諦若淨
若不淨說集滅道聖諦若淨若不淨若有能
依如是等法修行安忍是行安忍波羅蜜多

滅道聖諦若樂若苦說苦聖諦若我若無我
說集滅道聖諦若我若無我說苦聖諦若淨
若不淨說集滅道聖諦若淨若不淨若有能
依如是等法脩行安忍是行安忍波羅蜜多
復作是說行安忍者應求苦聖諦若常若無
常應求集滅道聖諦若常若無常應求苦聖
諦若樂若苦應求集滅道聖諦若樂若苦應
求苦聖諦若我若無我應求集滅道聖諦若
我若無我應求苦聖諦若淨若不淨應求集
滅道聖諦若淨若不淨若有能求如是等法
脩行安忍是行安忍波羅蜜多憍尸迦若善
男子善女人等如是求苦聖諦若常若無常
求集滅道聖諦若常若無常求苦聖諦若
樂若苦求集滅道聖諦若樂若苦求苦聖諦
若我若無我求集滅道聖諦若我若無我求
苦聖諦若淨若不淨求集滅道聖諦若淨若
不淨依此等法行安忍者我說名為行有所
得相似安忍波羅蜜多憍尸迦如前所說當
知皆是說有所得相似安忍波羅蜜多
復次憍尸迦若善男子善女人等為發無上
菩提心者說四靜慮若常若無常說四無量
四無色定若常若無常說四靜慮若樂若苦
說四無量四無色定若樂若苦說四靜慮若
我若無我說四無量四無色定若我若無我
說四靜慮若淨若不淨說四無量四無色定
若淨若不淨若有能依如是等法脩行安忍

BD14520 號　大般若波羅蜜多經卷一四一　（19–17）

說四無量四無色定若樂若苦說四靜慮若
我若無我說四無量四無色定若我若無我
說四靜慮若淨若不淨說四無量四無色定
若淨若不淨若有能依如是等法脩行安忍
是行安忍波羅蜜多復作是說行安忍者應
求四靜慮若常若無常應求四無量四無色
定若常若無常應求四靜慮若樂若苦應求
四無量四無色定若樂若苦應求四靜慮若
我若無我應求四無量四無色定若我若無
我應求四靜慮若淨若不淨應求四無量四
無色定若淨若不淨若有能求如是等法脩
行安忍是行安忍波羅蜜多憍尸迦若善男
子善女人等如是求四靜慮若常若無常求
四無量四無色定若常若無常求四靜慮若
樂若苦求四無量四無色定若樂若苦求四
靜慮若我若無我求四無量四無色定若我若
無我求四靜慮若淨若不淨求四無量四無色
定若淨若不淨依此等法行安忍者我說名
為行有所得相似安忍波羅蜜多憍尸迦如前
所說當知皆是說有所得相似安忍波羅蜜
多

大般若波羅蜜多經卷第百卌一

BD14520 號　大般若波羅蜜多經卷一四一　（19–18）

靜慮若我若無我求四無量四無色定若我若
無我求四靜慮若淨若不淨求四無量四無色
定若淨若不淨依此等法行安忍者我說名
為行有所得相似安忍波羅蜜多憍尸迦如前
所說當知皆是說有所得相似安忍波羅蜜
多
大般若波羅蜜多經卷第一百卌一

BD14520號　大般若波羅蜜多經卷一四一　（19–19）

BD14521號背　護首　（1–1）

看辟看向如王如大臣佛見六群比丘不好覆身入家
内聞居士訶責如王如大臣佛食後以是事集比丘僧
種種因緣呵責諸比丘去何名比丘不好覆身入家内自
看肩看辟向看種種訶已語諸比丘以十利故与諸
比丘結戒從今好覆身入家内應當學不好覆身入家
内突吉羅好覆身入家内不犯竟 有時六群比丘雖好覆
身入家内不好覆身坐家内看肩看辟看向諸居士
訶責言諸沙門釋子自言善好有德不好覆身坐家
内自看肩看辟看向如王如大臣佛見諸比丘不好覆
身坐家内自看肩看辟看向佛見已食後集比丘僧種
種因緣呵責諸比丘去何名比丘不覆好身坐家内自看肩看辟看向種種因緣呵已語諸比丘以十利故与
諸比丘結戒從今好覆身坐家内應當學不好覆身坐
家内突吉羅好覆身坐不犯竟 十八 有六群比丘不善攝身入
家内脚蹴大車小車犢車輦輿輪樹柱壁亂鏡自倒地諸
居士訶責言諸沙門釋子自言善好有德不善攝身入
家内脚蹴物自倒地如盲人佛語諸比丘善攝身入家内
應當學不善攝身入家内突吉羅攝身入不犯竟 十九 又六
群比丘雖善攝身入家内不善攝身坐家内蹴大車小車犢
車輦輿輪樹柱壁亂鏡牀榻自倒地諸居士訶責言
諸沙門釋子自言善好有德不善攝身坐家内蹴大車小車
犢車輦輿輪樹柱壁亂鏡牀榻自倒地如盲人佛知
是事語諸比丘善攝身坐家内應當學不善攝身坐家
突吉羅善攝身坐不犯竟 廿 佛在舍衛國尒時世尊中
前著衣与諸比丘入舍衛城諸佛常法若以神通力入城
邑聚落時現如是希有事象鳴馬悲鳴諸牛
王吼鵝鴈孔雀鸚鵡舍利鳥俱均羅鳥諸鳥出和
雅音大鼓小鼓箜篌箏笛琵琶簫瑟琴箏鐃鏡不鼓
自鳴諸貴人舍所有金器内衆在篋員著在箱篋中自
然作聲盲者得視聾者聽瘂者能言癡者得申跛
攣得手足睞眼得正病瘦者除愈蠱毒者得樂

雅音大鼓小鼓箜篌箏笛琵琶簫瑟琴箏鐃鏡不鼓
自鳴諸貴人舍所有金器内衆在篋員著在箱篋中自
然作聲盲者得視聾者聽瘂者能言癡者得申跛
攣得手足睞眼得正病瘦者除愈蠱毒者得樂
毒者得消狂者得正盜者離盜婬者離婬殺者不殺
婬妄語者不妄語兩舌惡口無義語者不無義語喜
貪者不貪瞋者不瞋邪見者離邪見牢獄閉
繫枷鎖杻械速得解脫憒亂者皆閑靜未種善根
者種已種者增長已增長者得解脫伏藏寶物自然發
出現如是希有事諸衆生得利益佛尒時漸漸到城以
吉是門著闘上如是等種種希有事皆現尒時人民於
屋上堂壁樓閣上看佛及僧是中有未曾見佛者指
示言此是佛此是舍利佛目連阿那律金毗羅此是六
群比丘聞已即仰看作是言某女人盲某睞某眼
某捉鼻某瓔某背傴某跛某白某黑某無威德諸
女人聞已語六群比丘言我非汝婦不与汝通我等
好醜何豫汝事而字名我等六群比丘言我從佛
及僧入城何豫汝事若未我等言此是六群比丘
似如有遮羅人佛聞是事語諸比丘不喜視入家内
應當學若喜視入家内突吉羅不喜視入不犯竟 廿一
尒時佛及僧盡坐信諸人在堂屋上壁樓閣上
看佛及僧是中有人未曾見佛者指示言此是
佛此是舍利佛目連阿那律難提金毗羅此是六
群比丘聞已即仰視作言某女人盲某某眼某拒
鼻某背傴某跛某白某黑某無威德諸女人聞
已語六群比丘言我非汝婦不与汝通我等
好醜何豫汝事而字名我等六群比丘言我從佛
及僧受請坐食何豫汝事而捉我等言此是六群
比丘似如有遮羅人佛聞是事語諸比丘不喜視坐

卑某背僂某跛某白某黑某疵屢德言女人屋
已語六群比丘言我非汝婢不与汝通我等
好醜何豫汝事而字名我等六群比丘言我從佛
受僧受請坐食何豫汝事而掐我等言此是六群
比丘似如有遮羅人佛聞是事語諸比丘不高視坐
家內當〻應學若高視坐家內窺吉羅不高視坐
不犯廿二 又六群比丘嫌訶供養入家內作言〻是昨
日飲食香美熟好衣䉉等与好穀坐處今日或當
不如昨日香美熟好或不衣䉉等与諸居士訶
憒言諸沙門釋子不善不種不獲但能噉食此
他遮羅佛聞是事語諸比丘不訶供養入家內應當
學若供訶養入家內窺吉羅不訶不入不犯廿三 又六
群比丘入隆不訶供養坐已訶供養作是言昨日
飲食香美熟好穀坐處今日或當不如昨日香美
熟好或不衣䉉等与諸居士訶言是沙門釋子
不善不種不獲但能噉食此他遮羅佛聞是事
已語〻諸比丘不訶供養坐家內應當學若訶供
養坐窺吉羅不訶坐不犯廿四竟 又六群比丘高大聲入內家
諸居士聞聲訶憒言諸沙門釋子自言善好有德高
大聲入家內如婆羅門佛語〻諸比丘靜嘿入家內窺吉羅靜 應當學若不靜嘿入家內突
嘿入不犯廿五竟 又時六群比丘隆不高大聲入家內高大聲坐家
內諸居士聞訶憒言諸沙門釋子自言善好有德高大聲坐
家內如婆羅門佛聞已語〻諸比丘靜嘿坐家內應當學
若不靜嘿坐家內窺吉羅靜嘿坐不犯廿六竟 又時六群比丘蹲
行入家內諸居士訶憒諸言〻沙門釋子自言善好有德蹲
入家內似〻如截脚佛聞已語諸比丘不蹲行入家內應當學
若蹲行入家內窺吉羅不蹲行入不犯廿七 又六群比丘隆不
蹲行入家內便蹲坐家內諸居士訶憒言諸沙門釋子蹲坐
家內似〻如道佛語諸比丘不蹲坐家內應當學若蹲坐
家內窺吉羅不蹲坐不犯廿八 又六群比丘以衣覆頭入家

BD14521號　十誦律卷一九 （7–3）

入家內似〻如截脚佛聞已語諸比丘不蹲行入家內應當學
若蹲行入家內窺吉羅不蹲行入不犯廿七 又六群比丘隆不
蹲行入家內便蹲坐家內諸居士訶憒言諸沙門釋子蹲坐
家內似〻如道佛語諸比丘不蹲坐家內應當學若蹲坐
家內窺吉羅不蹲坐不犯廿八 又六群比丘以衣覆頭入家
內諸居士瞋呵憒言是諸比丘言〻自善好有德以衣覆頭
入家內似如賊〻偷佛言從今不覆頭入家內應當學若
覆頭入家內應當學若覆頭入家內窺吉羅不覆頭入
不犯廿九 爾時六群比丘隆不覆頭入家內覆頭坐
家內諸居士呵憒言諸比丘自言善好有德覆頭坐
家內似如偷賊佛言不覆頭坐家內應當學若覆
頭坐家內窺吉羅不覆頭坐家內不犯卅已 爾時六群比
丘纏頭入家內諸居士訶憒言諸沙門釋子自言善好有
德纏頭入家內如王大臣佛聞是事語諸比丘從今不纏
纏頭入家內應當學若纏頭入家內窺吉羅不纏頭 不犯卅一 六群比丘隆不纏頭入家內
入家內便纏頭坐家內諸居士訶憒言諸比丘自言善
好有德纏頭坐入家內如王如大臣佛聞是事語諸比丘
不纏頭坐家內應當學若纏頭坐家內窺吉羅不纏頭不犯
卅二 爾時六群比丘肘隱人肩入家內諸居士訶憒言諸沙門
釋子自言善好有德肘隱人肩入家內如王如大臣佛聞是事
語諸比丘從今不肘隱人肩入家內應當學若肘肩隱入家
內窺吉羅不肘隱人肩入不犯卅三
爾時六群比丘隆不肘隱人肩入家內肘隱人肩坐家內
諸居士訶憒言沙門釋子自言善好有德肘隱人肩
坐家內如王大如臣佛聞是事語諸比丘不肘隱人肩坐
家內應當學若肘隱人肩坐家內窺吉羅不肘隱人肩坐
家內不犯卅四 爾時六群比丘扠腰入家內諸居士訶憒言
諸沙門釋子自言善好有德扠腰入家內如王如大臣佛
聞是事語諸比丘從今不扠腰入家內應當學若扠
腰入家內窺吉羅不扠腰入不犯卅五 爾時六群比丘隆

BD14521號　十誦律卷一九 （7–4）

坐家內如王如大臣佛聞是事語諸比丘不肘隱人肩坐
家內應當學若肘隱人肩坐家內突吉羅不肘隱人肩坐
家內不犯卌 一爾時六群比丘扠腰入家內諸居士訶憤言
諸沙門釋子自言善好有德扠腰入家內如王如大臣佛
聞是事語諸比丘從今不扠腰入家內應當學若扠
腰入家內突吉羅不扠腰入不犯卌五 爾時六群比丘雖
不扠腰入家內而扠腰坐家內諸居士訶憤言諸沙門釋
子自言善好有德扠腰坐家內如王如大臣佛聞是事語
諸比丘不扠腰坐家內應當學若扠腰坐家內突吉
羅不扠腰坐不犯卌六 爾時六群比丘左右抄衣入家內居士訶
憤言諸沙門釋子自言善好有德左右抄衣入家內如
王如大臣佛聞是事語諸比丘從今不左右抄衣入家內
應當學若左右抄衣入家內突吉羅不左右抄衣入不犯
卌七 爾時六群比丘雖不左右抄衣入家內而左右抄衣坐家內諸
居士訶憤言諸沙門釋子自言善好有德左右抄衣
坐家內如王如大臣聞佛聞是事語諸比丘從今
不左右抄衣坐家內應當學若左右抄衣坐家內突
吉羅不左右抄衣坐不犯卌八 爾時六群比丘偏抄衣入
家內諸居士訶憤言諸沙門釋子自言善好有德偏
抄衣入家內如王如大臣佛聞是事語諸比丘從今不偏
抄衣入家內應當學若偏抄衣入家內突吉羅不偏抄
衣入不犯卌九 爾時六群比丘雖不偏抄衣入家內而偏抄衣坐
家內諸居士訶憤言諸沙門釋子自言善好有德
偏抄衣坐家內如王如大臣佛聞是事語諸比丘從今不偏
抄衣坐家內應當學若偏抄衣坐家內突吉羅不偏抄衣坐
不犯已卅 爾時六群比丘以衣覆右肩全舉左肩上入家內諸居
士訶憤言諸沙門釋子自言善好有德以衣覆右肩全舉
上入家內如王如大臣佛聞是事語諸比丘從今不以衣覆右
肩全舉左肩上入家內應當學若以衣覆右肩全舉左肩上入
家內突吉羅不以衣覆右肩全舉左肩上入不犯一卌 爾時六群比

BD14521 號　十誦律卷一九　（7–5）

不犯已卅 爾時六群比丘以衣覆右肩全舉左肩上入家內諸居
士訶憤言諸沙門釋子自言善好有德以衣覆右肩全舉
上入家內如王如大臣佛聞是事語諸比丘從今不以衣覆右
肩全舉左肩上入家內應當學若以衣覆右肩全舉左肩上入
家內突吉羅不以衣覆右肩全舉左肩上入不犯一卌 爾時六群比
丘雖不以衣覆右肩全舉左肩上入家內而以衣覆右肩全
舉左肩上坐家內諸居士訶憤言諸沙門釋子自言善
好有德以衣覆右肩全舉左肩上坐家內如王如大臣
佛聞是事語諸比丘從今不以衣覆右肩全舉左肩上
坐家內應當學若以衣覆右肩全舉左肩上坐家內突
吉羅不以衣覆右肩全舉左肩上坐不犯二卌 爾時六群比
丘挑擗入家內諸居士訶憤言諸沙門釋子自言善好
有德挑擗入家內似如種嚴人佛聞是事語諸比丘從
今不挑擗入家內應當學若挑擗入家內突吉羅不挑擗
入不犯三卌 爾時六群比丘雖不挑擗入家內而挑擗坐家
內諸居士訶憤言諸沙門釋子自言善好有德挑擗坐
家內似如種嚴人佛聞是事語諸比丘從今不挑擗
坐家內應當學若挑擗坐家內突吉羅不挑擗坐不犯
四卌 爾時六群比丘搭肩入家內諸居士訶憤言諸沙門釋
子自言善好有德搭肩入家內如王如大臣佛聞是事語
諸比丘從今不搭肩入家內應當學若搭肩入家內突吉羅
不搭肩入不犯五卌 爾時六群比丘雖不搭肩入家內而搭肩
坐家內諸居士訶憤言諸沙門釋子自言善好有德
搭肩坐家內如王如大臣佛聞是事語諸比丘從今不搭肩
坐家內應當學若搭肩坐家內突吉羅不搭肩坐不
犯六卌 爾時六群比丘搭頭入家內諸居士訶憤言諸沙門釋
子自言善好有德搭頭入家內似如捉鬼佛聞是事語
諸比丘從今不搭頭入家內應當學若搭頭入家內
突吉羅不搭頭入不犯七卌 爾時六群比丘雖不搭頭入家
而搭頭坐家內諸居士訶憤言諸沙門釋子自言善好

BD14521 號　十誦律卷一九　（7–6）

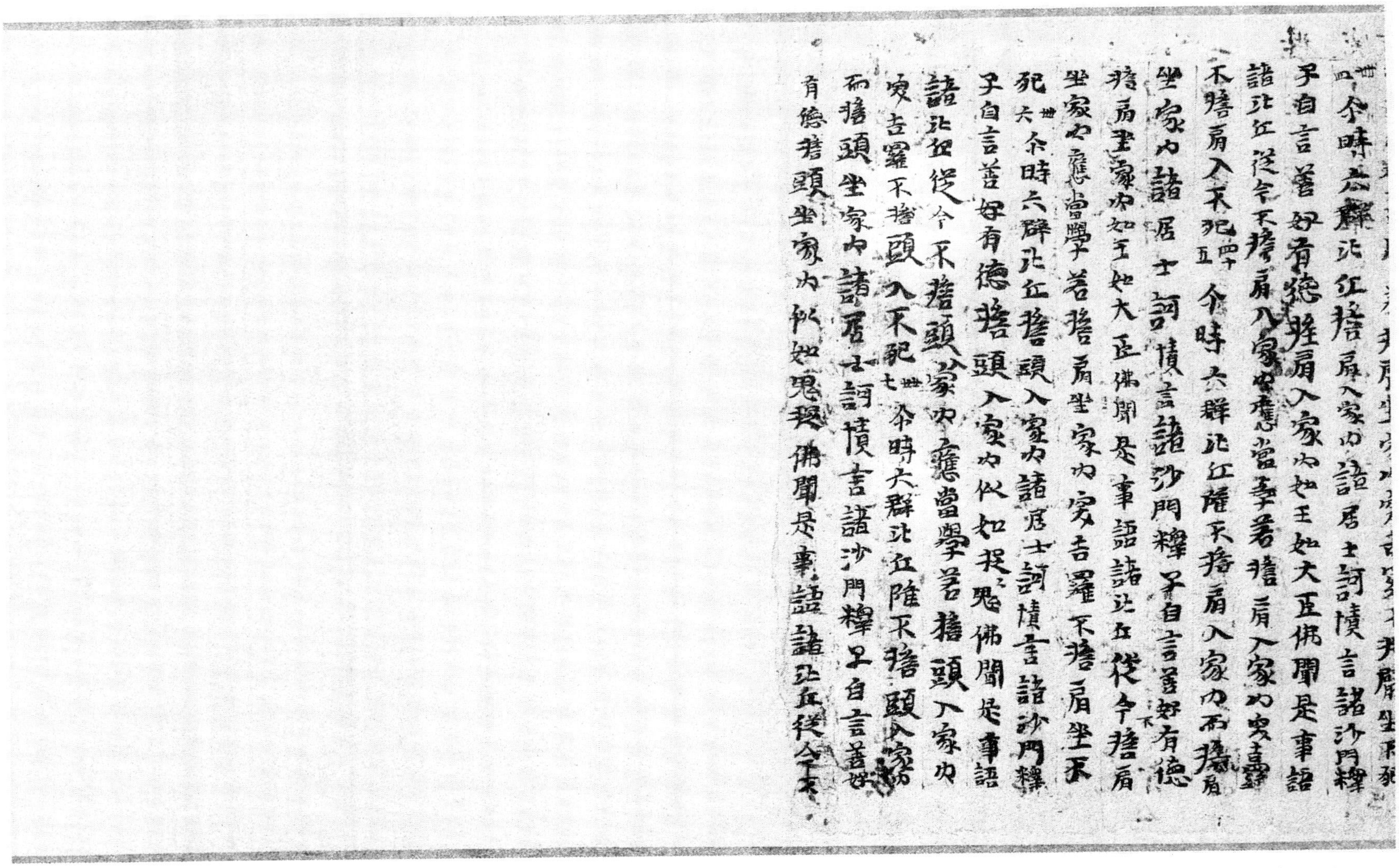

卌四 尒時六群比丘覆肩入家內諸居士訶責言諸沙門釋
子自言善好有德覆肩入家內如王如大臣佛聞是事語
諸比丘從今不覆肩入家內應當學著覆肩入家內突吉
不覆肩入不犯四十五 尒時六群比丘雖不覆肩入家內而覆肩
坐家內諸居士訶責言諸沙門釋子自言善好有德
覆肩坐家內如王如大臣佛聞是事語諸比丘從今覆肩
坐家內應當學著覆肩坐家內突吉羅不覆肩坐不
犯四十六 卌 尒時六群比丘覆頭入家內諸居士訶責言諸沙門釋
子自言善好有德覆頭入家內似如捉捉鬼佛聞是事語
諸比丘從今不覆頭入家內應當學著覆頭入家內
突吉羅不覆頭入不犯七 卌 尒時六群比丘雖不覆頭入家
而覆頭坐家內諸居士訶責言諸沙門釋子自言善好
有德覆頭坐家內似如鬼趣佛聞是事語諸比丘從今不

BD14521 號　十誦律卷一九　（7–7）

BD14522 號　護首　（1–1）

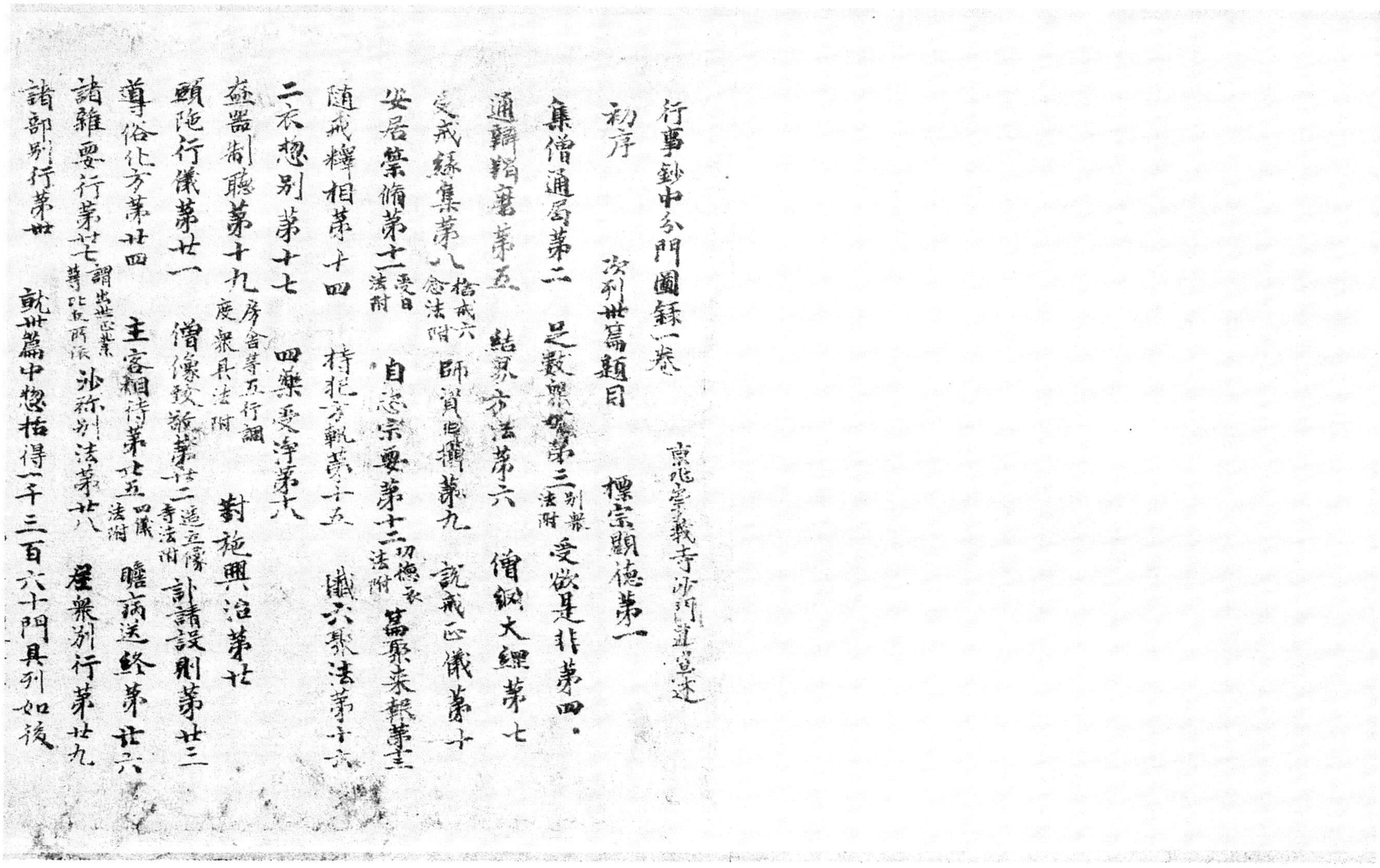

行事鈔中分門圖録一卷　　京兆崇義寺沙門道宣述

初序　次列卅篇題目　標宗顯德第一

集僧通局第二　足數衆相第三（别衆法附）　受欲是非第四

通辨羯磨第五　結界方法第六　僧網大綱第七

受戒緣集第八（捨戒六念法附）　師資相攝第九　説戒正儀第十

安居策脩第十一（受日法附）　自恣宗要第十二（功德衣法附）　篇聚名報第十三

隨戒釋相第十四　持犯方軌第十五　懺六聚法第十六

二衣揔别第十七　四藥受淨第十八

鉢器制聽第十九（房舍等五行調度衆具法附）　對施興治第廿

頭陁行儀第廿一　僧像致敬第廿二（造立像寺法附）　計請設則第廿三

導俗化方第廿四　主客相待第廿五（四儀法附）　瞻病送終第廿六

諸雜要行第廿七（謂出世正業，尊比丘所依）　沙彌别法第廿八　尼衆别行第廿九

諸部别行第卅　就卅篇中揔栝得一千三百六十門具列如後

BD14522 號　行事鈔中分門圖録　（22–1）

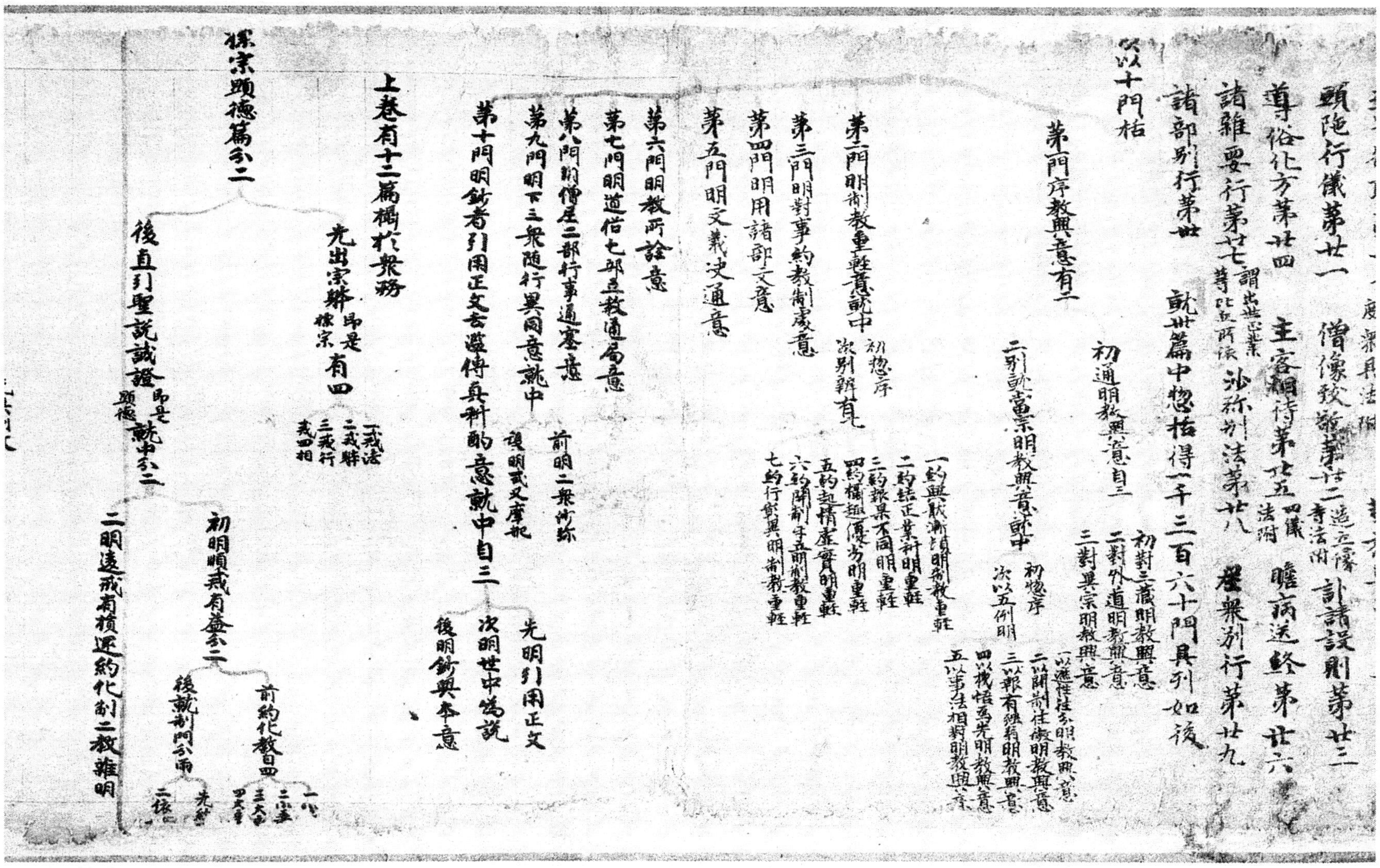

頭陁行儀第廿一　僧像致敬第廿二（造立像寺法附）　計請設則第廿三

導俗化方第廿四　主客相待第廿五（四儀法附）　瞻病送終第廿六

諸雜要行第廿七（謂出世正業，尊比丘所依）　沙彌别法第廿八　尼衆别行第廿九

諸部别行第卅　就卅篇中揔栝得一千三百六十門具列如後

次以十門栝

第一門序教興意有二

初通明教興意有三：初對三藏明教興意，二對外道明教興意，三對異宗明教興意

二别就當宗明教興意就中：初揔序，次以五例明：一以遮性以分明教興意，二以開制往復明教興意，三以報有纏彰明教興意，四以稱揚[illegible]明教興意，五以事法相對明教興意

第二門明制教重輕意就中：初揔序，次别辨有七：一約興廢漸頓明制教重輕，二約結正業科明重輕，三約報果不同明重輕，四約攝趣優劣明重輕，五約起情輕重明重輕，六約開制寬狹明教重輕，七約行事異明制教重輕

第三門明對事約教制處意

第四門明用諸部文意

第五門明文義決通意

第六門明教所詮意

第七門明道俗七部五教通局意

第八門明僧尼二部行事通塞意

第九門明下三衆隨行異同意就中：前明二衆沙彌，後明式叉摩那

第十門明鈔者引用正文古證傳真科酌意就中自三：先明引用正文，次明世中爲説，後明鈔與本意

上卷有十二篇攝於衆務

標宗顯德篇分二

先出宗體即是標宗有四：一戒法，二戒體，三戒行，四戒相

後直引聖説誠證即是顯德就中分二

初明順戒有益分二：前約化教自四（一[illegible]，二[illegible]，三[illegible]，四[illegible]）；後就制門分兩（先[illegible]，二[illegible]）

二明違戒有損違約化制二教雜明

BD14522 號　行事鈔中分門圖録　（22–2）

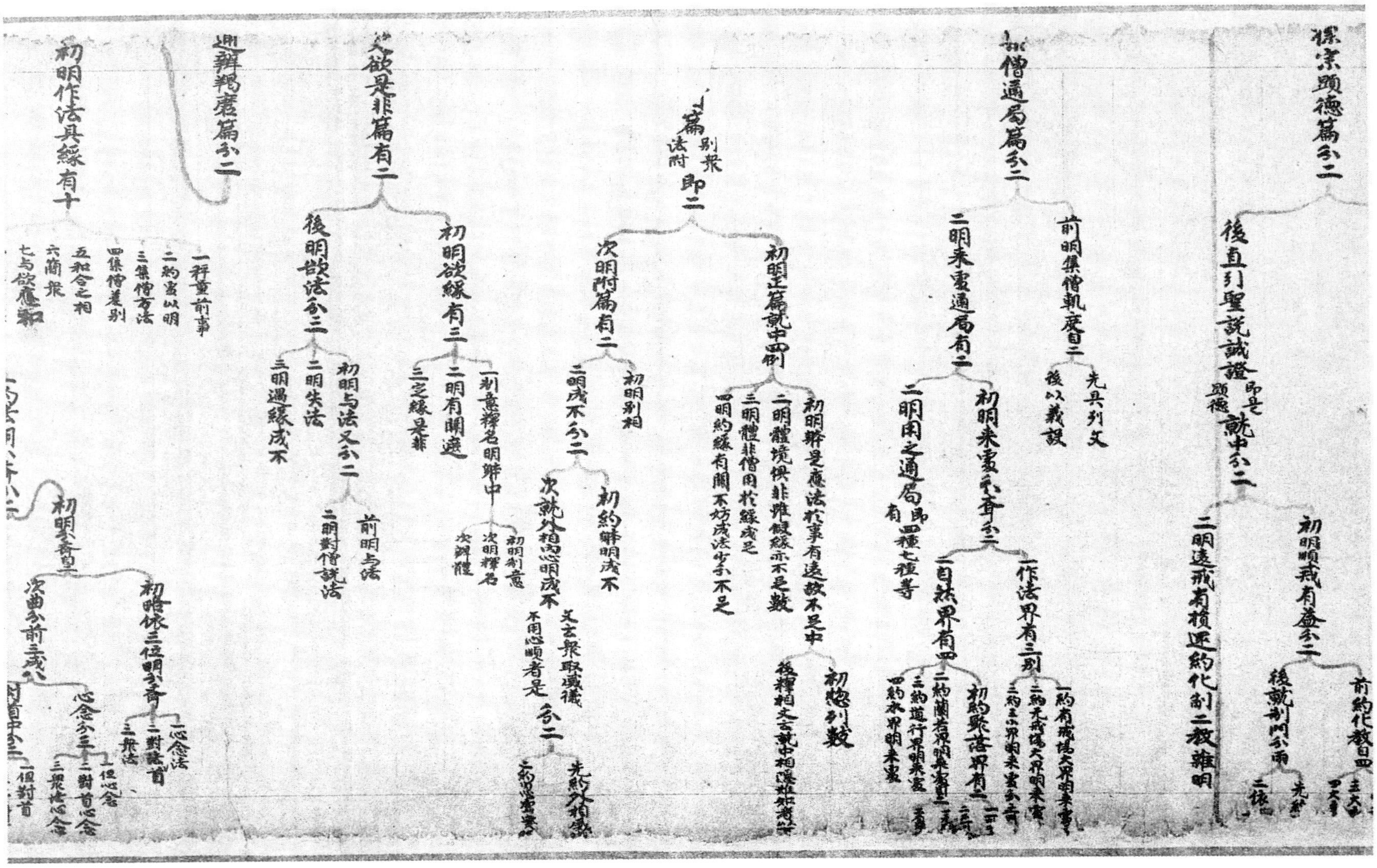

BD14522號　行事鈔中分門圖錄　（22–3）

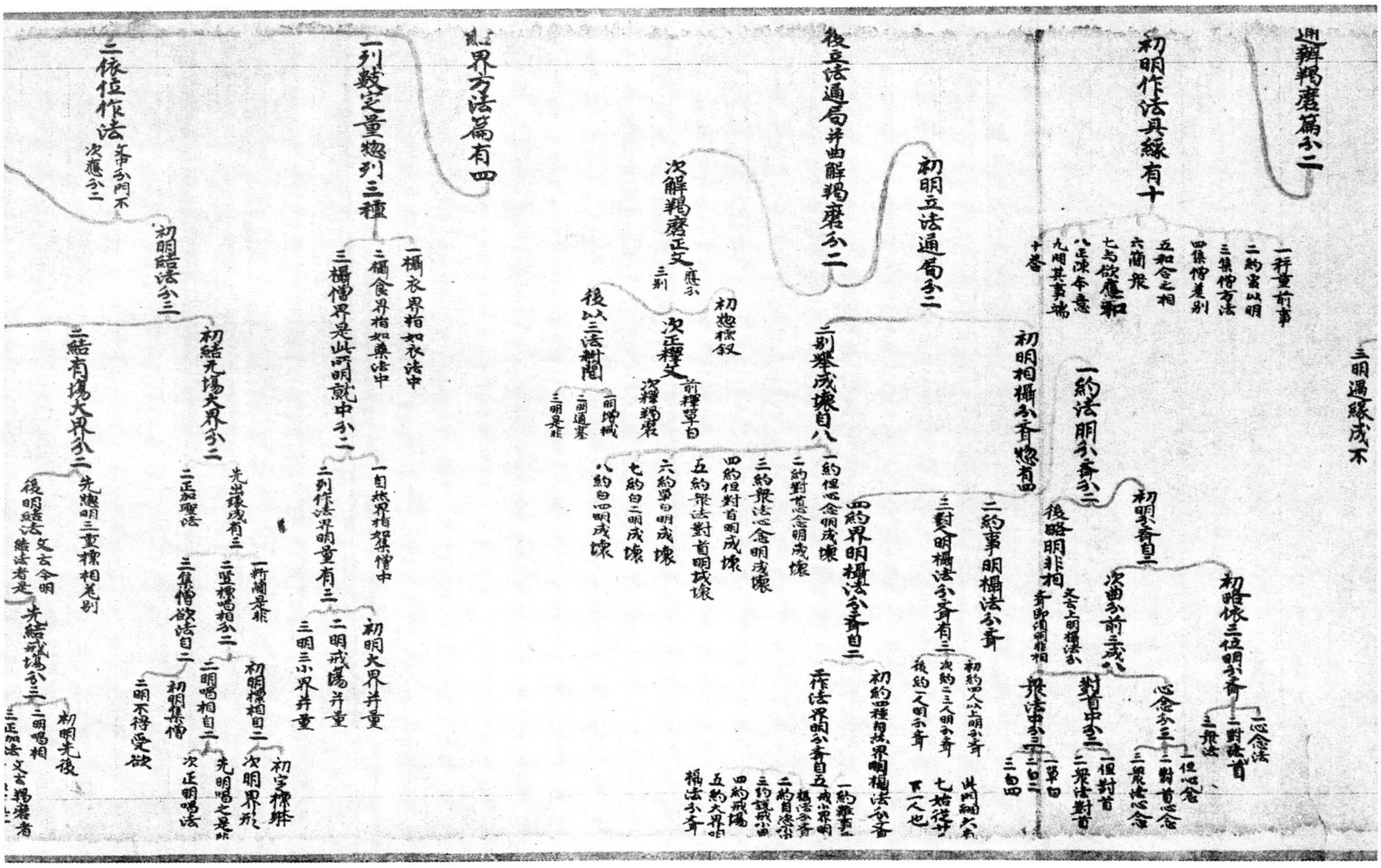

BD14522號　行事鈔中分門圖錄　（22–4）

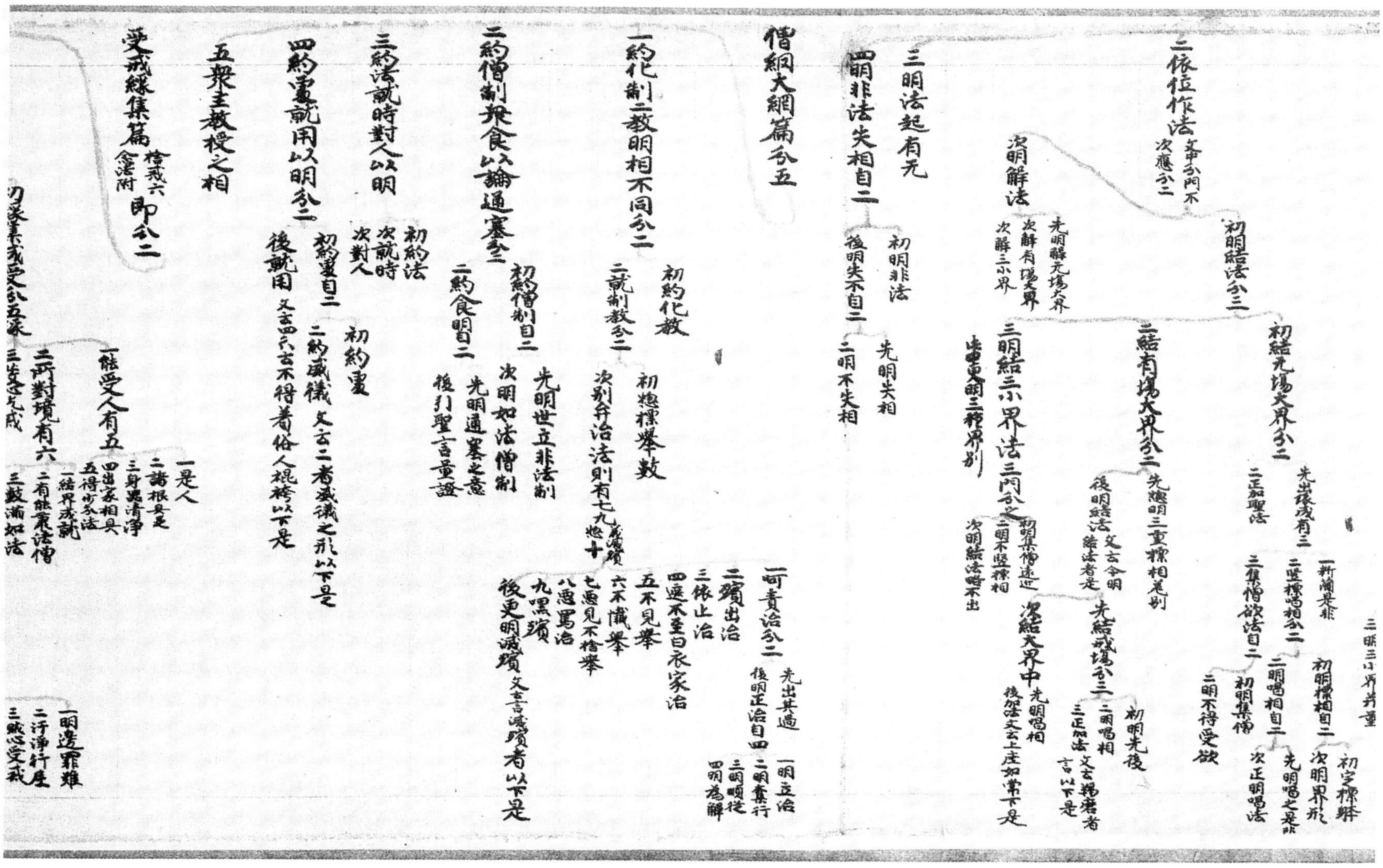

BD14522 號　行事鈔中分門圖錄　　（22–5）

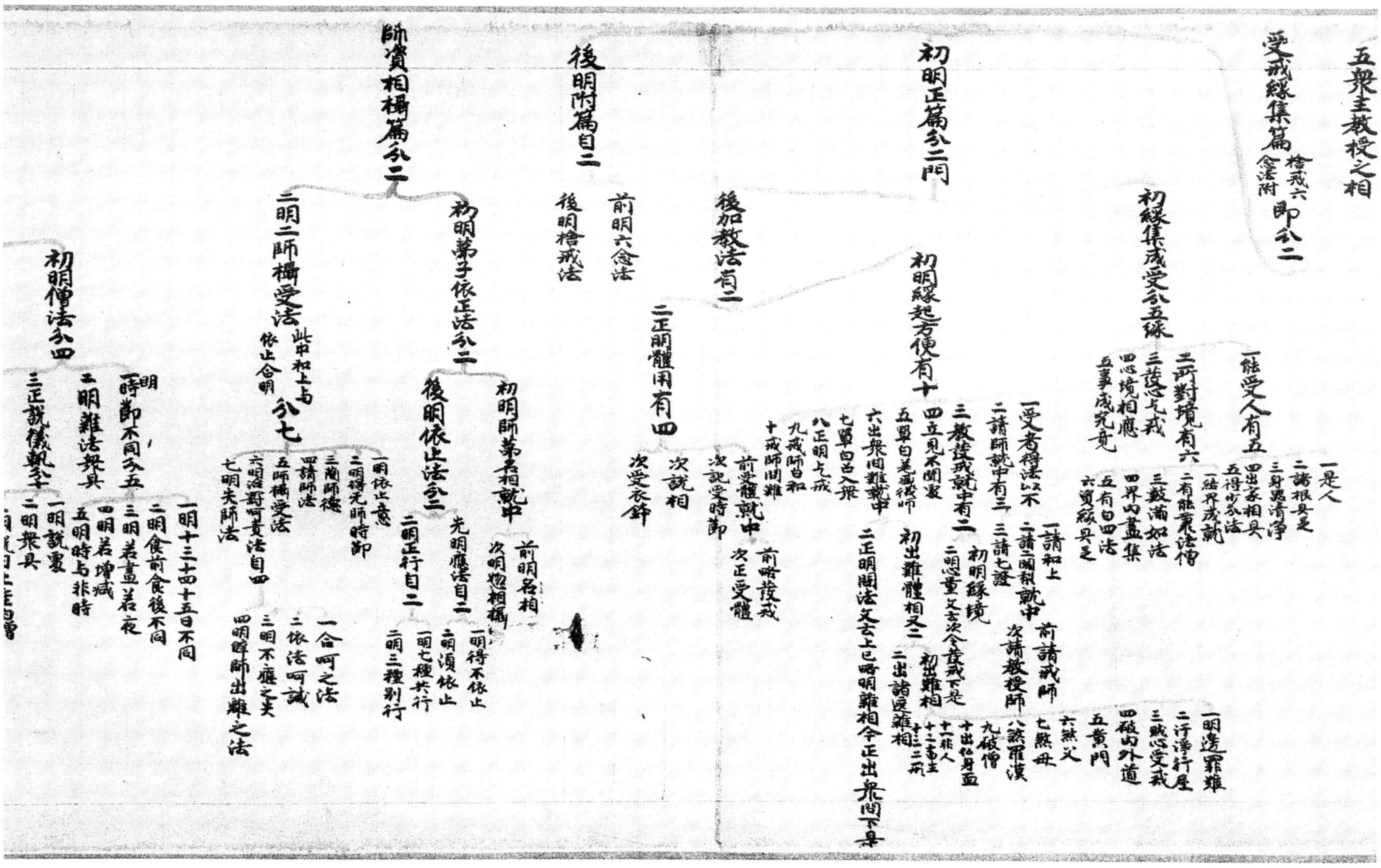

BD14522 號　行事鈔中分門圖錄　　（22–6）

六明滅羯磨法自四
七明失師法
四明離師出離之法

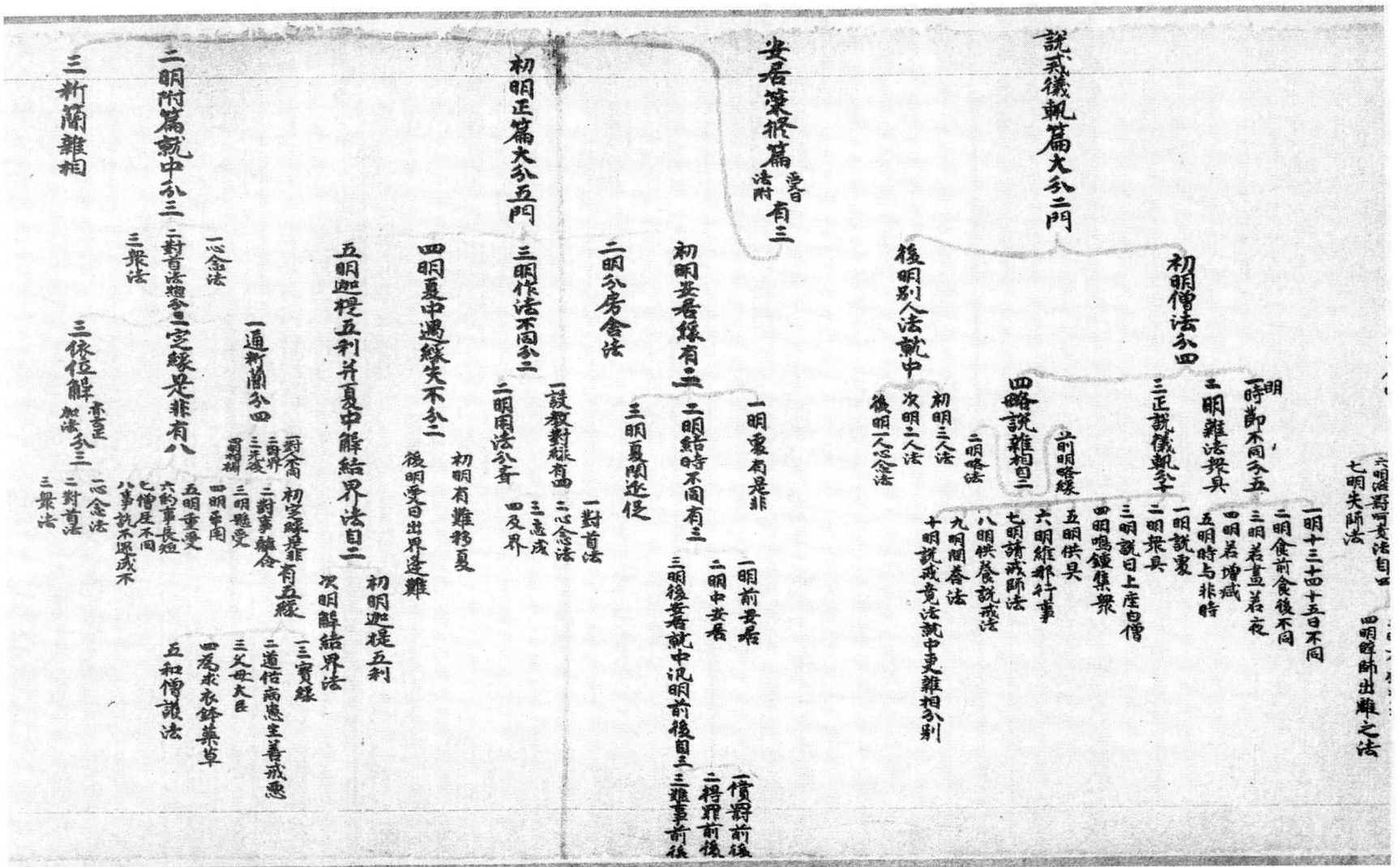

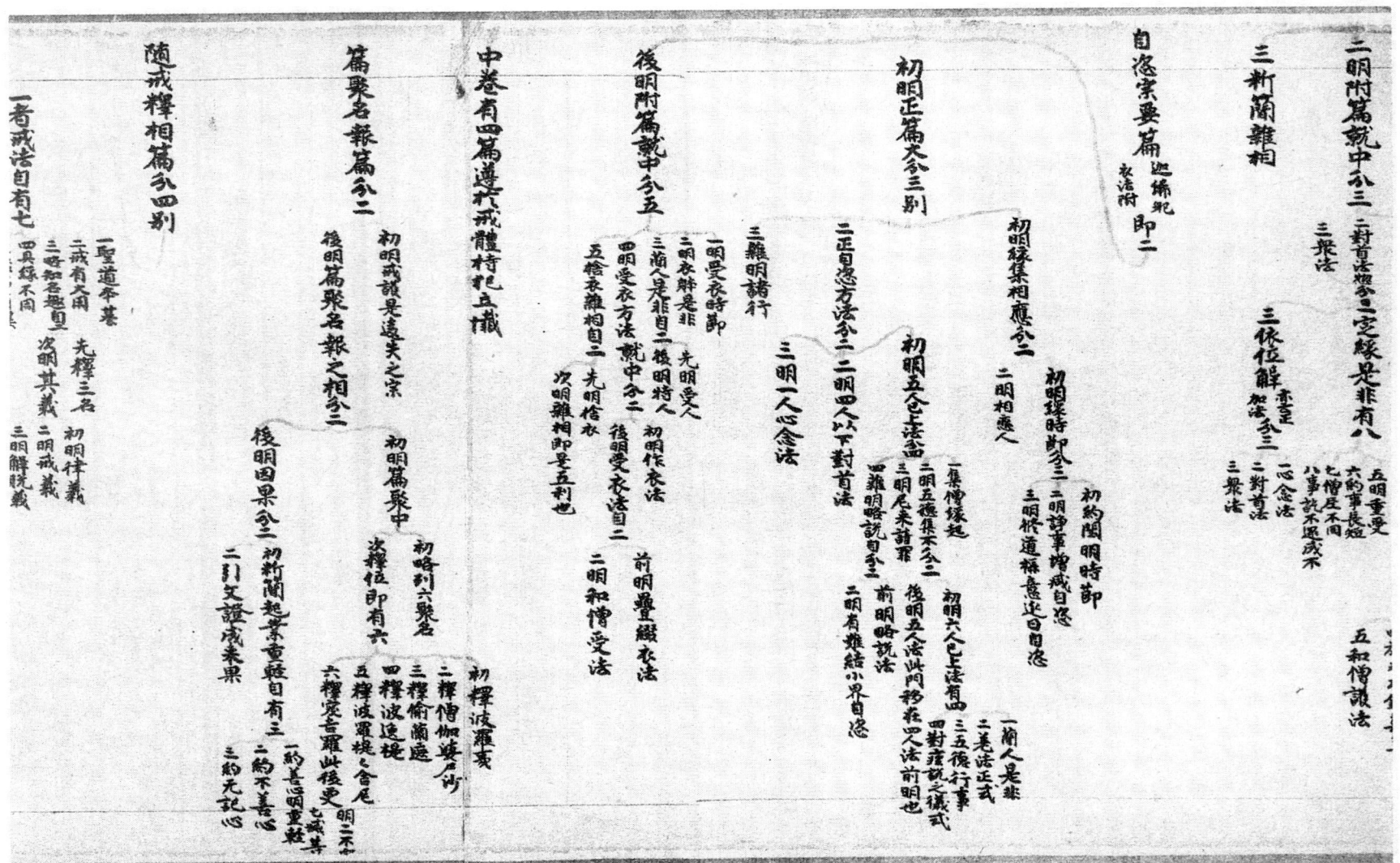

說戒儀軌篇大分二門
初明僧法分四
一明時節不同分五
一明十三十四十五日不同
二明食前食後不同
三明若晝若夜
四明若增減
五明時與非時
二明雜法總具
一明說處
二明法具
三明說日上座白僧
四明鳴鐘集衆
五明供具
六明維那行事
七明請戒師法
八明供養說戒法
九明問答法
十明說戒竟法就中更雜相分別
三正說儀軌分十
四略說雜相有二
前明略緣
二明略法
後明別人法就中
初明三人法
次明二人法
後明一人心念法

安居策脩篇 受日法附 有三
初明安居緣有三
一明處有是非
二明結時不同有三
一明前安居
二明中安居
三明後安居就中況明前後有三
一憤對前後
二得罪前後
三雜事前後
三明夏閑迷促
二明分房舍法
三明作法不同分二
一說教對緣有四
一對首法
二心念法
三忘成
四及界
二明用法分奇
四明夏中遇緣失不分二
初明有難移夏
後明受日出界逢難
五明迦提五利并夏中解結界法自二
初明迦提五利
次明解結界法
一三寶緣
二道俗病患生善戒惡
三父母大臣
四為求衣鉢藥草
五和僧說法
初明正篇大分五門
二明附篇就中分三
一心念法
二對首法總分二
一定緣是非有八
一通斷蘭分四
一對人有
二對界
三先後
四...
初定緣是非有五緣
二對事離合
三明聽受
四明...
五明重受
六約事長短
七憎足不同
八事說不思成不
三依位解 亦定加法分三
一心念法
二對首法
三衆法
三衆法
三斷蘭雜相

二明附篇就中分三
二對首法總分二
一定緣是非有八
五明重受
六約事長短
七憎足不同
八事說不思成不
三依位解 亦定加法分三
一心念法
二對首法
三衆法
三衆法
五和僧說法
三斷蘭雜相
自恣宗要篇 迦絺那衣法附 即二
初明正篇大分三別
初明緣集相應分二
初明緣時節分三
初約闡明時節
二明諍事增減自恣
三明供道檬意延日自恣
二明相應人
初明五人已上法分四
一集僧緣起
二明五德集不分二
初明六人已上法有四
一簡人是非
二差法正式
三五德行事
四對衆說之儀式
後明五人法此門移在四人法前明也
三明尼來請罪
四雜明略說自分三
前明略說法
二明有難結小界自恣
二正自恣方法分二
二明四人以下對首法
三明一人心念法
三雜明諸行
後明附篇就中分五
一明受衣時節
二明衣躰是非
三簡人是非自二
先明受人
後明持人
四明受衣方法就中分二
初明作衣法
後明受衣法自二
前明疊緻衣法
二明和僧受法
五捨衣雜相自二
先明捨衣
次明雜相即是五利也
中卷有四篇導於戒體持犯立識
篇聚名報篇分二
初明戒護是遠失之宗
後明篇聚名報之相分二
初明篇聚中
初略列六聚名
次釋位即有六
初釋波羅夷
二釋僧伽婆尸沙
三釋偷蘭遮
四釋波逸提
五釋波羅提提舍尼
六釋突吉羅此稜更明二不七滅其
後明因果分二
初斷蘭起業重輕自有三
一約善心明重較
二約不善心
三約无記心
二引文證成來果
隨戒釋相篇分四別
一者戒法自有七
一聖道本基
二戒有大用
三略知名趣旦
四具緣不同
先釋三名
次明其義
初明律義
二明戒義
三明解脫義

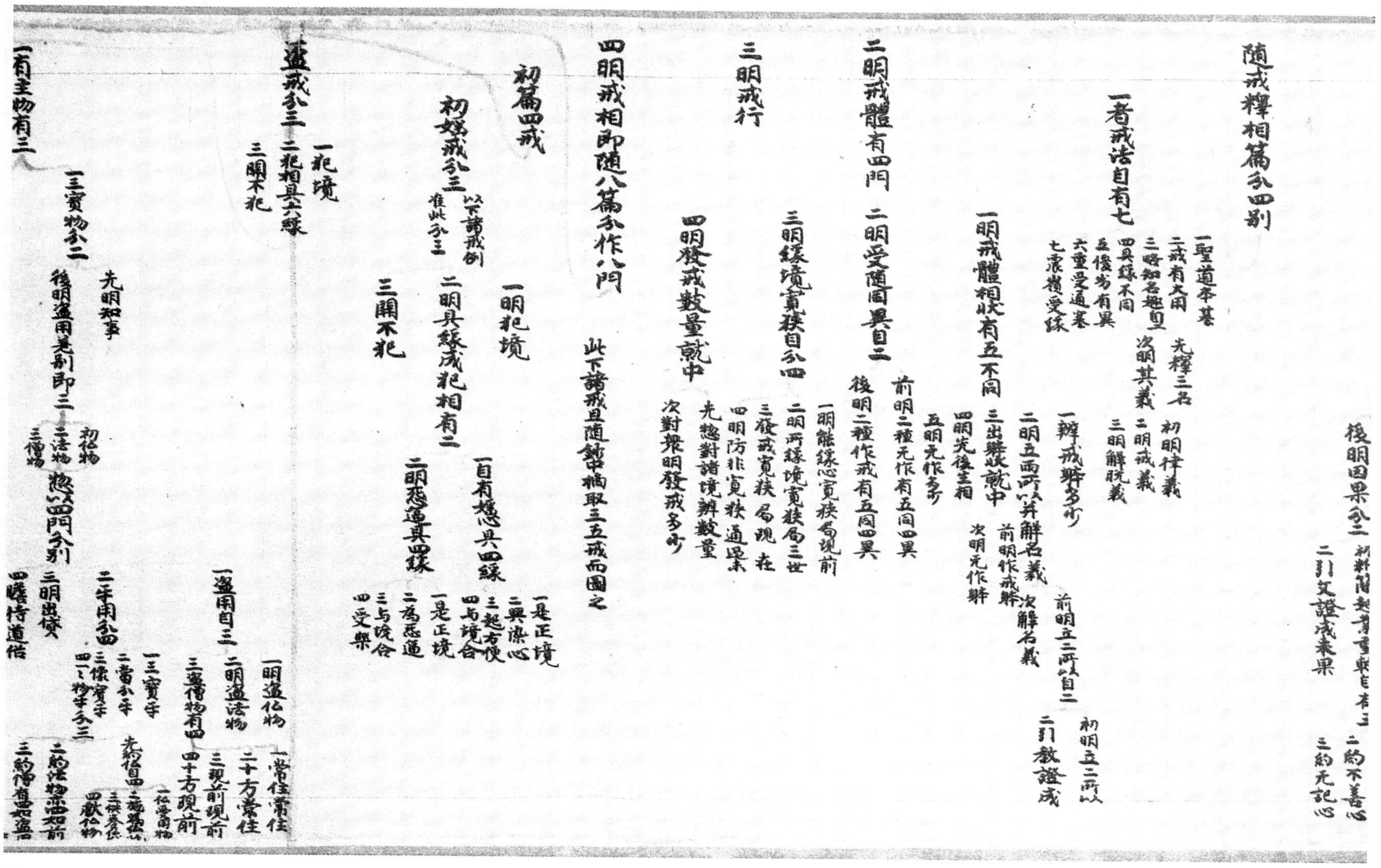

BD14522 號　行事鈔中分門圖錄　（22–9）

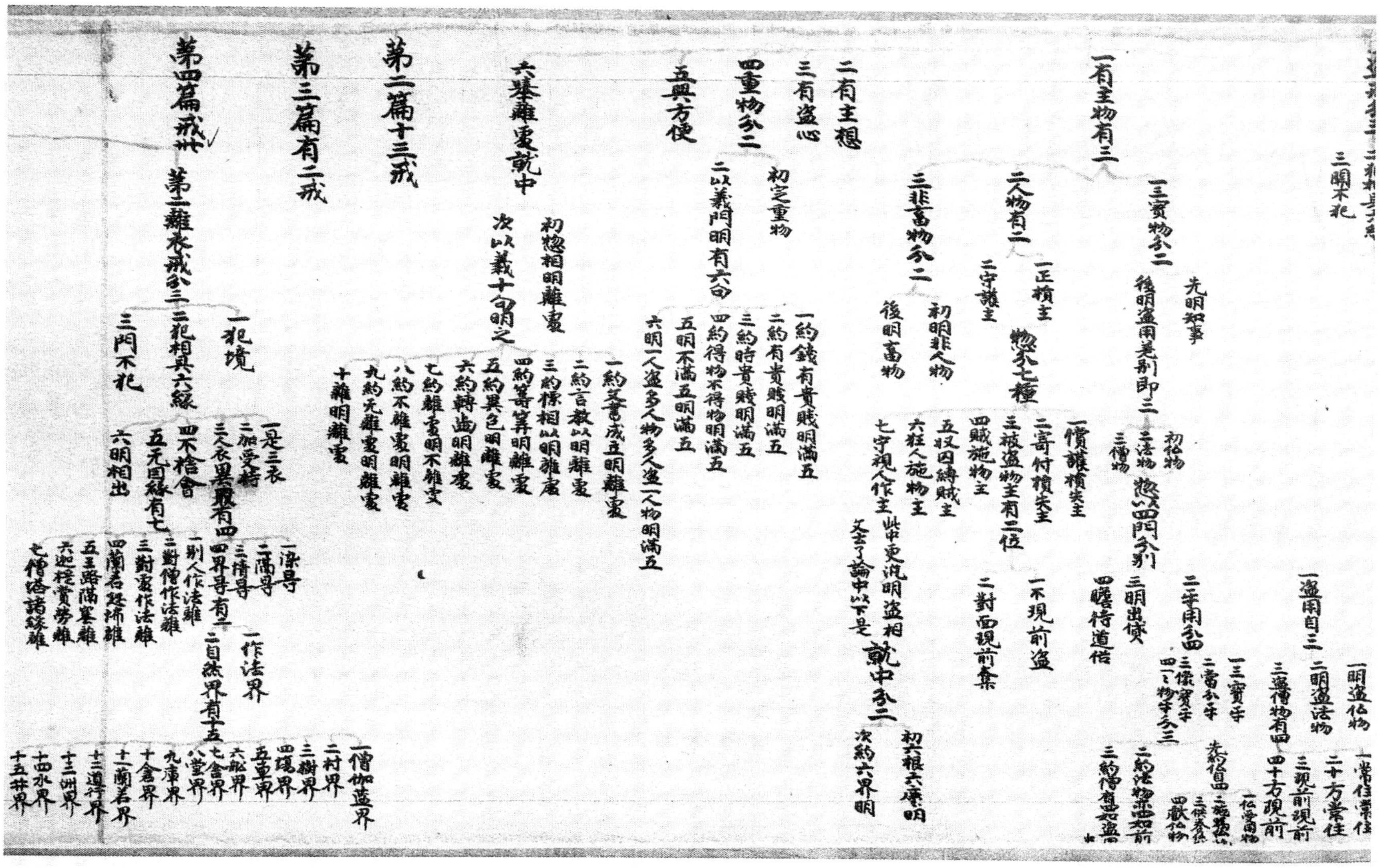

BD14522 號　行事鈔中分門圖錄　（22–10）

第四篇戒卅

第二離衣戒分三
- 二犯相具六緣
  - 一別人作法離
  - 二對僧作法離
  - 三對衆作法離
  - 四蘭若路掃離
  - 五王路兩塞離
  - 六迦提賞勞離
  - 七僧俗諸緣離
  - 四不捨會
  - 五无因緣有七
  - 六明相出
    - 八淨界　九庵界　十倉界　十一蘭若界　十二道行界　十三洲界　十四水界　十五艹界
- 三門不犯

第十八畜寶戒中
- 初因明八不淨財分四門
  - 一列數顯過自二
    - 初列數即列八名：一田宅園林　二種殖生種　三貯積穀帛　四畜養人僕　五養繫禽獸　六錢寶貴物　七褥釜鑊　八象金飾床
    - 二顯過
  - 二簡制不同自分二
    - 先明簡說淨有八
    - 後明制　文云於不聽者是
  - 三結罪輕重
- 後正解本戒三
  - 一犯境
  - 二犯相具四緣：一是錢寶　二知是　三為己　四受取
  - 三不犯

第五篇九十戒

別衆食戒分三
- 一犯境
- 二犯相開
  - 初列緣多少有七
  - 次釋相分二
    - 初料簡第一緣有三
      - 初僧次文云若施主以下是
      - 次別請文云言別請者以下是
      - 次別請人應令作法是
    - 次隨七緣一一釋
      - 初明施主
      - 二明僧次別請自三：初明僧次　次明別請　次明別之分
      - 三是五正食略不釋
      - 四食處略不釋
      - 五明界內不集
      - 六无因緣文云律中不犯明七緣以下是
      - 七唱一一犯略不釋
- 三不犯

不受食戒十門分之
- 一明制受意
- 二明能受人
- 三明所授境
- 四明所受食自二
  - 初汎明須不
  - 二明轉變
- 五明受食處
  - 一畧食相對受自三：一互身邊受　二互物邊受　三互器邊受
  - 二身心相對受自四：一身受非心受　二心受非身受　三身心平等受　四非身心受
- 六明受食法有六
  - 三輩心无對受　四連綿觸手受　五心境相對受　六非心境受
- 七明食觀
- 八明食法　擇中立　受食法
- 九明失受法有六
  - 一決意棄捨失　二捨戒失　三捨命失　四任運失　五轉變失　六遇緣解失
- 十對文解自三
  - 一犯明境略
  - 二明犯相對文陳具三緣：一是四藥　二自取

BD14522 號　行事鈔中分門圖錄　（22–11）

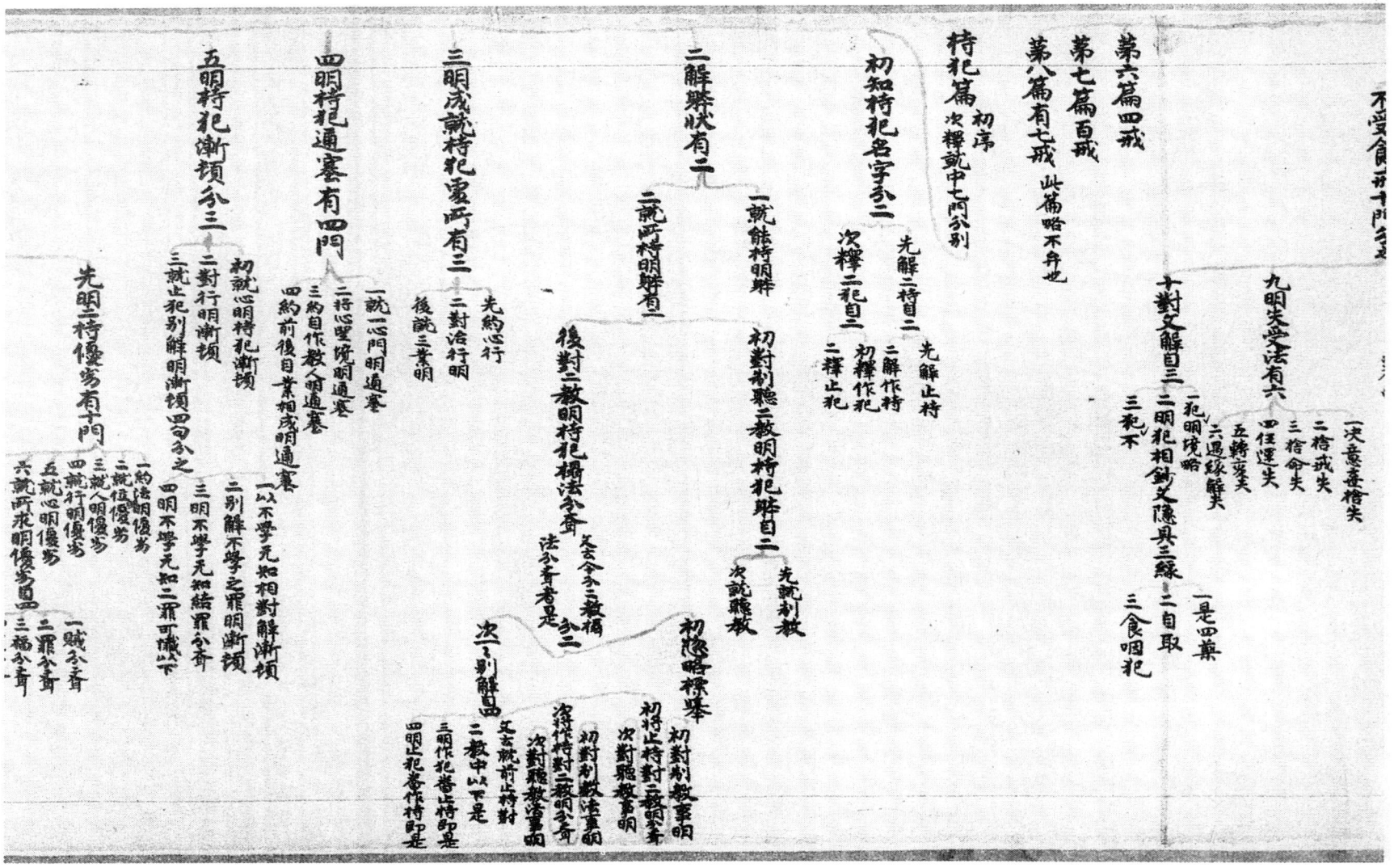

不受食戒十門分之
- 九明失受法有六
  - 一決意棄捨失　二捨戒失　三捨命失　四任運失　五轉變失　六遇緣解失
- 十對文解自三
  - 一犯明境略
  - 二明犯相對文陳具三緣：一是四藥　二自取　三食咽犯
  - 三犯不

第六篇四戒

第七篇百戒

第八篇有七戒　此篇略不弁也

持犯篇　初序　次釋就中七門分別
- 初知持犯名字分二
  - 先解二持自二：先解止持　二解作持
  - 次釋二犯自二：初釋作犯　二釋止犯
- 二解體狀有二
  - 一就能持明體
  - 二就所持明體有二
    - 初對制聽二教明持犯體自二：先就制教　次就聽教
    - 後對二教明持犯攝法分齊　文云今分二教攝法分齊者是　分二
      - 初總略標舉
        - 初對制教辨明：初對制教止持對二犯明分齊　次對聽教[illegible]
        - 次對聽教辨明：初對聽教止持對二犯明分齊　次對聽教作持[illegible]
      - 次一一別解四：一[illegible]　二教中以下是　三明作犯善止持即是　四明止犯善作持即是
- 三明成就持犯處所有三
  - 先約心行
  - 二對治行明
  - 後就三業明
- 四明持犯通塞有四門
  - 一就一心門明通塞
  - 二持心望境明通塞
  - 三約自作教人明通塞
  - 四約前後自業相成明通塞
- 五明持犯漸頓分三
  - 初就心明持犯漸頓
  - 二對行明漸頓
  - 三就止犯別解明漸頓四句分之
    - 一以不學无知相對解漸頓
    - 二別解不學之罪明漸頓
    - 三明不學无知結罪分齊
    - 四明不學无知二罪可識不
- 先明二持優劣有十門
  - 一約諸明優劣
  - 二就位明優劣
  - 三就入明優劣
  - 四就行明優劣
  - 五就心明優劣
  - 六就所求明優劣
  - [illegible]：一賊分齊　二罪分齊　三福分齊

BD14522 號　行事鈔中分門圖錄　（22–12）

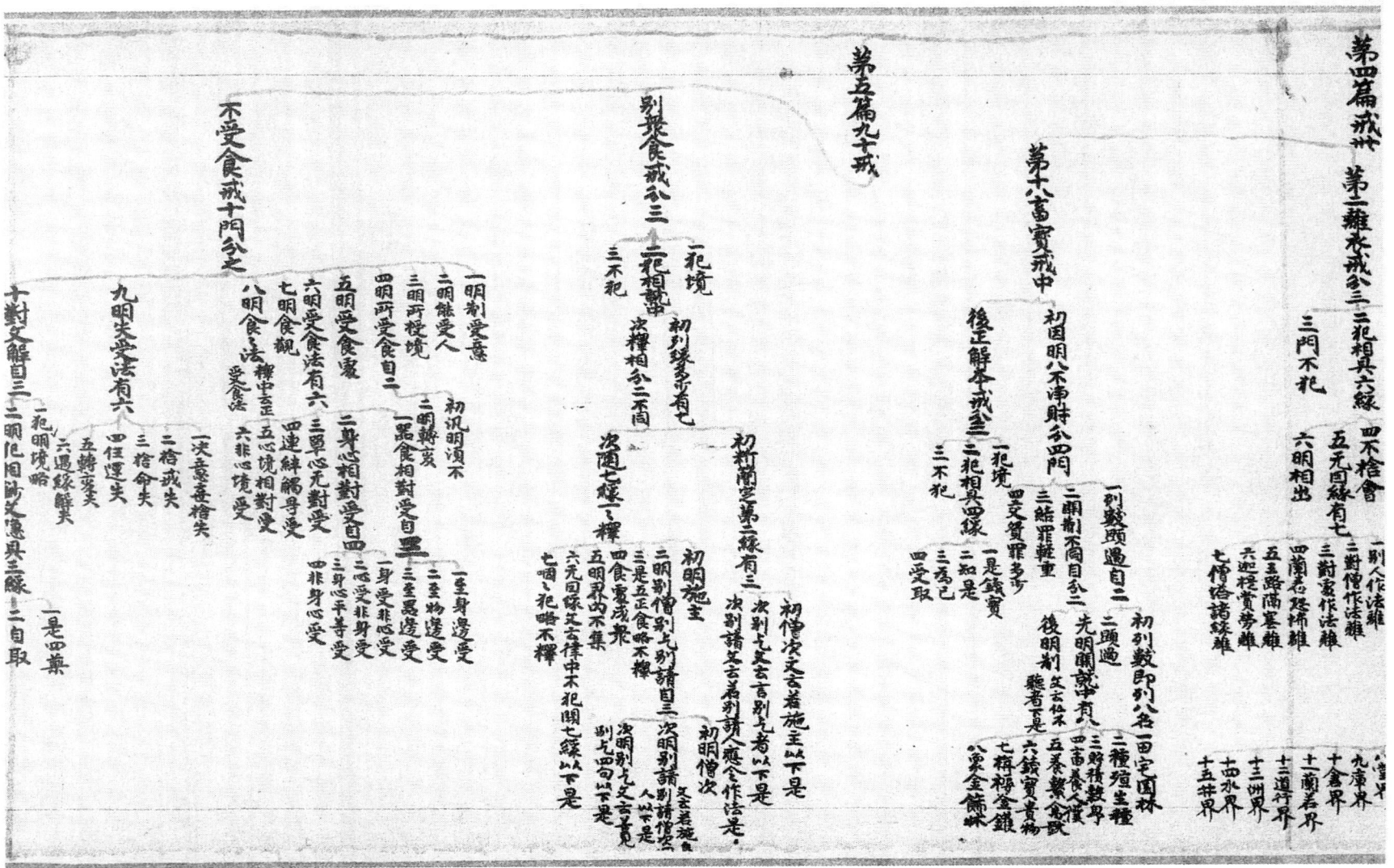

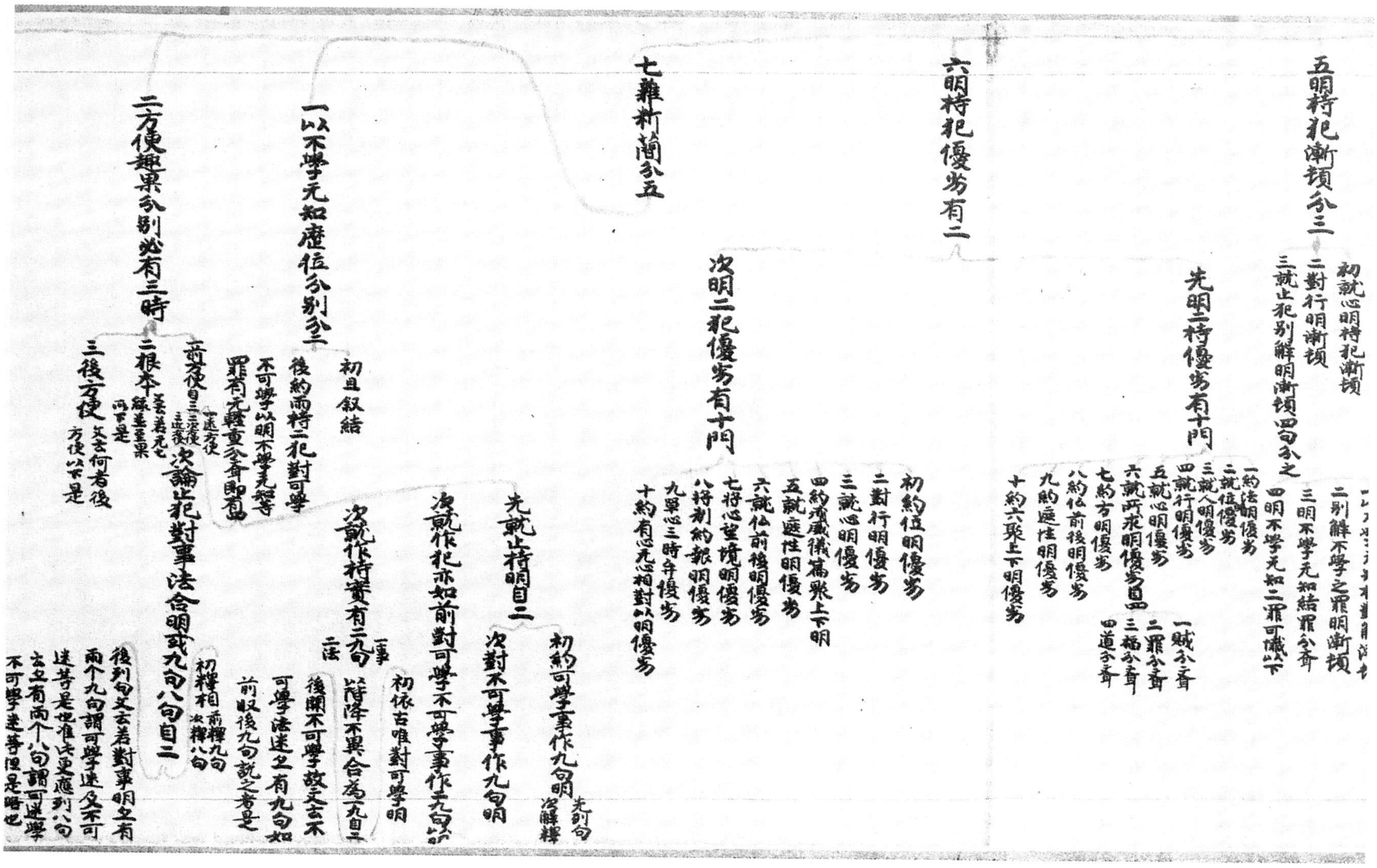

BD14522 號　行事鈔中分門圖錄

(22–13)

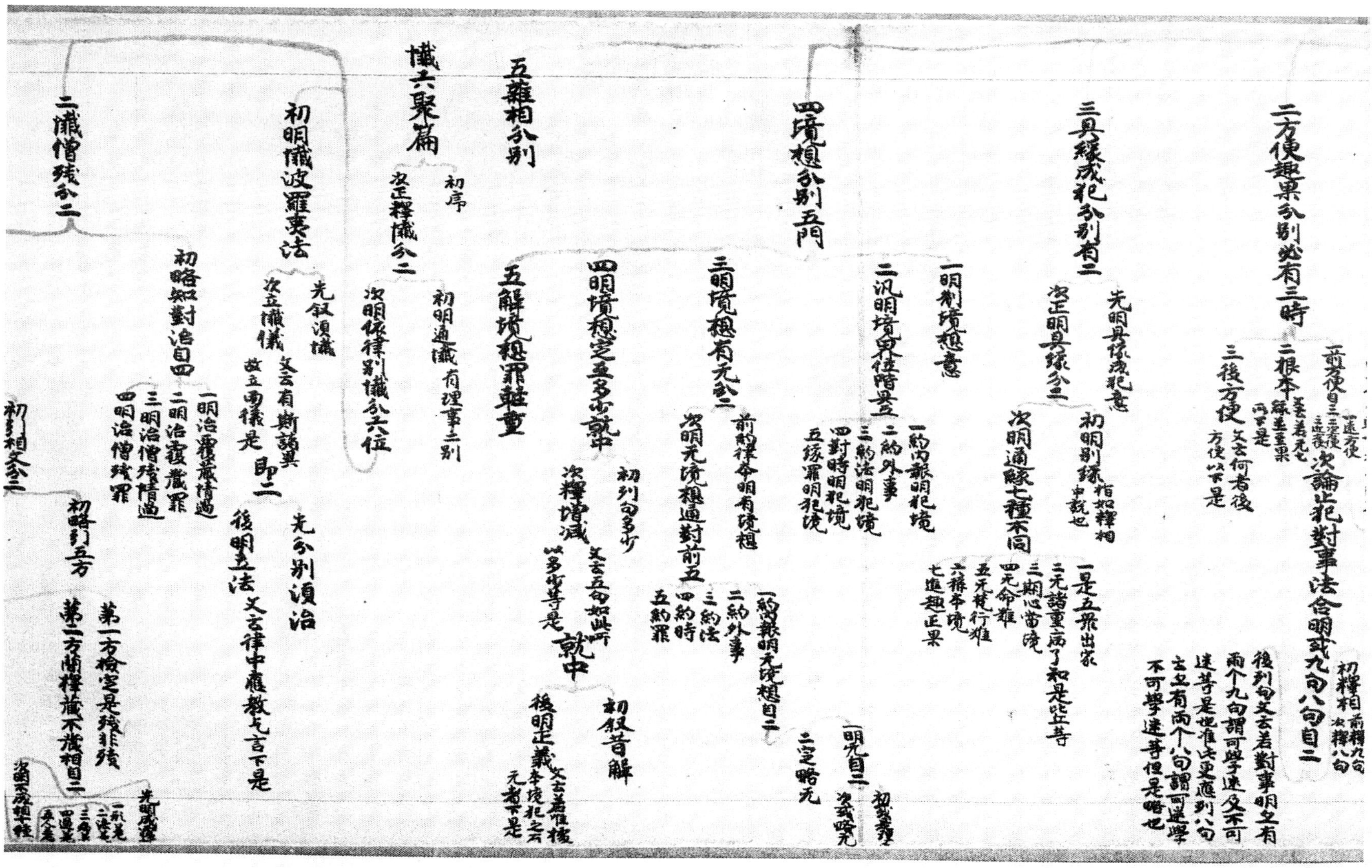

BD14522 號　行事鈔中分門圖錄

(22–14)

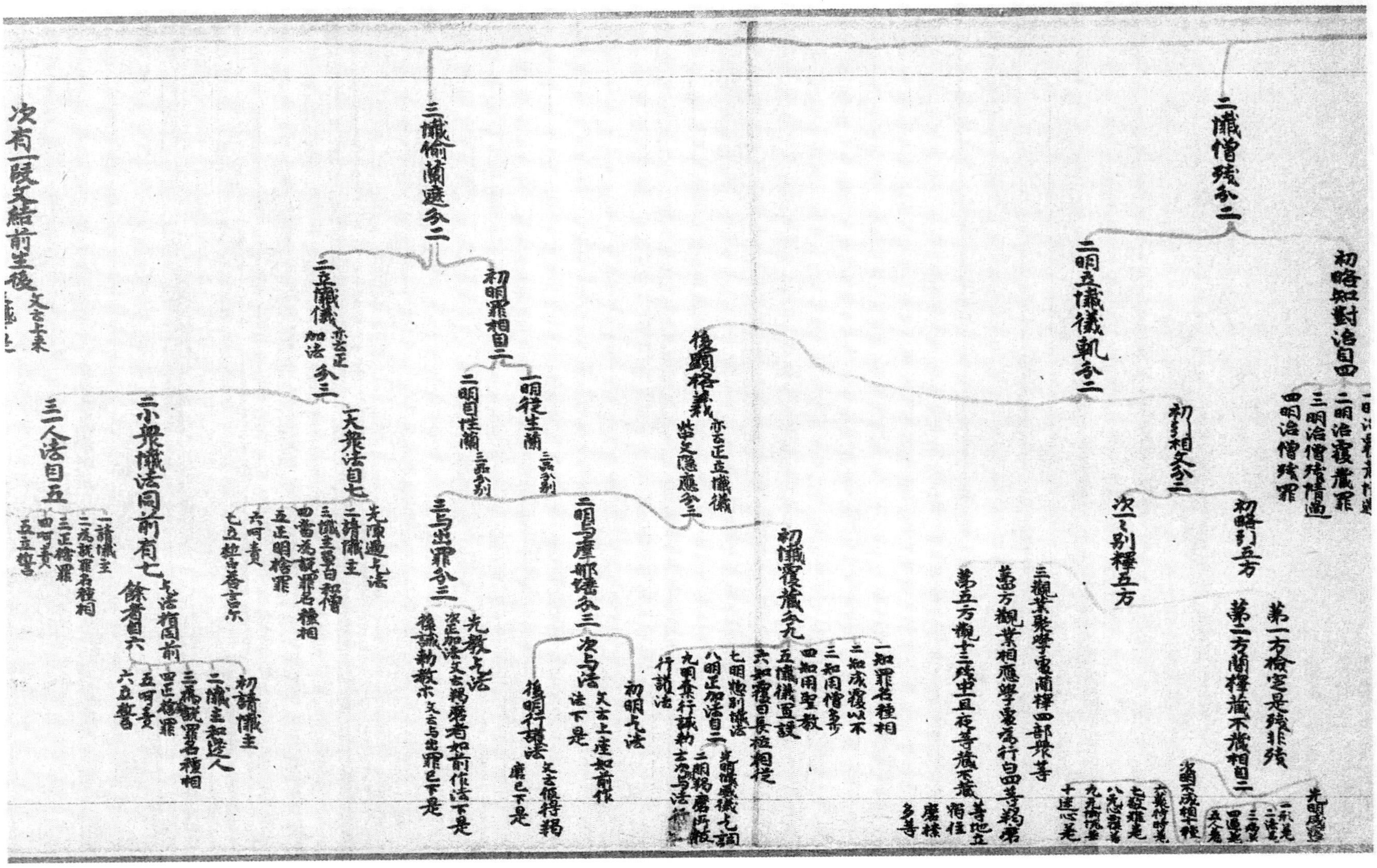

BD14522 號　行事鈔中分門圖錄　　（22–15）

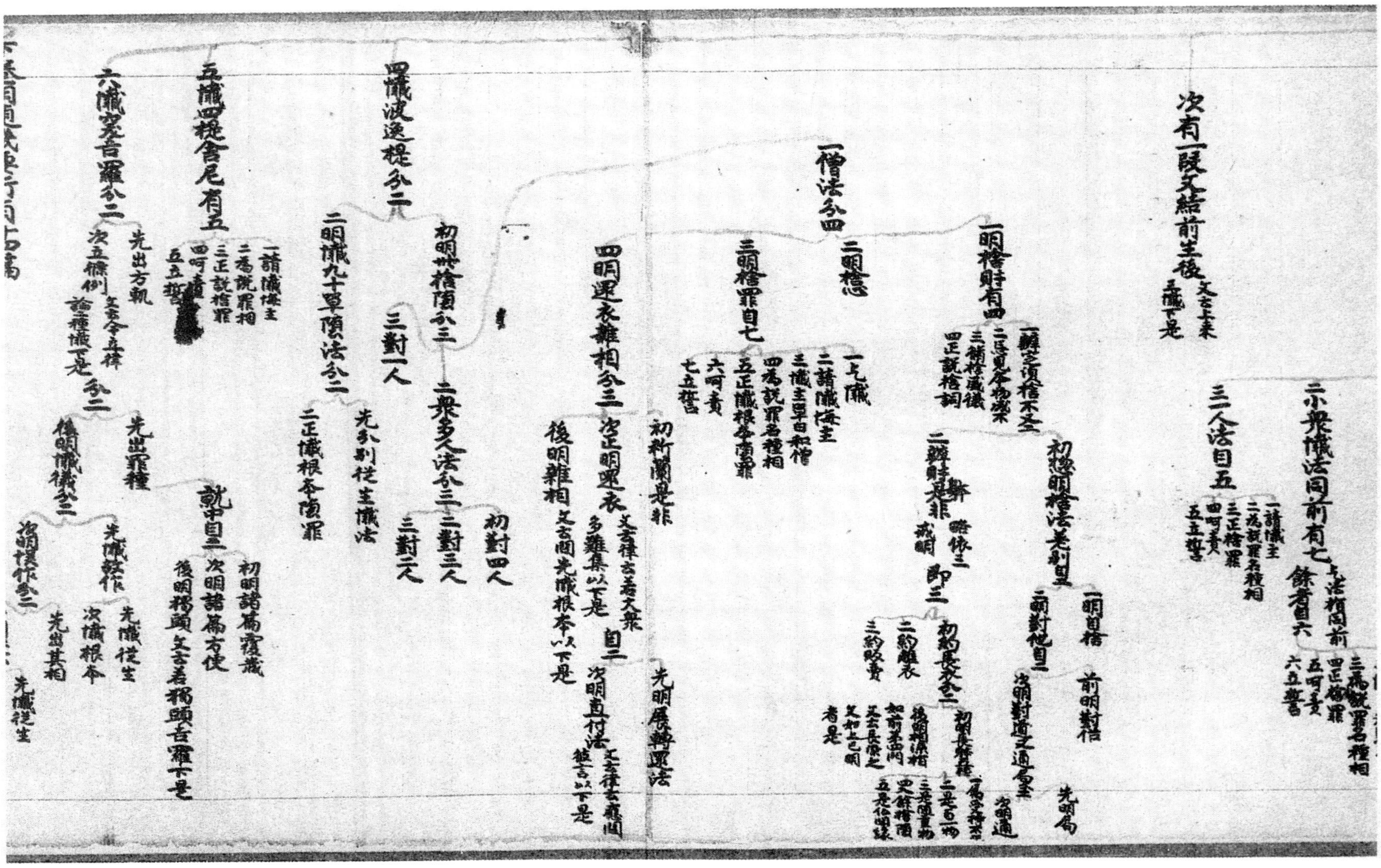

BD14522 號　行事鈔中分門圖錄　　（22–16）

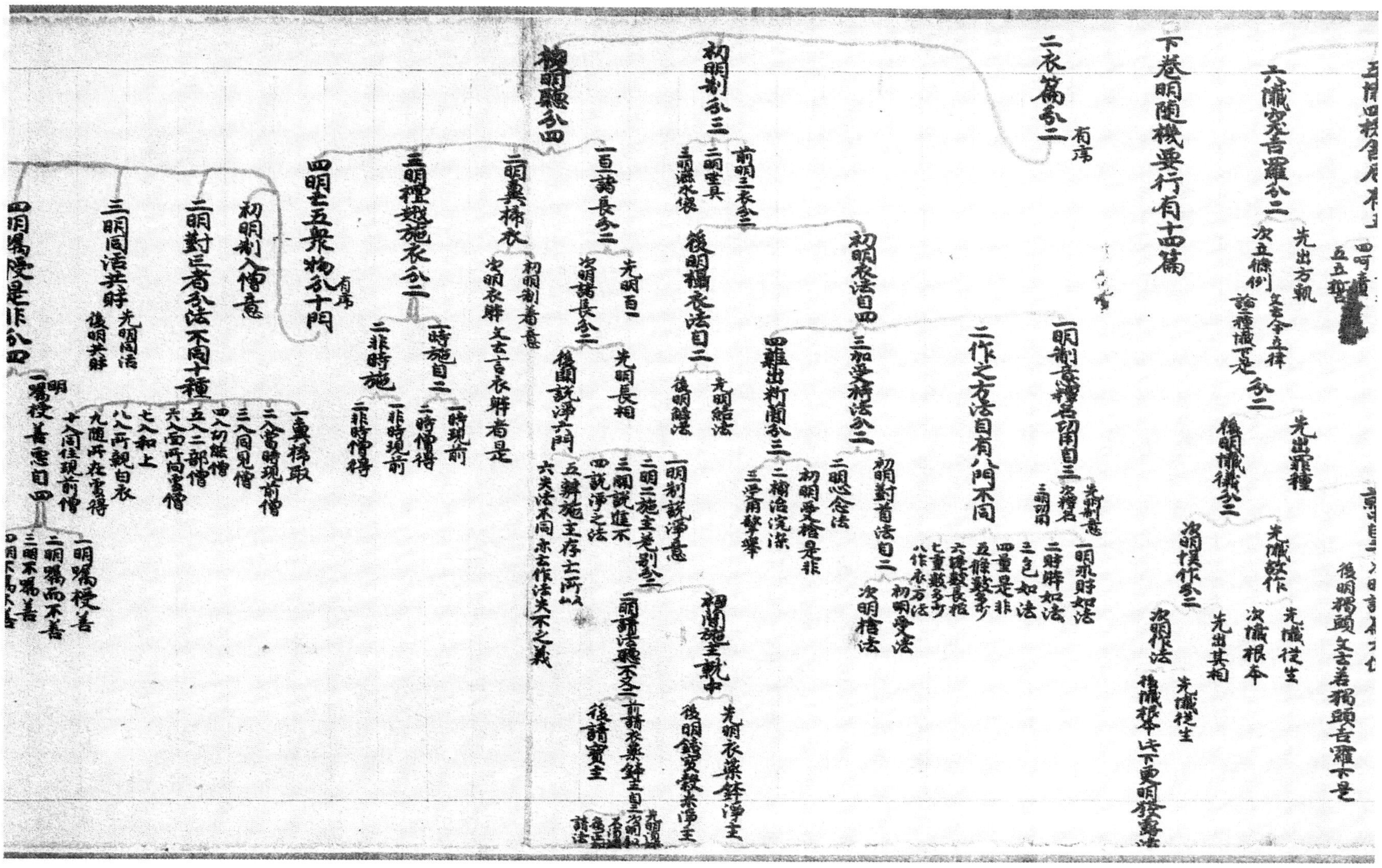

BD14522 號　行事鈔中分門圖錄　（22–17）

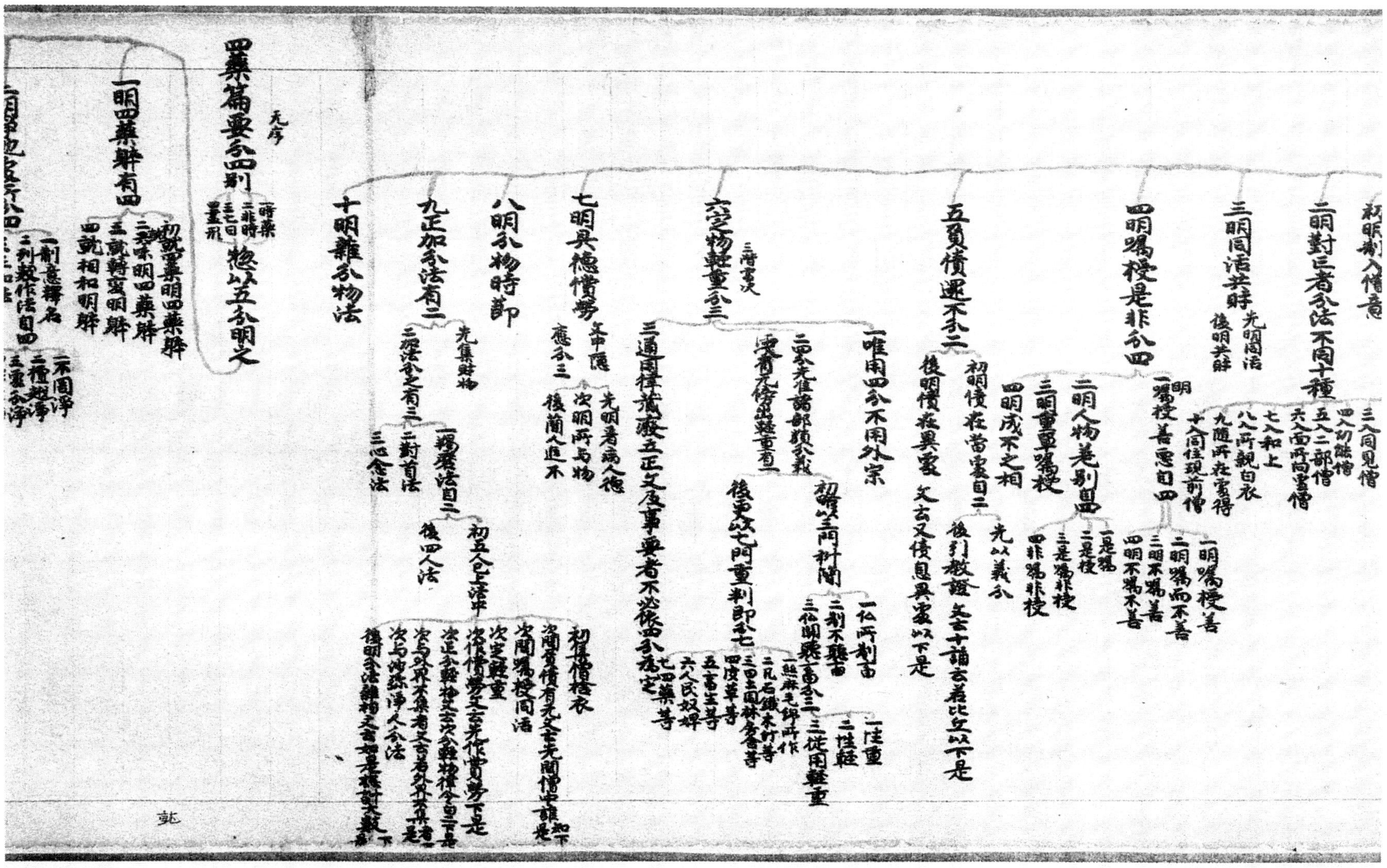

BD14522 號　行事鈔中分門圖錄　（22–18）

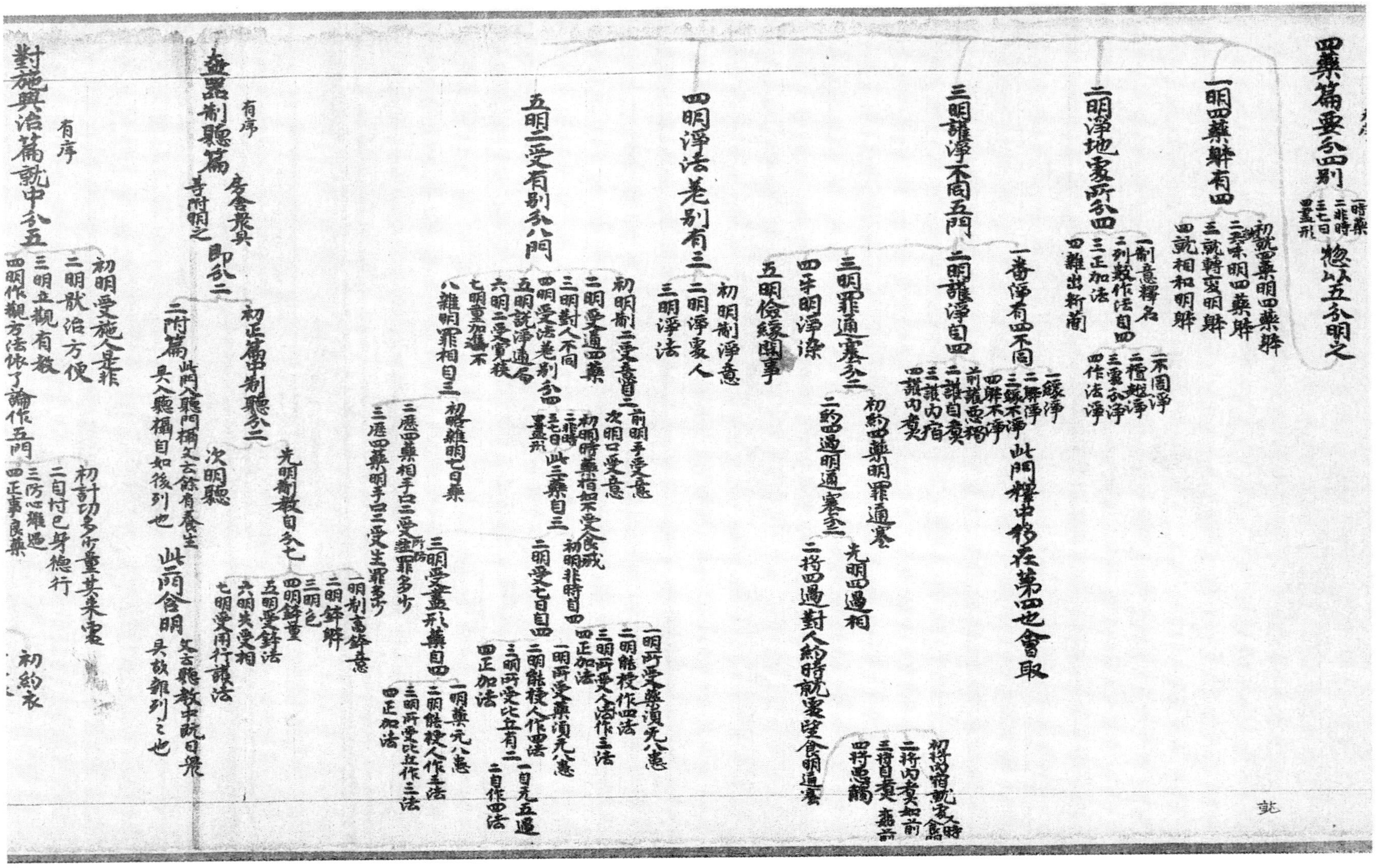

BD14522 號　行事鈔中分門圖錄　（22–19）

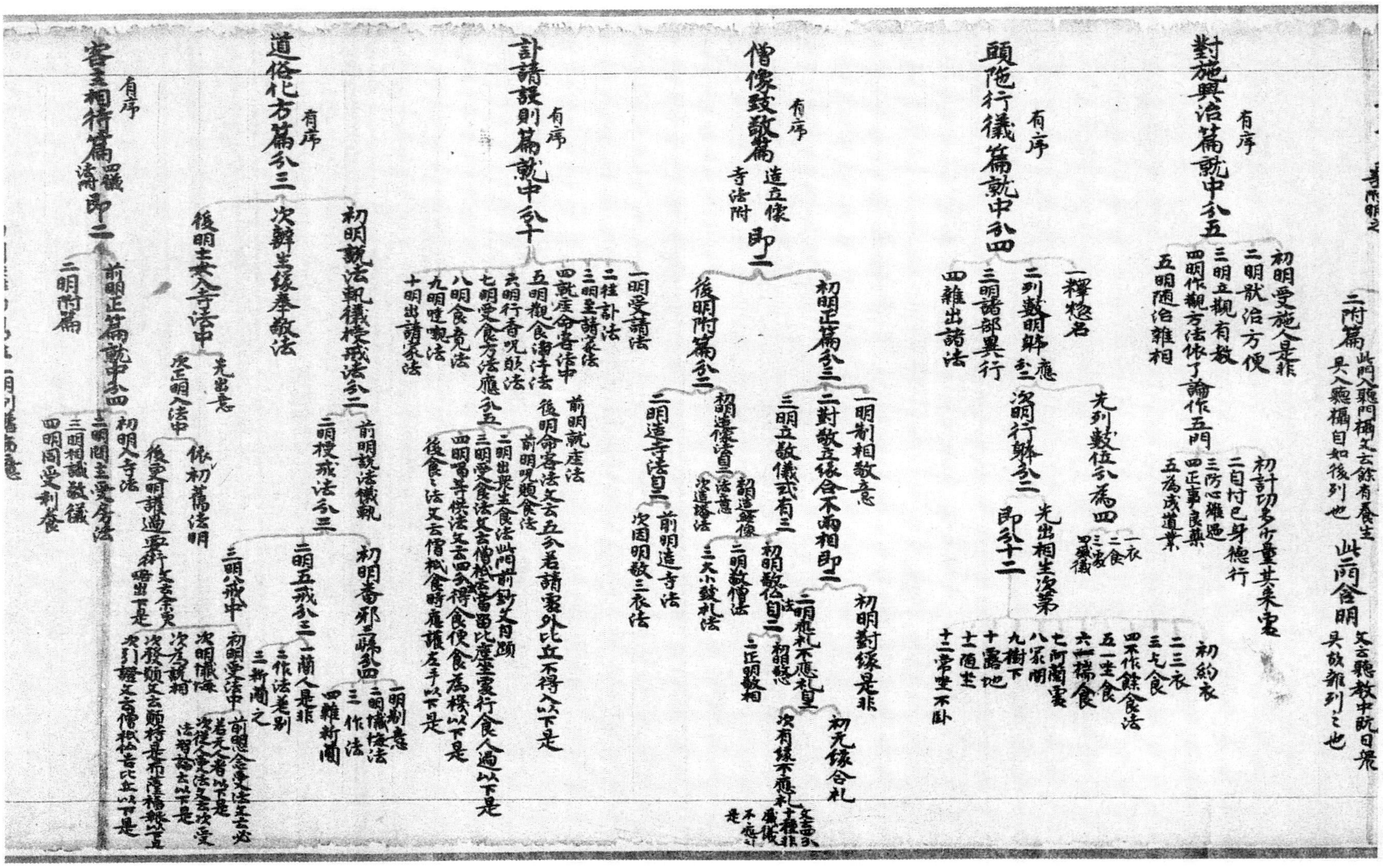

BD14522 號　行事鈔中分門圖錄　（22–20）

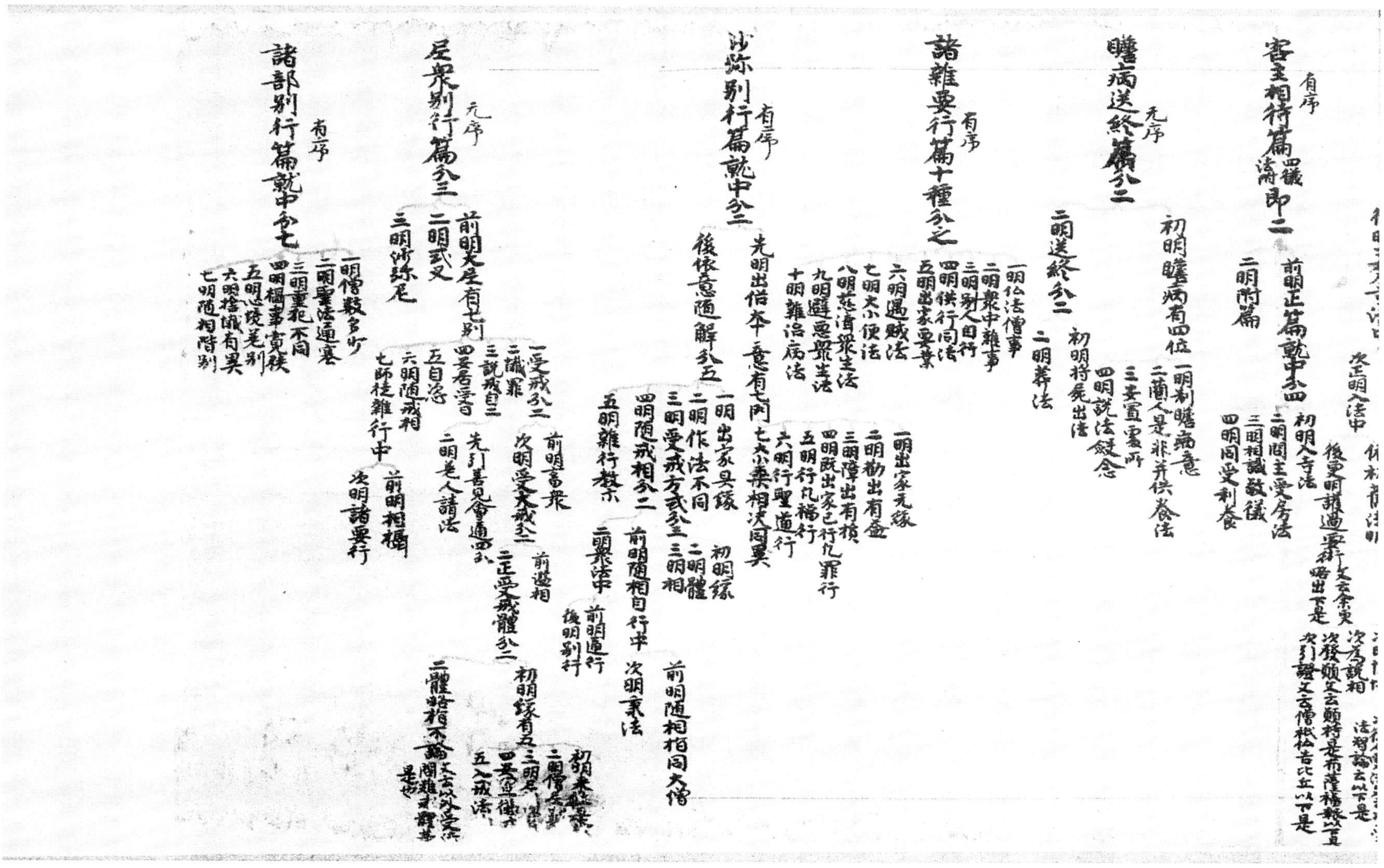

BD14522 號　行事鈔中分門圖錄　（22–21）

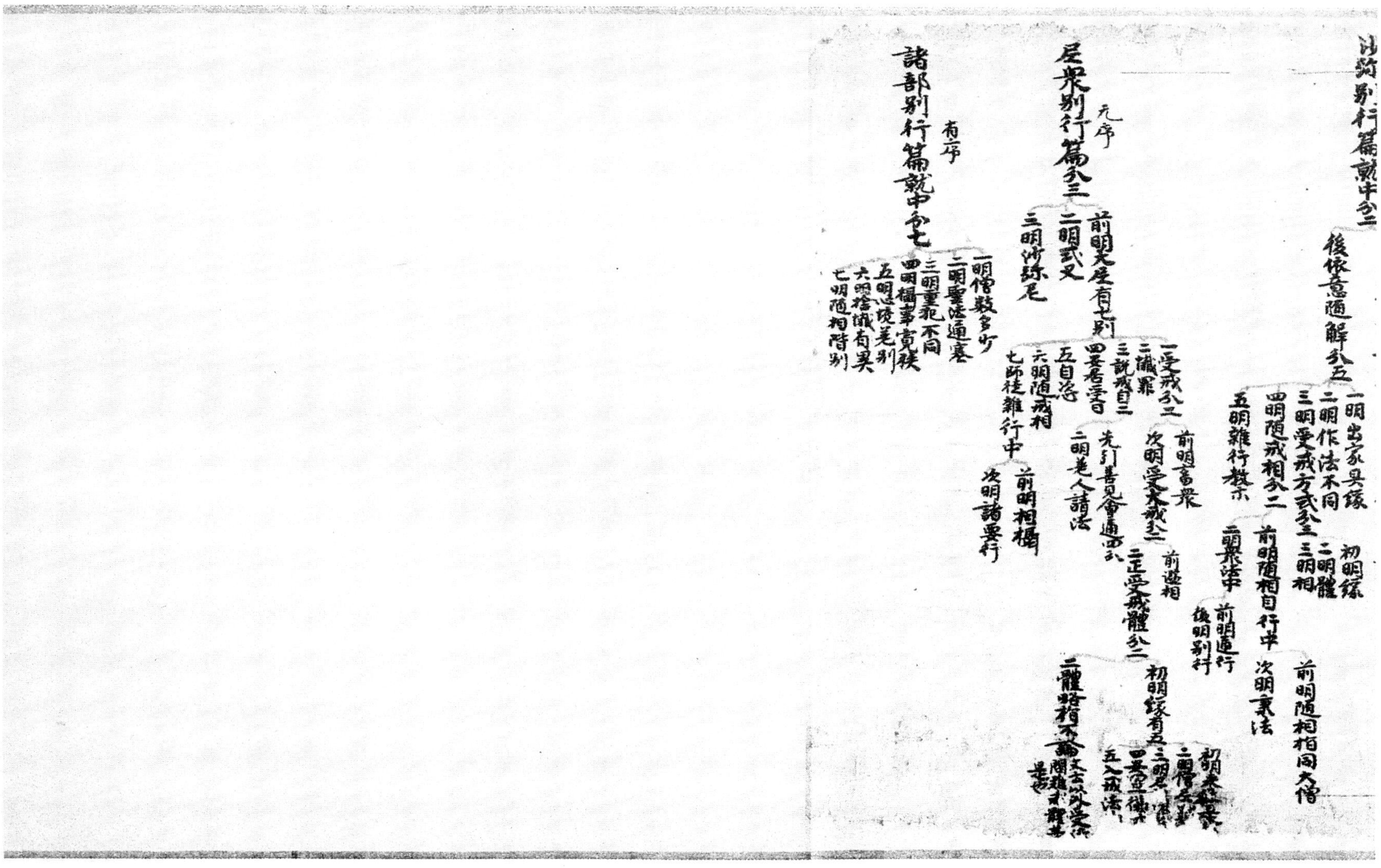

BD14522 號　行事鈔中分門圖錄　（22–22）

著　録　凡　例

本目錄採用條目式著錄法。諸條目意義如下：

1.1　著錄編號。用漢語拼音首字“BD”表示，意為“北京圖書館藏敦煌遺書”，簡稱“北敦號”。文獻寫在背面者，標註為“背”。一件遺書上抄有多個文獻者，用數字 1、2、3 等標示小號。一號中包括幾件遺書，且遺書形態各自獨立者，用字母 A、B、C 等區別。

1.2　著錄分類號。本條記目錄暫不分類，該項空缺。

1.3　著錄文獻的名稱、卷本、卷次。

1.4　著錄千字文編號。

1.5　著錄縮微膠卷號。

2.1　著錄遺書的總體數據。包括長度、寬度、紙數、正面抄寫總行數與每行字數、背面抄寫總行數與每行字數。如該遺書首尾有殘破，則對殘破部分單獨度量，用加號加在總長度上。凡屬這種情況，長度用括弧標註。

2.2　著錄每紙數據。包括每紙長度及抄寫行數或界欄數。

2.3　著錄遺書的外觀。包括：(1) 裝幀形式。(2) 首尾存況。(3) 護首、軸、軸頭、天竿、縹帶，經名是書寫還是貼簽，有無經名號，扉頁、扉畫。(4) 卷面殘破情況及其位置。(5) 尾部情況。(6) 有無附加物（蟲繭、油污、線繩及其他)。(7) 有無裱補及其年代。(8) 界欄。(9) 修整。(10) 其他需要交待的問題。

2.4　著錄一件遺書抄寫多個文獻的情況。

3.1　著錄文獻首部文字與對照本核對的結果。

3.2　著錄文獻尾部文字與對照本核對的結果。

3.3　著錄錄文。

3.4　著錄對文獻的説明。

4.1　著錄文獻首題。

4.2　著錄文獻尾題。

5　著錄本文獻與對照本的不同之處。

6.1　著錄本遺書首部可與另一遺書綴接的編號。

6.2　著錄本遺書尾部可與另一遺書綴接的編號。

7.1　著錄題記、題名、勘記等。

7.2　著錄印章。

7.3　著錄雜寫。

7.4　著錄護首及扉頁的內容。

8　著錄年代。

9.1　著錄字體。如有武周新字、合體字、避諱字等，予以説明。

9.2　著錄卷面二次加工的情況。包括句讀、點標、科分、間隔號、行間加行、行間加字、硃筆、墨塗、倒乙、刪除、兑廢等。

10　著錄敦煌遺書發現後，近現代人所加內容，裝裱、題記、印章等。

11　備註。著錄揭裱互見、圖版本出處及其他需要説明的問題。

上述諸條，有則著錄，無則空缺。

為避文繁，上述著錄中出現的各種參考、對照文獻，暫且不列版本説明。全目結束時，將統一編制本條記目錄出現的各種參考書目。

本條記目錄為農曆年份標註其公曆紀年時，未進行歲頭年末之換算，請讀者使用時注意自行换算。

條 記 目 錄

BD14470—14522

1.1 BD14470 號
1.3 大般涅槃經（北本　異卷）卷一九
1.4 新 0670
2.1 （3.6+832.8）×26.8 厘米；18 紙；489 行，行 17 字。
2.2 01：3.6+37.1，24；02：48.0，28；03：47.9，28；
04：48.1，28；05：48.0，28；06：48.0，28；
07：47.9，28；08：48.0，28；09：48.0，28；
10：47.9，28；11：47.9，28；12：47.8，28；
13：48.0，28；14：47.9，28；15：47.8，28；
16：48.0，28；17：47.8，28；18：28.7，17。
2.3 卷軸裝。首殘尾全。打紙。卷面有水漬及破裂。有燕尾。有烏絲欄。
3.1 首 2 行殘→大正 0374，12/0475A07~09。
3.2 尾全→大正 0374，12/0480C27。
4.2 大般涅槃經卷第十九（尾）。
5 與《大正藏》本對照，卷品開合不同。經文相當於《大正藏》本卷一九大部與卷二〇起始部分。與歷代大藏經分卷均不同。
8 7~8 世紀。唐寫本。
9.1 楷書。
9.2 有刮改。
10 卷尾背粘貼有一白紙簽條，上寫“《大般涅槃經》第十九，長二丈四尺五寸”、“045”。

1.1 BD14471 號
1.3 觀無量壽佛經卷二
1.4 新 0671
2.1 （2+678）×27.7 厘米；15 紙；397 行，行 17 字。
2.2 01：2+20，13；02：47.0，28；03：47.0，28；
04：47.0，28；05：47.0，28；06：47.0，28；
07：47.0，28；08：47.0，28；09：47.0，28；
10：47.0，28；11：47.0，28；12：47.0，28；
13：47.0，28；14：47.0，28；15：47.0，20。
2.3 卷軸裝。首殘尾全。打紙，研光上蠟。首紙上下邊有破裂和殘缺，中間有殘洞，第 9、10 紙接縫處下部開裂。有烏絲欄。
3.1 首行上殘→大正 365 12/341B13。
3.2 尾全→12/346B21。
4.2 佛說無量壽觀經（尾）。
8 7~8 世紀。唐寫本。
9.1 楷書。
10 卷尾背粘有白紙簽條：“《佛說無量壽觀經》，長一丈九尺二寸。”另有紙簽，上寫號碼“080”。

1.1 BD14472 號
1.3 大方廣佛華嚴經（晉譯六十卷本　思溪本）卷八
1.4 新 0672
2.1 145.4×26.3 厘米；4 紙；75 行，行 14~17 字。
2.2 01：35.0，21；02：37.0，21；03：36.7，22；
04：36.7，11。
2.3 卷軸裝。首斷尾全。有烏絲欄。有劃界欄針孔。已修整。後配趙城金藏軸。
3.1 首殘→大正 0278，09/0448B01。
3.2 尾全→大正 0278，09/0449A11。
4.2 大方廣華嚴經卷第八（尾）。
5 與《大正藏》本對照，分卷不同。與六十卷本中的《思溪藏》本分卷相同。
7.1 尾題後有題記 5 行：“延昌二年（513）歲次癸巳四月十七日燉煌鎮官/經生令狐禮太寫經訖竟。/用紙廿四張/典經帥令狐崇哲/校經道人。/”
7.2 題記上鈐有陽文墨印一方，2.3×2.5 厘米；為九疊文，不識待考。
8 513 年。南北朝寫本。
9.1 楷書。
10 卷尾背寫有“北魏”、“延昌”字樣。另有紙簽，上寫號碼“001”。

1.1　BD14473 號
1.3　維摩詰所說經卷中
1.4　新 0673
2.1　(6 + 872.9) × 25 厘米；20 紙；528 行，行 17 字。
2.2　01：6 + 18.5，20；　02：47.0，28；　03：47.0，28；
04：47.0，28；　05：47.0，28；　06：47.0，28；
07：47.0，28；　08：46.8，28；　09：47.0，28；
10：47.0，28；　11：47.0，28；　12：47.0，28；
13：47.0，28；　14：47.0，28；　15：47.0，28；
16：47.0，28；　17：47.0，28；　18：47.0，28；
19：47.0，28；　20：08.6，04。
2.3　卷軸裝。首殘尾全。卷面多水漬，有破裂，第 2、3 紙接縫處開裂。有烏絲欄。
3.1　首 3 行上殘→大正 0475，14/0545A06 ~ 07。
3.2　尾全→大正 0475，14/0551C27。
4.2　維摩詰經卷中（尾）。
8　7 ~ 8 世紀。唐寫本。
9.1　楷書。
10　首紙背有紙簽，上寫："《維摩經》卷中，長二丈八尺二寸，高七寸五。"包布上有題簽："唐人寫《維摩詰經》卷中，長二丈八尺七寸五分，039。"繫帶上有一小白紙簽條，上寫"接，3931"。

1.1　BD14474 號
1.3　大般若波羅蜜多經卷二一二
1.4　新 0674
2.1　(8.6 + 392.6 + 1.7) × 25.5 厘米；10 紙；233 行，行 17 字。
2.2　01：8.6 + 7.3，9；　02：44.7，27；　03：45.8，28；
04：45.8，28；　05：45.8，28；　06：45.8，28；
07：45.8，28；　08：45.8，28；　09：45.8，28；
10：01.7，01。
2.3　卷軸裝。首尾均殘。卷面油污、污穢。第 2 紙古代修接時重疊經文一行。背有古代裱補。有烏絲欄。已修整。
3.1　首 4 行下殘→大正 0220，06/0060B11 ~ 15。
3.2　尾行上殘→大正 0220，06/0063A15。
8　8 ~ 9 世紀。吐蕃統治時期寫本。
9.1　楷書。
10　首紙背粘有白紙簽條，上寫："唐寫經，長一丈一尺。"另有紙簽，上寫號碼"088"。

1.1　BD14475 號
1.3　四分律比丘戒本
1.4　新 0675
2.1　(11.5 + 371.7 + 1.6) × 27.6 厘米；11 紙；正面 224 行，行 20 ~ 23 字；背面 5 行。
2.2　01：11.5，06；　02：15 + 17.5，20；　03：37.7，23；
04：37.4，23；　05：36.5，22；　06：37.4，19；
07：41.3，22；　08：41.8，22；　09：41.4，22；
10：41.3，22；　11：39.4 + 1.6，23。
2.3　卷軸裝。首尾均殘。前數紙殘破嚴重。背有古代裱補，為經黄打紙，上有文字。已修整。
2.4　本遺書包括 3 個文獻：（一）《四分律比丘戒本》，224 行，抄寫在正面，今編為 BD14475 號。（二）《春秋穀梁傳集解》，4 行，抄寫在背面裱補紙上，今編為 BD14475 號背 1。（三）《春秋穀梁傳集解・桓公六年》，1 行，抄寫在背面裱補紙上，今編為 BD14475 號背 2。
3.1　首 15 行上下殘→大正 1429，22/1018A28 ~ B22。
3.2　尾行上殘→大正 1429，22/1021B16。
8　9 ~ 10 世紀。歸義軍時期寫本。
9.1　楷書。
9.2　有硃筆校改及點標。有行間校加字及行間加行。
10　卷背貼有紙簽，上寫"034"。

1.1　BD14475 號背 1
1.3　春秋穀梁傳集解
1.4　新 0675
2.4　本遺書由 3 個文獻組成，本文獻為第 2 個，4 行，寫在背面裱補紙上。餘參見 BD14475 號之第 2 項。
3.1　首殘→《十三經註疏》，02/2373A15。
3.2　尾殘→《十三經註疏》，02/2373A23。
5　與《十三經註疏》本相比，沒有疏文。其餘行文略有差異，可供校勘。
8　7 ~ 8 世紀。唐寫本。
9.1　楷書。

1.1　BD14475 號背 2
1.3　春秋穀梁傳集解
1.4　新 0675
2.4　本遺書由 3 個文獻組成，本文獻為第 3 個，1 行，寫在背面裱補紙上。餘參見 BD14475 號之第 2 項。
3.1　首殘→《十三經註疏》，02/2375A11。
3.2　尾殘→《十三經註疏》，02/2375A12。
8　7 ~ 8 世紀。唐寫本。
9.1　楷書。

1.1　BD14476 號
1.3　佛頂尊勝陀羅尼經（佛陀波利本）
1.4　新 0676
2.1　(6 + 314.6) × 26.3 厘米；7 紙；182 行，行 17 字。
2.2　01：6 + 30.5，22；　02：47.1，28；　03：47.5，28；
04：47.6，28；　05：47.2，28；　06：47.5，28；
07：47.2，20。
2.3　卷軸裝。首殘尾全。接縫處多有開裂。尾有原軸，兩端鑲

蓮蓬形軸頭。有烏絲欄。已修整。
3.1　首4行上下殘→大正0967，19/0350A01～04。
3.2　尾全→大正0967，19/0352A26。
4.2　佛頂尊勝陀羅尼經（尾）。
5　咒語與《大正藏》本不同，相當於所附的宋本，參見19/352A27～B23。
7.1　尾題之下有題記1行："弟昆王為姊寫。"
8　7～8世紀。唐寫本。
9.1　楷書。
9.2　有刮改。
10　第2紙背粘有白紙簽條，上寫："《佛頂尊勝陁羅尼經》，昆王為姊寫，長九寸（尺）三寸。"另有紙簽，上寫號碼"014"。

1.1　BD14477號
1.3　妙法蓮華經卷三
1.4　新0677
2.1　（6+819.5）×25厘米；19紙；493行，行17字。
2.2　01：6+3，06；　02：45.5，28；　03：46.0，28；
04：46.0，28；　05：46.0，28；　06：46.0，28；
07：46.0，28；　08：46.0，28；　09：46.0，28；
10：46.0，28；　11：46.0，28；　12：46.0，28；
13：46.0，28；　14：46.0，28；　15：46.0，28；
16：46.0，28；　17：46.0，28；　18：46.0，28；
19：35.0，11。
2.3　卷軸裝。首殘尾全。經黃打紙，研光上蠟。卷面多水漬，有殘破，卷尾殘破嚴重，第1、2紙接縫處脱開。尾有原軸，兩端鑲蓮蓬形軸頭，有玉石嵌花。有烏絲欄。已修整。
3.1　首4行中下殘→大正0262，09/0019C11～15。
3.2　尾全→大正0262，09/0027B09。
4.2　妙法蓮華經卷第三（尾）。
8　7～8世紀。唐寫本。
9.1　楷書。
9.2　有校改。
10　第17紙背貼有白紙簽條，上寫："《妙法蓮花經》卷第三，長二丈五尺三寸。"另有紙簽，上寫號碼"059"。

1.1　BD14478號
1.3　妙法蓮華經卷四
1.4　新0678
2.1　（28+478.5）×26.5厘米；11紙；299行，行17字。
2.2　01：28+3.5，19；　02：47.5，28；　03：47.5，28；
04：47.5，28；　05：47.5，28；　06：47.5，28；
07：47.5，28；　08：47.5，28；　09：47.5，28；
10：47.5，28；　11：47.5，28。
2.3　卷軸裝。首殘尾脱。卷面多有破裂，接縫處多有開裂。有烏絲欄。已修整。
3.1　首16行下殘→大正0262，09/0030A19～B10。
3.2　尾殘→大正0262，09/0034B10。
8　7～8世紀。唐寫本。
9.1　楷書。
10　第2紙背貼有白紙簽條，上寫："《妙法蓮花經·法師品·見竇塔品》，長一丈四尺。"另有紙簽，上寫號碼"069"。

1.1　BD14479號
1.3　大方廣佛華嚴經（晉譯五十卷本）卷五
1.4　新0679
2.1　（2+587）×26.5厘米；12紙；310行，行17字。
2.2　01：2+48，27；　02：50.5，27；　03：50.5，27；
04：50.5，27；　05：50.5，27；　06：50.5，27；
07：50.5，27；　08：50.5，27；　09：50.5，27；
10：50.5，27；　11：50.5，27；　12：34.0，13。
2.3　卷軸裝。首殘尾全。卷面有水漬、油污及殘洞。有燕尾。有烏絲欄。
3.1　首行下殘→大正0278，09/0432B13～14。
3.2　尾全→大正0278，09/0436A26。
4.2　大方廣佛華嚴經卷第五（尾）。
5　與《大正藏》本對照，分卷不同。卷末與宮內省圖書寮本同。經文相當於《大正藏》本《大方廣佛華嚴經》卷第六淨行品第七，賢首菩薩品第八之一。屬於五十卷本。
8　6世紀。南北朝寫本。
9.1　楷書。
10　包裹紙上寫有"三七"。

1.1　BD14480號
1.3　金光明最勝王經卷二
1.4　新0680
2.1　（69.9+487）×25.7厘米；12紙；341行，行17字。
2.2　01：45.4，29；　02：24.5+22，29；　03：46.0，29；
04：46.5，28；　05：47.0，29；　06：47.0，29；
07：46.8，30；　08：46.8，30；　09：46.8，29；
10：46.8，30；　11：46.3，29；　12：45.0，20。
2.3　卷軸裝。首殘尾全。卷首殘破嚴重，第7、8紙接縫處脱開。背有古代裱補。有烏絲欄。已修整。
3.1　首43行中下殘→大正0665，16/0408C05～0409A22。
3.2　尾全→大正0665，16/0413C06。
4.2　金光明最勝王經卷第二（尾）。
8　8世紀。唐寫本。
9.1　楷書。
10　首紙背粘有白紙簽條，上有毛筆寫"《金光明最勝王經》卷第二，'夢見懺悔品'"；鋼筆寫"竪七寸五，長一丈五尺"。另有紙簽，上寫號碼"050"。

1.1　BD14481號
1.3　妙法蓮華經卷五

1.4　新0681
2.1　(1.5+430.5)×25.7厘米；21紙；513行，行17字。
2.2　01：01.5，01；　02：45.0，28；　03：45.0，28；
04：45.0，28；　05：45.0，28；　06：45.0，28；
07：45.0，28；　08：45.0，28；　09：45.0，28；
10：45.0，28；　11：45.0，28；　12：45.0，28；
13：45.0，28；　14：45.0，28；　15：45.0，28；
16：45.0，28；　17：45.0，28；　18：45.0，28；
19：45.0，28；　20：17.5，08；　21：08.0，拖尾。
2.3　卷軸裝。首殘尾全。打紙，砑光上蠟。卷面有破裂，接縫處有開裂。有燕尾。有烏絲欄。已修整。
3.1　首行上下殘→大正0262，09/0038B23~24。
3.2　尾全→大正0262，09/0046B14。
4.2　妙法蓮華經卷第五（尾）。
8　7~8世紀。唐寫本。
9.1　楷書。
10　第2紙背貼有白紙簽條，寫有："《妙法蓮花經・從地踴出品》，第十五，長二丈四尺五寸。"包裹布上另有紙簽，上寫號碼"十七"。

1.1　BD14482號
1.3　妙法蓮華經卷七
1.4　新0682
2.1　(11.5+489)×26厘米；12紙；286行，行17字。
2.2　01：09.5，05；　02：2+45.5，28；　03：48.5，28；
04：48.5，28；　05：48.5，28；　06：48.5，28；
07：48.5，28；　08：48.5，28；　09：48.5，28；
10：48.5，28；　11：48.5，28；　12：07.0，01。
2.3　卷軸裝。首殘尾全。麻紙，未入潢。卷面多水漬，上下邊有殘缺及破裂。有烏絲欄。已修整。
3.1　首6行中上殘→大正0262，09/0058B11~16。
3.2　尾全→大正0262，09/0062B01。
4.2　妙法蓮華經卷第七（尾）。
8　7~8世紀。唐寫本。
9.1　楷書。
10　第11紙背貼有白紙簽條，上寫："《妙法蓮花經》卷第七，長一丈四尺八寸，'妙莊嚴王本事品'。"包裹布上另有紙簽，上寫號碼"二九"。

1.1　BD14483號
1.3　仁王般若波羅蜜經卷下
1.4　新0683
2.1　(10.5+295)×25.7厘米；7紙；183行，行17字。
2.2　01：10.5+15，14；　02：52.5，30；　03：52.5，30；
04：53.0，31；　05：53.0，31；　06：53.0，31；
07：34.0，16。
2.3　卷軸裝。首殘尾全。尾有原軸，兩端塗黑漆，頂端點硃漆，軸頭破損。有烏絲欄。已修整。
3.1　首5行中下殘→大正0245，08/0831C24~0832A01。
3.2　尾全→大正0245，08/0834A08。
4.2　佛說仁王護國般若波羅蜜經卷下（尾）。
7.1　卷尾有題記8行："大隋（隋）開皇廿年（600）二月十五日，佛弟子索/顯誓發願息洪相造《仁王經》一部，並及/莊嚴悉訖。又願洪相見存父母六府（腑）康/和，衆魔隱塞。世世常近父母邊供養、供/給。恒願諸天、諸佛，擁護易接，歷刧不墮/三塗八難，子孫衣食豐饒，奴婢成行。逮及/見眷屬並得平安，共一切衆生，相將成佛。/經生茹長悉。/"
8　600年。隋寫本。
9.1　隸書。
10　包裹布上另有紙簽，上寫號碼"015"。

1.1　BD14484號
1.3　大般涅槃經（北本　異卷）卷七
1.4　新0684
2.1　(8+840.2)×25.1厘米；19紙；501行，行17字。
2.2　01：8+10.3，11；　02：47.0，28；　03：47.1，28；
04：47.0，28；　05：47.1，28；　06：47.1，28；
07：47.2，28；　08：47.2，28；　09：47.5，28；
10：47.2，28；　11：47.2，28；　12：47.2，28；
13：47.3，28；　14：47.2，28；　15：47.4，28；
16：47.3，28；　17：47.3，28；　18：47.1，28；
19：27.5，14。
2.3　卷軸裝。首殘尾全。第2紙有破損。有烏絲欄。
3.1　首5行上下殘→大正0374，12/0404B16~20。
3.2　尾全→大正0374，12/0411A06。
4.2　大般涅槃經卷第七（尾）。
5　與《大正藏》本對照，卷品開合不同。經文相當於《大正藏》本卷七大部與卷八前部。與歷代大藏經分卷均不相同，屬於異卷。
8　7~8世紀。唐寫本。
9.1　楷書。
10　第2紙背粘有一白紙簽條，上寫："《大般涅槃經》卷第七，長廿三尺七寸半，高七寸二分。"包裹布上另有紙簽，上寫號碼"043"。

1.1　BD14485號
1.3　大般涅槃經（北本　異卷）卷三〇
1.4　新0685
2.1　(3.3+688.3)×25.7厘米；18紙；409行，行17字。
2.2　01：3.3+8.7，7；　02：39.3，24；　03：40.1，24；
04：39.8，24；　05：40.3，24；　06：39.9，24；
07：40.1，24；　08：40.1，23；　09：40.2，24；
10：40.1，24；　11：40.1，24；　12：40.2，24；
13：40.0，24；　14：40.0，24；　15：40.2，24；

16：40.2，24；　17：40.1，24；　18：38.9，19。
2.3　卷軸裝。首殘尾全。卷面有破損。有燕尾。背有古代裱補。有烏絲欄。有劃界欄針孔。
3.1　首2行下殘→大正0374，12/0542A17～19。
3.2　尾全→大正0374，12/0546C28。
4.2　大般涅槃經卷第卅（尾）。
5　與《大正藏》本對照，分卷不同。經文止於《大正藏》本卷三〇後部。
與歷代大藏經分卷均不相同，屬於異卷。
8　5～6世紀。南北朝寫本。
9.1　楷書。
9.2　有行間校加字及刮改。
10　包裹布上另有紙簽，上寫號碼“004”。

1.1　BD14486號
1.3　金光明經卷三
1.4　新0686
2.1　522.5×26.3厘米；11紙；285行，行18字。
2.2　01：51.0，28；　02：51.0，28；　03：51.0，28；
04：51.0，28；　05：51.0，28；　06：51.0，28；
07：51.0，28；　08：51.0，28；　09：51.0，28；
10：51.0，28；　11：12.5，05。
2.3　卷軸裝。首脱尾全。卷面多水漬，接縫處有開裂。尾有原軸，兩端塗棕色漆。有烏絲欄。
3.1　首殘→大正0663，16/0348B09。
3.2　尾全→大正0663，16/0352B09。
4.2　金光明經卷第三（尾）。
7.1　尾有題記3行：“弟子信悟，持此經乾寧四載（897）丁巳歲二月八日，因行城/於萬壽寺，請得轉讀乞甘雨，其年甚熟後五/亦少雨，更一遍，亦熟。不可思議。/”字迹與經文不同。
8　897年。唐寫本。
9.1　楷書。
9.2　有行間校加字。
10　包裹布上另有紙簽，上寫號碼“031”。

1.1　BD14487號
1.3　妙法蓮華經卷二
1.4　新0687
2.1　（6＋1013.8）×26厘米；22紙；595行，行17字。
2.2　01：6＋27，20；　02：47.0，28；　03：47.0，28；
04：47.0，28；　05：47.0，28；　06：47.0，28；
07：47.0，28；　08：47.0，28；　09：47.0，28；
10：47.0，28；　11：47.0，28；　12：47.0，28；
13：47.0，28；　14：47.0，28；　15：47.0，28；
16：47.0，28；　17：47.0，28；　18：47.0，28；
19：47.0，28；　20：47.0，28；　21：47.0，28；
22：47.0，15。
2.3　卷軸裝。首殘尾全。打紙，研光上蠟。卷面有破裂、殘缺及殘洞，接縫處多有開裂。尾有原軸，兩端塗硃漆。有燕尾。有烏絲欄。已修整。
3.1　首3行上下殘→大正0262，09/0010C05～07。
3.2　尾全→大正0262，09/0019A12。
4.2　妙法蓮華經卷第二（尾）。
8　7～8世紀。唐寫本。
9.1　楷書。
9.2　有硃筆斷句。
10　包裹布上另有紙簽，上寫號碼“056”。

1.1　BD14488號
1.3　劉子新論
1.4　新0688
2.1　（10.5＋534.2＋19）×28.5厘米；15紙；292行，行16～17字。
2.2　01：10.5＋11，11；　02：39.0，20；　03：39.0，20；
04：39.0，20；　05：39.0，20；　06：39.5，22；
07：39.0，21；　08：39.5，21；　09：39.5，21；
10：39.5，20；　11：40.0，20；　12：39.0，20；
13：39.7，20；　14：39.5，21；　15：12＋19，15。
2.3　卷軸裝。首尾均殘。薄皮紙。有上下界欄。已修整。後配趙城金藏軸。
3.1　首6行上殘→《劉子集校》，01/0063A04～06。
3.2　尾10行下殘→《劉子集校》，01/0114A09～0120A01。
3.4　説明：
從“貴農第十一”到“因顯第二十”。《劉子集校》本未收。
8　7～8世紀。唐寫本。
9.1　行楷。“民”字避諱。
9.2　有硃筆斷句及校改。有行間校加字及倒乙。
10　包裹布上另有紙簽，上寫號碼“016”。
12　從背面揭下古代裱補紙12塊，今編為BD16434號。

1.1　BD14489號
1.3　瑜伽師地論卷一三
1.4　新0689
2.1　（6.7＋365.8）×27厘米；9紙；220行，行17字。
2.2　01：6.7＋26.8，20；　02：46.3，28；　03：47.0，28；
04：47.0，28；　05：47.2，28；　06：47.2，28；
07：47.3，28；　08：46.6，28；　09：10.4，04。
2.3　卷軸裝。首殘尾全。打紙。卷首下脱落1小殘片，已綴接。有烏絲欄。已修整。
3.1　首4行上下殘→大正1579，30/0345C03～06。
3.2　尾全→大正1579，30/0348A25。
4.2　瑜伽師地論卷第十三（尾）。
8　7～8世紀。唐寫本。

9.1　楷書。
10　卷尾背面貼有1白紙簽："《瑜伽師地論》卷十三，長一丈二寸。"包裹布上另有紙簽，上寫號碼"037"。

1.1　BD14490號
1.3　金剛般若波羅蜜經
1.4　新0690
2.1　(18.9+438.4)×25.7厘米；11紙；289行，行17字。
2.2　01：(18.9+20)，26；　02：46.8，31；　03：46.8，31；
04：47.0，31；　05：47.0，31；　06：47.0，31；
07：47.0，31；　08：47.0，31；　09：47.0，31；
10：34.8，15；　11：08.0，拖尾。
2.3　卷軸裝。首殘尾全。背有古代裱補。有烏絲欄。已修整。
3.1　首13行上殘→大正0235，08/0749B01~13。
3.2　尾全→大正0235，08/0752C03。
4.2　金剛般若波羅蜜經（尾）。
5　與《大正藏》本對照，本號經文無冥司偈，參見《大正藏》，8/751C16~19。
7.1　尾題後有題記12行："儀鳳元年（676）十一月十五日書手劉弘珪寫。/用紙十二張/裝潢手解集/初校秘書省書手蕭元信/再校秘書省書手蕭元信/三校秘書省書手蕭元信/詳閲太原寺大德神苻/詳閲太原寺大德嘉尚/詳閲太原寺寺主慧立/詳閲太原寺上座道成/判官司農寺上林署令李善德/使朝散大夫守尚舍奉御閻玄道監。/"
8　7~8世紀。唐寫本。
9.1　楷書。
10　包裹布上另有紙簽，上寫號碼"024"。

1.1　BD14491號
1.3　對策（擬）
1.4　新0691
2.1　(42+86+22)×28.5厘米；4紙；75行，行20餘字。
2.2　01：30.0，15；　02：12+28，20；　03：40.0，20；
04：18+22，20。
2.3　卷軸裝。首尾均殘。通卷中部有横向破裂，上下邊有破裂殘缺。有烏絲欄。已修整。
3.4　説明：

本遺書首20行中下殘，尾11行中下殘。内容為所謂"對策"。

朝廷就政事等提出問題，向臣下徵答，稱爲"策問"。回答者之論議，稱爲"射策"。兩者合稱"對策"，亦即針對問題而論述政事等。該制度起源於漢代，後代科舉考試亦多採用，故當時士人之應試學習中包括對策。

從形態看，本遺書對有關問題分門別類，並擬有標題。故非唐代某次策問與射策之實錄，而是士人應試學習的讀本。

6.2　尾→BD14650號。
8　7~8世紀。唐寫本。
9.1　楷書。"民"字避諱。
10　包裹布上另有紙簽，上寫號碼"017"。

1.1　BD14492號
1.3　妙法蓮華經（八卷本）卷七
1.4　新0692
2.1　(4+837.8)×25.2厘米；18紙；463行，行17字。
2.2　01：4+26.5，17；　02：50.5，28；　03：50.5，28；
04：50.5，28；　05：51.0，28；　06：50.7，28；
07：50.7，28；　08：50.7，28；　09：50.7，28；
10：50.7，28；　11：50.7，28；　12：50.7，28；
13：50.7，28；　14：50.7，28；　15：50.5，28；
16：48，28；　17：48.0，26；　18：06.0，拖尾。
2.3　卷軸裝。首殘尾全。經黄打紙。卷面多水漬，上邊多黴斑，有殘缺及破裂，接縫處有開裂。尾有原軸，兩端鑲蓮蓬形軸頭，上軸頭嵌花，下軸頭脱落。有烏絲欄。已修整。
3.1　首2行上下殘→大正0262，09/0050C04~05。
3.2　尾全→大正0262，09/0056C01。
4.2　妙法蓮華經卷第七（尾）。
5　與《大正藏》本對照，分卷不同。經文相當於《大正藏》本卷六第廿品大部分，以及第廿一、廿二、廿三品，卷七第廿四品全部。屬於八卷本。
8　7~8世紀。唐寫本。
9.1　楷書。
9.2　有行間校加字及行間加行。
10　卷首背貼有白紙簽條，上寫："《妙法蓮華經·如來神力品·囑累品·妙音菩薩品》，長二丈五尺。"。包裹布上另有紙簽，上寫號碼"二六"。

1.1　BD14493號
1.3　文殊師利所説摩訶般若波羅蜜經（一卷本）
1.4　新0693
2.1　(29+361.5)×26厘米；9紙；217行，行17字。
2.2　01：3.5+2，02；　02：25.5+22；28；　03：48.5，28；
04：48.5，28；　05：48.5，28；　06：48.5，28；
07：48.5，28；　08：48.5，28；　09：48.5，19。
2.3　卷軸裝。首殘尾全。經黄紙。第2紙有殘洞，第3紙有破裂。有烏絲欄。已修整。
3.1　首17行中下殘→大正0232，08/0730A25~B13。
3.2　尾全→大正0232，08/0732C09。
4.2　文殊師利所説般若波羅蜜經一卷（尾）。
5　從尾題看，本遺書所抄《文殊師利所説摩訶般若波羅蜜經》與《大正藏》本分卷不同，為一卷本。
8　7~8世紀。唐寫本。
9.1　楷書。
10　第3紙背粘有白紙簽條，上寫："《文殊師利所説般若波羅蜜經》一卷，長十尺0五寸，高七寸四分。"包裹布上另有紙簽，

上寫號碼“三二”。

1.1 BD14494 號
1.3 妙法蓮華經卷二
1.4 新 0694
2.1 （5+595+2）×24 厘米；14 紙；359 行，行 17 字。
2.2 01：5+33.5，22； 02：47.0，28； 03：47.0，28；
04：47.0，28； 05：47.0，28； 06：46.5，28；
07：46.5，28； 08：47.0，28； 09：47.0，28；
10：46.5，28； 11：47.0，28； 12：46.5，28；
13：46.5，28； 14：02.0，01。
2.3 卷軸裝。首尾均殘。經黄打紙。卷面多水漬，有油污，接縫處有開裂。首紙前 4 行處斷開。有烏絲欄。已修整。
3.1 首 2 行中下殘→大正 0262，09/0011A23～26。
3.2 尾行中上殘→大正 0262，09/0016B04～05。
8 7～8 世紀。唐寫本。
9.1 楷書。
10 卷首背貼有白紙簽條，寫有：“《妙法蓮花經·分別功德品》，長一丈六尺六寸，豎一七寸”。經核對，經文内容非為分別功德品，實為《妙法蓮花經·譬喻品第三》。包裹布上另有紙簽，上寫號碼“072”。

1.1 BD14495 號
1.3 佛名經（十六卷本）卷一
1.4 新 0695
2.1 （1.5+1368）×27.4 厘米；29 紙；742 行，行 17 字。
2.2 01：1.5+45.5，26； 02：47.3，26； 03：47.3，26；
04：47.3，26； 05：47.3，26； 06：47.3，26；
07：47.3，26； 08：47.3，26； 09：47.3，26；
10：47.3，26； 11：47.3，26； 12：47.3，26；
13：47.3，26； 14：47.3，26； 15：47.3，26；
16：47.3，26； 17：47.3，26； 18：47.3，26；
19：47.3，26； 20：47.3，26； 21：47.3，26；
22：47.3，26； 23：47.3，26； 24：47.3，26；
25：47.4，26； 26：47.3，26； 27：47.3，26；
28：47.2，26； 29：45.5，14。
2.3 卷軸裝。首殘尾全。接縫處多有開裂，卷尾下部有破裂。有燕尾。
3.1 首 1 行中殘→《七寺古逸經典研究叢書》，03/0007A12。
3.2 尾全→《七寺古逸經典研究叢書》，03/0062A12。
4.2 佛名經卷第一（尾）。
5 與《七寺古逸經典研究叢書》本對照，本卷多“三部合卷《罪報應經》，此經有六十品，略此一品流行”。佛名亦略有不同。
7.3 尾紙經名下有雜寫“佛名經”3 字。
8 9～10 世紀。歸義軍時期寫本。
9.1 楷書。
10 尾紙背粘有白紙簽條，上寫：“《佛名經》卷一，長三丈九尺六寸。”另有紙簽，上寫號碼“074”。

1.1 BD14496 號
1.3 阿毗曇毗婆沙論卷五一
1.4 新 0696
2.1 （1.9+498.3）×26 厘米；12 紙；279 行，行 17 字。
2.2 01：01.9，01； 02：48.1，28； 03：48.2，28；
04：48.2，28； 05：48.3，28； 06：48.2，28；
07：48.4，28； 08：48.2，28； 09：48.3，28；
10：48.2，28； 11：48.2，28； 12：16.0，拖尾。
2.3 卷軸裝。首殘尾全。經黄打紙。第 2 紙有殘洞。有烏絲欄。
3.1 首行上下殘→大正 1546，28/0377C03。
3.2 尾全→大正 1546，28/0380C17。
4.2 阿毗曇毗婆沙卷第五十一（尾）。
7.1 卷尾經題後有題記 8 行：“龍朔二年（662）七月十五日，右衛將軍鄂國公尉遲寶琳與僧道/爽及鄠縣有緣知識等，敬於雲際山寺，潔淨寫一切/尊經，以此勝因，上資皇帝、皇后，七代父母及一切/法界蒼生，庶法船鼓栧於愛流，慧炬揚暉［於］靡幽。於永/夜釋擔情塵之累，咸昇正覺之道。/此經即於雲際上寺常住供養。/經生沈弘寫，用紙十一張。/造經僧道爽，別本再校訖。/”
8 662 年。唐寫本。
9.1 楷書。
10 包裹布上另有紙簽，上寫號碼“三五”。

1.1 BD14497 號
1.3 妙法蓮華經（八卷本）卷五
1.4 新 0697
2.1 （15+885.8）×26 厘米；19 紙；499 行，行 17 字。
2.2 01：15+18，19； 02：49.7，28； 03：49.7，28；
04：49.7，28； 05：50.0，28； 06：49.7，28；
07：49.7，28； 08：49.7，28； 09：49.7，28；
10：49.7，28； 11：49.7，28； 12：50.0，28；
13：50.0，28； 14：50.0，28； 15：50.0，28；
16：50.0，28； 17：50.0，28； 18：50.0，28；
19：20.5，04。
2.3 卷軸裝。首殘尾全。經黄打紙，砑光上蠟。卷首油污變色，卷面多有破裂，接縫處有開裂，卷尾下邊有等距離殘缺。有燕尾。有烏絲欄。
3.1 首 9 行上下殘→大正 0262，09/0035A09～18。
3.2 尾全→大正 0262，09/0042A28。
4.2 妙法蓮華經卷第五（尾）。
5 與《大正藏》本對照，分卷不同。經文相當於《大正藏》本卷四第十二、十三品和卷五第十四、十五品。屬於八卷本。
8 7～8 世紀。唐寫本。
9.1 楷書。
10 卷首背貼有白紙簽條，寫有：“《妙法蓮花經·安樂行品第

十四》，五，長二丈五尺六寸，豎七寸五。”另有紙簽，上寫號碼“070”。

1.1 BD14498 號
1.3 金剛般若波羅蜜經（菩提流支本）
1.4 新 0698
2.1 （6+701.4）×27 厘米；19 紙；392 行，行 17 字。
2.2 01：6+16.5，12； 02：40.3，22； 03：40.3，22；
04：40.3，22； 05：40.0，22； 06：40.0，22；
07：40.0，22； 08：40.0，22； 09：40.0，22；
10：40.0，22； 11：40.5，22； 12：40.5，22；
13：40.5，22； 14：40.5，22； 15：40.5，22；
16：40.5，22； 17：40.5，22； 18：40.5，22；
19：24.5，06。
2.3 卷軸裝。首殘尾全。打紙。卷首殘損，多鳥糞，第 2、3 紙接縫處開裂。有烏絲欄。已修整。
3.1 首 3 行上下殘→大正 0236A，08/0752C20～23。
3.2 尾全→大正 0236A，08/0757A13。
4.2 金剛般若波羅蜜經（尾）。
7.1 尾有題記 1 行：“大唐永隆元年（680）四月卅日武舉任左領軍衛前庭府左果毅上柱陰仁協敬造。”
8 680 年。唐寫本。
9.1 楷書。
9.2 有行間加行及刮改。
10 包裹布上另有紙簽，上寫號碼“026”。

1.1 BD14499 號
1.3 大般涅槃經（北本 異卷）卷三七
1.4 新 0699
2.1 （5.3+850.5）×25.6 厘米；19 紙；504 行，行 17 字。
2.2 01：5.3+26.6，19； 02：47.2，28； 03：47.5，28；
04：47.6，28； 05：47.3，28； 06：47.3，28；
07：47.4，28； 08：47.5，28； 09：47.5，28；
10：47.6，28； 11：47.5，28； 12：47.5，28；
13：47.7，28； 14：47.6，28； 15：47.5，28；
16：47.5，28； 17：47.6，28； 18：47.5，28；
19：16.6，09。
2.3 卷軸裝。首殘尾全。經黄打紙。卷面有水漬，首紙有殘洞，尾部數紙接縫處上有開裂。有烏絲欄。
3.1 首 3 行上下殘→大正 0374，12/0580C29～0581A03。
3.2 尾全→大正 0374，12/0586C24。
4.2 大般涅槃經卷第卅七（尾）。
5 與《大正藏》本對照，卷品開合不同。經文相當於《大正藏》本卷三七後部分與卷三八前部分。與歷代大藏經分卷均不同，屬於異卷。
8 7～8 世紀。唐寫本。
9.1 楷書。第 7、11 紙有硃筆校改。
10 卷尾背粘貼有白紙簽條，上有墨筆寫：“《大般涅槃經》，長二丈五尺。”鋼筆寫：“卷三十七。”另有紙簽，上寫號碼“048”。

1.1 BD14500 號
1.3 悲華經卷四
1.4 新 0700
2.1 （9+876.5）×26 厘米；24 紙；559 行，行 17 字。
2.2 01：9+24，22； 02：37.5，24； 03：37.5，24；
04：37.5，24； 05：37.5，24； 06：37.0，24；
07：37.0，24； 08：37.0，24； 09：37.0，24；
10：37.0，24； 11：37.0，24； 12：37.0，24；
13：37.0，24； 14：37.0，24； 15：37.0，24；
16：37.0，24； 17：37.0，24； 18：37.0，24；
19：37.0，24； 20：37.0，24； 21：37.0，24；
22：37.0，24； 23：37.0，24； 24：36.5，09。
2.3 卷軸裝。首殘尾全。卷首上邊有殘缺，下邊有破裂，接縫處有開裂，卷尾有 4 排蟲蛀小洞。有烏絲欄。有劃界欄針孔，針孔上下不對應，上邊在第 2 行，下邊在第 1 行。
3.1 首 6 行下殘→大正 0157，03/0189A10～18。
3.2 尾全→大正 0157，03/0195C28。
4.2 悲華經卷第四（尾）。
7.1 尾題後有題記 2 行：“一校/高弼為亡妻元聖威所寫/”。首紙背有勘記“悲華經卷第四”。
8 5～6 世紀。南北朝寫本。
9.1 楷書。
9.2 有行間校加字。
10 第 2 紙背粘有白紙簽條，上寫：“《悲華經》卷第四，六朝高弼為亡妻元聖威寫，長二丈四尺六寸，高七寸半。”另有紙簽，上寫號碼“002”。

1.1 BD14501 號
1.3 金光明最勝王經卷八
1.4 新 0701
2.1 （4+565.5）×26.4 厘米；13 紙；374 行，行 17 字。
2.2 01：4+17，15； 02：46.5，33； 03：46.5，32；
04：46.5，30； 05：46.5，30； 06：46.5，31；
07：46.5，31； 08：46.5，31； 09：46.5，30；
10：46.5，29； 11：46.5，30； 12：46.5，29；
13：37.0，23。
2.3 卷軸裝。首殘尾全。首紙有破損，第 2 紙中、下部有殘洞。尾有原軸，兩端塗黑漆。有烏絲欄。
3.1 首 3 行中下殘→大正 0665，16/0438B23～28。
3.2 尾全→大正 0665，16/0444A09。
4.2 金光明最勝王經卷第八（尾）。
7.1 尾有題記 7 行：“從丙寅至戊辰三年已來，所有煞害生命，負/債負命，怨家債主，並願乘茲《金光明經》速得/生天，更莫作怨家債主，願解怨釋結。並奉/太山府君、平等大王、五道大

神、天曹地府、/伺命伺錄、土府水官、行病鬼王、及疫使等，/並府君諸郎君、胡使錄公使者舅母關官保/人可韓、及兼風伯雨師諸善知識等，同霑此福。/”

8　9～10世紀。歸義軍時期寫本。

9.1　楷書。

10　首紙背粘有白色紙簽，上寫：“《金光明最勝王經》卷第八，長十六尺二寸半，高七寸五分。”另有紙簽，上寫號碼“049”。

1.1　BD14502號

1.3　大般若波羅蜜多經卷八一

1.4　新0702

2.1　839.5×26厘米；17紙；466行，行17字。

2.2　01：47.5，26；　02：49.5，28；　03：49.5，28；
04：49.5，28；　05：49.5，28；　06：49.5，28；
07：49.5，28；　08：49.5，28；　09：49.5，28；
10：49.5，28；　11：49.5，28；　12：49.5，28；
13：49.5，28；　14：49.5，28；　15：49.5，28；
16：49.5，28；　17：49.5，20。

2.3　卷軸裝。首尾均全。前2紙上下邊有破裂。有燕尾。背有古代裱補。有烏絲欄。

3.1　首全→大正0220，05/0452C04。

3.2　尾全→大正0220，05/0458A05。

4.1　大般若波羅蜜多經卷第八十一，/初分天帝品第二十二之五，三藏法師玄奘奉詔譯/（首）。

4.2　大般若波羅蜜多經卷第八十一（尾）。

7.1　尾題後有題記：“比丘道斌寫。”

8　8～9世紀。吐蕃統治時期寫本。

9.1　楷書。

9.2　有刮改。

10　卷尾下方鈐有正方形陽文硃印，2.3×2.3厘米，印文為“通州張文學所藏”。配有木盒。

1.1　BD14503號

1.3　妙法蓮華經卷三

1.4　新0703

2.1　604.5×26.7厘米；13紙；341行，行17字。

2.2　01：43.0，25；　02：48.5，28；　03：46.5，27；
04：46.5，27；　05：48.0，28；　06：46.5，27；
07：46.5，27；　08：46.5，27；　09：46.5，27；
10：46.5，27；　11：46.5，27；　12：46.5，27；
13：46.5，17。

2.3　卷軸裝。首脫尾全。卷面有污穢及殘破，多油污。尾有原軸，兩端塗褐色漆。背有近代裱補。有烏絲欄。

3.1　首殘→大正0262，09/0022A18。

3.2　尾全→大正0262，09/0027B09。

4.2　妙法蓮華經卷第三（尾）。

8　9～10世紀。歸義軍時期寫本。

9.1　楷書。

10　卷首下方鈐有正方形陰文硃印，2.3×2.3厘米，印文為：“海豐吳氏珍藏。”

配有木盒，上有紙簽，寫有“敦煌石室寶藏唐寫本《妙法蓮花經》，海豐吳子苾珍玩，稀世之品。”

1.1　BD14504號

1.3　阿毗達磨俱舍論卷二七

1.4　新0704

2.1　679.1×26.5厘米；16紙；正面379行，行17字；背面2行，共381行。

2.2　01：40.4，22；　02：42.5，24；　03：42.5，24；
04：42.5，24；　05：42.7，24；　06：42.6，24；
07：42.6，24；　08：42.6，24；　09：42.6，24；
10：42.7，24；　11：42.7，24；　12：42.7，24；
13：42.5，24；　14：42.7，24；　15：42.4，24；
16：42.4，21。

2.3　卷軸裝。首尾均全。打紙；研光上蠟。卷首背有近代裱補。有烏絲欄。

2.4　本遺書包括2個文獻：（一）《阿毗達磨俱舍論》卷二七，379行，抄寫在正面，今編為BD14504號。（二）《郎君須立身》（擬），2行，抄寫在背面，今編為BD14504號背。

3.1　首全→大正1558，29/0140A20。

3.2　尾全→大正1558，29/0145A11。

4.1　阿毗達磨俱舍論卷第廿七，尊者世親造，/分別智品第七之二，三藏法師玄奘奉詔譯/（首）。

4.2　說一切有部俱舍論卷第廿七（尾）。

7.1　卷尾下邊有題記，橫寫：“廿三日念記闍梨/腨說◇三日。”其中“腨說”被墨筆塗去。

8　7～8世紀。唐寫本。

9.1　楷書。

10　卷端下鈐有長方形陽文硃印，1.6×3.3厘米，印文為“歙許芚父遊隴所得”。

1.1　BD14504號背

1.3　郎君須立身（擬）

1.4　新0704

2.4　本遺書由2個文獻組成，本文獻為第2個，抄寫在背面，2行。餘參見BD14504號之第2項。

3.1　首全→《全敦煌詩》，10/4340A12。

3.2　尾全→《全敦煌詩》，10/4340A13。

3.3　錄文：

郎君須立身，莫供（共）酒家親。君不見生生/鳥，為酒［送］其身。/

（錄文完）

5　與《全敦煌詩》本對照，可供校勘。

8　9～10世紀。歸義軍時期寫本。

9.1　行書。

1.1　BD14505 號
1.3　四分律（異卷）卷一四
1.4　新 0705
2.1　843.2×26 厘米；19 紙；454 行，行 17 字。
2.2　01：42.0，23；　02：45.6，25；　03：45.7，25；
04：44.1，25；　05：43.7，25；　06：46.0，25；
07：46.0，25；　08：46.0，25；　09：45.9，25；
10：44.2，24；　11：44.0，24；　12：45.8，25；
13：45.8，25；　14：45.8，25；　15：45.8，25；
16：44.2，25；　17：44.0，25；　18：44.1，25；
19：34.5，14。
2.3　卷軸裝。首脫尾全。第 3～5 紙有等距離殘洞。尾有原軸，兩端鑲軸頭，塗醬色漆，上端脫落。背有近代裱補。有烏絲欄。現代接出護首及玉池。
3.1　首殘→大正 1428，22/0670A03。
3.2　尾全→大正 1428，22/0676A13。
4.2　四分律藏卷第十四（尾）。
5　與《大正藏》本對照，分卷不同。經文相當於《大正藏》本《四分律》卷第十五後部及《四分律》卷第十六大部。與我國歷代大藏經分卷均不相同，屬於異卷。
7.1　尾題後有題記 12 行："皇后藤原氏光明子，奉為/尊考贈正一位太政太臣府君　尊妣/贈從一位橘氏太夫人，敬寫一切經論/及律。莊嚴既了，伏願憑斯勝因，奉/資冥助，永庇菩提之樹，長遊般若/之津。又願上奉 聖朝，恒延福壽，/下及寮采，共盡忠節。又光明子自發/誓言：弘濟沉淪，勤除煩障，妙窮諸/法，早契菩提。乃至傳燈無窮，法布/天下，聞名持卷，獲福消災，一切迷方，/會歸覺路。/天平十二年（740）五月一日記/。"
8　740 年。日本寫經。
9.1　楷書。
9.2　有硃、墨筆行間校加字。
10　現代接出護首，有天竿及縹帶。有護首經名"四分律藏卷十四"。扉頁左下有長方形陽文硃印，2.7×3.3 厘米，印文為"星吾海外訪得秘笈"。各紙接縫處有正方形陰文硃印，1.2×1.2 厘米，印文為"楊守敬印"。

1.1　BD14506 號
1.3　大智度論卷一〇
1.4　新 0706
2.1　（2.1+1015.5）×26 厘米；24 紙；24 行，行 17 字。
2.2　01：2.1+5.4，5；　02：45.3，26；　03：45.5，26；
04：44.5，26；　05：45.2，26；　06：45.2，26；
07：45.2，26；　08：45.1，26；　09：45.2，26；
10：45.2，26；　11：45.2，26；　12：45.0，26；
13：45.1，26；　14：45.2，26；　15：45.2，26；
16：45.1，26；　17：45.0，26；　18：45.3，26；
19：32.8，19；　20：42.1，24；　21：42.1，24；
22：42.0，24；　23：42.1，24；　24：41.5，24。
2.3　卷軸裝。首殘尾脫。卷面有破裂及殘洞，接縫處有開裂，卷背有鳥糞。尾有原軸，兩端塗黑漆，頂端點硃漆。已脫落。背有近代裱補。有烏絲欄。有劃界欄針孔。已修整。
3.1　首 2 行中上殘→大正 1509，25/0128B22～23。
3.2　尾殘→大正 1509，25/0135C26。
5　與《大正藏》本對照，第 2 紙文字略有不同。
8　6 世紀。南北朝寫本。
9.1　楷書。
9.2　有校改。第 7 紙尾行因抄經時脫落 1 字，而在次頁首行重寫。
10　卷首背貼有紙簽，上寫"購 3917"。

1.1　BD14507 號
1.3　大般涅槃經（北本　異卷）卷二
1.4　新 0707
2.1　922.8×26.3 厘米；26 紙；561 行，行 17 字。
2.2　01：35.8，22；　02：36.0，22；　03：35.8，22；
04：36.0，22；　05：36.0，22；　06：35.9，22；
07：35.9，22；　08：35.9，22；　09：35.9，22；
10：36.0，22；　11：36.1，22；　12：36.2，22；
13：36.1，22；　14：36.1，22；　15：36.2，22；
16：36.2，22；　17：32.7，22；　18：36.2，22；
19：36.2，22；　20：33.2，22；　21：36.1，22；
22：36.4，22；　23：36.3，22；　24：36.3，22；
25：36.3，22；　26：27.0，15。
2.3　卷軸裝。首殘尾全。尾紙上下邊殘損。有劃界欄針孔。
3.1　首殘→大正 0374，12/0371C02。
3.2　尾全→大正 0374，12/0379A06。
4.2　大般涅槃經卷第二（尾）。
5　與《大正藏》本對照，卷品開合不同。此卷經文相當於《大正藏》卷第 1 尾部與卷第 2 全部。與歷代大藏經分卷均不相同，屬於異卷。
8　5～6 世紀。南北朝寫本。
9.1　隸楷。
10　卷首背貼有紙簽，上寫"購 5155"。

1.1　BD14508 號 1
1.3　金光明經懺悔滅罪傳
1.4　新 0708
2.1　（2.2+517.4）×28.5 厘米；13 紙；335 行，行 24 字。
2.2　01：2.2+7.5，6；　02：42.0，27；　03：44.0，31；
04：44.5，30；　05：46.2，30；　06：46.2，30；
07：46.3，30；　08：46.4，29；　09：46.3，30；
10：46.2，29；　11：46.2，29；　12：46.2，30；
13：10.8，04。

2.3　卷軸裝。首殘尾全。卷首殘破，通卷上部殘缺嚴重。有烏絲欄。通卷現代托裱。
2.4　本遺書包括 2 個文獻：（一）《金光明經懺悔滅罪傳》，33 行，今編為 BD14508 號 1。（二）《金光明經》卷一，302 行，今編為 BD14508 號 2。
3.1　首 2 行上殘→大正 0664，16/0358C12～14。
3.2　尾全→大正 0664，16/0359B01。
4.2　金光明經傳（尾）。
8　7～8 世紀。唐寫本。
9.1　楷書。
10　近代通卷托裱。所用托裱紙係乾隆年仿金粟山藏經紙。卷首托裱紙上有陰文硃印，2.4×2.4 厘米，印文為："賈敬顏印"。卷背托裱紙多處有陽文硃印，有 2.9×2.2 厘米，印文為"乾隆年仿金粟山藏經紙"，正面向裹，印文成反字。卷背貼有紙簽，上寫"購 4104"。

1.1　BD14508 號 2
1.3　金光明經卷一
1.4　新 0708
2.4　本遺書由 2 個文獻組成，本文獻為第 2 個，302 行。餘參見 BD14508 號 1 之第 2 項。
3.1　首全→大正 0663，16/0335B02。
3.2　尾全→大正 0663，16/0340C10。
4.1　金光明最勝王經序品第一（首）。
4.2　金光明經卷第一（尾）。
5　與《大正藏》本對照，首題誤抄，應為"金光明經序品第一"。
8　8 世紀。唐寫本。
9.1　楷書。

1.1　BD14509 號
1.3　妙法蓮華經卷六
1.4　新 0709
2.1　30.5×23.5 厘米；1 紙；17 行，行 20 字（偈頌）。
2.3　卷軸裝。首殘尾斷。經黃打紙。卷面有水漬。有烏絲欄。
3.1　首殘→大正 0262，09/0047A24。
3.2　尾殘→大正 0262，09/0047B28。
8　7～8 世紀。唐寫本。
9.1　楷書。

1.1　BD14510 號
1.3　大般若波羅蜜多經（兌廢稿）卷六
1.4　新 0710
2.1　50×27.5 厘米；1 紙；27 行，行 17 字。
2.3　卷軸裝。首殘尾脫。卷面多有蟲蛀殘洞，下邊殘缺。有烏絲欄。尾有餘空。
3.1　首殘→大正 0220，05/0028B19。
3.2　尾殘→大正 0220，05/0028C17。
8　9～10 世紀。歸義軍時期寫本。
9.1　楷書。
9.2　有行間加行。

1.1　BD14511 號
1.3　大佛頂如來密因修證了義諸菩薩萬行首楞嚴經卷九
1.4　新 0711
2.1　（4+33）×26.5 厘米；1 紙；21 行，行 17 字。
2.3　卷軸裝。首尾均殘。已修整。
3.1　首 2 行下殘→大正 0945，19/0147A17～18。
3.2　尾殘→大正 0945，19/0147B10。
6.3　與 BD14512 號原屬同卷。
8　9～10 世紀。歸義軍時期寫本。
9.1　楷書。
9.2　有圈刪。

1.1　BD14512 號
1.3　大佛頂如來密因修證了義諸菩薩萬行首楞嚴經卷九
1.4　新 0712
2.1　（25.5+10.5）×26.5 厘米；1 紙；10 行，行 17 字。
2.3　卷軸裝。首脫尾殘。破裂破損嚴重。
3.1　首殘→大正 0945，19/0151B06。
3.2　尾全→大正 0945，19/0151B16。
4.2　大佛頂萬行首楞嚴經卷第九（尾）。
6.3　與 BD14511 號原書同卷。
8　9～10 世紀。歸義軍時期寫本。
9.1　楷書。

1.1　BD14513 號
1.3　大般若波羅蜜多經卷二一三
1.4　新 0713
2.1　（3.8+126.7）×26 厘米；4 紙；82 行，行 17 字。
2.2　01：3.8+1.7，3；　02：44.5，28；　03：44.5，28；　04：36.0，23。
2.3　卷軸裝。首尾均殘。有烏絲欄。
3.1　首 2 行上下殘→大正 0220，06/0066A15～16。
3.2　尾殘→大正 0220，06/0067A09。
8　8～9 世紀。吐蕃統治時期寫本。
9.1　楷書。
9.2　有刮改。
10　全卷近代被托裱為手卷。接出鳳凰穿花織錦護首，有塑膠尾軸。護首有題簽："六朝人寫經殘本，八十二行，行十七字，玉敦齋藏。"下有"歷史藝術文物業公會製"紙簽。

卷首前有硃印 2 枚：（1）陰文：0.9×0.9 厘米，印文為"馮恕之印"；（2）陽文：1.2×2.2 厘米，印文為"玉敦齋藏"。

卷尾後有 2 枚硃印：（1）陰文：1.75×1.75 厘米，印文為：

"公度所藏隋唐墨寶"（2）陽文：1.5×2.5厘米，印文為"馮公度審定記"。

1.1　BD14514號
1.3　大般涅槃經（北本）卷二五
1.4　新0714
2.1　（4.5+151.5）×27.5厘米；4紙；90行，行17字。
2.2　01：4.5+27，18；　02：41.5，24；　03：41.5，24；
　　04：41.5，24。
2.3　卷軸裝。首殘尾脫。打紙；砑光上蠟。第2紙中間有殘洞。背有近代裱補。有烏絲欄。近代接出護首。已修整。
3.1　首2行中上殘→大正0374，12/0510B17～18。
3.2　尾殘→大正0374，12/0511B23。
8　7～8世紀。唐寫本。
9.1　楷書。
10　卷首近代接出護首，護首上有題記兩條：
（一）大字為"唐人寫經四節"。小字為"此硬黄紙寫經四節，書法韶秀，古趣盎然，/不可多得之品也"。下鈐陽文硃印：1×1厘米，印文為"費忱"。
（二）左上方題："丙戌初冬持贈/楚侯道兄/費忱/"。下鈐陰文硃印：1×1厘米，印文為"吳乃深印"。
遺書卷首有2枚陽文硃印：（1）1.5×4.3厘米，印文為"歙許芚父遊隴所得"。（2）1.6×1.2厘米，印文為"悔庵"。
卷背有紙簽，上寫"購5218"。

1.1　BD14515號
1.3　金剛般若波羅蜜經
1.4　新0715
2.1　132.7×25.4厘米；3紙；74行，行17字。
2.2　01：36.8，21；　02：49.3，28；　03：46.6，25。
2.3　卷軸裝。首斷尾全。麻紙；未入潢。卷面多有殘破。有烏絲欄。
3.1　首殘→大正0235，08/0751C05。
3.2　尾全→大正0235，08/0752C03。
4.2　金剛般若波羅蜜經（尾）。
5　與《大正藏》本對照，本號經文無冥司偈。參見《大正藏》，8/751C16～19。
7.3　卷端上邊有一硃書"末"字。
8　7～8世紀。唐寫本。
9.1　楷書。
10　卷背上端有紅鉛筆寫"73"，鉛筆寫"芬"。卷面硃書"末"字後有鉛筆寫"二十"。

1.1　BD14516號
1.3　金剛般若波羅蜜經
1.4　新0716
2.1　68.5×25.3厘米；2紙；39行，行17字。
2.2　01：49.5，28；　02：19.0，11。
2.3　卷軸裝。首脫尾殘。麻紙；未入潢。有烏絲欄。
3.1　首殘→大正0235，08/0750A23。
3.2　尾殘→大正0235，08/0750C06。
6.1　首→BD14517號。
8　7～8世紀。唐寫本。
9.1　楷書。
9.2　有硃筆點標。
10　卷端上方有一硃筆寫"二"字。背有紅鉛筆寫"39"。

1.1　BD14517號
1.3　金剛般若波羅蜜經
1.4　新0717
2.1　（1.4+110）×25厘米；3紙；64行，行17字。
2.2　01：1.4+12.7，8；　02：48.8，28；　03：48.5，28。
2.3　卷軸裝。首殘尾脫。麻紙；未入潢。卷首有殘洞，第2、3紙下邊有等距殘洞。卷首有橫向破裂，第1、2紙下邊有等距殘缺。有烏絲欄。
3.1　首行下殘→大正0235，08/0749B12～13。
3.2　尾殘→大正0235，08/0750A23。
6.2　尾→BD14516號。
8　7～8世紀。唐寫本。
9.1　楷書。
10　卷首尾上方各有一個硃筆寫"一"字。卷下有鉛筆寫"七"。背有紅鉛筆寫"64"。

1.1　BD14518號
1.3　大般涅槃經（北本　思溪本）卷一七
1.4　新0718
2.1　492.3×26.4厘米；11紙；270行，行17字。
2.2　01：13.1，07；　02：50.9，28；　03：51.0，28；
　　04：51.2，28；　05：51.2，28；　06：51.0，28；
　　07：51.1，28；　08：51.3，28；　09：49.7，28；
　　10：49.8，28；　11：22.0，11。
2.3　卷軸裝。首斷尾全。卷面多有殘洞及殘損，接縫處多有開裂。有烏絲欄。已修整。
3.1　首殘→大正0374，12/0465C02。
3.2　尾全→大正0374，12/0468C25。
4.2　大般涅槃經卷第十七（尾）。
5　與《大正藏》本對照，卷品開合不同，經文相當於《大正藏》本卷第十七後半部與卷第十八前部。與《思溪藏》、《普寧藏》、《嘉興藏》本分卷相同。
8　6世紀。南北朝寫本。
9.1　楷書。
10　卷背貼有紙簽，上寫"購4875"。

1.1　BD14519號

1.3　四分律（異卷）卷五七
1.4　新 0719
2.1　1131.3×23.7 厘米；21 紙；574 行，行 17 字。
2.2　01：50.6，28；　02：52.0，29；　03：51.7，29；
04：51.8，29；　05：50.3，28；　06：51.8，29；
07：51.9，29；　08：51.6，29；　09：51.6，29；
10：51.6，29；　11：51.9，29；　12：50.2，28；
13：50.0，28；　14：50.7，28；　15：52.2，29；
16：52.2，29；　17：52.2，29；　18：52.2，29；
19：52.3，29；　20：48.2，27；　21：04.3，01。
2.3　卷軸裝。首尾均全。通卷近代托裱。有烏絲欄。
3.1　首全→大正 1428，22/0983A27。
3.2　尾全→大正 1428，22/0990B07。
4.1　律藏第四分卷第八，調部卷之三，五十七（首）。
4.2　律藏第四卷第八，調部卷之三，五十七（尾）。
5　與《大正藏》本對照，分卷不同，相當於《四分律》卷第五十六中部開始至《四分律》卷第五十七中部。與歷代大藏經分卷均不相同，屬於異卷。
7.1　首題之前有題記 1 行："大興善寺邑長孫略等三十一人敬造一切經。"
8　6 世紀。隋寫本。
9.1　楷書。
9.2　有硃筆校改及刮改。
10　近代裝裱為手卷，接出黃底花紋織錦護首，護首有題簽，上寫："北魏寫《律藏》第八全卷，有孫略等欵。無上品。"

1.1　BD14520 號
1.3　大般若波羅蜜多經卷一四一
1.4　新 0720
2.1　（4+684）×24.5 厘米；15 紙；389 行，行 17 字。
2.2　01：4+35，22；　02：49.0，28；　03：49.0，28；
04：49.0，28；　05：49.0，28；　06：49.0，28；
07：49.0，28；　08：49.0，28；　09：49.0，28；
10：49.0，28；　11：49.0，28；　12：49.0，28；
13：49.0，28；　14：49.0，28；　15：12.0，03。
2.3　卷軸裝。首殘尾全。卷面油污。有烏絲欄。通卷近代托裱。
3.1　首 2 行上殘→大正 0220，05/0763B19～20。
3.2　尾全→大正 0220，05/0768A03。
4.2　大般若波羅蜜多經卷第一百卌一（尾）。
8　8～9 世紀。吐蕃統治時期寫本。
9.1　楷書。
9.2　有刮改。
10　近代裝裱為手卷，接出黑地白卍字不斷頭織錦護首。
尾題後有陽文硃印，1.3×1.3 厘米，印文為"逸園秘笈"。

1.1　BD14521 號
1.3　十誦律卷一九
1.4　新 0721
2.1　（6.8+246.8）×27.4 厘米；6 紙；167 行，行 20～21 字。
2.2　01：6.8+12.4，12；　02：47.0，31；　03：47.0，31；
04：46.9，31；　05：46.7，31；　06：46.8，31。
2.3　卷軸裝。首殘尾脫。有烏絲欄。通卷近代托裱。原件背面有字，近代托裱時被遮蓋，難以辨識。
3.1　首 4 行下中殘→大正 1435，23/0134A15～21。
3.2　尾殘→大正 1435，23/0136C19。
8　5 世紀。東晉南北朝寫本。
9.1　楷書。
9.2　有行間校加字。有重文號。有行間加行。有段落標記。
10　近代裝裱為手卷，接出銀灰色底團花纏枝織錦護首，有天竿及縹帶，縹帶配玉別子。護首題簽："晉人書戒律殘卷，雪堂所藏敦煌石室碎金"。下有陽文硃印，0.7×1 厘米，印文難辨，或為"永豐"。縹帶上繫一紙簽，上書"購 4224"。
卷首托裱紙上有陽文硃印，1.6×1.6 厘米，印文為"羅振玉印"；其下有陰文硃印，1.8×1.8 厘米，印文為"抱殘翁壬戌歲所得敦煌古籍"。

1.1　BD14522 號
1.3　行事鈔中分門圖錄
1.4　新 0722
2.1　773.1×29.5 厘米；19 紙；804 行，行字不等。
2.2　01：40.1，29；　02：19.0，21；　03：42.0，38；
04：42.2，40；　05：42.2，47；　06：42.3，38；
07：42.5，43；　08：42.3，41；　09：42.3，43；
10：42.5，45。　11：42.5，40；　12：42.3，41；
13：42.5，48；　14：42.3，49；　15：42.5，44；
16：42.5，52；　17：42.3，50；　18：42.3，53；
19：36.5，42。
2.3　卷軸裝。首全尾斷。有烏絲欄。自 2 紙起與前紙紙色不同。
3.1　首全→《藏外佛教文獻》，01/0101A15。
3.2　尾全→《藏外佛教文獻》，01/0168A17。
4.1　行事鈔中分門圖錄一卷，京兆崇義寺沙門道宣述（首）。
8　7～8 世紀。唐寫本。
9.1　楷書。
9.2　有硃筆勾畫。
10　近代裝裱為手卷。接出藍花織錦護首，有天竿、縹帶，有玉別子，縹帶繫有紙簽，上寫"購 4234"。護首有題簽："唐高僧道宣手書行事鈔稿卷，寫經中罕覯之品。北溟觀並題，丙戌七月。"卷尾後配紅色軸頭。

新舊編號對照表

新字頭號與北敦號對照表

新字頭號	北敦號
新 0670	BD14470 號
新 0671	BD14471 號
新 0672	BD14472 號
新 0673	BD14473 號
新 0674	BD14474 號
新 0675	BD14475 號
新 0675	BD14475 號背 1
新 0675	BD14475 號背 2
新 0676	BD14476 號
新 0677	BD14477 號
新 0678	BD14478 號
新 0679	BD14479 號
新 0680	BD14480 號
新 0681	BD14481 號
新 0682	BD14482 號
新 0683	BD14483 號
新 0684	BD14484 號
新 0685	BD14485 號
新 0686	BD14486 號

新字頭號	北敦號
新 0687	BD14487 號
新 0688	BD14488 號
新 0689	BD14489 號
新 0690	BD14490 號
新 0691	BD14491 號
新 0692	BD14492 號
新 0693	BD14493 號
新 0694	BD14494 號
新 0695	BD14495 號
新 0696	BD14496 號
新 0697	BD14497 號
新 0698	BD14498 號
新 0699	BD14499 號
新 0700	BD14500 號
新 0701	BD14501 號
新 0702	BD14502 號
新 0703	BD14503 號
新 0704	BD14504 號
新 0704	BD14504 號背

新字頭號	北敦號
新 0705	BD14505 號
新 0706	BD14506 號
新 0707	BD14507 號
新 0708	BD14508 號 1
新 0708	BD14508 號 2
新 0709	BD14509 號
新 0710	BD14510 號
新 0711	BD14511 號
新 0712	BD14512 號
新 0713	BD14513 號
新 0714	BD14514 號
新 0715	BD14515 號
新 0716	BD14516 號
新 0717	BD14517 號
新 0718	BD14518 號
新 0719	BD14519 號
新 0720	BD14520 號
新 0721	BD14521 號
新 0722	BD14522 號